江西财经大学信毅学术文库

高质量发展视阈下创新要素配置的测度与评价

陶长琪 著

中国财经出版传媒集团
中国财经经济出版社
北京

图书在版编目（CIP）数据

高质量发展视阈下创新要素配置的测度与评价/陶长琪著. —北京：中国财政经济出版社，2023.12
（江西财经大学信毅学术文库）
ISBN 978-7-5223-2639-9

Ⅰ.①高… Ⅱ.①陶… Ⅲ.①企业创新-研究-中国 Ⅳ.①F279.23

中国国家版本馆 CIP 数据核字（2023）第 246261 号

责任编辑：彭　波　　　　　　　责任印制：史大鹏
封面设计：王　颖　　　　　　　责任校对：胡永立

高质量发展视阈下创新要素配置的测度与评价
GAOZHILIANG FAZHAN SHIYUXIA CHUANGXIN YAOSU
PEIZHI DE CEDU YU PINGJIA

中国财政经济出版社 出版
URL：http：//www. cfeph. cn
E-mail：cfeph@ cfeph. cn

社址：北京市海淀区阜成路甲 28 号　邮政编码：100142
营销中心电话：010-88191522
天猫网店：中国财政经济出版社旗舰店
网址：https：//zgczjjcbs. tmall. com
中煤（北京）印务有限公司印刷　各地新华书店经销
成品尺寸：170mm×230mm　16 开　35.75 印张　525 000 字
2023 年 12 月第 1 版　2023 年 12 月北京第 1 次印刷
定价：128.00 元
ISBN 978-7-5223-2639-9
（图书出现印装问题，本社负责调换，电话：010-88190548）
本社图书质量投诉电话：010-88190744
打击盗版举报热线：010-88191661　QQ：2242791300

总　序

书籍是人类进步的阶梯。通过书籍出版，由语言文字所承载的人类智慧得到较为完好的保存，作者思想得到快速传播，这大大地方便了知识传承与人类学习交流活动。当前，国家和社会对知识创新的高度重视和巨大需求促成了中国学术出版事业的新一轮繁荣。学术能力已成为高校综合服务水平的重要体现，是高校价值追求和价值创造的关键衡量指标。

科学合理的学科专业、引领学术前沿的师资队伍、作为知识载体和传播媒介的优秀作品，是高校作为学术创新主体必备的三大要素。江西财经大学较为合理的学科结构和相对优秀的师资队伍，为学校学术发展与繁荣奠定了坚实的基础。近年来，学校教师教材、学术专著编撰和出版活动相当活跃。

为加强我校学术专著出版管理，锤炼教师学术科研能力，提高学术科研质量和教师整体科研水平，将师资、学科、学术等优势转化为人才培养优势，我校决定分批次出版高质量专著系列；并选取学校“信敏廉毅”校训精神的前尾两字，将该专著系列命名为“信毅学术文库”。在此之前，我校已分批出版“江西财经大学学术文库”和“江西财经大学博士论文文库”。为打造学术品牌，突出江财特色，学校在上述两个文库出版经验的基础上，推出“信毅学术文库”。在复旦大学出版社的大力支持下，“信毅学术文库”已成功出版两期，获得了业界的广泛好评。

“信毅学术文库”每年选取10部学术专著予以资助出版。这些学术专著囊括经济、管理、法律、社会等方面内容，均为关注社会热点论题或有重要研究参考价值的选题。这些专著不仅对专业研究人员开展研究工作具有参考价值，也贴近人们的实际生活，有一定的学术价值和现实指导意义。专著的作者既有学术领域的资深学者，也有初出茅庐的优秀博士。资深学者因其学术涵养深厚，他们的学术观点代表着专业研究领域的理论前沿，对他们专著的出版能够带来较好的学术影响和社会效益。优秀博士作为青年学者，他们学术思维活跃，容易提出新的甚至是有突破性的学术观点，从而成为学术研究或学术争论的焦点，出版他们学术成果的社会效益也不言自明。一般而言，国家级科研基金资助项目具有较强的创新性，该类研究成果常常在国内甚至国际专业研究领域处于领先水平，基于以上考虑，我们在本次出版的专著中也吸纳了国家级科研课题项目研究成果。

“信毅学术文库”将分期分批出版问世，我们将严格质量管理，努力提升学术专著水平，力争将“信毅学术文库”打造成为业内有影响力的高端品牌。

王　乔

2016年11月

前　言

2017年党的十九大报告首次表明中国经济由“高速增长”转向“高质量发展”，2022年党的二十大报告明确指出“高质量发展是全面建设社会主义现代化国家的首要任务”，指明了中国经济发展方向。随着我国迈入新发展阶段，创新驱动发展战略不断深入实施，2022年全国两会政府工作报告中强调依靠创新提高发展质量。我国投入创新的人力财力等规模大且强度高，信息通信网络建设规模全球领先，然而经济发展不平衡不充分问题仍然突出，发展质量并未达到高水平，面临着创新能力不适应高质量发展要求的主要问题。从而，经济发展的主要矛盾已经转化为结构性问题，主要体现在供给侧结构，即供给结构不能适应需求结构的变化。2016年中央财经领导小组第十三次会议明确指出，“供给侧结构性矛盾的原因是要素配置扭曲，是体制机制障碍”。因而，在我国经济高质量发展进程中，创新要素配置存在扭曲现象，配置有效程度并未达到高质量发展需求，在一定程度上阻碍了创新驱动经济高质量发展。因此，在经济高质量发展背景下，基于经济发展的阶段性特征以及高质量发展提出的新要求，细化并完善创新要素配置的内涵，构建科学合理的创新要素配置指标体系，进而对创新要素配置进行多维且全面的统计测度与评价研究，有助于夯实创新要素配置相关研究基础。同时，在测度与评价研究中能够发现高质量发展视阈下创新要素配置现状中存在的问题，以及创新要素配置与高质量发展匹配中存在的问题，有助于相关政府部门及时纠正创新要素错配并明确优化创新要素配置方向，制定相关政策提高创新要素的投入产出效益，对于丰富创新要素配置的测度理论和评价理论、实现高质量的创新要素配置进而促进中国经济高质量发展具有重大的理论意义和实践意义。

在此背景下，本书对高质量发展视阈下创新要素配置的测度与评价两个方面展开研究，具有一定的学术价值和应用价值。在学术价值上，本书始终从推进“高质量发展”战略目标的视角，界定创新要素及其配置的新内涵与特征，并总结高质量发展对配置测度和评价的新要求。基于此，从完善指标体系和多维度测度配置状况的视角，形成完整、多维且全面的测度体系，并从全方位综合评价创新要素配置的视角，形成完整且循环的评价系统，丰富了现有创新要素配置及其测度和评价理论。在应用价值上，多维且动态的创新要素指标体系能够全面、系统且准确地衡量不同阶段发展特征下创新要素配置的“数量”和“质量”状况，完整且循环的创新要素配置评价系统能够从投入、过程、结果和目标四个环节对创新要素配置“结构”和“质量”展开评价，有助于相关政府部门准确测度创新要素配置，并了解创新要素配置现状，及时掌握当前创新要素配置存在的问题，进而明确当前工作方向和目标，为相关政府部门在制定优化创新要素配置及推动经济高质量发展等政策时提供依据。

因此，本书立足于要素配置、经济增长和创新相关理论，首先通过梳理经济社会和生产要素的发展演变，以“五大新发展理念”和“三个发展层面”为核心界定高质量发展的内涵与特征，并基于此界定出符合高质量发展要求的创新要素及其配置的新内涵与特征，可以丰富和完善创新要素配置与经济高质量发展的理论研究；其次，基于经济社会阶段性发展特征，在新发展理念指导下构建创新要素配置与经济高质量发展指标体系，依据测度和空间经济学等相关理论，从数量层面依次探究创新要素配置水平、配置过程中的障碍因子以及配置水平的空间分异特征，并从质量层面依次探究创新要素配置效率、空间分异特征及其长期增长趋势和内在驱动力；最后，依据评价和耦合协调等相关理论，从投入角度探析地区层面使用创新要素的均衡程度，从投入产出角度探析经济发展过程中创新要素在区域上分布的合理程度，进而实现对创新要素配置结构的评价。同时，从耦合发展角度探析创新要素配置与经济高质量发展的协调程度以及耦合的区域差异和分布动态，从政策实施角度探析相关试点政策实施对创新要素配置的影响机制，进而实现对创新要素配置质量的评价。

针对上述研究内容，本书做了如下主要研究工作：

第一，在对高质量发展视阈下创新要素配置展开统计测度和评价研究之前，本书需要先构建符合经济高质量发展需求和现实情况的科学合理的创新要素配置指标体系，为后续测度与评价相关研究奠定坚实基础。一是清晰界定经济高质量发展的概念和特征，符合高质量发展需求的创新要素及其配置的新内涵与特征，以及高质量发展对统计测度和评价研究提出的新要求；二是依据两者的内涵与特征、高质量发展对指标体系的新要求、经济社会发展阶段性特征以及五年规划内容，定性构建“十五”“十一五”“十二五”和“十三五”四个发展阶段的高质量发展视阈下创新要素配置初始指标体系，其中涵盖了人力、资本、技术、信息和制度创新要素配置子系统；三是基于初始指标体系，依据高质量发展对数据质量的新要求，在指标体系中引入非结构化数据，并依据数据特征对创新要素指标原始数据进行补齐以及开展汇率、价格等存量调整；四是从数据收集和处理过程定性评价数据质量，并选用异常值检验、信度检验和效度检验定量评价数据质量；五是基于初始指标体系和高质量指标数据，通过信息显著性分析和信息冗余分析，定量筛选并剔除影响不显著且信息重叠高的指标，最终获得满足高质量发展要求的创新要素综合系统和各子系统配置指标体系，并进行冗余度、灵敏度和信度检验，进一步确保所构建指标体系具备独立性、适用性和一致性。

第二，基于符合高质量发展要求和现实情况的指标体系和高质量指标数据，本书依据高质量发展对测度方法的新要求，从数量和质量层面对高质量发展视阈下创新要素配置展开统计测度。首先，使用熵权 - TOPSIS - 灰色关联度结合方法，分别测度四个发展阶段的创新要素配置水平；其次，基于创新要素配置水平测算结果，构建障碍因子诊断模型，分别诊断并测算四个发展阶段的创新要素各指标影响创新要素配置水平的障碍因子及程度；再次，基于创新要素配置水平测算结果，使用核密度估计法和 Dagum 基尼系数法，分别分析四个发展阶段的创新要素配置水平的时空演进特征和区域差异性特征；最后，依据高质量发展内涵和新发展理念，构建高质量发展系统指标体系，通过测度创新要素配置效率来衡量配置质量，即构建非导向超效率混合距离 EBM 模型直接测度四个发展阶段的创新要素配置效率，并使用 Dagum 基尼系数法分析配置效率的空间分异特征。进一步地，为分析创新要素配置效率的长期增长趋势和内在驱动力，在区域同质视角下结合超效率 EBM 模型和基于全局前沿的 Malmquist 方法，测度各阶段配置效率的全局参比 Malmquist 指数并分解为技术效率和技术进步。同时，在区域异质视角下构建基于共同前沿的 Metafrontier - Malmquist 模型，测度各阶段四大区域配置效率的 MGM 指数并分解为技术赶超、技术创新和技术领先。

第三，基于高质量发展视阈下创新要素配置测度结果，本书依据高质量发展对评价标准、体系和方法上的新要求，基于 CIPP 评价理论分别从投入、过程、结果和目标环节对创新要素配置结构和质量展开系统全面的评价。首先，使用偏离—份额分析法测算四个发展阶段的创新要素配置水平的增长量，并分解为份额偏离分量、结构偏离分量和增量偏离分量，以探究各省区市创新要素配置偏离情况，实现在投入环节从投入角度对配置结构均衡性的评价；其次，使用以人均 GDP 和高质量发展水平为权重的泰尔指数，衡量四个发展阶段的创新要素配置的区域总体差异，并分解为区域间差异和区域内差异，以探究创新要素在区域上、四大区域间、四大区域内以及各区域内部的分布差异情况，是否符合相应区域经济增长和经济高质量发展所需，实现在过程环节从投入产出角度对区域配置结构合理性的评价；再次，构建耦合模型测算四个发展阶段的创新要素配置与经济高质量发展的耦合度，探究创新要素配置与经济高质量发展的协调程度，基于此，使用 Dagum 基尼系数和核密度估计法分别探析耦合发展的区域差异特征及来源和分布动态，实现在结果环节从耦合发展角度对配置质量的协调性评价；最后，选取创新型城市、智慧城市和国家自主创新示范区试点政策，探究各试点政策影响创新要素配置的影响机制。具体为在使用实数编码加速遗传算法（RAGA）的投影寻踪模型测度各地级市创新要素配置水平的基础上，构建多时点双重差分模型实证分析并比较单试点政策和政策协同对创新要素配置的影响并进行稳健性检验，接着依据各政策特征运用中介效应模型实证检验各政策对创新要素配置的作用机制并展开异质性分析，实现在目标环节从政策角度对配置质量的评价。

基于上述研究工作，本书在测度和评价高质量发展视阈下创新要素配置中得出如下四部分研究结论。

第一，各省区市创新要素配置水平、阻碍配置水平提升的障碍因子、配置水平差距变化和极化现象，以及配置水平区域差异情况，均在不同发展阶段下或不同区域上存在较大差异，具体而言：

（1）对于创新要素配置水平，四个发展阶段的全国平均创新要素配置水平分别为0.449、0.443、0.449和0.433，东部地区平均配置水平始终保持领先态势，且始终高于全国平均配置水平。四大区域配置情况就配置水平而言，“十五”“十一五”和“十二五”阶段均呈现“东部领先，东北居中，中部偏低，西部落后”的结构，“十三五”阶段呈现“东部领先，中部居中，东北偏低，西部落后”的结构；就配置水平增长率而言，“十五”阶段呈现出东北、西部、中部、东部地区依次递减的局面，“十一五”阶段呈现出西部、东北、东部、中部依次递减的局面，“十二五”阶段呈现出中部、东部、西部和东北地区依次递减的局面，“十三五”阶段呈现出西部、中部、东部、东北地区依次递减的局面。

（2）对于障碍因子，“研究与开发机构R&D经费内部支出/R&D经费内部支出总额”始终为主要障碍因子之一，表明长期以来我国研发经费投入尤其是研究与开发机构的研发经费投入强度可能不足。此外，各阶段下创新要素配置的主要障碍因素略有差异，但总体来看集中在各阶段处于发展初期的较为新兴事物，尤其是“十二五”和“十三五”发展阶段期间，与数字经济发展相关的指标如数字化转型保障、生产力促进中心咨询服务、工信部智能制造试点示范项目和工业互联网试点等因素的障碍度排名较为靠前。

（3）对于配置水平差距变化和极化现象，全国内部差距仅在“十三五”阶段缩小，其余三个阶段内均为逐年增大，且各阶段均存在明显的极化现象。同时，四大区域内部差距变化情况和极化现象与全国内部情况有所差异，仅东北地区始终为内部差距变化幅度较大，其余三个区域内部差距情况并不稳定。在“十五”阶段仅中部地区内部差距呈减小趋势，其余地区内部差距则呈增大趋势。在“十一五”和“十二五”阶段仅西部地区内部差距呈减小趋势，在“十三五”阶段中部地区内部差距变化不大，东部和西部地区内部差距呈增大趋势。

（4）对于配置水平区域差异情况，区域总差异的重要来源始终是区域间差异，且差异主要体现在东部地区和其他地区间，基本上东部和西部地区间差距最大。具体而言，全国总体差距在“十五”和“十二五”阶段有扩大趋势，在“十一五”和“十三五”阶段有缩小趋势。区域内差距在“十五”和“十三五”阶段呈现东部、西部、中部、东北地区依次递减的局面，在“十一五”和“十二五”阶段呈现东部、西部、东北、中部地区依次递减局面。同时，在“十三五”阶段区域间差距最大的是东部和东北地区间。

第二，各省区市创新要素配置效率及其区域差异情况、变化趋势和内在驱动力，均在不同发展阶段下存在较大差异，且具有区域异质性，具体而言：

（1）对于创新要素配置效率，不同发展阶段中具有不同空间分布格局，东部地区平均创新要素配置效率始终保持领先态势，中部地区则始终处于落后状态。具体而言，四个发展阶段下全国平均创新要素配置效率分别为0.9867、0.9979、0.9802和0.9816。四大区域配置效率在“十五”阶段呈“东部领先，东北居中，西部偏低，中部落后”的空间格局（1.0266 > 1.0089 > 0.9708 > 0.9384），“十一五”阶段配置效率在区域上的空间分布格局和“十五”阶段情况一致（1.0327 > 0.9918 > 0.9903 > 0.9568），“十二五”阶段呈“东部领先，西部居中，东北偏低，中部落后”的空间格局（1.0215 > 0.9898 > 0.9616 > 0.9030），“十三五”阶段配置效率在区域上的空间分布格局和“十五”以及“十一五”阶段情况一致（1.0249 > 0.9858 > 0.9637 > 0.9404）。

（2）对于配置效率区域差异情况，不同发展阶段下省区市间配置效率差距具有不同变化趋势，但是区域差异的主要来源始终是区域间差异，且差异主要体现在中部和西部间以及中部和东部间。全国总体配置效率差距在“十五”和“十二五”阶段有扩大趋势，在“十一五”和“十三五”阶段有缩小趋势。创新要素配置效率区域内差异情况具体而言，中部地区内部差异仅在“十二五”阶段最高，其余阶段均为西部地区内部差异最高。同时，“十五”和“十二五”阶段中部地区内部差异变化最大，“十一五”和“十三五”阶段东北地区内部差异变化最大；创新要素配置效率区域间差异情况具体而言，“十二五”阶段东部和西部地区间差距最小，其余阶段均为东部和东北地区间差距最小。

（3）对于配置效率的变化趋势和内在驱动力、区域技术同质时，仅“十一五”阶段东部地区创新要素配置效率呈现增长态势，其余阶段全国和四大区域配置效率呈现不同程度的下降趋势。同时，配置效率变化受技术效率和技术进步的综合作用，且作用存在区域异质性。“十五”和“十三五”阶段全国和各区域配置效率变化均受技术进步缓慢的约束。“十一五”阶段，全国、中部和西部地区配置效率增长均仅受技术进步缓慢的约束。“十二五”阶段，全国、东部和西部地区配置效率增长受技术效率和技术进步的双重约束，中部和东北地区仅受技术进步的约束；区域技术异质时，仅“十一五”阶段东部地区创新要素配置效率有效，其余阶段各区域配置效率均呈无效态势。同时，不同区域配置效率变化受创新效应、追赶效应和领先效应的作用有所差异，“十五”阶段仅中部地区则受三重效应约束，“十一五”阶段仅东北地区则受三重效应约束，“十二五”阶段中部和西部地区则受三重效应约束，“十三五”阶段东部、东北和西部地区受三重效应约束。

第三，整体上高质量发展视阈下创新要素配置结构具有均衡性和合理性特征，创新要素配置质量能够实现与高质量发展协调发展，并且相关试点政策均能够显著提升创新要素配置水平，具体而言：

（1）对于创新要素配置结构评价，从投入角度出发，不同发展阶段下各省区市对创新要素的配置结构均具有均衡性特征，且东部地区的配置始终具有好的均衡化结构基础，西部地区始终具有较大的均衡化配置潜力；从投入产出角度，不同发展阶段下创新要素在区域上的总体分布、四大区域间的分布以及四大区域内的分布均非常接近公平状态，相比经济增长需求，创新要素区域配置结构更符合经济高质量发展需求，即高质量发展视阈下创新要素在区域层面上的配置更具合理性。同时，创新要素区域间配置比区域内配置更具合理性，西部、东部、中部、东北地区内部各省区市间创新要素配置合理化程度依次递减。

（2）对于创新要素配置质量评价，从耦合发展角度出发，不同发展阶段下创新要素配置与经济高质量发展间的耦合发展均处于初步协调发展阶段，创新要素配置系统发展均领先于经济高质量发展系统。对于不同区域耦合发展情况，东部地区始终达到中级协调发展水平，而西部地区均处于勉强协调发展阶段。东部、东北、中部、西部地区耦合程度依次递减，均呈现出“东高西低”和“沿海优于内陆”的空间分布特征，并存在区域差异性特征，且差异主要来源均为区域间差异，并不存在极强的极化现象。

（3）对于创新要素配置质量评价，从政策实施角度出发，创新型城市、智慧城市和国家自主创新示范区试点政策均能够显著提高创新要素配置水平，且不同类型试点政策对创新要素配置的影响机制有所差异。同时，双试点城市建立和三试点城市建立对提高创新要素配置水平均具有协同效应，且双试点城市建立对提高创新要素配置的净效应要大于三试点城市和单试点城市建立，城市先成为国家自主创新示范区，随后成为智慧城市时对提高创新要素配置水平的净效应最大。具体而言，创新型城市通过改善创新环境和加强要素流动提高创新要素配置水平，且存在资源型城市异质性、创新创业水平异质性和区域异质性。智慧城市通过产业结构升级和基础设施建设提高创新要素配置水平，且存在市场化程度异质性、资源型城市异质性和城市行政等级异质性。国家自主创新示范区通过产业集聚和政策激励提高创新要素配置水平，且存在城市规模异质性、城市特征异质性和市场化程度异质性。

本书的创新之处主要体现在研究视角、理论研究、方法应用和实践应用四个方面。

第一，研究视角上的创新。在中国经济发展特点从追求数量增长到质量先行，即从依赖要素投入转向创新驱动的背景下，高效的创新要素配置是推进经济高质量发展的有效途径，本书从推进“高质量发展”战略目标的视角，从测度与评价两个方面展开对创新要素配置的研究。首先，基于高质量发展对创新要素及其配置的新要求，本书所研究的创新要素包含人力、资本、技术、信息和制度五大创新要素，细化并完善了创新要素及其配置的新内涵与特征；其次，结合高质量发展对统计测度提出的新要求，从完善配置指标体系以及多维度测度配置状况的视角，基于经济社会发展阶段性特征以及五年规划内容，并引入非结构化指标，动态构建出四个发展阶段的高质量发展视阈下创新要素配置指标体系，基于此，分别从数量和质量层面对创新要素配置现状展开统计测度；最后，结合高质量发展对评价研究提出的新要求，从全方位综合评价创新要素配置的视角，基于CIPP理论完善评价体系，从投入、过程、结果和目标四个环节展开对创新要素配置的“结构”和“质量”评价。总体上，本书高质量发展视阈下创新要素配置统计测度与评价研究，把握了我国经济和社会发展的大趋势，在各方面均符合当前“五位一体”的总体布局，并符合供给侧结构性改革的发展主线，具有时代代表性、前瞻性和战略性。

第二，理论研究上的创新。基于经济发展阶段性特征，以及高质量发展对创新要素配置提出的新要求，本书构建了多维且动态的创新要素配置指标体系，具体体现在指标体系涵盖了人力、资本、技术、信息和制度这五维创新要素子系统配置指标体系，以及依据五年规划内容动态构建了“十五”“十一五”“十二五”和“十三五”发展阶段下的指标体系。基于此，本书拓宽数据源渠道并把控指标数据质量，结合结构化和非结构化数据及时且精准衡量创新要素相关指标，以保证从“数量”和“质量”层面测度创新要素配置状况的可靠性。同时，本书设计了完整且循环的创新要素配置评价系统，改进和完善传统CIPP评价技术，通过包含投入、过程、结果和目标4个环节的CIPP评价模型对创新要素配置的“结构”和“质量”展开评价。且本书从创新要素配置的投入现状出发，以单政策或政策协同下创新要素高质量配置为目标结束，并将创新要素配置的质量反馈到创新要素配置现状，投入评价和目标评价形成一个循环。总体上，丰富了创新要素配置相关理论成果，以及现有创新要素配置的测度理论和评价理论。

第三，方法应用上的创新。首先，在数量层面测度创新要素配置现状，本书结合熵权 TOPSIS 法和灰色关联度法测度创新要素配置水平，并构建障碍因子模型深入探究阻碍创新要素配置水平提升的因素，进一步使用核密度估计和 Dagum 基尼系数分析配置水平的空间分异特征；其次，在质量层面测度创新要素配置现状，本书将创新要素五维子系统作为投入、经济高质量发展五维子系统作为产出，构建超效率 EBM 模型直接测度创新要素配置效率，进一步使用 Dagum 基尼系数分析配置效率的空间分异特征，通过结合超效率 EBM 模型和基于全局前沿的 Malmquist 方法，以及通过共同前沿生产函数构造 MGM 指数探析配置效率的长期增长趋势和内在驱动力；再次，在结构层面对创新要素配置的评价研究，本书使用偏离—份额分析法从投入视角评价区域发展过程中使用创新要素的配置结构均衡性，并借鉴泰尔指数法从投入产出角度评价创新要素在符合经济发展需求下区域间分布结构的合理性；最后，在质量层面对创新要素配置的评价研究，本书构建耦合模型基于系统论角度测度创新要素配置与经济高质量发展的耦合水平，以评价两者间的协调性，并使用 Dagum 基尼系数和核密度估计分析耦合的区域差异特征和分布动态演进。同时，运用双重差分模型评价试点政策实施对创新要素配置提升的影响。进一步地，运用中介效应模型深入分析了不同试点政策对创新要素配置的作用渠道，并展开异质性分析。

第四，实践应用上的创新。多维且动态的创新要素指标体系能够全面且及时地反映不同发展阶段下创新要素配置状况，基于此多维且全面的测度体系准确衡量了创新要素配置的“数量”和“质量”状况，完整且循环的评价体系进一步从投入、过程、结果和目标四个环节对创新要素配置“结构”和“质量”展开全面评价。从指标体系到测度再到评价，均能够客观、全面且及时地反映不同阶段发展下创新要素配置现状。从配置水平、障碍因子、空间分异特征、配置效率及其相关特征、配置结构的均衡性和合理性、配置质量的协调性以及相关政策对配置的净效应等结论中，有助于各级政府和相关部门及时发现并掌握创新要素配置中存在的问题，进而明确创新要素配置优化和高质量发展工作的方向。

本专著是在作者主持完成的国家自然科学基金面上项目《基于知识溢出的区域技术创新驱动与产业结构优化升级耦联机制研究》（编号：71473109）结题报告基础上形成的，也是作者主持的国家社科基金重大招标项目（19ZDA121）、国家自然科学基金项目（71973005，71773041，72163008）、教育部人文社会科学研究项目（21YJA790069）的阶段性成果。课题组成员徐晔教授与博士研究生赵金凤、朱捷、钟诗韵、袁琦璟、李馨怡、王志超参与了项目部分研究工作，在此表示感谢！

作　者

2023 年 6 月

目　　录

第一篇　高质量发展视阈下创新要素配置的理论基础

第二篇 高质量发展视阈下创新要素配置的指标体系

第三篇 高质量发展视阈下创新要素配置的统计测度

第四篇　高质量发展视阈下创新要素配置的综合评价

第一篇

高质量发展视阈下创新要素配置的理论基础

第1章 绪　论

1.1 背景及意义

1.1.1 研究背景

改革开放四十余年来，我国在经济发展方面取得了令世界瞩目的成绩。2022 年我国 GDP 连续第三年超过百万亿元大关，总量超过 121 万亿元，与 1978 年的 3678.7 亿元相比明显大幅增加，较 2021 年也增加了 5.3%①，GDP 总量快速提升。传统的经济高速增长在保障居民收入水平提高与稳定就业率的同时，在数量上也满足了人民日益增长的物质文化需要，解决了经济社会发展“有没有”的问题。然而，随着国内外发展环境与形势的变化，在这一经济总量快速增长过程中，我国经济面临着结构失衡、发展动力不足、资源和环境约束加剧、传统人口红利消退、收入差距扩大等外延式和粗放式发展问题。经济大而不强、发展快而不优，是我国当前经济建设面临的不争事实。党的十九大报告指出，“我国经济已由高速增长阶段转向高质量发展阶段，正处在转变发展方式、优化经济结构、转换增长动力的攻关期，建设现代化经济体系是跨越关口的迫切要求和我国发展的战略目标”。新时期提出高质量发展，根本

① 数据来源：国家统计局数据库（http：//data. stats. gov. cn）。

在于解决经济社会发展"好不好"的问题。随着中国特色社会主义迈入新时代，经济发展方式正从规模速度型粗放增长转向质量效率型集约增长，经济发展进入"新常态"，经济社会发展的重心也由解决"有没有"和"富不富"的问题转向解决"好不好"和"强不强"的问题。党的二十大报告中将实现高质量发展作为中国式现代化的本质要求，并明确指出"高质量发展是全面建设社会主义现代化国家的首要任务"。高质量发展成为未来更长时期中国经济社会发展的主题，关系着我国社会主义现代化建设全局。

高质量发展表明要有高质量的创新要素配置和投入产出。2019 年 1 月，习近平总书记在天津考察时曾说，"高质量发展要靠创新，我们国家再往前发展也要靠自主创新"。而创新动力形成的根本在于创新要素的投入是否合理，创新要素的配置是否有效。创新要素配置是否有效，意味着将有限的创新要素投入边际生产率最大的部门是否能带来显著的效果。因而，用有限的资源尽可能创造出更多的财富，实现成本最小化或产出最大化，是衡量发展质量高低的重要标准。党的十九届五中全会明确提出，要提高经济质量效益和核心竞争力，将"经济发展取得新成效，在质量效益明显提升的基础上实现经济持续健康发展"作为"十四五"时期经济社会发展主要目标之一。然而，结合对反映资源利用效率和经济增长质量的全要素生产率来看，我国经济高质量发展的道路仍任重道远。根据国家统计局对中国创新指数的测算结果，2005 ~ 2021 年我国创新投入（涵盖人力资本等创新要素）和创新成效（涵盖新产品和高新技术产品结构等反映经济质量水平指标）持续稳步提高[①]（见图 1.1），整体上创新投入的指数及其平均增速均高于创新成效，我国在经济社会高质量发展中存在高投入低效用的问题。具体来看，尽管我国 2021 年 R&D 人员总量为 572 万人/年，是 2012 年的 1.8 倍，稳居世界第一。2022 年全社会研发经费投入首次突破 3 万亿元，稳居世界第二研发投入国，且投入强度（与国内生产

① 数据来源：2012 年至 2022 年国家统计局发布，社科文司《中国创新指数研究》课题组测算的 2005 年至 2021 年中国创新指数结果。

总值之比）逐年上升[①]，从2010年的1.76%提升至2022年的2.55%，超过欧盟国家平均水平[②]。同时，随着新一轮科技革命和产业变革席卷全球，发展信息产业加快数字化发展是我国抢抓信息革命机遇并顺应新发展阶段形势变化的内在要求，信息产业逐渐成为研发投入的重要领域。在规模以上工业企业中研发投入最先突破千亿元的行业是计算机、通信设备及其他电子设备制造业行业，其R&D经费投入强度（与主营业务收入之比）逐年稳定上升，在2021年研发投入达到3577.8亿元[③]（见图1.2）。创新的人力财力等投入规模大强度高，信息通信网络建设规模全球领先[④]，但是全球顶尖商学院的瑞士洛桑国际管理发展学院2022年发布的"*IMD World Competitiveness Yearbook*"中却显示，GDP增长潜力巨大且数字经济规模连续多年位居世界第二的中国[⑤]，综合竞争力和数字竞争力均在63个经济体中排名第17位，并未跻身十大最具竞争力的经济体之列。其中，数字竞争力中知识和技术等子因素排名分别为第17位和第18位，而综合竞争力中企业效能和政府效能等子因素排名处于中等水平，如政府效能排名第29位[⑥]。上述现状均表明，我国在新发展阶段有着大规模和高强度的创新投入，而经济发展质量并未达到高水平，创新要素配置的有效程度并未达到高质量发展的需求，且高投入低产出容易造成资源配置不平衡问题。

---

① 资料来源：OECD（2022），主要科学技术指标，2022年第1卷，OECD出版社，巴黎，https：//doi. org/10. 1787/4db08ff0 - en。

② 资料来源：国家创新调查制度监测评价结果，http：//www. gov. cn/xinwen/2023 - 02/22/content_5742661. htm。

③ 数据来源：国家统计局公布的2011年至2021年《全国科技经费投入统计公报》，http：//www. stats. gov. cn/sj/tjgb/rdpcgb/qgkjjftrtjgb/和 http：//www. gov. cn/xinwen/2022 - 08/31/content_5707547. htm。

④ 资料来源：2022年10月28日在第十三届全国人民代表大会常务委员会第三十七次会议上《关于数字经济发展情况的报告》，https：//www. ndrc. gov. cn/fzggw/wld/hlf/lddt/202211/t20221116_1341446. html。

⑤ 资料来源：中国信通院发布的2022年《全球数字经济白皮书》，http：//www. caict. ac. cn/kxyj/qwfb/bps/202212/P020221207397428021671. pdf。

⑥ 资料来源：瑞士洛桑国际商学院2022年发布的"*IMD World Competitiveness Yearbook*"，https：//imd. cld. bz/IMD - World - Competitiveness - Booklet - 2022。

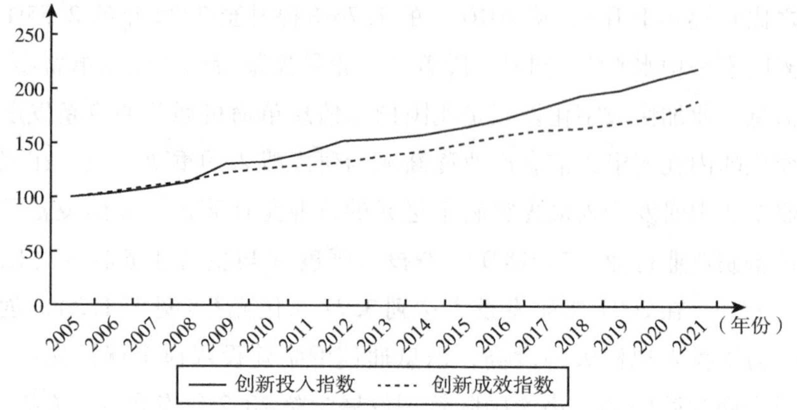

图 1.1　中国创新投入和创新成效指数

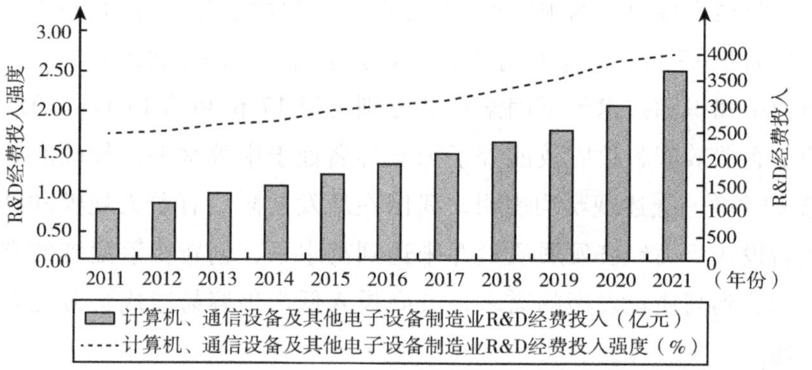

图 1.2　计算机、通信设备及其他电子设备制造业行业 R&D 经费投入及其强度

创新要素配置的结构性失衡是我国在经济高质量发展进程中仍存在不充分不平衡发展问题的主要因素。随着我国经济由高速增长阶段向高质量发展阶段转换，我国经济发展的主要矛盾已经转化为结构性问题，即供给结构不能适应需求结构的变化，供需关系面临不可忽视的结构性失衡。例如，随着数字浪潮进一步深入，数字创新高地有助于打造经济高质量发展新增长极，然而我国在培育数字创新高地进程中，多数地区因创新要素配置失衡而难以形成数字高地。具体体现在，区域间资金要素投入差距缩小，但大部分地区投向创新的资金不充足且投入强度不足 2%，区域间知识和人力要素投入差距扩大，天津等北部少数地区甚至出现人才流失现象[①]，我国在经济高质量发展进程中仍存在创新要素配置扭曲现象。2016 年中央财经领导小组第十三次会议明确指出，“供给侧结构性矛盾的原因是要素配置扭曲，是体制机制障碍”。因而解决结构性失衡问题必须通过供给侧结构性改革，就是要从高质量的供给出发，通过改革的办法推进结构调整，即运用市场化和法治化手段，矫正要素配置扭曲，减少无效和低端供给，扩大有效和高端供给，着力提高供给体系质量和效率，提升全要素生产率。供给侧结构性改革的重点内容就是要通过市场手段优化要素配置，提高要素配置效率。习近平总书记多次在国内外讲话中提及要激发要素活力，优化要素配置。2022 年 1 月国务院办公厅发布的《要素市场化配置综合改革试点总体方案》指出要“着力破除阻碍要素自主有序流动的体制机制障碍，全面提高要素协调配置效率”。2022 年 4 月发布的《中共中央、国务院关于加快建设全国统一大市场的意见》明确要“引导创新资源有效配置，促进创新要素有序合理流动”。因此，对要素配置问题进行研究，尤其是对创新要素配置问题进行研究，具有非常重要的现实意义。

实现经济高质量发展，必须切实优化创新要素配置，最大限度激发创新要素潜能。习近平总书记指出，要全面推进体制机制创新，提高资源配置效率，推动资源向优质企业和产品集中，推动创新要素自由流动和聚集，使创新成为高质量发展的强大动能。2022 年全国两会《政府工作报告》中强调要坚持创新驱动发展，坚持以供给侧结构性改革为主线，依靠创新提高发展质量。虽然中国商品市场的市场化程度较高，但创新要素市场化程度与高质量发展的要求仍有较大差距。高质量发展要求宏观供求关系动态且持续地相对平衡，国民经济主导产业产品的供求大体平衡，经济运行稳定，没有严重的产能过剩和短缺。随着中国经济发展进入新时代，高质量发展将是当前和未来长期中国确定发展思路、制定经济政策、实施宏观调控的根本要求。传统规模速度型粗放增长模式忽略了高质量发展所

---

① 资料来源：中国信通院发布的 2022 年《全球产业创新生态发展报告》，http：//www. caict. ac. cn/kxyj/qwfb/bps/202301/P020230108016980027481. pdf。

需的创新要素合理化配置要求，导致经济发展进程中创新要素配置效率低下，严重影响了中国经济的高质量发展进程。因此，基于当前中国经济由高速增长阶段转向高质量发展阶段的客观事实，纠正创新要素错配，提高创新要素的投入产出效益，实现高质量的创新要素配置，对于提升经济效率、促进中国经济高质量发展具有重大意义。面对发展进程中创新要素配置存在的问题，亟须对创新要素配置进行科学的统计测度。然而，现有统计测度指标体系多是基于宏观数据构建的结构化指标，对高质量发展视阈下的经济创新活动统计缺失，难以反映创新要素变化的时效性。借助大数据方法引入非结构化指标，可以极大地提高信息的利用率，准确反映创新要素配置的新趋势和发展变化新特点。科学合理地进行创新要素配置的统计测度，有利于精准识别创新要素配置的主要影响因素，提升优化创新要素配置与高质量发展匹配度的可行路径。同时，对创新要素配置进行统计研究，离不开对创新要素配置的评价。在测度基础上对创新要素配置进行评价，有助于发现高质量发展视阈下创新要素配置现状中存在的问题，以及创新要素配置与高质量发展匹配中存在的问题，进而有助于明确各级政府和相关部门优化创新要素配置的方向。

1.1.2 研究意义

在世纪疫情冲击下，百年变局加速演进，外部环境更趋复杂，我国经济发展面临较为严峻的形势。一是国外经济进入深度调整期，再工业化、产业回流本土的进口替代效应增强，极大缩减了我国出口市场，且我国内部消费动力不足，消费疲弱，造成需求收缩；二是我国老龄化现象日愈加重、人口红利逐渐消失，资源转换效率低下，加之受疫情反复等影响，我国面临劳动力供给、原材料供给与供应链冲击，创新驱动力明显不足；三是外部环境的不确定性导致预期转弱。面对纷繁复杂的国内外环境，关键是要改善创新要素配置效率、提升全要素生产率，做强经济基础，推动我国经济高质量发展。但与此同时，当前关于高质量发展视阈下创新要素和创新要素配置的内涵与本质，以及创新要素配置的测度与评价等方面还没有达成共识，关于创新要素配置的相关研究较少。因此，本书的研究具有重要的理论意义和实践意义，具体如下。

(1) 理论意义。

①基于高质量发展视阈下的新要求，界定并丰富创新要素配置的内涵，夯实创新要素配置的研究基础。本书将全面系统梳理国内外创新要素和创新要素配置的理论成果，总结经验并提炼思想精髓。通过归纳总结创新要素的发展演变，全面、细致、深入地界定了高质量发展背景下创新要素的新内涵与特征。在此基础上，结合有限创新要素投入创造最大化经济效益助力经济高质量发展的目标，以创新要素流动的合理性、投入的精准性、使用的高效性为核心，细化并完善创新要素配置的新内涵，使创新要素配置理论成果得以丰富。同时，创新要素的有效配置是促进高质量发展的突破口和有效途径，创新要素配置理论的发展对高质量发展也具有重要的理论价值。

②基于经济发展阶段性特征和五年规划内容，构建并细化创新要素配置指标体系，完善创新要素配置的统计测度。本书在创新要素及其配置内涵与特征，以及高质量发展对配置测度提出新要求的基础上，结合创新要素配置为促进高质量发展服务的最终目标，提出在创新要素配置指标体系构建时应遵循总体稳定性与动态调整性相结合、指标前瞻性与数据获取方式多样性相结合的特殊性原则。基于此，依据经济社会发展的阶段性特征，以“十五”计划阶段为起点，构建第一阶段的高质量发展视阈下创新要素配置指标体系，并涵盖五维子系统配置指标体系。继而以五年规划为节点，通过定性和定量方法新增和筛选指标以对指标体系进行动态调整。同时，多渠道获取并合理处理创新要素配置指标数据，通过引入非结构化数据优化数据源，解决数据结构单一的问题，并通过定性和定量方法对数据质量进行评估，随后改进测度方法并多维测度配置状况，进而形成一套完整、多维且全面的测度体系，极大地丰富了现有创新要素配置的统计测度理论。

③通过多学科交叉视角，全方位综合评价高质量发展视阈下创新要素配置，丰富了创新要素配置的评价体系。针对既含有结构化指标又含有非

结构化指标的创新要素配置指标体系，建立一套创新要素配置指标评价框架，用于判断指标体系的构建是否科学合理，为高质量发展工作找到理论依据。当前关于创新要素配置方面的研究及评价大多都存在静态、线性、孤立的问题，具有一定的局限性。本书以创新要素配置为研究对象，基于CIPP评价理论构建了一个多维评价体系，从均衡性、合理性、协调性和相关政策四个方面展开评价。具体来说，从投入角度对各省区市创新要素内部和创新要素之间的投入均衡性展开投入评价，从投入产出角度对经济发展过程中创新要素区域配置结构的合理性展开过程评价，从耦合发展角度对创新要素配置和经济高质量发展的协调性展开结果评价，从政策实施角度对单政策及组合政策与创新要素配置的影响展开目标评价，形成一套科学、客观且多维的评价体系，极大地丰富了创新要素配置的统计评价理论。

（2）实践意义。

①非结构化数据的引入，有利于弥补传统创新要素配置中数据时效性差和来源单一的问题，有利于提高创新要素配置统计测度的准确性。传统创新要素配置统计测度的各项指标完全依赖于政府统计指标，数据的获取存在一定时间的滞后。随着互联网大数据的发展，数据的获取成本更低，数据的时效性更强，而且数据的来源和种类更加丰富。结构化统计数据不再是数据指标的唯一来源，基于互联网技术产生的搜索数据、社交媒体数据及交易数据等都可以成为创新要素配置指标统计测度的数据源。因此，本书依托电子计算机和大数据处理技术，从海量的数据源中获取与高质量发展背景下创新要素配置相关的指标数据，加入这些非结构化数据对创新要素配置进行统计测度。与传统单纯使用结构化指标方法相比，结合了非结构化指标的测度结果更具时效性和精准性。

②高质量发展视阈下创新要素配置指标体系具有较强的可操作性，有利于统计测度中客观真实的数据获取，有利于相关部门测度创新要素配置的有效执行。本书基于历史视角系统梳理创新要素配置测度的相关研究成果，在构建创新要素配置指标体系时综合考虑创新要素及其配置的新内涵与特征、经济发展阶段性特征和五年规划内容，并遵循一般性原则（目的

性和系统性相结合、完备性和代表性相结合、科学性和可操作性相结合、独立性和显著性相结合原则）和特殊性原则（总体稳定性与动态调整性相结合、指标前瞻性与数据获取方式多样性相结合原则），由此构建的指标体系具有较强的适用性和可操作性。同时，改进了测度方法并实现对多维配置测度问题的探讨。因此在高质量发展背景下，本书改善了传统测度体系中内涵界定模糊、指标重复、涵盖内容不全、指标结构单一和方法单一的问题，有助于相关部门有效测度创新要素配置，并为国家经济高质量发展相关政策的制定提供依据。

③高质量发展视阈下创新要素配置的评价研究，有助于各级政府和相关部门及时发现创新要素配置中存在的问题，明确高质量发展工作的方向。高质量发展视阈下创新要素配置的评价在内容上应遵循整体性考量、系统性关联、多维性设计和层次性展现等基本原则，方法上应具有科学性、客观性和可操作性原则。因此，本书基于 CIPP 评价理论将创新要素配置的评价依次分为投入评价、过程评价、结果评价和目标评价四部分，即分别对创新要素配置投入结构的均衡性、创新要素配置区域结构的合理性、创新要素配置与高质量发展的协调性以及相关政策实施影响创新要素配置的净效应四个方面，通过多学科交叉视角详细深入地评价了创新要素配置的结构和质量。对创新要素配置的全方位综合评价，可以及时发现创新要素配置中存在的问题，有助于各级政府、相关部门了解当前的工作重点，明确当前的工作任务和目标，进而有效促进各级政府、相关部门工作效率的提高。

1.2 研究框架及创新之处

本书结合高质量发展和创新要素配置的现状及相关研究，遵循可行性和可操作性原则展开高质量发展视阈下创新要素配置的统计测度和评价研究。本节阐述本书的研究框架和创新之处，其中对研究框架的阐述是从研究内容、研究方法和技术路线三部分展开的。

1.2.1 研究内容

本书以经济高质量发展为目标，在科学界定创新要素及其配置新内涵的基础上，以“三大变革”“五大新发展理念”为依托，引入非结构化指标构建创新要素配置指标体系。在对指标体系进行筛选和检验之后，从数量和质量层面对创新要素配置展开测度与分析。同时，本书以高质量发展为研究背景对评价标准、原则、方法等进行改进，并分别从创新要素配置的“结构”和“质量”两方面出发对创新要素配置进行综合评价。**本书的研究逻辑关系**如图 1.3 所示，具体的研究内容主要有四个方面。依据图 1.3，本书将遵循“理论基础—指标体系—统计测度—综合评价”的思路展开研究，其中主要涵盖创新要素配置的内涵界定和相关理论梳理、创新要素配置指标体系的构建和数据的获取、处理与评估、创新要素配置“数量”和“质量”的测度，以及创新要素配置“结构”和“质量”的评价。基于此，本书分成四篇，具体研究内容框架如图 1.4 所示。

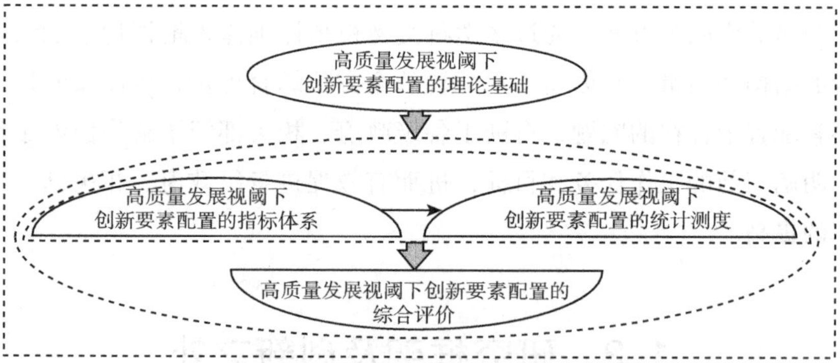

图 1.3　本书的研究逻辑关系

第一篇是高质量发展视阈下创新要素配置的理论基础，本篇包含 4 章。**第 1 章绪论**，在结合现实经济社会背景的基础上，介绍高质量发展视阈下创新要素配置的研究背景与意义，进一步明确本书的研究框架与创新之处。**第 2 章文献综述**。针对本书主要研究内容所涉及的创新要素配置和高质量发展，分别从两者的内涵、测度和评价三个方面，展开国内外相关文献的梳理和评述，通过总结现有相关研究的现状与不足为后续研究奠定基础。**第3章内涵与新要求。**在第2章现有文献理论研究的基础上，厘清创新要素配置和高质量发展的概念，以及高质量发展所提出的新要求。首

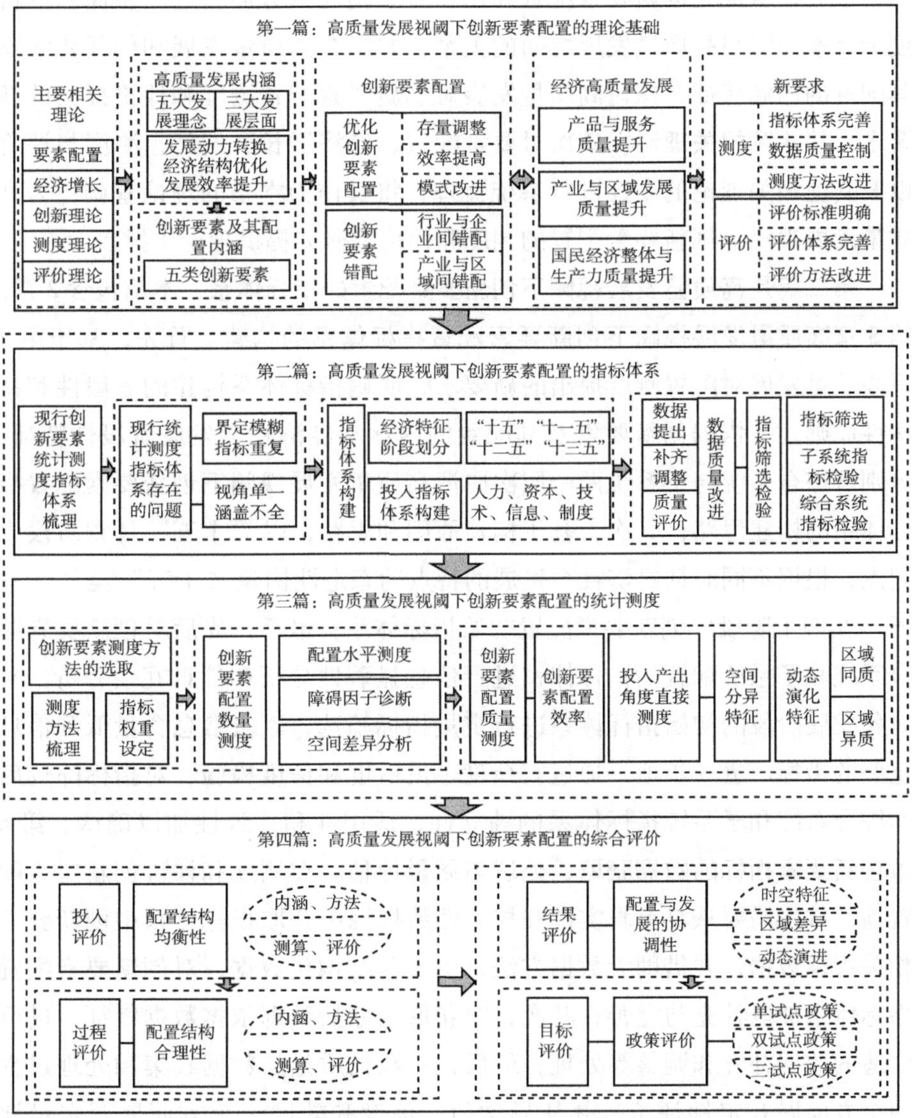

图1.4 本书的研究内容框架

先，从“五大新发展理念”和三个发展层面对高质量发展的概念和特征进行界定和总结；其次，通过梳理生产要素的演变过程，细化并界定高质量发展目标下创新要素的概念；再次，结合高质量发展和创新要素的概念与特征以及创新要素错配类型，界定高质量发展背景下创新要素配置的新内涵；最后，从优化创新要素配置和创新要素错配两方面，进一步深入剖析创新要素配置与高质量发展之间的关系，并结合高质量发展和创新要素及其配置的内涵特征，探讨高质量发展对创新要素配置测度和评价提出的新要求。**第4章相关理论。**依次对要素配置、经济增长、创新、测度与评价以及其他相关理论的变迁进行系统梳理，将其作为本书的理论基础，为高质量发展视阈下创新要素配置的测度和评价等研究提供理论支撑。

第二篇是高质量发展视阈下创新要素配置的指标体系，本篇包含2章。**第5章高质量发展视阈下创新要素配置指标体系的构建。**首先，基于第4章高质量发展对配置测度提出的新要求，明确指标体系构建的一般性和特殊性原则，并依据创新要素及其配置的内涵和经济社会发展阶段性特征，分别从综合系统与子系统两个层次厘清高质量发展视阈下创新要素配置指标体系的构建思路；其次，基于构建原则和思路，以“十五”计划阶段为起点，根据不同时期经济社会发展的特点动态定性构建“十五”至“十三五”共四个阶段的创新要素配置初始指标体系；最后，先后对创新要素综合系统和子系统配置的指标体系进行信息显著性分析和信息冗余分析，来对各发展阶段的初始指标体系进行定量指标筛选，删去信息含量低和信息重叠的指标。进一步地，通过冗余度、灵敏度和信度检验，对指标筛选后的综合系统和子系统指标体系的独立性、适用性和一致性加以确认。**第6章创新要素指标的数据获取、处理与质量评估。**在测度和评价创新要素配置前，首先需要从具有真实性和权威性数据源中获取指标体系中创新要素相关指标数据，并借助大数据方法，引入非结构化数据，对创新要素配置指标体系加以补充与完善；其次，对获取的原始数据依据数据特征，进行合适的数据补齐和调整等处理；最后，对数据质量从数据收集和处理过程两个方面展开定性评价，并从异常值、信度和效度三个方面展开定量评价，以保障所使用指标数据的质量。

第三篇是高质量发展视阈下创新要素配置的统计测度，本篇包含4章。**第7章高质量发展视阈下创新要素配置水平测度**。基于测度方法的优缺点选择耦合熵权TOPSIS法和灰色关联度法，依据第6章经过筛选和检验的指标体系，分别测度“十五”至“十三五”不同发展阶段下创新要素配置水平，并结合不同阶段的经济社会情况对测度结果进行阐述分析。**第8章高质量发展视阈下创新要素配置的障碍因子诊断分析**。在第7章创新要素配置水平基础上，分别从创新要素配置指标体系指标层面，诊断并分析不同发展阶段下各省区市创新要素配置过程中阻碍创新要素配置水平提升的障碍因子及阻碍程度。**第9章高质量发展视阈下创新要素配置水平的空间分异**，基于第7章测算出的创新要素配置水平，分别从时空演进和区域差异两个方面，探析各发展阶段下不同经济区创新要素配置水平的总体分布和变化趋势。**第10章高质量发展目标下创新要素配置效率测度**。在第7、第8和第9章从数量层面对创新要素配置水平进行测度和分析后，为探究创新要素配置质量，依据第3章高质量发展内涵和五大新发展理念，构建高质量发展系统指标体系。基于此，从投入产出角度测度创新要素配置系统对经济高质量发展系统的影响程度，即创新要素配置效率。同时，基于配置效率测度结果，分析其空间分异特征，并分别从区域同质和异质角度分析配置效率的长期增长趋势和内在驱动力，进而分析不同发展阶段下各地区创新要素配置质量状况。

第四篇是高质量发展视阈下创新要素配置的综合评价，本篇包含4章。**第11章高质量发展视阈下创新要素配置的均衡性评价**。基于CIPP评价理论，从投入角度评价不同发展阶段下各地区在发展过程中，使用创新要素的均衡程度，从配置的均衡性展开投入评价。**第12章高质量发展视阈下创新要素配置的合理性评价**。从投入产出角度评价不同发展阶段下，创新要素在区域间及区域内的配置结构，是否符合相应经济发展所需，从配置的合理性展开过程评价。**第13章创新要素配置与经济高质量发展的协调性评价**。从耦合发展角度评价不同发展阶段下，创新要素配置与经济高质量发展的匹配程度，进而分析两者耦合的时空特征、区域差异和分布动态演进，从配置与发展的协调性展开结果评价。**第14章高质量发展视阈下创新**

要素配置的政策评价。选取创新型试点城市政策、智慧城市政策和国家自主创新示范区政策，分析并比较单试点政策、双试点政策和三试点政策实施对创新要素配置的影响机制，从相关政策展开目标评价。

1.2.2 研究方法

本书通过采取跨学科研究视角，基于经济增长理论、统计测度与评价理论、耦合协调理论、计量经济学理论等学科理论与方法，进行科学、系统和全方位的研究。主要采取的研究方法如下。

（1）文献分析法。本书通过查阅图书、国内外期刊、网络文献、报告文献、学位论文及著作文献等方面的文献查阅，结合本书的研究目的，首先系统梳理了高质量发展的背景意义和典型特征、创新要素的发展和演变等相关文献，从而为深入全面地界定高质量发展和创新要素及其配置的内涵奠定基础；其次，全面总结梳理国内外现有对创新要素配置评价的文献研究，发现现行对创新要素配置指标体系评价的不足之处，从而为研究构建与评价创新要素配置体系打下基础；最后，对相关要素指标统计测度与评价方法方面的文献进行分析总结，筛选出对创新要素的测度与评价方法有借鉴意义的模型方法，加以结合并改进完善，对创新要素配置统计测度与评价体系的构建有重要作用。

（2）历史分析与比较分析法。创新要素配置的具体内涵和外延处于动态变化过程中，内嵌于世界经济发展进程之中，随着高质量的发展要求变化而不断拓展。因此，本书用历史发展的眼光进行研究，首先，基于创新要素配置的相关文献和理论，以梳理和阐述其动态的发展趋势，为确定创新要素配置的内涵和特征奠定基础；其次，以高质量发展和创新要素配置的内涵为根基，在明晰《国民经济和社会发展五年规划纲要》对创新要素配置发展重点的基础上，将创新要素配置指标体系分为“十五”阶段、“十一五”阶段、“十二五”阶段和“十三五”阶段，以期建立科学合理的创新要素配置指标体系；再次，依据“十五”阶段、“十一五”阶段、“十二五”阶段和“十三五”阶段中关于创新要素配置的政策内容，对各个阶段的指标体系进行动态调整，进而体现四个阶段创新要素配置指标体系的区别，为本书划分四阶段建立我国高质量发展视阈下创新要素配置指标体系提供现实支撑；最后，在政策评价中比较分析创新型试点城市政策、智慧城市政策和国家自主创新示范区政策对创新要素配置的单独和组合效应，从而提出切实有效的政策建议。

（3）综合分析法与统计测度法。创新要素配置指标体系构建过程中，基于依据五年规划政策和相关文献设计与完善出的初始指标体系，使用主成分分析和相关分析对初始指标体系的各级指标进行筛选，避免各指标信息含量低和冗余现象，并测算冗余度、灵敏度和信度保证指标体系的独立性、适用性和一致性。在创新要素配置测度方面，首先，利用熵权法测度创新要素指标权重并结合 TOPSIS 法和灰色关联度方法测度创新要素配置系统与经济高质量发展系统发展指数；其次，构建障碍因子诊断模型测算出障碍因子对配置水平的障碍程度；再次，采用核密度估计和 Dagum 基尼系数方法衡量创新要素配置水平的时空演进和区域差异；最后，构建超效率 EBM 模型直接测度创新要素配置效率。

（4）综合评价法与经济计量模型法。本书综合应用多种评价方法以及建立经济计量模型，全面系统地评价高质量发展视阈下创新要素配置状况。在高质量发展视阈下创新要素配置的评价过程中，运用偏离—份额分析法从投入角度对各省区市配置创新要素的均衡性展开评价；运用泰尔指数从投入产出角度对创新要素区域分布结构与相应经济发展水平的合理性展开评价；构建耦合模型从耦合发展角度对创新要素配置与经济高质量发展的协调程度展开评价；构建 DID 政策评价模型实证分析创新型试点城市政策、智慧城市政策和国家自主创新示范区政策对创新要素配置的单独效应和组合效应。

（5）系统分析法。本书对高质量发展视阈下创新要素配置统计测度与评价体系的构建是一个系统性的复杂过程，需要借助系统分析法才能保证整体体系构建的科学性与全面性。首先，在创新要素配置指标体系构建过程中，需要通过定性分析与定量分析相结合的方法，具体来说，通过定性的系统分析构建原则与思路系统和指标体系构建系统，定量的系统分析指标的筛选与检验系统，从而构建出实现高质量发展视阈下创新要素配置的指标体系；其次，在高质量发展视阈下创新要素配置的统计测度过程中，需要分别构建配置水平测度系统和配置效率测度系统，并对此设定系统进行细致分析；最后，在创新要素配置的评价过程中，在对高质量发展视阈下创新要素配置的测度结果的基础上，综合对创新要素配置投入角度的均衡性评价、投入产出角度的合理性评价和耦合发展角度的协调性评价，以及相关政策实施角度的政策评价，从而对高质量发展视阈下创新要素配置进行系统全面的评价。

1.2.3 技术路线

本书基于高质量发展视阈下创新要素配置统计测度的理论基础与实践应用的内在逻辑，按照**“理论基础—指标体系—统计测度—综合评价”**的思路展开，从理论分析、统计测度与评价三个方面，分四大篇幅探讨高质量发展视阈下创新要素配置的统计测度与评价。首先界定了高质量发展视阈下创新要素配置的内涵，然后从创新要素配置指标体系的构建、创新要素配置的测度、创新要素配置的评价四个方面进行展开。技术路线如图 1.5 所示，具体内容如下。

第一篇是理论基础。首先，对高质量发展和创新要素配置相关文献进行梳理；其次，从“五大新发展理念”和三个发展层面定义高质量发展，并从创新要素演变、概念和特征以及创新要素配置问题，界定高质量发展视阈下创新要素配置的新内涵；再次，进一步从创新要素错配和优化创新要素配置两个视角深入研究了创新要素配置对高质量发展的作用，并结合高质量发展和创新要素配置的内涵特征，探讨高质量发展对创新要素配置测度和评价两个方面提出的新要求；最后，系统梳理了要素配置、经济增长、创新、测度与评价以及其他相关理论，作为支撑研究高质量发展视阈下创新要素配置的相关理论依据。

第二篇是指标体系。首先，明确指标体系构建的一般性原则，以及高质量发展新要求下创新要素配置指标体系构建的特殊性原则，进而厘清构建思路；其次，基于构建原则与思路，立足于创新要素及其配置新内涵，从人力、资本、技术、信息和制度五个方面以及经济发展阶段性特征角度，结合五年规划内容，动态定性构建“十五”至“十三五”四个发展阶段的创新要素配置初始指标体系；再次，通过信息显著性分析和信息冗余分析，定量剔除创新要素综合系统和子系统配置初始指标体系中信息含量低和重叠多的指标，并对筛选后指标体系进行冗余度、灵敏度和信度检验，以保证指标体系的科学有效；最后，通过爬虫等方法从具有真实性和权威性数据源中获取相关结构化和非结构化指标数据，并根据数据特征进行补齐和调整等数据处理。在此基础上，从定性和定量两个方面对数据质量进行评价以保障后续测算评价等研究使用的数据质量。

第三篇是统计测度。首先，在传统要素配置测算方法的基础上，耦合熵权 TOPSIS 法和灰色关联度法测度四个发展阶段下创新要素配置水平；其次，采用障碍因子诊断模型从创新要素配置指标体系的指标层面，对创新要素配置过程中的障碍因子及障碍程度进行测算，分析不同发展阶段下各省区市创新要素配置过程中阻碍创新要素配置水平提升的因素；再次，分别使用核密度估计和 Dagum 基尼系数，分析四个发展阶段下创新要素配置水平的时空演进特征和区域差异性特征；最后，构建超效率 EBM 模型直接测度创新要素配置效率，并使用 Dagum 基尼系数法分析配置效率的空间分异特征。进一步地，基于超效率 EBM 模型结合 Malmquist 指数从区域同质视角分析配置效率的长期增长趋势和内在驱动力，通过共同前沿生产函数构造 MGM 指数则从区域异质视角展开分析。

第四篇是综合评价。基于 CIPP 评价理论，首先，使用偏离—份额分析法衡量区域在发展过程中创新要素的均衡程度，从投入角度评价创新要素配置结构的均衡性；其次，借鉴泰尔指数衡量创新要素区域配置结构和相应区域经济发展水平的匹配程度，从投入产出角度评价创新要素在区域间配置的合理性；再次，通过耦合模型衡量创新要素配置与经济高质量发展的协调程度，并分别使用 Dagum 基尼系数和核密度估计刻画耦合的区域差异特征和分布动态演进，从耦合发展角度评价创新要素配置和高质量发展间的动态关联；最后，选取创新型试点城市政策、智慧城市政策和国家

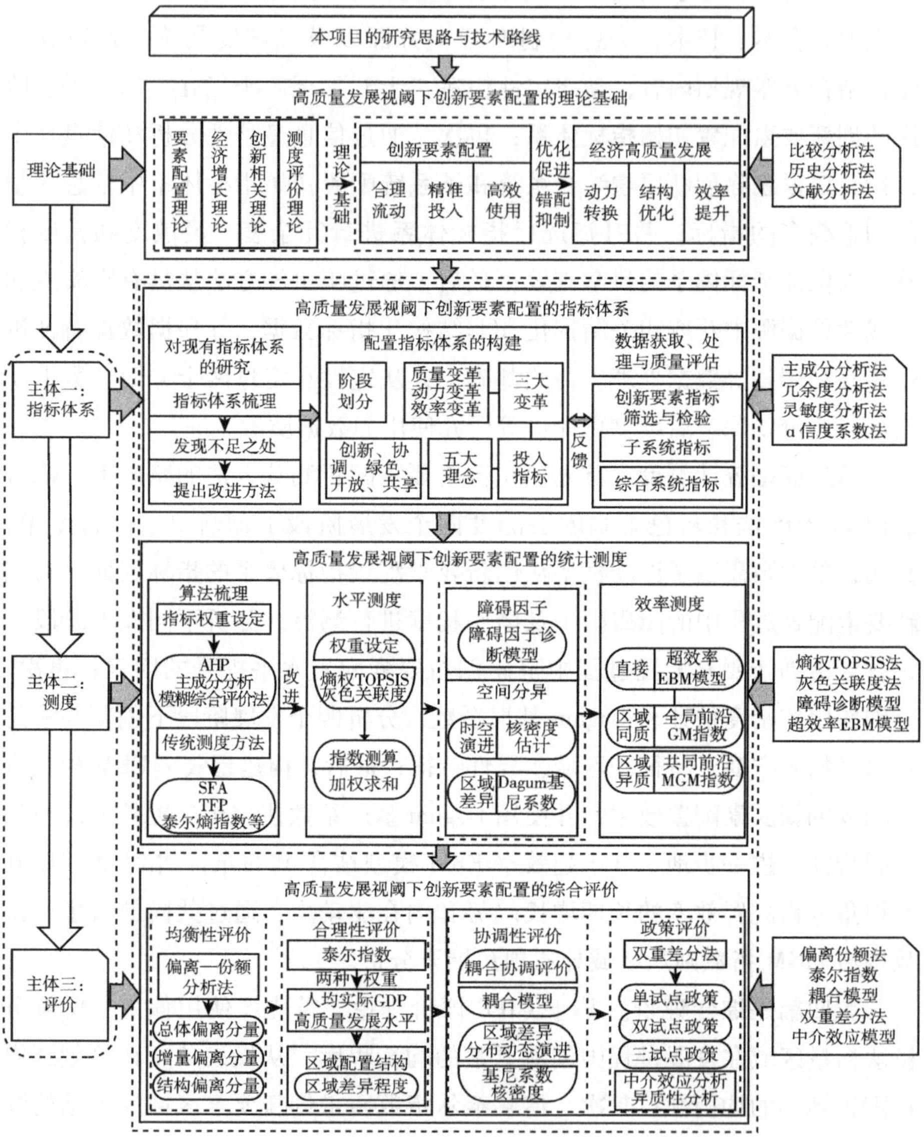

图 1.5　本书的技术路线

自主创新示范区政策，构建双重差分模型分析并比较单试点政策、双试点政策和三试点政策对创新要素配置的影响，并通过中介效应和异质性分析深入探讨影响机制，从政策角度评价创新要素配置。

1.2.4 创新之处

（1）在问题选择上的创新。

本书选择“高质量发展视阈下创新要素配置的统计测度与评价研究”，在总体目标上符合国家“稳增长、促改革、调结构”战略目标的要求。从推进“高质量发展”战略目标的视角，分别对创新要素配置的测度与评价两方面展开研究。基于高质量发展对创新要素及其配置的新要求，在统计测度上，本书从完善现有创新要素配置指标体系和多维度测度创新要素配置状况的视角，依据创新要素及其配置新内涵，由五维子系统共同构成创新要素配置指标体系，并引入非结构化指标，结合经济社会发展阶段性特征和五年规划内容，动态构建四个发展阶段的高质量发展视阈下创新要素配置指标体系，进而从数量和质量层面对创新要素配置现状展开统计测度；在评价研究上，本书从全方位综合评价创新要素配置的视角，基于CIPP理论完善评价体系，构建投入、过程、结果和目标四个环节的评价系统并改进评价方法，从结构和质量层面对创新要素配置展开评价。总体上，本书高质量发展视阈下创新要素配置统计测度与评价符合当前“五位一体”的总体布局，并符合供给侧结构性改革的发展主线。在问题选择上把握了我国经济和社会发展的大趋势，具有时代代表性、前瞻性和战略性。

（2）在学术观点上的创新。

①创新要素配置的统计指标构建是一个多维、动态的系统工程。创新要素配置测度具有复杂性、动态性的特点。尤其是在高质量发展背景下，产生了大量诸如信息数据等新型要素，一方面这些新型要素不仅直接参与了创新活动，也因其多维性、泛在性的要素特质构成了创新的辅助环境，统计内涵逐渐丰富；另一方面，现有的定量指标测度方法、各指标权重的设计等都需要“高质量”发展的实践检验，并进行逐步调整。用单一维度指标去测度创新要素，缺乏公允性，容易造成测度结果失真的问题。同时，创新要素一大特点就是高速成长变化与流动，需要依据经济社会发展

阶段性特征，分阶段及时反映创新要素走势，有利于“高质量发展”背景下的经济分析与决策。而现有指标体系测算多基于宏观数据构建的结构化指标，难以及时且准确地反映创新要素配置的新趋势和发展变化的新特点，不能满足统计比较分析与信息服务的现实需要，需要引入非结构化指标对指标体系加以补充完善，提高经济预测能力。基于此，本书认为，创新要素配置统计测度的指标体系构建，必须是一个多维、动态的发展过程。

②创新要素配置的统计测度工作的基础是高质量的数据源。正是由于创新要素指标体系具有前述特点，数据收集是一个需要攻克的重点和难点。否则，任何科学的方法和体系都只能得到不科学的结论。因此，本书从经济学、统计学、计量经济学、系统科学等多个学科出发，在确保创新要素配置相关指标测度即时性和精确性的前提下，选择能有效反映高质量发展背景下我国创新要素配置现状的数据源。其具体分为以下三个步骤：一是基于创新要素和高质量发展的内涵界定，对创新要素数据源进行梳理，包括政府开放数据及企业开放的数据等；二是在此基础上根据高质量发展背景下创新要素配置指标的实际需求进行数据源的有效性和可获取性判断，为后续的测度和评价研究做好铺垫；三是对非结构化数据和结构化数据进行过滤，通过定性与定量分析相结合的方法对创新要素配置指标的数据做质量评价，以确保所使用数据是高质量的。

③创新要素配置的综合评价是一个完整的循环系统。评价最重要的目的不在证明，而在改进。评价是一项系统工具，为评价听取人提供有用信息，使方案更具成效。通过对传统 CIPP 评价技术进行改进和完善，本书得到一个新的包含 4 个环节的 CIPP 评价模型。一是投入评价，又称计划评价。这是对创新要素配置现状的均衡性展开评价，即从投入角度评价和判断区域使用资源的投入结构。二是过程评价，又称活动评价。在于对创新要素配置结构的合理性展开评价，即从投入产出角度评价和判断资源在区域层面的分布结构是否符合相应经济发展水平。三是结果评价，是对创新要素配置的目标达成度进行评价，即从耦合发展角度评价和判断创新要素配置与高质量发展的动态关联关系是否协调。四是目标评价。目标评价是

CIPP评价技术的出发点和落脚点。在创新要素配置评价过程中，从现有创新要素配置的现状出发，以单政策或政策协同下创新要素高质量配置为目标结束，并将创新要素配置的质量反馈到创新要素配置现状，这恰好是两位一体的，形成了一个循环。

(3) 在理论研究和实践上的创新。

①细化并完善了高质量发展视阈下创新要素配置的内涵，系统梳理要素配置、经济增长、创新和测度与评价相关理论，并对高质量发展下创新要素配置的测度与评价提出了新要求。本书对高质量发展的背景意义和典型特征进行了梳理，从五大新发展理念和三个发展层面定义高质量发展。基于创新要素的发展演变和特征，全面、细致、深入地界定了创新要素的概念。并结合创新要素配置的现状和问题，界定高质量发展背景下创新要素配置的新内涵。同时，系统梳理了要素配置、经济增长、创新和测度与评价相关理论，为研究提供理论支撑。进一步地，从两个视角深入探讨了创新要素配置对高质量发展的作用关系，并结合高质量发展目标对创新要素配置提出新要求。其具体为，从完善指标体系、控制数据质量和改进测度方法等方面对创新要素配置测度提出新要求，从明确评价标准、完善评价体系和改进评价方法等方面对创新要素配置评价提出新要求。

②基于经济社会发展阶段性特征以及高质量发展新要求，构建创新要素配置指标体系，并保障指标数据质量，以更好地测度创新要素配置情况。一方面，根据不同时期经济社会发展的阶段性特点对创新要素配置指标体系进行动态调整，分别构建“十五”至“十三五”四个阶段的创新要素配置指标体系；另一方面，在科学界定创新要素及其配置内涵与特征的基础上，以服务高质量发展为目标，将指标体系分解为人力、资本、信息、技术和制度五个子系统。同时，引入企业微观层面指标和基于大数据方法的非结构化指标，对指标体系加以补充与完善，以期全面展示我国经济由高速增长阶段转向高质量发展阶段的创新要素配置情况。在此基础上，筛选出信息含量高且信息不重叠的指标，并合理检验筛选后指标体系的冗余度、灵敏度和信度，保障指标体系的科学有效。进一步地，基于高

质量发展对数据提出的新要求，综合传统的数据获取路径和新型数据源，采用网络爬虫等方法创新性地从网络平台获取相应的非结构化数据，并对获取数据依据数据特征进行相应补齐和调整等处理。同时，对数据质量从数据收集和处理过程进行定性评价，并从异常值、信度和效度方面定量评价，以严格把控数据质量。全面且科学的指标体系和高质量的数据，使测度结果更具准确性。

③在高质量发展对创新要素配置测度中测算方法提出新要求的基础上，改进指标测度方法，并从数量和质量层面对创新要素配置的现状进行测度。基于高质量发展下创新要素配置测度的新要求，本书从多维角度对创新要素配置的现状展开测度，即分别测度创新要素配置的“数量”和“质量”，以全面反映创新要素配置现状。具体而言，采用耦合熵权 TOPSIS 法和灰色关联度法对创新要素配置水平进行测度。在配置水平结果可靠的基础上，构建障碍因子诊断模型诊断创新要素配置过程中的障碍因子及障碍程度，并使用核密度估计和 Dagum 基尼系数探析创新要素配置水平的时空演进和区域差异特征，进而掌握创新要素配置在数量上的现状。进一步地，对创新要素配置质量展开测度，即从投入产出角度测算创新要素配置效率，构建超效率 EBM 模型直接测度，并使用 Dagum 基尼系数探析配置效率的空间分异特征。同时，为探析配置效率的长期增长趋势和内在驱动力，分别在区域同质和异质视角下通过结合超效率 EBM 模型和基于全局前沿的 Malmquist 方法，以及通过共同前沿生产函数构造 MGM 指数展开分析，进而掌握创新要素配置在质量上的现状。

④在高质量发展视阈下，基于偏离—份额分析法、泰尔指数、耦合度和双重差分法等评价方法，从“结构”和“质量”两个方面对创新要素配置进行了综合评价。基于高质量发展对创新要素配置评价提出的新要求，对传统 CIPP 评价技术进行改进和完善。首先，使用偏离—份额分析法从投入角度评价区域在发展过程中创新要素投入结构的均衡性，以实现创新要素配置现状的投入评价；其次，借鉴泰尔指数从投入产出角度评价创新要素在区域层面分布结构与相应经济发展水平的合理性，以实现创新要素区域配置的过程评价；再次，在从结构层面对创新要素配置的均衡性和合

理性进行评价之后，从质量层面展开评价，通过耦合模型评价创新要素配置与经济高质量发展的协调性，并分别使用 Dagum 基尼系数和核密度估计刻画耦合的区域差异特征和分布动态演进，以实现创新要素配置的结果评价；最后，选取创新型试点城市政策、智慧城市政策和国家自主创新示范区政策，构建双重差分模型评价单试点政策、双试点政策和三试点政策实施对创新要素配置的影响机制，以实现创新要素配置的目标评价。

第2章　文献综述

为从测度与评价两个方面开展对高质量发展视阈下创新要素配置的深入研究，首先必须对这两者当前的发展状况进行详尽的梳理，以此为基础进行后续分析；其次，本书以经济学和统计学的基本理论为指导，厘清高质量发展视阈下创新要素及其配置的新内涵与特点，确定高质量发展视阈下创新要素配置的指标体系；最后，需要基于选取的指标和数据，选用针对性的测度方法，以准确把握高质量发展视阈下创新要素配置的现实情况，并在此基础上进一步对创新要素配置进行评价。针对上述主要研究内容，需要梳理国内外相关研究了解当前研究成果，为后续开展研究奠定坚实基础。因此本章从以下三个方面对现有相关研究展开综述，分别是高质量发展与创新要素配置的内涵与关系、高质量发展与创新要素配置的统计测度、高质量发展与创新要素配置的评价。具体梳理框架如图2.1所示。

图2.1　本书的文献梳理框架

2.1　高质量发展与创新要素配置的内涵与关系研究

对高质量发展与创新要素配置的内涵及其相互关系的相关文献梳理是对创新要素配置进行统计测度与评价研究的前提和基础。因此，本节从高质量发展内涵、创新要素配置内涵、高质量发展与创新要素配置关系三个方面对国内外现有文献进行梳理。

2.1.1　高质量发展内涵的相关研究

（1）高质量发展的内涵起源。

虽然"高质量发展"一词是 2017 年党的十九大首次提出的新表述，但是，在学术界关于高质量发展的相关研究可以追溯至对经济增长质量的研究。已有文献分别从狭义上和广义上界定经济增长质量的概念：狭义上的经济增长质量是将经济增长质量类比为经济增长效率，主要是指资源要素投入比例、经济增长效果或经济增长效率，即是从投入产出角度对经济活动时所消耗和投入的要素投入与经济活动总产出之间的比较（王积业，2000；康梅，2006；谢光华等，2020）；广义上的经济增长质量认为经济增长质量是相对于经济增长数量而言，属于一种规范性的价值判断，不仅包含经济增长质量的狭义概念，还包括经济协调性、稳定性、资源利用与可持续性、创新潜力以及社会公平正义等多维度内容（刘树成，2007；朱子云，2019；张建和王博，2022）。基于高质量发展概念界定的实证研究主要集中在新增长理论中，例如，Antras 和 Helpman（2004）认为技术进步和创新会通过提高技术效率和资源配置效率来实现可持续增长。《中国经济增长质量发展报告 2019》指出，经济发展的质量反映经济增长的效率，经济资源运用效率决定经济质量高低。

（2）高质量发展的内涵延展。

以往文献普遍从量的角度度量经济增长水平，强调的是数量和规模。

经济质量虽然能够在某种程度上从质的角度揭示经济增长质量的优劣，但是“增长”这一概念范围远小于“发展”的概念，在广度与深度上，高质量发展的概念更加广阔（魏敏和李书昊，2018），根据现有文献本部分具体从以下三个视角对高质量发展的内涵进行延展。

一是从社会主要矛盾视角。社会主要矛盾转换为准确把握高质量发展内涵提供了逻辑起点，李金昌等（2019）是从解决“人民美好生活需要”和“不平衡不充分发展”的社会主要矛盾出发来认识高质量发展的内涵。赵剑波和史丹等（2019）认为高质量发展本质上已经完成了由规模的“量”向结构的“质”，由“有没有”向“好不好”的过渡。张军扩等（2019）也认为高质量发展的本质内涵是以满足人民日益增长的美好生活需求为目标的高效率、公平和绿色可持续的发展，高质量发展是绝对与相对、质量与数量的统一，相对于经济高速增长，高质量发展意味着更加全面的发展要求，代表着高效、公平、可持续的发展目标。

二是从新发展理念视角。金碚（2018）认为高质量发展作为一种新提法、新模式、新要求，其侧重点在于“质量”一词，走符合实际和特色的道路，以高效、可持续方式满足人民多方需求的发展即是高质量发展。陈景华等（2020）基于新发展理念构建创新、协调、可持续、开放及共享性五个子系统探讨高质量发展的区域差异及分布动态。汪淑娟和谷慎（2021）认为高质量发展是能够体现创新、协调、绿色、开放、共享等新发展理念的发展，也是生产要素投入少、资源配置效率高、资源环境成本低、经济社会效益好的发展体现（师博和任保平，2018）。

三是从宏微观视角。基于当前社会问题及高质量发展的新要求，高质量发展的实现路径包括各层面的供给侧结构性改革。Antras 和 Helpman（2004）从微观层面出发，认为可持续的高质量增长需要依靠技术进步与创新并通过提高技术效率和资源配置效率来实现。王一鸣（2018）指出，高质量发展的微观上表现为产品和服务的质量，中观上表现为产业的价值链，宏观上表现为国民经济的总体质量和效率。孙智君等（2022）指出，高质量发展是确保产品质量和资源精准对接、优化配置的发展模式，主要表现在转变发展方式、优化经济结构、转换增长动力方面。李世美和郭福良等（2022）认为经济高质量发展体现在三个方面，即高质量供给是物质基础，高质量需求是新战略基点，经济与社会协调发展是必然要求。

2.1.2 创新要素配置内涵的相关研究

(1) 创新要素概念界定。

创新要素概念的界定是创新要素配置内涵研究的基础，因此本部分通过梳理创新要素的概念展开创新要素配置内涵的相关研究。创新要素的概念最早源于 Schumpeter 创立的创新理论，Schumpeter（1912）在《经济发展理论》开创性地以创新阐释经济的演进过程和特点在于其是创新的产物，而创新则是一种全新的生产函数，将新的生产要素和条件组合起来形成前所未有的组合再引入生产体系中。因此所有参与创新活动的生产要素以及为创新活动提供的生产条件均可称为创新要素，然而根据研究目的和研究视角的不同，创新要素的内涵并未形成统一，有狭义和广义之分。

狭义的创新要素内涵主要指参与创新生产函数中的人力、资本或技术等创新要素。韩江波（2019）认为简单劳动力、土地、自然资源和资本属于创新活动需要的初级要素。Crepon 和 Duguet（1997）将创新方程中的创新要素设定为研发资本。绝大部分学者则在资本创新要素的基础上将人力纳入创新要素范畴，并用 R&D 人员和 R&D 经费衡量（白俊红和蒋伏心，2015；Tsuboi，2020；李晓峰和卢紫薇，2021；贾宝余等，2022）。Wang 和 Yang（2020）将创新要素分为人力创新要素、资本创新要素和固定资产。随着对创新要素内涵研究的不断深入，学者们不再局限于对单个创新投入要素的研究，逐渐全面分析创新要素投入系统，从广义的角度去理解创新要素。

广义的创新要素内涵则包括参与创新活动的各类要素资源。Bessarabov（2012）认为创新要素既包括创新活动所涉及的全部要素，又涵盖所需的科技创新基础，具有边际报酬递增的特性（陶长琪和徐茉，2021；徐晔和赵金凤，2021），具体包括人才要素、技术要素和资本要素。肖兴志和徐信龙（2019）认为创新环境也是创新要素内涵的主要部分，创新环境则是有利于创新活动的相关政策、制度以及创新文化氛围等（彭影，2022），创新资本、人力资本、创新政策和创新基础设施共同构成了创新要素。参与区域创新的主体主要是大学、科研机构、政府部门和企业等，而创新资源是受到创新主体支配的客体，即人力创新要素、资本创新要素和技术创新要素等。随着信息技术时代的到来，人力、物力、财力和信息资源逐渐纳入了创新要素范畴，彭影（2022）进一步纳入了数据要素，陶长琪和袁琦璟（2021）将数据要素作为新型创新要素纳入创新要素体系统，陶长琪和徐茉（2021）、徐晔和赵金凤（2021）将创新要素系统分为人力、知识、技术、数据和制度创新要素。

（2）创新要素配置的内涵。

现有文献对创新要素配置的研究主要从过程视角和结果视角去定义创新要素配置内涵。从过程视角来看，戚湧等（2013）认为创新要素配置不仅是创新资源的整合，还是创新资源的高效配置，将创新资源优势转化为创新能力的过程；从结果视角来看，学者们主要将创新要素配置理解为系统内部各创新要素所占比重（逯进和周惠民，2013；陶长琪和徐茉，2021；彭影，2022）。

从创新要素配置的内涵定义来看，创新要素配置水平取决于创新要素的投入规模和结构，这主要反映创新主体分配和使用创新要素的能力。相关研究表明，创新要素配置水平的内涵在微观、中观和宏观层面上有着不同的表现特征（肖兴志和徐信龙，2019）。其中，在微观层面上创新要素配置水平是指以企业为代表的创新主体，在创新活动中对自有创新要素投入规模和投入比例的调控能力（刘汶荣，2021）；在中观层面上，创新要素配置水平是指企业、机构、政府等微观创新主体，基于自有创新要素开展创新活动，致使创新要素在创新主体间的流动和转移的能力（高月姣和吴和成，2015）；在宏观层面上，创新要素配置水平是指区域内部创新主体对创新资源与创新环境间的配置以及创新要素的跨区流转的能力（Faggian and McCann，2009）。

创新要素配置效率是创新要素配置效果的综合体现，现有研究对要素配置有效性的探讨也不仅限于对创新要素的考察。陆建芳和戴炳鑫

(2012) 指出创新资源配置效率衡量的是在生产领域中创新资源投入与产出的关系。资源配置效率的提升，一方面体现在特定技术水平下要素投入的结构性变革，另一方面则体现在要素高效流动所带来的产出增长（王欣亮等，2020）。龚关和胡关亮（2013）指出资源配置效率是指投入要素边际产出价值的离散程度。此外，国内外学者也从要素错配视角对创新要素配置展开研究，认为“要素错配”是相对于“有效配置”而言，有效配置是指在有限资源下实现的最大产出状态，偏离这种状态可视为要素错配。目前，对于要素错配的界定存在两种主流方法：一是以发达国家或地区为基准，当不发达国家或地区经济水平或生产效率相对前者产生偏离，即认为形成错配；二是以地区政策、制度和产业结构作为对象，当要素价格扭曲带来了经济效率损失，即为错配（Hsieh and Klenow，2009；Aoki，2012；Restuccia and Rogerson，2013）。靳来群等（2019）发现创新资源错配是我国总体创新效率较低的重要原因，其中结构性错配是重要方面。市场竞争同质化、创新能力薄弱和要素流通阻塞在一定程度上也导致了创新要素配置扭曲（朱婕等，2021）。

（3）创新要素配置的影响因素。

近来，由于我国要素配置的优化依然面临诸多困难，配置水平亟待提高，配置效率存在较大的改善空间，因此，要素配置的影响因素研究受到学术界的广泛关注。已有研究主要从以下四个方面对要素配置水平低下和效率损失的影响因素进行分析：第一，扭曲的金融市场（邵宜航等，2013；Moll，2014；Wu，2018）。邵宜航等（2013）的研究发现，金融市场扭曲对企业资源配置扭曲的影响显著，是造成中小企业资源配置扭曲恶化的根本原因。Moll（2014）的研究认为，尽管长期来看，金融摩擦对资源错配的影响有限，但在短期内，金融摩擦对资源错配和总生产率的影响是重要的。Wu（2018）的研究发现，金融摩擦对中国资本错配的解释力高达30%。第二，扭曲的劳动力市场（宗慧隽和李真，2020；蔡昉等，2001）。宗慧隽和李真（2020）将最低工资上涨、劳动力市场分割以及资源配置效率三者纳入同一研究框架，发现劳动力市场分割所导致的劳动力市场扭曲将抑制最低工资上涨对资源配置效率的提升作用。蔡昉等

(2001) 验证了劳动力市场扭曲对资源配置效率的显著负向影响。第三，制度因素（王文和孙早，2020；李斯嘉和吴利华，2021）。王文和孙早(2020) 的研究则表明偏向性政策扶持和创新环境是影响研发资源错配的主要因素，尤其是研发资源过度配置的地区。李斯嘉和吴利华（2021）认为创新要素配置效率不同于一般的生产要素配置效率，完全依靠市场机制配置难以使创新要素配置效率达到最优，市场分割由于能够在一定程度上保护本地创新，可能具有一定的创新要素配置效率的改善效应，但由于空间溢出导致市场分割对相邻地区的创新要素配置效率具有负向抑制效应。第四，信息不对称性（Yan et al.，2016；Jovanovic，2014）。Yan 等（2016）认为供应链融资是解决银行与贷款者之间信息不对称所引发的资源配置无效率问题。Jovanovic（2014）认为企业与劳动者之间关于求职的信息不对称性，阻碍了劳动力的自由流动，造成了劳动力要素的错配。陶长琪和袁琦璟（2021）认为信息不对称性导致创新要素无法有效流动，使要素流通活力不足，进而配置效率低下并对经济发展效率提高产生阻碍。

2.1.3 高质量发展与创新要素配置关系的相关研究

高质量发展是宏观发展目标，而创新要素是微观活动元素，经济增长理论始终将要素作为经济增长的源泉和动力（Solow，1956；Romer，1986），高质量发展需要创新要素的优化配置来实现，创新要素的配置安排需要以高质量发展为指导。同时由于要素以及要素配比是动态变化的，受要素自身质量升级和流动机制的影响，因此创新要素配置对经济高质量发展的影响是双向的，本部分将从要素配置对高质量发展的促进作用、要素错配对高质量发展的抑制作用以及高质量发展对要素配置的要求三个方面对相关文献进行梳理。

(1) 要素配置促进高质量发展的研究。

现有关于要素配置促进高质量发展的研究，主要体现在要素配置对企业成长与发展、经济可持续增长、供给侧结构性改革、产业结构变迁四个方面的正向促进作用，从而实现经济高质量发展。第一，对企业成长与发展的作用。Mitaritonna 等（2017）认为高技能人才流入能显著促进企业生产率增长。王永进和刘卉（2021）认为企业创新专利申请数目的增多有利于提高企业生产率，这体现了企业资源向技术创新要素转移对生产率的正向促进作用。技术资本和知识资本的均衡配置有利于企业成长，但技术资本对企业成长的贡献比知识资本更大（Huang，2010）。陶长琪和丁煜（2022）实证表明数字经济政策通过创新要素配置优化提升企业创新水平。第二，对经济可持续增长的作用。Denison 和 Institution（1974）认为要素数量、质量的改善、知识进展、技术进步、资源的优化配置和规模经济是促进经济增长的主要因素。程名望等（2019）发现技术进步、人力资本、制度改革和市场化推进导致的资源和商品在区域间的优化配置促进了中国经济的可持续增长。第三，对供给侧结构性改革的作用。冯俏彬和贾康（2017）指出大力振兴实体经济、发展新经济以优化要素配置是我国供给侧结构性改革是否成功的标志。Broekel 等（2010）认为创新要素流动推动区域协同创新，能够促进知识链、产业链分工合作，进而加速生产率的转化，提高生产效率。第四，对产业结构变迁的作用。陈强远等（2020）认为创新要素流动能够优化创新资源的空间配置，加快协同创新合作机制形成，从而加速技术成果转化、促进产业结构优化升级。朱婕等（2021）认为协同创新平台上的创新要素配置可满足创新主体在生产活动中对不同要素的需求并降低信息与创新成本，进而实现产业链升级。

另外，也有部分学者立足空间视角探讨要素配置对高质量发展的促进作用。例如，罗富政（2019）认为中国空间经济格局在不断优化，其中要素配置机制和关系变迁机制的作用显著，同时要素配置和空间分异表现出了对淮海城市群协同发展的正向推动作用。白俊红和蒋伏心（2015）、宛群超和袁凌（2021）采用空间计量模型研究发现创新要素的区际流动促进知识溢出、产业技术创新能力进而影响经济增长。海本禄等（2022）运用熵权 TOPSIS 方法围绕高质量发展的五大理念，对高质量发展水平进行综合测度，并在此基础上探究创新要素流动对高质量发展的空间影响效应，研究发现创新要素流动显著促进高质量发展水平，其促进渠道是技术创新和产业结构升级。

（2）要素错配抑制高质量发展的研究。

关于要素错配抑制高质量发展的研究主要体现三个方面：一是要素错配对企业成长的抑制效应。由于要素市场扭曲抑制了要素在地区和企业间的自由流动，使市场机制对要素的优化配置作用被削弱，导致要素价格信号失真，从而影响了资金和劳动力等要素的使用效率，进而降低了总全要素生产率（戴小勇，2021）。更严重的是，这种要素扭曲情况导致部分企业通过与政府建立某种寻租联系就能够以较低成本获得生产过程中的稀缺要素（包括减免税收和补贴等），从而获得寻租收益（Acemoglu and Guerrieri，2008），而寻租活动带来的收益会抑制关联企业主动寻求创新获取利润的动机，抑制了企业自主创新的积极性与成长（张杰等，2011）。二是要素错配对行业成长的抑制效应。韩剑和郑秋玲（2014）研究发现行业间要素错配程度呈缓慢上升趋势，且行业间要素错配分别造成了我国工业行业实际产出和潜在产出 30.25% 和 4.72% 的损失。徐晔和张秋燕（2009）指出我国高科技行业资源配置的 Malmquist 指数受到技术效率指数和技术变化指数的显著影响。任韬和孙潇筱（2021）认为我国行业间劳动要素配置扭曲情况较为严重，对全社会产出总量和全要素生产率存在负向影响。三是要素错配对城乡发展的抑制作用。由于要素双向自由互动、平等交换和均衡配置是城乡融合的基石（刘明辉和卢飞，2019；王向阳等，2022），城乡部门生产要素配置与二元经济结构转化密切相关，城乡要素错配显著阻碍了中国城乡二元经济结构转化（王颂吉和白永秀，2013）。由于城乡要素市场改革的滞后，城乡要素的流动受到了限制，这导致了城乡要素的错位，从而极大地制约了城乡融合发展水平的提高和收入分配格局的改善，造成产出损失（杨志才和柏培文，2017；刘明辉和卢飞，2019）。要素错配成为城乡融合的主要制约和农业农村发展滞后的关键（朱喜等，2011；刘明辉和卢飞，2019），制度约束与政府职能错位则加重了城乡要素配置不合理的问题。

（3）高质量发展影响要素配置的研究。

在“高质量发展”一词被写入中央经济工作会议报告以前，大部分文献都是在经济增长视阈下研究要素配置问题，一般认为经济发展能够增加创新活动中的人力资本、外商投资、研发投入等含量（Diebolt and Hippe，2019），韩先锋等（2019）认为经济发展能够提升互联网等基础设施水平，进而提升数据资源配置。而在高质量发展阶段，需要以质量作为切入点，在高质量的发展过程中，产品的使用价值特性必须得到满足，而高质量的发展需要高度创新的战略和模式选择（金碚，2018）。“高质量发展”意味着快速发展的同时也要兼顾发展效益，要素优化配置的目标不仅是经济增长，也是效益提升。王一鸣（2018）指出高质量发展的根本在于经济的活力、创新力和竞争力，高质量发展对我国创新要素及其配置提出了新的要求。陶长琪和徐茉（2021）从质量、效率和动力变革三个方面阐述了高质量发展对创新要素的内在要求。

同时不少学者进一步研究发现了创新要素配置与经济高质量发展之间存在相互影响。逯进和周惠民（2013）利用耦合原理构建了描述人力资本和经济增长之间的相互作用，并阐述了其间耦合和跃迁机制的模型，认为两者能够在相互作用中彼此促进、耦合发展。何喜军等（2016）通过对自然资源、劳动要素、资本要素、技术要素等要素禀赋与制造业协同发展度的测算，发现区域要素禀赋与制造业的协同发展呈现出从中度协同向高度协同的转变。葛鹏飞等（2020）探讨中国创新系统与经济发展系统的耦合协调性，研究发现我国创新与经济发展的耦合协调性相对较低并存在区域差异和空间相关性。徐晔和赵金凤（2021）测算了创新要素配置与经济高质量的耦合度，发现配置与高质量间耦合发展呈现递增趋势且存在区域差异性。

评述：现有关于高质量发展内涵的研究主要涉及经济发展质量、新发展理念、社会主要矛盾和供给侧结构性改革成效等多方面，大多局限于文字的概念阐述。关于创新要素配置内涵的研究主要涉及创新要素的内涵延展、要素配置效率的内涵和创新要素配置的影响因素等方面，缺乏对创新要素配置模式和配置机制的研究。而关于两者相互关系的研究主要集中于要素配置对企业、行业等方面的影响，鲜有从高质量发展视阈下考虑创新要素配置的内涵变化。

2.2 高质量发展与创新要素配置测度的研究

在系统梳理高质量发展与创新要素配置内涵的基础上，进一步按照“高质量发展测度—创新要素测度—创新要素配置效率测度”的思路对高质量发展与创新要素配置测度的相关文献展开梳理与评述。

2.2.1 高质量发展测度研究

“高质量发展”是我国经济社会逐渐步入的新阶段，在此之前，国内外学者多聚焦于“经济增长质量”研究。因此，本节从经济增长质量测度与高质量发展测度两个方面对现有研究加以梳理和总结。

（1）经济增长质量测度研究。

经济增长质量侧重经济增长过程中质的提升，自古典经济增长理论起，多从过程、结果和前景对经济增长的品质优劣程度进行反映和测度。现有关于经济增长质量测度的研究，主要体现在测度对象和测度方法两个方面。

①经济增长质量的测度对象。

关于经济增长质量的测度对象，已有研究一方面聚焦于核心要素对经济增长质量的影响，另一方面也关注多因素的综合影响。

经济增长质量的核心测度指标，主要有公共服务指标、生态环境指标和创新能力指标三类。一是医疗教育等社会公共服务指标。有学者针对发展中国家构造了医疗健康、教育资源等社会效益指标，用来衡量增长质量指数 QGI（The Quality of Growth Index）（Mlachila and Tapsoba，2017；Qi，2016）。二是绿色环保等生态环境指标。成程等（2022）从资源利用效率和生态环境指标两个视角衡量经济增长的结果并测度我国城市经济增长质量。三是创新能力等创新指标。现有研究主要以创新系统理论为基础，从创新要素、创新主体、创新成效和创新环境等方面综合设置指标（刘思明等，2019）。

国内经济增长质量的多因素测度，主要体现在狭义的国民经济质量和广义的“五位一体”发展两个方面。一方面是狭义的国民经济质量。一些学者聚焦于国民经济的发展，从经济角度深入探究增长质量。Wong 等（2021）和李成刚（2023）将经济增长质量划分为经济增长动能、经济增长结构和经济增长成果三个方面；Kong 等（2021）从经济增长效率、经济增长稳定性和经济增长可持续性三个方面共 31 个指标测度经济增长质量。另一方面是广义的“五位一体”发展。如朱启贵（2017）尝试从经济发展、民主法制、文化建设、人民生活和生态文明五个维度构建广义经济质量综合评价指标体系，认为这样可以更加全面地反映经济发展质量。

②经济增长质量的测度方法。

关于经济增长质量的测度方法，一是通过全要素生产率或 GDP 作为替代（王西贝和王群勇，2023），二是运用主成分分析等统计方法将各类指标合成为经济增长质量指数。一些学者受 Solow 等（1956）研究中的经济模型影响，通常采用经济全要素生产率进行简单衡量（Beugelsdijk et al.，2018；詹新宇和曾傅雯，2021）。在此基础上，Xia 和 Xu（2020）通过结合环境绩效变量来计算绿色全要素生产率指数（GTFP），以评估经济增长质量。一些学者运用企业中间投入产出率、投资效率、劳动生产率增长等指标衡量经济增长质量水平（沈坤荣和傅元海，2010）。此外，也有学者认为增加值率与经济增长质量密切关联，并以此表征区域经济增长质量水平（范金等，2017）。但是，由于概念误差与度量方法等方面的影响，一些学者主张采用全要素生产率对经济增长质量水平的衡量在可行性和合理性方面存在明显局限性。其中，Qi（2016）建立了一个综合考虑规模、绩效、结构和协调性的经济增长质量评估框架。出于研究贸易开放对经济增长影响的考虑，Kong 等（2021）基于经济增长效率、稳定性和可持续性三个方面测度经济增长质量水平。

（2）经济高质量发展测度研究。

当前中国经济正处于转型发展时期，对发展质量的测度直接影响发展理念和发展目标的落实，所以越来越多的学者开始聚焦于经济高质量发展的测度研究。现有研究主要体现在测度视角的不同，集中于“五大新发展理念”、经济增长质量、社会主要矛盾、宏观微观、全要素生产率五个方面。

①“五大新发展理念”视角。新时代高质量发展是在五大新发展理念引领下逐步实现的，所以有学者尝试利用“五大新发展理念”多维度测度高质量发展水平。以“五大新发展理念”为逻辑依据，师博和任保平（2018）系统详细阐述了中国高质量发展指标体系中创新、协调、绿色、开放、共享和高质量发展之间的逻辑联系，并构建了由5个维度和42个指标组成的指标框架；郭芸和范柏乃等（2020）认为发展动力是高质量发展的源泉，发展结构和发展方式是高质量发展的着力点，发展成果是经济社会发展的结果体现；陈肖飞等（2023）基于“五大新发展理念”，将发展、创新和绿色作为优质高效的高质量发展供给体、共享作为高质量发展需求体，协调和开放作为高质量发展的路径，从这三个维度出发构建指标体系。

②经济增长质量视角。有学者认为应该重点关注经济高质量发展状况。例如，向书坚等（2011）使用目标层（经济增长质量）、系统层（资源配置与利用及社会经济成果分配情况）、状态层（社会、经济和环境的有机结合）和指标层四个层次构成经济增长质量评价指标体系；向书坚和郑瑞坤（2012）构建了包含经济系统指数、社会系统指数和环境系统指数的经济增长质量指数指标集。

③社会主要矛盾视角。有学者认为满足人民日益增长的美好生活需要是高质量发展的根本目的。例如，李金昌等（2019）立足于“人民美好生活需要”和“不平衡不充分发展”的社会主要矛盾，由此出发构建了囊括经济活力、创新效率、绿色发展、人民生活、社会和谐5个部分共27项指标的高质量发展评价指标体系；魏敏和李书昊（2018）构建了涵盖经济结构优化等10个方面的测度体系并利用熵权TOPSIS法对新时代高质量发展水平进行了测度。

④基于宏微观视角。高质量发展在宏观、中观、微观视角下表现各不相同，所以有学者尝试测度不同尺度下的高质量发展。苗峻玮和冯华

(2020) 基于宏观、中观和微观经济学视角，从要素层面、产业层面和社会层面共 32 个指标对区域高质量发展进行测度。

⑤基于全要素生产率视角。学者以全要素生产率表示高质量发展水平，这是因为高质量发展核心是提高全要素生产率（许光清等，2023）。许宪春等（2020）使用增长核算法测算分行业的全要素生产率以分析新时代经济增长动能；当然也有其他角度研究经济高质量发展的，杨耀武和张平（2021）通过理论模型探讨发现影响经济高质量发展的因素从而以此构建高质量发展指标体系，研究发现我国经济高质量发展水平呈现稳步提升态势，但不同阶段提升速度不同。

2.2.2　创新要素测度研究

当前文献对要素现状测度的研究众多，本节从单要素和全要素两个方面对要素现状测度的相关文献进行梳理。

(1) 单要素现状测度的相关研究。

现有关于单要素现状的测度研究，主要围绕人力资本、金融资本、技术和数据等要素展开。

①人力资本要素。Schultz 等（1961）提出人力资本概念后，人力资本方面的研究日益丰富。随着教育在国民经济中作用的日益增强以及人力资本理论的发展，人们对人力资本内涵也有了新的认识。根据国际经济合作与发展组织（OECD）的定义，人力资本是指个人所拥有的知识、技能、能力和素质，这些能力和素质可以为个人、社会和经济福祉做出贡献（OECD，2001）。现有文献关于人力资本的测度主要从人力资本存量和劳动生产率两个方面展开。一方面，关于人力资本存量的测算，现有学者分别从成本法、收入法和教育指标法对人力资本存量进行了测度（Kendrick，1976；李海峥等，2013）。其中，李海峥等（2013）采用 Jorgenson - Fraumeni 终生收入法测算我国国家层面和省级层面人力资本存量。张琼和张钟文（2021）则通过对适龄人口加权求和方法并以人均受教育年限和综合 Mincer 系数为标准估算人力资本存量。此外，周春芳和苏群（2023）依据

新人力资本理论，采用认知能力和非认知能力测度人力资本质量，同时采用个体年收入作为衡量人力在劳动力市场表现的指标；另一方面，在人力资本存量测算的基础上，部分学者对劳动生产率的测算做了相关研究。例如，王家庭等（2019）通过核密度非参数估计法，估算了我国各省区市以及分行业劳动生产率增长的驱动力，并探究了制造业增长动能的转换过程。邹薇和袁飞兰（2018）采用产出弹性法对劳动生产率进行测算，发现劳动收入份额的上升对劳动生产率有抑制作用。而大多数文献均将产出与劳动人口数的比值或全要素生产率作为劳动生产率（Gopinath et al.，2004；单勤琴和李中，2022）。

②金融资本要素。现有学者对金融资本现状测度的研究主要从互联网金融、普惠金融和科技金融三个方面对金融资本现状进行测度。关于互联网金融现状的研究，一部分学者从互联网金融本身的发展现状进行了研究（Berger and Gleisner，2009；刘忠璐，2016；王荣等，2023）。关于普惠金融现状测度的研究，主要集中于普惠金融发展水平的测度，但尚未达成共识。从目前已有的研究成果来看，我国对于金融发展水平的测量多采用主观赋权法和客观赋权法来确定指标权重值，但这两种方法都存在一定缺陷，普遍认为，主观赋权法中的主观因素对最终的评价结果产生了显著影响，而不同专家的权重系数也存在差异，因此在评估普惠金融发展水平时选择采用因子分析法、主成分分析法、变异系数法、熵值法等客观赋权法等（高沛星和王修华，2011；陆凤芝等，2017）或者通过编制投资头寸表以此模拟全球证券投资网络（李宝瑜等，2019）。关于科技金融现状测度的相关研究，多采用赋权法对科技金融发展现状进行测度。例如，曹颢等（2011）从资源指数、经费指数、产出指数和贷款指数四个一级指标出发，对 2001 ~2008 年中国 31 个省区市的科技金融发展水平指数进行测算；张玉喜和张倩（2018）从生态视角构建了科技生态系统，并构建了包括科技金融市场等方面的指标体系对科技金融现状进行了测算，研究发现我国科技金融发展水平呈现东中西部地区依次递减的特征。

③技术要素。现有学者对技术资本现状的分析主要集中于技术资本存量的测度和技术资本的配置情况两个方面进行研究。一方面，技术资本作

为一种微观可测度的要素资本，与劳动力要素或物质要素一样，其存量与技术成果、转化速度以及企业竞争力之间呈现出一种函数关系（罗福凯，2010；许秀梅，2017）。Mcgrattan 和 Prescott（2009）则从企业层面定义技术资本，即技术资本是企业所具有的在研发、品牌和组织资本上投资的独特知识，与其他要素资本不同的关键在于技术资本具有共享性特征，其他企业可同时享用。然而也有采用 R&D 投入（孙理军等，2022）、专利引证数和 IPC 部数（杨武和孙世强，2022）、IT 投资支出等模糊的替代变量来衡量（张之光和蔡建峰，2012）。另一方面，在技术资本存量测度的基础上，部分学者通过企业的 R&D 投入指标与技术产出指标对 A 股上市公司的技术资本配置效率进行测算，发现企业技术投资行为存在非效率情况（孙菁等，2016）。

④数据要素。Chadefaux（2014）最早指出数据要素如劳动和资本一样属于生产要素。与传统生产要素不同，数据要素具有共享性、非竞争性、外部性、非排他性等特征（蔡跃洲和马文君，2021）。Farboodi 和 Veldkamp（2021）认为作为生产要素的数据要素是以比特形式写进计算机设备存储的信息。许宪春等（2022）提出“数据价值链”以明确数据要素和数据资产的概念，并基于数据支出资本化核算探究数据资产价值的测算方法。王德祥（2022）将大数据分为产业类和政务类，从数据来源和应用场景维度构建数据要素发展指标体系。尹庆民和王寻（2022）基于数据的投入要素属性和影响的广泛性，从数据管理、数据应用、数据共享和数据环境四个维度采用熵权 TOPSIS 法测算数据要素投入指数。陶长琪和丁煜（2022）从数据要素的投入到产生效益的过程出发，从数据要素的来源、处理与维护、发展保障以及应用与效益四个方面构建数据要素指标体系。

（2）全要素生产率测度研究。

当前学者对全要素生产率的研究，从其研究目的不同划分为绿色全要素生产率、全要素能源效率和技术创新效率三个方面。主要观点如下。

①绿色全要素生产率。据文献所述，绿色全要素生产率的测量研究主要聚焦于省际和产业两个层面，这是当前学术界关注的重点。李斌和彭星等（2013）运用 SBM 模型和 ML 生产指数，对中国 36 个工业行业的绿色

技术效率和绿色全要素生产率进行了测算，并探究了环境规制、绿色全要素生产率与中国工业发展方式之间的相互关系。在绿色全要素生产率的测算方法上，主要有 DEA – Malmquist 指数模型法、索洛残差法、Levinsohn – Petrin 半参数法和随机前沿生产函数法（SFA）等。Chung 和 Fare（1997）基于方向性距离函数及 Malmquist 指数在全要素生产率的测算框架中加入污染排放进行测算，随后 Tone（2001）对其进行了改进，在松弛变量的基础上建立距离函数（SBM – DDF），有效降低了测算偏误的问题；原毅军和谢荣辉（2015）则在 SBM 基础之上结合 Luenberger 指数测算我国工业绿色全要素生产率。目前国内大多数研究采用数据包络法（DEA）和随机前沿分析法进行测算（谌莹和张捷，2016）。郭海红和刘新民（2021）利用全局 GML 指数测算我国农业绿色全要素生产率，研究发现农业绿色全要素生产率增长的动力为绿色技术进步，但不具有绝对收敛态势。申丹红等（2023）从投入产出视角构建绿色全要素生产率指标体系，并区分期望产出和非期望产出，利用 Malmquist 指数测算。

②全要素能源效率。现有文献关于全要素能源效率的测度主要有两种方式（Hu and Wang，2006）：一种是能源强度测算，另一种是全要素能源效率测算。第一种能源强度测算仅仅考虑单产出与能源投入的关系，如赫永达等（2017）通过建立 PSTR 模型，运用门限回归法证明能源强度存在单重门限值，并据此将所包含的样本分为环保型省份、低污染省份和高污染省份；史丹（2006）利用国民生产总值与能源消耗总量的比值计算单要素能源效率，研究发现我国能源效率较高省份为东南沿海地区，而内陆煤炭资源丰富地区的能源效率反而较低。第二种全要素能源效率体现了多个产出与要素投入之间的紧密关联，这种关联是多方面的。它主要包括技术进步和规模报酬不变两种情况下的全要素能源效率。一些学者运用单一要素框架，将资本、劳动和能源消耗等生产要素纳入考虑，以计算全要素能源效率（Zhou et al.，2017）。由于全要素能源效率不仅可以衡量各要素对经济增长贡献大小和作用强度，还能够反映企业生产活动所引起的环境污染问题，所以该方法得到广泛应用。然而，这种全要素能源效率的评估仅考虑了能源消耗，而企业在实际生产过程中不可避免地会造成环境污染的

问题。因此，在计算全要素能源效率时不能忽略这些因素的影响，否则可能导致对真实全要素能源效率值的高估。因此，一些学者提出了全新的全要素能源效率框架，将非预期的产出因素纳入分析之中（Chang and Hu，2010；Hu et al.，2011；林伯强和刘泓汛，2015；郭海红和刘新民，2021）。

③技术创新效率。衡量现有科技资源最优利用能力的指标是技术创新效率，其计算方法可分为参数法和非参数法两大类。参数法多采用投入产出函数的具体形式，以衡量生产要素函数曲面与总样本所决定的最大可能生产曲面的接近程度。戚湧和郭逸（2015）基于 SFA 方法对全国和江苏省技术创新效率进行测度。Zamanian 等（2013）分别采用数据包络分析和随机前沿分析方法测算了中东和北非国家农业部门的技术效率水平，研究发现两种方法测得的技术效率排名相同。采用非参数方法对总体样本构成的实际生产曲面向生产前沿面的扩展程度进行测度，其估计不受具体参数形式的限制，因此被广泛应用。范斐等（2013）运用改进的 DEA 方法对我国城市的科技资源配置效率进行了测算并采用探索性空间数据分析方法进行了分析，研究发现我国科技资源配置效率存在显著空间自相关；陈国生和杨凤鸣等（2014）将三阶段 DEA 模型和 Bootstrap - DEA 方法相结合对中国技术创新效率空间差异进行分析，发现 Bootstrap 纠偏后的各区域技术创新效率有所下降；马玉林和马运鹏（2021）利用至强有效前沿最近距离（MinDS）测算了我国科技资源配置效率，并采用 Dagum 基尼系数和核密度估计方法探讨其空间差异和分布状态，研究发现我国科技资源配置效率的地区差异主要来源于区域间差异，绝对差异经历了先上升后下降的过程。

2.2.3　创新要素配置效率测度研究

在要素现状测度的基础上，已有研究开始逐步关注要素配置效率情况。现有关于创新要素配置效率的测度研究，主要体现在测度视角与测度方法两个方面。

（1）创新要素配置效率的测度视角。

学者们从测度理论、产业和区域等角度提出了不同的要素配置效率测度视角。一是测度理论角度。Du 等（2014）利用 DEA 交叉效率迭代方法，分析资源分配如何影响配置效率。Marden 和 Roughgarden（2014）基于简单的资源分配问题，探究资源分配与均衡效率两者的关系。二是产业角度。范德成和杜明月（2017）测度了我国高端装备制造业技术资源配置的整体和阶段效率，发现技术研发阶段效率偏低制约着整体效率的优化。王成东等（2023）基于改进 DEA 的模型对高端装备制造业整体和其内部细分行业的技术创新效率进行测度，发现产业整体和细分行业的技术创新效率基本稳步上升。徐星等（2023）关注制造业的技术创新效率，采用以数据包络分析为基础的 Malmquist 指数法生产模型，对制造业的技术进步和效率变化进行测度。Geng 和 Cui（2020）以节能环保行业上市公司为研究对象，探究产业资本要素配置效率的空间异质性。三是区域角度。范斐等（2012）基于比较优势原理，评价了中国各省区市科技资源配置效率状况。李言等（2018）则从区域角度，分为东部、中部和西部三大地区，对中国改革开放以来的要素配置效率变迁情况进行测度和分析。

（2）创新要素配置效率的测度方法。

学界在要素效率测度方法上已形成丰硕成果，但由于研究视角的不同，具体分为直接测度法和间接测度法。要素配置测度的两种方法由 Restuccia 和 Rogerson（2013）提出，其中直接测度法是指由于要素和中间产品获得补贴或被征收税收引发的边际产出扭曲程度（Hsieh and Klenow，2009）。Aoki（2012）认为劳动和资本存在线性税收，据此构建要素摩擦系数。叶初升等（2022）在 Aoki 模型基础上构建资源错配分析框架并使用 SFA 方法多层次分析配置情况。杨振和陈甬军（2013）将要素投入产生的边际成本和边际产出的差值，视为对福利损失的计算。杨志才和柏培文（2017）通过构建二元经济模型，测算了全国各省区市因要素错配带来的产出缺口情况。间接测度是指在考虑导致扭曲的各种因素后，计算对产出结果的影响程度。通常使用实际 TFP 与最优 TFP 的差值、实际 GDP 与最优 GDP 的差值进行衡量。Hsieh 和 Klenow（2009）使用 TFP 的离差结果，用于衡量要素的扭曲程度。Brandt 等（2012）基于以上研究，摆脱单一部门的束缚，采用资源最优组合下的理想 TFP 与实际 TFP 之间的差值进行测度。刘贯春等（2017）考虑到要素投入质量的异质性，从非同质的角度重新测算了资本和劳动力的错配情况。此外，还有部分学者在借鉴 Hsieh 和 Klenow（2009）做法的基础上根据研究视角进一步测算要素错配指数。例如，王文和牛泽东（2019）引入所有制、地区和行业等因素测算异质性企业间的资本和劳动错配程度及其离散程度；陈怀超等（2021）则借鉴 HK 模型构建要素扭曲测度模型分别测算了人才和资金配置不足水平或冗余程度。

评述：现有关于高质量发展测度的研究尺度涉及宏观与微观，研究对象涉及广义与狭义，研究方法涉及单项指数与指数合成等内容，但依然存在评价指标体系缺乏顶层设计，不能体现高质量发展的内在要求等问题。创新要素测度研究内容丰富，方法完善，但关于新型要素配置状况方面的测度研究不足，缺乏最新测度方法的应用与改进。而创新要素配置效率的测度研究主要体现在测度内容与测度方法两个方面，鲜有研究着眼于高质量发展视阈下创新要素的配置效率，新时期下要素配置效率的测算方法改进也尚显不足。

2.3　高质量发展与创新要素配置评价的研究

在系统梳理高质量发展与创新要素配置内涵及其测算的基础上，本节进一步按照“高质量发展评价—创新要素配置现状评价—创新要素配置效率评价”的思路对高质量发展与创新要素配置评价的相关文献展开梳理。

2.3.1　高质量发展评价

随着高质量发展的含义不断演变，信息量在不断增加。旧的评价对象已经无法系统全面地刻画高质量发展的情况，旧的评价方法也已经不再适用高质量下的指标和数据类型。因此，本节从高质量发展的评价方法研究和评价内容研究出发，对高质量发展评价进行系统梳理。

（1）高质量发展的评价方法研究。

现有关于高质量发展的评价研究，主要通过剖析高质量发展的内涵，从评价层面、评价方法、评价标准等方面对评价体系的改进进行定性分析。

从评价层面出发。宋国恺（2018）认为高质量发展不仅具有经济学属性和社会学属性。经济学主要是分析资源配置效率问题，而社会学则更多地从社会结构角度探讨社会运行规律。社会学对高质量社会建设进行了微观、中观和宏观三个层面的研究，并提出了四种实践取向，以推动高质量社会建设的发展。质量是一个动态概念，需要在实践中不断调整优化。安淑新（2018）认为，高质量发展建设科学评价指标体系，应在广泛参考现有研究成果的基础上体现动态性和多维性，应重视淡化经济增速指标并重视长远发展目标。还有研究从高质量发展的五大新理念出发，针对创新、协调、绿色、开放、共享中的某一方面进行评价。例如，Oyebanji 等（2019）指出绿色增长政策的变化与总资本形成呈正向的单向关系，采用绿色增长政策能够促进投资，使经济高质量发展。还有学者从科技创新视角出发，研究了中国不同省区市的创新发展质量（李俊霞和温小霓，2019）。

从评价方法出发。许宪春（2017）认为随着我国经济步入高质量发展阶段，新的中国国民经济核算标准已经经历了多次、多项变革，其中包括基本概念、核算范围、分类、核算框架、指标定义和口径范围，以及一些指标计算方法的更新，由此导致高质量发展下的评价方法也要做出相应改变。高质量发展下的信息数量不断增加，朱建平和张悦涵（2016）将统计学与大数据有机结合，从样本概念、数据类型、收集概率、数据来源、量化方式等方面剖析了大数据时代给统计学带来的变革。以非结构化为标志的大数据时代，对评价方法也提出了新的要求。彭张林等（2015）提出高质量发展下的综合评价理论与方法已经发生了巨大的变化，逐渐发展为从个体评价到群体评价、从单目标评价到多目标评价、从静态评价到动态评价、从单一评价到组合评价、从结果评价到过程评价。此外，还有学者为高质量发展改进了多种动态评价方法，进而提高评价结论的可靠性、实现不同时间维度的评价意见的可比以及进行动态集成与评价（苏为华等，2015；李美娟等，2020）。

从评价标准出发。金碚（2018）认为高质量发展是更加具有主观能动地以追求人民向往和经济发展的真实目标为战略目标的发展过程。判断经济发展是否能够满足人民日益增长的美好生活需要，是决定发展质量高低的关键因素。张军扩等（2019）指出，经济增长方式和路径的演变，以及体制改革和机制转换的推进，共同促成了经济从高速增长向高质量发展的转型。从这个意义上讲，高质量发展就是改革与创新。为了实现高质量的发展，我们必须以追求高效、公正和可持续为最终目标。对高质量发展的评价，要以“高效、公平和可持续”为终极发展目标。陈川和许伟（2020）认为高质量发展不但强调经济社会的发展质量，而且重视以人民为中心的全面发展。杨耀武和张平（2021）同样认为高质量发展与人民福祉息息相关。此外，还有从区域协调视角出发对评价标准进行研究，孙久文（2018）提出中国区域经济实现高质量发展需要关注的重点在于区域发展。为了实现区域发展的高质量，必须对发展的指导思想和考核指标进行修正，摒弃唯 GDP 的发展观，确立区域协调发展的理念。陈文烈和李燕丽（2022）认为影响经济高质量发展水平的核心因素是区域经济差距。

（2）高质量发展的评价内容研究。

在对评价体系进行改进的基础上，现有研究秉承高质量发展的理念，对不同对象的高质量发展情况进行了分析。

以经济高质量发展为对象直接进行研究。李旭辉等（2019）以五大新发展理念为出发点，构建了经济高质量发展评价指标体系，揭示了每个城市在“创新、协调、绿色、开放、共享”方面的优势和不足，评价了它们在五大新发展理念下的经济高质量发展情况。宋明顺等（2015）则从宏微观视角出发，提出宏观质量的概念，并基于竞争质量、民生质量、生态质量三个维度共选取 8 个观测指标构建了宏观质量评价指标体系，将我国 2005～2010 年各年度宏观质量与标杆国家进行了水平比对。钞小静等（2023）从“条件—过程—结果”维度出发，构建了由创新要素、创新能力、产业转型、贸易转型、效率提升、共同富裕和节能减排 7 个二级指标组成的高质量发展指标体系。

以高质量发展为背景间接进行研究。现有大量文献以高质量发展为背景，以五大新发展理念为核心对不同对象进行评价研究。有学者以城市为研究对象，通过构建城市化高质量综合评价指标体系，系统、全面地评价和分析不同区域城市的高质量发展水平情况（赵涛等，2020；钞小静等，2023）。除此之外，Battino 和 Lampreu（2019）以共享经济为背景，对处于边缘和人口崩溃风险的地理区域的竞争力和潜在吸引力进行了评价。韩君和张慧楠（2019）在构建经济高质量发展背景下的能源消费理论分析框架的基础上，从协调发展、绿色发展、共享发展、创新发展、开放发展等多路径方面评价和分析了不同区域能源消费的空间相关性与空间异质性。高培勇等（2019）探讨高质量发展背景下社会矛盾、资源配置、产业结构和增长阶段四个方面的变化情况及其互相影响关系。陶长琪和徐茉（2021）聚焦于经济高质量发展视阈下创新要素资源配置情况。

2.3.2 创新要素配置现状评价

现有关于创新要素配置现状评价的研究可分为创新要素配置存量评价和模式评价两个方面。其中，创新要素配置存量的评价又集中在单要素、科技资源和创新资源方面。创新要素配置模式的评价分为两种情况，分别是市场或政府主导和某一要素主导。

（1）创新要素配置存量评价。

要素配置是经济增长的重要动力，国内外学者早年间主要从单要素视角切入，关于劳动力、资本、技术等要素配置的研究迄今已经取得了丰硕成果。对于劳动力要素配置，潘士远等（2018）沿用 Hsieh 和 Moretti 的空间均衡模型，对 2000～2010 年中国 261 个城市间的劳动力配置情况进行了测算，并研究了中国劳动力配置对经济增长的影响。Beg（2022）测度数字化产权改革对农业劳动力市场的影响，研究表明地主家庭更有可能出租土地并转向非农职业，造成农业劳动力供给减少。Fonseca 和 Van（2022）发现信贷扩张不仅影响投资和总就业，而且影响高技能和低技能工人的就业；对于资本要素配置，封思贤和徐卓（2021）对资本配置效率进行测度，Prasetyo 和 Kistanti（2020）证实人力资本和企业家精神是高质量发展和可持续发展的重要驱动力。徐晔和喻家驹（2020）从中等人力资本视角测度人力资本稀缺程度和就业错配程度。王春云和王亚菲（2019）将资本服务理论引入测度数字化资本回报率，量化数字化资本在全行业资本回报率的作用。通过对资本利用率宏观指标的修正完善搭建出资本利用率宏观测算指标框架，并建立宏观到微观的分析机制（王开科和曾五一，2022）；对于技术要素配置，彭飞和毛德凤（2021）表明“营改增”政策改变了企业技术要素配置行为，降低了要素配置扭曲程度。数字经济时代下技术要素配置路径得以重塑（武宵旭和任保平，2022），数字经济发展有助于驱动技术要素市场化，实现要素自由流动与优化配置。

随着经济的发展，创新要素的重要性不断增加，学者们对要素配置的研究逐渐从微观向中宏观层面转移，主要集中在科技资源配置和创新资源配置两个方面。在科技资源配置上，科技资源的概念经历了从二元到三元的变化，Wu 等（2014）以浙江省为例探析科技资源配置对区域可持续发展的影响。有学者从科技资源投入产出的视角出发展开研究，高军和索玮岚（2018）考虑到科技资源投入与产出的多阶段滞后性，因此研究科研机构对科技资源配置状况的影响。刘佐菁和陈杰（2019）指出科技资源由科技资源投入、科技成果转化、科技社会贡献、科技创新环境四个方面共同构成。Zhang 等（2020）发现科技资源的区域流动对区域创新产出增长具有重要推动作用，且科技人员流动对区域创新产出的影响优于科技资本流动。Liu 等（2021）从单一科技资源分配扩展到了多重科技资源分配，并利用 ZSG－DEA 模型对科技资源配置效率进行测度。Pan 等（2021）从科技基础设施投资视角出发，研究科技资源对科技创新的影响。钟诗韵等（2022）研究科技创新和制度创新匹配形成的双轮创新驱动对产业结构升级的影响。

在创新资源配置上，关于创新资源配置的研究一方面集中在创新资源配置存量的测算。以工业为研究对象，利用工业数据对中国技术创新资源存量进行测算，研究不同地区下创新资源配置的差异和特征（范德成和杜明月，2017；靳来群等，2019）。另一方面则聚焦于创新资源配置的影响因素及其对创新的影响（Lager and Blanco，2010；Wang et al.，2021）。将原材料开发、内外部技术服务和其他增值活动考虑在内构建资源配置框架，分析在公司内部的创新资源的战略配置。徐国祥和陈燃萍（2019）认为经济发展、研发投入、城市化、对外开放和政府扩张会影响创新驱动转型发展能力。Yi 等（2021）发现研发补贴与创新绩效之间存在倒“U”形关系。Fang 等（2022）研究发现互联网发展资源对绿色创新效率有积极影响。Zhang 等（2021）研究发现创新资源配置效率受区域经济发展、基础设施、政策体系、社会文化、网络规模、网络开放性和网络中心性七大因素的交叉作用影响。

（2）创新要素配置模式评价。

关于要素配置模式的研究，主要是从主导模式视角定性地对国内外要素配置模式进行梳理和总结，具体有以自由市场为主导的美国创新资源配置模式、以社团市场为主体的日本创新资源配置模式、基于社会市场模式下的德国创新资源配置模式，以及采取集中协调下的韩国创新资源配置模式。四种典型的市场经济国家创新资源配置模式的特点及政策的共同点是创新资源配置与国家经济体制和国际竞争环境相适应。就国内的要素配置模式而言，洪银兴（2014）确定了市场在资源配置中的影响，指出既不能忽视政府的作用也不能放大市场的作用。在数字时代下，数据要素的有效开发使用机制需要在政府配置模式和市场配置模式中不断探索与完善（王伟玲等，2021）。戚湧和郭逸（2015）深入探究了国内外现有的科技资源配置模式；贾宝余等（2022）基于“揭榜挂帅”和“赛马”等科技创新要素配置模式，提出在国家重大战略科技创新战略中引入“点将配兵”的配置模式。

此外，以经济发展阶段的演进为轴，对以主导要素为特征的要素配置方式进行研究。不同经济发展阶段下主导的生产要素不同，并随着经济发展阶段由低向高演进。肖琳子和肖卫（2014）系统梳理了前人文献，指出随着经济发展由原始经济阶段转入农业经济阶段后，劳动力逐渐成为主导要素。劳动力的数量和质量与此时的经济增长息息相关，低质量的劳动力不利于传统部门自身生产效率的提升（郭凯明等，2013；钞小静和沈坤荣，2014）。Paun（2019）认为若没有显著的资本积累，则其他生产要素均处于闲置状态。若要获得可持续发展，资本要素的发展和成熟是不可或缺的，在工业经济时代对"组织经济"具有重要作用。王晓芳和胡冰（2016）从供给侧视角出发，对我国近20年要素变化趋势及各区域要素的差异化进行跟踪，认为资本是我国经济增长的主要推动力，随后技术要素的作用日益突出。武宵旭和任保平（2022）指出技术要素在经济增长中是驱动持续长期增长的动力所在。随着数字经济时代的到来，技术、信息和数据要素在经济活动中愈发重要，陈晓红等（2022）认为数据要素在经济增长中能够通过与传统要素的融合，提升各要素边际报酬增长速率并发挥倍增效应。

2.3.3 创新要素配置效率评价

评价创新要素配置效率是评价创新要素配置的重要组成部分，因此，本节从评价方法研究和评价内容研究出发，系统梳理以往文献中的创新要素配置效率评价。

（1）创新要素配置效率的评价方法研究。

以所依托研究方法的属性为依据，可以将已有的要素配置效率评价方法归纳为科学经济类、数理统计类、优化模型类和综合集成类四大类型。第一，科学经济类方法。科学经济类方法以经济学理论和经济相关规律为主要依托。Edvardsen等（2017）采用Bootstrap－Malmquist指数计算挪威高等教育机构的生产效率发展情况。陈祺琪等（2016）以中国农业科技资源配置效率为研究对象，采用Dagum分解的基尼系数分析其区域差异。夏俊楠等（2023）采用基尼系数考查了"三区空间"形态效率及其变化差异。第二，数理统计类方法。数理统计类方法以挖掘相关数据的内在关系为目标。Coccia（2008）以科研机构为对象，基于标准多元变量技术开发了研究实验室评价模型，并对科研效率进行评价。Bornmann等（2014）以大学和科研机构为对象，以Scopus数据为基础，利用多层级统计模型探究国别特征对大学和科研机构研发绩效的影响。李宗显和杨千帆（2021）利用包含非期望产出的超效率 SBM 模型对全要素生产率进行测度，使其在时间范围内可比。王韶华等（2023）采用 SBM－DEA 模型对工业绿色技术创新进行测度。第三，优化模型类方法。优化模型类方法以 DEA 模型及其各种改进模型为主。陆建芳和戴炳鑫（2012）提出改进后的 DEA 模型，以企业技术中心为对象开展研究。结合随机因素，史常亮等（2020）利用时变 SFA 模型测度农业生产效率，更贴近农业生产的本质特征。程钰等（2023）采用 Super－SBM 模型通过加入非期望产出变量并对松弛变量进行修正，测度碳排放的绩效。第四，综合集成类方法。综合集成类方法将多种方法有机地结合在一起，以达到更高效、更全面的效果。该方法在分析不同行业间投入要素产出差异时具有较高的适用性。Yang 等（2018）提出了一种结合两阶段网络 DEA 模型与 Luenberger 生产率指数的方法，以构建效率评价模型。以中国制造业为研究对象，龚关和胡关亮（2013）运用 Levinsohn－Petrin 半参数估计方法和垄断竞争模型，计算资本和劳动力的配置效率。陈创练等（2020）利用 Prodest 生产函数法和 Malmquist 指数对我国主要城市的劳动与资本要素配置效率进行测度。赵亚雄等（2023）运用超效率 DEA 非径向方向距离函数，结合 Malmquist－Luenberger 生产率指数，对非期望产出情况下的全要素生产率进行了测度。

（2）创新要素配置效率的评价内容研究。

现有关于要素配置效率的研究视角主要体现在区域、行业和空间三个方面。首先，从区域层面对要素配置效率进行评价。张永丽和姜侣（2015）利用西部地区三次社会调查资料，采用随机前沿分析方法（SFA）测算西部区域的农户劳动力在不同领域的配置效率。刘兵等（2018）从投入产出角度建立科技人才资源配置评价指标。刘佐菁和陈杰（2019）构建基于四个维度的科技资源配置水平综合评价指标体系，对我国 31 个省区市科技资源配置水平进行评价。李晓峰和卢紫薇（2021）利用超越对数生产函数对人力和资本创新要素配置效率进行评价。其次，从行业层面对要素配置效率进行评价。Lichtenberg 和 Ding（2009）探讨农业和非农业部门土地资源的配置效率。蒲艳萍和成肖（2014）发现中国服务业的资本配置在整体上表现出了有效性，但同时也呈现出相当显著的波动趋势。杨传喜和王亚萌（2018）以农业科研机构为研究对象，通过构建民族地区农业科技资源配置能力的评价指标体系对其配置效率进行评价。梁洪基等（2019）通过我国各行业资本价格扭曲对要素配置效率进行评价，发现金融业和服务业的资本价格扭曲加强。最后，从空间相关性对要素配置效率进行评价。马大来等（2017）以空间经济学视角为切入，采用SFA方法构造了创新效率函数，发现我国区域创新效率整体存在显著的空间自相关性。通过运用相对效率评价模型（DEA）和空间数据分析模型（ESDA），宋亚峰等（2019）研究了我国高等职业教育资源配置效率在地区和省域两个层面上的差异，并对各省区市高等职业教育资源配置效率的空间特征进行了分析。

评述：现有对高质量发展的评价内容研究主要以经济高质量发展或者以区域高质量发展为对象进行宏观研究，缺少微观要素层面的评价研究。对创新要素配置存量的评价角度单一，忽略了要素本身的质量属性。对创新要素配置模式的评价只以经济增长为评价标准，忽略了经济发展的协调等目标。对创新要素配置效率的评价缺乏系统性和整体性的考量，也未考虑高质量发展下的指标和数据结构都发生了巨大变化，现有评价方法已经不能很好地适应新型要素的评价。

2.4 总评述

从以上文献分析可以看出，经过长期研究，国内外学者在创新要素统计测度与评价方面取得了大量有价值的成果。特别是近几年，在提出“高质量发展”后，一些学者在理论与实践研究等方面取得了一系列成果，这为后续学者进一步深入研究奠定了坚实的基础，也为本书的研究提供了重要的理论参考。

已有的研究证明，要素配置状况对于经济的高质量发展具有重要影响，其中创新要素配置的作用尤为重要。但同时也应该注意到，为了充分发挥创新要素配置的重要作用，以促进经济发展质量的提升，摆在首位的，就是准确地把握创新要素的配置状况，也就是提高对创新要素配置统计测度和评价的精度与准度。而要想提高创新要素配置统计测度和评价的精准度，除了需要改进数据和优化方法之外，更重要的是**需要在高质量发展视阈下建立新的测度与评价的体系和标准**，只有在这样的标准下得到精准的测度与评价结果，才能够为高质量发展有关政策的制定提供最具针对性的指导。这是现有文献尚未深入研究的问题，或者说现有关于高质量发展视阈下创新要素配置统计的研究还处于比较初步的阶段，仍然存在很多不足，主要体现在以下三个方面：

（1）高质量发展视阈下创新要素配置的内涵。只有**精确把握高质量发展对创新要素配置提出的新要求**，才能够以满足这些新要求为目标来建立新的统计测度与评价标准，而精确把握新要求的基础，在于对高质量发展视阈下创新要素配置的内涵进行深入、准确而全面的把握，现有相关内涵的研究还存在一些不足之处：①关于高质量发展的内涵研究。既有文献对高质量发展概念的起源及其内在含义研究成果较多，虽然也有学者提出应从“五大新发展理念”、三个发展层面、社会主要矛盾等方面界定高质量发展，但鲜有同时从“五大新发展理念”与三个发展层面出发对高质量发展概念进行界定。本书**将对高质量发展的内涵及其特征进行深入研究**，确定其具体内容，深入阐述高质量发展的内涵和外延。②关于创新要素配置的内涵研究。创新要素配置对高质量发展产生重要影响，已有研究有强调创新要素或要素错配的，也有从其他多个角度进行探讨的，但都没能给出一个高质量发展视阈下创新要素配置的明确定义。本书在综合已有学者观点的基础上，充分考虑高质量发展背景下创新要素配置的客观现实，结合高质量发展的内涵与特征尝试着**对创新要素及其配置的概念与特征进行界定**。③关于高质量发展与创新要素配置的相互作用研究。这部分的研究集中在两个方面，一是要素配置对高质量发展的促进作用，二是要素错配对高质量发展的抑制作用。高质量发展对创新要素配置的统计测度与评价提出了诸多新要求，还需要进一步研究和总结。

（2）高质量发展视阈下创新要素配置的统计测度。在准确把握了创新要素配置内涵的基础上，就可以建立统计测度的新标准，再进行高质量发展视阈下创新要素配置的统计测度。一个精准的统计测度结果，需要经过指标体系构建和指标精准测度两个过程，现有关于这两个方面的研究，也存在一些不足之处。在指标体系构建方面：①关于创新要素配置的指标选取，现行创新要素配置指标中由于创新要素内涵界定视角不同，导致在设计投入指标时存在指标重复和交叉重叠的问题，仅仅依靠结构化数据并不足以反映高质量发展下创新要素的质态特征。依据内涵特征和数据的可获取性，本书**将引入非结构化指标**以精准即时反映高质量发展下创新要素配置状况。②关于创新要素配置指标体系的构建思路，现有研究多考虑劳动力、金融资本等传统要素的存量水平，缺乏关于信息等新型要素的研究。基于高质量发展内涵和特征以及创新要素演变趋势，本书在构建配置指标体系时**将创新要素分为人力、资本、技术、信息和制度创新要素**。在指标精准测度方面：①关于高质量发展的测度研究，研究尺度涉及宏观与微观，研究对象涉及广义与狭义，研究方法涉及指数合成等内容，可作为进一步测度高质量发展视阈下创新要素配置的重要借鉴，但也存在指标体系缺乏顶层设计、主观性指标难以计量以及指标重复出现等问题，需要进一步研究完善。本书基于五大新发展理念构建经济高质量发展指标体系，将测度结果作为创新要素投入效益指标数据。②关于创新要素配置的测度研究，现有研究多从人力资本等单要素与绿色全要素生产率等多要素两个方面展开配置现状和效率的研究，同时配置效率的研究主要从直接和间接测度两个视角，集中于生产效率与要素错配两个方面。但鲜有研究着眼于高质量发展视阈下创新要素的配置状况，且测度方法单一，本书**使用多种测度方法从数量和质量层面全面测度高质量发展视阈下创新要素配置的水平和效率。**

（3）高质量发展视阈下创新要素配置的评价。现有关于创新要素配置评价的相关研究，主要从创新要素配置现状评价和创新要素配置效率评价两个方面展开：①就创新要素配置现状评价而言，主要从创新要素配置存量和模式两个方面展开。现有对创新要素配置存量的评价角度往往比较单一，且评价的标准往往是以数量的大小来衡量的，忽略了要素本身的质量属性。而关于创新要素配置模式评价的相关研究则显示，创新要素配置模式的主导要素的影响评价只以经济增长为标准，忽略了经济发展平等等目标。②创新要素配置效率的评价则是从评价方法和评价内容两个角度进行研究。一方面创新要素配置效率评价方法种类繁多，各有所长。但是高质量发展背景下的指标和数据结构都发生了巨大变化，现有评价方法已经不能很好地适应于高质量发展背景下创新要素的评价。另一方面，创新要素配置效率的评价内容仍然缺乏系统性和整体性的考量，并未系统地对其投入层面、产出层面、政策实施效果层面建立创新要素配置评价体系。因此，基于 CIPP 评价理论，本书**将建立一个涵盖投入评价、过程评价、结果评价和目标评价的评价体系，全面评价创新要素配置的“结构”和“质量”**，具体从均衡性、合理性、协调性和相关政策方面评价创新要素配置。

第3章　内涵与新要求

当前，中国经济社会发展已经从高速增长阶段进入深化改革和全面转型的高质量发展阶段，且随着创新驱动发展战略的深入实施，创新要素逐渐成为现代市场经济发展中不可缺少的一种稀缺资源。在开展高质量发展视阈下创新要素配置研究前，需要基于第2章相关文献梳理，结合现有研究成果，厘清本书研究所涉及的高质量发展、创新要素及其配置的概念。同时，从优化与错配两个角度深入剖析创新要素配置与高质量发展之间的关系，以探讨高质量发展对创新要素配置测度和评价方面提出的新要求，为后续高质量发展视阈下创新要素配置相关研究奠定基础，对优化创新要素配置和促进经济高质量发展具有重要的理论意义和实践意义。

本章首先梳理发展的演变过程，从五大新发展理念和三个发展层面，厘清并总结高质量发展的内涵和特征；其次，通过梳理生产要素的演变过程，并结合高质量发展特征界定高质量发展目标下创新要素及其配置的新内涵与特征；最后，梳理优化创新要素配置对高质量发展的促进作用，以及创新要素错配对高质量发展的抑制作用，并结合上述内涵与特征，一方面从指标体系完善、数据质量控制和测度方法改进方面探讨高质量发展对创新要素配置测度提出的新要求，另一方面从评价标准明确、评价体系完善、评价方法改进方面探讨高质量发展对创新要素配置评价提出的新要求。

3.1 内涵界定

3.1.1 高质量发展的内涵

（1）高质量发展的概念界定。

①发展。

“发展”是一个动态的、历史的范畴。“发展”一词最早出现在哲学中，指事物持续不断前进的、上升的过程，旧物质到新物质的运动变化过程；其根源在于事物内部的矛盾，实质是新事物的产生和旧事物的灭亡。《现代汉语词典》中对其的解释分为两种，一是事物由小到大、由简单到复杂、由低级到高级的变化，二是扩大组织规模等。“发展”一词也常用于经济学和社会学领域中，发展是经济和社会进步永恒的主题。经济发展是相对于经济增长而言的，经济增长在狭义上指 GDP 的增长，在广义上指经济体生产的商品和服务在经过通货膨胀调整后的市场价值随着时间增长，而经济发展是在经济增长的基础上，将经济增长与经济发展、经济发展与社会发展统一起来，指一个国家或者地区的经济结构和社会结构持续高级化的创新或者变化过程，约瑟夫·熊彼特（Joseph Alois Schumpeter）在其《经济发展理论》一书中明确认为经济发展就是整个资本主义社会不断实现创新的过程，即生产要素的重新组合的过程[①]。其本质是一个技术、产业不断创新，结果不断变化的过程[②]。社会发展区别于自然环境和社会某个构成部分而言，指构成社会的各种要素不断进行前进的、上升的变迁过程。马克思认为社会发展的实质上就是人和人类的生存方式不断完善的

① 约瑟夫·熊彼特．经济发展理论［M］．何畏，易家详等，译．北京：商务印书馆，1991.

② 林毅夫．新结构经济学——重构发展经济学的框架［J］．经济学（季刊），2011，10(1)：1-32.

过程，是在不同历史时期的人们对美好的生活形态进行追求和实践的过程。而在不同的历史时期，发展经济的生产力不同，社会所处的发展阶段也不同。亚当·斯密（Adam Smith）在《国富论》中将人类经济生活划分为三个阶段，分别是狩猎、游牧和农耕阶段①。在亚当·斯密对发展阶段进行划分的基础上，历史派先驱弗里德里希·李斯特（Friedrich List）立足于经济发展阶段，在农耕阶段后增加了两个阶段，即将人类社会发展分为五个阶段，分别为狩猎、游牧、农耕、农工、农工商阶段②。19世纪后半叶，新历史学派创始人斯莫拉（Gustav von Schmoller）根据经济生活平面的扩大与经济政策的主体变化将发展阶段划分为种族及马尔克经济、村落经济、城市经济、领域经济与国民经济③。制度经济学鼻祖、社会学家托斯丹·邦德·凡勃伦（Thorstein B. Veblen）认为人类社会的发展阶段分为原始状态和掠夺性社会两大阶段，其中掠夺性社会包括野蛮时代与金钱时代，而金钱时代包括手工业时代和现代社会④。华尔特·惠特曼·罗斯托（Walt Whitman Rostow）在《经济成长的阶段》中将人类社会发展分为六个阶段，即传统社会、为起飞创造前提、起飞、成熟、高消费与追求生活品质阶段，并认为发展是一个社会朝着更加美好的生活持续演进的过程⑤。

综上所述，“发展”在不同历史阶段有不同的内涵，其概念有广义、狭义之分，广义上的发展指世界上任何事物内部发生的上升、进化的运动变化过程；狭义上的发展指整个社会或者社会的某一组成部分前进的运动变化过程。**本书认为发展不仅指经济方面的发展，也指发生在经济发展基础上的文化水平提高、生态环境改善等社会其他方面向好、向前的变化，**

---

① 亚当·斯密．国富论．下卷［M］．郭大力，王亚南，译．南京：译林出版社，2011.

② 弗里德里希·李斯特．政治经济学的国民体系［M］．陈万煦，译．北京：商务印书馆，2011.

③ 斯莫拉．重商制度及其历史意义［M］．郑学稼，译．上海：上海社会科学院出版社，2016.

④ 托斯丹·邦德·凡勃伦．有闲阶级论：关于制度的经济研究［M］．蔡受百，译．北京：商务印书馆，1964.

⑤ 华尔特·惠特曼·罗斯托．经济增长的阶段 非共产党宣言［M］．郭熙保等，译．北京：中国社会科学出版社，2001.

是数量增长基础上的动力变革、结构优化与效率提升；通过不断发展，能解决不同历史时期下社会出现的新矛盾、新问题，推进人的全面发展，实现人与自然、人与社会的和谐相处目标。

②高质量发展。

从数量型增长到质量型发展的历史性变迁，是马克思主义唯物辩证法质量互变规律作用于我国特定发展时期的动态反映。在新中国成立初期到恢复国民经济时期，我国实行土地改革，致力于全面恢复国民经济。在社会主义革命和建设时期，1953 年，党中央提出“一化三改”“一体两翼”过渡时期总路线，到 1956 年基本完成社会主义改造；1956 年，党的八大提出国内矛盾已转化为人民对于建立先进的工业国的要求同落后的农业国的现实之间的矛盾，人民对于经济文化迅速发展的需要同当前经济文化不能满足人民需要的状况之间的矛盾。在此时期，我们党带领全国人民建立了一个相对独立完整的工业体系和国民经济体系。在改革开放和社会主义现代化建设新时期，1978 年，党的十一届三中全会决定实行改革开放；1981 年，党的十一届六中全会提出我国所要解决的主要矛盾是人民日益增长的物质文化需要同落后的社会生产之间的矛盾；1987 年，党的十三大制定了以经济建设为中心的党的基本路线。在此时期，通过走改革开放发展之路，中国经济高速增长，工业化进程加快，实现了从工业化初期到工业化后期的历史性飞跃。然而，粗放式的发展致使城乡差距扩大，产能和供给过剩，社会发展不平衡不协调现象明显，人民对美好生活的向往加强。2017 年，党的十九大指出中国特色社会主义进入新时代，提出我国社会主要矛盾已经转化为人民日益增长的美好生活需要和不平衡不充分的发展之间的矛盾，并提出新表述“高质量发展”，明确“我国经济已由高速增长阶段转向高质量发展阶段”。要解决新时期的新矛盾，满足人民日益增长的美好生活需要，必须转变发展方式，走高质量发展道路。

高质量发展的提出丰富了人们对发展的认知与理解，同时对发展经济学中经济发展方式、理论作出了重大贡献。学术界对高质量发展的相关概念、理论等进行了热烈讨论，但目前并未得到一致的表述。任保平

(2018）认为，高质量发展是经济发展质量的高水平状态；刘志彪（2018）将高质量发展与高速发展进行比较分析，得出高质量发展是国民经济系统从量到质的本质性演变，是由系统中的许多因素共同作用的发展结果；张军扩等（2019）指出高质量发展是高效、公平、可持续的发展；李金昌等(2019）指出高质量发展是以“五大发展理念”为根本、核心的理念，创新、协调、绿色、开放、共享缺一不可；王一鸣（2018）认为，可以从微观层面的产品和服务质量、中观层面的产业和区域发展质量以及宏观层面的国民经济整体质量和效益来考察发展质量。综合现实发展情况与学术界的各类观点，**本书认为高质量发展是以创新成为第一动力、协调成为内生特点、绿色成为普遍形态、开放成为必由之路、共享成为最终目标这五大新发展理念为指导，体现在微观层面的产品与服务质量提升、中观层面的产业与区域发展质量提升、宏观层面的国民经济整体与生产力质量提升三个层面的发展状态。**

五大新发展理念。发展理念作为发展行动的先导，它决定了发展目标、政策举措等根本方向，其包括五个方面的理念：一是**创新发展理念。**创新指改进旧事物或者创造新事物。创新是一个国家或地区实现持续发展的根本动力，综合国力的竞争归根结底在于创新的竞争。实现高质量发展的根本动力也在于创新。经济要实现质量变革、效率变革、动力变革，最主要同时是最根本的途径也即依靠科技的进步。经济发展的高质化，归根结底取决于科技创新是否成为第一动力。二是**协调发展理念。**协调指通过促进系统内各类要素之间的相互协作，最大限度发挥共同作用，使系统处于一种均衡状态。高质量的发展强调系统之间的协调发展。协调作为高质量发展的内生特点，主要是指经济发展过程中经济、社会与自然三个系统之间相互协调形成的质态。协调的发展理念将在高质量发展进程中促成上下联动、内外兼修的合力生成（李梦欣和任保平，2019）。三是**绿色发展理念。**绿色指提高资源利用率和坚持对生态环境的保护。如何妥善处理经济发展与环境保护之间的关系是新时期发展的必答题。坚持绿色发展理念，能够推动经济发展模式由单纯追求经济效益向追求生态效益与经济效益并存的现代化发展模式转变，促进经济、社会的可持续发展。四是**开放**

发展理念。开放指要更深层次地融入世界发展。开放是当代中国的鲜明标识，坚持对外开放是我国的一项基本国策。经过40余年的改革开放，我国各方面发展迅速，综合国力增强，并为世界经济发展作出了巨大贡献。当今世界经济是一个全球高度融合发展、国际市场高度一体化的共同体，高质量发展只有在高度开放的全球化过程中才能实现。五是**共享发展理念**。共享指发展的成果由人民公平共同享有。共享是高质量发展的最终目标，是坚持人民主体地位的生动体现，表明以人民为中心是我国经济和社会发展的根本出发点。从人民需求方面看，高质量发展应该满足人民群众丰富多样、不断升级的美好生活需要，使人民能够公平地共享发展成果，社会实现共同富裕。

三个发展层面。一是**产品和服务质量**。经济活动的目的就是满足人的需求，即生产出能够满足顾客需求的产品和提供顾客需要的服务。产品和服务质量不仅是企业得以生存与发展的基础，也是建设质量强国、制造强国的根基。精益求精、不断提高产品与服务质量是世界工业化进程的规律和趋势。高品质的产品与服务也是经济高质量发展的内在要求和应有含义，是经济高质量发展的本源性质量组成部分，且新时代高质量发展最基本的要求就是不断向消费者提供高质量的产品与服务，满足人民的多样性消费需求。二是**产业和区域发展质量**。要实现区域的高质量发展，就必须进行产业转型与区域经济协调发展。而产业转型的动态变迁一方面能够反映一个区域经济发展的演变，另一方面也能为提高区域经济发展质量、推进区域的高质量发展提供新的参考路径。要建设作为现代化经济核心内容的现代产业体系，必须以提高产业与区域发展质量为方向，重点从调整产业结构、促进产业从低端向中高端跃升和发展战略性新兴产业着手，推动产业价值链向中高端迈进，加快发展先进制造业，推动互联网、大数据、人工智能同实体经济的深度融合。三是**国民经济与生产力体系**。高质量发展不仅是指某一种产品或服务标准符合国际先进水平，而是整个国民经济与生产力体系都要有活力、有效益与有质量。互联网时代的到来，使信息技术成为促进经济高质量发展的重要力量。随着技术进一步深化，信息技术升级为数字技术，全球生产力发生着巨大的变革，在新技术革命与新产业革命的背景下，新生产力要素中的数据要素凭借其非竞争性、非排他性、低成本复制性特征成为提高全要素生产率和增长潜力，促进高质量发展的重要途径（蔡跃洲和马文君，2021）。

（2）高质量发展的特征。

高质量发展是高速度增长基础上的具有更高标准、更高质态的发展。其表现为生产要素投入低、资源配置效率高、资源环境成本低和经济社会效益好的质量型发展。在理论层面，依托马克思主义政治经济学理论，结合“五大新发展理念”和“三个发展层面”，对高质量发展提出了发展动力、发展结构以及发展效率三个方面的要求。具体有以下三点特征。

①**发展动力转换。**新动能对高质量发展的支撑作用日渐凸显。一是**供给侧由要素驱动转向创新驱动。**随着“数量红利”的消失，单一依靠要素投入驱动经济发展的模式已经难以为继，创新驱动已成为现阶段中国经济增长的新动力。与原先以要素驱动为主的经济增长旧动力不同，创新驱动是通过人力、资本、技术、信息等要素的升级提高全要素生产率，通过技术进步提高劳动生产率，形成高质量发展的基础。二是**需求侧由出口和投资拉动经济增长转向消费拉动经济增长。**随着我国整体上进入工业化后期，出口和投资对我国经济增长的贡献度都有不同程度的下降，边际作用明显递减。而在过去几十年的经济高速增长中，我国产生了一个超过美国总人口的中等收入群体。这个群体所产生的消费需求强大而持久，显示出了其对于经济增长的强劲动力。消费作为终点也是起点，优化催生出新需求与新业态，拉动经济增长，是高质量发展的催化器。

②**经济结构优化。**基于创新驱动、消费拉动经济增长的经济形态，经济发展呈现出总体结构优化、质量效益提高、可持续性增强的特点。一是**产业结构升级。**在高速增长阶段，经济发展走大规模产能扩张路径，发展模式以“铺摊子”为主（王一鸣，2020）。而这种发展路径与模式已经无法继续走下去。随着经济的发展、产业分工的深化，特别是以互联网为代表的新一代信息技术与传统产业的融合，产业形态上呈现出从低级向中级、高级不断攀升的特征，这也是产业演变的自然规律。二是**消费结构升**

级。收入水平的提高增加了人们的消费欲望，且对消费具有个性化、多样化需求。消费结构升级的重要表现即为人民对高质量的消费需求日益增加，低级的、传统物质型消费在总消费中的占比下降，而高级的、新型服务型消费在总消费中的占比上升。这种消费变化将影响要素资源在不同行业间的分配状况，要素资源根据消费市场情况流向需求旺盛的行业，从而倒逼需求不足的行业进行转型升级，促进市场不断涌现出新产品、新服务、新业态，完善供给市场，提升供给质量。三是**对外贸易结构升级**。经济结构成分中外贸比重和外资比重的增加，加快了外贸发展动力转变，促进投资自由化与便利化，推动了各经营主体共同发展。且在高质量进口中，进口国研发资本等的中间投入能通过溢出效应作用于我国本土企业技术创新，成为我国贸易高质量发展的重要动力源。通过优化对外贸易结构，提升对外开放水平，积极开拓多元化市场，将促进中国经济高质量发展。

③**发展效率提升**。从效率角度看，高质量发展要求以最少的要素投入获得最大的产出。一是**要素配置效率的提高**，要素和资源被配置到生产率更高的领域和环节，尤其是数据要素的出现，通过减少信息不对称和有限理性促进了要素供需精准、高效匹配，进而实现投入产出高效、单位 GDP 能耗降低、产能利用率升高、绿色低碳发展。二是**创新效率的提高**，新型创新要素的投入改变了原有的要素投入结构，使创新主体、创新机构组织、创新激励形式发生了重大变化，创新活动向产出效率更高、生产模式更新、成本控制更好的方向加速发展。特别是随着新一轮科技革命的深入开展，互联网等数字平台涌现，不但能够直接促进区域创新要素数量的提升，而且能够通过加速人力资本积累、促进企业数字化转型等方式间接驱动区域创新效率的提高。三是**市场组织效率的提高**，市场要素配置能力的增强使要素流动性进一步提高，要素得到更加合理的利用，并且通过要素配置存量调整、质量提升和效率增强路径，实现经济收益的增加，进一步提高企业家、职工等各类微观经济体参与主体的福利，促进利益协同。

3.1.2　创新要素配置的内涵

(1) 创新要素的概念界定。

①生产要素的演变。

生产要素是生产活动的客观基础，影响生产活动的一切因素都属于要素的范畴（郝大江和张荣，2018）。生产要素是指进行社会生产经营活动时所需要的各种社会资源，是维系国民经济运行及市场主体生产经营过程中所必须具备的基本因素，属于经济学的一个基本范畴。威廉·配第（William Petty）最早对生产要素开展研究，提出了土地和劳动的生产二要素论，他认为“土地为财富之母，而劳动则为财富之父和能动的要素”①。在此考虑到了经济空间中的土地资源对于财富创造的重要作用（孙浩进，2018）。理查德·坎蒂隆（Richard Cantillon）追随了 William Petty 的二要素论，提出“土地是所有财富由以产生的源泉或质料，人的劳动是生产它的形式”②。重农学派先驱布阿吉尔贝尔（P. Pierre Le Pesant）在《谷物论·论财富、货币和赋税的性质》提到，“财富和随之而来的税收除土地和人类劳动之外，没有其他来源”③。1803 年，德国经济学家让·巴蒂斯特·萨伊（Say Jean Baptiste）指出，“事实已经证明，所生产出来的价值，都是归因于劳动、资本和自然力这三者的作用和协力，其中以能耕种的土地为最重要因素但不是唯一因素。除这些外，没有其他因素能生产或能扩大人类的财富”④。萨伊在土地、劳动要素的基础上，增加了资本要素，提出了土地、劳动、资本三要素论，此外还提出了“三位一体公式”。而卡尔·马克思（Karl Marx）则认为资本不是物，是生产关系，只是体现在一

① 威廉·配第．赋税论［M］．马妍，译．北京：中国社会科学出版社，2010.

② 理查德·坎蒂隆．商业性质概论［M］．余永定，徐寿冠，译．北京：商务印书馆，1997.

③ 布阿吉尔贝尔．谷物论·论财富、货币和赋税的性质［M］．伍纯武，译．北京：商务印书馆，1979.

④ 让·巴蒂斯特·萨伊．政治经济学概论［M］．陈福生，陈振骅，译．北京：商务印书馆，1997.

个物上，并对“三位一体公式”进行批判①。此外，马克思认为劳动过程的三要素是有目的的活动或劳动本身、劳动对象和劳动资料②。威廉·罗雪尔（Wilhelm Georg Friedrich Roscher）则沿袭了萨伊的生产三要素论，并认为三要素对于生产都是必要的③。马歇尔（Alfred Marshell）在沿袭三要素的基础上，首次将组织看作生产活动中的一个独立要素，形成了生产要素四元论④。而最开始，人们在研究经济生产活动中的投入时，仅是将劳动力和资本视作投入要素，随着经济学的不断发展，人力资源逐渐从劳动力资源中分离出来，经过彼得·德鲁克（Peter F. Drucker）、加里·贝克尔（Gary S. Becker）等经济学家的不断完善，人力资源逐渐成为广大学者的研究对象⑤⑥。Lucas（1988）则将人力资本作为一个独立要素纳入经济增长模型中⑦。Kuznets（1955）将技术、管理视作经济增长的第三源泉，进一步拓展了生产要素的种类⑧。Solow（1956）提出的索罗增长模型，将技术要素引入其中，认为技术是作为生产力中的一个独立要素发挥作用⑨。随着研究的深入，逐渐有学者认为经济增长的主要动力应该是技术进步而非资本积累，并在新经济增长理论中将技术进步内生化，明确提出技术进步是经济增长的决定性因素（Romer，1990）⑩。随着知识经济和信息化时

① 马克思．资本论（第三卷）［M］．中共中央马克思恩格斯列宁斯大林著作编译局，译．北京：人民出版社，2004.

② 马克思．资本论（第一卷）［M］．中共中央马克思恩格斯列宁斯大林著作编译局，译．北京：人民出版社，2004.

③ 威廉·罗雪尔．历史方法的国民经济学讲义大纲［M］．朱绍文，译．北京：商务印书馆，1981.

④ 马歇尔．经济学原理［M］．朱志泰，译．北京：商务印书馆，1964.

⑤ 彼得·德鲁克．管理的实践［M］．齐若兰，译．北京：机械工业出版社，2006.

⑥ 加里·贝克尔．人力资本［M］．陈耿宣，译．北京：机械工业出版社，2016.

⑦ Lucas R E. On The Mechanics of Economic Development［J］. Journal of Monetary Economics, 1988（1）：3-42.

⑧ Simon Kuznets. Economic Growth and Income Inequality［J］. American Economic Review, 1955, 45（1）：1-28.

⑨ Solow R M. A contribution to the theory of economic growth［J］. The Quarterly Journal of Economics, 1956, 70（1）：65-94.

⑩ Romer P. Endogenous Technological Change［J］. Journal of Political Economy, 1990（5）：71-102.

代的到来，信息、技术等也开始成为驱动经济增长的要素（Krugman，1994；Young，2003）①②。Acemoglu 等（2002）在探究欧洲殖民地国家相对收入逆转原因时发现制度因素的“至关重要性”，将制度纳入新制度经济学的研究范畴③。

美国经济学家迈克尔·波特（Michael Porter）提出了创新驱动理论④。其著作《国家竞争优势》中根据不同国家的发展过程与经济驱动趋势将经济增长划分为四个阶段：一是依靠传统生产要素驱动的阶段；二是依靠低消费率和高投资率的投资驱动阶段；三是依靠企业自主研发生产的创新驱动阶段；四是依靠当前国家财富积累，对金融进行投资的财富驱动阶段。其中，前两个阶段是依靠要素投入拉动经济增长的过程，后两个阶段是通过技术进步、知识溢出和财富驱动经济增长的过程。在这四个发展过程中，创新驱动增长是国家经济发展的核心阶段，而创新依靠更加有效率、有质量的要素投入与配置。随着我国经济进入新的发展过程，经济增长由要素驱动和投资驱动转向了创新驱动，有些生产环境逐渐演化成要素。新古典经济学家熊彼特（Joseph Alois Schumpeter）在《经济发展理论》一书中提出“创新理论”，将创新视为“一种从来没有过的关于生产要素的‘新组合’引入生产体系”⑤。从这个角度看，创新要素正是这个“新组合”。在高质量发展视阈下，在经济生产中起主导作用的投入除了基本的必备生产要素（如简单劳动力和一般资本）外，就是创新要素（见图3.1）。

②创新要素的界定。

综观生产要素的演变过程，可以发现创新要素并未形成统一的界定标准。但究其本质，创新要素是推动和促进创新发生的条件，是创新生产活

① Krugman Paul. The Myth of Asia's Miracle [J]. Foreign Affairs, 1994, 73 (6): 62-78.

② Young A. Gold into Base Metals, Productivity Growth in the People's Republic of China During the Reform Period [J]. Journal of Political Economy, 2003, 111 (6): 1220-1261.

③ Acemoglu Daron, Johnson Simon, Robinson James A. Reversal of fortune: geography and institutions in the making of the modern world income distribution [J]. Quarterly Journal of Economics, 2002, 117 (4): 1231-1294.

④ Poter M. The Competitive Advantage of Nations [M]. London: Macmillan, 1990.

⑤ 约瑟夫·熊彼特. 经济发展理论 [M]. 何畏，易家详等，译. 北京：商务印书馆，1991.

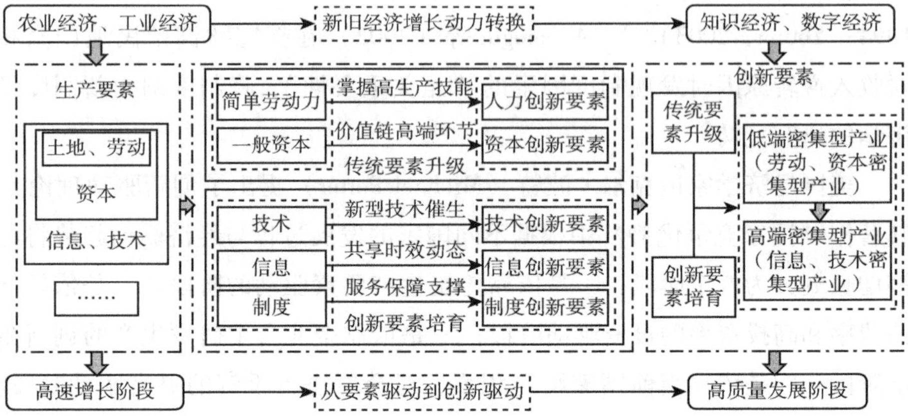

图 3.1　创新要素演变

动中必不可少的组成元素。Schumpeter（1934）将创新定义成把一种从来没有的关于生产要素和生产条件的新组合引入生产系统中①。结合现代生产条件和组织模式，可将创新理解成既是新产品（服务）或新流程的实现、原有产品（服务）或流程的改进并最终获取商业价值的过程，也是新产品（服务）或流程即将或已经实现商业化的结果，本质是发明、新颖和改变，目的是提高效率和创造价值（Dziallas and Blind，2019；Edwards - Schachter，2018；Gault，2018），因此创新可认为是“研发 + 获利”的过程或结果，创新要素则是参与创新过程、影响创新绩效、体现创新成果的生产要素。

《奥斯陆手册》② 指出，企业创新包括无形资产获取、企业收购、产品创新、营销创新等手段，创新要素根据其内容可分为人才要素、技术要素、资金要素、管理要素、政策要素等。人才要素是创新活动的灵魂，作为能动的主体，应从市场需求信息与技术进步信息中把握创新机会。技术要素是人才要素累积的成果，是企业核心竞争力的主要来源，也是企业竞

① Schumpeter J A. Theory of economic development［M］. Cambridge，MA：Harvard University Press，1934.

② 经济合作与发展组织，欧盟统计署. 奥斯陆手册［M］. 高昌林，译. 北京：科学技术文献出版社，2011.

争优势所在的重要因素。资金要素是企业进行各项行动的物质根本，是人才引进和创新投入的保障。管理创新要求企业的管理理念具有创新性，将创新性提升到战略管理高度，制定与企业相适应的创新战略决策。美国管理大师彼得·德鲁克曾说："知识已经成为真正的资本和首要财富，随着知识地位的提升，世界经济已进入知识经济时代。"随着现代信息通讯技术及数字化技术的迅猛发展，人们在生产和消费过程中所产生的数据被大量采集并成为企业做出决策的重要资源，数据要素逐渐成为生产的关键因素。虽然创新要素涵盖范围不同，但究其实质，创新要素主要由人力、资本、技术、信息、制度五类要素构成。

在高质量发展阶段，发展方式由传统要素驱动转换为创新驱动。高质量发展所具有的发展动力转换、经济结构优化与发展效率提升三大特征对创新要素内涵的界定也提出了新要求。针对高质量发展的三大特征，借鉴陶长琪和徐茉（2021）对创新要素内涵的界定，结合上述分析，**本书将创新要素界定为以新发展理念为指导，以实现经济高质量发展为目标而进行创新活动或作为创新活动支撑条件推动创新的相关资源，其具有边际报酬递增的特性，主要包括人力创新要素、资本创新要素、技术创新要素、信息创新要素和制度创新要素**。创新要素源于生产要素，但又区别于生产要素。具体而言，起源主要表现在人力、资本等创新要素是简单劳动力、一般资本等生产要素质量提升后的产物；区别主要表现在生产要素是直接服务于一般性生产活动，而创新要素是直接服务于创新活动，驱动创新发展的。鉴于高质量发展主要依靠创新驱动，因此为满足发展阶段中动力转换、结构优化和效率提升的需求，各类创新要素的内涵也相应变化，具有新内涵。具体而言，**人力创新要素**指为促进创新活动的开展，在创新过程中能够充分发挥自己的生产技能、才智，且受到过专业培训的劳动力，是创新活动中最为本质、最为活跃的要素。**资本创新要素**是指专门投入价值链高端环节的资金，是保障创新活动顺利进行的资本性投入，创新活动能否顺利开展依赖社会融资的支持以及相应融资结构的合理性。**技术创新要素**是指以新型技术为表现形式的资源，其以不同形态贯穿于整个创新过程，能够显著提高创新效率的要素，是创新要素的核心表现形式。**信息创**

新要素是指进行创新活动所需要的一切具有共享性、时效性、动态性的信息。随着大数据、云计算等的广泛应用，信息量空前增加，从信息创新要素中衍生出的数据被大规模采集、存储，应用于各类分析使用中，对创新活动具有突出的贡献，成为与人力、资本、技术等推动创新变革的要素同等重要的新要素。**制度创新要素**是指由政府等组织机构制定提供的制度或是参与形成的环境，主要包括金融组织制度、工会制度、教育制度等为创新提供保障和稳定创新环境的政策制度以及良好的营商环境，能对创新活动起到正向激励作用的要素。

（2）创新要素的特征。

创新要素是创新主体与创新活动连接的载体，是创新活动的基础条件，是一切与创新活动有关的资源和能力的组合机制。创新要素具有以下四点特征。

①**流动中的外溢性。**创新要素是开放和不断流动的资源，在市场经济条件下，创新要素总是流向创新活动最活跃及创新产生最大效益的地方。创新要素流动主要表现在非区域性的创新要素在各不同区域间流转。且创新要素在流动集聚过程中，能够促进知识等溢出，产生正向的外部性。若一个国家或者地区本身创新要素不集中，则能够通过自身吸纳、增强配置能力吸引其他地区创新要素流向本地，并形成集聚效应，实现高质量发展。

②**系统中的协同性。**创新的实现离不开各类创新要素的投入，然而若仅靠扩大创新要素投入规模并不一定能够实现更多创新成果的产出。在创新系统中，创新要素之间并不是孤立存在的，仅依靠单独的创新要素是无法促进创新的。相反，创新要素之间具有协同关系，创新要素间的有效协同是发挥创新要素能效、促进创新活动高效开展的重要基础。例如，制度创新要素的存在，能够为人力创新要素提供保障，促进资本创新要素的高效投入，为技术创新要素的投入提供支撑，为信息创新要素的有效安全使用提供依据，而同时资本创新要素的投入能够为人力创新要素、技术创新要素的投入提供资金支持，信息创新要素的投入能够促进人力、资本、技术创新要素的精准高效使用。

③使用中的长效性。创新要素从投入到发挥作用，到最后产出创新成果的过程漫长而复杂。创新要素凝结了人类的智慧，相较于一般的生产要素，创新要素的产生和使用影响具有长效性。随着创新要素的演变和优化，创新能力、创新效率和创新协同度也随之发生变化。在内、外部创新环境变化的影响下，创新要素进入创新生命周期循环，反复经历禀赋匹配、内外协同、优化协同和转化协同时期，实现创新的可持续性优化发展。

④运动中的动态性。创新要素会伴随时间进行更迭，创新要素和非创新要素之间会相互转化，创新要素的创新属性可能会剥离并退化为非创新要素，非创新要素伴随新技术的发展也可能会演变成创新要素。且这种可能性不仅发生在纵向时间中，也可能发生在空间中。张宓之等（2016）研究发现创新要素通过空间辐射或闭塞效应对周边地区的创新要素的集聚程度进行巩固或瓦解，周边的创新要素通过空间吸纳效应推动本地的创新要素集聚，不同地区的创新要素集聚程度以创新基础设施和创新能力为导向，表明了创新要素在空间上的分布也具有运动中的动态性。

（3）创新要素配置的新含义。

创新要素配置是指分配和处置创新要素，其可被分为宏观和微观两种基本配置类型。宏观创新要素配置是指以高端化、绿色化、集约化发展为导向，创新要素在不同创新过程、不同领域、不同时间和空间上的分配情况。微观上的创新要素配置是指具体的某一创新主体以实现高效率创新产出为目标，在其内部对各类创新要素进行分配。

在原有发展模式下，创新要素配置常出现配置不平衡、不合理等现象，导致创新要素错配。创新要素错配是指人力创新要素、资本创新要素、技术创新要素、信息创新要素和制度创新要素在市场机制不够完善的情况下，其在不同性质企业、不同行业、不同地区间的流动受到外部因素的干预，不能按照帕累托最优状态自由地流向创新效率高的部门，造成创新要素投入比例的偏差进而造成的创新产出损失。根据生产技术是否是凸性的，可以将现有创新要素错配分为两种类型：一是内涵型创新要素错配，内涵型创新要素错配是在位企业之间的错配，不考虑企业的进入和退出行为，表现为在技术凸性假设下，各投入创新要素的截面报酬不相等，边际创新产出呈现出离散化分布。二是外延型创新要素错配，外延型创新要素错配分为两类，一类是在技术非凸性假设下，创新要素按照要素报酬相对原则进行，此时那些规模报酬递增的企业由于缺乏充分的创新要素而未充分利用潜在生产力，而规模报酬递减企业却存在创新要素的过度使用最终导致整体生产率的下降；另一类是市场存在进入壁垒的情况下，企业不能自由进入市场，阻碍了生产率较高的潜在企业进入，从而使创新要素只能配置给现有生产率较低的企业，导致了潜在生产率的降低。

随着我国进入高质量发展阶段，对创新要素配置的要求提高，创新要素配置需要服务于发展动力转换、经济结构优化与发展效率提升。由此，创新要素配置也具有了新的含义。**本书认为创新要素配置是通过科学的规划增强创新要素流动的合理性、投入的精准性、使用的高效性以减少创新资源浪费的过程，其根本目标是用有限的创新要素投入创造最大化的经济效益，提高发展质量，其质量是决定我国实现从要素驱动转向创新驱动的关键**。而质量的提升一方面在于进一步提升高端劳动力综合素质与技能，不断加强对其的培训，以及提升资金资本参与价值链高端环节的积极性；另一方面，在于推动技术、信息在创新活动中所占的比重，促进创新驱动高质量发展进程的加快，以及坚持合理通过有效的制度规范创新活动，促进创新活力迸发。

3.2 新要求提出

本节首先从优化创新要素配置和创新要素错配两个方面，深入剖析创新要素配置与高质量发展之间的关系。然后，结合3.1节中高质量发展的三大特征（发展动力转换、经济结构优化和发展效率提升）与创新要素配置内涵和特征，探讨高质量发展对创新要素配置测度和评价提出的新要求。

3.2.1　优化创新要素配置对高质量发展的促进作用

优化创新要素配置的本质是促使各类创新要素在创新活动的动态配比能够实现要素效用与经济效益最大化的合理状态。在经济高质量发展引导下，创新要素从投入到再分配过程都要实现高质量发展（赵剑波等，2019），要素自身质量及配置结构、配置效率和配置方式的转变均对实现高质量发展具有至关重要的作用（惠宁和杨昕，2022）。本部分从创新要素配置的质量提升、效率提高和模式改进三个方面探讨创新要素配置优化对高质量发展的促进作用。

（1）创新要素配置质量提升。

创新要素是开展一切创新活动的基础，其投入数量与质量水平奠定了创新活动水平高低的基础，要素在创新活动中能否实现效用最大化并产生最大化经济效益在一定程度上体现了创新要素配置质量水平。因此，创新要素配置质量的提升是各类创新要素在不同所有制主体、部门及行业上空间流动与集聚的动态积累过程中要素存量和配置结构调整的结果（许光清和陈晓玉，2021），即，表明在注重通过增加创新要素投入量助推高质量发展的同时，还需要重视对创新要素存量结构的调整（陈秧分等，2019；韩江波，2022）。

产业经济利润空间、区域创新环境、营商环境和要素价格等均会带动创新要素存量调整（程广斌和靳瑶，2022；申晓君和苏为华，2020；“中国城市营商环境评价研究”课题组等，2021；洪银兴，2020；杨青和苑春荟，2023），而区域内各类创新要素的投入数量和禀赋结构等差异使区域间经济发展水平不同（陈秀山和徐瑛，2004），因此需要提高各区域创新要素存量水平。在高质量发展视阈下，提高创新要素存量水平的关键核心在于技术（苏为华等，2013）、信息和制度等新型创新要素培育，即通过调控和引导增加新型创新要素在生产活动中的投入份额，同时注重人力和资本等传统创新要素的投入，进而加快地区尚未开发的自然资源的有效开发与合理利用。在新一轮科技革命和产业革命背景下，为抓住数字新机遇，各地区需要重视数字人才培养和知识产权保护等政策，形成完善的培养、保护与激励机制，由此带动数字技术运用和创造成果保护等制度要素（温雅婷等，2021）。在市场与制度要素匹配的背景下，通过数据要素和信息技术挖掘数据价值，链接产业上下游，降低信息不对称程度并提升信息交互效率，使创新要素在经济活动中的自主有序流动与集聚更加透明高效（Goldfarb and Tucker，2019；李颖和贺俊，2022）。在技术、信息和制度等新型创新要素支撑下，结合地区优势引进国内外先进实用技术、培育自主科技研发和技术创新能力，因此人力与资本等传统创新要素和技术创新要素在该类创新活动中的存量水平提高（林志帆和刘诗源，2022），进而相应创新活动的物质资本积累率增加，使越来越多的产品和服务中的知识技术含量提高，推动产业结构升级并进一步促进经济高质量发展。

在注重提高创新要素投入量的同时还需要注重投入的方向，即创新要素配置结构的改善（杜书云等，2023）。面对高质量发展的新需求，创新要素存量结构调整的核心在于引导各类创新要素进入科技创新领域，为科技型企业提供更多的创新工具和手段，以提升创新竞争力（严锦梅和刘戒骄，2022）。在市场力量的影响下，劳动力、土地等传统要素密集型的产业将被人力和技术要素密集型的产业所超越，创新要素禀赋的变化以及其市场化配置的结果将会是推动我国产业结构优化与不断升级的根本动力（王勇和汤学敏，2021）。政府则通过财政补贴等方式鼓励企业开展研发活动并引导资金流向创新企业以及新能源、高端装备制造等具有较强科学技术和良好发展前景的战略性新兴产业，实现研发经费的合理投入（李双燕等，2021），疏通并拓宽了金融资本进入实体经济的渠道，促进科技创新资源向企业和创新部门集聚，推动科技创新成果转化为现实生产力并实现对先进生产力的“精准滴灌”，为经济高质量发展提供持久动力。从经济发展规律的角度来看，要素构成的改变是经济结构调整的重要依据，不同地区中不同类型创新要素的优化配置，会对地区技术进步、高新技术产业化等产生直接影响，从而对地区产业结构演化产生影响。而在供给侧，产业结构调整的实质是实现产业间生产要素的优化配置，借助于创新要素的重新组合，产生更多的创新成果，并将这些创新成果应用于不同生产领域以促进经济高质量发展（黄凌云和张宽，2020；柏培文和张云，2021）。

（2）创新要素配置效率提高。

从经济增长内生动力的角度来观察，经济增长一般会经历一个从要素数量投入到要素配置效率提高再到技术创新驱动的发展过程（赵剑波等，2019），要素配置效率的提高是实现高质量发展的重要动力（惠宁和杨昕，2022）。从要素配置的整体来看，创新要素配置能够直接影响企业的创新投入、产出和生产效率，进而影响创新企业成长与发展（Ojal，2015；程广斌和靳瑶，2022；王丽莉，2023）。合理的创新要素配置可以升级要素流向，推动创新要素配置到边际生产率最大的部门，向高效率、高边际产出的活动主体流入，更大限度地激发要素潜能，优化生产链条并改善创新要素使用效率，内生并沿袭一条"自我强化"的规模报酬递增的发展路径。具体来看，信息创新要素中所包含的数据要素能够与其他要素相互作用，打破要素流动壁垒实现各类要素在经济活动中的自由流动，同时技术创新要素中所包含的数字技术能够挖掘数据资源价值，推动要素有序精准流向（熊伟等，2022）。在信息与技术创新要素的支撑下，以及制度创新要素的引导下，资本创新要素使用效率的提高使基础设施、公共服务和金融等领域加快向社会资本开放，遏制资本过多投入房地产领域的不良流向，推动资本创新要素向实体经济、高收益率和高技术企业与产业集聚，实现更高效的配置与产业价值链的攀升，对高质量发展产生积极促进作用（蔡欣磊等，2021）；人才创新要素使用效率的提高使生产活动中生产能力与创新能力提升，并进一步提高了企业自动化、信息化和智能化生产水平，且投入劳动力的资本将更多地流向创新型专业型人才培养和科技创新研发活动等领域，进一步加快了劳动生产率和资源利用率的提高（程承坪，2021；李越，2021）。科技研发投入和自主创新能力的提高（杨校美和肖红叶，2020），推动了技术进步与科技创新成果转化为最终生产力，促进全要素生产率提高，保证经济发展的可持续性。

从要素市场配置来看，优化市场配置效率也是经济持续稳定发展的新动能（陈沁等，2020）。在竞争机制作用下，要素回报率高和生产效率高的企业在市场竞争中具有较大优势，能够不断扩大经济活动规模并吸收更多的创新要素，从而推动创新要素向生产效率高、竞争力强的部门、企业和行业集聚，实现规模经济与各类有限创新要素的高效使用，优化经济结构并释放市场机制活力，为经济高质量发展提供指引（张灿，2017）。以互联网、大数据、新能源为代表的技术创新要素不断迈向成熟，经济活动主体强化了对信息要素与信息技术的利用程度，有机连接生产活动各个环节并延长产业链条，进一步减少信息不对称，增强市场透明度，促进创新要素的自由流动和集聚。同时，充分发挥数据要素强渗透性作用，信息、节能环保、高端装备制造等新兴产业将会以大势所趋之势进行跨界融合发展（熊伟等，2022），即能够深化新兴产业对制造业的渗透，加快推进传统产业中生产、产品、流通和管理等各个环节的转型升级并产生新业态（夏杰长等，2023）。而在市场的动态竞争中，具有创新活力不断发明新技术形成新模式创新发展的企业能够获得更多的市场竞争优势，并在经济活动中吸收更多创新型人才、创新研发投入和国内外先进技术等创新要素，因此，在市场机制作用下，创新要素的市场配置效率能够持续提升，从而进一步推动经济高质量发展。

（3）创新要素配置模式改进。

高质量发展的核心要义在于以质取胜，传统的粗放型发展模式带来资源耗竭与环境污染等问题（周杰琦和韩兆洲，2020），且其依靠要素投入驱动的模式容易造成要素投入冗余、使用效率低下等问题（李平和韩彩霞，2021），无法满足高质量发展的新要求。同时要素配置模式在一定程度上决定了配置效率（谢康等，2023），不同配置模式下配置效率不一，若要素配置模式的优化能够促进要素最优配置的实现，则要素配置效率与生产率能够大幅提升，进而有助于驱动经济高质量发展（刘汶荣，2021；惠宁和杨昕，2022）。因此，以实现高质量发展为目标的要素配置模式改进需要贯穿高质量发展提出的“五大新发展理念”的新要求。鉴于此，本部分分别从注重可持续发展和耦合协调发展两方面剖析创新要素配置模式改进对高质量发展的促进作用。

首先，在可持续发展方面，随着我国经济的快速发展，经济活动中对资源的需求是多样且无限的，导致自然资源的稀缺性和资源耗竭与生态破坏等的负外部性日益凸显。一方面，作为生产要素的自然资源在经济活动中的相对稀缺性会导致竞争，大量生产效率低和产能落后的企业对资源的过度开发与低效使用所产生的资源破坏和污染等负外部性逐渐显现（盖庆恩等，2015）。另一方面，在创新驱动发展中创新要素逐渐成为一种特殊的生产要素，随着生态文明建设的重要性不断提升，创新要素的外部性决定了最优的要素配置必须考虑相关创新要素在使用过程中产生的负外部性。然而，当前创新要素配置过程中存在难以将外部性内部化的主要问题，导致资源稀缺程度、生态环境损害成本和修复效益难以由资源性产品价格全面反映。因此，在经济发展中，必须以生态文明理念为引导，将生态、节约、循环、环保等观念贯穿于整个创新要素分配模式变革中。政府应加大对企业研发“绿色”技术创新的鼓励、研发创新经费的投入和创新型技术型人才的培养，借助制度要素将外部性内部化，充分发挥技术创新的正外部性（王树文和王京诚，2022）。生态友好型技术的使用虽然在一定程度上缓解了资源衰竭和环境污染问题，但仍需要发挥市场配置资源的决定性作用（朱留财等，2015），推动创新要素流向资源产出率高和低耗能低污染的经济活动领域，在提高产出的同时，节约资源、能源并减少环境污染，同时生态补偿机制和绿色发展市场机制的完善使绿色发展行为有利可图，经济高质量发展前景可期。

其次，在市场机制的调节下，各类创新要素在各部门、企业和产业间有序流动，形成此消彼长的分布现象，通过需求和供给因素降低相对成本并优化资源配置，校正了资源约束下资源配置方式偏离理想资源最优配置的状态，使资源在不同经济活动中的不合理分配趋向合理，从而推动产业结构不断向高级化发展，适应经济高质量发展阶段产业优化升级的需求。同时，经济高质量发展也为创新要素配置提供良好的环境，城市经济发展水平高带来的集聚效应有利于区域和城市内不同企业共同承担创新风险并共享创新收益，从而空间邻近的企业更容易达成创新合作（谢伟伟等，2019）。因此，在经济发展中需要注重耦合协同发展，将共享、合作、开发等理念融入创新要素配置模式转变的全过程中。在进行要素配置时，需要聚焦于重点产业、区域与工程上，要与传统优势制造业的改造提升相适应，要与先进制造业和战略性新兴产业发展相匹配，从而实现技术和信息等创新要素与产业之间的耦合发展。资本与技术创新要素能够助力新兴产业迅速发展并且占据主导地位，信息要素与其他创新要素联动推进数字经济或信息产业与其他产业的融合发展（龚文龙，2022），实现传统产业的体制改造。同时制度要素具备市场规范化和支持引导创新活动的能力（王定祥和黄莉，2019），是经济高质量发展的基础环境条件，高新技术产业与创新环境的耦合能够促进高新技术产业发展，进而提升高端化产业占比，增强产业创新效率，从而推动经济效率变革。专业化集聚有利于创新活动和资源合理配置，耦合协同发展下的创新要素配置集群发展能够产生规模经济效应，通过经济中心辐射效应逐步达到较高水平的区域协调发展，同时创新要素集约化提供了可持续发展的动力，提高技术创新要素等无形资产的生产力，为经济高质量发展提供新的动能。

3.2.2 创新要素错配对高质量发展的抑制作用

创新要素在不同研发主体间的流动与其他要素一样，作为创新活动的投入品，具有商品属性，遵循价值规律。创新要素投入的多少取决于该部门获得创新要素投入的市场价格，而市场价格是由要素市场的供需决定的。我国创新要素供给和市场需求不对称，创新成果转化率低，创新要素被大量浪费，创新要素配置效率低，导致出现创新要素错配现象。创新要素错配是指经济体中的创新要素配置方式偏离理想经济体中的创新要素最优配置状态（戴小勇，2018）。创新要素错配导致创新要素难以在区域间、产业间、企业间实现自由流动和合理配置，产生要素供给扭曲，降低要素配置效率（郑淦文等，2021），阻碍全要素生产率的提升，抑制了高质量发展。下面具体从创新要素在行业与企业间的错配、产业与区域间的错配两个层面对高质量发展的抑制作用进行阐述。

（1）创新要素行业及企业间的错配。

创新要素错配主要受到经济因素和制度因素两方面的影响（吕承超和王志阁，2019）。一方面是因为信息不对称、不完全竞争市场和公共物品等导致的资源无法合理配置，另一方面是行政干预、政策设计等使市场无法有效发挥调配资源的作用。创新要素错配在行业及企业间的错配严重损失了要素投入与产出（张杰等，2011；白俊红和卞元超，2016；王丽莉，2023），降低了配置效率和创新效率，阻碍发展质量的提升（董嘉昌等，2020）。

创新要素错配制约企业技术进步（李平等，2014）。企业创新是实现经济高质量发展的落脚点，各种外部因素造成企业创新要素投入比例发生偏差进而造成创新产出损失。高质量发展要求创新成为发展的第一动力，但创新要素错配会从投入和效率损失等方面抑制企业科技活动、阻碍企业自主创新、制约技术进步，进而影响发展质量的提升。其具体表现在，一是创新要素投入回报低，创新要素投入不足会严重制约企业自主创新能力提升。技术创新离不开创新要素的投入，创新活动需要依赖高精尖设备和高端研发人员等资本需求和人力需求（燕洪国和潘翠英，2022），一方面若是创新要素错配导致创新要素价格上升，企业需要承担巨大的资金压力，其中出现创新资源投入不足引发的创新要素配置结构不合理和要素配置效率低下，导致创新活动中断或创新成果夭折，使新技术生产率下降；另一方面，在技术水平达到先进时，企业可以通过自主创新来突破核心技术的难度增加，创新活动进入了瓶颈期，创新周期也随之增加（乌静，2022），技术成果转换程度低，而创新要素投入价格与产出商品和服务的价格不匹配导致投入的创新要素回报率低，严重抑制企业自主创新的意愿。二是自主创新风险高，创新成果被压低，企业缺乏创新动力。一方面，企业作为自主创新的主体，开展创新活动的根本动机是获得利润，而技术创新具有的不确定性和风险性，可能导致研发投入成本变成沉没成本，投入创新要素流失和浪费，致使企业难以正常经营；另一方面，由于创新要素市场扭曲导致的错配，创新要素价格将被人为压低，致使企业更愿意密集使用低成本的要素，自觉避免自主创新等使用高昂创新要素的活动，长此以往严重阻碍企业技术水平的提升。三是低端产品的价格优势放大，阻碍国外投资。创新要素价格受到创新要素市场扭曲的影响上升，使广大生产企业更倾向于购买生产低端产品的普通要素，在供求关系中因低端产品生产过剩而价格下降，形成价格优势，削弱对外需求，从而阻碍国外高技术产品的进口，制约跨国企业对我国投资的积极性，从而抑制 FDI 和国外先进技术的流入，不利于企业技术投入，制约企业技术进步。

创新要素错配阻碍要素发挥效能。创新要素错配在很大程度上根源于市场的扭曲，要素市场扭曲的原因之一是政府出于对经济发展、稳定经济的引导和实施政府战略等目的，普遍对创新要素的分配权、定价权、管制权进行控制，导致创新要素市场被干预和控制（张杰等，2011）。从企业的性质和规模来看，在性质方面，政府更倾向于给予国有企业各种优惠条件的创新要素，进而以国有企业为代表的特权企业通过享有的行政权力，以低于市场价格的成本对创新要素形成控制，但中小企业却无法以公平的价格获取创新要素进行创新。在规模方面，创新要素使用效率并不由企业规模决定，但大规模企业占有着更多的创新要素。一些初临市场的新型创业公司，差异化竞争压力使其拥有更强的创新意愿和创新活力，其对创新要素的利用率相对较高。创新要素在不同规模企业间的错配导致创新要素未能得到有效利用，进而抑制高质量发展。从企业的投资行为来看，创新要素的分配权、定价权和管制权在由政府控制的背景下，企业若与政府建立寻租关系就能获得相对低价的创新要素，取得寻租利益，再吸引其他创新要素转移到寻租活动中，对企业创新研发等投资行为会产生转移和挤出效应，进而导致经济体可持续发展动力下降（Connolly et al.，1986；Murphy et al.，1993）；同时科技成果转化机制、创新的市场激励和效益分配机制不健全，难以引导生产效率的倾斜性配置（李晓华和王怡帆，2021），导致普通生产要素和创新要素的作用都难以发挥，加上某些企业为了吸引政府的财政补贴和激励政策，经常给政府发送一些“虚假信号”以获取补贴，严重削弱政府优惠补贴政策的激励效应。从企业的生产动机来看，企业创造的创新要素具有溢出风险和被模仿的风险，导致生产的产品和服务投入市场无法得到正常市场的回报，因此以利益最大化为目标的企业更倾向于利用创新要素市场扭曲带来的寻租机会，获取超额利润或租金收益，甚至将寻租获取的创新要素用于非生产投机活动，使企业从根本上丧失对创新要素用于生产研发的动力，严重扭曲创新要素的效能。

创新要素错配会抑制市场创新活力（戴小勇，2021）。创新要素在企业内部的配置格局是影响到企业创新的重要因素，企业和行业内部创新要素的不合理配置将导致各类创新要素出现闲置和浪费，进而抑制企业和行业实现高效率的创新（唐晓华和李静雯，2023）。创新要素错配根据发生主体被分为内涵型错配和外延型错配（Banerjee and Moll，2010）。内涵型错配是行业之间与企业之间的创新要素错配，面对市场的不确定因素，在投入的创新要素具有不同组合的情况下，若企业不能灵活选择最具盈利潜力的生产技术，那么就会产生技术选择的扭曲，从而造成创新要素技术错配，进而导致创新要素无法得到高效利用，企业的生产研发过程受到抑制，损失全要素生产率。值得一提的是，企业的技术选择行为不可避免地受到外部性、信息不对称以及不确定性等问题或者是要素错配的影响，触发企业研发创新决策失误，造成更严重的创新要素错配问题。创新要素合理配置的结果是企业创新带动创新要素由低生产率企业流向高生产率企业，迫使低生产率企业退出市场，为高生产率企业创造进入市场的机会和条件（Acemoglu and Cao，2015；Lentz and Mortensen，2008）。而外延型要素错配是在位企业、进入市场企业与退出市场企业之间的创新要素错配（戴小勇，2021），企业的生产效率和生产力的发展是经济高质量发展与否的基本尺度，取决于企业生产过程中的效率，创新要素错配导致创新要素无法流入高效率的行业与企业，阻碍了高生产率企业进入市场，而受到补贴和保护的一些低生产率企业能够持续经营，挤占高生产率企业的市场份额，从而形成“僵尸企业”和“影子企业”（Yang，2011），行业中出现逆向淘汰效应，即低生产率的企业拉低了行业生产效率（江艇等，2018），从而抑制市场创新活力，创新要素的潜能难以释放。

（2）创新要素区域产业与区域间的错配。

创新要素错配导致创新要素在产业间和区域间的自由流动与有效配置的效率降低，难以提升生产专业化和社会劳动分工水平（张幼文和薛安伟，2013），产业结构升级受阻（董嘉昌等，2020），导致产业间与区域间发展失衡（林毅夫和刘培林，2003），最终影响产业与区域的发展质量（刘贯春等，2017；杨凤娟和李晓慧，2023）。

创新要素错配诱发经济发展结构性矛盾（耿献辉等，2021）。高质量发展体现在区域和产业的发展质量，产业间和区域间创新要素的错配导致创新要素供给偏离最优配置需求，造成产业与区域创新相对滞后。总体来看，创新要素配置失衡会扩大区域间的经济、产业和社会差距，影响区域发展布局，抑制区域协调化和一体化发展。其具体表现在，发达的经济体拥有更多创新要素，能引发创新要素由欠发达地区流入，从而不断推进本经济体经济高质量发展；欠发达经济体却很难吸引甚至留住创新要素，以传统产业为主导的经济体创新动力不足、产业转型升级困难，难以承接发达城市溢出的创新要素（庄羽和杨水利，2021），导致全区域内经济发展不协调，加速形成“发达城市发展迅速，欠发达城市发展缓慢”的格局（王玉和张占斌，2021）。具体来看，创新要素错配会直接影响各个行业和地区的创新要素投入结构和投资回报，进而对投资消费结构、贸易结构、产业结构、收入分配等产生影响，诱发经济发展中的结构性矛盾。一是导致消费贡献不足，使需求结构失衡。由于创新要素错配，人民日益增长的美好生活需要和不平衡不充分的发展之间的矛盾加剧，虽然数据、技术等创新要素改变了消费者的诉求偏好和需求特征，但快速响应到消费者认可需要一个漫长的过程，因此需求结构升级并未带来供给结构的同步变化，导致中高收入人群的消费需求因为供需结构性偏差难以得到满足，高品质、个性化的商品和服务供给不足使中高收入人群倾向于选择国外品牌，造成需求外流。国内传统中低端产业产能过剩而自主创新品牌的中高端产品和服务供给不足共存的结构性矛盾严重阻碍了国内需求的扩大和升级（余泳择等，2021）。二是刺激低端产品出口，扭曲贸易结构。由于自主创新能力不足，我国有大量高端产品和配件需要进口。创新要素错配导致低成本创新要素使用较多、新型创新要素投入不足。出口贸易是行业内资源优化配置的重要实现途径（Melitz，2003），但由于近年来全球经济持续低迷，新冠疫情冲击下国际贸易需求大幅下降，全球经济下行压力严重冲击了我国的外需市场，国外需求链萎缩导致国内订单锐减，加上发达国家利用市场力量进行“卡链”（李雪和刘传江，2020），外需对创新要素合理化配置的引导作用和拉动力量将进一步减弱，成为我国贸易结构扭曲的重要原因。三是导致产业发展不协调，使产业结构升级乏力。在市场化程度不高、市场经济发展不平衡的市场环境下，创新要素的自由流动和合理化配置受到制度和壁垒的限制，造成创新要素价格扭曲和创新要素配置效率低下，创新要素的价格机制和效率机制的发挥作用受到限制。创新要素在不同产业和地区之间配置不协调严重影响了经济效率的提升，产业结构不合理、产业升级迟缓导致一些创新要素分配不合理，阻止创新要素的再配置，进而影响产业的产出和全要素生产率。其具体表现在，部分行业过度集中导致出现产能过剩，产品和服务价格下跌，经济效益下降；而依赖创新要素的技术密集型行业受限于投入创新要素水平的分散、狭小，使创新要素配置的规模经济效应难以发挥（于富喜等，2017），从而难以实现自身核心技术的进步和生产规模的扩大，无法推动产业升级；同时资源环境成本偏低导致密集使用创新要素的工业发展较快，服务业发展不足，从而诱发经济结构性矛盾。

创新要素错配违背经济高质量发展理念（徐晔和赵金凤，2021）。从产业发展质量角度看，创新驱动经济发展是高质量发展的关键一环，其实质是高级要素密集型产业驱动初级要素密集型产业的过程，主要表现为高级要素密集型产业创新向初级要素密集型产业转移与扩散，其中需要创新要素参与的创新活动对初级要素密集型产业进行改造与升级。相比于传统创新模式，创新要素参与的新型创新活动对创新要素的内容与使用率要求更高，需要更多新型且质量高的创新要素参与（Wang et al.，2020；Arfi，2018），而高级要素密集型产业创新与新型创新要素产业间的合理配置紧密相连，若新型创新要素错配，则会阻碍创新驱动高质量发展路径，影响创新要素由高级要素密集型产业向初级要素密集型产业转移过程中存在的知识获取与共享活动，降低创新要素的配置效率（于飞等，2019）。因此无法通过新型创新要素的边际收益递增属性使产出增加，产业转型升级能力将减弱，进而不同密集型产业间的创新生态环境无法得到优化，产业创新系统遭到抑制难以实现高质量发展。创新要素错配影响到企业开展创新活动，由此阻碍产业结构转型升级与高质量发展相悖（徐盈之等，2021）。从地区发展质量角度看，地方政府由于政绩考核压力和地区发展规划，难以实现与中央高质量发展战略目标相一致的科技发展目标，造成创新制度体制缺乏针对性，无法精准施策，也导致了我国创新缺乏前瞻性和战略性，进而导致我国各地创新要素保护主义盛行。地方政府是地方保护的主体，地方政府为了维护其管辖范围内经济主体的利益而采取了“价格歧视”“资源歧视”等一系列行政垄断的保护行为，通过行业准入、控制重要创新要素等方式，甚至还通过限制创新要素的自由流动来进行空间市场分割以保护创新要素错配这一行为（张万里，2019），导致创新成果的归属竞争激烈，难以实现创新要素的共享和创新的合作，造成创新成果的产出损失，与高质量发展创新、协调、绿色、开放、共享的新发展理念相违背。

3.2.3 高质量发展对创新要素配置测度与评价提出的新要求

基于优化配置以及错配与高质量发展间的关系，可以看出只有符合高质量发展需求的创新要素配置，才能够推动经济实现发展动力转换、结构优化和效率提升。为探究创新要素配置是否能够服务于创新驱动经济高质量发展，需要对高质量发展视阈下创新要素配置展开测度与评价研究。然而当前关于创新要素配置的研究大多都存在静态、线性、孤立的问题，具有一定的局限性。这些问题主要体现在对创新要素配置和高质量发展的内涵理解不够充分全面，导致测度与评价研究存在对象单一和标准片面的问题。高质量发展视阈下创新要素配置的统计与评价应该是多视角、多维度、多目标的，测度与评价标准需要更加注重结构优化和效率升级，即核心从传统的以效益为主向质量转变。同时，对高质量发展视阈下非结构化数据的忽略导致了测度与评价方法具有局限性，高质量发展视阈下的数据基础较之前发生了很大变化。一方面，以网络技术为基础产生的搜索数据、社交媒体数据等正在逐步成为新的数据源；另一方面，在数据指标的生成确定上，也不需要完全依靠传统的抽样调查和经济普查，而是能够利用互联网上的数据资源来实现各种指标数据的实时生成。基于此，随着我国步入新发展阶段，其对创新要素配置在测度与评价研究上提出新要求。

（1）高质量发展对创新要素配置测度提出的新要求。

目前我国创新要素配置统计测度工作出现了如数据整体质量不高、创新要素指标体系中的指标交叉重叠或者结构单一、测度创新要素配置的方法不能准确反映创新要素配置情况等诸多困难。结合创新要素配置和高质量发展的内涵特征，高质量发展目标对我国现有的创新要素配置统计测度体系从对象、标准和方法等方面提出诸多新要求，具体从指标体系完善、数据质量控制和测度方法改进展开。

①指标体系完善。

高质量发展背景下创新要素配置测度指标体系涉及内容广泛多维，现有的创新要素配置效益指标体系中的指标交叉重叠、覆盖不全、频次较低、结构单一，无法用单一指标来反映创新要素配置的完整内容，必须从科学性、特殊性与多维性的角度重新建立一套科学的创新要素配置测度指标体系。一是**创新要素配置指标体系需要具有科学性**。立足于高质量发展背景下创新要素具有的新内涵，需要将创新要素指标分解为人力、资本、技术、信息和制度五个方面，借助文本聚类等大数据方法构建非结构化指标，并从动态角度对指标选取方法加以完善，以全面准确测度我国创新要素投入情况。二是**创新要素配置指标体系需要具有特殊性**。立足于高质量发展的内涵与特征，其是在高速度增长基础上的具有动力转换、结构优化和效率提升特征的发展，是量变到质变的动态发展过程，要素配置也随不同经济发展特征而变化。创新要素配置在满足经济发展“特殊性”的同时，仍应满足经济发展的“一般性”规律，需要结合社会经济发展阶段性特征构建创新要素配置指标体系，在精准测度不断变化的经济发展特征下创新要素配置情况。三是**创新要素配置指标体系需要具有完备性**。立足于优化创新要素配置对高质量发展的促进作用，以及创新要素错配对高质量发展的抑制作用，在构建创新要素配置指标体系过程中，需要从高质量发展“五大新发展理念”和“三个发展层面”综合考虑创新要素配置在质量提升、效率提高和模式改进等方面的优化，以及在行业与企业间、产业与区域间的错配，从不同角度、层面全方面选取创新要素指标并测度创新要素配置的质量。

②数据质量控制。

数据的收集和处理是创新要素配置统计测度的基础性工作，数据质量的高低直接影响到创新要素配置测算的精度。当前社会已迈入高质量发展阶段，各领域数据资源有效汇集，开放信息资源共享，数据的获取和处理方法都发生相应的变化。由此，高质量发展视阈下创新要素配置统计测度数据应综合考虑以下两个方面：一方面，**数据获取需要全面**。21 世纪以来，信息技术飞速发展，互联网新应用层出不穷，网络成为新的信息获取方式与来源。伴随着各种形式和来源的数据的出现，传统静态形式的创新要素投入等数据的收集方法转变为大数据背景下动态形式的数据收集方法。同时，非结构化数据（交易数据、搜索引擎中的搜索指数、媒体报道数据、社交平台数据等）在所有数据中的占比上升，数据的更新频率显著提高，现有创新要素配置研究所用到的数据多是基于宏观抽样的结构数据。由于这类数据难以准确衡量测算创新要素配置状况，因此需要引入非结构化数据加以补充，提高数据获取质量，以满足高质量发展背景下数据全面性、完整性等新的数据要求。另一方面，**数据处理需要合理**。数据预处理过程中的相关技术是影响数据质量的关键因素，要综合运用大数据收集与处理技术对数据质量进行控制。鉴于获取的原始创新要素投入等数据容易受到噪声数据、缺失值数据、数据冲突等影响，进而导致数据出现不完整、不一致、冗余或冲突等问题，难以保证数据的总体质量，由此需要对预先获取的原始数据进行数据集成、数据规约、数据转换等预处理，并筛选出信息含量低且重复的数据指标，避免指标体系中出现信息重复与冗余现象，以保证分析测度结果的准确性、真实性、可用性和价值性。

③测度方法改进。

传统的统计测度方法不足以概括大数据高维、混频的特征，导致创新要素指标统计监测的精确性大大降低。同时，现有的统计测度方法无法灵活处理不同频率的数据，高质量发展背景下创新要素配置测度方法考虑从以下两个方面加以改进：一方面，**测度方法需要具有客观性**。确立各指标的权重在多指标测度中至关重要，权重的设定将直接影响最终测度结果与现实情况相符程度的高低。指标权重的确定方法主要有主观赋权与客观赋权两类，而主观赋权会因人的主观因素导致测度结果存在误差。同时，非结构化数据具有实时性强的特点，为避免主观随意性并确保多指标测度结果的精度，需要采用客观赋权的方法确定各指标权重，以精准测度高质量发展视阈下创新要素配置现状。另一方面，**测度方法需要兼具时效性**。整体来看，随着时间的推移与新技术的发展，对创新要素配置的侧重点与角度逐渐发生了改变。创新要素不仅包含从简单劳动力、一般资本发展演变成的人力创新要素和资本创新要素，还包含技术创新要素、信息从创新要素和制度创新要素这一新型创新要素。单一客观的测度方法仍存在片面性，在测度方法上必须与时俱进，需要考虑引入能够提高结果准确性的、定性与定量相结合赋权的灰色关联度法等一系列综合测度方法，以对现有测度方法加以改进，排除人为因素和客观片面的影响，使创新要素配置测度结果更加客观准确。

（2）高质量发展对创新要素配置评价提出的新要求。

传统的创新要素配置评价所选取的评价标准模糊、评价方法失效、评价体系落后。伴随着我国迈入高质量发展阶段，原有的创新要素配置评价标准、方法、体系已不再满足高质量发展的需求，对高质量发展视阈下创新要素配置的评价是在“五大新发展理念”和“三个发展层面”指导下进行的，具有多维度、多视角、多层次的评价，其与传统创新要素配置评价在标准、方法、评价体系方面均存在显著的区别。高质量发展目标对我国创新要素配置评价体系从对象、标准和方法等方面提出诸多新要求，具体从评价标准明确、评价体系完善、评价方法改进展开。

①评价标准明确。

传统的创新要素配置的评价标准仅仅是以有限创新要素投入得到最大创新产出，通过投入产出效率来衡量创新要素配置效果，这已不能满足高质量发展的需求。高质量发展的目标是促进我国经济持续健康的发展，提高发展的协调性、平衡性和可持续性，更好地满足人民群众多样化、多层次、多方面的需要。高质量发展要求不再“唯 GDP 论”，不再只注重经济的发展，不再只以经济的发展速度和总量作为评价标准，应该要在以经济发展的基础上兼顾区域、社会、环境等层面的发展。评价标准要合理，既符合国家规定，又符合实际。由此，高质量发展视阈下创新要素配置评价标准应综合考虑以下两个方面：一方面，**评价标准需要具有合理性**。创新要素配置评价标准应该是要结合创新要素配置结构与质量的综合评价结果，因此应该建立合理的标准体系对创新要素配置的结构与质量进行全面评价。创新要素配置的直接目的是实现效益的最大化，但创新要素客观存在于整个社会环境之中，创新要素的配置也会对整个社会产生影响。因此，创新要素配置不仅要实现经济效益的最大化，更要推动整个社会进步，实现区域、经济等的协调发展。另一方面，**评价标准需要具有时效性**。不同时期的创新要素具有不同的内涵与特征，伴随着经济发展阶段的演进，创新要素的种类也逐渐丰富，创新要素配置始终要有利于经济与社会的持续健康发展。因此，评价标准应做到与时俱进，对不同时期经济发展阶段而言，创新要素配置具有不同的水平、结构与质量，应结合当期经济发展特征评价高质量发展视阈下创新要素配置。

②评价体系完善。

高质量发展对现行创新要素配置的评价体系要求从以下两个方面进行完善：一方面，**创新要素配置内容评价要全面**，具体包括多维性设计和系统性关联两个方面。首先是多维性设计，创新要素配置在质量、价值和评价主体等方面均具有多维性。与传统经济发展下对创新要素配置评价的方式与角度等不同，高质量发展视阈下对创新要素配置进行评价，需要基于"五大新发展理念"和"三个发展层面"，从协调发展、产业和区域发展等不同角度对创新要素配置进行综合评价。然后是系统性关联，创新要素配置结构与质量水平与政策、策略、组织等多种因素相关，评价创新要素配置需要从创新要素配置的投入结构、区域分布结构、创新要素配置和高质量发展的协同性以及政策影响等多个方面进行系统性评价。只有将整个配置形成过程视为一个完整的系统，才能促进创新要素配置结构与质量最终符合目标和需求。另一方面，**创新要素配置评价对象要有针对性**，现有评价对象一般有宏观、中观和微观三个层面。微观层面的主体为企业，企业是创新要素配置的落脚点，企业如何分配和运用创新资源是企业进行创新活动需要考虑的关键问题。目前，企业更多的是在投入产出的过程中，关注其生产效率的变革。中观层面的创新要素配置指创新要素在各行业或区域层面的配置，这个层面的研究一般综合分析区域和行业创新要素与生产的关系，其主要目的是提升行业或区域的整体效益和发展质量。宏观层面的创新要素配置是国家将创新要素在不同区域、产业、创新主体、创新环节和学科之间的配置，主要是通过结合市场价格机制和政策指令对创新要素配置活动进行宏观调控。因此，创新要素配置的评价要有针对性，要相机抉择，即首先需要确定评价的对象和尺度，再从评价需求角度出发对其进行评价。

③评价方法改进。

高质量发展视阈下的创新要素配置评价方法应该满足科学性和客观性。一方面，**评价指标的设置满足科学性原则**，评价指标的设置必须符合评价的目的，能够反映创新要素配置结构与质量的本质特征。在选取评价指标时，要正确理解和把握评价标准，克服主观随意性和感情因素的影响，这样才能使评价信息的搜集更加全面准确。同时，需要注意创新要素投入指标与经济发展产出各指标间的联系和交叉，避免投入或产出指标间的重叠，在评价中必须保证数据来源的准确性和处理方法的科学性和规范性。另一方面，**选取的评价方法需要具有客观性**，在确保建立的评价指标体系客观公正并保证各项数据来源可靠与准确的基础上，针对不同角度和对象选取能够系统地、准确地衡量相应创新要素配置结构与质量的评价方法，克服因人而异的主观因素的影响，客观全面地反映创新要素配置的真实状况。同时，对创新要素配置在结构和质量上评价信息的分析应以客观存在的事实为基础，以确保结论具有可靠性。

3.3　本章小结

本章基于第 2 章对高质量发展和创新要素配置相关文献的梳理，厘清并界定了高质量发展和创新要素及其配置的内涵和特征，并总结了高质量发展对创新要素配置测度和评价方面提出的新要求，具体内容如下。

第一，高质量发展是以创新成为第一动力、协调成为内生特点、绿色成为普遍形态、开放成为必由之路、共享成为最终目标这五大新发展理念为指导，体现在微观层面的产品与服务质量提升、中观层面的产业与区域发展质量提升、宏观层面的国民经济整体与生产力质量提升三个层面的发展状态，具有发展动力转换、经济结构优化和发展效率提升三点特征。

第二，创新要素是以新发展理念为指导，以实现经济高质量发展为目标而进行创新活动或作为创新活动支撑条件推动创新的相关资源，其具有边际报酬递增的特性。在高质量发展需求下，创新要素主要包括人力创新要素、资本创新要素、技术创新要素、信息创新要素和制度创新要素，并具有流动中的外溢性、系统中的协同性、使用中的长效性和运动中的动态性四点特征。

第三，创新要素配置是通过科学的规划增强创新要素流动的合理性、投入的精准性、使用的高效性以减少创新资源浪费的过程，其根本目标是用有限的创新要素投入创造最大化的经济效益，提高发展质量，创新要素配置质量是决定我国实现从要素驱动转向创新驱动的关键。

第四，高质量发展对创新要素配置测度提出完善指标体系、控制数据质量并改进测度方法等新要求。具体而言，创新要素配置指标体系需要具有科学性、特殊性和完备性，数据获取需要全面且数据处理需要合理，以及测度方法需要具有客观性和时效性。

第五，高质量发展对创新要素配置评价提出明确评标标准、完善评价体系并改进评价方法等新要求。具体而言，评价标准需要具有合理性和时效性，评价内容需要全面且评价对象需要具有针对性，以及评价指标需要科学性且评价方法需要客观性。

第4章　相关理论

在第2章梳理相关文献和第3章界定相关概念并总结高质量发展新要求之后，需要梳理研究过程中涉及的要素配置相关理论、经济增长相关理论、创新相关理论、测度与评价相关理论和其他相关理论，并将其作为本书的理论基础，为后续的测度和评价等研究提供理论支撑，也为实现高质量发展背景下创新要素有效配置提供科学的理论依据。

4.1　要素配置的相关理论

生产要素是进行生产经营活动时所需要的各种社会资源，其中包括劳动、土地、资本、信息、数据五种。要素配置建立在要素的稀缺性上，这决定了需要按照一定的目标，通过一定的方式将有限的资源合理组合分配到社会各个生产部门中，选择资源的投向和组合，提升要素的配置效率，减少浪费，以实现社会高质量发展。要素配置理论的演进过程实际上是经济学家在不同经济背景下，回答如何配置资源以实现效率最优。本书旨在探讨古典经济学中“看不见的手”理论、新古典经济学中的均衡理论以及新制度经济学中的资源配置理论，从而为全书的研究提供理论基础。

（1）古典经济学的“看不见的手”理论。

古典学派是最先开始探究资源配置的经济学派别，威廉·配第的《政治算术》[①] 奠定了资源配置的研究基础，亚当·斯密在1776年出版的《国富论》[②] 中论述了“看不见的手”理论。他认为经济必须自由而国家无须干预。在这种思想指导下，资源配置主要依靠市场机制实现，存在引导资源自由流动配置的机制，例如，价格可以使要素从低于生产成本的市场进入价格高于生产成本的市场。要素通过市场机制可以进行分配和再分配，从而使生产效率提高，社会财富增加。自由竞争是一种无形的力量，它可以调节经济的运行状态，从而实现资源的最大化利用。每个人都以追求自身利益为目的，将拥有的要素投入，以最优比例配置在各个生产部门，最终推动社会效益的提升，这就是市场经济中的“看不见的手”解决资源优化配置，增进社会福利的有效机制。但是由于垄断、外部性[③]（马歇尔，1890）等会导致“市场失灵”（庇古，1920）[④]，影响市场对资源的合理化配置，降低资源配置效率[⑤]。

（2）新古典经济学的均衡理论。

①均衡理论。均衡理论分为局部均衡理论和一般均衡理论。局部均衡理论以马歇尔为代表人物，从供给和需求两方面来说明均衡状态，主张以供求方式调整市场价格使其均衡，从而推动资源在不同经济主体间的流动和配置。一般均衡理论以瓦尔拉斯为代表人物，起源于1874年发表的《纯粹经济学要义》[⑥]，它在“看不见的手”理论的基础上提出，是指在一定条件下消费者和生产者的最优化行为能引导经济系统中的产品和要素市场发挥作用实现供需平衡。瓦尔拉斯的一般均衡模型利用数学模型描述人类使用和配置资源的行为；后来阿罗和德布鲁（1954）[⑦] 证明了经济均衡的存在性。

---

① 威廉·配第．政治算术［M］．陈东野，译．北京：商务印书馆，2014.

② 亚当·斯密．国富论［M］．郭大力，王亚南，译．南京：译林出版社，2011.

③ 外部性：指实际经济活动中，生产者或消费者的活动对其他消费者和生产者产生的超越活动主体范围的利害影响。

④ 马歇尔．经济学原理［M］．朱志泰，译．北京：商务印书馆，1964.

⑤ 阿瑟·庇古．福利经济学（上册）［M］．朱泱，张胜纪，吴良健，译．北京：商务印书馆，2020.

⑥ 莱昂·瓦尔拉斯．纯粹经济学要义［M］．蔡受百，译．北京：商务印书馆，1989.

⑦ 古拉德·德布鲁．价值理论［M］．杜江，张灵科，译．北京：机械工业出版社，2015.

②帕累托最优理论。1906年帕累托于《政治经济学教程》[①] 中首次提出资源配置效率的衡量标准“帕累托效率”。在这种情况下，“帕累托最优”是重新配置资源已经不可能在不使他人处境变坏的情况下改善任何一个人的处境的配置方式。再配置任何资源都无法使任何一个社会成员的境况更好，同时又不使其他社会成员的境况变坏，即一方福利的改善必须以另一方的福利牺牲为代价。反之，若资源配置正处于帕累托无效率状态，则可以调整优化现有的要素配置方式和配置结构，提升资源配置效率，改善社会福利。

（3）新制度经济学的资源配置理论。

交易成本是新制度经济学的核心范畴。交易成本的概念最早源于康芒斯在《制度经济学》[②] 中对交易范畴的研究，交易是所有权的转移，其中有冲突、依存和秩序三项原则。交易的形成基础依赖于付出，交易无法迅速展开主要受制于交易成本的限制，直到20世纪30年代科斯开始深入分析交易成本，就此发表了《企业的性质》[③] 等一系列经典论文，对交易成本形成的主要观点如下：第一，市场机制的运行伴随着摩擦的产生，产权制度和组织创新是减少交易成本的关键；第二，企业规模的扩大会造成企业内部交易成本的上升；第三，将交易成本进一步扩展到社会成本，社会成本问题解决的重点是在经济交易中界定和安排权力。交易成本理论为企业的存在和企业规模的决定提供了合理的解释，即企业的存在是将市场行为变成企业行为，用资源交易契约替代产品交易契约。新制度经济学将要素配置视为交易的过程，资源配置的费用即为交易费用，交易发生于物品或服务超过技术上可分的结合部分转移之时（Williamson，1985）[④]，这种行为也是资源配置的过程，并且随着交易不断产生与发展。交易成本表明资源配置作为交易活动需要成本，因此制度作为约束力来控制成本，尽可能以最小的成本生产多的产品，提升资源配置效率。同时制度决定了交易

---

① Pareto V. Cours d'economie politique [M]. Geneva: Libraire Droz, 1906.
② 康芒斯．制度经济学［M］．于树生，译．北京：商务印书馆，2021.
③ 罗纳德·科斯．企业、市场与法律［M］．盛洪，陈郁，译．上海：上海三联书店，2009.
④ Williamson O E. The Economic Institute of Capitalism [M]. New York: Free Press, 1985.

成本的多少。

新制度经济学对资源配置理论转向了研究产权制度影响资源配置的机制与路径。1960 年，科斯将产权纳入经济学体系，指出制度对资源配置的重要性，厘清了资源配置与产权的关系。科斯定理也逐渐形成，具体为：一是在交易成本为零，产权被清晰界定时，无论谁拥有产权，选择何种法规和配置要素都能够实现资源的最优配置；二是指在交易成本存在的现实中，零成本交易无法使产权初始分配状态转化为最优状态，因此界定好初始合法权利会影响资源配置效率；三是制度影响要素配置效率，因此应从产权制度自身生产成本角度确定产权制度。基于此产权的界定会决定资源配置效率。

4.2 经济增长的相关理论

随着我国经济进入新的发展阶段，后发优势逐渐消失，创新要素配置的市场体制和制度尚未成熟，再加上人口老龄化、投资效率下降等不利因素的叠加，导致潜在经济增长率呈现趋势性下滑，同时资源约束的不断加强和生态环境保护压力的不断加大也给高质量发展战略的纵深实施带来了严峻挑战。经济增长理论随着经济社会的发展进步也不断演变，从早期经济增长依靠财富积累、劳动分工、各生产要素的驱动等，到外生的技术进步思想与技术进步内生化的模型，不同历史时期塑造了反映不同时代特征的经济增长理论。换句话说，经济增长理论的演进过程是经济学家不断寻求经济增长动因的过程，我国经济高质量发展难以依靠传统增长动能维持经济长期持续增长，传统生产要素的升级与新型创新要素的培育才是高质量发展的关键，本书按照“古典经济增长理论→新古典经济增长理论→内生增长理论”的顺序梳理经济增长理论，有助于找出进一步优化创新要素配置的切入点，为实现高质量发展背景下创新要素合理配置提供科学的理论依据（见表 4.1）。

表 4.1　　经济增长理论变迁

	古典经济增长理论	新古典经济增长理论	内生增长理论
代表学者	哈罗德、多马	瓦尔拉斯、马歇尔	罗默、卢卡斯
要素对象	劳动、资本、土地	劳动、资本、技术进步	人力资本、知识、创新要素
发展阶段	高速增长阶段		高质量发展阶段

(1) 古典经济增长理论。

古典经济增长理论是经济学学科的起点，其致力于研究如何促进经济长期有效稳定的增长。以大卫·休谟、亚当·斯密、马尔萨斯、大卫·李嘉图等为代表的经济学家构建了古典经济增长理论，将劳动力、资本、土地等内生要素和技术进步和制度等外生变量的综合作用作为经济增长的动能。古典经济学家大卫·休谟身处第一次工业革命发生前，认为经济发展是土地、劳动者等生产要素的贡献，因此经济产出是劳动、土地和制造的函数①。身处第一次工业革命初期的亚当·斯密提出“经济产出是劳动力、土地、生产效率和土地的函数”，且重视资本在经济产出中发挥作用的增长理论②。马尔萨斯将资本、土地和发明创造认定为生产中的核心要素，关注制度、道德和宗教等非经济因素对经济产出的影响③。身处第一次工业革命成熟时期的大卫·李嘉图指出人口、资本、劳动生产率、利益分配机制等因素会影响经济产出④。古典经济增长理论发展后期的代表人物有哈罗德、多马，首先哈罗德以凯恩斯的收入决定论为研究的基础，将经济增长的长期问题纳入了凯恩斯的短期收入中，后来英国的学者多马也提出了相似的理论。该学说主张在经济运行的过程中，所有的要素都是必不可少的，因为不同的要素在经济运转中扮演着独特而不可或缺的角色且各要素可以相互转换，亚当·斯密和大卫·李嘉图对资本积累的重视贯穿二人

① 大卫·休谟．休谟经济论文文选［M］．陈玮，译．北京：商务印书馆，1984.

② 亚当·斯密．国富论［M］．郭大力，王亚南，译．南京：译林出版社，2011.

③ 马尔萨斯．政治经济学原理［M］．厦门大学经济系翻译组，译．北京：商务印书馆，1962.

④ 大卫·李嘉图．政治经济学及赋税原理［M］．郭大力，王亚南，译．北京：商务印书馆，2020.

经济增长理论的始终。

（2）新古典经济增长理论。

19 世纪后半叶，瓦尔拉斯、马歇尔等经济学家开始了以边际分析为主的新古典主义经济学，新古典学派考虑了劳动、自然资源、技术进步和投资等多种生产要素，将技术进步假定为外生要素或影响其他要素生产率的手段，主张通过扩大投资和加快技术进步的速度来获取尽可能多的利润。罗伯特·索罗是新古典经济增长理论的奠基者，该理论主张长期经济增长的推动力来自资本、劳动和技术进步，其中技术进步占据着最为重要的地位，因为资本和劳动可以相互替代，因此可以通过调整生产要素的投入比例来实现经济的平衡增长。索罗和斯旺运用了边际生产率和生产函数的相关理论并假设资本和劳动是可以相互替代的，因此重新构建了带有技术进步这一外生变量的经济增长模型并认为技术进步对经济增长具有长期作用。

（3）内生增长理论。

1945 年后，以罗默、卢卡斯为代表的经济学家提出新经济增长理论即内生增长模型。经济学思想转变为探究经济增长的内生性因素，在这一时期普遍认为经济增长的源泉是技术进步并将其进行模型内生化；阿罗的“干中学”提出无形要素会转为物质要素，例如，无形要素使人力资本提升，实现技术进步内生化，从而推动规模报酬递增。罗默的知识溢出模型（1986）、卢卡斯的人力资本模型（1988）在探究经济增长的决定要素中将技术进步作为经济增长的核心要素，内生知识资本和人力资本是技术进步的核心要素。1990 年，罗默在“*Endogenous Technological Change*”一文中构建了包括代表性家庭，最终商品生产者，中间商品生产者和研发部门一共四个部门的经济增长模型，其中研发创新部门通过研发获得新技术并申请专利，中间品生产部门通过从研发部门获得专利技术进行垄断生产并将资本品卖给最终品生产部门，最终品生产部门则在完全竞争市场中生产出最终产品，在该理论下经济增长是由研发部门为获得专利套利以及中间品生产部门为获得垄断利润而进行的技术创新来推动的。

从经济增长理论的变迁中可以看出，生产函数的设定随着生产要素的不断丰富而不断完善。结合经济增长理论基本逻辑，中国经济增长模式也将从后发赶超型向中高端协调发展模式过渡，原来靠规模扩张发展的道路也逐渐过渡到新型发展道路上来，创新要素逐渐成为驱动经济增长的关键动力。依据扩展的内生增长理论，新形势下进一步实施高质量发展战略，重点在于要培育区域内生性增长机制，逐步转变经济发展方式、构建区域现代化创新体系、优化创新要素配置机制、提高自主创新能力，促使由传统生产要素驱动的经济高速增长阶段转变为以传统及新型创新要素共同引领创新的高质量发展阶段，逐步达到自我发展能力驱动内生增长态势。创新要素配置优化是内生增长机制培育的战略着力点，区域经济的发展速度与质量既依赖于创新要素的多寡，也依赖于创新要素配置是否合理，创新要素在各个区域内的优化配置可以实现经济在自我发展能力驱动下的内生增长。

4.3　创新的相关理论

创新作为理论与实践并重的结合体，是经济发展的引擎和现代经济进步的支撑动力。本节聚焦于创新相关理论，沿着“熊彼特创新理论—技术创新理论—创新驱动理论”的发展脉络梳理创新相关理论，为创新要素配置的测度奠定理论基础。

（1）熊彼特的创新理论。

有关创新理论的研究最早起源于经济学家熊彼特的创新理论。他在其成名作《经济发展理论》中首次提出了创新的概念，详细阐述了创新主体、创新对经济发展的影响，之后经过对该创新理论的发展、演绎和深化应用，在对其进行补充和完善基础上形成了创新的理论体系。熊彼特的创新理论体系主要包括以下几个方面：

①从生产函数的角度来看，创新是一种将全新的生产要素和条件引入生产体系中的创新过程，而经济发展则是指通过引入新产品、发明新技术和开发新市场等措施，不断实现新的组合，从而形成经济变动的过程。熊彼特在其创新理论中明确提出，“创新”“新组合”和“经济发展”涵盖

了开拓新市场、采用新生产方法、引进新产品、实现企业新组织、控制原材料的新供应来源等多个方面，之后人们将其归纳为市场、技术、产品、组织和资源配置等多个方面的创新。

②创新是一种“创造性的破坏过程”，强调生产技术变革对经济发展的影响，并认为创新对经济发展过程中的经济结构变革是“创造性破坏”的过程。在竞争经济中，“新组合”意味着需要通过竞争的方式将原来旧的组织消灭，并用新技术、新产品代替旧技术、旧产品、旧工艺；在竞争性经济中，原来旧有的生产效率低、创新能力差的企业将被创新能力强、创新效率高的企业挤出市场。因此，创新和毁灭一般同时在经济发展过程中发生并不断推动经济发展壮大，经济发展因而依靠创新来实现，同时转化为经济内部的改革和更新。

③创新的主体是企业家，在经济发展不断引入“新组合”的过程中，作为创新主体，企业家致力于实现“新组合”，将“生产要素和资源引向新用途”，并将“生产指向新方向”，企业家的职能即在追逐利润的过程中实现“新组合”。在追逐利润的过程中，企业家试图通过将技术和资本等生产要素重新组合进行创新，推动经济发展并在该过程中获得利润。

④经济周期性波动的根本原因在于创新所带来的深远影响。熊彼特指出，创新或生产要素的新组合并非呈现出连续或均匀的分布状态，而是时高时低、时断时续呈现“周期性”波动的特点。他认为资本主义在发展过程中经历着长期波动、中期波动和短期波动三种经济周期。

熊彼特的创新理论认为，创新是一种内在因素，而经济发展则是由内部自身创造性的变化所引发的，因此他强调了创新在经济发展中的重要作用，同时也强调了社会经济制度内在因素的作用。从经济学角度来看，信息经济就是利用信息技术对物质资本进行重新组合，实现价值增值的一种新型经济形式。熊彼特的创新理论融合了马克思主义政治经济学中生产力与生产关系之间的相互作用，这成为本书研究的重要基石。

（2）技术创新理论。

技术创新的新古典学派代表人物索罗（1951）对技术创新进行内涵概括总结，创新成立的两个条件在于新思想的到来及其之后的实现和发展；

1957年索罗在《技术进步与总生产函数》中通过理论模型和实证分析发现技术进步带来了索罗残差。除此之外，新古典学派还肯定了政府对技术创新活动的正向干预会有效促进经济发展。技术创新的新熊彼特学派代表人物施瓦茨等丰富和发展了熊彼特创新理论，主要从宏观层面考虑技术创新的原因和动力，其中主要通过对市场结构进行了划分探讨在寡头垄断市场和垄断竞争市场下技术创新的异同及其发生原因。技术创新的制度学派以兰斯·戴维斯和道格拉斯·诺斯等为代表人物，他们提出的制度创新理论是指通过革新经济的组织形式或管理模式，他们将创新理论和制度理论结合，深入研究了决定技术创新的制度安排对经济增长的影响[①]。技术创新的国家创新系统学派以弗里曼为代表人物，1973年弗里曼从收益角度提出，技术创新是通过新产品、新服务、新过程和新系统为获得商业价值转化的全过程；同时强调技术创新服务于企业，有助于企业占领和扩大市场[②]。此外，20世纪60年代美国经济学家罗斯托提出“技术创新”理论，将“技术创新”作为“创新”的主导，强调实践作用，具体是指创新主体将全新的或经过完善的技术、产品和服务投入应用中，以达到实现市场价值目标的过程[③]。伊诺思明确技术创新是选择发明、保证资本投入、建立组织、制订计划和开辟新市场等行为综合的结果，这些均是对技术创新理论的拓展，丰富和发展了技术创新理论[④]。

(3) 创新驱动理论。

创新驱动理论最早由迈克尔·波特提出，其根据不同国家的发展过程和经济驱动趋势将经济发展划分成四个阶段：第一阶段是经济增长主要依赖于传统的生产要素，如劳动力和土地，这是经济发展的初级阶段；第二

① 兰斯·戴维斯，道格拉斯·诺斯.制度变革与美国经济增长［M］.张志华，译.上海：格致出版社，2019.

② Freeman C. A Study of Success and Failure in Industrial Innovation, in B. R. Williams (ed) Science and Technology in Economic Growth, Proceedings of Conference Held by the International Economic Association, St. Anton, Austria (London: Macmillan, 1973): 227 – 245.

③ Rostow W. W.. The Stages of Economic Growth: A Non – Communist Manifesto [M]. Cambrige University Press. 1960.

④ Enos J. L. Petroleum progress and profits: a history of progress innovation [M]. Cambridge MA: The MIT press, 1962.

阶段是从资源约束转向资本驱动，它要求提高全社会劳动生产率，扩大物质资料消费需求[①]。在此阶段，经济增长的驱动力在于低消费率和高投资率，这两个因素共同推动了经济的发展；第三阶段是创新驱动，该阶段经济增长的引擎是创造知识，如企业进行自主研发生产推动经济增长；第四阶段是财富驱动，国家的经济增长主要依赖于当前的财富积累，通过实业投资向金融投资的转型来推动财富的增长。在这四个阶段中，前两个阶段是依靠增加要素投入拉动经济增长的过程，而后两个阶段是依靠技术进步、知识溢出和财富驱动经济增长的过程，前者更加注重经济增长数量的增加，后者则侧重于经济增长质量的提高（见图4.1）。

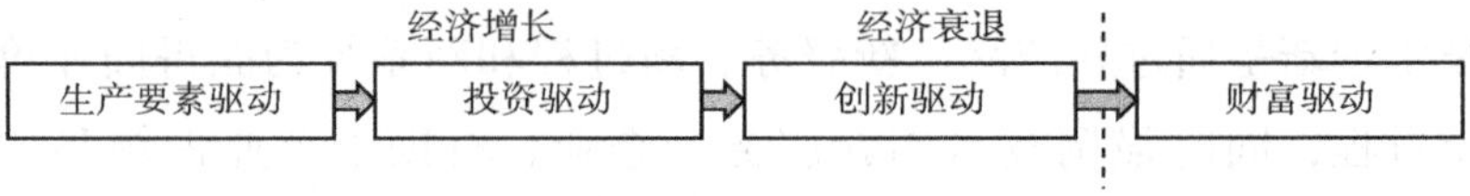

图4.1 国家竞争力发展的四个阶段

在这四个经济发展阶段中，创新驱动增长是国家经济发展的核心阶段，而创新驱动依赖于创新要素的有效配置和高效利用。创新驱动的实质就是通过改善创新资源配置，提高创新资源利用效率，形成更加合理的创新要素配置机制，促进创新成果的有效产出和商业转化，从而形成新的经济增长动力，实现更高质量的经济增长。当前我国正处于提质增效的关键经济转型时期，以创新要素配置为核心的创新驱动机制是实现经济高质量发展的关键一环。

4.4 测度与评价的相关理论

（1）测度的相关理论。

对测度相关的理论阐述是对创新要素配置和高质量发展测度的理论前

① Poter M. The Competitive Advantage of Nations [M]. London: Macmillan, 1990.

提和基础，因此，本节沿着“指数理论—统计指数理论—经济测度理论”的思路对理论进行阐述。

①指数理论。

指数是一种历史悠久且广为人知的经济分析方法，而指数作为经济分析中的一种重要手段，其特别之处在于它是一种动态的相对数，无法直接累加和直接比较现象的综合变化[①]。指数有两种含义，第一种含义是指数的普遍概念，它是指全面反映各种时空条件下受诸多因素影响而构成的经济现象平均变化情况的相对数，例如，反映商品，工资等经济变量不同时期价格变化；另一种是指数分析法，它是通过计算多种指数以反映某一经济现象在数量上的总变动以及构成这些变化的各因素对总变动的影响大小的一种分析方法。指数可为宏观经济政策制定和遏制通货膨胀提供重要依据。

②统计指数理论。

统计指数可分为广义和狭义两种解释。其中，广义指数是一种比较社会经济现象数量变动的指标，用于展示在时空分析和实际与计划对比中同类现象变动的相对数；狭义指数所反映的是那些复杂的社会经济现象，它们在数量上的综合变动情况所呈现出的相对数，这些现象无法直接相加。从统计学意义来说，统计指数就是能表示事物发展变化过程中各种相对量大小关系及其变化趋势的一种数学工具。指数的特性可分为相对性、综合性和平均性三种。其中，相对性指的是在不同条件下，总体各变量所形成的相对数，其可用于度量不同变量之间的差异不同时空条件下变量的相对变化程度；综合性反映在不同场合下变量的综合变动水平；平均性是变量总体水平的代表性数值。

统计指数是一种综合评估和测定复杂社会经济现象总体变动方向和程度的工具，通过分析各种因素对其影响的方向和程度，可以深入研究社会经济现象在长时间内的发展变化趋势，这对于金融产品创新具有至关重要的作用。统计指数按其来源可分广义统计指数与狭义统计指数两大类，其

① 理查德·艾文. 管理统计学［M］. 北京：电子工业出版社，1986.

中广义统计指数又包括时间序列型指数、空间分布型指数以及多维动态型指数等类型。统计指数分类依据其特点、范围和对比性质进行划分，从统计指数的特征来看，可以分为质量指标指数（对象质量的变化程度）和数量指标指数（对象的规模、水平的变化程度）；从统计指数的范围来看，统计指数可以分为个体指数（单个事物或现象中某个方面在时空分异下的变化程度）和总指数（多个事物或现象在时空分异下的变化程度）；从统计指数的对比性质来看，可以分为静态指数和动态指数，静态指数又分为空间指数和计划静态指数，它们分别反映了同类现象在相同时间内不同空间的数量差异程度以及实际对计划的差异程度。动态指数是通过对同一现象在不同时间上的水平进行比较，以反映其变化过程和程度的一种方法。

③经济测度理论。

经济测度是反映经济运行过程结果的数量特征及统计核算，经济测度理论的演变与经济发展阶段密不可分。本节将按照“传统经济核算体系的变迁—信息经济测度理论的演变—数字经济测度理论的发展”对经济核算的相关理论进行梳理，找出高质量发展视阈下优化创新要素配置的着力点，为高质量发展背景对创新要素配置测度和评价提出的新要求提供科学的理论依据（见表4.2）。

表4.2　经济测度理论演变

	传统经济	信息经济	数字经济
经济形态	农业经济、工业经济	知识经济	数字经济
关键要素	劳动力、资本、土地	知识、信息	数据、数字技术

第一，传统经济核算理论。

国民经济运行是以生产为起点和核心。在传统经济时期，投入部分的生产要素依据柯布—道格拉斯生产函数从资本和劳动力展开核算，这成为国民经济核算体系的组成部分；产出部分中生产领域与非生产领域需要明确的界限划分，界限划分的变化发展基于以弗朗斯瓦·魁奈[①]和亚当·斯

① 弗朗索瓦·魁奈．魁奈经济表及著作选［M］．晏智杰，译．北京：华夏出版社，2017．

密为代表人物的传统经济核算理论“窄口径生产理论”（限制性生产理论）向以阿尔弗雷德·马歇尔为代表人物的“宽口径生产理论”（综合性生产理论）转变，即由物质产品（资本投入，劳动力生产）的核算增加到包括物质产品和提供的服务（资本投入，劳动力生产）的核算①②，宽口径生产理论决定了联合国国民账户体系（SNA）③ 的核算范围。

针对不断丰富的要素资料来源，为了提高国民经济核算水平，中国国民经济核算体系（CSNA）也不断改进和完善。CSNA（1985）④ 建立 GDP 核算制度，正式由 MPS 核算转变为 SNA 核算，生产范围拓展到非物质服务生产活动，为以非物质化为主要形式的创新要素核算打下坚实基础。CSNA（2017）⑤ 依据 SNA（2008）⑥，考虑到自身最终消费或固定资本形成而进行的知识载体产品的出现，将生产活动拓展为生产者为了自身最终消费或固定资本形成而进行的知识载体产品的自给性生产（不包括住户部门所从事的类似的活动）。同时将研究与开发、矿藏勘探与评估、计算机软件与数据库、娱乐文学和艺术品原件、其他知识产权产品定义为知识产权产品，并将知识产权产品支出核算方法修订为中间投入调整为固定资本形成计入 GDP。这一改变说明以“知识产权产品”为代表的新型创新要素对经济增长的贡献与日俱增。国民经济核算体系逐渐重视对创新要素，特别是非物质形态的新型创新要素的精准测量。

第二，信息经济测度理论。

农业革命和工业革命引起了农业经济和工业经济的发展，早期提出的柯布—道格拉斯生产函数只包括劳动和资本两大生产要素的投入。20 世纪兴起和发展的信息革命催生了信息经济，信息化成为经济社会发展的趋

① 阿尔弗雷德·马歇尔，玛丽·佩利·马歇尔．产业经济学［M］．肖卫东，译．北京：商务印书馆，2015.

② 马歇尔．经济学原理［M］．朱志泰，译．北京：商务印书馆，1964.

③ 联合国等，国家统计局国民经济核算司译．国民经济核算体系 SNA：1993 年版［M］．北京：中国统计出版社，1995.

④ 国家统计局．关于印发《国民生产总值计算方案》（征求意见稿）的通知［R］．1985.

⑤ 国家统计局．中国国民经济核算体系：2016［M］．北京：中国统计出版社，2017.

⑥ 联合国等，国家统计局国民经济核算司与中国人民大学国民经济核算研究所译．国民经济核算体系 SNA：2008 年版［M］．北京：中国统计出版社，2008.

势，信息作为生产要素对经济增长产生了深刻而积极的影响。

1948 年申农在通讯领域创立信息论，并将信息论与负熵结合，采用信息熵来度量系统的不确定程度、稳定程度和信息量。从 20 世纪 50 年代开始，信息概念从具体且细分的通信范畴向生产生活领域延伸，成为具有经济价值的生产要素并在经济活动中的作用日益凸显。因此信息的生产、分配、传播和消费过程被视为一种产业，并主要运用投入产出法计算信息经济规模以分析经济变化规律，从而逐步构建成信息经济理论与应用体系。1962 年马克卢普提出信息经济理论①，其核心内容是包括消费和工作的信息产业，研究与开发、信息组织或机构、信息设备、通讯和媒介以及各种层次的教育所组成的知识产业，该理论认为信息技术对整个国民经济的发展具有重要作用。1977 年马克·波拉特②开始采用了信息经济定量计算方法，将信息活动定义为信息产品和服务在生产、处理、流通过程中所消耗的全部资源，并遵循测量全社会的信息化程度的指导思想，通过计算信息产业相关比例的大小以此绝对的方式测度信息化程度。1981 年基于波拉特的信息产业分类体系，经合组织（OECD）将第一信息部门定义为直接用于生产和分配信息商品服务的部门，其所提供的产品和服务必须在市场上销售③。在生产物质商品和服务的过程中，第二信息部门提供非商品化的信息服务以增加产出的附加值。1982 年伯克和迈纽提出了信息潜力指数模型（IUP），该模型以多层次、多变量的方式对国家基础信息结构和利用信息潜在能力进行了评估④。我国信息经济研究起源于 20 世纪 80 年代，1989 年贺铿提出编制中国信息产业投入产出表的设想，将信息产业划分成信息劳动资料生产部门、直接信息产业部门与间接信息产业部门。1997 年 NAICS 首次将信息业细分为信息服务和信息产品两个单独的产业门类，其

① Machlup F. The Production and Distribution of Knowledge in the United States [M]. New Jesrey: Princeton University Press, 1962.

② Porat M U. The Information Economy: Definition and Measurement [M]. Washington D. C.: U. S. Department of Commerce, 1977.

③ OECD. Measuring the Information Economy [M]. OECD, 2002.

④ Borko H, Menou M M. The Final Report of Phase Ⅱ of the Pilot Project: Index of Information Utilization Potential [R/OL]. 1983. https: //unesdoc. unesco. org/ark: /48223/pf0000058009.

中包含信息服务业和信息产品。2001年曾昭磐将非信息部门分类为三个级别：非信息Ⅰ、非信息Ⅱ、非信息Ⅲ，信息部门划分为第一信息部门、直接（第二）信息部门与间接（第三）信息部门。国家统计局（2006）制定的信息化发展指数（Ⅰ）分为信息化基础设施指数、使用指数、知识指数、环境与效果指数和信息消费指数。国家统计局（2011）编制了信息化发展指数（Ⅱ）将指标体系优化为基础设施指数、产业技术指数、应用消费指数、知识支撑指数和发展效果指数并运用指数计算法得出信息化发展综合指数。

第三，数字经济测度理论。

数字经济是以数据驱动实现创新为本质特征，是继农业经济、工业经济之后的符合我国高质量发展需求的新经济社会形态。当前，数字经济正迈向体系重构、动力变革与范式迁移的新阶段，新一代信息通信技术加速推动了从局部到全局、单一部门到全产业、单一环节到全产业链的数字化进程，成为引领创新和驱动转型的先导力量，为经济社会发展注入了强劲动力。我国数字经济蓬勃发展，不断拓展与社会各领域的深度融合，从而催生和聚合各种创新要素，为传统经济注入新的活力，成为推动国民经济发展的重要引擎。当前我国正处在加快转变经济发展方式、建设现代化经济体系的攻关期，大力发展数字经济已成为实现高质量增长的必然选择。数字经济的发展是践行“创新、协调、绿色、开放、共享”五大新发展理念的重要措施，同时也是顺应时代潮流、抓住发展机遇的重要战略。

数字经济增加值核算大部分都遵循了“先界定数字经济范围，再核算数字经济增加值”的思路，美国经济分析局（BEA）在国民经济核算（SNA）框架下，参考经济合作与发展组织（OECD）通过对数字基础设施、电子商务和数字媒体这三种数字产品和服务的测度，运用相应供给使用表的数据以此完成对数字经济规模的核算①。国内数字经济增加值的核

① BEA. Measuring the Digital Economy: An Update Incorporating Data from the 2018 Comprehensive Update of the Industry Economic Accounts [EB/OL]. http://www.bea.gov/system/files/2019-04/digital economy report update April-2019_1.pdf, 2019.

算方法也与时俱进，中国信息通信研究院《中国数字经济发展和就业白皮书2018》[①] 首先将数字经济分为数字产业化和产业数字化，分别进行核算。随着数字经济快速发展及其衍生经济模式类型的不断增加，为了更全面地阐述数字经济的发展路径，探究数字经济与国民经济其他部门间的互动机制，对数字经济规模进行系统化的核算。OECD（2017）建立了一个数字经济卫星账户（DESA）的概念框架，该框架不仅能够与SNA中心体系对接，还能够进行独立核算。

（2）评价的相关理论。

评价理论在创新要素配置评价操作步骤与方法上为本书研究的高质量发展视阈下创新要素的评价提供指引，因此本书沿着“综合评价理论—统计综合评价理论—模式评价理论”的思路出发，着重对评价相关理论的发展脉络进行阐述。

①综合评价理论。

人们在对事物的认识过程中，无法避免地需要从对象的价值水平、优劣状态及基本类型进行判断、评估或评价。评价即是制定相应参照系对对象的价值或优劣进行评判比较的认知过程，根据评价的结果人们进行行动或决策，因此评价也成为一种决策过程。鉴于评价标准或者评价要素的多样性，将其分为单项评价和综合评价两类，单项评价的对象具有唯一性，仅针对某一个指标或者要素进行评价，其标准一般比较单一、明确。综合评价作为一种相对于单项评价而言的评价方式，其标准显得更为复杂和抽象。在实际应用中，综合评价可以把各个影响因素和指标考虑到一起进行分析和判断。为了进行综合评价，必须将多个因素或指标综合起来，因此，综合方法构成了评价的基本模型。

综合评价中必不可少的基本要素是评价对象、评价标准和评价模型。评价对象是指在一定时间，一定地点内，某一或某几个可比较的单位，某件或某几件事物，某一种或某多种行为，某一个或某多个态度等因素的总和。评价标准作为评判评价对象水平高或低的参照，可以是客观标准或主

① 中国信通院.2018年中国数字经济发展与就业白皮书［R］. 北京：中国信通院，2018.

观标准、明确标准或模糊标准、定性标准或定量标准。评价模型是将对象的实际水平或程度转化为可直接观测到一般以数字形式表示的“评价结论”的机制。该机制中包括变量（属性）的组成和参数，转化为数字形式评价价值的系统。很明显，各种评价模型得出的评价结论都不一样，所以评价模型在综合评价中处于核心地位（见图4.2）。

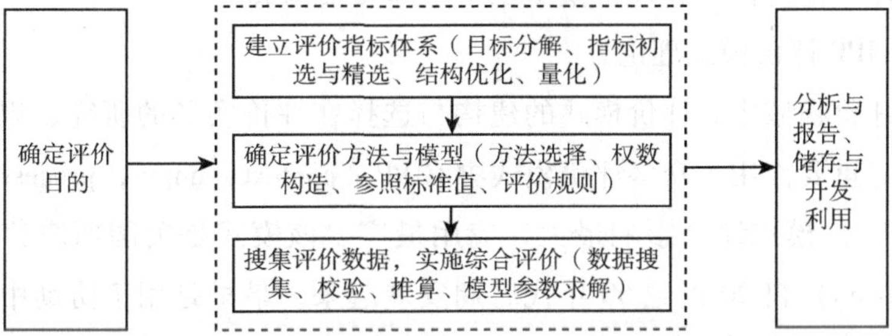

图4.2　多指标综合评价的基本过程

注：图片资料源自苏为华所著《综合评价法》。

资料来源：苏为华．综合评价法［M］．北京：中国市场出版社，2005.

②统计综合评价理论。

统计活动是一种认知过程，评价各种现象的问题无处不在。统计评价是对统计总体及其各个组成部分的数量规模大小、水平高低、速度快慢、质变程度、内部协调程度等做出定量描述与评判的统计分析活动与方法。统计综合评价仅仅是一种评价手段与活动。它包括定性评价和定量分析两个方面，其中定性分析又包含调查研究、抽样检验、数据整理与解释等环节，而定量分析则主要通过统计数字或统计资料进行说明与判断。最显著的差异在于是否能被量化，这是因为统计评价一般会用到“数量比较法”，如实际与计划的对比（计划完成程度评价分析）、不同时间的对比（动态比较评价分析）、不同个体的对比（横向比较评价分析）等。

统计综合评价是统计评价的主要方法，这是考虑到实际中的许多现象具有多个侧面的特征和性质，而普通的单一指标只能对现象的某一方面的优劣进行评价，却无法从多个维度或层面对现象进行综合性和总括性的评价，因此统计综合评价较单项评价更具全面性和综合性，能够对多个层面表现得不一致甚至相互矛盾时做出综合且合理的评判。多指标综合评价，是一种高度抽象的统计活动过程，它通过对特定现象（尤其是社会经济现象）的多个方面数量表现进行考量，以定量形式确定现象的综合优劣水平和次序。统计综合评价可以为人们提供一个客观全面认识事物特征和发展趋势的平台。因此，综合评价的核心在于其数量性，而统计综合评价则由评价客体、评价标准和评价模型三个基本要素构成。

③CIPP 评价模式理论。

在评价领域中，评价模式的建构与选择在评价实务的研究、规划与执行中具有重要作用。众多评价模式中 CIPP（context，imput，process，product；CIPP）模式评价影响最大、应用最广。该模式是美国斯塔弗尔比姆（Stufflebean）自 20 世纪 60 年代后期发展起来，最早是用于协助中小学申请补助教育评价的相关计划与升级地区评价体系。在 Tayler 评价模式的是非判断基础上，CIPP 评价模式的基本观点是评价在于改进，评价作为系统工具着力于通过提供信息以协助决策。自诞生起，CIPP 评价模式经历了 1965～1970 年的初创性探索，1971～1984 年 PDK 委员会对 CIPP 的拓展，1985～1999 年的系统化、流程化修改，2000 年之后的对内涵、方法和技术的修改完善（见表 4.3）。

表 4.3　　CIPP 评价模式的设计原则

评价任务的确定	信息获得的计划	结果报告的计划	评价实施的计划
①界定评价的对象 ②确认评价的当事人与受评价影响的对象 ③评价的目的：方案的改良、绩效评价和了解 ④采用的评价种类：背景、输入、过程和成果评价 ⑤提出所要遵守的健全评价原则	①一般的策略：调查、个案研究建议小组或实地实验 ②指导测量、分析、解释的假设 ③信息的收集：抽样、设计工具、资料汇总 ④信息的分析：质与量的分析 ⑤评价结果的解释：确认标准和处理判断	①准备报告 ②传播报告 ③提供追踪活力以增进评价的影响力	①概述评价进度 ②制定满足工作人员和资源需求的计划 ③提供后设评价 ④定期更新评价设计 ⑤预算 ⑥备忘录或合约

注：CIPP 评价模式的设计原则资料源自肖远军所著《CIPP 教育评价模式探析》。

资料来源：肖远军．CIPP 教育评价模式探析［J］．教育科学，2003，19（3）：44.

2003年，斯塔弗尔比姆（Stufflebean）将评价的正式定义修改为："一种描述、获取、报告，并依据对象的优点、价值、重要性等描述性与判断性信息，用于指导决策、支持绩效责任、增进对研究对象的了解。"① 这决定了CIPP评价的设计原则和评价内容。其中，CIPP的设计原则分为四个步骤，即评价任务的确定、信息获得的计划、结果报告的计划和评价实施的计划。CIPP模式评价核心在于评价对象的核心价值，核心价值的体现则表现在评价对象的目标、计划、行动和结果层面，因此需要对评价对象进行背景评价、输入评价、过程评价和结果评价②。背景评价是对与计划相关的环境进行定义，描述其中所包含的理想和实际情境，制定要达成的目标以及要发现阻碍需求达成的难题；输入评价就是审视和确定应如何利用资源实现目标作为变革方案所指示的行动方针，评价者可以在资源支持的基础上设计多种对应计划；过程评价就是对某项正在执行的计划进行不间断的评价，将看不见的计划具体执行情况用文字表达出来，并在适当的时候给计划以相应的回馈，同时在适当时机对人员能力及参与情形进行评价，并根据情况进行适当调整；结果评价就是衡量判别计划所取得的成果和所能达到的目的，判断满足有权受益者要求的程度，考虑方案成果和设定目标的不同状况，从而得出有意和无意、积极和消极的效果，有时还可将结果评价推广到对长期成果的评估中。

4.5 其他相关理论

4.5.1 耦合协调理论

耦合协调理论是耦合协调度评价法的理论基础，为创新要素配置效率

① Stufflebeam D. L. The CIPP Model for Evaluation [M]. Presented at the 2003 Annual Conference of the Oregon Program Evaluat or Network (OPEN), Portland, Oregon, 2003.

② Stufflebeam D. L, Madaus G. F, Kellaghan T. Evaluation Modles: view points on Educational and Humman Services Evaluation (2ed.) [M]. Boston: Kluwer Academic Publishers: 280, 287, 313.

和高质量发展的耦合协调性研究提供了理论支撑。耦合协调理论由“耦合”和“协调”构成，“耦合”一词最初来自物理学中，始于1977年德国物理学家赫尔曼·哈肯提出的协同理论，用以表征两个及多个要素系统相互作用、相互影响的现象。“协调”表示变化过程，探究两个及多个要素系统之间相互作用、互相影响而产生的协同调配效应，最终两个及多个要素系统形成整体时良性共生、有序一致的状态。耦合协调理论的本质是通过优化促进系统间或系统内部各要素间的作用方式和组织结构，使它们相辅相成、和谐一致发展。

耦合协调程度主要评价系统或要素间的耦合作用强度和系统发展水平。①系统的有序程度。其中有两种情况：一是当两个及多个要素系统形成耦合关系时，两者的演变走向和发展步调基本一致，要素系统间相互促进、和谐共生，这时正向耦合达成；二是当两个及多个要素系统形成耦合关系时，两者的演变走向和发展步调不一致，要素系统间相互消耗、走向衰退，这时负向耦合达成。耦合度衡量了子系统或要素间的相互作用强度。耦合度高表示为正向耦合，反之则为负向耦合。②系统的综合效益高低或功能强弱。当正向耦合达成后，结构和功能获得相应转变，拥有新的要素结构和功能体系，能够释放要素系统内部潜在的诸多势能，要素系统耦合的生产动力得以大大提升，因此正向耦合即为协调。耦合协调度评价方法用于判断两个系统或要素间的正效耦合程度的大小，即创新要素配置效率和高质量发展之间是否达到系统有序、良性发展。最后得出结果根据表4.4进行判别其耦合类型。

表4.4　　耦合度的判别标准及类型划分

失调衰退类		协调发展类	
D值	类型	D值	类型
0.00～0.09	极度失调衰退类	0.50～0.59	勉强协调发展类
0.10～0.19	严重失调衰退类	0.60～0.69	初级协调发展类
0.20～0.29	中度失调衰退类	0.70～0.79	中级协调发展类
0.30～0.39	轻度失调衰退类	0.80～0.89	良好协调发展类
0.40～0.49	濒临失调衰退类	0.90～1.00	优质协调发展类

4.5.2 空间经济学发展理论

空间经济学是研究资源的空间配置以及经济活动的空间区位问题的经济学理论。人类经济社会的发展离开时空是无法想象的，经济活动的时空特性是促进创新要素动态优化配置推动经济高质量发展的基本条件。新经济地理学是空间经济学的新发展，其将运输成本、空间集聚、外部性、贸易的分工等因素纳入主流经济学的研究范畴和分析框架，从而深入探究使经济活动空间分布的内生机制和原因得到了很好的解释，为研究要素流动与空间经济增长提供了有效的分析工具。

创新要素配置空间效应理论。考虑到经济资源分布、经济发展水平和社会分工的地域差异，一个国家的经济体系空间结构必然呈现出明显的区域性，这也必然导致创新要素的地域差异性。其中，增长极理论是研究最多、应用最广的一种理论。20世纪50年代之后，出现了以区域经济增长与发展为核心的空间动态集聚理论，其中包括增长极理论、循环累积因果理论、核心—边缘理论等，这些理论为我们提供了新的视角和思路。增长极理论把整个区域视为由若干中心城市构成的圈层结构。法国经济学家佩鲁是增长极理论的代表人物，他首次提出了“经济空间”的概念，将其定义为各种经济关系的“综合体”。因此，增长极的存在必然导致一个国家或地区内部各个地方间不均衡的状态，这种不均衡状态就构成了区域开发的基础条件。根据增长极理论，经济增长并非在各地区均匀分布，而是以极点的形式和不同的强度呈现，并通过多种渠道向外扩散，对整个经济产生不同的影响。增长极理论认为增长极可以从多个角度促进整个区域系统的均衡发展，但它也有局限性。经济学家冈纳缪尔达尔提出了“循环累积因果理论”，以弥补增长极对区域经济发展所造成的影响。他主张，区域经济的发展呈现出高度异质性，不同区域之间的人力、资本、信息、技术、制度等要素流动，逐渐向周边地区扩散，最终带动周边地区产业的发展，而这些产业的发展又反过来作用于增长极，从而不断强化和放大其极化作用，形成循环积累的因果机制，最终缩小区域经济增长的差异化程度。由于核心对边缘影响较大，因此其内部产生了“中心—外围”结构。在区域经济蓬勃发展的过程中，核心区域和边缘地带之间的发展格局呈现出明显的不均衡状态。根据核心—边缘理论，经济增长最快的核心区域将会在集聚效应作用下，汇聚创新要素，促使该地区的经济处于飞速增长态势。

4.6 本章小结

本章梳理了要素配置相关理论、经济增长相关理论、创新相关理论、测度与评价相关理论、耦合协调理论和空间经济学发展理论，这些理论将为本书高质量发展视阈下创新要素配置的统计测度和评价研究提供理论支撑。其中，要素配置相关理论部分中涉及了古典经济学“看不见的手”理论、新古典经济学的均衡理论、新制度经济学的资源配置理论；经济增长相关理论部分涉及了古典经济增长理论、新古典经济增长理论、内生增长理论；创新相关理论部分涉及了熊彼特创新理论、技术创新理论和创新驱动理论；测度与评价理论涉及了测度相关理论（指数理论、统计指数理论和经济测度理论）和评价相关理论（综合评价理论、统计综合评价理论和CIPP 模式评价理论）。

第二篇

高质量发展视阈下创新要素配置的指标体系

第 5 章　高质量发展视阈下创新要素配置指标体系的构建

在第 3 章中明确了高质量发展和创新要素及其配置的内涵与特征，以及高质量发展对指标体系提出新要求的基础上，需要构建科学合理的创新要素配置指标体系，以全面准确地衡量高质量发展视阈下创新要素配置状况，并开展高质量发展视阈下创新要素配置的相关研究。本章使用定性和定量相结合的方式构建创新要素配置指标体系，首先，结合高质量发展对指标体系在科学性、特殊性和完备性上提出的新要求，明确指标体系构建的一般性和特殊性原则。同时，以坚持促进高质量发展为目标导向，结合五年规划内容确定创新要素综合系统和创新要素子系统的指标体系构建思路。其次，基于原则和思路，结合创新要素及其配置的内涵与特征、发展阶段性特征、五年规划内容以及当期经济发展和外部环境状况，通过动态调整定性构建“十五”至“十三五”四个发展阶段的创新要素配置指标体系，形成与现实情况和当期规划相符合的创新要素配置初始指标体系。最后，通过信息显著性分析和信息冗余分析，筛选出综合系统和子系统中信息显著且重叠度低的指标，定量完善创新要素配置指标体系。同时，对筛选后的指标体系进行冗余度、灵敏度和信度检验，最终形成满足科学性、特殊性和完备性要求的创新要素配置指标体系，为后续高质量发展视阈下创新要素配置的统计测度与评价研究奠定坚实基础。

5.1 创新要素配置指标体系的构建原则与思路

5.1.1 指标体系构建原则

（1）一般性原则。

指标体系的构建是一项具有系统性与复杂性的工程，能否建立科学合理的指标体系直接影响到后续进行的测度与评价等各项分析。因此，指标体系的构建需要遵循以下原则，以符合高质量发展对创新要素配置指标体系提出的科学性和完备性要求。

①目的性和系统性相结合的原则。

指标体系的构建均是为明确的目的服务，且选取的指标能够真实体现和反映综合评价的目的，并准确刻画和描述对象系统的特征，涵盖为实现目的所需要的基本内容（彭张林等，2017）。同时，要明晰指标体系内部的逻辑关系，尤其是对一个复杂的系统，不能直接简单地将指标进行罗列，而应该在指标体系内部中考虑各指标之间的有机联系，从而综合全面反映研究对象内部之间的内在规律，构建一个不可分割的指标体系。例如，对于创新要素配置这一复杂的系统，必须清晰创新要素涵盖的要素种类，将不同创新要素的方方面面纳入指标体系中，并依照属性类型进行分类。

②完备性和代表性相结合的原则。

指标体系的设计需要从不同维度全面反映出被评价对象的全貌与特点，衡量出对象系统的属性。虽然。在理论上建立的指标体系中的指标数量越多，实现指标体系完备性的可能性就越高（张维群，2006）。但是，指标数量如果越多，数据收集难度将越高，且指标数据容易出现冗余问题。这表明在尽可能全面反映被评价对象总体信息的基础上，选取的指标应具有尽可能大的信息含量，即指标的代表性要强。由此，在建立指标体系过程中，需要平衡指标数量与指标信息含量的关系。

③科学性和可操作性相结合的原则。

在充分理解和把握被评价对象的概念内涵基础上，以科学的理性分析选取能够客观真实反映出被评价对象状况的指标，并进一步进行赋权和计算等分析，在此过程中进行的每一步都必须有理有据，包括对指标的命名、设置和解释等。同时，确保选取的指标均是可被观测的。指标数据尽可能是公开客观获取的，尽量规避或降低数据失真风险。若在实践中，某指标数据的观测获取成本高，或难以保证定性则需要考虑直接摒弃该指标，或采取其他方式近似获取（彭张林等，2017）。此外，除数据采集需要具备可操作性之外，评估过程同样需具备可操作性，如计算方法合理、公式准确。

④独立性和显著性相结合的原则。

独立性要求同一指标体系中所有指标既相互排斥又具有方向的一致性，即指标体系中层次分明，且同一层次的指标尽可能独立，避免存在意义重复、交叉相关和因果相关等现象存在，以减少信息重叠。相关关系强的指标会增加某一维度在测度中所占的比重，削弱其他指标在体系中的重要度，对整个体系的测度效果产生不良影响。但由于现实中指标间完全独立的理想状态几乎不可能实现，因此需要通过统计检验判定指标是否具有高度相关性，对具有高度相关的指标通过主客观相结合的方式，进行比较和分析以剔除其中某个指标，进而确保指标的独立性和显著性。

（2）特殊性原则。

创新要素配置指标体系的建立不仅要遵从指标体系构建的一般共性原则，还需要在立足于高质量发展与创新要素内涵基础上，满足指标体系构建的特殊性原则，以符合高质量发展对创新要素配置指标体系提出的特殊性要求。具体而言，"高质量发展"这一概念的提出虽然在2017年，是中国特色提法，但其本质仍属于经济增长范畴（欧进锋等，2020），其内涵在以往的经济发展中均有体现，且现有许多关于高质量发展的测度研究范围包括2017年之前时期（魏敏和李书昊，2018；张侠和高文武，2020）。在2017年之前，由于对高质量内涵的不同理解，关于测度经济高质量的角度不一，例如从经济增长的结构、稳定性、福利变化与成果分配、资源利用和生态环境代价等多维度进行测度（钞小静和惠康，2009；肖攀等，2016），再如从发展经济学的微观视角将其界定给为经济增长过程中所蕴含的发展质变（叶初升和李慧，2014）。而在2017年后，在党的十九大上习近平总书记强调要贯彻新发展理念，建设现代化经济体系，显著增强我国经济质量优势[①]，大部分文献对高质发展量内涵的理解及测度均明确基于“创新、绿色、协调、开放、共享”的五大发展理念（张涛，2020；杨耀武和张平，2021）。虽然在“高质量发展”概念提出的时间前后，对高质量发展内涵的说法存在一定的差异，侧重点有所不同，但本质均是围绕五大发展理念展开的。因此，本书关于“高质量发展”内涵的界定上同样是基于五大发展理念进行的，并认为不同发展时期具有不同发展特征。同时，创新要素是围绕创新活动服务的，其配置的最终目的是为促进高质量发展。鉴于此，创新要素配置指标体系的构建应在服务于实现高质量发展的目标下进行，并遵循以下特殊性原则。

①总体稳定性与动态调整性相结合。

创新要素配置指标体系是由各类创新要素指标所构成的集合或者总体，指标体系中的内容如一级指标（不同类型创新要素）在不同时期均保持一致，即在经济发展的不同时期，创新要素配置指标体系的一级指标不变。鉴于创新要素源于生产要素且直接服务于创新活动，并结合3.1.2小节中符合高质量发展对创新要素提出新要求的各创新要素内涵，本章**将一级指标分为人力创新要素、资本创新要素、技术创新要素、数据创新要素与制度创新要素**。然而不同阶段下经济发展的侧重点不同（即对五大发展理念的重视度不同），逆向影响创新要素配置，致使各类创新要素调整配置方向或现有状况，以适应经济发展目标。同时，在我国经济发展中，中长期发展规划有着举足轻重的作用。用中长期规划指导经济社会的发展，是我们党治国理政的一种重要方式[②]。且在各类中长期发展规划中，“国民

① 习近平强调，贯彻新发展理念，建设现代化经济体系——新华网（xinhuanet. com）。

② 习近平：在经济社会领域专家座谈会上的讲话——新华网（xinhuanet. com）。

经济和社会发展五年规划纲要”（以下简称“五年规划”）是我国国民经济计划的重要部分，为国家经济发展远景规定目标与方向，但受内外经济社会环境的变化影响，五年规划的制定兼具连贯性与差异性，不同限度地作用于经济发展的各方面，进一步影响到创新要素配置。如《中华人民共和国国民经济和社会发展第十一个五年规划纲要》提出要加大环境保护力度，对各类行业进行综合治理，强化资源环境指标，实行清洁绿色生产，即与以往相比重点体现出经济绿色发展的理念，在此情形下，需要结合规划内容对创新要素配置指标体系进行调整，即增加体现绿色发展的指标。综上所述，在保持创新要素配置指标体系总体稳定性的基础上，需要**依据不同时期的五年规划，对指标体系的一级指标内部进行动态调整**，以契合经济发展目标。

②指标前瞻性与数据获取方式多样性相结合。

随着经济社会的深入发展，创新要素的表现形式等有较大变化。因此，指标的确定需要考虑获得的时效性以及指标动态调整的灵活性，即指标需要满足既能够评价当前配置现状，又能够反映创新要素动态变化的两个条件。以信息创新要素为例，2009 年，移动互联网开始在我国广泛使用，而在此之前，获取信息的途径主要为阅读书籍报刊、电话通信、观看电视等。随着 2011 年出台的《中华人民共和国国民经济和社会发展第十二个五年规划纲要》中明确提出全面提高信息化水平，我国信息化建设驶入快车道，而《中华人民共和国国民经济和社会发展第十三个五年规划纲要》则提出要加快数字中国建设，更是推动我国信息要素的升级，信息的高级化表现形式数据成为新型生产要素。从而，在 2011 年之后才开始统计的能反映更高质量的新指标，在 2009 年时并未有完整的数据统计。因此，为反映信息创新要素的配置现状与动态变化，需要**有效选取在经济发展不同阶段的信息相关代表性指标**。与此同时，在高质量发展视阈下的创新要素自身升级影响下，并结合 3. 2. 3 小节中高质量发展对数据的新要求，创新要素指标的统计测度出现巨大变化：一方面，数据基础产生变化，结构化统计数据不再是数据指标的唯一来源，**基于互联网技术产生的搜索数据等都可以成为创新要素指标统计测度的数据源**；另一方面，指标数据的生成也不再完全依赖传统的抽样调查和经济普查等，**基于网络数据资源可以获得更具时效性的数据**。若充分发挥这两方面的作用，将保障创新要素指标统计测度结果的精确性和即时性。综上所述，在经济的深入发展下，需要保持指标的前瞻性，并在此基础上，结合多渠道数据获取方式选取指标。

5.1.2 指标体系构建思路

（1）综合系统构建思路。

高质量发展与创新要素均具有丰富的内涵，对两者的不同理解直接影响着指标体系构建的具体内容。以第 3 章中对两者概念内涵的界定以及高质量发展对创新要素配置指标体系提出的新要求为基础，具体依据 5.1.1 小节中指标构建的一般性原则与特殊性原则，坚持促进高质量发展为目标导向，**将“十五”规划阶段确立为高质量发展视阈下创新要素配置指标体系的第一阶段[①]，此后以“十一五”“十二五”“十三五”五年规划为节点[②]分别构建指标体系，并根据五年规划内容动态调整相应阶段指标体系。**而将“十五”规划阶段作为第一阶段的原因在于，“十五”规划不仅是我国进入 21 世纪置身于全球化背景下的第一个五年规划，且规划中明确将“经济增长质量和效益显著提高”作为“十五”期间国民经济和社会发展的主要目标，并提出要“推进科技进步和创新”，体现了经济的高质量发展与创新的重要性。

在高质量发展视阈下创新要素配置指标体系构建中，第一，明确选择人力、资本、技术、信息与制度创新要素作为每个阶段指标体系中的

① “十五”计划开始时间为 2001 年，从“十五”开始，是我国在社会主义市场经济体制基本建立后的五年规划（计划）。

② 由于目前正处于“十四五”规划阶段，故“十四五”阶段不包括在内；限于数据的可获取性（特别是价格调整中固定资产价格指数只更新至 2019 年），因此“十三五”规划阶段的考察年份为 2016 ~ 2019 年；从“十一五”开始，“五年计划”改为“五年规划”，虽然“计划”与“规划”存在区别，但关于其制定本质上均是为国家经济社会发展服务。

一级指标，构建指标体系的五个子系统，以保证指标体系的总体稳定性；第二，在五个一级指标下，分别选取具有可获性和代表性的基础指标表现各方面具体的创新要素配置。整体上依照“总指数—子系统—分项指标—基础指标”的框架，形成具有三级指标的高质量发展视阈下创新要素配置指标体系框架；第三，通过整理文献资料，并结合现实状况，初步选取第一阶段指标体系的指标，指标需要尽可能涵盖创新要素配置的各个方面，同时对指标数据进行搜集；第四，根据不同五年规划的侧重点与数据的可获取性，在第一阶段指标体系的基础上对指标进行动态调整；第五，通过相关统计检验并结合定性分析，筛选出每个阶段指标体系中信息显著且有代表性的指标，以确定每个阶段中最终选入体系的指标。此外，在建立指标体系时，考虑到后续需要对指标体系进行测度，因此将符合创新要素配置内涵和服务于高质量发展概念明晰的指标纳入体系的建立中，以期建立一个广义的高质量发展视阈下创新要素配置指标体系。

（2）子系统构建思路。

由于创新要素配置系统庞大且复杂，在明确一级指标的划分后，还需要进一步遵循一般性和特殊性原则，结合 3.1.2 小节中符合服务于高质量发展动力转换、结构优化和效率提升三大特征的创新要素内涵，并依据规划内容以及数据的可获性和可操作性，分别对人力、资本、技术、信息和制度创新要素子系统内部进行划分，具体思路如下。

①人力创新要素子系统构建思路。

人力创新要素特指具有高学历高素质，掌握了更高生产技能或专门从事生产研发的劳动力，是创新活动中最本质的要素。人力创新要素是简单劳动力转换和升级后形成的新型创新要素，其质量的提升，一方面需要持续优化人力投入效能，具体来说，人力创新要素中不可或缺的部分是基础型人力投入，它的投入效能会直接影响人力创新要素的质量，因此本书认为基础型人力投入通过影响知识型人力投入的质量进而影响经济高质量发展；另一方面需要积极推动人力组织建设。基于此，在借鉴现有研究的基础上，将从人力投入和人力组织角度构建人力创新要素子系统配置指标

（陶长琪和徐茉，2021），其中人力投入涵盖知识型人力投入（人力投入）和基础型人力投入（人力健康），而人力组织将从不同创新主体角度进行构建。

②资本创新要素子系统构建思路。

资本创新要素是专门用于高质量经济活动中价值链高端环节的资金，为创新活动的进行提供物质资源。随着国内外发展环境的变化，指导思想和发展理念在不断完善，物质资本投入也针对不同阶段五年规划发展战略的侧重而存在阶段性投入特征。因此，为突出体现“十五”至“十三五”规划发展战略下资本创新要素子系统配置的变化，在借鉴现有研究的基础上，拟从资本投入角度构建指标，且随着经济发展的深入，逐渐在对外资本和研发资本基础上引入绿色资本、创新创业资本与共享资本以完善资本创新要素指标。

③技术创新要素子系统构建思路。

技术创新要素是指新型技术形式的资源，以生产经验、技能、知识等形态表现在各类创新活动中。技术作为国家赖之以强、企业赖之以赢的重要因素，关于其的发展在每个五年规划中均占有重要篇幅。可以说，技术创新始终是转型经济背景下促进产业优化升级的中坚力量，也是创新要素的核心表现形式。在市场需求和利益追求的驱动下，创新技术会日趋成熟，进而出现技术沿着“技术链条”扩散。同时，在技术扩散的过程中，伴随着技术的创新，两者相辅相成、相互完善，最终实现产业技术要素供给优化配置。基于上述分析，将主要从技术开发与技术转化角度构建技术创新要素子系统配置指标。此外，随着信息技术的深入发展，技术推广数据可视化，将进一步从技术推广角度丰富指标体系。

④信息创新要素子系统构建思路。

信息创新要素指进行创新活动所需要的一切具有共享性、时效性、动态性的信息，主要以数据形态存在。随着信息革命的深入，信息的表现、传递形式多样，信息量剧增。特别是随着大数据、云计算的广泛应用，信息量空前增加，基于各类数据信息形成的显性和隐性知识的集合，逐渐成为和人力、资本等驱动产业发展的传统要素同样重要的新要素。基于上述分析，并根据在我国不同时期发展规划下信息的变化，拟从信息的生成、发展潜力等角度构建信息创新要素子系统配置指标。

⑤制度创新要素子系统构建思路。

制度创新要素是以政府为主导、能为创新活动提供保障、激发创新要素潜能的政策制度及市场环境。制度创新是创新生产活动正常运行的保障，制度要素驱动创新活动可以从三个方面进行具体分析：一是高效的服务保障能力。服务保障反映政府为促进经济高质量发展和创新活动展开而进行的制度保障和环境建设，完善的政务体系对于激发创新主体活力、提高科技创新绩效具有重要意义。二是公正的市场规范能力。在科技创新促进经济发展的过程中，"研发投入—创新成果产出—创新成果商业化"中每一个环节的有效实施，都离不开健全的市场经济制度的有力支持。三是良好的营商环境。在经济高质量发展背景下，良好的营商环境是创新的沃土，不仅能够促使要素流动更顺畅、组合更合理，还能够有效激励区域创新创业，促使社会形成良好的创新氛围。基于以上分析，并以已有研究为基础，从服务保障、市场规范和营商环境三个维度构建制度创新要素子系统配置指标。

5.2　创新要素配置初始指标体系的构建

5.2.1　"十五"发展阶段创新要素配置初始指标体系

(1) 人力创新要素子系统配置。

在"十五"发展规划期间，主张加快教育发展，提高全民素质，建设高质量、高水平的教育，为创新奠定人才和知识基础。例如，1999 年高校扩招，使高等学校毕业人数在"十五"规划年份翻倍增长，高等学校培育了大量 R&D 人才。同时，实施人才战略，壮大人才队伍。在人力健康指标中，健康投入是形成健康人力资本的主要途径（王弟海等，

2008)，结合人力创新要素内涵及指标数据可得性，本部分在此阶段选取“每千人口卫生技术人员数”（王学军和陈武，2008）、“每千人拥有病床数”（夏怡然和陆铭，2015）和“财政医疗卫生支出”（王弟海等，2016）指标来反映人力健康投入；在人力投入指标中，进行创新研发的主体是研发机构、高等学校和企业，因此选取“高等学校生均教育经费支出”（钱晓烨等，2010）、“高等学校 R&D 人员全时当量”（高月姣和吴和成，2015）和“研发机构 R&D 人员全时当量”（刘晖等，2015）指标来反映人力创新要素的存量情况。选取“平均受教育年限”（李婧等，2010）和“就业人口中受过高等教育的比例”① （胡鞍钢和周绍杰，2002）指标来反映高学历人力投入情况。考虑到专业技术人员是科技活动的载体，科学家和工程师是科技人员中的中坚力量，因此采用指标“每千人口国企事业单位专业技术人员数”（王小鲁和樊纲，2004）和“从事科技活动人员中科学家和工程师的比例”②（赵国杰和邢小强，2004）指标分别表示该阶段人力创新要素的“数量”和“质量”；在人力组织指标中，本部分依据“十五”计划里对高技术研究的大力推进和对基础研究与应用基础研究学科的积极建设，选取“高技术产业企业数”（程慧芳和陆嘉俊，2014）和“高等学校数”③ （范建勇，2006）指标来反映人力组织的建设情况。

（2）资本创新要素子系统配置。

由于“九五”期间，中国开放型经济迅速发展而科技创新能力不足，在“十五”规划阶段突出贯彻的重要指导方针之一即为坚持把改革开放和科技进步作为经济发展动力，因此该阶段上资本创新要素指标构建拟从对外资本和研发资本两个维度展开。在对外资本投入中，“十五”规划明确

① 高等学历就业人口占所有总就业人口的比例，反映了当前阶段人力投入中高等学历人力的投入情况，故在此通过占比形式表示当前人力投入的质量水平。

② 科学家和工程师作为科技人员的中坚力量，采用该指标能反映出人力创新要素的“质量”投入，以及通过占比表示普通人力升级为高级人力的转化情况。

③ 高技术产业是指用当代尖端技术（主要指信息技术、生物工程和新材料等领域）生产高技术产品的产业群，研究开发投入高，研究开发人员比重大的产业。

指出把吸收外商直接投资作为利用外资的重点，因此本部分借鉴卢现祥和王素素（2021）的做法，选取“实际利用外商直接投资/GDP”来体现对外投资开放程度①；在研发资本投入中，自2001年中国加入世贸组织（WTO）后，国外先进技术的引进激发了中国科技领域的跨越式发展（庄芹芹和于潇宇，2019）。“十五”规划中表明要推动企业成为技术进步和创新的主体，则在当时知识产权保护不完善的制度背景下，为提高企业科技创新能力，政府出台对企业创新活动的财政补贴政策（解维敏等，2009）。然而随着国家财政科技拨款的增长，中国企业具有重大突破的独立研发活动并不活跃，企业存在虚假创新行为（安同良等，2009；Gill et al.，2007），因此在该阶段科技研发资本投入中政府作为创新活动的主要助推者，而高等学校和研究与开发机构则是科技创新活动的源头，位于创新链前端并致力于产品侧研发。同时考虑科学研究与试验发展（R&D）是技术的主要源泉，立足于不同创新主体对用于开展R&D活动等的资本投入，拟选取具有公共研究机构属性的高等学校和研究与开发机构的R&D经费内部支出占比，即“高等学校科技活动R&D经费内部支出/R&D经费内部支出总额”“研究与开发机构R&D经费内部支出/R&D经费内部支出总额”（李习保，2007），以及“科技三项费用/财政支出”（解维敏等，2009）来体现科技创新活动中的研发资本投入水平。

（3）技术创新要素子系统配置。

《中华人民共和国国民经济和社会发展第十个五年计划纲要》明确提及，以企业为技术创新主体，推进技术升级，加强对引进技术的吸收和消化。同时，其中也提及需要推进高技术研究，但在当时的国情下，我国技术进步仍然主要依靠于引进吸收外来技术。基于此，将技术创新要素细分为技术开发与技术转化两个二级指标，并进一步将技术开发细分为三个三级指标，将技术转化细分为两个三级指标。在技术开发中，论文发表既能

① 研发资本投入中高等学校、研究与开发机构的R&D活动经费内部支出按来源分，有部分来自国外资金，为避免与实际利用外商直接投资额中的资金产生重复，因此均选用占比来表示经济活动中资金投入情况，在对外资本投入中选用实际利用外商直接投资占GDP的比值来表示外资利用水平，即外资投入经济活动中的情况，具体可参见孙慧和朱俏俏（2016）的论文。

体现创新合作（赵康杰等，2022），又能体现自主创新水平，表示科研人员对不同科技领域的最新研究成果，而这类研究成果往往对未来创新活动产生重要指导意义，本部分用“科学引文索引篇数”衡量我国在科技论文领域的创新①（刘顺忠和官建成，2002）。发明专利是三类专利中技术含量最高的专利，发明专利申请的增加能够有效推动技术进步，获取实质性创新（黎文靖和郑曼妮，2016）。而发明专利授权数体现国家层面对产品、方法或者其改进所提出的新技术方案的肯定，其作为创新活动的中间投入，将提升创新效率。因此，本部分将“发明专利授权数”纳入指标体系（吴和成和刘思峰，2007）。技术引进与模仿创新是后发国家缩小技术差距的重要途径（David T. Coe and Elhanan Helpman，1995）。因此，本部分使用“技术费占国外技术引进合同金额比重”② 体现技术引进水平（李光泗和沈坤荣，2011）。在引进技术后，通过消化吸收、模仿改造能进一步推动技术创新（保永文，2017）。在技术转化中，技术吸收是将外部技术转化为内部技术的重要手段，而技术改造是企业内部进行技术的模仿升级，有利于企业自主创新能力的提升（徐斌，2019）。基于此，本部分选取“大中型工业企业消化吸收经费支出”与“大中型企业技术改造经费支出”来体现技术转化（俞立平，2007；尹伟华，2012）。

（4）信息创新要素子系统配置。

《中共中央关于制定国民经济和社会发展第十个五年计划的建议》中指出，信息化是社会发展的大趋势，要顺应信息技术的发展，加强信息资源的开发和利用，实现我国信息产业的跨越式发展，并且从信息资源的开发和利用、加强信息基础设施和加速信息产业发展等方面加快社会信息化发展。因此，在“十五”期间，本部分从信息生产能力和信息

① 国外主要检索工具包括《科学引文索引》《工程索引》与《会议论文集索引——科学》三类，考虑到同篇文献可能被多个检索工具收录，因此选用影响力、知名度最高的《科学引文索引》收录我国科技论文的篇数。

② 国外技术引进合同金额是一国技术引进情况的具体体现，体现了国内对国际技术的需求，而合同金额包括技术费与设备费，通过技术费占国外技术引进合同金额比重情况能更加直观表现引进国外先进技术的力度。

发展潜力两个方面对信息资源进行表示。信息资源包含通过纸介质储存各种信息的文献信息资源、通过声频和视频信号传递信息的模拟信息资源等（张庆锋等，2000）。本部分参考贾怀京和许飞月（1997）的思想，利用"人均年图书出版数""人均年报刊期发数"和"人均年使用函件数"三个指标反映信息量水平，同时考虑到录音带在信息储存和传递方面发挥着与图书馆、报刊和函件类似的关键作用（赖茂生等，2004），故加入"人均录音带（AT）出版数量"指标，共同反映信息资源的生产能力。进一步，考虑到信息发展潜力与信息基础设施建设情况和信息传播设备发展情况高度相关，参考国际统计信息中心（2004）的研究思路，本部分选取"每平方公里长途光缆线路长度"反映通信基础设施规模，"城镇居民每百户彩色电视机拥有量"反映传统信息传播设备发展情况，"城镇居民每百户家用电脑拥有量"反映互联网设备发展情况，"移动电话年末用户占比"反映移动通信规模。此外，图书馆作为国家重要信息设施和文化设施，已经成为促进事业健康发展的信息保障平台（周和平，2002），考虑到图书馆和博物馆是提供传统信息资源和数字化信息资源的主要场所，因此采用"每万人拥有图书馆、博物馆数"反映信息资源建设。

（5）制度创新要素子系统配置。

政府高效的服务保障能力是促进创新发展的制度保障，而政府服务满意度（对政府行政审批手续方便简洁的评价）能够检验政府便利企业的能力。参考许家云和毛其淋（2016）的思路，本部分选择樊纲编著的《中国分省份市场化指数报告》中"政府与市场关系"的二级指标"减少政府对企业的干预"指数评分来衡量政府服务满意度。非国有经济发展程度能够反映健全的市场环境、多样化及包容性（樊纲等，2011），本部分选取樊纲编著的《中国分省份市场化指数报告》的一级指标"非国有经济发展度"指数来体现民营经济和其他非国有经济的发展。市场作为资源配置主体，其在资源配置过程中的作用程度会直接影响生产方式的变革，选择樊纲编著的《中国分省份市场化指数报告》中"政府与市场关系"的二级指标"市场分配经济资源比重"指数评分来衡量经济资源分配情况，即采用财政支出占当地 GDP 的比重作为负相关指标，反映资源分配方面的市场化程度。参考王化成等（2014）的研究思路，将律师数量用于反映地区投资者保护水平，考虑指标数据的可获得性，选取“律师人数与总人数占比”来反映市场秩序维持情况。参考张燕生和梁婧姝（2019）的研究思路，选取“亿元以上商品市场交易个数”来反映我国大型商品市场发育和发展情况。

综上所述，“十五”阶段的创新要素配置指标体系包括 5 个一级指标、12 个二级指标、35 个三级指标，具体如表 5.1 所示。

表 5.1　“十五”发展阶段创新要素配置初始指标体系

一级指标	二级指标	三级指标	指标取值	参考文献
人力创新要素	人力健康	健康卫生人力投入力度	每千人口卫生技术人员数	王学军和陈武，(2008)
		健康卫生物质投入力度	每千人拥有病床数	夏怡然和陆铭（2015）
		健康卫生资本投入力度	财政医疗卫生支出	王弟海等（2016）
	人力投入	财政教育投入力度	高等学校生均教育经费支出	钱晓烨等（2010）
		人力教育年限	平均受教育年限	李婧等（2010）
		人力学历结构	就业人口中受过高等教育的比例	胡鞍钢和周绍杰（2002）
		人力投入数量	每千人口国企事业单位专业技术人员数	王小鲁和樊纲（2004）
		人力投入质量	从事科技活动人员中科学家和工程师比例	赵国杰和邢小强（2004）
		高等学校人力投入力度	高等学校 R&D 人员全时当量	高月姣和吴和成（2015）
		研发机构人力投入力度	研发机构 R&D 人员全时当量	刘晖等（2015）
	人力组织	高等学校数量	高等学校数	范建勇（2006）
		高技术企业数量	高技术产业企业数	程慧芳和陆嘉俊（2014）

续表

一级指标	二级指标	三级指标	指标取值	参考文献
资本创新要素	对外资本	对外投资开放程度	实际利用外商直接投资/GDP	卢现祥和王素素（2021）
	研发资本	高等学校创新投入力度	高等学校科技活动 R&D 经费内部支出/R&D 经费内部支出总额	李习保（2007）
		研发机构创新投入力度	研究与开发机构 R&D 经费内部支出/R&D 经费内部支出总额	
		政府科技创新投入力度	科技三项费用/财政支出	解维敏等（2009）
技术创新要素	技术开发	科学引文索引	科学引文索引篇数	刘顺忠和官建成（2002）
		专利开发	发明专利授权数	吴和成和刘思峰（2007）
		引进国外技术水平	技术费占国外技术引进合同金额比重	李光泗和沈坤荣（2011）
	技术转化	技术吸收能力	大中型工业企业消化吸收经费支出	俞立平（2007）
		技术改造能力	大中型工业企业技术改造经费支出	尹伟华（2012）
信息创新要素	信息生产能力	图书信息资源	人均年图书出版数	贾怀京和许飞月（1997）
		模拟信息资源	人均录音带（AT）出版数量	赖茂生等（2004）
		报刊信息资源	人均年报刊期发数	贾怀京和许飞月（1997）
		函件信息资源	人均年使用函件数	
	信息发展潜力	移动电话信息设施发展	移动电话年末用户占比	国际统计信息中心（2004）
		彩色电视信息设施发展	城镇居民每百户彩色电视机拥有量	
		电脑信息设施发展	城镇居民每百户家用电脑拥有量	
		通信基础设施发展	每平方公里长途光缆线路长度	
		公共信息设施发展	每万人拥有图书馆、博物馆数	周和平（2002）

续表

一级指标	二级指标	三级指标	指标取值	参考文献
制度创新要素	服务保障	政府服务满意度	减少政府对企业的干预	许家云和毛其淋（2016）
	市场规范	非国有经济发展	非国有经济发展度	樊纲等（2011）
		经济资源分配	市场分配经济资源比重	
		市场秩序维持	律师人数与总人数占比	王化成（2014）
	营商环境	商品市场发展	亿元以上商品市场交易个数	张燕生和梁婧姝（2019）

5.2.2 “十一五”发展阶段创新要素配置初始指标体系

（1）人力创新要素子系统配置。

在“十一五”规划期间，政府大力实施科教兴国战略和人才强国战略，其中重点落实科学技术创新和跨越，优先发展教育和推进人才强国战略。因此，为进一步体现人力创新要素的提升情况，在“十五”规划指标体系的基础上，对人力创新要素三级指标进行修改完善，新增 2 个三级指标、替换 1 个三级指标和删除 2 个三级指标。具体调整情况如下。

新增指标。在人力投入方面，研发的主体是高校、研发机构和企业，因此新增“高技术产业 R&D 人员全时当量”指标；在人力组织方面，“十一五”规划中提出了企业为主体、市场为导向、产学研相结合的技术创新模式，因此新增“研发机构数”指标（王崇锋，2015），使其与“高等学校数”和“高技术产业企业数”一同反映基础研究、应用研究和试验发展研发过程的组织建设程度。

替换指标。“十一五”规划中着重关注了高等教育的质量和结构，稳步提升高等教育大众化水平。高等院校在校生作为高素质人才的主力军和后备力量，是一个区域的重要科研力量。因此，在人力投入指标方面，将

“每十万人高等学校平均在校人数”替代“就业人口中受过高等教育的比例”，用于衡量该阶段不同地区的创新氛围和公众受教育程度（李斌和曹万林，2017）。

删除指标。由于 2009 年后国家相关统计年鉴取消了“科技活动人员数”和“科学家和工程师数量”的指标，开始以 R&D 人员数作为标准量纲。因此，将“每千人口国企事业单位专业技术人员数”和“从事科技活动人员中科学家和工程师比例”这两个指标删去，而采用“高等学校、高技术产业（李习保，2007）和研发机构的 R&D 人员全时当量”反映该阶段的创新人员数量。

（2）资本创新要素子系统配置。

由于“十五”期间，在经济快速发展的同时出现了环境污染加剧和科技自主创新能力不强等问题，在“十一五”规划阶段提出中国必须加快转变粗放型经济增长模式，注重全面协调可持续发展并专重于创新发展模式提高自主创新能力。为进一步提升“十一五”阶段下资本创新要素指标的客观性，更好体现该阶段下资本创新要素的投入状况，并综合指标数据的可获取性，在“十五”阶段指标体系的基础上进行完善，新增 1 个二级指标，替换 1 个三级指标。具体调整情况如下。

新增指标。尽管“十五”计划贯彻可持续发展战略并加强生态建设，但是“十五”计划主要目标实现中主要污染物排放量减少低于 10%[①]，在绿色发展上并未达成计划目标，“十一五”规划立足节约资源和高效利用推动经济发展，对绿色发展提出有力约束（金乐琴，2018）。因此，在“十五”计划指标基础上，该阶段资本创新要素指标增加了绿色资本维度。考虑绿色信贷有助于资本流向绿色产业，推动绿色产业发展并形成新的经济增长点（谢婷婷和刘锦华，2019），本部分拟选取绿色信贷指标衡量绿色发展中资本投入水平，并借鉴谢婷婷和刘锦华（2019）的做法，绿色信贷水平用“六大高耗能产业利息支出占比”（即在工业产业利息总支出中

① 数据来源：《中华人民共和国国民经济和社会发展第十一个五年规划纲要》。

的比重)[①] 反向表示。

替换指标。在研发资本投入中，由于“十一五”规划把科技进步和创新作为经济社会发展的重要推动力，强调大力推进自主创新，同时《国家中长期科学和技术发展规划纲要（2006～2020年)》中也提出了科技发展以增强自主创新能力为主线。相比“十五”规划中鼓励引导并推动企业成为技术进步和创新的主体，“十一五”规划表明要加快建立以企业为主体、市场为导向、产学研相结合的技术创新体系，即企业、高校和科研机构相结合的创新范式，企业不仅进行生产活动，还要参与研发活动。同时，高技术产业是推进科技自主创新的主要领域（周立群和邓路，2009），在此拟选取“高技术产业 R&D 经费内部支出占比”[②] 替换“科技三项费用/财政支出”指标，从企业和公共研究机构（高校和研发机构）三大创新主体开展科技创新的资本投入综合体现科技创新活动中的研发资本投入水平。

（3）技术创新要素子系统配置。

《中华人民共和国国民经济和社会发展第十一个五年计划纲要》明确提及要加快发展高技术产业，加快科学技术创新和跨越，实施重大产业技术开发专项，促进引进技术消化吸收再创新。为更好体现技术创新要素的发展状况，并基于指标数据的可获取性，针对技术创新要素三级指标进行完善，新增 2 个三级指标。具体调整情况如下。

新增指标。技术市场是重要的要素市场，是国家技术转移体系的重要组成部分。2006 年，国家科学技术部研究发布《关于加快发展技术市场的意见》，以加速科技成果转化，增强自主创新能力。创新主体的技术吸纳

① 由于绿色信贷是绿色项目融资的主要渠道，能够为创新型环保型企业提供了外部融资渠道，缓解了企业内部融资约束，同时绿色信贷在一定程度上属于风险投资。参考吴晟等人的研究(2020)，为避免与科技企业孵化器当年在孵企业获风险投资额中的资金产生重复，因此选用六大高耗能产业利息支出占规模以上工业企业财务费用总利息支出的比值来反向表示企业对绿色发展的资金投入情况，国家级科技企业孵化器当年在孵企业获风险投资额占科技企业孵化器当年在孵企业获风险投资额的比值表示高质量科技企业的创业资金投入情况。

② 由于高技术产业是外商在华投资非常密集的领域，参考蒋殿春和夏良科的研究（2005），为避免高技术产业 R&D 经费内部支出与实际利用外商直接投资额中的资金产生重复，因此选用高技术产业 R&D 经费内部支出占全国 R&D 经费内部支出的比值来表示高技术产业科技创新活动的资本投入情况。

能力在技术转化为现实创新绩效中起着关键作用（沈必扬和王晓明，2006）。因此，将“吸纳技术水平”纳入技术转化二级指标中，并用“技术市场吸纳技术成交金额占全国技术市场总额比重”表示（孙丽文等，2021）。国家火炬计划项目是以国内外市场需求为导向，以国家、地方和行业的科技攻关计划、高新技术研究开发计划成果及其他科研成果为依托，以发展高新技术产品、形成产业为目标，择优评选并组织开发的具有先进水平和广阔的国内外市场以及较好经济效益的高新技术项目，通过实施项目，造就高新技术企业。因此新增“高技术产业化项目”三级指标，并用“国家火炬项目数”表示（殷尹和梁梁，2001）。

（4）信息创新要素子系统配置。

《中华人民共和国国民经济和社会发展第十一个五年规划纲要》明确指出，要以农村为重点促进文化信息共享，加强农村基础设施建设和网络建设，并且从深度开发信息资源等新视角探索提高经济社会信息化水平的路径。与“十五”规划期间相比，“十一五”规划期间更注重农村信息基础设施建设，对农村信息化发展提出新的要求。因此，本部分从信息生产能力和信息发展潜力两个方面构建信息创新要素子系统配置指标体系。为了更好地与“十一五”规划期间信息创新要素发展情况相匹配，针对信息创新要素指标进行完善，新增 4 个三级指标，替换 1 个三级指标。具体调整情况如下。

新增指标。在信息生产能力方面。随着信息技术进步，刘洋和林健（2001）认为网络 IP 电话是利用通信网和计算机网技术进行各类信息生产和传递的主要方式。网络 IP 电话本质是建立在互联网基础上的新型数字化传输技术，有助于加强信息采集、加快基础信息共享，因此本部分选取“人均 IP 电话通话时长数”以反映电话通信资源水平。在信息发展潜力方面，参考刘根荣（2014）的研究思路，增加“每平方公里互联网接入端口数”，以体现互联网基础设施建设水平。参考张辉等（2016）的研究思路，增加“互联网上网人数占比”（占总人口比重）指标来度量互联网覆盖主体水平。鉴于 2005 年通过的《全国文化信息资源共享工程 2005 ~ 2010 年资源建设大纲》和《全国文化信息资源共享工程电子阅览室建设管理条例》均体现出对数字文化资源的重视，同年，党的十六届五中全会上提出的“推进全国文化信息资源共享工程”进一步对信息资源共享提出明确要求。因此，本部分参考臧运平等（2012）的研究，增加“公共图书馆平均拥有电子阅览室终端数”以反映文化信息资源的发展情况。

替换指标。为了进一步完善指标体系对模拟信息资源生产能力的反映，本部分将“人均录音带（AT）出版数量”修改为“每万人年均录音录像制品出版数”。与原先指标相比，替换指标“每万人年均录音录像制品出版数”所包含的录音、录像制品范围更广①，更能反映不同形式下的信息资源的生产能力，也是反映模拟信息资源生产能力的重要指标，进一步提升指标体系的全面性。

（5）制度创新要素子系统配置。

自改革开放来，中央政府的工作重心全面转向经济建设，我国经济政策由计划经济体制转向中国特色的市场经济体制，地方政府对资源配置具有较强的控制力。在逐步完善社会主义市场经济体制方面，“十一五”规划与“十五”规划的重心和目标相对一致。“十一五”规划进一步明确深化国有企业改革，鼓励非公有制经济发展，建立和完善全国统一、公平竞争、规范有序的市场体系。因此，本部分在此阶段的制度创新要素子系统配置指标体系与上一阶段相同。

按照上述五个创新要素一级指标下的二级、三级指标调整情况，“十一五”发展阶段下的创新要素配置指标体系包括5个一级指标、13个二级指标，下设三级指标共42个，具体如表5.2所示。

表5.2　“十一五”发展阶段创新要素配置初始指标体系

一级指标	二级指标	三级指标	指标取值	备注
人力创新要素	人力健康	健康卫生人力投入力度	每千人口卫生技术人员数	
		健康卫生物质投入力度	每千人拥有病床数	
		健康卫生资本投入力度	财政医疗卫生支出	

① 这里统计的录音制品包括录音带、激光唱盘、高密度激光唱盘及其他载体等录音制品。

续表

一级指标	二级指标	三级指标	指标取值	备注
人力创新要素	人力投入	全民受高等教育程度	每十万人高等院校平均在校人数	替换指标
		财政教育投入力度	高等学校生均教育经费支出	
		人力教育年限	平均受教育年限	
		高等学校人力投入力度	高等学校 R&D 人员全时当量	
		高技术产业人力投入力度	高技术产业 R&D 人员全时当量	新增指标
		研发机构人力投入力度	研发机构 R&D 人员全时当量	
	人力组织	高等学校数量	高等学校数	
		高技术企业数量	高技术产业企业数	
		研发机构数量	研发机构数	新增指标
资本创新要素	对外资本	对外投资开放程度	实际利用外商直接投资/GDP	
	研发资本	高等学校创新投入力度	高等学校科技活动 R&D 经费内部支出/R&D 经费内部支出总额	
		研发机构创新投入力度	研究与开发机构 R&D 经费内部支出/R&D 经费内部支出总额	
		高技术产业科技创新投入力度	高技术产业 R&D 经费内部支出占比	替换指标
	绿色资本	绿色信贷	六大高耗能产业利息支出占比	新增指标
技术创新要素	技术开发	科学引文索引	科学引文索引篇数	
		专利开发	发明专利授权数	
		引进国外技术水平	技术费占国外技术引进合同金额比重	
	技术转化	技术吸收能力	大中型工业企业消化吸收经费支出	
		技术改造能力	大中型工业企业技术改造经费支出	
		吸纳技术水平	技术市场吸纳技术成交金额占全国技术市场总额比重	新增指标
		高技术产业化项目	国家火炬计划项目数	新增指标
信息创新要素	信息生产能力	图书信息资源	人均年图书出版数	
		录音录像信息资源	每万人年均录音录像制品出版数	替换指标
		报刊信息资源	人均年报刊期发数	
		函件信息资源	人均年使用函件数	
		电话通信资源	人均 IP 电话通话时长数	新增指标

续表

一级指标	二级指标	三级指标	指标取值	备注
信息创新要素	信息发展潜力	移动电话信息设施发展	移动电话年末用户占比	
		彩色电视信息设施发展	城镇居民每百户彩色电视机拥有量	
		电脑信息设施发展	城镇居民每百户家用电脑拥有量	
		通信基础设施发展	每平方公里长途光缆线路长度	
		公共信息设施发展	每万人拥有图书馆、博物馆数	
		互联网基础设施发展	每平方公里互联网接入端口数	新增指标
		互联网覆盖人数水平	互联网上网人数占比	新增指标
		公共电子阅览室	公共图书馆平均拥有电子阅览室终端数	新增指标
制度创新要素	服务保障	政府服务满意度	减少政府对企业的干预	
	市场规范	非国有经济发展	非国有经济发展度	
		经济资源分配	市场分配经济资源比重	
		市场秩序维持	律师人数与总人数占比	
	营商环境	商品市场发展	亿元以上商品市场交易个数	

注："十一五"阶段指标体系中，指标进行新增、替换和删除时所参考的文献依次为王崇锋（2015）、李斌和曹万林（2017）、李习保（2007）、谢婷婷和刘锦华（2019）、蒋殿春和夏良科（2005）、孙丽文等（2021）、殷尹和梁梁（2001）、刘洋和林健（2001）、刘根荣（2014）、张辉等（2016）、臧运平等（2012）。

5.2.3 "十二五"发展阶段创新要素配置初始指标体系

（1）人力创新要素子系统配置。

在"十二五"规划期间，确定了创新驱动发展战略，其中科技创新人才作为关键性因素在其中发挥着重要作用，因此对教育改革发展和高素质人才队伍建设提出了新的要求。为了进一步提升人力创新要素的发展情况，本部分在"十一五"规划指标体系的基础上，对这一阶段人力创新要素的三级指标进行修改完善，新增 2 个三级指标、替换 1 个三级指标。具体调整情况如下。

新增指标。在人力投入方面，“十二五”规划将核心电子器件、高端通用芯片级基础软件和集成电路制造技术等机器人研发相关产业作为科技创新能力建设重点，工业机器人等人工智能技术的发展会根据劳动力技术程度的不同产生替代效应、生产力效应和就业创造效应（王永钦和董雯，2020），因此在该阶段增加由工业机器人[①]主要应用的五个行业[②]总产值[③]匹配得到的“工业机器人保有量”指标。在人力组织方面，科技企业孵化器是培育和扶植高新技术中小企业的服务机构，通过为企业提供物理空间、基础设施和服务支持，降低企业的创业风险和创业成本，提高企业的存活率和成功率（钱平凡，2000），因此增加“科技企业孵化器数”指标（谢青和田志龙，2015）用于反映该阶段科技创新人力组织的投入水平。

替换指标。在人力组织方面，高新技术企业是兼具高知识积累和快速知识创新的企业（刘善仕等，2007），企业需要达到《高新技术企业认定管理办法》中要求的年限、知识产权、高新技术产品（服务）与主要产品（服务）、高新技术产品（服务）收入占比、企业科技人员占比、企业研究开发费用占比、企业创新能力评价七个方面方可进行申报，经科技厅审核确认符合条件，认定为高新技术企业。考虑到高新技术企业的技术领域[④]包含高技术产业的行业分类，在此采用“高新技术企业数”[⑤]替代之前的“高技术产业企业数”指标。

（2）资本创新要素子系统配置。

“十二五”阶段是中国深化改革开放并加快转变经济发展方式的攻坚

① 工业机器人：根据国际机器人联合会（IFR）定义，工业机器人是一种可自动控制、可重复编程、可完成多目标任务的机械，是面向工业领域的多关节机械手或多自由度机器人，可在一些单调、繁复和长时间的工作中替代人类。

② 2017 年中国工业机器人应用行业，汽车工业占 33.25%，电子电气占 27.65%，金属加工占 10.76%，塑料及化学制品占 7.85%，食品饮料及烟草占 2.27%。

③ 本部分选取规模以上工业企业，2010 年为年主营业务收入 500 万元及以上的工业企业；2011 年及以后为年主营业务收入 2000 万元及以上的工业企业。

④ 高新技术企业的技术领域：电子信息技术、生物与新医药技术、航空航天技术、新材料技术、高技术服务业、新能源及节能技术、资源与环境技术和高新技术改造传统产业。

⑤ 高新技术企业是指在《国家重点支持的高新技术领域》内，持续进行研究开发与技术成果转化，形成企业核心自主知识产权，并以此为基础开展经营活动，在中国境内（不包括港、澳、台地区）注册一年以上的居民企业。它是知识密集、技术密集的经济实体。

期，为进一步提升“十二五”阶段下资本创新要素指标的客观性，更好体现该阶段下资本创新要素的投入状况，并综合指标数据的可获取性，在“十一五”阶段指标体系的基础上进行完善，新增2个二级指标。具体调整情况如下。

新增指标。相比于“十一五”规划，“十二五”规划提出创新驱动发展战略，把技术进步和创新作为加快转变经济发展方式的重要支撑，同时提出培育发展新一代信息技术等战略性新兴产业，促进新兴技术与新兴产业深度融合，因此在“十一五”阶段指标体系的基础上增加了创新资本和共享资本两个维度。在创新资本投入中，企业可通过股票市场等渠道进行资本融资以推动创新活动，实现技术进步和创新（张倩肖和冯雷，2019），同时考虑科技企业是创新最重要的主体，本部分拟选取“科技型上市公司融资额（含债务融资和股权融资）”指标来体现创新活动的资本投入水平；在共享资本投入中，随着信息技术、大数据等创新技术的发展，金融产品与服务能够通过数字化或电子化技术进行交易，普惠金融在互联网经济的驱动下迅猛发展，本部分拟选用“数字普惠金融指数”来衡量数字普惠金融发展程度（孙玉环等，2021），以体现共享资本投入水平。

（3）技术创新要素子系统配置。

《中华人民共和国国民经济和社会发展第十二个五年计划纲要》强调推进经济发展要更多依靠科技创新驱动，即推进重大科学技术突破，加快建立以企业为主的技术创新体系，加强科技基础设施建设，强化科技创新支持政策。在“十二五”规划的指导下，技术取得重大进步，人们对新技术的关注度也逐渐提高，成为推动创新的潜在动力。基于此，本阶段的技术创新要素指标新增1个二级指标技术推广，并用新技术关注度表示技术推广的深度。此外，新增2个三级指标，替换1个三级指标，删除2个三级指标。具体调整情况如下。

新增指标。2007年全球金融危机爆发后，我国对高技术产业的发展更加重视，并出台多项政策措施。高技术产业是技术开发、应用的重要主体，其新产品开发则是企业能否发展顺利的关键。为更好体现高技术产业在技术开发中的作用，并基于数据的可获得性，增加指标“高技术产业新产品开发项目数”（赵志耘和杨朝峰，2013）。随着信息网络的逐渐普及，了解新技术的渠道也数字可视化，对技术推广产生了显著的促进作用，进一步作用于创新。因此，将“新技术关注度”纳入技术创新要素指标体系中，并用“‘新技术’百度指数”指标体现。国家标准是对国家经济技术发展有重大意义，需要在全国范围内统一的技术要求所制定的标准，行业标准是对国家标准的补充。创新主体通过制定标准，将极大促进自身技术的转化（林洲钰等，2014），因此，将“研究与开发机构与高校形成国家或行业标准数之和”纳入创新要素指标体系中。

替换指标。由于工业企业研发统计在2011年之前仅统计大中型工业企业[①]，2011年开始才在常规年份统计规模以上工业企业，且同时大中型工业企业研发数据未再公布。因此，自本阶段开始，使用“规模以上工业企业技术改造经费支出”替代“大中型工业企业技术改造经费支出”。

删除指标。由于2011年起不再公布“大中型工业企业消化吸收经费支出”数据，且后续年份规模以上工业企业消化吸收经费支出缺失数据较多，无法替代，因此删除“大中型工业企业消化吸收经费支出”。同时，由于自2015年起《中国科技统计年鉴》未公布国家火炬计划项目数数据，从指标数据的可获取性考虑，删除原技术转化二级指标下的“国家火炬计划项目数”指标。

（4）信息创新要素子系统配置。

“十二五”规划强调构建新一代信息基础设施，形成高效的信息传输网络，促进网络互联互通。同时，应完善信息系统建设，加快多领域多产业的信息化发展，培育壮大建设信息化经济社会，信息创新要素的发展潜力将得到进一步释放。因此，本部分将原先的“信息发展潜力”二级指标拓展为“信息使用能力”“信息共享能力”和“信息载体建设”3个二级指标。为了更好地与“十二五”规划期间信息创新要素发展情况相匹配，

① 在2004年、2008年与2009年，因经济普查或者R&D资源清查扩大了对工业企业的调查范围，因此能查到对规模以上工业企业口径的相关研发数据。

本部分针对信息创新要素指标进行完善，新增 8 个三级指标，替换 1 个三级指标，删除 10 个三级指标。具体调整情况如下。

新增指标。“十二五”规划下的信息创新要素指标既要考虑互联网基础设施建设，也要考虑互联网应用情况，并在一定程度上体现数字经济产业化水平。在信息生产能力方面。移动通信技术催生出更多的移动互联网需求，加快互联网的应用，推动互联网信息的生成，参考陶长琪和徐茉（2021），选取“每万人互联网域名数”反映互联网域名使用规模、“每万人互联网网页数”反映互联网网页信息资源；在信息使用能力方面。“十二五”规划中强调数字广播电视网的建设，数字电视是新型信息技术与传统电视业的结合，是信息和服务传播的终端（匡文波，2008），本部分将选取“数字电视用户与总人数占比”，以反映数字电视网覆盖能力。在信息共享能力方面。王宁宁等（2016）研究发现地区信息与互联网普及率存在相关关系，并且认为较高的互联网普及率提升地区的信息影响力，因此本部分选取“互联网普及率”刻画区域数字网络共享程度。生产力促进中心是科技创新服务机构，致力于提高企业创新能力，为企业提供信息支撑和服务（方维慰，2015），本部分选取“生产力促进中心提供信息条数”，刻画为企业创新提供信息的能力。在新增二级指标信息载体建设方面，根据国家统计局发布的《数字经济及其核心产业统计分类（2021）》，数字产品制造业主要包含计算机、通信和其他电子设备制造业下的细分产业，数字技术应用业主要包含软件开发、互联网等信息技术服务业下的细分产业。考虑到数字产品制造业和数字技术应用业是生产和传递数字信息的载体，本部分增加“数字产品制造业法人单位个数”和“数字技术应用业法人单位个数”刻画信息载体建设情况。同时考虑到“十二五”规划期间更注重农村信息基础设施建设，参考罗廷锦和茶洪旺（2018）的思路，新增“开通互联网宽带业务的行政村比重”以进一步反映信息载体建设。

替换指标。随着信息技术的发展和数据业务需求的增大，第三代数字移动通信系统逐步替代模拟移动通信系统和第二代数字移动通信系统，具有更好的语音通信质量和更高的信息传输速率（宋艳和银路，2007）。“十二五”规划中也强调统筹布局新一代移动通信网，反映出通信系统更新的必要性。因此部分将“移动电话年末用户占比”修改为“3G 移动电话用户占比”，以反映新一代数字移动通信规模。

删除指标。“十二五”规划与“十一五”规划相比，更加关注新一代信息基础设施建设，致力于推动各领域信息化。在科学技术不断更新换代的浪潮中，“十一五”规划期间部分传统产业指标与新型数字信息资源投入指标存在一定的差距，不再与新时期的要求相匹配，因此删除指标“人均年图书出版数”“每万人年均录音录像制品出版数”“人均年报刊期发数”“人均年使用函件数”“人均 IP 电话通话时长数”“城镇居民每百户彩色电视机拥有量”“城镇居民每百户家用电脑拥有量”“每万人拥有图书馆、博物馆数”“互联网上网人数占比”与“公共图书馆平均拥有电子阅览室终端数”。

（5）制度创新要素子系统配置。

党的十八届三中全会以来，以推进国家治理体系和治理能力现代化为目标导向的制度变革，点明我国全面深化改革的重点方向和实现路径（张文和张念明，2017）。而其中的核心问题就是如何正确处理好政府和市场间的关系，发挥市场在资源配置中的决定作用和政府的引导作用。与此同时，“十二五”规划中指出要加快财税体制改革，并强化科技创新支持政策，推进社会体制改革。为了更好地与“十二五”规划期间制度创新要素发展情况相匹配，本部分针对制度创新要素指标进行完善，新增 5 个三级指标。具体调整情况如下。

新增指标。在线政府主要考查政府如何通过信息技术（政府网站等）来为国民提供服务及其效率如何，能够反映一个国家或地区政府依法为民服务的能力和水平（信息社会发展研究课题组等，2015）。因此，本部分增加“在线政府指数”指标来体现政府在线服务效率。“十二五”规划强调“实施知识产权战略，完善知识产权法律制度，加强知识产权的创造、运用、保护和管理，加大知识产权执法力度”，体现出知识产权保护的重要性。知识产权保护为我国发挥高水平创新优势提供强力保障。因此，按照金培振等（2019）思路，搜集各省区市涉及知识产权的地方性法规、政府规章、规范性文件和地方工作文件的数量并以此表示知识产权保护度。借鉴韩永辉等（2017）的研究，采用地方政府颁布的数字化相关法规文本数量衡量该地的数字经济政策强度，以此反映该地区的数字经济发展环境，在一定程度上能够反映该地区的“数字化治理”程度。这是由于政策法规的颁布和实施是地方政府构建治理体系，营造治理环境、规范区域发展的主要途径。金融监管能有效防控地方性金融风险，维持金融机构的运行秩序稳定，助力营商环境法制化（钱玉文，2020）。“十二五”规划也提出加强金融监管协调，因此增加“金融监管事务支出”指标以反映金融监管环境。生产力促进中心是科技创新服务机构，为中小企业提供技术咨询等服务，有利于形成良好的营商环境，故选取“生产力促进中心咨询服务次数”刻画为企业咨询服务环境。

按照上述创新要素指标的调整情况，“十二五”发展阶段下的创新要素配置指标体系包括 5 个二级指标、18 个二级指标，下设三级指标共 50 个，具体见表 5.3。

表 5.3　“十二五”发展阶段创新要素配置初始指标体系

一级指标	二级指标	三级指标	指标取值	备注
人力创新要素	人力健康	健康卫生人力投入力度	每千人口卫生技术人员数	
		健康卫生物质投入力度	每千人拥有病床数	
		健康卫生资本投入力度	财政医疗卫生支出	
	人力投入	全民受高等教育程度	每十万人高等院校平均在校人数	
		财政教育投入力度	高等学校生均教育经费支出	
		人力教育年限	平均受教育年限	
		工业机器人投入力度	工业机器人保有量	新增指标
		高等学校人力投入力度	高等学校 R&D 人员全时当量	
		高技术产业人力投入力度	高技术产业 R&D 人员全时当量	
		研发机构人力投入力度	研发机构 R&D 人员全时当量	
	人力组织	高等学校数量	高等学校数	
		高新技术产业企业数	高新技术企业数	替换指标
		科技企业孵化器数	科技企业孵化器数	新增指标
		研发机构数量	研发机构数	

续表

一级指标	二级指标	三级指标	指标取值	备注
资本创新要素	对外资本	对外投资开放程度	实际利用外商直接投资/GDP	
	研发资本	高等学校创新投入力度	高等学校科技活动 R&D 经费内部支出/R&D 经费内部支出总额	
		研发机构创新投入力度	研究与开发机构 R&D 经费内部支出/R&D 经费内部支出总额	
		高技术产业科技创新投入力度	高技术产业 R&D 经费内部支出占比	
	绿色资本	绿色信贷	六大高耗能产业利息支出占比	
	创新资本	科技型上市公司融资规模	科技型上市公司融资额（含债务融资和股权融资）	新增指标
	共享资本	数字普惠金融发展程度	数字普惠金融指数	新增指标
技术创新要素	技术开发	科学引文索引	科学引文索引篇数	
		专利开发	发明专利授权数	
		引进国外技术水平	技术费占国外技术引进合同金额比重	
		高技术产业新产品开发水平	高技术产业新产品开发项目数	新增指标
	技术转化	技术改造能力	规模以上工业企业技术改造经费支出	替换指标
		吸纳技术水平	技术市场吸纳技术成交金额占全国技术市场总额比重	
		技术标准水平	研究与开发机构与高校形成国家或行业标准数之和	新增指标
	技术推广	新技术关注度	"新技术"百度指数	新增指标
信息创新要素	信息生产能力	互联网域名	每万人互联网域名数	新增指标
		互联网网页	每万人互联网网页数	新增指标
	信息使用能力	通信基础设施发展	每平方公里长途光缆线路长度	
		互联网基础设施发展	每平方公里互联网接入端口数	
		数字移动通信规模	3G 移动电话用户占比	替换指标
		数字电视用户规模	数字电视用户与总人数占比	新增指标
	信息共享能力	互联网普及水平	互联网普及率	新增指标
		生产信息服务	生产力促进中心提供信息条数	新增指标

续表

一级指标	二级指标	三级指标	指标取值	备注
信息创新要素	信息载体建设	互联网业务农村覆盖范围发展	开通互联网宽带业务的行政村比重	新增指标
		数字产品制造业	数字产品制造业法人单位个数	新增指标
		数字技术应用业	数字技术应用业法人单位个数	新增指标
制度创新要素	服务保障	在线服务效率	在线政府指数	新增指标
		政府服务满意度	减少政府对企业的干预	
	市场规范	知识产权保护	知识产权保护度	新增指标
		经济资源分配	市场分配经济资源比重	
		非国有经济发展	非国有经济发展度	
		数字化治理	数字化转型保障	新增指标
		市场秩序维持	律师人数与总人数占比	
	营商环境	金融监管环境	金融监管事务支出	新增指标
		企业营商咨询	生产力促进中心咨询服务次数	新增指标
		商品市场发展	亿元以上商品市场交易个数	

注："十二五"阶段指标体系中，指标进行新增、替换和删除时所参考的文献依次为王永钦和董雯（2020）、谢青和田志龙（2015）、刘善仕等（2007）、张倩肖和冯雷（2019）、孙玉环等（2021）、赵志耘和杨朝峰（2013）、林洲钰等（2014）、陶长琪和徐茉（2021）、匡文波（2008）、王宁宁等（2016）、方维慰（2015）、罗廷锦和茶洪旺（2018）、宋艳和银路（2007）、信息社会发展研究课题组等（2015）、金培振等（2019）、韩永辉等（2017）、钱玉文（2020）。

5.2.4 "十三五"发展阶段创新要素配置初始指标体系

对于"十三五"发展阶段，限于创新要素指标数据的可获取性，特别是在数据处理过程中，**价格调整所涉及的固定资产价格指数更新至2019年**，因此本书"十三五"规划阶段的考察年份为2016～2019年。

（1）人力创新要素子系统配置。

在"十三五"规划期间，国家将提升全民教育和健康水平作为规划的重点内容，旨在推动教育现代化和健康中国建设。在人力组织方面，构建产学研用一体的创新网络，强调企业创新主体地位和主导作用。因此为进一步提升人力创新要素的发展情况，在“十二五”规划指标体系的基础上，新增 1 个三级指标。具体新增情况如下。

新增指标。人力投入方面，科技企业孵化器成为国家孕育和发展创新型经济的主要来源，成为吸引高层次人才、孵化高科技企业和培育新兴产业的重要载体（屠文娟等，2018），在此新增“国家级科技企业孵化器从业人员”（张冀新和胡维丽，2018）指标，使人力投入指标层与人力组织指标层相对应。

（2）资本创新要素子系统配置。

在“十三五”时期，中国进入创新型国家行列的决胜阶段，是深入实施创新驱动发展战略的关键时期，为进一步提升“十三五”阶段下资本创新要素指标的客观性，更好地体现该阶段下资本创新要素的投入状况，并综合指标数据的可获取性，在“十二五”阶段指标体系的基础上进行完善，新增 1 个三级指标，具体新增情况如下。

新增指标。“十三五”规划中将深入实施创新驱动发展战略、推动创业创新蓬勃发展作为经济发展的主要目标，相比“十二五”规划更加注重优化创业创新生态，因此该阶段将“十二五”阶段指标体系中的创新资本维度升级为创新创业资本维度。在创新创业资本投入中，科技企业孵化器与风险投资的结合能够使科创企业获得充足的发展资本，本部分拟新增“国家级科技企业孵化器当年在孵企业获风险投资额占比”指标来衡量科创企业风险投资程度（夏维力和丁珮琪，2017），以体现创业资本投入水平。

（3）技术创新要素子系统配置。

《中华人民共和国国民经济和社会发展第十三个五年计划纲要》明确要实施创新驱动发展战略，构建政产学研用一体的创新网络，强化企业创新主体地位和主导作用。基于此，在上一阶段指标体系中新增 1 个三级指标。具体新增情况如下。

新增指标。生产力促进中心以发展和传播先进生产力、为中小企业提供各类技术创新服务的科技服务机构，因此选用“生产力促进中心技术服务项次”[①] 纳入指标体系中（薛强和赵静，2013）。

（4）信息创新要素子系统配置。

随着经济社会信息化不断发展，依据《中华人民共和国国民经济和社会发展第十三个五年计划纲要》的新要求，构建高效的信息网络，加快网络新技术的开发和应用，推动信息技术与经济社会发展深度融合。为了更好与“十三五”规划期间信息创新要素发展情况相匹配，在信息创新要素二级指标下新增 5 个三级指标，替换 1 个三级指标和删除 1 个三级指标。具体调整情况如下。

新增指标。“十三五”规划强调构建先进的无线宽带网络、深入普及高速无线宽带，展示出宽带网络发展的关键性。2017 年赛迪顾问发布的《2017 中国数字经济指数（DEDI）》白皮书中纳入宽带网络相关指标，程霞和单芳（2011）认为宽带下载速率是网络信息得以准确快速传输的必要条件。因此，本部分增加“忙闲时加权平均宽带下载速率”指标反映无线宽带发展情况。参考钞小静等（2021）研究思路，增加“人均移动互联网接入流量”反映信息网络承载情况。与“每平方公里长途光缆线路长度”和“每平方公里互联网接入端口数”一样，“每平方公里拥有移动电话基站”均刻画数字信息基础设施情况。因此，本部分选取“每平方公里拥有移动电话基站”来反映移动网络使用范围。参考徐程兴（2003）的研究，本部分选取“企业中每百人计算机数量”刻画计算机拥有量，反映信息化基础环境。“十三五”规划支持建立便利跨境电子商务等新型贸易方式的体制，推进国际贸易达成。因此，参考杨文溥（2022）研究思路，增加“有电子商务交易活动的企业比例”指标以反映信息载体建设情况。

替换指标。“十三五”规划中强调加快第四代移动通信（4G）网络建设，反映出社会对通信系统更新的需求较为强烈。第四代数字移动通信系统与第三代数字移动通信系统相比，支持更高质量的多媒体业务（徐沁，

① 虽在“十五”期间，各级政府、科技主管部门和行业主管部门已大力推进生产力促进中心建设，但关于分地区的生产力促进中心相关详细数据最早出现在《2014 中国火炬统计年鉴》中，因此，限于数据原因，“生产力促进中心技术服务项次”才纳入“十三五”阶段下的创新要素指标体系中。

2008）。因此本部分将“3G 移动电话用户占比”修改为“4G 移动电话用户占比”，以反映新一代数字移动通信规模。

删除指标。“十一五”规划期间已经开始注重农村信息基础设施建设，开通互联网宽带业务的行政村比重日益增加。到 2018 年，我国行政村通光纤宽带网络的比例提升至 98%，贫困村通宽带比例达 95%[①]。截至 2016 年，开通互联网宽带业务的行政村比重为 100% 并保持该比例至少六年的省市有：北京市、辽宁省、上海市、江苏省、浙江省、安徽省、山东省、河南省、广东省，可以看出开通互联网宽带业务的行政村比重在部分发达省市中变化程度较小。“十三五”规划期间开通互联网宽带业务的行政村比重接近 100%，各省区市间差距较小，难以区分各省区市间的差别。因此，本部分删除“开通互联网宽带业务的行政村比重”指标。

（5）制度创新要素子系统配置。

为了更好地与“十三五”规划期间制度创新要素发展情况相匹配，本部分针对制度创新要素指标进行完善，新增 3 个三级指标，删除 1 个三级指标。具体调整情况如下。

新增指标。“十三五”规划提出要优化政府服务，推广“互联网 + 政务服务”。中央党校（国家行政学院）电子政务研究中心构建网上政务服务评估指标体系，包括在线服务成效度（“好差评”制度建设）、在线办理成熟度、服务方式完备度、服务事项覆盖度、办事指南准确度 5 个方面，能客观、科学地评价网上政务服务能力，反映各省区市服务保障能力。因此，参考丁依霞等（2022）研究思路，增加“电子政务服务能力指数（EGSC）”指标。“十三五”规划指出要“创新政府服务方式，提供公开透明、高效便捷、公平可及的政务服务和公共服务”。浙江大学公共政策研究院、浙江省公共政策研究院以政府网络透明度为切入点，以作为政务公开窗口的政务网站（含门户网站、政务服务网或网上办事大厅、政府开放数据网）为平台，对政府网络透明度进行评价。政府网络透明度反映公众通过互联网了解政府信息、与服务人员交流和联系程度等，能够反映政府

① 数据来源于人民网：http：//it. people. com. cn/n1/2018/1228/c1009 - 30492440. html。

应对突发事件的网络表现（傅荣校等，2015）。因此，增加“中国政府网络透明度指数”指标。“十三五”规划指出要加强工业互联网设施建设，推动“中国制造+互联网”取得实质性突破，说明新型智能化制造业的优势。企业逐步开始向智能制造转型，工信部遴选206个智能制造试点示范项目，探索智能制造新技术和应用的融合（吕文晶等，2019）。因此，增加“工信部智能制造试点示范项目数+工业互联网试点示范项目”指标。

删除指标。“十三五”规划期间更加注重“互联网+”的发展和应用。随着网上法院、在线律师等人工智能法律服务的快速发展，律师人数不再能体现反映市场秩序维持情况。“十二五”规划期间传统的律师人数指标与“十三五”规划中大数据监管的新要求存在一定的差距，与新阶段的要求不匹配，因此删除由“律师人数与总人数占比”体现的“市场秩序维护”指标。

按照上述创新要素指标的调整情况，“十三五”发展阶段下的创新要素配置指标体系包括5个一级指标、18个二级指标，下设三级指标共59个，具体情况见表5.4。

表5.4　“十三五”发展阶段创新要素配置初始指标体系

一级指标	二级指标	三级指标	指标取值	备注
人力创新要素	人力健康	健康卫生人力投入力度	每千人口卫生技术人员数	
		健康卫生物质投入力度	每千人拥有病床数	
		健康卫生资本投入力度	财政医疗卫生支出	
	人力投入	全民受高等教育程度	每十万人高等院校平均在校人数	
		财政教育投入力度	高等学校生均教育经费支出	
		人力教育年限	平均受教育年限	
		工业机器人投入力度	工业机器人保有量	
		高等学校人力投入力度	高等学校 R&D 人员全时当量	
		高技术产业人力投入力度	高技术产业 R&D 人员全时当量	
		研发机构人力投入力度	研发机构 R&D 人员全时当量	
		国家级科技企业孵化器人力投入力度	国家级科技企业孵化器从业人员	新增指标

续表

一级指标	二级指标	三级指标	指标取值	备注
人力创新要素	人力组织	高等学校数量	高等学校数	
		高新技术产业企业数	高新技术企业数	
		科技企业孵化器数	科技企业孵化器数	
		研发机构数量	研发机构数	
资本创新要素	对外资本	对外投资开放程度	实际利用外商直接投资/GDP	
	研发资本	高等学校创新投入力度	高等学校科技活动 R&D 经费内部支出/R&D 经费内部支出总额	
		研发机构创新投入力度	研究与开发机构 R&D 经费内部支出/R&D 经费内部支出总额	
		高技术产业科技创新投入力度	高技术产业 R&D 经费内部支出占比	
	绿色资本	绿色信贷	六大高耗能产业利息支出占比	
	创新创业资本	科技型上市公司融资规模	科技型上市公司融资额（含债务融资和股权融资）	
		风险投资程度	国家级科技企业孵化器当年在孵企业获风险投资额占比	新增指标
	共享资本	数字普惠金融发展程度	数字普惠金融指数	
技术创新要素	技术开发	科学引文索引	科学引文索引篇数	
		专利开发	发明专利授权数	
		引进国外技术水平	技术费占国外技术引进合同金额比重	
		高技术产业新产品开发水平	高技术产业新产品开发项目数	
		技术服务水平	生产力促进中心技术服务项次	新增指标
	技术转化	技术改造能力	规模以上工业企业技术改造经费支出	
		吸纳技术水平	技术市场吸纳技术成交金额占全国技术市场总额比重	
		技术标准水平	研究与开发机构与高校形成国家或行业标准数之和	
	技术推广	新技术关注度	“新技术”百度指数	

续表

一级指标	二级指标	三级指标	指标取值	备注
信息创新要素	信息生产能力	互联网域名	每万人互联网域名数	
		互联网网页	每万人互联网网页数	
	信息使用能力	移动电话基站发展	每平方公里拥有移动电话基站	新增指标
		通信基础设施发展	每平方公里长途光缆线路长度	
		互联网基础设施发展	每平方公里互联网接入端口数	
		互联网流量	人均移动互联网接入流量	新增指标
		宽带下载速率	忙闲时加权平均宽带下载速率	新增指标
		企业信息使用	企业中每百人计算机数量	新增指标
		数字移动通信规模	4G 移动电话用户占比	替换指标
		数字电视用户规模	数字电视用户与总人数占比	
	信息共享能力	互联网普及水平	互联网普及率	
		生产信息服务	生产力促进中心提供信息条数	
	信息载体建设	数字产品制造业	数字产品制造业法人单位个数	
		数字技术应用业	数字技术应用业法人单位个数	
		电子商务交易活动	有电子商务交易活动的企业比例	新增指标
制度创新要素	服务保障	在线服务效率	在线政府指数	
		政府服务满意度	减少政府对企业的干预	
		电子政务服务能力	电子政务服务能力指数（EGSC）	新增指标
		政府网络透明度	中国政府网络透明度指数	新增指标
	市场规范	知识产权保护	知识产权保护度	
		非国有经济发展	非国有经济发展度	
		经济资源分配	市场分配经济资源比重	
		数字化治理	数字化转型保障	
	营商环境	金融监管环境	金融监管事务支出	
		企业营商咨询	生产力促进中心咨询服务次数	
		商品市场发展	亿元以上商品市场交易个数	
		企业示范带动	工信部智能制造试点示范项目数 + 工业互联网试点示范项目	新增指标

注：“十一五”阶段指标体系中，指标进行新增、替换和删除时所参考的文献依次为张冀新和胡维丽（2018）、夏维力和丁珮琪（2017）、薛强和赵静（2013）、程霞和单芳（2011）、钞小静等（2021）、徐程兴（2003）、杨文溥（2022）、徐沁（2008）、丁依霞等（2022）、傅荣校等（2015）、吕文晶等（2019）。

5.3　创新要素配置指标的筛选与检验

5.3.1　筛选与检验方法

根据第4章新要求中对指标体系的科学性、特殊性和完备性要求，以及5.1节构建原则中具体阐述的指标体系标准，初始指标体系在构建时均在概念内涵和现有相关研究的基础上进行选取，初始指标体系具有上述科学性、特殊性、完备性等标准。为进一步确保指标体系符合新要求与原则，需要对初始指标体系中标准化后的各项指标进行筛选，通过信息显著性分析和信息冗余分析筛选出对指标综合评价影响显著且信息重叠度低的指标，进而从冗余度、灵敏度和信度方面检验删减后的指标体系的独立性、适用性和一致性。具体所用筛选和检验方法如下。

（1）数据标准化。

在对指标体系进行筛选前，需要对指标数据进行标准化处理，以消除不同指标在单位和量纲上的差异性，使各指标均值为0，方差为1。正向（负向）指标是数值越大（小）对高质量发展视阈下创新要素指标评价越好的指标。借鉴顾雪松等（2010）的做法，正负向指标标准化公式如下。

在正向指标标准化中设x_{ij}为第j个评价对象第i个指标标准化后的值；v_{ij}为第j个评价对象第i个指标的值；m为被评价的对象数。则根据正向指标的标准化公式，x_{ij}为：

$$x_{ij}=\frac{v_{ij}-\min\limits_{1\leqslant j\leqslant m}(v_{ij})}{\max\limits_{1\leqslant j\leqslant m}(v_{ij})-\min\limits_{1\leqslant j\leqslant m}(v_{ij})} \tag{5.1}$$

在负向指标标准化中，x_{ij}为：

$$x_{ij}=\frac{\min\limits_{1\leqslant j\leqslant m}(v_{ij})-v_{ij}}{\max\limits_{1\leqslant j\leqslant m}(v_{ij})-\min\limits_{1\leqslant j\leqslant m}(v_{ij})} \tag{5.2}$$

式（5.2）中变量含义与式（5.1）相同。

（2）信息显著性分析。

通过主成分分析求解指标的信息含量，筛选出同一指标层中因子载荷最大即信息含量最大的指标，以保证筛选后保留的指标在所在指标层中对评价结果影响显著。

借鉴张尧庭和张璋（1990）的做法，首先构建主成分分析模型，具体公式为：

$$F_i = a_{i1}x_1 + a_{i2}x_2 + \cdots + a_{in}x_n \tag{5.3}$$

其中，F_i为第i个主成分（$i=1,2,\cdots,k$），k为主成分个数，能够综合反映原始指标的信息；x_j为第j个指标（$j=1,2,\cdots,n$），n为指标个数；a_{ij}为对应第i个特征值的特征向量的第j个分量。

其次，计算主成分对原始指标的方差贡献率，即主成分所解释的方差占原始指标总方差的比重，能够反映各主成分对指标综合评价的影响程度，具体公式为：

$$W_j = \frac{\lambda_j}{\sum_{j=1}^{n} \lambda_j} \tag{5.4}$$

其中，$\lambda_j(j=1,2,\cdots,n)$为原始指标标准化数据的线性相关系数矩阵第$j$个特征值。

最后，计算因子负载系数，即原始指标与主成分的相关系数，能够反映各指标对指标综合评价影响的显著性（顾雪松等，2010；陈洪海和迟国泰，2014）。具体做法为：将特征值λ_j按从小到大的顺序排序，选取达到累计方差贡献率要求的主成分，进而得到第j个指标在第i个主成分上负载系数矩阵b_{ji}，则负载系数c_{ji}即为：

$$c_{ji} = b_{ji}/\lambda_i^{\frac{1}{2}} \tag{5.5}$$

根据因子负载系数绝对值的大小，对指标进行筛选，绝对值越大则该指标对指标综合评价的影响越显著，该指标越应予以保留，反之则应删除。Fornell 等（1981）认为观测变量的因子负载系数绝对值大于 0.5 表明数据收敛效度良好。因此根据因子载荷矩阵，保留因子负载系数绝对值大于0.5的指标，删除所有小于0.5的指标。

（3）信息冗余分析。

经过信息显著性分析后被保留下的指标，在同一指标层会出现指标间信息重叠现象，进而会扭曲指标综合评价结果，因此需要对同一指标层进行指标信息冗余分析，删除相关系数高的指标中的一个（陈洪海等，2020）。通过指标间的Person相关系数来反映指标信息重叠程度，具体公式为：

$$r_{ij} = \frac{\sum_{k=1}^{n}(x_{ki} - \bar{x}_i)(x_{kj} - \bar{x}_j)}{\sqrt{\sum_{k=1}^{n}(x_{ki} - \bar{x}_i)^2 (x_{kj} - \bar{x}_j)^2}} \tag{5.6}$$

其中，r_{ij}为第i个指标和第j个指标间的相关系数，x_{ki}是第k个评价对象第i个指标的标准化值，$\bar{x}_i$是第i个指标的平均值。借鉴迟国泰等（2012）的做法，在同一指标层中两个指标相关系数大于0.9时，删除其中一个评价指标，进而使筛选后的指标体系避免出现指标信息冗余现象。

（4）冗余度检验。

冗余度检验的目的在于检验指标体系是否具有较强的独立性，以及是否存在冗余基础指标（Diana et al.，1988）。在经过信息冗余分析删除高度相关的指标后，为保证指标体系的独立性，进一步计算指标体系的冗余度，只要冗余度小于设定的标准，则认为指标体系通过冗余度检验，指标选取是合理的。冗余度RD的计算公式为：

$$RD = \frac{\sum_{i=1}^{n}\sum_{j=1}^{n}|r_{ij}| - n}{n^2 - n} \tag{5.7}$$

其中，r_{ij}表示指标体系中第i个指标和第j个指标的相关系数，计算公式和式（5.6）一致，n为指标体系中的指标个数。依据常用标准，设置的临界值为0.5（付允和刘怡君，2009），即只要RD值小于或等于0.5时，指标体系通过冗余度检验，就表明指标体系具有独立性，否则需要对指标体系进行修正。

（5）灵敏度检验。

灵敏度检验的目的是检验评价过程中误差对评价结果影响程度，用于衡量指标体系对不同评价对象的普适性，是检查指标体系结果有效性的方法，也是检验评价结果可靠性的主要依据（付允和刘怡君，2009）。灵敏度（SD）指的是一个或者多个指标值的微小变化（1%）或误差是否导致评价结果的巨大变化，若变化前后评价结果一致，说明评价结果对误差不敏感，被评价对象普适性变高，否则需要调整指标。指标灵敏度的计算公式为：

$$SD_i = \frac{\frac{\Delta v(x_i)}{v}}{\frac{\Delta x}{x_i}} \tag{5.8}$$

从而指标体系的灵敏度的计算公式为：

$$SD = \frac{1}{n}\sum_{i=1}^{n} SD_i \tag{5.9}$$

一般从指标体系合理性评价的角度来看，SD 绝对值不应超过 5，即当指标体系的绝对值变化 1% 时，允许不超过 5% 的系统误差，表明指标体系具有较强的普适性。

（6）信度检验。

信度即可靠性，是指用同样的方法对同一测量对象进行反复测量所得结果的一致性程度。该方法是一种用于测定一个指标体系内部可靠性和一致性的有效方法。进行信度检验的信度系数有克朗巴哈 α 系数和折半信度系数等，一般使用采用克朗巴哈 α 系数的同质性信度检验（孙早和宋炜，2012；Cronbach，1951）。克朗巴哈 α 系数计算公式为：

$$\alpha = \frac{m\bar{r}}{1+(m-1)\bar{r}} \tag{5.10}$$

其中，m 为测度指标体系的指标个数，$\bar{r}$ 为 m 个指标相关系数的平均值。该系数大小一般用于衡量指标系统内部信度的高低，$\alpha \in [0,1]$，其值越大，内在信度越高，反之，内在信度越低。一般认为，该系数大于 0.9，表示信度很高；其值在 0.8 ~ 0.9，信度可以接受；其值在 0.7 ~ 0.8，表示指标体系尚可；若其值小于0.7，则表示指标体系的误差过大，应该重新设计指标体系。

5.3.2　样本选取与数据来源

本书以2001～2019年我国30个省区市面板数据为研究样本（因西藏数据缺失较多，不包含西藏；同时，限于创新要素指标数据的可获取性，特别是在数据处理过程中，**价格调整所涉及的固定资产价格指数更新至2019年**，因此本书“十三五”规划阶段的考察年份为2016～2019年。各创新要素指标数据来源于《中国统计年鉴》《中国科技统计年鉴》《中国火炬统计年鉴》《中国教育经费统计年鉴》《中国卫生统计年鉴》《中国高技术产业统计年鉴》《全国企业创新调查年鉴》以及国家统计局网站、各省区市统计年鉴、第七次人口普查和国际机器人联合会（IFR），各指标变量详细数据来源将在6.1.1小节展开详细描述。

其中，对缺失数据采用人工填写法、平均增长率填补法、均值插补法、回归填充法和比例推算法进行数据补齐，同时对部分指标数据进行了汇率调整、价格调整和存量调整，具体数据插补和调整过程将在6.1.2小节展开了详细描述。

5.3.3　筛选与检验结果

5.3.3.1　“十五”发展阶段创新要素配置指标体系的筛选与检验

（1）创新要素子系统配置指标体系的筛选与检验。

对于该阶段资本创新要素、技术创新要素、信息创新要素和制度创新要素初始评价指标的无量纲化数据分别进行信息显著性分析和信息冗余分析检验，发现该四类指标层下各指标因子负载系数绝对值均大于临界值0.5，指标间相关系数均小于0.9，通过信息显著性分析和信息冗余分析检验，故资本创新要素、技术创新要素、信息创新要素和制度创新要素初始指标均予以保留。

对该阶段人力创新要素初始评价指标的无量纲化数据进行信息显著性分析，发现各指标的因子负载系数绝对值均大于临界值0.5，通过信息显著性分析检验，故指标均予以保留。进而对保留指标进行信息冗余分析，发现在人力健康方面，“每千人口卫生技术人员数”指标与“每千人拥有病床数”指标的相关系数为0.929，考虑到该指标层以人力为核心，因此本部分选择保留“每千人口卫生技术人员数”。

经过信息显著性分析和信息冗余分析，对删减后的指标体系进一步进行冗余度检验、灵敏度检验和信度检验。在冗余度检验中，创新要素子系统（人力、资本、技术、信息和制度）配置指标体系冗余度检验结果分别为0.474、0.241、0.493、0.517和0.286，其中人力、资本、技术和制度创新要素的检验结果小于0.5，通过冗余度检验，指标体系具有独立性。考虑到信息创新要素配置指标体系的冗余度检验结果与0.5相差很小，仅超出标准范围0.017，因此本部分认为信息创新要素配置指标体系通过冗余度检验。

（2）创新要素综合系统配置指标体系的筛选与检验。

经过各创新要素子系统指标筛选和检验后，进一步对创新要素综合系统指标进行指标筛选和检验。对该阶段删减后的创新要素综合系统指标的无量纲化数据进行信息显著性分析，发现“从事科技活动人员中科学家和工程师比例”“高等学校科技活动R&D经费内部支出/R&D经费内部支出总额”和“技术费占国外技术引进合同金额比重”指标绝对值均小于临界值0.5，对上述指标进行深入分析。科技创新从根本上要依靠人才实力，科学家和工程师是引领学科发展的主力，担负着科技创新重任。本部分选取“从事科技活动人员中科学家和工程师比例”以反映创新人力投入质量水平。因此，考虑到科学家和工程师对科技创新的指引作用，对该指标进行保留。从概念上来看，R&D经费内部支出是指在报告年度中用于内部开展R&D活动的实际支出，李廉水等（2015）用R&D经费内部支出表示创新经费投入水平。本书从政府、高等学校、研究与开发机构以及高技术产业不同类别的创新主体中选取R&D经费内部支出占比指标，以反映科技创新投入水平。因此，考虑到R&D经费内部支出对创新活动的关键性作用，对“高等学校科技活动R&D经费内部支出/R&D经费内部支出总额”指标予以保留。夏清华等（2020）研究发现企业大多通过技术引进或者技术模仿来开展创新活动，说明技术引进在创新活动中扮演着重要角色。本部分利用国外技术引进合同金额中的技术费占比表征引进国外技术强度。因此，考虑到国外技术引进对创新活动的重要作用，对“技术费占国外技术引进合同金额比重”指标予以保留。进而对保留指标进行信息冗余分析，发现指标间相关系数均小于0.9，通过信息冗余分析检验，故剩余指标均予以保留。

经过信息显著性分析和信息冗余分析，对删减后的指标体系进一步进行冗余度检验、灵敏度检验和信度检验。在冗余度检验中，删减后创新要素综合系统配置指标体系冗余度检验结果为0.336，小于临界值0.5，通过冗余度检验，说明指标体系具有独立性；在灵敏度检验中，删减后指标体系灵敏度检验结果为0.542，小于临界值5，通过灵敏度检验，说明指标体系具有有效性与普适性；在信度检验中，创新要素综合系统配置指标的克朗巴哈α系数为0.898，说明“十五”发展阶段下的创新要素综合系统配置指标体系具有较高的同质性信度。具体筛选结果如表5.5所示，在子系统筛选和综合系统筛选中均保留的指标，共同构成了最终的创新要素子系统配置指标体系和创新要素综合系统配置指标体系。

表5.5　“十五”发展阶段创新要素配置指标体系筛选结果

一级指标	二级指标	三级指标	指标取值	子系统筛选结果	综合系统筛选结果
人力创新要素	人力健康	健康卫生人力投入力度	（X1）每千人口卫生技术人员数	保留	保留
		健康卫生物质投入力度	（X2）每千人拥有病床数	信息冗余分析删除	/
		健康卫生资本投入力度	（X3）财政医疗卫生支出	保留	保留

续表

一级指标	二级指标	三级指标	指标取值	子系统筛选结果	综合系统筛选结果
人力创新要素	人力投入	财政教育投入力度	（X4）高等学校生均教育经费支出	保留	保留
		人力教育年限	（X5）平均受教育年限	保留	保留
		人力学历结构	（X6）就业人口中受过高等教育的比例	保留	保留
		人力投入数量	（X7）每千人口国企事业单位专业技术人员数	保留	保留
		人力投入质量	（X8）从事科技活动人员中科学家和工程师比例	保留	保留
		高等学校人力投入力度	（X9）高等学校 R&D 人员全时当量	保留	保留
		研发机构人力投入力度	（X10）研发机构 R&D 人员全时当量	保留	保留
	人力组织	高等学校数量	（X11）高等学校数	保留	保留
		高技术企业数量	（X12）高技术产业企业数	保留	保留
资本创新要素	对外资本	对外投资开放程度	（X13）实际利用外商直接投资/GDP	保留	保留
	研发资本	高等学校创新投入力度	（X14）高等学校科技活动 R&D 经费内部支出/R&D 经费内部支出总额	保留	保留
		研发机构创新投入力度	（X15）研究与开发机构 R&D 经费内部支出/R&D 经费内部支出总额	保留	保留
		政府科技创新投入力度	（X16）科技三项费用/财政支出	保留	保留
技术创新要素	技术开发	科学引文索引	（X17）科学引文索引篇数	保留	保留
		专利开发	（X18）发明专利授权数	保留	保留
		引进国外技术水平	（X19）技术费占国外技术引进合同金额比重	保留	保留

续表

一级指标	二级指标	三级指标	指标取值	子系统筛选结果	综合系统筛选结果
技术创新要素	技术转化	技术吸收能力	（X20）大中型工业企业消化吸收经费支出	保留	保留
		技术改造能力	（X21）大中型工业企业技术改造经费支出	保留	保留
信息创新要素	信息生产能力	图书信息资源	（X22）人均年图书出版数	保留	保留
		模拟信息资源	（X23）人均录音带（AT）出版数量	保留	保留
		报刊信息资源	（X24）人均年报刊期发数	保留	保留
		函件信息资源	（X25）人均年使用函件数	保留	保留
	信息发展潜力	移动电话信息设施发展	（X26）移动电话年末用户占比	保留	保留
		彩色电视信息设施发展	（X27）城镇居民每百户彩色电视机拥有量	保留	保留
		电脑信息设施发展	（X28）城镇居民每百户家用电脑拥有量	保留	保留
		通信基础设施发展	（X29）每平方公里长途光缆线路长度	保留	保留
		公共信息设施发展	（X30）每万人拥有图书馆、博物馆数	保留	保留
制度创新要素	服务保障	政府服务满意度	（X31）减少政府对企业的干预	保留	保留
	市场规范	非国有经济发展	（X32）非国有经济发展度	保留	保留
		经济资源分配	（X33）市场分配经济资源比重	保留	保留
		市场秩序维持	（X34）律师人数与总人数占比	保留	保留
	营商环境	商品市场发展	（X35）亿元以上商品市场交易个数	保留	保留

5.3.3.2 “十一五”发展阶段创新要素配置指标体系的筛选与检验

（1）创新要素子系统配置指标体系的筛选与检验。

对于该阶段人力创新要素、资本创新要素和制度创新要素初始评价指标的无量纲化数据分别进行信息显著性分析和信息冗余分析检验，发现该三类指标层下各指标因子负载系数绝对值均大于临界值0.5，指标间相关系数均小于0.9，通过信息显著性分析和信息冗余分析检验，故人力创新要素、资本创新要素和制度创新要素初始指标均予以保留。

对该阶段技术创新要素初始评价指标的无量纲化数据进行信息显著性分析，发现在技术开发中“技术费占国外技术引进合同金额比重”指标的因子负载系数绝对值小于临界值0.5，未通过信息显著性分析检验。与“十五”发展阶段下对“技术费占国外技术引进合同金额比重”指标进行保留的原因一致，考虑到国外技术引进对创新活动的重要作用，因此，保留“技术费占国外技术引进合同金额比重”指标。进而对保留指标进行信息冗余分析，发现指标间相关系数均小于0.9，通过信息冗余分析检验，故其余指标均予以保留。

对该阶段信息创新要素初始评价指标的无量纲化数据进行信息显著性分析，发现各指标的因子负载系数绝对值均大于临界值0.5，通过信息显著性分析检验，故指标均予以保留。进而对保留指标进行信息冗余分析，发现“移动电话年末用户占比”与“互联网上网人数占比”的相关系数达到0.926，“人均年使用函件数”与“每平方公里互联网宽带接入端口数”的相关系数达到0.931。随着互联网人数的增长，互联网创建群体的网络价值呈指数级增加（王兴标和谷斌，2020）。“十一五”规划中也强调建成新一代信息网络基础设施。相比“移动电话年末用户占比”，这项指标“互联网上网人数占比”更能直接反映信息发展潜力。相比“人均年使用函件数”，这项指标“每平方公里互联网宽带接入端口数”更能反映地区通讯能力。因此，保留“互联网上网人数占比”“每平方公里互联网宽带接入端口数”指标，删除“移动电话年末用户占比”“人均年使用函件数”指标。

经过信息显著性分析和信息冗余分析，对删减后的指标体系进一步进行检验。在冗余度检验中，创新要素子系统（人力、资本、技术、信息和制度）配置指标体系冗余度检验结果分别为0.460、0.227、0.534、0.459和0.429，均小于0.5，通过冗余度检验，指标体系具有独立性。

（2）创新要素综合系统配置指标体系的筛选与检验。

经过各创新要素子系统指标筛选和检验后，进一步对创新要素综合系统指标进行指标筛选和检验。对该阶段删减后的创新要素综合系统指标的无量纲化数据进行信息显著性分析，发现各指标的因子负载系数绝对值均大于临界值0.5，通过信息显著性分析检验，故指标均予以保留。

进而对保留指标进行信息冗余分析，发现“国家火炬计划项目数”和“亿元以上商品市场交易个数”的相关系数达到0.908，未通过信息冗余分析检验。国家火炬计划是由科技部组织实施的促进我国高新技术产业化及其环境建设的指导性计划，能够有效促进科技成果转化、强化企业创新主体地位。国家火炬计划项目是以最新技术研究开发计划为依托，择优评选高科技企业并组织实施的高科技产业化项目（李莉等，2015）。因此，考虑到国家火炬计划项目对科技成果转化和企业创新的重要作用，对“国家火炬计划项目数”指标予以保留，对“亿元以上商品市场交易个数”指标进行删除。

经过信息显著性分析和信息冗余分析，对删减后的指标体系进一步进行冗余度检验、灵敏度检验和信度检验。在冗余度检验中，删减后创新要素综合系统指标体系冗余度检验结果为0.373，小于临界值0.5，通过冗余度检验，说明指标体系具有独立性；在灵敏度检验中，删减后指标体系灵敏度检验结果为0.591，小于临界值5，通过灵敏度检验，说明指标体系具有有效性与普适性；在信度检验中，创新要素综合系统配置指标的克朗巴哈α系数为0.941，说明“十一五”发展阶段下的创新要素综合系统配置指标体系具有较高的同质性信度。具体筛选结果如表5.6所示，在子系统筛选和综合系统筛选中均保留的指标，共同构成了最终的创新要素子系统配置指标体系和创新要素综合系统配置指标体系。

表 5.6 "十一五"发展阶段创新要素配置指标体系筛选结果

一级指标	二级指标	三级指标	指标取值	子系统筛选结果	综合系统筛选结果
人力创新要素	人力健康	健康卫生人力投入力度	（X1）每千人口卫生技术人员数	保留	保留
		健康卫生物质投入力度	（X2）每千人拥有病床数	保留	保留
		健康卫生资本投入力度	（X3）财政医疗卫生支出	保留	保留
	人力投入	全民受高等教育程度	（X4）每十万人高等院校平均在校人数	保留	保留
		财政教育投入力度	（X5）高等学校生均教育经费支出	保留	保留
		人力教育年限	（X6）平均受教育年限	保留	保留
		高等学校人力投入力度	（X7）高等学校 R&D 人员全时当量	保留	保留
		高技术产业人力投入力度	（X8）高技术产业 R&D 人员全时当量	保留	保留
		研发机构人力投入力度	（X9）研发机构 R&D 人员全时当量	保留	保留
	人力组织	高等学校数量	（X10）高等学校数	保留	保留
		高技术产业企业数量	（X11）高技术产业企业数	保留	保留
		研发机构数量	（X12）研发机构数	保留	保留
资本创新要素	对外资本	对外投资开放程度	（X13）实际利用外商直接投资/GDP	保留	保留
	研发资本	高等学校创新投入力度	（X14）高等学校科技活动 R&D 经费内部支出/R&D 经费内部支出总额	保留	保留
		研发机构创新投入力度	（X15）研究与开发机构 R&D 经费内部支出/R&D 经费内部支出总额	保留	保留
		高技术产业科技创新投入力度	（X16）高技术产业 R&D 经费内部支出占比	保留	保留
	绿色资本	绿色信贷	（X17）六大高耗能产业利息支出占比	保留	保留

续表

一级指标	二级指标	三级指标	指标取值	子系统筛选结果	综合系统筛选结果
技术创新要素	技术开发	科学引文索引	（X18）科学引文索引篇数	保留	保留
		专利开发	（X19）发明专利授权数	保留	保留
		引进国外技术水平	（X20）技术费占国外技术引进合同金额比重	保留	保留
	技术转化	技术吸收能力	（X21）大中型工业企业消化吸收经费支出	保留	保留
		技术改造能力	（X22）大中型工业企业技术改造经费支出	保留	保留
		吸纳技术水平	（X23）技术市场吸纳技术成交金额占全国技术市场总额比重	保留	保留
		高技术产业化项目	（X24）国家火炬计划项目数	保留	保留
信息创新要素	信息生产能力	图书信息资源	（X25）人均年图书出版数	保留	保留
		录音录像信息资源	（X26）每万人年均录音录像制品出版数	保留	保留
		报刊信息资源	（X27）人均年报刊期发数	保留	保留
		函件信息资源	（X28）人均年使用函件数	信息冗余分析删除	/
		电话通信资源	（X29）人均 IP 电话通话时长数	保留	保留
	信息发展潜力	移动电话信息设施发展	（X30）移动电话年末用户占比	信息冗余分析删除	/
		彩色电视信息设施发展	（X31）城镇居民每百户彩色电视机拥有量	保留	保留
		电脑信息设施发展	（X32）城镇居民每百户家用电脑拥有量	保留	保留
		通信基础设施发展	（X33）每平方公里长途光缆线路长度	保留	保留
		公共信息设施发展	（X34）每万人拥有图书馆、博物馆数	保留	保留

续表

一级指标	二级指标	三级指标	指标取值	子系统筛选结果	综合系统筛选结果
信息创新要素	信息发展潜力	互联网基础设施发展	（X35）每平方公里互联网接入端口数	保留	保留
		互联网覆盖人数水平	（X36）互联网上网人数占比	保留	保留
		公共电子阅览室	（X37）公共图书馆平均拥有电子阅览室终端数	保留	保留
制度创新要素	服务保障	政府服务满意度	（X38）减少政府对企业的干预	保留	保留
	市场规范	非国有经济发展	（X39）非国有经济发展度	保留	保留
		经济资源分配	（X40）市场分配经济资源比重	保留	保留
		市场秩序维持	（X41）律师人数与总人数占比	保留	保留
	营商环境	商品市场发展	（X42）亿元以上商品市场交易个数	保留	信息冗余分析删除

5.3.3.3 “十二五”发展阶段创新要素配置指标体系的筛选与检验

（1）创新要素子系统配置指标体系的筛选与检验。

对于该阶段人力创新要素、资本创新要素和信息创新要素初始评价指标的无量纲化数据分别进行信息显著性分析和信息冗余分析检验，发现该三类指标层下各指标因子负载系数绝对值均大于临界值0.5，指标间相关系数均小于0.9，通过信息显著性分析和信息冗余分析检验，故人力创新要素、资本创新要素和信息创新要素初始指标均予以保留。

对该阶段技术创新要素初始评价指标的无量纲化数据进行信息显著性分析，发现各指标的因子负载系数绝对值均大于临界值0.5，通过信息显著性分析检验，故指标均予以保留。进而对保留指标进行信息冗余分析，发现指标间相关系数均小于0.9，通过信息冗余分析检验，故其余指标均予以保留。

对该阶段制度创新要素初始评价指标的无量纲化数据进行信息显著性分析，发现在营商环境中“生产力促进中心咨询服务次数”指标的因子负载系数绝对值小于临界值0.5，未通过信息显著性分析检验，故该指标予以删除。进而对其余保留指标进行信息冗余分析，发现指标间相关系数均小于0.9，通过信息冗余分析检验，故其余指标均予以保留。

经过信息显著性分析和信息冗余分析后，对删减后的指标体系进一步进行检验。在冗余度检验中，创新要素子系统（人力、资本、技术、信息和制度）配置指标体系冗余度检验结果分别为0.408、0.182、0.554、0.402和0.353，其中人力、资本、信息和制度创新要素的检验结果小于0.5，通过冗余度检验，指标体系具有独立性。考虑到技术创新要素配置指标体系的冗余度检验结果与0.5相差很小，仅超出标准范围0.054，因此本部分认为技术创新要素配置指标体系通过冗余度检验。

（2）创新要素综合系统配置指标体系的筛选与检验。

经过各创新要素子系统指标筛选和检验后，进一步对创新要素综合系统指标进行指标筛选和检验。对该阶段删减后的创新要素综合系统指标的无量纲化数据进行信息显著性分析，发现“知识产权保护度”“减少政府对企业的干预”指标绝对值均小于临界值0.5，未通过信息显著性分析检验。知识产权保护为我国发挥高水平创新优势提供强力保障，这类措施有利于调动企业创新积极性，促进企业发展（聂正彦等，2022）。因此，考虑到知识产权保护对技术创新的不可或缺的作用，本部分对“知识产权保护度”指标予以保留。仅对“减少政府对企业的干预”指标予以删除。

进而对保留指标进行信息冗余分析，发现“高技术产业R&D人员全时当量”和“高技术产业新产品开发项目数”的相关系数达到0.947，“数字产品制造业法人单位个数”和“高技术产业新产品开发项目数”“高技术产业R&D人员全时当量”的相关系数达到0.930、0.977，“律师人数与总人数占比”和“高等学校生均教育经费支出”“每万人互联网网页数”间的相关系数分别达到0.907、0.964，“研究与开发机构与高校形成国家或行业标准数之和”和“研发机构R&D人员全时当量”间的相关系数达到0.901，“发明专利授权数”和“高新技术企业数”间的相关系数达到0.951，均未通过信息冗余分析检验。新产品开发项目指的是在产品技术原理、设计构思、生产工艺、生产结构等方面比原先产品更具创新或者改进的项目，在本书中体现高技术产业新产品开发水平。R&D人员指参与研发项目研究、管理和辅助工作的人员，在本书中反映人力投入力度。两者的经济意义不存在重复，但是两者间存在相关关系，已有研究实证发现新产品开发项目数与R&D人员显著相关（赵志耘和杨朝峰，2013）。因此，考虑到指标对创新活动的关键性作用，本部分对“高技术产业新产品开发项目数”和“高技术产业R&D人员全时当量”指标予以保留。高技术产业是技术密集的产业、其发展速度较快，能够有效地与其他产业融合发展。马胜利和刘希瑶（2022）研究发现高技术产业是创新要素活跃的主要地点，其在产业结构中占比越大，则该地区创新要素流动和集聚特征越明显。考虑到高技术产业集聚着活跃的创新要素，本部分对高技术产业相关指标“高技术产业新产品开发项目数”和“高技术产业R&D人员全时当量”予以保留，对“数字产品制造业法人单位个数”指标进行删除。考虑到“十二五”规划中对下一代互联网等信息基础设施建设的重视，以及对突出培养造就创新型科技人才的要求。本部分对“每万人互联网网页数”和“高等学校生均教育经费支出”指标予以保留，对“律师人数与总人数占比”进行删除。在“研究与开发机构与高校形成国家或行业标准数之和”和“研发机构R&D人员全时当量”的选择中，考虑到研发机构R&D人员是产学研协同创新的主体，该指标能反映研发机构参与协同创新的投入力度和潜力（王帮俊和吴艳芳，2018），在“十二五”规划中也提出重点培养创新型科技人才，以提高科技创新能力、建设创新型国家。因此保留“研发机构R&D人员全时当量”指标，删除“研究与开发机构与高校形成国家或行业标准数之和”。高技术企业是经过国家相关部门认定的、具有高研发投入占比的企业，高技术企业已成为引领我国高技术产业发展的关键力量（曲婉等，2017）。认定为高新技术企业的条件之一是企业需获得对其主要产品（服务）在技术上发挥核心支持作用的知识产权的所有权，因此，可以认为高新技术企业数量与发明专利申请授权数有直接相关关系。考虑到指标对创新要素投入的关键性作用，本部分对“高新技术企业数”和“发明专利授权数”指标予以保留。

经过信息显著性分析和信息冗余分析，对删减后的指标体系进一步进行冗余度检验、灵敏度检验和信度检验。在冗余度检验中，删减后创新要素综合系统指标体系冗余度检验结果为 0.389，小于临界值 0.5，通过冗余度检验，说明指标体系具有独立性；在灵敏度检验中，删减后创新要素综合系统指标体系灵敏度检验结果为 0.600，小于临界值 5，通过灵敏度检验，说明指标体系具有有效性与普适性；在信度检验中，创新要素综合系统配置指标的克朗巴哈 α 系数为 0.951，说明“十二五”发展阶段下的创新要素综合系统配置指标体系具有较高的同质性信度。具体筛选结果如表 5.7 所示，在子系统筛选和综合系统筛选中均保留的指标，共同构成了最终的创新要素子系统配置指标体系和创新要素综合系统配置指标体系。

表 5.7　“十二五”发展阶段创新要素配置指标体系筛选结果

一级指标	二级指标	三级指标	指标取值	子系统筛选结果	综合系统筛选结果
人力创新要素	人力健康	健康卫生人力投入力度	（X1）每千人口卫生技术人员数	保留	保留
		健康卫生物质投入力度	（X2）每千人拥有病床数	保留	保留
		健康卫生资本投入力度	（X3）财政医疗卫生支出	保留	保留
	人力投入	全民受高等教育程度	（X4）每十万人高等院校平均在校人数	保留	保留
		财政教育投入力度	（X5）高等学校生均教育经费支出	保留	保留
		人力教育年限	（X6）平均受教育年限	保留	保留
		工业机器人投入力度	（X7）工业机器人保有量	保留	保留
		高等学校人力投入力度	（X8）高等学校 R&D 人员全时当量	保留	保留

续表

一级指标	二级指标	三级指标	指标取值	子系统筛选结果	综合系统筛选结果
人力创新要素	人力投入	高技术产业人力投入力度	（X9）高技术产业 R&D 人员全时当量	保留	保留
		研发机构人力投入力度	（X10）研发机构 R&D 人员全时当量	保留	保留
	人力组织	高等学校数量	（X11）高等学校数	保留	保留
		高新技术产业企业数	（X12）高新技术企业数	保留	保留
		科技企业孵化器数	（X13）科技企业孵化器数	保留	保留
		研发机构数量	（X14）研发机构数	保留	保留
资本创新要素	对外资本	对外投资开放程度	（X15）实际利用外商直接投资/GDP	保留	保留
	研发资本	高等学校创新投入力度	（X16）高等学校科技活动 R&D 经费内部支出/R&D 经费内部支出总额	保留	保留
		研发机构创新投入力度	（X17）研究与开发机构 R&D 经费内部支出/R&D 经费内部支出总额	保留	保留
		高技术产业科技创新投入力度	（X18）高技术产业 R&D 经费内部支出占比	保留	保留
	绿色资本	绿色信贷	（X19）六大高耗能产业利息支出占比	保留	保留
	创新资本	科技型上市公司融资规模	（X20）科技型上市公司融资额（含债务融资和股权融资）	保留	保留
	共享资本	数字普惠金融发展程度	（X21）数字普惠金融指数	保留	保留
技术创新要素	技术开发	科学引文索引	（X22）科学引文索引篇数	保留	保留
		专利开发	（X23）发明专利授权数	保留	保留
		引进国外技术水平	（X24）技术费占国外技术引进合同金额比重	保留	保留
		高技术产业新产品开发水平	（X25）高技术产业新产品开发项目数	保留	保留

续表

一级指标	二级指标	三级指标	指标取值	子系统筛选结果	综合系统筛选结果
技术创新要素	技术开发	技术改造能力	（X26）规模以上工业企业技术改造经费支出	保留	保留
		吸纳技术水平	（X27）技术市场吸纳技术成交金额占全国技术市场总额比重	保留	保留
		技术标准水平	（X28）研究与开发机构与高校形成国家或行业标准数之和	保留	信息冗余分析删除
	技术推广	新技术关注度	（X29）“新技术”百度指数	保留	保留
信息创新要素	信息生产能力	互联网域名	（X30）每万人互联网域名数	保留	保留
		互联网网页	（X31）每万人互联网网页数	保留	保留
	信息使用能力	通信基础设施发展	（X32）每平方公里长途光缆线路长度	保留	保留
		互联网基础设施发展	（X33）每平方公里互联网接入端口数	保留	保留
		数字移动通信规模	（X34）3G 移动电话用户占比	保留	保留
		数字电视用户规模	（X35）数字电视用户与总人数占比	保留	保留
	信息共享能力	互联网普及水平	（X36）互联网普及率	保留	保留
		生产信息服务	（X37）生产力促进中心提供信息条数	保留	保留
	信息载体建设	互联网业务农村覆盖范围发展	（X38）开通互联网宽带业务的行政村比重	保留	保留
		数字产品制造业	（X39）数字产品制造业法人单位个数	保留	信息冗余分析删除
		数字技术应用业	（X40）数字技术应用业法人单位个数	保留	保留

续表

一级指标	二级指标	三级指标	指标取值	子系统筛选结果	综合系统筛选结果
制度创新要素	服务保障	在线服务效率	（X41）在线政府指数	保留	保留
		政府服务满意度	（X42）减少政府对企业的干预	保留	信息显著性分析删除
	市场规范	知识产权保护	（X43）知识产权保护度	保留	保留
		经济资源分配	（X44）市场分配经济资源比重	保留	保留
		非国有经济发展	（X45）非国有经济发展度	保留	保留
		数字化治理	（X46）数字化转型保障	保留	保留
		市场秩序维持	（X47）律师人数与总人数占比	保留	信息冗余分析删除
	营商环境	金融监管环境	（X48）金融监管事务支出	保留	保留
		企业营商咨询	（X49）生产力促进中心咨询服务次数	信息显著性分析删除	/
		商品市场发展	（X50）亿元以上商品市场交易个数	保留	保留

5.3.3.4 “十三五”发展阶段创新要素配置指标体系的筛选与检验

（1）创新要素子系统配置指标体系的筛选与检验。

①人力创新要素配置指标体系的筛选与检验。

对该阶段人力创新要素初始评价指标的无量纲化数据进行信息显著性分析，发现各指标的因子负载系数绝对值均大于临界值0.5，通过信息显著性分析检验，故指标均予以保留。进而对保留指标进行信息冗余分析，发现“科技企业孵化器数”指标与“国家级科技企业孵化器从业人员”指标存在高度相关性，相关系数为0.965；“高技术产业R&D人员全时当量”与“高新技术企业数”存在高度相关性，相关系数为0.901。考虑到该指标层的核心是人力，因此保留与人力更相关的指标体系，即“国家级科技企业孵化器从业人员”与“高技术产业R&D人员全时当量”，删除“科技企业孵化器数”与“高新技术企业数”指标。

②资本创新要素配置指标体系的筛选与检验。

对该阶段资本创新要素初始评价指标的无量纲化数据进行信息显著性分析，发现各指标的因子负载系数绝对值均大于临界值0.5，通过信息显著性分析检验，故指标均予以保留。进而对保留指标进行信息冗余分析，发现指标间相关系数均小于0.9，通过信息冗余分析检验，故指标均予以保留。

③技术创新要素配置指标体系的筛选与检验。

对该阶段技术创新要素初始评价指标的无量纲化数据进行信息显著性分析，发现各指标的因子负载系数绝对值均大于临界值0.5，通过信息显著性分析检验，故指标均予以保留。进而对保留指标进行信息冗余分析，发现“发明专利授权数”与“技术市场吸纳技术成交金额占全国技术市场总额比重”的相关系数为0.906。施建军等（2021）利用发明专利申请授权数表示企业创新质量，并认为选取发明专利的数量体现创新品质的方法是常见的。“发明专利授权数”更能体现区域创新质量。因此，删除“技术市场吸纳技术成交金额占全国技术市场总额比重”，保留“发明专利授权数”指标。

④信息创新要素配置指标体系的筛选与检验。

对该阶段信息创新要素初始评价指标的无量纲化数据进行信息显著性分析，发现各指标的因子负载系数绝对值均大于临界值0.5，通过信息显著性分析检验，故指标均予以保留。进而对保留指标进行信息冗余分析，发现“人均移动互联网接入流量”与“忙闲时加权平均宽带下载速率”的相关系数达到0.913。互联网宽带接入是企业利用互联网技术进行数字化改造的重要基础（陈小辉和张红伟，2021）。钞小静等（2021）利用移动互联网接入流量刻画网络化水平，以反映网络信息技术在基础设施方面的发展状态。相比“忙闲时加权平均宽带下载速率”，指标“人均移动互联网接入流量”更能直接反映信息使用情况。信息冗余分析还发现“每平方公里拥有移动电话基站”与“每平方公里互联网接入端口数”的相关系数达到0.973，“十三五”规划中指明将搭建高效的信息网络作为推动信息经济发展壮大的关键措施，相比“每平方公里拥有移动电话基站”，指标

"每平方公里互联网接入端口数"更能与"十三五"规划的要求匹配，并反映技术变革趋势。因此，保留"人均移动互联网接入流量"和"每平方公里互联网接入端口数"指标，删除"忙闲时加权平均宽带下载速率"和"每平方公里拥有移动电话基站"指标。

⑤制度创新要素配置指标体系的筛选与检验。

对该阶段制度创新要素初始评价指标的无量纲化数据进行信息显著性分析，发现各指标的因子负载系数绝对值均大于临界值0.5，通过信息显著性分析检验，故指标均予以保留。进而对其余保留指标进行信息冗余分析，发现指标间相关系数均小于0.9，通过信息冗余分析检验，故其余指标均予以保留。

经过信息显著性分析和信息冗余分析，对删减后的指标体系进一步进行检验。在冗余度检验中，创新要素子系统（人力、资本、技术、信息和制度）配置指标体系冗余度检验结果分别为0.427、0.204、0.315、0.356和0.354，均小于0.5，通过冗余度检验，指标体系具有独立性。

（2）创新要素综合系统配置指标体系的筛选与检验。

经过各创新要素子系统指标筛选和检验后，进一步对创新要素综合系统指标进行指标筛选和检验。对该阶段删减后的创新要素综合系统指标的无量纲化数据进行信息显著性分析，发现"技术费占国外技术引进合同金额比重""在线政府指数""中国政府网络透明度指数"和"金融监管事务支出"指标绝对值均小于临界值0.5，未通过信息显著性分析检验。与"十五"发展阶段下对"技术费占国外技术引进合同金额比重"指标进行保留的原因一致，国外技术引进合同金额中的技术费占比表征引进国外技术强度。因此，本阶段同样对"技术费占国外技术引进合同金额比重"指标予以保留。"十三五"规划在增加公共服务供给方面强调积极应用新技术、发展新业态、促进线上线下服务衔接，"在线政府指数"指标体现政府线上服务效率。因此，本部分对"在线政府指数"进行保留。政府网络透明度反映公众通过互联网了解政府信息、与服务人员交流和联系程度。政府网络透明度指数得分越高，表明公众所面对的信息不对称程度越低。因此，对"中国政府网络透明度指数"指标予以保留。为维持金融市场的稳定发展，政府进行金融监管行为，同时“十三五”规划中强调深化金融监管体制改革的重要性，因此在此阶段对“金融监管事务支出”指标进行保留。

进而对保留指标进行信息冗余分析，发现“科学引文索引篇数”和“高等学校 R&D 人员全时当量”间的相关系数达到 0.925，“高技术产业 R&D 人员全时当量”分别与“高技术产业新产品开发项目数”“数字产品制造业法人单位个数”间的相关系数达到 0.984、0.976，“数字产品制造业法人单位个数”和“高技术产业新产品开发项目数”间的相关系数达到 0.971，“研究与开发机构与高校形成国家或行业标准数之和”分别与“研发机构 R&D 人员全时当量”“科技型上市公司融资额”“每万人互联网网页数”间的相关系数达到 0.924、0.919、0.917，均未通过信息冗余分析检验。从概念来看，科学引文索引表示科研人员对不同科技领域的最新研究成果，能够直接反映创新成果（雷家骕等，2019）。高等学校 R&D 人员全时当量反映高等学校人力创新要素的存量情况。高等学校 R&D 人员通过发表科技论文，能够增加科学引文索引数量，说明两者的数量存在一定的关系。两者的经济意义不存在重复，但是两者间存在相关关系。因此，考虑到指标对创新要素配置的关键性作用，本部分对“科学引文索引篇数”和“高等学校 R&D 人员全时当量”指标予以保留。与“十二五”发展阶段下对“高技术产业 R&D 人员全时当量”和“高技术产业新产品开发项目数”指标进行保留的原因一致，新产品开发项目数与 R&D 人员显著相关，但不存在经济意义上的重复。因此，本部分同样对“高技术产业 R&D 人员全时当量”和“高技术产业新产品开发项目数”指标予以保留。与“十二五”发展阶段下对“数字产品制造业法人单位个数”“高技术产业新产品开发项目数”和“高技术产业 R&D 人员全时当量”指标进行分析的原因一致，高技术产业高度集聚着活跃的创新要素。因此，考虑到高技术产业对创新的关键作用，本部分同样对“高技术产业新产品开发项目数”和“高技术产业 R&D 人员全时当量”指标予以保留，对“数字产品制造业法人单位个数”指标予以删除。与“十二五”发展阶段下对“研究与开发机构与高校形成国家或行业标准数之和”和“研发机构 R&D 人员全时当量”指标进行分析的原因一致，研发机构 R&D 人员是产学研协同创新的主体。因此，考虑到研发机构 R&D 人员对创新的关键作用，本部分同样对“研发机构 R&D 人员全时当量”指标予以保留，对“研究与开发机构与高校形成国家或行业标准数之和”指标予以删除。在本书中“每万人互联网网页数”指标体现信息生产能力，“科技型上市公司融资额”指标体现创新活动的资本投入水平。两者均为服务于创新活动的关键要素，但两者与“研究与开发机构与高校形成国家或行业标准数之和”的经济意义不存在重复，仅在数据上表现为相似的增长情况。因此，考虑到指标对创新的重要影响，本部分对“科技型上市公司融资额”和“每万人互联网网页数”指标予以保留。

经过信息显著性分析和信息冗余分析，对删减后的指标体系进一步进行冗余度检验、灵敏度检验和信度检验。在冗余度检验中，删减后创新要素综合系统指标体系冗余度检验结果为 0.346，小于临界值 0.5，通过冗余度检验，说明指标体系具有独立性；在灵敏度检验中，删减后指标体系灵敏度检验结果为 0.544，小于临界值 5，通过灵敏度检验，说明指标体系具有有效性与普适性；在信度检验中，创新要素综合系统配置指标的克朗巴哈 α 系数为 0.945，说明“十三五”发展阶段下的创新要素综合系统配置指标体系具有较高的同质性信度。具体筛选结果如表 5.8 所示，在子系统筛选和综合系统筛选中均保留的指标，共同构成了最终的创新要素子系统配置指标体系和创新要素综合系统配置指标体系。

表 5.8　“十三五”发展阶段创新要素配置指标体系筛选结果

一级指标	二级指标	三级指标	指标取值	子系统筛选结果	综合系统筛选结果
人力创新要素	人力健康	健康卫生人力投入力度	（X1）每千人口卫生技术人员数	保留	保留
		健康卫生物质投入力度	（X2）每千人拥有病床数	保留	保留
		健康卫生资本投入力度	（X3）财政医疗卫生支出	保留	保留

续表

一级指标	二级指标	三级指标	指标取值	子系统筛选结果	综合系统筛选结果
人力创新要素	人力投入	全民受高等教育程度	（X4）每十万人高等院校平均在校人数	保留	保留
		财政教育投入力度	（X5）高等学校生均教育经费支出	保留	保留
		人力教育年限	（X6）平均受教育年限	保留	保留
		工业机器人投入力度	（X7）工业机器人保有量	保留	保留
		高等学校人力投入力度	（X8）高等学校 R&D 人员全时当量	保留	保留
		高技术产业人力投入力度	（X9）高技术产业 R&D 人员全时当量	保留	保留
		研发机构人力投入力度	（X10）研发机构 R&D 人员全时当量	保留	保留
		国家级科技企业孵化器人力投入力度	（X11）国家级科技企业孵化器从业人员	保留	保留
	人力组织	高等学校数量	（X12）高等学校数	保留	保留
		高新技术产业企业数	（X13）高新技术企业数	信息冗余分析删除	/
		科技企业孵化器数	（X14）科技企业孵化器数	信息冗余分析删除	/
		研发机构数量	（X15）研发机构数	保留	保留
资本创新要素	对外资本	对外投资开放程度	（X16）实际利用外商直接投资/GDP	保留	保留
	研发资本	高等学校创新投入力度	（X17）高等学校科技活动 R&D 经费内部支出/R&D 经费内部支出总额	保留	保留
		研发机构创新投入力度	（X18）研究与开发机构 R&D 经费内部支出/R&D 经费内部支出总额	保留	保留
		高技术产业科技创新投入力度	（X19）高技术产业 R&D 经费内部支出占比	保留	保留

续表

一级指标	二级指标	三级指标	指标取值	子系统筛选结果	综合系统筛选结果
资本创新要素	绿色资本	绿色信贷	（X20）六大高耗能产业利息支出占比	保留	保留
	创新创业资本	科技型上市公司融资规模	（X21）科技型上市公司融资额（含债务融资和股权融资）	保留	保留
		风险投资程度	（X22）国家级科技企业孵化器当年在孵企业获风险投资额占比	保留	保留
	共享资本	数字普惠金融发展程度	（X23）数字普惠金融指数	保留	保留
技术创新要素	技术开发	科学引文索引	（X24）科学引文索引篇数	保留	保留
		专利开发	（X25）发明专利授权数	保留	保留
		引进国外技术水平	（X26）技术费占国外技术引进合同金额比重	保留	保留
		高技术产业新产品开发水平	（X27）高技术产业新产品开发项目数	保留	保留
		技术服务水平	（X28）生产力促进中心技术服务项次	保留	保留
		技术改造能力	（X29）规模以上工业企业技术改造经费支出	保留	保留
		吸纳技术水平	（X30）技术市场吸纳技术成交金额占全国技术市场总额比重	信息冗余分析删除	/
		技术标准水平	（X31）研究与开发机构与高校形成国家或行业标准数之和	保留	信息冗余分析删除
	技术推广	新技术关注度	（X32）“新技术”百度指数	保留	保留
信息创新要素	信息生产能力	互联网域名	（X33）每万人互联网域名数	保留	保留
		互联网网页	（X34）每万人互联网网页数	保留	保留
	信息使用能力	移动电话基站发展	（X35）每平方公里拥有移动电话基站	信息冗余分析删除	/
		通信基础设施发展	（X36）每平方公里长途光缆线路长度	保留	保留

续表

一级指标	二级指标	三级指标	指标取值	子系统筛选结果	综合系统筛选结果
信息创新要素	信息使用能力	互联网基础设施发展	（X37）每平方公里互联网接入端口数	保留	保留
		互联网流量	（X38）人均移动互联网接入流量	保留	保留
		宽带下载速率	（X39）忙闲时加权平均宽带下载速率	信息冗余分析删除	/
		企业信息使用	（X40）企业中每百人计算机数量	保留	保留
		数字移动通信规模	（X41）4G 移动电话用户占比	保留	保留
		数字电视用户规模	（X42）数字电视用户与总人数占比	保留	保留
	信息共享能力	互联网普及水平	（X43）互联网普及率	保留	保留
		生产信息服务	（X44）生产力促进中心提供信息条数	保留	保留
	信息载体建设	数字产品制造业	（X45）数字产品制造业法人单位个数	保留	信息冗余分析删除
		数字技术应用业	（X46）数字技术应用业法人单位个数	保留	保留
		电子商务交易活动	（X47）有电子商务交易活动的企业比例	保留	保留
制度创新要素	服务保障	在线服务效率	（X48）在线政府指数	保留	保留
		政府服务满意度	（X49）减少政府对企业的干预	保留	保留
		电子政务服务能力	（X50）电子政务服务能力指数（EGSC）	保留	保留
		政府网络透明度	（X51）中国政府网络透明度指数	保留	保留
	市场规范	知识产权保护	（X52）知识产权保护度	保留	保留
		非国有经济发展	（X53）非国有经济发展度	保留	保留

续表

一级指标	二级指标	三级指标	指标取值	子系统筛选结果	综合系统筛选结果
制度创新要素	市场规范	经济资源分配	（X54）市场分配经济资源比重	保留	保留
		数字化治理	（X55）数字化转型保障	保留	保留
	营商环境	金融监管环境	（X56）金融监管事务支出	保留	保留
		企业营商咨询	（X57）生产力促进中心咨询服务次数	保留	保留
		商品市场发展	（X58）亿元以上商品市场交易个数	保留	保留
		企业示范带动	（X59）工信部智能制造试点示范项目数+工业互联网试点示范项目	保留	保留

5.4 本章小结

本章结合高质量发展和创新要素及其配置内涵，以及高质量发展对指标体系提出的新要求，明确指标体系的构建原则与思路，结合经济社会发展阶段性特征和五年规划内容定性构建指标体系，并基于使用统计分析方法筛选指标定量构建指标体系，具体内容如下。

第一，从一般性和特殊性两个角度明确高质量发展视阈下创新要素配置指标体系的构建原则。其中，一般性原则具体为目的性和系统性相结合的原则、完备性和代表性相结合的原则、科学性和可操作性相结合的原则以及独立性和显著性相结合的原则。特殊性原则具体为总体稳定性与动态调整性相结合的原则、指标前瞻性与数据获取方式多样性相结合的原则。

第二，从创新要素综合系统和子系统两个角度明确指标体系的构建思路。以“十五”阶段为高质量发展视阈下创新要素配置指标体系的第一阶段，依据五年规划依次动态调整并构建“十一五”“十二五”和“十三五”阶段指标体系，且四个阶段指标体系中均选择人力、资本、技术、信息与制度创新要素作为一级指标。同时，人力创新要素配置指标体系从人力投入和人力组织角度开始构建，资本创新要素配置指标体系从对外资本、研发资本、绿色资本、创新创业资本和共享资本角度逐渐完善，技术创新要素配置指标体系从技术开发、技术转化和技术推广角度逐渐完善，信息创新要素配置指标体系从信息的生成和发展潜力等角度开始构建，制度创新要素配置指标体系从服务保障、市场规范和营商环境三个维度构建。

第三，基于构建原则与思路，并根据规划内容以及经济发展和外部环境状况，首先对各阶段的人力、资本、技术、信息和制度创新要素子系统内的指标进行定性动态调整后，初步形成具有 12 个二级指标和 35 个三级指标的“十五”阶段的创新要素配置指标体系、具有 13 个二级指标和 42 个三级指标的“十一五”发展阶段下的创新要素配置指标体系、具有 18 个二级指标和 50 个三级指标的“十二五”发展阶段下的创新要素配置指标体系、具有 18 个二级指标和 59 个三级指标的“十三五”发展阶段下的创新要素配置指标体系。然后，在定性构建的指标体系基础上，通过信息显著分析和信息冗余分析筛选并删除信息不显著且重叠的指标，“十五”阶段信息冗余分析删除 1 个指标，“十一五”阶段信息冗余分析删除 3 个指标，“十二五”阶段信息冗余分析删除 3 个指标且信息显著性分析删除 2 个指标，“十三五”阶段信息冗余分析删除 7 个指标，最终形成的创新要素综合系统和各子系统配置指标体系均通过了冗余度、灵敏度和信度检验，具有较好的独立性、普适性和可靠性。

第 6 章　创新要素指标的数据获取、处理与质量评估

在对高质量发展视阈下创新要素配置展开统计测度和评价研究前，考虑第 3 章中高质量发展对创新要素配置测度在数据方面提出的新要求，需要依据第 5 章所构建出的高质量发展视阈下创新要素配置指标体系，对 2001 ~2019 年的各项创新要素指标进行数据获取与处理（限于创新要素指标数据的可获取性，特别是**价格调整所涉及的固定资产价格指数更新至 2019 年**，因此本书的样本期到 2019 年止）。同时，在高质量发展背景下，创新要素指标的统计测度产生了巨大变化，表现在数据来源的变化。虽然来自国家统计局和相关统计年鉴的结构化统计数据具有可靠性、真实性和完整性，但是基于互联网技术产生的搜索数据、社交媒体数据及交易支付数据等也可以成为创新要素指标统计测度的数据源。因此，为保障创新要素指标统计测度结果的精确性和即时性，本章在数据源选择和数据获取上充分考虑结构化数据和非结构化数据，同时对所获取数据进行合理的数据处理和质量评估，以进一步保障指标数据的准确性和可靠性。

6.1　创新要素指标的原始数据提取

关于创新要素指标的数据提取，本节分为数据源的选择和数据获取两个步骤，具体内容如下。

6.1.1 数据源的选择

在如今高质量发展的时代背景下，对于创新要素指标的数据提取不再局限于用随机分析法（抽样调查），而是可采用高维数据分析技术对所有数据（包括结构化数据及非结构化数据）进行分析处理。而后续分析最关键的核心在于数据来源，在数据量非常大的今天，如何以更高的效率获取所需数据、如何利用这些数据反映最真实的情况，是业内不断探讨的议题。对创新要素指标进行配置情况现状分析的数据来源有很多种，主要包括以下几类：

（1）政府、企业或公益组织开放数据。如政府开放白皮书及非营利组织和企业免费提供的数据，这类数据大多属于结构化数据，可利用成熟的数据库技术存储与分析。

（2）社交媒体数据。社交数据包括电子邮件、文档、图片、音频、视频，以及通过微信、博客、推特、维基、脸书、Linkedin 等社交媒体产生的数据流。这些数据大多数为非结构性数据，需要用文本分析技术进行分析。

（3）交易平台数据。包括 POS 机数据、信用卡刷卡数据、电子商务数据、互联网点击数据、ERP 系统数据、销售系统数据、客户关系管理（CRM）系统数据、公司的生产数据、库存数据、订单数据、供应链数据等。

（4）年鉴、期刊数据。如统计学领域论文、学术期刊、著名图书中的数据集，各类统计年鉴，统计数据库。

（5）移动通信数据。移动通信设备记录的数据量和数据的准确度，通常优于互联网公司掌握的数据。

（6）机器和传感器数据。来自感应器、量表和其他设施的数据、GPS 系统数据等。这包括功能设备会创建或生成的数据，如智能温度控制器、智能电表、工厂机器和连接互联网的家用电器的数据。来自物联网的数据可以用于构建分析模型、连续测度预测性行为等。

尽管数据源大多都是公开开放的，但如何从这些数据源中获取与创新要素指标相关的变量数据仍是一个需要解决的关键问题。数据源选择的基本路径如图 6.1 所示。

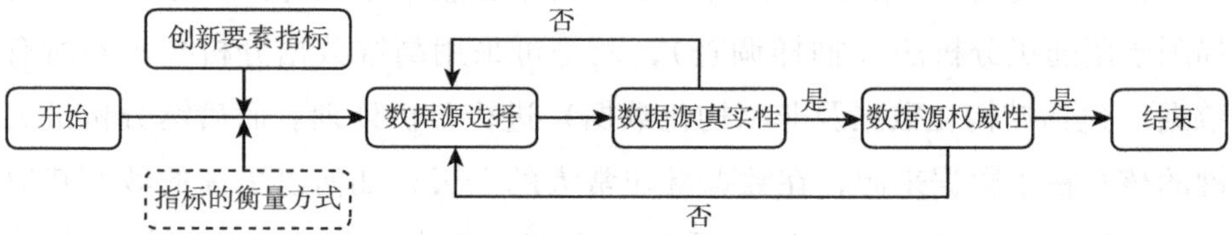

图 6.1　创新要素指标数据源选择的基本路径

6.1.2　创新要素结构化数据的具体来源

本部分分别说明人力、资本、技术、信息和制度创新要素指标的具体数据来源，采用清晰且简洁的方式展示其具体来源，具体是将创新要素子系统指标不分阶段地归于一个表格内的方式，通过数据年份来表示其所在阶段，并在表中具体说明对应指标的数据来源。

（1）人力创新要素指标数据来源。

人力创新要素指标数据主要来源于《中国统计年鉴》《中国卫生统计年鉴》《中国教育统计年鉴》《中国教育经费统计年鉴》《中国区域统计年鉴》《中国科技统计年鉴》《中国高技术产业统计年鉴》《中国火炬统计年鉴》《中国工业统计年鉴》以及各省区市统计年鉴、第七次人口普查数据、国际机器人联盟（IFR）数据库、Wind 数据库和 EPS 数据库，具体来源情况见表 6.1。

表 6.1　人力创新要素指标的具体数据来源

一级指标	二级指标	具体描述	数据时间	数据来源
人力创新要素	人力健康	每千人口卫生技术人员数	2001~2019 年	《中国统计年鉴》
		每千人拥有病床数	2001~2019 年	《中国统计年鉴》
		财政医疗卫生支出	2001~2019 年	《中国统计年鉴》

续表

一级指标	二级指标	具体描述	数据时间	数据来源
		高等学校生均教育经费支出	2001~2019年	《中国教育经费统计年鉴》
		平均受教育年限	2001~2019年	《中国统计年鉴》、第七次人口普查数据
		工业机器人保有量	2011~2019年	国际机器人联盟IFR数据库、《中国工业统计年鉴》、各省区市统计年鉴
		就业人口中受过高等教育的比例	2001~2005年	《中国统计年鉴》、第七次人口普查数据
	人力投入	每十万人高等院校平均在校人数	2006~2019年	《中国统计年鉴》
		每千人口国企事业单位专业技术人员数	2001~2005年	《中国区域统计年鉴》
人力创新要素		从事科技活动人员数	2001~2005年	《中国科技统计年鉴》
		科学家和工程师人数	2001~2005年	《中国科技统计年鉴》
		高等学校R&D人员全时当量	2001~2019年	《中国科技统计年鉴》
		研发机构R&D人员全时当量	2001~2019年	《中国科技统计年鉴》
		高技术产业R&D人员全时当量	2006~2019年	《中国科技统计年鉴》
		国家级科技企业孵化器从业人员	2015~2019年	《中国火炬统计年鉴》
		高等学校数	2001~2019年	《中国教育统计年鉴》
		高新技术企业数	2011~2019年	《中国科技统计年鉴》
	人力组织	研发机构数	2006~2019年	《中国科技统计年鉴》
		高技术产业企业数	2001~2010年	《中国高技术产业统计年鉴》
		科技企业孵化器数	2011~2019年	《中国火炬统计年鉴》

其中，**工业机器人投入力度**：工业机器人投入力度采用工业机器人保有量数据。本书中有两个阶段采用该指标，分别是“十二五”阶段和“十三五”阶段。在该阶段内（2010~2015年、2016~2019年），中国的行业分类方法参照的国家标准（GB/T 4754-2002、GB/T 4754-2011、GB/T 4754-2017）与IFR分类方法参照的标准（ISIC，rev.4）有所出入，因此本书参照闫雪凌等（2020）的匹配方法，将中国数据的31个制造业行业与IFR数

据的13个行业根据分类标准和行业名称进行匹配，匹配结果如表6.2所示。2011年后中国行业分类依据国家经济行业标准（GB/T 4754－2011和GB/T 4754－2017），其中“交通运输设备制造业”（GB/T 4754－2002）被划分为“汽车制造业”和“铁路、船舶、航空航天和其他运输设备制造业”（GB/T 4754－2011、GB/T 4754－2017），因此匹配行业由13个增加到14个。再根据工业机器人主要应用的五个行业①，参照宋旭光等（2019）的做法，假设各省区市对工业机器人应用率相同，将工业机器人保有量按各省区市五个行业②工业总产值占工业总产值的比重分配到各省区市。

表6.2　　　　工业行业匹配结果

国民经济行业标准（GB/T 4754－2002）	国民经济行业标准（GB/T 4754－2011、GB/T 4754－2017）	国际标准行业分类（ISIC，rev. 4）
13－农副食品加工业 14－食品制造业 15－饮料制造业	13－农副食品加工业 14－食品制造业 15－酒、饮料和精制茶制造业	食品饮料加工制造业（10～12）
17－纺织业 18－纺织服装、鞋、帽制造业 19－皮革、毛皮、羽毛（绒）及其制品和制鞋业	17－纺织业 18－纺织服装、服饰业 19－皮革、毛皮、羽毛及其制品和制鞋业	纺织及服装制品业（13～15）
20－木材加工及木、竹、藤、棕、草制品业 21－家具制造业	20－木材加工和木、竹、藤、棕、草制品业 21－家具制造业	木制品及家具制造业（16、31）
22－造纸及纸制品业 23－印刷和记录媒介的复制	22－造纸和纸制品业 23－印刷和记录媒介复制业	造纸及印刷制品业（17～18）
26－化学原料及化学制品制造业 27－医药制造业 28－化学纤维制造业	26－化学原料和化学制品制造业 27－医药制造业 28－化学纤维制造业	化学制品业（20～21）

① 2017年中国工业机器人应用行业，汽车工业占33.25%，电子电气占27.65%，金属加工占10.76%，塑料及化学制品占7.85%，食品饮料及烟草占2.27%。

② 本部分选取规模以上工业企业，2007～2010年为年主营业务收入500万元及以上的工业企业；2011年及以后为年主营业务收入2000万元及以上的工业企业。

续表

国民经济行业标准 （GB/T 4754－2002）	国民经济行业标准 （GB/T 4754－2011、 GB/T 4754－2017）	国际标准行业分类 （ISIC，rev. 4）
29－橡胶制品业 30－塑料制品业	29－橡胶和塑料制品业	橡胶和塑料制品业（22）
31－非金属矿物制品业	30－非金属矿物制品业	其他非金属矿物制品业（23）
32－黑色金属冶炼及压延加工业 33－有色金属冶炼及压延加工业	31－黑色金属冶炼和压延加工业 32－有色金属冶炼和压延加工业	金属加工冶炼业（24）
34－金属制品业	33－金属制品业	金属制品业（25）
35－通用设备制造业 36－专用设备制造业	34－通用设备制造业 35－专用设备制造业	通用及专用设备制造业（28）
37－交通运输设备制造业	36－汽车制造业	汽车制造业（29）
	37－铁路、船舶、航空航天和其他运输设备制造业	其他运输设备制造业（30）
39－电气机械及器材制造业 40－通信设备、计算机及其他电子设备制造业 41－仪器仪表及文化、办公用机械制造业	38－电气机械和器材制造业 39－计算机、通信和其他电子设备制造业 40－仪器仪表制造业	电子和电气设备制造业（26～27）
16－烟草制品业 24－文教体育用品制造业 25－石油加工、炼焦及核燃料加工业 42－工艺品及其他制造业 43－废弃资源和废旧材料回收加工业	16－烟草制品业 24－文教、工美、体育和娱乐用品制造业 25－石油、煤炭及其他燃料加工业 41－其他制造业 42－废弃资源综合利用业 43－金属制品、机械和设备修理业	其他制造业（32）

（2）资本创新要素指标数据来源。

资本创新要素指标数据主要来源于《中国统计年鉴》《中国经济普查年鉴》《中国科技统计年鉴》《中国火炬统计年鉴》《中国工业统计年鉴》《天津统计年鉴》《“北京大学数字普惠金融指数”报告》以及 Wind 数据库和 EPS 数据库，具体来源情况见表 6.3。

表 6.3　　资本创新要素指标的具体数据来源

一级指标	二级指标	具体变量	数据年份	数据来源
资本创新要素	对外资本	实际利用外商直接投资	2001～2019 年	Wind 数据库
		GDP	2001～2019 年	《中国统计年鉴》
	研发资本	高等学校科技活动 R&D 经费内部支出	2001～2019 年	《中国科技统计年鉴》
		研究与开发机构 R&D 经费内部支出	2001～2019 年	《中国科技统计年鉴》
		高技术产业 R&D 经费内部支出	2006～2019 年	《中国科技统计年鉴》
		全国 R&D 经费内部支出	2001～2019 年	《中国科技统计年鉴》
		科技三项费用	2001～2005 年	《中国统计年鉴》
		财政支出	2001～2005 年	《中国统计年鉴》《天津统计年鉴》（天津 2003 年数据）
	绿色资本	六大高耗能产业利息支出	2006～2019 年	《中国工业统计年鉴》（2006～2016 年、2019 年数据）；《中国经济普查年鉴》（2018 年数据）
		规模以上工业企业财务费用中的总利息支出	2006～2019 年	《中国工业统计年鉴》（2006～2016 年、2019 年数据）；《中国经济普查年鉴》（2018 年数据）
	创新创业资本	科技型上市公司融资额（含债务融资和股权融资）	2011～2019 年	Wind 数据库，EPS 数据库
		国家级科技企业孵化器当年在孵企业获风险投资额	2016～2019 年	《中国火炬统计年鉴》
		科技企业孵化器当年在孵企业获风险投资额	2016～2019 年	《中国火炬统计年鉴》
	共享资本	数字普惠金融指数	2011～2019 年	北京大学数字金融研究中心课题组《“北京大学数字普惠金融指数”报告》

其中，科技型上市公司融资额：科技型上市公司通过初选和复选获得。初选将 A 股上市公司与高新技术企业认定网公布的各省区市高新技术

企业[①]匹配，属于高新技术企业认定网公布的 A 股上市公司直接入选科技型上市公司，不再参加复选。复选参考房汉廷和郭戎（2005）的选择标准及筛选程序，根据《上市公司行业分类指引（2012 修订版）》，剔除批发零售、金融保险、社会服务、交通运输、房地产及传播与文化等领域内的企业后进一步筛选。

首先，查阅经过上述步骤后剩余上市公司的年度报告，将其主营业务产品与《中国高新技术企业目录 2006》中指定的高新技术产品对照，对主营业务产品未被认定为高新技术产品的企业剔除。

其次，经过上述步骤筛查后，为体现高新技术企业的地位及其带给企业的收益，还要求满足如下条件：主营业务鲜明度高于 50%；研发人员占总员工人数比例高于 15%（为保证研究对象完整性，青海该比例设置为 5%）；未见财务异常数据（剔除 ST 企业）。经初选和复选后全国有 2094 家 A 股上市公司入选。

（3）技术创新要素指标数据来源。

技术创新要素指标数据主要来源于《中国科技统计年鉴》《中国火炬统计年鉴》以及百度指数网站，具体来源情况见表 6.4。

表 6.4　技术创新要素指标的具体数据来源

一级指标	二级指标	具体描述	数据年份	数据来源
技术创新要素	技术开发	科学引文索引篇数	2001～2019 年	《中国科技统计年鉴》
		发明专利授权数	2001～2019 年	《中国科技统计年鉴》
		国外技术引进合同金额中技术费	2001～2019 年	《中国科技统计年鉴》
		国外技术引进合同金额	2001～2019 年	《中国科技统计年鉴》
		高技术产业新产品开发项目数	2011～2019 年	《中国科技统计年鉴》
		生产力促进中心技术服务项次	2016～2019 年	《中国火炬统计年鉴》
		规模以上工业企业技术改造经费支出	2011～2019 年	《中国科技统计年鉴》
		研究与开发机构与高校形成国家或行业标准数之和	2011～2019 年	《中国科技统计年鉴》

① 资料来源：http://www.innocom.gov.cn/gqrdw/c101333/list_gsgg_l2.shtml。

续表

一级指标	二级指标	具体描述	数据年份	数据来源
技术创新要素	技术转化	大中型工业企业消化吸收经费支出	2001～2010年	《中国科技统计年鉴》
		大中型工业企业技术改造经费支出	2001～2010年	《中国科技统计年鉴》
		技术市场吸纳技术成交金额	2006～2019年	《中国火炬统计年鉴》
		全国技术市场总额	2006～2019年	《中国火炬统计年鉴》
		高技术产业国家火炬计划项目数	2006～2010年	《中国科技统计年鉴》
	技术推广	“新技术”百度指数	2011～2019年	百度指数网站

（4）信息创新要素指标数据来源。

信息创新要素指标数据主要来源于《中国统计年鉴》《中国火炬统计年鉴》《中国第三产业统计年鉴》《中国基本单位统计年鉴》《中国新闻出版统计资料汇编》以及《中国宽带速率状况报告》，具体来源情况见表6.5。

表6.5　信息创新要素指标的具体数据来源

一级指标	二级指标	具体描述	数据年份	数据来源
信息创新要素	信息生产能力	人均录音带（AT）出版数量	2001～2005年	《中国新闻出版统计资料汇编》
		人均图书出版数	2001～2010年	《中国新闻出版统计资料汇编》
		人均年报刊期发数	2001～2010年	《中国统计年鉴》
		人均年使用函件数	2001～2010年	《中国统计年鉴》
		每万人年均录音制品出版数	2006～2010年	《中国新闻出版统计资料汇编》
		每万人互联网域名数	2011～2019年	《中国统计年鉴》
		每万人互联网网页数	2011～2019年	《中国统计年鉴》
		IP电话通话时长合计	2006～2010年	《中国统计年鉴》
	信息使用能力	3G移动电话用户	2011～2015年	《中国统计年鉴》
		4G移动电话用户	2016～2019年	《中国统计年鉴》
		数字电视用户数	2011～2019年	《中国第三产业统计年鉴》
		移动电话基站	2016～2019年	《中国统计年鉴》
		移动互联网接入流量	2016～2019年	《中国统计年鉴》
		忙闲时加权平均宽带下载速率	2016～2019年	《中国宽带速率状况报告》
		企业中每百人计算机数量	2016～2019年	《中国统计年鉴》

续表

一级指标	二级指标	具体描述	数据年份	数据来源
信息创新要素	信息共享能力	互联网普及率	2011~2019年	《中国统计年鉴》
		生产力促进中心提供信息条数	2011~2019年	《中国火炬统计年鉴》
	信息发展潜力	每万人拥有图书馆、博物馆数	2001~2010年	《中国统计年鉴》
		移动电话年末用户	2001~2010年	《中国统计年鉴》
		城镇居民每百户彩色电视机拥有量	2001~2010年	《中国统计年鉴》
		城镇居民每百户家用电脑拥有量	2001~2010年	《中国统计年鉴》
		长途光缆线路长度	2001~2019年	《中国统计年鉴》
		互联网接入端口数	2006~2019年	《中国统计年鉴》
		互联网上网人数	2006~2010年	《中国统计年鉴》
		公共图书馆平均拥有电子阅览室终端数	2006~2010年	《中国统计年鉴》
	信息载体建设	开通互联网宽带业务的行政村比重	2011~2015年	《中国统计年鉴》
		数字产品制造业法人单位个数	2011~2019年	《中国基本单位统计年鉴》
		数字技术应用业法人单位个数	2011~2019年	《中国基本单位统计年鉴》
		有电子商务交易活动的企业比例	2016~2019年	《中国统计年鉴》

（5）制度创新要素指标数据来源。

制度创新要素指标数据主要来源于《中国统计年鉴》《中国火炬统计年鉴》《省级政府和重点城市一体化政务服务能力评估报告》《中国信息社会发展报告》《中国政府网络透明度指数评估报告》《律师年鉴》及各省区市统计年鉴，中国分省份市场化指数数据库、北大法宝数据库，中华人民共和国工业和信息化部、国家和各省区市司法部和工信部、各省区市律师协会官方网站，具体来源情况见表6.6。

表 6.6　　制度创新要素指标的具体数据来源

一级指标	二级指标	具体描述	数据年份	数据来源
制度创新要素	服务保障	减少政府对企业的干预	2001～2019 年	中国分省区市市场化指数数据库
		在线政府指数	2011～2019 年	国家信息中心发布的《中国信息社会发展报告》
		电子政务服务能力指数（EGSC）	2016～2019 年	中央党校（国家行政学院）发布的《省级政府和重点城市一体化政务服务能力评估报告》
		中国政府网络透明度指数	2016～2019 年	浙江大学公共政策研究院和浙江省公共政策研究院发布的《中国政府网络透明度指数评估报告》
	市场规范	非国有经济发展度	2001～2019 年	中国分省区市市场化指数数据库
		市场分配经济资源比重	2001～2019 年	中国分省区市市场化指数数据库
		律师人数	2001～2015 年	司法部、各省司法厅、各省律师协会官方网站、《律师年鉴》及各省区市统计年鉴
		知识产权保护度	2011～2019 年	北大法宝数据库
		数字化转型保障	2011～2019 年	北大法宝数据库
	营商环境	亿元以上商品市场交易个数	2001～2019 年	《中国统计年鉴》
		金融监管事务支出	2011～2019 年	《中国统计年鉴》
		生产力促进中心咨询服务次数	2011～2019 年	《中国火炬统计年鉴》
		工信部智能制造试点示范项目数＋工业互联网试点示范项目	2016～2019 年	中华人民共和国工业和信息化部

6.1.3 创新要素非结构化数据的具体来源

（1）百度指数：参照 Da 等（2011）的方法，使用 Python 在以百度海量网民行为数据为基础的百度指数数据平台上，对各省区市网民在百度上对“新技术”一词的日搜索量进行数据爬取①，同时对爬取中 2012 年和

① 资料来源：https：//index. baidu. com/v2/main/index. html #/trend/% E6% 96% B0% E6% 8A%80% E6%9C% AF? words = % E6%96% B0% E6%8A%80% E6%9C% AF。

2016 年 12 月 31 日缺失的数据在百度指数网站上进行人工查找并填补，最后将收集好的数据汇总为各省区市年度数据。

(2) 知识产权保护度：本书首先利用 PyCharm 软件撰写爬虫程序，爬取北大法宝数据库中我国各省区市涉及知识产权的地方性法规、政府规章、规范性文件和地方工作文件的相关文本信息，其中关键词为知识产权，文件时效性为现行有效。然后，将全国范围内的知识产权文本匹配到各省区市中（地级市层面的知识产权文本匹配到省级层面），获得省级层面知识产权保护度指标的面板数据。

(3) 数字化转型保障：本书首先利用 PyCharm 软件撰写爬虫程序，爬取北大法宝数据库中我国各省区市涉及数字经济政策的地方性法规、地方政府规章、地方规范性文件和地方工作文件等相关政策文本信息，其中关键词为智能化、智慧化、云平台、区块链、物联网、大数据、数据服务、数据共享、数据治理、数据安全等，文件时效性为现行有效。然后，筛选并剔除重复样本，获得省级层面数字化转型保障指标的面板数据。

6.2　创新要素指标的数据补齐和调整

6.2.1　数据填补方法

针对创新要素指标中出现的数据缺失问题，首先本部分明确缺失数据的类型分为完全随机缺失（MCAR）、随机缺失（MAR）和非随机缺失（MNAR）。完全随机缺失（MCAR）是指数据缺失是一个偶发的随机事件，数据出现缺失与否与存在其指标无关，与其他指标也无关。随机缺失（MAR）是较 MCAR 而言更常见的一类缺失形式，缺失数据可能与其他指标有关，但与存在缺失的指标无关。非随机缺失（MNAR）是指数据是否缺失只与存在缺失的变量自身有关系。本部分采用统计学方法，统计学填补数据方法主要是基于数据集本身作假设，再利用原数据集对缺失数据进行填补。这一类数据填补方法简便快速，填补效率高，适用于数据集中缺失值较少的数据填补，但存在未考虑对象本身的类别导致的其他类别对象影响缺失值填补结果准确性的问题，其中常见的方法有人工填写法、平均增长率填补法、均值插补法、回归填充法和比例推算法。

（1）人工填写法。

人工填写法是指根据对数据集的了解自行填充数据集中缺失值，将其填补到原数据集数据缺失的部分，在替代缺失数据后构造出一个完整的数据集，再对新合成的数据集进行统计分析。该方法的特点是能简单快速地插补数据，但数据规模大且数据缺失过多时，该方法适用性不强且可行性低。

（2）平均增长率填补法。

平均增长率填补法是根据指标中已有年份的数据计算其年均增长率，再通过增长率结果推算得出的值近似替代缺失值（熊湘辉和徐璋勇，2018）。这一方法是基于外部环境发展的持续性和稳定性，为减少个别年份数据缺失产生的偏颇问题，以及长时间的平均增长率数值能消除某些年份数值上的异常波动，使对缺失值的估计更具可靠性（刘生龙和胡鞍钢，2010）。

（3）均值插补法。

均值插补法分为无条件均值插补法和条件均值插补法。这两种方法的共性是在判断数据变量类型的基础上，确定缺失值的数据类型，根据相应的数据类型确定填补方法，将现有数据集中的对应属性均值填补到缺失的数据上。其中，无条件均值插补法是在 MCAR 的假定下，认为总体均值的估计量是无偏估计，由此得到的插补值是来自分布中心的数值，这会扭曲变量的经验分布，低估了总体方差和协方差。因此无条件均值插补法适合进行简单描述的研究而非复杂的需要方差的估计。其中平均法在统计中应用最广，对未知变量指标风险最小的估计就是取平均值，即前后年份的均值插补（邱东，2016）。

（4）回归填充法。

基于无条件均值插补法的局限性在于空缺值由相应属性的数据的平均

值得到，因此会导致过于集中的经验分布，后提出的条件均值插补法能够在一定程度上弥补这一方法的缺陷，其中具有代表性的回归插补法，它是根据已有的指标数据建立回归方程，其中运用的回归模型有线性回归模型、多元回归模型、指数回归模型、对数回归模型、多项式回归模型、移动平均模型等，通过R^2来判断模型拟合的优劣程度以此选择拟合优度最高的模型进行拟合，再利用该回归模型得出的预测值代替缺失值。该方法的特点是能够在 MCAR 的假定下，通过已有的指标数据构造出总体均值、总体方差的一致估计，从而得到较好的回归预测值以及较好的方差和协方差估计值。但还是会存在低估总体方差和协方差的情况，相较于无条件均值插补法来说有一定的改善。

回归填充法中有一种较为特殊的方法是趋势外推法，趋势外推法假设未来发展是过去和现在连续发展的结果，当预测对象根据时间的变化呈现出某种上升或下降趋势时，则根据缺失值的历史时间序列揭示出的趋势外推出缺失值，以确定缺失值的填补数据的方法，其适用范围是指标数据的发展规律呈现出渐进式的变化，用诸如线性模型、指数模型、生长模型等比较简单的函数模型拟合出指标数据的变化趋势。

（5）比例推算法。

比例推算法是以具有密切联系的若干个社会现象之间已有的数量对比关系作为依据，采用相对指标去推算指标绝对数的统计推算法（郑家亨，1995）。具体来说，比例推算法的基本算式为 $a/b=c/d$，说明使用比例推算法推算某一个数据的绝对值至少需要其余三个数据，例如，在会计中采用去年比例来推算今年比例（陈钊和王旸，2016）；统计学中，当某行业某一年度的数据出现缺失，再找到其对应大类的行业的数据，按照以往年份的数据推算出其占有大类行业的年平均比例，再根据该比例推算出缺失年份的数据（程时雄和柳剑平，2014）。除此之外，比例推算法还运用于医学、人口学、生态学等领域中，是较为常见的推算和填补数据的方法，适合于短期趋势明显的数据预测。

6.2.2 创新要素指标的数据填补

对于五大创新要素指标中缺失的数据，本部分根据其数据特征，选择合适的数据填补方法，并进行具体应用描述。为清晰且简洁地展示五大创新要素指标中数据缺失情况和填补方法，本部分将各创新要素子系统指标不分阶段地归于一个表格内，通过数据年份来表示其所在阶段内。

（1）人力创新要素指标的数据填补。

在人力创新要素指标中，本部分应用了均值插补法插补“财政医疗卫生支出”指标中缺失的2003年天津数据，“高技术产业R&D人员全时当量”指标中缺失的2006年新疆和青海数据以及2007年新疆数据，考虑到青海在2006年该数据附近年份数据并未缺失且差别不大，因此采用上年与下年数据的均值替代缺失数据。对于2006～2007年新疆缺失数据，采用相同的思路，利用2005年和2008年的均值填补两年的空缺。具体如表6.7所示。

表6.7　人力创新要素指标的数据缺失与插补

一级指标	二级指标	具体描述	数据时间	数据情况	填补方法
人力创新要素	人力健康	每千人口卫生技术人员数	2001～2019年	数据全	/
		每千人拥有床位数	2001～2019年	数据全	/
		财政医疗卫生支出	2001～2019年	缺少天津2003年数据	均值插补法
	人力投入	高等学校生均教育经费支出	2001～2019年	数据全	/
		平均受教育年限	2001～2019年	数据全	/
		工业机器人保有量	2011～2019年	数据全	/
		就业人口中受过高等教育的比例	2001～2005年	数据全	/
		每十万人高等院校平均在校人数	2006～2019年	数据全	/
		每千人口国企事业单位专业技术人员数	2001～2005年	数据全	/
		科学家和工程师人数	2001～2005年	数据全	/

续表

一级指标	二级指标	具体描述	数据时间	数据情况	填补方法
人力创新要素	人力投入	从事科技活动人员数	2001～2005年	数据全	
		高等学校R&D人员全时当量	2001～2019年	数据全	/
		研发机构R&D人员全时当量	2001～2019年	数据全	/
		高技术产业R&D人员全时当量	2006～2019年	缺少2006年新疆和青海；2007年新疆数据	均值插补法
		国家级科技企业孵化器从业人员	2015～2019年	数据全	/
	人力组织	高等学校数	2001～2019年	数据全	/
		高新技术企业数	2011～2019年	数据全	/
		研发机构数	2006～2019年	数据全	/
		高技术产业企业数	2001～2010年	数据全	/
		科技企业孵化器数	2011～2019年	数据全	/

（2）资本创新要素指标的数据填补。

在资本创新要素指标中，本部分采用均值插补法、比例推算法和回归填充法填补缺失数据。具体来看，均值插补法应用方面，“高技术产业R&D经费内部支出”指标中缺少2006年青海数据，考虑到2005年和2007年数据并未缺失且差别不大，因此采用2005年和2007年数据的均值替代2006年青海数据；在比例推算法应用方面，“高技术产业R&D经费内部支出”指标中缺少2006年和2007年新疆的数据，考虑到2006年前和2007年后数据差别很大，因此计算出新疆2008～2019年的数据占全国比例的均值，再结合2006年和2007年全国数据推算得到新疆2006年和2007年数据替代缺失值；在回归填充法应用方面，“实际利用外商直接投资”指标中缺少吉林省2019年的数据，本部分采用回归填充法在已有数据的基础上建立模型，通过拟合得到2019年的预测值替代缺失值。“六大高耗能产业利息支出”和“规模以上工业企业财务费用中的总利息支出”指标中均缺少2017年数据，考虑到2017年为中间年份且缺失数据较多，因此根据2006～2016年的已有数据建立函数模型预测2017年的数据，以此替代缺失值。具体如表 6.8 所示。

表 6.8　　资本创新要素指标的数据缺失与插补

一级指标	二级指标	具体描述	数据时间	数据情况	填补方法
资本创新要素	对外资本	实际利用外商直接投资	2001～2019 年	缺少吉林 2019 年数据	回归填充法
		GDP	2001～2019 年	数据全	/
	研发资本	高等学校科技活动 R&D 经费内部支出	2001～2019 年	数据全	/
		研究与开发机构 R&D 经费内部支出	2001～2019 年	数据全	/
		高技术产业 R&D 经费内部支出	2006～2019 年	缺少青海 2006 年数据；缺少新疆 2006 年和 2007 年数据	均值插补法 比例推算法
		全国 R&D 经费内部支出	2001～2019 年	数据全	/
		科技三项费用	2001～2005 年	数据全	/
		财政支出	2001～2005 年	数据全	/
	绿色资本	六大高耗能产业利息支出	2006～2019 年	缺少 2017 年数据	回归填充法
		规模以上工业企业财务费用中的总利息支出	2006～2019 年	缺少 2017 年数据	回归填充法
	创新创业资本	科技型上市公司融资额（含债务融资和股权融资）	2011～2019 年	数据全	/
		国家级科技企业孵化器当年在孵企业获风险投资额	2016～2019 年	数据全	/
		科技企业孵化器当年在孵企业获风险投资额	2016～2019 年	数据全	/
	共享资本	数字普惠金融指数	2011～2019 年	数据全	/

（3）技术创新要素指标的数据填补。

在技术创新要素指标中，本部分采用人工填写法、均值插补法、趋势外推法和平均增长率填补法填补缺失数据。具体来看，人工填写法应用方面，“国外技术引进合同金额”和“国外技术引进合同金额中技术费”指标中均缺少2002～2003年青海数据，通过观察其附近年份数据（2001年为0），因此采用0.01年替代缺失值和2001年为0的数据。“研究与开发机构形成国家或行业标准数之和”指标中缺少青海2011年、2013～2015年和2019年数据，在观察附近年份数据的基础上，本部分将0.01替代其缺失值。均值插补法应用方面，“国外技术引进合同金额”和“国外技术引进合同金额中技术费”指标中均缺少宁夏2008年数据，考虑到数据的附近年份数据并未缺失且差别不大，因此采用上年与下年数据的均值替代缺失数据。“生产力促进中心技术服务项次”缺少宁夏2017年数据，本部分采用前后年份数据的均值替代缺失。“大中型工业企业消化吸收经费支出”缺少青海2003年数据和海南2002～2003年数据，根据青海2003年前后年份数据并未缺失且差别不大的数据特点，采用前后年份数据的均值替代缺失值。同时，针对海南连续缺失两年的情况，本部分观察到在该指标数据内海南数据变动较为稳定，因此采用2001～2010年海南省的均值替代缺失值。在趋势外推法应用方面，“国外技术引进合同金额”和“国外技术引进合同金额中技术费”同时缺失青海2017～2019年数据，且“国外技术引进合同金额中技术费”缺失2004年数据，考虑到这两项数据要合成为“技术费占国外技术引进合同金额比重”，且数据变动幅度大，因此采用2005～2016年数据建立模型拟合外推得到2004年和2017～2019年的数据替代缺失值。在平均增长率填补法应用方面，“大中型工业企业技术改造经费支出”指标中缺少陕西2001年数据，考虑到只有2001年后的数据，因此采用平均增长率填补法，利用2002～2010年的数据计算出平均增长率，从而根据2002年数据倒推出2001年数据替代缺失值。具体如表6.9所示。

表 6.9　　　　技术创新要素指标的数据缺失与插补

一级指标	二级指标	具体描述	数据时间	数据情况	填补方法
技术创新要素	技术开发	科学引文索引篇数	2001～2019 年	数据全	/
		发明专利授权数	2001～2019 年	数据全	/
		国外技术引进合同金额中技术费	2001～2019 年	缺少内蒙古 2004 年；青海 2002～2004 年、2017～2019 年；宁夏 2018 年	均值插补法 人工填写法 趋势外推法
		国外技术引进合同金额	2001～2019 年	缺少内蒙古 2004 年；青海 2002～2003 年、2017～2019 年；宁夏 2018 年	均值插补法 人工填写法 趋势外推法
		高技术产业新产品开发项目数	2011～2019 年	数据全	/
		生产力促进中心技术服务项次	2016～2019 年	缺少宁夏 2017 年数据	均值插补法
		规模以上工业企业技术改造经费支出	2011～2019 年	数据全	/
		研究与开发机构与高校形成国家或行业标准数之和	2011～2019 年	缺少青海 2011 年、2013 年、2014 年、2015 年、2019 年数据	人工填写法
	技术转化	大中型工业企业消化吸收经费支出	2001～2010 年	缺少海南 2002～2003 年数据；青海 2003 年数据	均值插补法
		大中型工业企业技术改造经费支出	2001～2010 年	缺少陕西 2001 年数据	平均增长率填补法
		技术市场吸纳技术成交金额	2006～2019 年	数据全	/
		全国技术市场总额	2006～2019 年	数据全	/
		高技术产业国家火炬计划项目数	2006～2010 年	数据全	/
	技术推广	"新技术"百度指数	2011～2019 年	数据全	/

（4）信息创新要素指标的数据填补。

在信息创新要素指标中，本部分采用人工填写法、均值插补法填补缺失数据。具体来看，人工填写法应用方面，“人均录音带（AT）出版数量”指标中缺少海南2001年和青海2001~2005年数据，通过观察其附近年份数据，采用0.01年替代缺失值。“每万人年均录音制品出版数”指标中缺少青海2007~2010年数据，在观察附近年份数据的基础上，本部分将0.01替代其缺失值。均值插补法应用方面，“人均录音带（AT）出版数量”指标中缺少贵州和宁夏2003年、新疆2002年和2005年数据，考虑到数据的附近年份数据并未缺失且差别不大，因此采用上年与下年数据的均值替代缺失数据。具体如表6.10所示。

表6.10　　信息创新要素指标的数据缺失与插补

一级指标	二级指标	具体描述	数据年份	数据情况	填补方法
信息创新要素	信息生产能力	人均录音带（AT）出版数量	2001~2005年	缺少海南2001年；贵州2003年；宁夏2003年；新疆2002年和2005年；青海2001~2005年	均值插补法 人工填写法
		人均图书出版数	2001~2010年	数据全	/
		人均年报刊期发数	2001~2010年	数据全	/
		人均年使用函件数	2001~2010年	数据全	/
		每万人年均录音制品出版数	2006~2010年	缺少青海2007~2010年	人工填写法
		每万人互联网域名数	2011~2019年	数据全	/
		每万人互联网网页数	2011~2019年	数据全	/
		IP电话通话时长合计	2006~2010年	数据全	/
	信息使用能力	3G移动电话用户	2011~2015年	数据全	/
		4G移动电话用户	2016~2019年	数据全	/
		数字电视用户数	2011~2019年	数据全	/
		移动电话基站	2016~2019年	数据全	
		移动互联网接入流量	2016~2019年	数据全	/

续表

一级指标	二级指标	具体描述	数据年份	数据情况	填补方法
信息创新要素	信息使用能力	忙闲时加权平均宽带下载速率	2016～2019年	数据全	/
		企业中每百人计算机数量	2016～2019年	数据全	/
	信息共享能力	互联网普及率	2011～2019年	数据全	/
		生产力促进中心提供信息条数	2011～2019年	数据全	/
	信息发展潜力	每万人拥有图书馆、博物馆数	2001～2010年	数据全	/
		移动电话年末用户	2001～2010年	数据全	/
		城镇居民每百户彩色电视机拥有量	2001～2010年	数据全	/
		城镇居民每百户家用电脑拥有量	2001～2010年	数据全	/
		长途光缆线路长度	2001～2019年	数据全	/
		互联网接入端口数	2006～2019年	数据全	/
		互联网上网人数	2006～2010年	数据全	/
		公共图书馆平均拥有电子阅览室终端数	2006～2010年	数据全	/
	信息载体建设	开通互联网宽带业务的行政村比重	2011～2015年	数据全	/
		数字产品制造业法人单位个数	2011～2019年	数据全	/
		数字技术应用业法人单位个数	2011～2019年	数据全	/
		有电子商务交易活动的企业比例	2016～2019年	数据全	/

（5）制度创新要素指标的数据填补。

在制度创新要素指标中，各指标数据均无缺失，因此未采用方法进行数据填补。具体如表6.11所示。

表6.11　　　　制度创新要素指标的数据缺失与插补

一级指标	二级指标	具体描述	数据年份	数据情况	填补方法
制度创新要素	服务保障	减少政府对企业的干预	2001～2019年	数据全	/
		在线政府指数	2011～2019年	数据全	/
		电子政务服务能力指数（EGSC）	2016～2019年	数据全	/
		中国政府网络透明度指数	2016～2019年	数据全	/

续表

一级指标	二级指标	具体描述	数据年份	数据情况	填补方法
制度创新要素	市场规范	非国有经济发展度	2001~2019年	数据全	/
		市场分配经济资源比重	2001~2019年	数据全	/
		律师人数	2001~2015	数据全	/
		知识产权保护度	2011~2019年	数据全	/
		数字化转型保障	2011~2019年	数据全	/
	营商环境	亿元以上商品市场交易个数	2001~2019年	数据全	/
		金融监管事务支出	2011~2019年	数据全	/
		生产力促进中心咨询服务次数	2011~2019年	数据全	/
		工信部智能制造试点示范项目数+工业互联网试点示范项目	2016~2019年	数据全	/

6.2.3　创新要素指标的数据调整

（1）汇率调整。

汇率调整是指以外币衡量的价格数据在进行价格调整和存量调整之前，需要将其按照当年平均外币兑换人民币的汇率采用人民币计价，调整成人民币价格。本书使用的年平均外币兑换人民币汇率来自国家统计局。本书对资本创新要素指标中的“实际利用外商直接投资”变量进行了汇率调整。

（2）价格调整。

随着技术变革、市场供求关系变动或货币价值变动等，现行商品或劳务的价格会不同于以前在同一市场上的价格。上述物价变动使不同时期的用货币量衡量的指标不存在可比性，为消除各年间价格变动的影响，需要对涉及货币量的数据进行价格调整以消除物价影响并调整为可比价格，具体计算公式如下：

$$x = x^* / PI \tag{6.1}$$

其中，x^* 为名义统计指标，x 为实际统计指标，PI 为测算的以某年为基期的价格指数（基期年份 $PI=1$）。作为反映不同时期同一商品或服务价格水平的变化方向、趋势和程度的经济指标，价格指数针对不同类型分为居民消费价格指数、固定资产投资价格指数、商品零售价格指数、工业生产者价格指数等①。针对科学研究与试验发展（R&D）活动中的经费支出，朱平芳和徐伟民（2003）将 R&D 支出价格指数设定为固定资产投资价格指数和居民消费价格指数的加权平均，在于 R&D 支出主要用于购买固定资产和支付研发过程中的劳动成本或服务（潘文卿等，2011；朱平芳和徐伟民，2003）。由于本书的研究对象创新要素是以服务于创新活动为主，而创新活动中包含了 R&D 活动，针对创新活动经费支出价格指数，借鉴朱平芳和徐伟民（2003）加权合成价格指数的做法，将固定资产投资价格指数PI_i的权重设为 45%，消费价格指数PI_c的权重设为 55%，则本书中对相关指标展开价格调整的具体计算公式如下：

$$x = x^* / (0.45\, PI_i + 0.55\, PI_c) \tag{6.2}$$

为使各项指标在不同时期上具有可比性，本书对固定资产投资价格指数和居民消费价格指数进行基期转换，将 2001 ~ 2019 年数据转换为以 2001 年为基期的不变价数据，其中两种价格指数 2001 ~ 2019 年的现价数据均来源于《中国统计年鉴》。在固定资产投资价格指数和居民消费价格指数基期调整后，依据上述加权合成价格指数方法，分别赋予权重 0.45 和 0.55 得到加权价格指数，进而依据公式对各指标变量展开价格调整。进行价格调整的指标变量具体如下：在人力创新要素指标中有“财政医疗卫生支出”和“高等学校生均教育经费支”两个变量；在资本创新要素指标中有“研究与开发机构 R&D 经费内部支出”“高等学校科技活动 R&D 经费内部支出”“高技术产业 R&D 经费内部支出”“全国 R&D 经费内部支出”“实际利用外商直接投资”和“科技型上市公司融资额”六个变量；在技术创新要素指标中有“国外技术引进合同金额”“国外技术引进合同金额中技术费”“大中型工业企业消化吸收经费支出”“大中型工业企业技术改

① 资料来源：价格指数概念与分类来源于国家统计局统计知识“走进 CPI”。http：//www.stats.gov.cn/ztjc/tjzs/zjcpi/。

造经费支出”“技术市场吸纳技术成交金额”“全国技术市场总额”和“规模以上工业企业技术改造经费支出”七个变量；在制度创新要素指标中有“金融监管事务支出”一个变量。

（3）存量调整。

在对资本指标进行价格调整后，考虑资本折旧影响，需要对资本指标进一步进行存量调整以消除折旧对实际分析带来的误差。根据国外相关研究，测算资本存量的方法主要有 Goldsmith 法、Griliches 法和 BEA 法，其中 Goldsmith 在 1951 年开创的用于资本存量的永续盘存法被广泛采用，其核心假设为相对效率几何下降模式，而 Griliches 和 BEA 关于 R&D 资本化的测算方法则建立在 Goldsmith 关于资本化的测算方法基础上。杨林涛等（2015）对比了三种存量测算方法的异同，认为 BEA 方法更加符合实际情况，因此本书中存量调整采用 BEA 方法进行测算，则资产存量的估算公式为：

$$K_t = K_{t-1} - D_t + E_t \tag{6.3}$$

其中，K_t、K_{t-1}分别为不变价的相应年度资产存量，D_t为不变价折旧额，E_{t-1}为不变价投资额，且$D_t = \delta(K_{t-1} + E_t/2)$，$\delta$为折旧率，则第 t 年资产存量的基本公式为：

$$K_t = (1 - \delta)K_{t-1} + (1 - \delta/2)E_t \tag{6.4}$$

其中，E_t为第 t 年投资值，且初始资产存量公式为：

$$K_0 = [E_1(1 - \delta/2)]/[g_k + \delta] \tag{6.5}$$

其中，E_1为基年投资值，g_k为研究期内各年投资值的几何平均增长率。同时 SNA2008 中将 R&D 作为资本化处理，考虑本书的研究对象为服务于创新活动的创新要素，大部分指标围绕 R&D 展开，资本和技术创新要素均能形成知识存量，因此在折旧率的设定上，借鉴王文静和高敏雪（2019），将具有知识属性的资产折旧率设为 $\delta = 20.57\%$。

由于本书中资本和技术创新要素指标存在将研发支出或知识资本化的变量，依据上述资本存量调整方法对价格调整后的资本和技术创新要素指标变量进行存量调整。同时考虑“十二五”规划提出创新驱动发展战略，并强调技术创新对经济发展的推动作用，以及各指标变量的样本期范围各不相同，因此本书中对“十五”和“十一五”规划阶段下资本化变量进行以2001年为基期的存量调整和，对“十二五”和“十三五”规划阶段下资本化变量进行以2011年为基期的存量调整。具体调整变量如下：在资本创新要素指标中由“科技型上市公司融资额”一个变量调整为以2011年为基期的不变价数据；在技术创新要素指标中由“大中型工业企业消化吸收经费支出”和“大中型工业企业技术改造经费支出”两个变量调整为以2001年为基期的不变价数据，以及“规模以上工业企业技术改造经费支出”一个变量调整为以2001年为基期的不变价数据。

6.3 创新要素指标的数据质量评估

数据质量的好坏影响着以此为基础展开分析与决策的正确性和科学性，随着经济全球化持续发展和市场经济主体日趋多元化，对统计信息的需求和数据的质量提出高要求。数据质量的概念逐渐向多维全方位发展，数据质量评价的核心内容逐渐从单一准确性衡量阶段转向多维评价阶段。目前，关于数据质量评价的研究多从定性评价和定量评价展开进行，因此本节基于现有文献从数据收集过程和数据处理过程两个角度对数据质量进行定性评价，并运用SPSS从统计数据异常点、变量信度和效度三个方面对数据质量进行定量评价。

6.3.1 定性评价

定性评价是根据一定的评价标准对数据质量进行估计和推断的一种评价方法，需要依据相关专业领域知识进行评估。

（1）评价标准。

目前关于数据质量还未形成统一的概念，世界各国统计机构和国际组织具有不同的理解，均基于各国自身统计实情设定出各不相同数据质量标准。本部分基于余芳东（2002）、朱建平和陈飞（2010）对国外统计数据质量评估标准的研究，汇总并整理出各国统计机构或国际组织的统计数据质量评估标准。具体如表 6.12 所示。

表 6.12　各国统计机构或国际组织的统计数据质量评估标准

国家或国际组织	统计数据质量标准
英国	准确性、及时性、有效性、客观性
荷兰	适用性、准确性、及时性、有效性、减轻调查负担
韩国	适用性、准确性、及时性、可取得性、可比性、有效性
美国	可比性、准确性、适用性
加拿大	适用性、准确性、及时性、可取得性、衔接性、可解释性
澳大利亚	准确性、及时性、适用性、可取得性、方法科学性或健全性
国际货币基金组织（IMF）	保证诚信、方法健全性、准确性和可靠性、适用性、可获得性
欧盟统计局（Eurostat）	相关性、准确性、及时性、可获得性、可比性、一致性
经济合作与发展组织（OECD）	相关性、准确性、可信性、及时性、可获得性、可解释性、一致性

尽管各国或国际组织设定的数据质量理解与标准并不统一，但各标准的本质内涵是相似的，准确性均已不再是衡量数据质量的唯一标准，只是多维评价的角度和侧重有所偏差。余芳东（2002）在研究国外统计数据质量含义与管理后，认为中国可以将数据质量评价标准扩大到国际公认标准范围，涵盖了适用性、准确性、及时性、可取得性、可比性和衔接性。具体来看，适用性侧重于统计信息是否符合需求是否有用，准确性侧重于统计估算值与实际值间是否存在较小误差，及时性侧重于统计数据公布时间与数据所属调查时间的间隔长度，可取得性侧重于数据用户获取统计信息的难易程度，可比性侧重于不同时间或不同空间上统计信息的可比程度，衔接性侧重于不同统计渠道间对指标概念和口径上的衔接程度。

上述统计数据质量标准是国家层面收集和整理统计数据时主要根据用户需求对数据质量制定的评估标准，然而本节的数据质量评估则是从数据用户层面收集和处理由国家公布的相关统计数据，并对本书的研究对象即高质量发展视阈下创新要素指标的各变量数据进行质量评估。借鉴各国对数据质量的评价角度与标准理解，本部分结合 3.2.3 小节中高质量发展对数据质量提出的新要求，分别从数据收集过程和数据处理过程对高质量发展视阈下创新要素指标涉及的变量数据展开质量评价，其中数据收集过程质量评价标准为准确性、可取得性、适用性和衔接性，数据处理过程质量评价标准为可比性和方法健全性。

（2）数据收集过程质量评价。

在准确性和可取得性上，本书中涉及的结构化数据从国家统计局统计数据库、各省区市统计局统计数据库等官方发布的各类专业统计年鉴中获取（各创新要素指标变量详细来源见 6.1 节原始数据提取），因此本书中大部分指标的原始数据具有较容易的取得性、较强的可靠性和较高的准确性。同时本书中涉及的非结构化数据则为依靠 Python 在相关网站上进行数据爬取和匹配，其中相关网站均为百度指数官网等具有一定权威性和知名度的数据平台，其记录或整理的数据具有较高的真实性，从而在该类网站上爬取的非结构化数据具有较高的准确性。

在适用性和衔接性上，本书综合考虑研究思路和现有研究中相关指标衡量方式，在数据可取得的基础上构建了创新要素投入指标，因此所收集的数据具有极强的适用性。同时，本书为展示创新要素演变历程，依据不同五年规划内容对指标体系划分了四个阶段，并基于指标变量可取得的数据范围，在构建不同阶段下的指标体系时对指标进行新增、删减和替换时综合考虑了五年规划阶段特征和指标含义与衡量方式（对于各创新要素指标更换调整具体见第 5 章），进而确保了不同阶段上的同一指标具有同样的统计口径，数据具有衔接性。

（3）数据处理过程质量评价。

在可比性上，本书进行数据处理时，为消除物价影响对涉及价格的数据进行以 2001 年为基期的价格调整，为消除折旧影响对涉及资本化的数据分别进行以 2001 年为基期和以 2011 年为基期的存量调整（“十五”和“十一五”规划中涉及的指标变量均以 2001 年为基期，“十二五”和“十三五”规划中涉及的指标变量均以 2011 年为基期），进而确保了各创新要素指标数据在各阶段内均为以相同年份为基期的不变价，数据具有较高的可比性。

在方法健全性上，本书在对获取的原始数据进行缺失值填补时，充分考虑数据特性和数据填补方法适用情况，选取了人工填写法、平均增长率填补法、均值插补法、回归填充法和比例推算法。同时充分考虑了物价和折旧影响，使用价格指数进行价格调整、BEA 法进行存量调整。数据填补和调整中所涉及的方法均借鉴现有相关文献选取了科学、合理且广泛使用的处理方法，方法使用上具有一定程度的健全性。

6.3.2　定量评价

定量评价主要是通过数学或其他科学手段而对统计数据做出的判断和分析评估，能够较好地保证评估结果的科学性和客观性。本部分为确保后续分析中所使用的变量具有较高的数据质量，选用异常值检验、信度检验和效度检验对数据质量展开分析。

(1) 评价方法。

①异常值检验。

异常值为明显偏离其余观测值的个别值，其检验存在基于统计分布的检验方法，即假定统计数据服从某一随机分布，使用不一致性检验识别数据中的异常值。同时，在社会经济系统中，反映社会经济规模大小的指标数据近似服从对数正态分布（成邦文等，2000）。因此为检验创新要素指标各变量数据是否存在异常值，本部分通过检验各变量数据是否服从正态分布来反映。在常用的 K－S 检验、A－D 检验等正态性检验方法中，选用适用于小样本（$n \leqslant 30$）且最为有效的方法 S－W 检验法进行数据正态性检验。S－W 检验法是 Shapiro 和 Wilk 于 1965 年提出的，该无方向检验方法也是国家现行标准 GB/T 4882－2001 推荐使用的犯第二类错误最小的检验，在检验过程中需要将 n 个独立观测值按照非降次序排列，使 $x_1 \leqslant x_2 \leqslant \cdots \leqslant x_n$，进而计算 S：

$$S = \sum a_i (x_{n+1-i} - x_i) \tag{6.6}$$

其中 i 根据 n 的奇偶性分别取值为 $1,2,\cdots,n/2$（n 为偶数）或 $1,2,\cdots,(n-1)/2$（n 为奇数），进一步计算检验统计量 W：

$$W = S^2 / \sum (x_i - \bar{x})^2 \tag{6.7}$$

若 W 统计量值越接近 1，则越表明数据分布为正态分布。同时在显著性水平 α 下，若 W 小于临界值 W_α，则为拒绝零假设：数据服从正态分布，反之则接受正态性假设[①]。本部分借鉴许涤龙和叶少波（2008）的做法，对 P 值大于 0.01 的则判断统计数据服从正态分布。尽管 S－W 检验灵敏度高且计算简便，但若样本中存在几个重复值时该方法检验效果相比不太有效。同时借鉴桂文林和韩兆洲（2011）的做法，若样本数据中异常值比例在 5% 以内，则不会影响后续分析结果的可靠性，异常值可以进行保留。

②信度检验。

信度即可靠性，是指用同样的方法对同一测量对象进行反复测量所得结果的一致性程度。根据关注的重点不同，信度分为内在信度和外在信度。内在信度是一种能够用于测定一个指标内部可靠性和一致性的有效方法，而外在信度侧重不同时间上的一致性程度。进行内在信度检验常用的方法有克朗巴哈（Cronbach）α 系数法和折半（Split－half）系数法，折半系数法实际上是检验测量内部一致性的粗略估计，因此目前最常使用克朗巴哈 α 系数的同质性信度检验（孙早和宋炜，2012；Cronbach，1951）。克朗巴哈 α 系数计算公式为：

$$\alpha = m\bar{r} / [1 + (m-1)\bar{r}] \tag{6.8}$$

其中，m 为测度指标的变量个数，$\bar{r}$ 为 m 个变量相关系数的平均值。该系数大小一般用于衡量指标内部信度的高低，$\alpha \in [0,1]$，其值越大，内在信度越高，反之，内在信度越低。一般认为，该系数大于 0.9，表示信度很高；其值在 0.8～0.9 之间，信度可以接受；其值在 0.7～0.8 之间，表示指标体系尚可；若其值小于 0.7，则表示指标体系的误差过大，数据质量不可靠，应该重新设计指标。

③效度检验。

效度是指测量值与真实值的接近程度。效度检验用于检验构建指标是

① 全国统计方法应用标准化技术委员会．数据的统计处理和解释正态性检验：GB/T 4882－2001［S］．北京：中国标准出版社，2004：4.

否有效的研究维度或对象的概念信息。效度假设在真分数中稳定地存在系统误差，于是重新分解实际分数为 $X = V + I + E$（X：实际分数；V：有效分数；I：系统误差分数；E：随机误差分数），而效度的数学定义为有效分数的方差与实际分数的方差的比值：

$$r_{XY} = s_V^2 / s_X^2 \tag{6.9}$$

信度的表达式为：

$$r_{XX} = s_T^2 / s_X^2 \tag{6.10}$$

因此，信度与效度的关系表达式为：

$$r_{XX} / r_{XY} = s_T^2 / s_V^2 \tag{6.11}$$

通过这个公式可知，信度是效度的必要条件而非充分条件，在数量上效度不会大于信度的平方根。因此效度检验十分必要，效度检验分为内容效度和结构效度。内容效度是使用文字来描述指标体系构建的合理性，结构效度则是进行探索性因子分析与验证性因子分析，以此结果检验指标体系的结构效度（段锦云和魏秋江，2012）。其中，通过样本适应性检验得到的 KMO 值、Bartlett 球形检验结果和累积方差贡献率来判断指标数据是否通过效度检验（陈佳等，2017），同时满足 KMO 值大于 0.5（冯长利等，2013），Bartlett 球形检验结果小于 0.05（张应语等，2015）和累积方差贡献率大于 60%（范柏乃和金洁，2016）即视为通过结构效度检验。

(2) 创新要素指标数据的异常值检验。

本部分首先对分阶段下各指标数据进行异常值检验，得到异常值检验结果，然后分别从分阶段综合系统指标数据和分阶段下各子系统数据两个角度，并以异常值数量占数据总量之比小于临界值 5% 作为通过异常值检验的判定标准。

对于综合系统指标数据，总体来看，创新要素指标数据个数为 6030，异常值个数为 179，异常值占比为 2.968%，通过异常值检验。具体分阶段来看，“十五”阶段，创新要素指标数据个数为 1200，异常值个数为 19，异常值占比为 1.583%，通过异常值检验；“十一五”阶段，创新要素指标数据个数为 1350，异常值个数为 32，异常值占比为 2.370%，通过异常值检验；“十二五”阶段，创新要素指标数据个数为 1590，异常值个数为

49，异常值占比为3.082%，通过异常值检验；“十三五”阶段，创新要素指标数据个数为1890，异常值个数为79，异常值占比为4.180%，通过异常值检验。

进一步地，对于各创新要素子系统中指标数据，分阶段人力、资本、技术、信息和制度创新要素子系统指标数据的异常值检验结果如下。

①人力创新要素的分阶段异常值检验。

“十五”阶段中人力创新要素指标数据总个数为420，异常值检验结果显示有6个异常值，异常值占比为1.429%，小于5%异常值占比的临界值。其中，未通过异常值检验的分别为“每千人口卫生技术人员数”指标的山西和内蒙古，“高等学校生均教育经费支出”指标的贵州，“科学家和工程师人数”指标的四川和青海，“研发机构R&D人员全时当量”指标的河南。

“十一五”阶段中人力创新要素指标数据总个数为360，异常值检验结果显示有8个异常值，异常值占比为2.22%，小于5%异常值占比的临界值。其中，未通过异常值检验的分别为“高技术产业R&D人员全时当量”指标的青海，“研发机构R&D人员全时当量”指标的湖北，“高等学校数”指标的青海和宁夏，“研发机构数”指标的北京、天津、广西和新疆。

“十二五”阶段中人力创新要素指标数据总个数为420，异常值检验结果显示有11个异常值，异常值占比为2.619%，小于5%异常值占比的临界值。其中，未通过异常值检验的分别为“高等学校生均教育经费支出”指标的云南，“高等学校数”指标的吉林、广西、青海和宁夏，“研发机构数”指标的天津、内蒙古、湖南和宁夏，“科技企业孵化器数”指标的贵州、青海和宁夏。

“十三五”阶段中人力创新要素指标数据总个数为450，异常值检验结果显示有16个异常值，异常值占比为3.556%，小于5%异常值占比的临界值。其中，未通过异常值检验的分别为辽宁和安徽的“每十万人高等院校平均在校人数”指标数据，广西和甘肃的“平均受教育年限”指标数据，贵州的“国家级科技企业孵化器从业人员”指标数据，海南、青海和宁夏的“科技企业孵化器数”指标数据，天津和青海的“研发机构数”指标数据。其中，“高等学校数”指标数据中未通过异常值检验的有 7 个（辽宁、吉林、黑龙江、江苏、安徽、湖北、宁夏），主要在于各省区市该指标数据变动范围很小，存在重复值，且样本期时间短导致异常值检验结果十分敏感，进而通不过异常值检验。

综上所述，人力创新要素指标各变量数据在各阶段上能够通过异常值检验，存在极少的异常值（5% 以内）可以保留且不影响后续分析结果的可靠性。

②资本创新要素的分阶段异常值检验。

“十五”阶段中资本创新要素指标数据总个数为 210，异常值检验结果显示无异常值，异常值占比为 0，小于 5% 异常值占比的临界值。

“十一五”阶段中资本创新要素指标数据总个数为 240，异常值检验结果显示有 1 个异常值，异常值占比为 0. 417%，小于 5% 异常值占比的临界值。其中，未通过异常值检验的为甘肃的“实际利用外商直接投资”指标数据。

“十二五”阶段中资本创新要素指标数据总个数为 300，异常值检验结果显示有 2 个异常值，异常值占比为 0. 667%，小于 5% 异常值占比的临界值。其中，未通过异常值检验的分别为海南的“研究与开发机构 R&D 经费内部支出”指标数据、辽宁的“实际利用外商直接投资”指标数据。

“十三五”阶段中资本创新要素指标数据总个数为 360，异常值检验结果显示有 7 个异常值，异常值占比为 1. 944%，小于 5% 异常值占比的临界值。其中，未通过异常值检验的分别为“实际利用外商直接投资”指标中黑龙江、江苏和浙江、“六大高耗能产业利息支出”指标中河南、“规模以上工业企业财务费用中的总利息支出”指标中黑龙江和新疆、“国家级科技企业孵化器当年在孵企业获风险投资额”指标中宁夏。

综上所述，资本创新要素指标各变量数据在各阶段上均通过异常值检验，存在极少的异常值（5% 以内）可以保留且不影响后续分析结果的可靠性。

③技术创新要素的分阶段异常值检验。

“十五”阶段中技术创新要素指标数据总个数为150，异常值检验结果显示有4个异常值，异常值占比为2.667%，小于5%异常值占比的临界值。其中，未通过异常值检验的分别为福建、海南、青海的“技术费占国外技术引进合同金额比重”指标数据，天津的“大中型工业企业消化吸收经费支出”指标数据。

“十一五”阶段中技术创新要素指标数据总个数为210，异常值检验结果显示有5个异常值，异常值占比为2.38%，小于5%异常值占比的临界值。其中，未通过异常值检验的分别为辽宁、福建、广东和海南的“技术费占国外技术引进合同金额比重”指标数据，江苏的“技术市场吸纳技术成交金额占全国技术市场总额比重”指标数据。

“十二五”阶段中技术创新要素指标数据总个数为240，异常值检验结果显示有16个异常值，异常值占比为6.67%，大于5%异常值占比的临界值。其中，未通过异常值检验的分别为吉林的“高技术产业新产品开发项目数”指标数据，河北、辽宁和青海的“研究与开发机构与高校形成国家或行业标准数之和”指标数据，贵州、江苏、浙江和广东的“技术市场吸纳技术成交金额占全国技术市场总额比重”指标数据。其中，“技术费占国外技术引进合同金额比重”指标数据中未通过异常值检验的有8个（北京、河北、内蒙古、辽宁、吉林、江西、湖北、甘肃），主要在于各省区市该指标数据变动范围很小，存在重复值，且样本期时间短导致异常值检验结果十分敏感，进而通不过异常值检验。

“十三五”阶段中技术创新要素指标数据总个数为270，异常值检验结果显示有5个异常值，异常值占比为1.852%，小于5%异常值占比的临界值。其中，未通过异常值检验的为内蒙古、黑龙江、广西、宁夏和新疆的“技术费占国外技术引进合同金额比重”指标数据。

综上所述，技术创新要素指标各变量数据在各阶段上能够通过异常值检验，存在极少的异常值（5%以内）可以保留且不影响后续分析结果的可靠性。

④信息创新要素的分阶段异常值检验。

“十五”阶段中信息创新要素指标数据总个数为270，异常值检验结果显示有6个异常值，异常值占比为2.222%，小于5%异常值占比的临界值。其中，未通过异常值检验的分别为“人均录音带（AT）出版数量”指标中内蒙古、福建和宁夏、“人均年报刊期发数”指标中四川、“每万人拥有图书馆、博物馆数”指标中河南和湖北。

“十一五”阶段中信息创新要素指标数据总个数为390，异常值检验结果显示有10个异常值，异常值占比为2.564%，小于5%异常值占比的临界值。其中，未通过异常值检验的分别为“人均年图书出版数”指标中广西和四川、“每万人年均录音录像制品出版数”指标中辽宁和安徽、“人均年报刊期发数”指标中河北、山西、辽宁、湖北、甘肃和宁夏。

“十二五”阶段中信息创新要素指标数据总个数为330，异常值检验结果显示有11个异常值，异常值占比为3.333%，小于5%异常值占比的临界值。其中，未通过异常值检验的分别为“每万人互联网域名数”指标中湖北、“生产力促进中心提供信息条数”指标中北京、山东和云南、“数字技术应用业法人单位个数”指标中辽宁、“开通互联网宽带业务的行政村比重”指标中天津、安徽、福建和重庆、“每平方公里长途光缆线路长度”指标中海南、“每平方公里互联网接入端口数”指标中上海。

“十三五”阶段中信息创新要素指标数据总个数为450，异常值检验结果显示有10个异常值，异常值占比为2.222%，小于5%异常值占比的临界值。其中，未通过异常值检验的分别为“每万人互联网域名数”指标中广西、“每万人互联网网页数”指标中新疆、“数字电视用户与总人数占比”指标中宁夏、“互联网普及率”指标中新疆、“生产力促进中心提供信息条数”指标中天津和上海、“有电子商务交易活动的企业比例”指标中陕西和宁夏、“每平方公里长途光缆线路长度”指标中黑龙江和海南。

综上所述，信息创新要素指标各变量数据在各阶段上均通过异常值检验，存在极少的异常值（5%以内）可以保留且不影响后续分析结果的可靠性。

⑤制度创新要素的分阶段异常值检验。

“十五”阶段中制度创新要素指标数据总个数为150，异常值检验结果显示有3个异常值，异常值占比为2%，小于5%异常值占比的临界值。其中，未通过异常值检验的分别为“亿元以上商品市场交易个数”指标中北京、吉林和陕西数据。

“十一五”阶段中制度创新要素指标数据总个数为150，异常值检验结果显示有8个异常值，异常值占比为5.333%，大于5%异常值占比的临界值。其中，未通过异常值检验的分别为“减少政府对企业的干预”指标中江苏、“市场分配经济资源比重”指标中天津、江苏、浙江、福建、山东和广东、“亿元以上商品市场交易个数”指标中海南。对于“市场分配经济资源比重”指标中未通过异常值检验的有6个省市数据，主要在于各省区市该指标数据变动范围很小，存在重复值，且样本期时间短导致异常值检验结果十分敏感，进而通不过异常值检验。

“十二五”阶段中制度创新要素指标数据总个数为300，异常值检验结果显示有9个异常值，异常值占比为3%，小于5%异常值占比的临界值。其中，未通过异常值检验的分别为“在线政府指数”指标中河北、“知识产权保护度”指标中甘肃、“政府服务满意度：减少政府对企业的干预”指标中吉林、福建和山东、“生产力促进中心咨询服务次数”指标中浙江、江西和湖北、“亿元以上商品市场交易个数”指标中海南。

“十三五”阶段中制度创新要素指标数据总个数为360，异常值检验结果显示有41个异常值，异常值占比为11.3889%，大于5%异常值占比的临界值。其中，未通过异常值检验的分别为“减少政府对企业的干预”指标中除青海外其余30省区市、“电子政务服务能力指数（EGSC）”指标中宁夏、“非国有经济发展度”指标中贵州、“市场分配经济资源比重”指标中福建、“数字化转型保障”指标中广西、“亿元以上商品市场交易个数”指标中天津、福建、海南和陕西、“工信部智能制造试点示范项目数+工业互联网试点示范项目”指标中吉林、黑龙江、陕西和青海。对于“减少政府对企业的干预”指标中未通过异常值检验的有29个省区市数据，主要在于各省区市该指标数据变动范围很小，存在重复值，且样本期时间短导致异常值检验结果十分敏感，进而通不过异常值检验。

综上所述，制度创新要素指标各变量数据在各阶段上能够通过异常值检验，存在极少的异常值（5%以内）可以保留且不影响后续分析结果的可靠性。

（3）创新要素指标数据的信度检验。

本部分对创新要素指标各变量标准化后代入SPSS进行信度检验，从克朗巴哈α系数结果可以看出，2001～2019年各年人力创新要素指标中，17年克朗巴哈α系数值大于0.9，2年系数值在0.8～0.9之间，则人力创新要素指标内部变量具有较高的可靠性和一致性；资本创新要素指标中，克朗巴哈α系数均大于0.9，则资本创新要素指标内部变量具有极高的可靠性和一致性；技术创新要素指标中，14年系数值在0.8～0.9之间，2年系数值在0.7～0.8之间，3年系数值小于0.7，技术创新要素指标中84.21%通过了信度检验，整体上指标内部变量具有较好的可靠性和一致性；信息创新要素指标中，11年系数值大于0.9，8年系数值在0.8～0.9之间，则信息创新要素指标内部变量具有高可靠性和一致性；制度创新要素指标中，13年系数值在0.8～0.9之间，1年系数值在0.7～0.8之间，5年系数值小于0.7，制度创新要素指标中73.68%通过了信度检验，整体上指标内部变量具有一定的可靠性和一致性。综上所述，2001～2019年创新要素指标各变量的数据质量较好。

（4）创新要素指标数据的效度检验。

本部分对创新要素指标各变量标准化后代入SPSS进行效度检验，从KMO值和Bartlett球形检验结果，以及累计方差贡献率的结果可以看出，在人力、资本、技术和信息创新要素指标中，2001～2019年各年KMO值均大于0.5，而制度创新要素指标中存在2年KMO值小于0.5，可能在于样本期前期（2001年和2002年）数据相对不稳定，但整体上仍较为稳定。同时五大创新要素指标Bartlett球形检验的显著性p值均为0.000，累积方差贡献率均大于60%，则整体上五大创新要素指标数据均能通过效度检验，表明创新要素指标各变量数据具有稳定性。综上所述，2001～2019年创新要素指标各变量的数据质量较好。

6.4 本章小结

本章在第5章基于“三大变革”与“五大新发展理念”指导下选取和构建的创新要素配置指标体系的基础上，沿着“原始数据提取—数据的补齐和调整—数据质量评估—描述性统计分析”的思路，首先，介绍本书数据源的来源和选择，其中具体说明了结构化和非结构化数据的具体来源和获取方法；然后，在数据补齐方面，明确了本书所使用指标的数据缺失情况，并据此采用了合适的数据插补方法进行填补，在数据调整方面，针对与资本等相关的数据根据其情况进行了汇率调整、价格调整和存量调整；最后，在数据质量评估方面，本书采用定性和定量相结合的方法，对数据收集和处理过程进行定性数据质量分析，并结合统计数据异常点、变量信度和效度的定量方法综合对所使用数据进行质量评估，检验结果显示，各阶段创新要素配置指标的数据质量均较好，基本通过了异常值检验、信度和效度检验。

第三篇

高质量发展视阈下创新要素配置的统计测度

第7章 高质量发展视阈下创新要素配置水平测度

在第5章构建出具有科学性、特殊性和完备性的创新要素配置指标体系，以及第6章对指标数据进行质量控制的基础上，需要依据指标体系和数据对高质量发展视阈下创新要素配置进行测度，以期准确了解我国创新要素配置现状，找出配置存在的问题，为评价研究奠定基础。同时，在高质量发展背景下，不仅要测度创新要素配置“数量”状况，还需要测度创新要素配置“质量”状况，进而全面且精准地探析创新要素配置现状。本章主要从数量层面对高质量发展视阈下创新要素配置展开测度，首先，基于高质量发展对测度方法提出的新要求，采用熵权－TOPSIS－灰色关联度结合方法对四个发展阶段下的创新要素配置水平进行测度。然后，结合各阶段现实情况以及各省区市发展状况，对测度结果进行合理分析，准确阐述各发展阶段内我国创新要素配置状态。最后，对后续进一步分析创新要素配置现状以及评价等相关研究具有重要意义。

7.1 TOPSIS法与灰色关联度法

指标测度评价方法多种多样，其中熵权法、TOPSIS法①（Technique for Order Preference by Similarity to Ideal Solution，TOPSIS）和灰色关联度法

① Wang C L, Yoon K S. Multiple attribute decision making [M]. Spring－verlig, Berlin, 1981.

是经典的多目标决策与评价的方法。运用熵权法确定指标权重，可以让指标数据中所蕴含的隐含信息得到客观、真实的反映，同时能够使指标的分辨率得到提升，避免因为指标差异过小而造成的选择偏差，从而全面地反映指标的信息（雷勋平和邱广华，2016）。TOPSIS 法即“逼近理想解排序方法”，是一种距离综合评价法（李灿，2013），能够通过测度优先方案中的最优方案和最劣方案，分别计算出各评价对象与最优方案和最劣方案的距离，获得各评价对象与最优方案的相对接近程度，以此来对评价对象进行排序（曹贤忠和曾刚，2014）。然而，该方法无法反映样本内部各因素的变化趋势与理想样本的不同。熵权 TOPSIS 法①实质上是对传统 TOPSIS 法的改进，是将熵权法与 TOPSIS 法相结合，具体做法为首先通过熵权法确定评价指标的权重，消除影响指标的主观因素，再通过 TOPSIS 法应用逼近理想解的技术确定评价对象的排序（杜挺等，2014）。灰色关联度法②，是将参考数据序列和比较数据序列的几何相似程度进行对比，以判断两者之间的联系是否密切的方法。但是，其没有正负方向区别，这可能造成位于参考数据序列上方的被比较数据序列和位于下方的被比较数据序列之间具有相同或相似的关联度。为有效将上述方法自身存在的不足影响降低到最小值，耦合 TOPSIS 法与灰色关联度法，以同时从位置和相似性上反映各观测对象与理想对象的接近程度，并同时体现双基准的特性（徐林明等，2019）。

具体实施步骤如下。

①各指标数据的无量纲化处理。

本书对创新要素配置指标数据进行处理。对于正向指标，采用如下标准化公式处理：

$$z_{ij} = \frac{x_{ij} - \min_i \{x_{1j}, \cdots, x_{nj}\}}{\max_i \{x_{1j}, \cdots, x_{nj}\} - \min_i \{x_{1j}, \cdots, x_{nj}\}} \tag{7.1}$$

① Shanian A, Savadogo O. TOPSIS Multiple - Criteria Decision Support Analysis for Material Selection of Metallic Bipolar Plates for Polymer Electrolyte Fuel Cell [J]. Journal of Power Sources, 2006, 159 (2): 1095 - 1104.

② 邓聚龙. 灰色系统理论的关联空间 [J]. 模糊数学, 1985 (2): 1 - 10.

对于逆向指标，采用如下标准化公式处理：

$$z_{ij} = \frac{\max_i\{x_{1j}, \cdots, x_{nj}\} - x_{ij}}{\max_i\{x_{1j}, \cdots, x_{nj}\} - \min_i\{x_{1j}, \cdots, x_{nj}\}} \tag{7.2}$$

在式（7.1）和式（7.2）中，x_{ij}和 z_{ij}分别表示第 i 个对象第 j 个指标的初始化数值和处理后数值，n 表示对象个数，$\max_i\{x_{1j}, \cdots, x_{nj}\}$ 和 $\min_i\{x_{1j}, \cdots, x_{nj}\}$ 表示所有对象第 j 个指标中的最大值和最小值。

②计算各指标信息熵。

$$e_j = -k\sum_{i=1}^{n}\left(z_{ij}/\sum_{i=1}^{n} z_{ij}\right)\ln\left(z_{ij}/\sum_{i=1}^{n} z_{ij}\right) \tag{7.3}$$

其中，$k = 1/\ln(n)$，e_j 表示第 j 个指标的信息熵。

③计算各指标权重值。

$$w_j = (1 - e_j)/\sum_{j=1}^{m}(1 - e_j) \tag{7.4}$$

其中，m 表示各系统指标总数，w_j 表示第 j 个指标的权重值。

④得到各指标加权指数。

$$f_{ij} = w_j \times z_{ij} \tag{7.5}$$

其中，f_{ij}表示第 i 个对象第 j 个指标的加权指数。

⑤确定各观测对象与理想对象、最劣对象的距离 d_i^g 和 d_i^b。

$$d_i^g = \sqrt{\sum_{j=1}^{m}(f_{ij} - f_{ij}^g)^2}, d_i^b = \sqrt{\sum_{j=1}^{m}(f_{ij} - f_{ij}^b)^2} \tag{7.6}$$

其中，$f_{ij}^g = \max\{f_{1j}, \cdots, f_{nj}\}$，$f_{ij}^b = \min\{f_{1j}, \cdots, f_{nj}\}$。

⑥判定各观测对象与理想对象的相对接近程度 c_i。

$$c_i = \frac{d_i^b}{d_i^g + d_i^b} \tag{7.7}$$

其中，c_i 越大意味着观测对象 i 与理想对象越接近，该观测对象相对较优，反之，观测对象 i 与理想对象越远，该观测对象相对较差。

⑦计算各观测对象与理想对象的灰色关联度。

第 i 个观测对象与理想对象关于第 j 个指标的灰色关联系数为：

$$r_{ij}=\frac{\min\limits_{i}\min\limits_{j}\Delta_{ij}^{*}+\rho\max\limits_{i}\max\limits_{j}\Delta_{ij}^{*}}{\Delta_{ij}^{*}+\rho\max\limits_{i}\max\limits_{j}\Delta_{ij}^{*}} \tag{7.8}$$

其中，$\Delta_{ij}^{*}=|f_{ij}^{g}-f_{ij}|$，$\rho$ 为分辨系数，$\rho\in(0,1)$，本章取值0.5。

第 i 个方案与理想方案的灰色关联度为：

$$r_i=\frac{1}{m}\sum_{j=1}^{m}r_{ij}, i=1,\cdots,n \tag{7.9}$$

⑧计算各观测对象新贴近度来代表各观测对象的发展指数。

$$h_i=\alpha c_i+(1-\alpha)r_i, 0\leqslant\alpha\leqslant 1 \tag{7.10}$$

其中，α 表示决策者对位置和形状的偏好，在此取 $\alpha=0.5$，表示位置和形状同等重要。

7.2 创新要素配置水平测算结果

按照组合的熵权 TOPSIS 法与灰色关联度法，分阶段计算创新要素配置水平年均值和几何平均增长率，分析我国各省区市的配置水平情况。

7.2.1 “十五”阶段创新要素配置水平测算结果

对“十五”阶段30个省区市创新要素配置进行水平测算，并以目前统计中所涉及的四大区域进行划分，求出各区域的创新要素配置水平，测算结果如表7.1与图7.1所示。

表7.1 “十五”阶段创新要素配置水平测算结果

省区市	2001年	2002年	2003年	2004年	2005年	均值	排名	增长率（%）
北京	0.687	0.738	0.783	0.784	0.798	0.758	1	3.822
上海	0.643	0.660	0.692	0.738	0.758	0.698	2	4.228
广东	0.507	0.557	0.601	0.629	0.657	0.590	3	6.654
江苏	0.495	0.518	0.570	0.630	0.640	0.571	4	6.616

续表

省区市	2001 年	2002 年	2003 年	2004 年	2005 年	均值	排名	增长率（%）
浙江	0.478	0.511	0.547	0.599	0.631	0.553	5	7.172
天津	0.540	0.535	0.521	0.532	0.600	0.546	6	2.661
山东	0.490	0.484	0.504	0.529	0.550	0.511	7	2.936
辽宁	0.442	0.454	0.484	0.483	0.506	0.474	8	3.452
湖北	0.430	0.457	0.464	0.481	0.494	0.465	9	3.522
福建	0.399	0.441	0.479	0.488	0.496	0.460	10	5.576
陕西	0.426	0.435	0.434	0.439	0.502	0.447	11	4.182
河北	0.434	0.432	0.444	0.430	0.467	0.442	12	1.848
四川	0.431	0.411	0.429	0.453	0.459	0.436	13	1.594
黑龙江	0.417	0.405	0.420	0.439	0.480	0.432	14	3.585
海南	0.441	0.406	0.425	0.414	0.419	0.421	15	-1.231
重庆	0.386	0.393	0.418	0.458	0.439	0.419	16	3.311
吉林	0.391	0.406	0.423	0.424	0.445	0.418	17	3.335
湖南	0.374	0.380	0.432	0.429	0.432	0.410	18	3.642
河南	0.367	0.407	0.392	0.450	0.427	0.409	19	3.846
山西	0.359	0.383	0.413	0.423	0.428	0.401	20	4.501
安徽	0.356	0.395	0.411	0.411	0.414	0.397	21	3.871
新疆	0.383	0.376	0.394	0.367	0.373	0.379	22	-0.649
广西	0.317	0.323	0.382	0.396	0.464	0.376	23	10.039
云南	0.365	0.365	0.383	0.377	0.387	0.375	24	1.476
青海	0.363	0.375	0.382	0.363	0.352	0.367	25	-0.752
江西	0.329	0.331	0.351	0.376	0.442	0.366	26	7.682
甘肃	0.328	0.337	0.364	0.371	0.381	0.356	27	3.807
内蒙古	0.367	0.330	0.367	0.343	0.354	0.352	28	-0.912
贵州	0.321	0.326	0.321	0.323	0.343	0.327	29	1.657
宁夏	0.295	0.321	0.315	0.320	0.348	0.320	30	4.176
全国	0.419	0.430	0.451	0.463	0.483	0.449	—	3.822
东部	0.511	0.528	0.556	0.577	0.602	0.555	—	4.228
中部	0.369	0.392	0.411	0.428	0.439	0.408	—	6.654
西部	0.362	0.363	0.381	0.383	0.400	0.378	—	6.616
东北	0.417	0.422	0.442	0.449	0.477	0.441	—	7.172

由表7.1可知，在“十五”发展阶段下，在创新要素配置水平均值排名中，北京、上海、广东等东部沿海发达地区位于前列，位于中游的大多数为中西部发展状况较好的地区以及东北地区，如四川、黑龙江、重庆、湖南，而甘肃、内蒙古、贵州、宁夏等中西部地区居于后列，且除海南、新疆、青海、内蒙古，其余地区的创新要素配置水平保持正增长。从全国及区域层面看，全国创新要素配置水平均值为0.449，仅东部地区均值超过全国平均水平，中部、西部、东北部地区的均值均低于全国平均水平。这与当时现实情况大体相符合，综合表7.1与图7.1，展开具体分析如下。

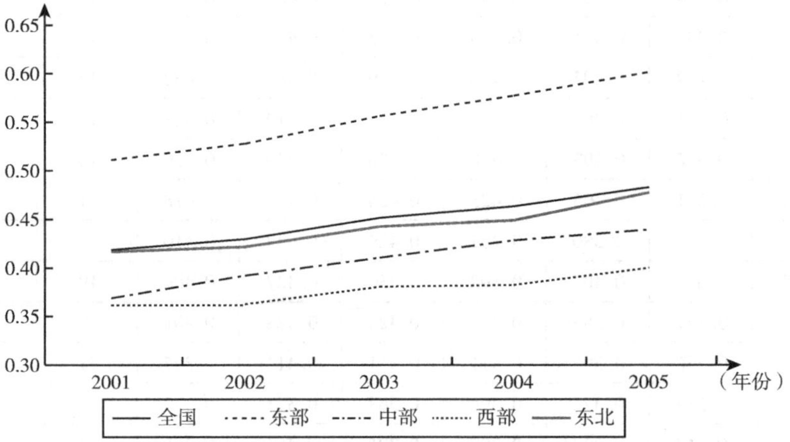

图7.1 “十五”阶段全国及四大区域创新要素配置水平变化趋势

通过表7.1的测算结果可知，东部、东北、中部、西部地区的创新要素配置水平依次递减，整体均值分别为0.555、0.441、0.408与0.378，而增长率却呈现出东北、西部、中部、东部地区依次递减的局面。结合图7.1可发现，全国及四大区域在“十五”阶段内的创新要素配置水平大致均呈现上升趋势，且东部地区遥遥领先全国与其他区域的平均水平。在均值排名前十的省份中，东部地区占据八席。这与东部地区优越的地理位置、较高的经济水平等密切相关。以排名位于首位的北京为例，在“十五”期间，北京创新要素配置水平均值为0.758，这与其强化自身政治、文化和国际交流中心的职能，努力推动首都经济的发展，推进制度创新和科技创新，打造全国知识经济发展基地有着密切关系①。具体而言，增加高校数量与扩大招生，普通高校数量较 2000 年末增加 20 所，在学研究生人数较 2000 年末增加 10.1 万人；提高 R&D 经费支出，经费累计支出达到 1343.9 亿元，较“九五”期间增长 2.1 倍；提升信息生产能力与发展潜力，广播、电视综合率分别达到 100% 与 99.99%，出版的报纸达到 253 种；大力建设区域创新体系，初步形成以中关村科技园区的“五年上台阶”建设为主的高新技术产业集群，拥有科技活动人员 34 万人，较 2000 年增长 30.3%，专利批准量与技术合同签订项目数与“九五”期间相比分别增长 77.8% 和 71%②。北京对各类创新要素的重视与投入，使其整体配置水平位居第一。

而均值排名位于中游的省份，包括东部地区的河北（0.442）与海南（0.421），东北地区的黑龙江（0.432）和吉林（0.418），中部地区的湖南（0.410）、河南（0.409）和山西（0.401），西部地区的陕西（0.447）、四川（0.436）和重庆（0.419）。以西部地区的重庆为例，其创新要素配置水平的增长率为 3.3%。地处长江上游经济带核心地区的重庆将“科教兴渝”战略、“信息化”战略纳入“十五”期间重点实施的五大战略，提出要建立以企业为主体的技术创新体系，推进产、学、研一体化，加快科技成果向现实生产力转化，并加快信息基础设施建设，大力发展信息产业③。与自身以往相比，重庆在科技、教育等方面均取得了新的进步。但在创新要素配置方面，与东部发达地区仍存在一定的差距，以 2005 年 R&D 经费支出为例，重庆共支出 31 亿元，是“十五”期间的最大值，但却不及北京的十分之一、上海的六分之一④。

创新要素配置水平排名位于下游的省份，除中部地区的安徽（0.397）与江西（0.366），其余均是西部地区，分别是新疆（0.379）、广西（0.376）、云南（0.375）、青海（0.367）、甘肃（0.356）、内蒙古（0.352）、

① 资料来源：《北京市国民经济和社会发展第十个五年计划纲要》。
② 数据来源：北京市统计局。
③ 资料来源：《重庆市国民经济和社会发展第十个五年计划纲要》。
④ 数据来源：重庆市统计局、北京市统计局与上海市统计局。

贵州（0.327）与宁夏（0.320）。以排名位于第29的贵州为例，其均值增长率为1.657%。在“十五”期间，贵州虽提出要建立多元化科技投入体系，积极开发人才资源等，但囿于贵州的区位状况，且当时贵州的落实重点在“十五”计划与实施西部大开发战略紧密结合，加强农业基础和各类基础设施建设。与“九五”期间相比，贵州在“十五”期间各方面均有提升，但与东部、中部、东北部以及部分西部地区间仍然存在较大差距，以作为技术创新要素投入的发明专利申请授权数为例，2005年上海的发明专利申请授权数量达到1997件，湖南为533件，四川为613件，而贵州仅有162件①。

此外，少数省级行政区如海南、新疆、青海及内蒙古的创新要素配置水平增长率为负值，分别为－1.231%、－0.649%、－0.752%与－0.912%。且这些在当时均为发展落后省级行政区。造成增长率为负值的原因可能是在“十五”期间，受自身区位、历史发展状况、经济发展不平衡等的影响，科技资金投入低，技术开发项目少，人才引进吸引力欠缺，以2005年高技术产业新产品开发项目数为例，海南、新疆、青海与内蒙古相加之和为52项，不足江西的十三分之一②。

7.2.2 “十一五”阶段创新要素配置水平测算结果

对“十一五”阶段30个省区市创新要素配置进行水平测算，并以目前统计中所涉及的四大区域进行划分，求出各区域的创新要素配置水平，测算结果如表7.2与图7.2所示。

表7.2　“十一五”阶段创新要素配置水平测算结果

省区市	2006年	2007年	2008年	2009年	2010年	均值	排名	增长率（%）
北京	0.706	0.708	0.722	0.740	0.771	0.729	1	2.223
上海	0.661	0.674	0.708	0.725	0.753	0.704	2	3.325
江苏	0.532	0.570	0.615	0.636	0.675	0.606	3	6.140

①② 数据来源：EPS数据平台——中国科技数据库。

续表

省区市	2006年	2007年	2008年	2009年	2010年	均值	排名	增长率（%）
广东	0.553	0.567	0.596	0.606	0.629	0.590	4	3.270
浙江	0.534	0.550	0.575	0.591	0.613	0.573	5	3.502
天津	0.475	0.474	0.498	0.502	0.503	0.490	6	1.441
辽宁	0.433	0.445	0.478	0.500	0.516	0.474	7	4.489
山东	0.428	0.448	0.473	0.498	0.521	0.474	8	5.036
福建	0.429	0.434	0.449	0.458	0.467	0.448	9	2.151
陕西	0.424	0.436	0.444	0.453	0.456	0.443	10	1.873
四川	0.400	0.410	0.432	0.456	0.484	0.436	11	4.910
湖北	0.404	0.422	0.434	0.453	0.465	0.435	12	3.539
海南	0.397	0.416	0.434	0.401	0.421	0.414	13	1.484
吉林	0.381	0.394	0.405	0.419	0.435	0.407	14	3.359
安徽	0.375	0.384	0.397	0.418	0.433	0.401	15	3.670
黑龙江	0.380	0.385	0.405	0.413	0.417	0.400	16	2.356
湖南	0.375	0.366	0.384	0.413	0.418	0.391	17	2.756
重庆	0.370	0.359	0.374	0.408	0.439	0.390	18	4.373
河北	0.355	0.366	0.376	0.405	0.418	0.384	19	4.160
河南	0.355	0.365	0.377	0.396	0.412	0.381	20	3.841
山西	0.353	0.357	0.386	0.387	0.389	0.374	21	2.487
江西	0.348	0.358	0.365	0.387	0.395	0.371	22	3.237
云南	0.348	0.359	0.356	0.368	0.381	0.362	23	2.290
广西	0.344	0.358	0.355	0.368	0.386	0.362	24	2.919
新疆	0.336	0.349	0.357	0.379	0.388	0.362	25	3.680
内蒙古	0.312	0.320	0.325	0.342	0.361	0.332	26	3.742
青海	0.309	0.317	0.318	0.350	0.355	0.330	27	3.532
宁夏	0.288	0.292	0.309	0.320	0.376	0.317	28	6.899
甘肃	0.280	0.300	0.313	0.329	0.361	0.316	29	6.526
贵州	0.272	0.271	0.268	0.306	0.326	0.289	30	4.610
全国	0.405	0.415	0.431	0.448	0.465	0.433	—	3.530
东部	0.507	0.521	0.545	0.556	0.577	0.541	—	3.292
中部	0.368	0.375	0.390	0.409	0.419	0.392	—	3.265
西部	0.335	0.343	0.350	0.371	0.392	0.358	—	4.035
东北	0.398	0.408	0.429	0.444	0.456	0.427	—	3.460

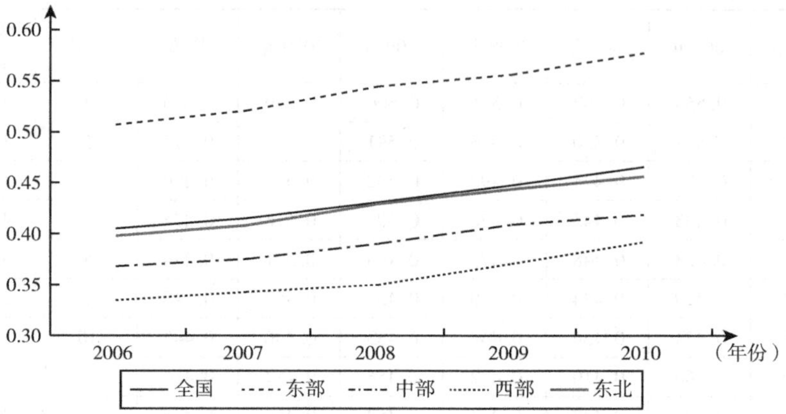

图 7.2 “十一五”阶段全国及四大区域创新要素配置水平变化趋势

由表 7.2 可知，在“十一五”发展阶段下，北京、上海、江苏等东部沿海发达地区创新要素配置水平均值排名仍然位于前列，位于中游的仍然大多数为东北地区以及中西部发展状况较好的地区，如湖北、吉林、重庆、湖南，而青海、宁夏、甘肃、贵州等西部地区居于后列，且所有省区市的创新要素配置水平均保持正增长。从全国及区域层面看，全国创新要素配置水平均值为 0.433，同样仅东部地区的均值超过全国配置水平均值，其余地区的均值均低于全国平均水平。这与当时的现状大致相符合，综合表 7.2 与图 7.2，展开具体分析如下。

通过表 7.2 的测算结果可知，东部、东北、中部、西部地区的创新要素配置水平依次递减，整体均值分别为 0.541、0.427、0.392 和 0.358，而增长率却呈现出西部、东北、东部、中部依次递减的局面，分别为 4.035%、3.460%、3.292% 和 3.265%。结合图 7.2 可以发现，全国及四大区域在“十一五”阶段内的创新要素配置水平均呈现上升趋势，且东部地区仍然明显领先于全国及其他区域的平均水平，而全国创新要素配置水平的变化与东北地区的创新要素配置整体变化幅度范围相似，几乎重合。在均值排名前十的地区中，东部地区仍占据八席，且前六位均是位于东部地区，分别是北京（0.729）、上海（0.704）、江苏（0.606）、广东（0.590）、浙江（0.573）与天津（0.490）。以排名第 2 的上海为例，在

“十一五”期间，上海的创新要素配置水平的增长率为 3.325%。这与上海在此期间对创新各方面所作的努力紧密相关，即使作为金融中心经历突发的 2008 年国际金融危机，其仍坚定创新，不断深化经济体制改革，改善非公有经济发展环境，增强原始创新能力，构筑产学研相结合的技术创新体系，并从知识产权保护、公共服务平台、人才培育激励等方面构建良好的创新环境[①]。在人才培养方面，在此期间的普通高校在校生和毕业生数量持续增加；在全社会研发经费支出方面，“十一五”期间全社会研发经费支出逐渐增加，从 2005 年 258.84 亿元增加到 2010 年的 477 亿元，相当于生产总值的比例由 2.45% 提升至 2.83%；在技术成果转化方面，2010 年全年新认定高技术成果转化项目达 634 项；在信息化方面，2010 年上海家庭宽带用户占宽带接入用户比例超 88.14%[②]；在制度方面，不断提高政府服务能力，加强自身建设，提升国资国企开放性。

排名位于中游的省份包括东部地区的海南（0.414）与河北（0.384），东北地区的吉林（0.407）与黑龙江（0.400），中部地区的湖北（0.435）、安徽（0.401）、湖南（0.391）与河南（0.381），以及西部地区的四川（0.436）与重庆（0.390）。以排名居第 17 位的湖南省为例，湖南在“十一五”阶段的创新要素配置水平增长率为 2.756%。在“十一五”期间，湖南省实施科教兴湘、建设创新型湖南战略，减少经济增长对资本、自然资源和简单劳动力的依赖性，推进科技创新，突出企业在技术创新中的主体地位，建设人才强省[③]。其战略的实施取得了显著成绩，如科研成果不断涌现，“十一五”阶段的发明专利申请授权数总量达 6184 件，较“十五”阶段增长超 2.7 倍，仅 2009 年的发明专利申请授权数量就超过“十五”阶段的总数，再如研究与开发机构 R&D 经费内部支出，在“十一五”阶段支出达 466313.7 万元，较“十五”阶段增长超 1.73 倍[④]。然而，从“十一五”中五年的经济发展现状来看，湖南仍然存在自主创新不足的问

① 资料来源：《上海市国民经济和社会发展第十一个五年规划纲要》。

② 数据来源：上海市统计局，https：//tjj.sh.gov.cn/tjgb/20110302/0014－82123.html。

③ 资料来源：《湖南省国民经济和社会发展第十一个五年规划纲要》。

④ 数据来源：EPS 数据平台——中国科技数据库。

题，缺乏自主创新人才，使湖南处于技术引进与应用的较低层次（沈素素，2012）。

排名位于下游的省份除中部地区的山西（0.374）与江西（0.371）外，其余均为位于西部地区，分别是云南（0.362）、广西（0.362）、新疆（0.362）、内蒙古（0.332）、青海（0.330）、宁夏（0.317）、甘肃（0.316）与贵州（0.289）①。以排名居第29名的甘肃为例，甘肃在“十一五”阶段的创新要素配置水平的增长率为6.526%，增长率较高，但均值水平较低。在“十一五”时期，甘肃经济年均增长11.20%，增幅低于全国平均水平11.21%，这与甘肃经济增长依赖传统资源、城市化滞后影响技术进步等原因直接相关（宋芳和冯等田，2013）。同时，“十一五”时期是甘肃省自改革开放以来面临各种困难和矛盾最多的五年，如经历2010年“8·7”甘肃舟曲特大泥石流灾害，发展过程中积累的经济总量小、贫困人口多、人均水平低、市场化和对外开放程度低②，区域创新体系不完善，创新主体较为缺乏，在短期内难以实现自主创新（周亚雄和田淑萍，2010）。

7.2.3 “十二五”阶段创新要素配置水平测算结果

对“十二五”阶段30个省区市创新要素配置进行水平测算，并以目前统计中所涉及的四大区域进行划分，求出各区域的创新要素配置水平，测算结果如表7.3与图7.3所示。

表7.3 “十二五”阶段创新要素配置水平测算结果

省区市	2011年	2012年	2013年	2014年	2015年	均值	排名	增长率（%）
北京	0.698	0.731	0.783	0.823	0.878	0.783	1	5.886
江苏	0.575	0.616	0.650	0.699	0.756	0.659	2	7.079
广东	0.548	0.612	0.653	0.696	0.743	0.650	3	7.883

① 限于篇幅排版，报告最后结果是保留三位小数，导致云南、广西、新疆数值相同，实际其均值分别为0.3623、0.3621与0.3620。

② 资料来源：《甘肃省国民经济和社会发展第十二个五年规划纲要》。

续表

省区市	2011 年	2012 年	2013 年	2014 年	2015 年	均值	排名	增长率（%）
上海	0. 549	0. 598	0. 614	0. 647	0. 681	0. 618	4	5. 546
浙江	0. 495	0. 524	0. 560	0. 594	0. 648	0. 564	5	6. 939
山东	0. 456	0. 474	0. 515	0. 556	0. 590	0. 518	6	6. 681
辽宁	0. 462	0. 479	0. 500	0. 514	0. 522	0. 496	7	3. 090
四川	0. 424	0. 449	0. 482	0. 511	0. 541	0. 481	8	6. 282
天津	0. 439	0. 452	0. 472	0. 472	0. 506	0. 468	9	3. 619
陕西	0. 421	0. 441	0. 471	0. 487	0. 509	0. 466	10	4. 820
湖北	0. 408	0. 426	0. 465	0. 497	0. 528	0. 465	11	6. 642
福建	0. 404	0. 416	0. 459	0. 485	0. 521	0. 457	12	6. 550
湖南	0. 401	0. 408	0. 430	0. 469	0. 507	0. 443	13	6. 024
安徽	0. 378	0. 403	0. 426	0. 460	0. 498	0. 433	14	7. 119
河南	0. 380	0. 390	0. 424	0. 455	0. 478	0. 425	15	5. 935
黑龙江	0. 381	0. 393	0. 427	0. 450	0. 471	0. 424	16	5. 396
吉林	0. 384	0. 397	0. 413	0. 430	0. 450	0. 415	17	4. 030
河北	0. 380	0. 390	0. 412	0. 432	0. 452	0. 413	18	4. 464
重庆	0. 357	0. 368	0. 395	0. 412	0. 433	0. 393	19	4. 942
海南	0. 362	0. 377	0. 389	0. 405	0. 416	0. 390	20	3. 536
山西	0. 347	0. 367	0. 397	0. 405	0. 427	0. 388	21	5. 351
江西	0. 344	0. 361	0. 381	0. 401	0. 425	0. 382	22	5. 426
新疆	0. 333	0. 343	0. 369	0. 373	0. 393	0. 362	23	4. 175
广西	0. 318	0. 331	0. 363	0. 382	0. 409	0. 361	24	6. 518
内蒙古	0. 320	0. 342	0. 356	0. 370	0. 395	0. 357	25	5. 403
云南	0. 319	0. 330	0. 349	0. 360	0. 382	0. 348	26	4. 595
贵州	0. 280	0. 289	0. 334	0. 363	0. 386	0. 330	27	8. 304
宁夏	0. 310	0. 307	0. 309	0. 353	0. 362	0. 328	28	3. 988
甘肃	0. 274	0. 303	0. 322	0. 339	0. 364	0. 320	29	7. 318
青海	0. 262	0. 291	0. 322	0. 354	0. 371	0. 320	30	9. 096
全国	0. 400	0. 420	0. 448	0. 473	0. 501	0. 449	—	5. 784
东部	0. 491	0. 519	0. 551	0. 581	0. 619	0. 552	—	5. 986
中部	0. 376	0. 392	0. 420	0. 448	0. 477	0. 423	—	6. 115
西部	0. 329	0. 345	0. 370	0. 391	0. 413	0. 370	—	5. 856
东北	0. 409	0. 423	0. 447	0. 465	0. 481	0. 445	—	4. 113

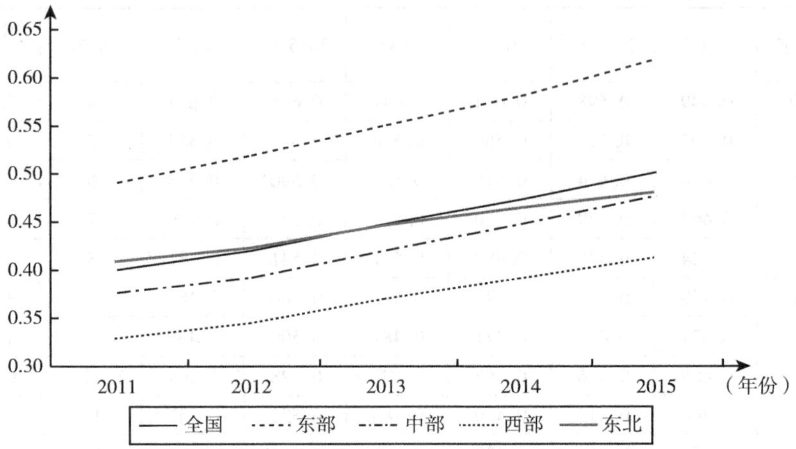

图 7.3 "十二五"阶段全国及四大区域创新要素配置水平变化趋势

由表 7.3 可知，在"十二五"发展阶段下，北京、江苏、广东等位于东部沿海发达地区的省份的创新要素配置水平均值排名仍然位于前列，位于中游的除福建、河北与海南外，仍然大多数为东北地区以及中西部地区发展状况较好的，如湖北、安徽、重庆，而贵州、宁夏、甘肃、青海等西部地区居于后列，且所有省区市的创新要素配置水平均保持正增长。从全国及区域层面看，全国创新要素配置水平均值为 0.449，仅东部地区的均值高于全国配置整体水平均值，其余三大地区均低于全国配置整体水平均值。而在增长率方面，除东北地区外，其余地区的增长率均高于全国增长率 5.784%。上述与现实情况大致相符，综合表 7.3 与图 7.3，展开具体分析如下。

通过表 7.3 的测算结果可知，东部、东北、中部、西部地区的创新要素配置水平依次递减，整体均值分别为 0.552、0.445、0.423 和 0.370，与此同时，增长率呈现出中部、东部、西部和东北地区依次递减的局面，分别是 6.115%、5.986%、5.856% 和 4.113%。结合图 7.3 可以发现，全国及四大区域在"十二五"阶段内的创新要素配置水平均呈现大致线性上升趋势。在均值排名前十的省市中，东部地区有 7 个省市位列其中，分别是北京（0.783）、江苏（0.659）、广东（0.650）、上海（0.618）、浙江

(0.564)、山东（0.518）和天津（0.468），东北地区的辽宁以0.496位列第7，西部地区的四川和陕西分别以0.481、0.466位列第8与第10。可以得出，东部地区的创新要素配置水平仍然明显高于其他地区，这除了得益于优越的区位条件外，也得益于当地政府的高瞻远瞩，积极推进各类创新改革。以排名第三、位于上游的广东为例，广东在“十二五”期间创新要素配置水平的均值为0.650。《广东省国民经济和社会发展第十二个五年规划纲要》将创新列入第二篇，体现出广东在政府规划层面对创新的高度重视，并提出到2015年，力争将广东率先建设成一个具有完善创新体系、集聚创新要素能力、创新成效显著的全国自主创新示范省，初步建成亚太地区重要的区域创新中心，并通过完善创新机制、增强创新能力、打造创新人才高地、优化创新发展环境四个方面形成创新驱动力。在此期间，广东省不断推进创新驱动发展战略，不断优化创新资源配置机制，突出企业创新主体地位，超额完成研究与发展经费支出占地区生产总值比例目标、每万人口发明专利申请量目标，研究与发展经费支出占地区生产总值比例由2010年的1.8%提升至2015年的2.50%，每万人口发明专利申请量由2010年的382件提高至2015年的846件；同时，广东省政府积极推进体制机制创新，如建立起网上办事大厅，省直各部门全部行政审批事项和99%的社会服务事项实现网上办理，网上全流程办理率及网上办结率达到70%以上①。

排名位于中游的省市包括东部地区的福建（0.457）、河北（0.413）与海南（0.390），中部地区的湖北（0.465）、湖南（0.443）、安徽（0.433）与河南（0.425），西部地区的重庆（0.393），以及东北地区的黑龙江（0.424）与吉林（0.415）。其中，安徽省的增长率最高，为7.119%。安徽的创新要素配置水平均值排名为第14名。虽然与周边上海、江苏、浙江长三角省市相比，安徽对创新要素的吸引能力相对欠缺，但是也正得益于安徽优越的地理位置，交通条件的改善，使其能够承接来自上海等地的产业转移与技术转移，且在2010年安徽省省会合肥市正式加入长三角，成为长

① 资料来源：《广东省国民经济和社会发展第十二个五年规划纲要》。

三角22个会员城市之一，使安徽融入长三角地区进入新的阶段。合肥市在1999年与北京、成都、西安一起被评为四大科教城市，合肥市的国家重大科学工程布局密度高，科研力量雄厚，智力资源丰富，实现多个世界或中国首个，如在2012年建成全球首个城域量子通信试验示范网。在“十二五”期间，安徽以芜蚌自主创新综合试验区为创新抓手，充分发挥试验区龙头示范作用，加快合肥国家创新型试点市建设，广泛集聚各类创新要素，加快建设创新型安徽。在此期间，安徽省新增落户世界500强企业21家（梁祥凤和王居华，2017）。

排名位于下游的省份除中部地区的山西（0.388）与江西（0.382），其余均为位于西部地区，分别是新疆（0.362）、广西（0.361）、内蒙古（0.357）、云南（0.348）、贵州（0.330）、宁夏（0.328）、甘肃（0.320）与青海（0.320）[①]。以排名位于第28的宁夏为例，宁夏的创新要素配置水平增长率为3.988%，在下游中的增长率最低。宁夏位于西北内陆，为全国五个少数民族自治区之一，农业、能源、旅游和内陆开放是其发展的优势，创新底子薄弱、创新条件不足是宁夏发展的最大“瓶颈”。在《宁夏回族自治区国民经济和社会发展第十二个五年规划纲要》中，明确提及以科技进步和自主创新为动力，推动经济转型升级，实现经济新跨越。然而，由于自身区位条件相对较差、经济体量小等原因，吸引创新要素能力不足，在与创新有关的各方面表现欠佳，以技术合同成交金额为例，2015年宁夏技术合同成交金额为35400万元，而同处西部地区的贵州省的技术合同成交金额是宁夏的7.35倍，为260190万元[②]。

7.2.4 “十三五”阶段创新要素配置水平测算结果

对“十三五”阶段30个省区市创新要素配置进行水平测算，并以目

① 限于篇幅排版，报告最后结果是保留三位小数，导致甘肃与青海数值相同，实际其均值分别为0.32041与0.3200。

② 数据来源：《宁夏回族自治区2015年国民经济和社会发展统计公报》与《2015年贵州省国民经济和社会发展统计公报》。

前统计中的四大区域进行划分，求出各区域的创新要素配置水平，测算结果如表7.4与图7.4所示。

表7.4　　　　“十三五”阶段创新要素配置水平测算结果

省区市	2016年	2017年	2018年	2019年	均值	排名	增长率（%）
北京	0.701	0.755	0.780	0.886	0.780	1	8.130
广东	0.606	0.624	0.671	0.722	0.656	2	5.993
江苏	0.570	0.599	0.618	0.678	0.616	3	5.932
上海	0.541	0.564	0.587	0.649	0.585	4	6.265
浙江	0.518	0.559	0.567	0.591	0.559	5	4.494
山东	0.465	0.482	0.523	0.517	0.497	6	3.614
四川	0.432	0.455	0.473	0.507	0.467	7	5.551
福建	0.436	0.470	0.469	0.478	0.463	8	3.120
陕西	0.420	0.436	0.472	0.489	0.454	9	5.230
安徽	0.396	0.458	0.476	0.486	0.454	10	7.005
天津	0.433	0.444	0.446	0.482	0.451	11	3.672
湖北	0.412	0.424	0.447	0.478	0.440	12	5.096
湖南	0.402	0.433	0.439	0.454	0.432	13	4.146
辽宁	0.399	0.421	0.430	0.439	0.422	14	3.269
河南	0.363	0.395	0.410	0.437	0.401	15	6.313
海南	0.382	0.379	0.385	0.421	0.392	16	3.300
河北	0.347	0.376	0.383	0.406	0.378	17	5.356
江西	0.349	0.368	0.379	0.415	0.378	18	5.917
吉林	0.350	0.354	0.380	0.427	0.378	19	6.880
重庆	0.328	0.354	0.388	0.436	0.376	20	9.973
贵州	0.326	0.363	0.382	0.432	0.375	21	9.815
黑龙江	0.350	0.362	0.377	0.406	0.374	22	5.045
山西	0.330	0.337	0.351	0.381	0.350	23	4.826
广西	0.321	0.316	0.333	0.396	0.342	24	7.273
云南	0.308	0.304	0.350	0.394	0.339	25	8.641
青海	0.292	0.298	0.353	0.413	0.339	26	12.281
甘肃	0.302	0.320	0.337	0.378	0.334	27	7.744
内蒙古	0.283	0.311	0.329	0.381	0.326	28	10.391

续表

省区市	2016 年	2017 年	2018 年	2019 年	均值	排名	增长率（%）
宁夏	0.272	0.310	0.322	0.373	0.319	29	11.179
新疆	0.277	0.285	0.304	0.361	0.307	30	9.256
全国	0.397	0.419	0.439	0.477	0.433	—	6.319
东部	0.500	0.525	0.543	0.583	0.538	—	5.262
中部	0.376	0.403	0.417	0.442	0.409	—	5.555
西部	0.324	0.344	0.371	0.416	0.364	—	8.750
东北	0.366	0.379	0.396	0.424	0.391	—	5.005

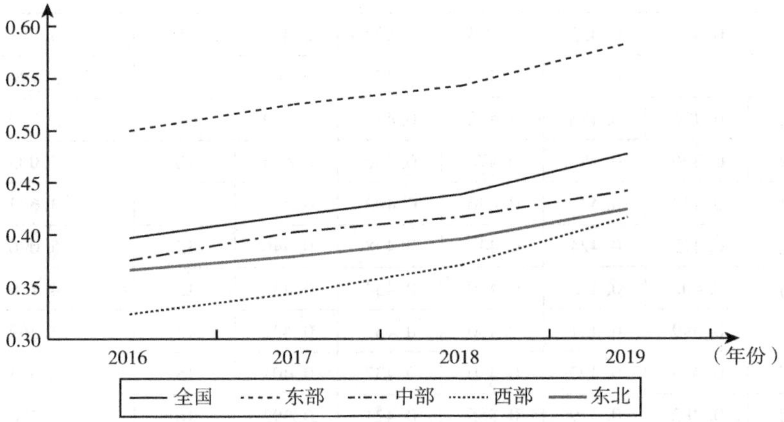

图 7.4 “十三五”阶段全国及四大区域创新要素配置水平变化趋势

由表 7.4 可知，在“十三五”发展阶段下，北京、广东、江苏、上海等位于东部沿海发达地区的创新要素配置水平均值排名仍然位于前列。此外，安徽也首次进入前十的行列。位于中游的除天津、海南与河北外，仍然大多数为东北地区以及中西部发展状况较好的省市，如湖北、湖南、重庆，而山西、内蒙古、宁夏、新疆等中西部居于后列，且所有省区市的创新要素配置水平均保持正增长。从全国及区域层面看，全国创新要素配置水平均值为 0.433，仅东部地区的均值高于全国配置整体水平均值，其余三大地区均低于全国配置整体水平均值。而在增长率方面，除西部地区外，其余地区的增长率均低于全国增长率 6.319%，这与国家大力支持西部地区发展、深入实施西部大开发战略高度相关。上述与现实情况大致相符，综合表7.4与图7.4，展开具体分析如下。

通过观察表7.4的测算结果可知，东部、中部、东北、西部地区的创新要素配置水平依次递减，整体均值分别为0.538、0.409、0.391和0.364，与此同时，增长率呈现出西部、中部、东部、东北地区依次递减的局面，分别是8.750%、5.555%、5.262%和5.005%。东北地区在四个区域中增长率最低，且配置整体平均水平仅高于西部地区。其原因可能是东北地区难以吸引集聚新的要素资源，同时存量要素资源流失，大规模向东部地区集中（乔榛和路兴隆，2019）。结合图7.4可以发现，虽然在“十三五”阶段内全国及四大地区的创新要素配置水平均呈现增长趋势，但是东部地区整体均值在阶段内明显高于全国与其余地区均值水平。在均值排名前十的省市中，除位于第7的四川（0.467）、位于第9的陕西（0.454）与位于第10的安徽（0.454）[①]，前6名与第8名均为处于东部地区，分别是北京（0.780）、广东（0.656）、江苏（0.616）、上海（0.585）、浙江（0.559）、山东（0.497）与福建（0.463）。因此，以排名第5、创新要素配置水平增长率为4.494%的浙江为例。在“十三五”时期，面临着国际贸易和各类规则的深度博弈，浙江将创新驱动作为首要战略，将创新摆在发展全局的核心位置，大力推进资源要素市场化配置改革，创新地方金融机制，构建区域性要素交易综合平台等[②]；加大对人力资本的投资，如深入实施人才强省战略和人才优先发展战略，推进“五位一体”人才生态优化工程[③]；数字政府建设进入新阶段，电子政务服务能力增强，数字政府服务指数达62.9，位于全国第3[④]。同时在此时期，浙江人才新政取得实际效果，基本建成了创新型省份，创新能力跻身全国第一方阵[⑤]。这得益

① 限于篇幅排版，报告最后结果是保留三位小数，导致陕西与安徽数值相同，实际其均值分别为0.4543与0.4539。

② 资料来源：《浙江省国民经济和社会发展第十三个五年规划纲要》。

③ 资料来源：《浙江省人力资源和社会保障事业发展“十三五”规划》。

④ 资料来源：《2020中国数字政府建设白皮书》。

⑤ 资料来源：《浙江省国民经济和社会发展第十四个五年规划纲要和二〇三五年远景目标规划纲要》。

于浙江富有吸引力的政策、优越的区位条件、包容的创新环境等，由此吸引了各类创新要素的涌入。以吸引人才为例，自 2019 年至 2020 年 8 月，浙江 11 市全部出台人才新政，并对原有的人才政策进行升级和补充，进一步放开学历、年龄、社保缴纳期限等门槛限制，抢夺人才先机①，其中浙江省 8 个城市的人才吸引力进入“2019 年最具人才吸引力城市 100 强”，而省会杭州更是跻身于第五位②。

排名位于中游的省市包括东部地区的天津（0.451）、海南（0.392）与河北（0.378），中部地区的湖北（0.440）、湖南（0.432）、河南（0.401）与江西（0.378），东北地区的辽宁（0.422）与吉林（0.378），以及西部地区的重庆（0.376）。以排名位于第 15 的河南为例，河南在“十三五”期间创新要素配置水平增长率为 6.313%。在此期间，河南积极构建现代创新体系，强化企业创新主体地位、推进大众创业万众创新、打造区域核心创新载体、推动开放式创新，汇总各类创新要素，整合高校、科研院所、研发平台等创新资源，促进创新要素共生互助、聚合裂变；大力发展要素市场，推动金融、人力资源、技术等要素市场建设③。经过建设发展，河南科技创新支撑能力得到快速提升，以获奖数量为例，2019 年河南省获得国家科学技术进步奖 15 项，包括 3 项国家技术发明奖和 12 项国家科技进步奖④。

排名位于下游的省份除东北地区的黑龙江（0.374）与中部地区的山西（0.350），其余均为位于西部地区，分别是贵州（0.375）、广西（0.342）、云南（0.339）、青海（0.339）、甘肃（0.334）、内蒙古（0.326）、宁夏（0.319）与新疆（0.307）⑤。以排名位于第 28 的内蒙古为例，内蒙古在“十三五”阶段自身进步明显，增长率达到 10.391%，高

---

① 资料来源：一年间浙江 11 市人才新政尽出 是人才的快到浙江“碗”里来（zj. gov. cn）。

② 资料来源：恒大研究院和智联招聘联合推出的《中国城市人才吸引力排名》报告。

③ 资料来源：《河南省国民经济和社会发展第十三个五年规划纲要》。

④ 数据来源：河南省共有 15 项成果荣获国家科技奖励_河南要闻_河南省人民政府门户网站（henan. gov. cn）。

⑤ 限于篇幅排版，报告最后结果是保留三位小数，导致云南与青海数值相同，实际其均值分别为 0. 3389 与 0. 3387。

于西部地区的8.750%。内蒙古作为欠发达的边疆民族地区，综合经济实力弱，资本等要素供求关系紧张，实现从要素驱动向创新驱动转变的任务艰巨繁重。内蒙古在实施创新驱动发展战略中虽取得一定成绩，如与2015年全年共签订各类技术合同数相比，2019年全年内蒙古共签订各类技术合同数增长超1.31倍，但横向与同在西部地区的陕西相比，数量不足陕西的八分之一①。

7.3　本章小结

本章使用熵权-TOPSIS-灰色关联度结合方法，分阶段对创新要素配置水平进行测算，具体研究结论如下。通过分阶段对我国创新要素配置水平进行测算发现，在配置水平层面，四个发展阶段的全国平均创新要素配置水平分别为0.449、0.443、0.449和0.433，水平值位于前列的基本上是位于东部地区，且仅东部地区的配置水平高于全国水平均值。四大区域配置水平情况就具体而言，"十五""十一五"和"十二五"阶段均呈现"东部领先，东北居中，中部偏低，西部落后"的结构，"十三五"阶段则呈现"东部领先，中部居中，东北偏低，西部落后"的结构。在配置水平增长率层面，每个阶段表现不一，在"十五"阶段，增长率呈现出东北、西部、中部、东部地区依次递减的局面；在"十一五"阶段，呈现出西部、东北、东部、中部依次递减的局面；在"十二五"阶段，呈现出中部、东部、西部和东北地区依次递减的局面；在"十三五"阶段，呈现出西部、中部、东部、东北地区依次递减的局面。

① 资料来源：《内蒙古自治区2015年国民经济和社会发展统计公报》《内蒙古自治区2019年国民经济和社会发展统计公报》与《2019年陕西省国民经济和社会发展统计公报》。

第8章　高质量发展视阈下创新要素配置的障碍因子诊断分析

第7章通过熵权－TOPSIS－灰色关联度方法测算了高质量发展视阈下创新要素配置水平并进行分析，研究发现我国各省区市创新要素配置水平存在不均衡发展状态，为了更有效识别哪些因素阻碍了创新要素配置水平的进一步提升，需要深入对各省区市创新要素各指标进行诊断分析，以进一步了解创新要素配置状况。因此，本章采用障碍因子诊断模型，诊断并测算四个发展阶段创新要素配置指标体系中各指标阻碍创新要素配置水平的因子及障碍程度，旨在为我国30个省区市配置创新要素过程中诊断出障碍因子及不同障碍因子的阻碍程度，以发现创新要素配置中存在的问题。

8.1　障碍因子诊断模型构建

障碍度这一概念最早是由彭补拙等（2001）在研究土地资源可持续利用时提出的，表示单项因素对可持续利用综合水平的影响值，是障碍诊断的目标和结果。本书沿用这一概念，将**创新要素的障碍度定义为创新要素单项指标或创新要素子系统对创新要素配置水平的影响值，是创新要素配置障碍因子诊断的目标和结果**。通过建立障碍因子诊断模型来寻找创新要素配置水平的障碍因素，以便有针对性地对现有创新要素投入进行调整。

本书的障碍因子诊断模型是在前面综合评价创新要素配置水平基础上演变而来的，是挖掘影响创新要素配置障碍因子的数学模型。通过障碍程度的诊断，可以确定具体影响创新要素配置水平的障碍因子和不同障碍因子对综合配置水平的障碍程度，从而提出弱化障碍因子阻碍程度的对策，以提高创新要素配置水平。

本章创新要素配置指标体系采用第 7 章经检验后的最终指标。创新要素配置关键障碍因子诊断方法如下：

采用因子贡献度 F_i 表示单一指标对总目标创新要素配置水平的贡献，一般可以用各指标权重 w_i 表示（张锐和刘友兆，2013）；指标偏离度 I_i 为创新要素配置的最佳目标值 100% 与各指标实际值的差值，通常用 $1-z_{ij}$ 代替；障碍度 Q_{ij} 表示子系统或各指标对创新要素配置的影响程度。具体计算公式为：

$$Q_{ij} = \frac{F_i(1 - z_{ij})}{\sum_{i=1}^{n} F_i(1 - z_{ij})} \tag{8.1}$$

$$V_{ij} = \sum Q_{ij} \tag{8.2}$$

其中，Q_{ij} 为第 j 个评价对象第 i 个指标的障碍度，F_i 为因子贡献度，用各指标权重 w_i 表示；I_i 为指标偏离度，用 1 与各评价对象各指标标准化值的差表示；V_{ij} 表示各子系统对创新要素配置的阻碍程度。

由于本书的主要研究对象为创新要素配置系统，因此本部分从指标层分析创新要素配置层面的障碍因子及其障碍度。根据前面构建的创新要素配置指标体系，本部分分别针对各个阶段的指标体系进行障碍因子诊断识别，以厘清制约区域创新要素配置水平提升的主要障碍因子。采用李彩惠等（2015）、陈晓红和杨立（2013）障碍因子诊断分析的思路，本书对指标层面障碍因子进行识别，以寻找出阻碍创新要素配置水平提升的主要因素，并展示其障碍度。

8.2　创新要素指标层障碍因子识别

计算创新要素“五维”子系统的障碍度可以为创新要素优化配置提供

一个整体改进方向，而且前面研究发现，四个阶段下创新要素“五维”子系统的障碍度差距并非悬殊，仅仅从子系统角度诊断创新要素配置的障碍因素还远远不够，而且对于具体的政策措施仅仅研究子系统的障碍度也是远远不够的，还应该落实到具体指标上。因此，本书进一步对创新要素配置指标体系的指标层进行诊断分析。延续前面的做法，本部分依然分四个时期分别对创新要素指标层障碍因子进行诊断。

8.2.1 “十五”时期创新要素指标层障碍因子识别

为了得到“十五”时期各指标的障碍度及其排名情况，本书将各指标2001～2005年的障碍度值取均值得到“十五”时期各指标的障碍因子及障碍度，并对各障碍因子的障碍度进行排序。由于指标较多，本书根据各指标障碍因子对创新要素配置水平的障碍度，筛选了全国排名前5的障碍因子及其障碍度。“十五”时期全国排名前5的障碍因子及其障碍度结果如表8.1所示。

表8.1　2001～2005年创新要素指标层主要障碍因子障碍度及其排名

障碍因子	2001年		2002年		2003年		2004年		2005年		均值	增长率（%）
	障碍度	排名	障碍度	排名	障碍度	排名	障碍度	排名	障碍度	排名		
x32	0.1189	1	0.1358	1	0.1513	1	0.1077	1	0.1567	1	0.1341	7.16
x35	0.0427	2	0.0453	2	0.0424	2	0.0493	2	0.0406	3	0.0441	-1.24
x20	0.0405	3	0.0419	3	0.0417	3	0.0419	4	0.0378	5	0.0408	-1.69
x15	0.0383	4	0.0355	4	0.0369	4	0.0428	3	0.0415	2	0.0390	2.03
x25	0.0372	5	0.0353	5	0.0364	5	0.0405	5	0.0404	4	0.0380	2.08

注：障碍因子排序根据2001～2005年障碍度均值排序。

由表8.1可知，从全国整体来看，“十五”期间阻碍创新要素配置水平提升的障碍因子基本一致，只是各指标的排名顺序略有变化。从年份来看，2001～2005年，非国有经济发展度（x32）是制约创新要素配置水平提升的首要障碍因子，其障碍度均值为0.1341，五年中均居首位；其次为亿元以上商品市场交易个数（x35），其障碍度均值为0.0441，2001～2004

年均居第 2 位，2005 年居第 3 位；排名第 3 的为大中型工业企业消化吸收经费支出（x20），其障碍度均值为 0.0408，2001～2003 年均居第 3 位，2004 年居第 4 位，2005 年居第 5 位；排名第 4 的为研究与开发机构 R&D 经费内部支出占比（x15），其障碍度均值为 0.0390，2001～2003 年均居第 4 位，2004 年居第 3 位，2005 年居第 2 位；排名第 5 的为人均年使用函件数（x25），其障碍度均值为 0.0380，2001～2004 年均居第 5 位，2005 年居第 4 位。这说明从全国整体来看，非国有经济的发展程度、大宗商品市场的交易、大中型国有企业的消化吸收经费支出、研究与开发机构的研发经费支出以及人均年使用函件数量是影响“十五”时期创新要素整体配置水平的关键。因此，加大国有企业改革力度、大力发展大宗商品市场交易、鼓励研发投入以及提高信息交流等措施有助于优化创新要素配置。

结合表 8.1 和图 8.1 全国主要障碍因子障碍度变化趋势来看，非国有经济发展度位居第一障碍因子，且从均值来看，其障碍度远大于其他几个障碍因子，是障碍度均值最小的人均年使用函件数的 3.53 倍，是障碍度相对较大的亿元以上商品市场交易个数的 3.04 倍，并且其障碍程度呈波动上升趋势，其中 2001～2003 年呈直线上升趋势，由 2001 年的 0.1189 上升到 2003 年的 0.1513，虽然 2004 年突然下降到 0.1077，但 2005 年又呈现上升趋势，且 2005 年的障碍度较之前各年均有提升。非国有经济是我国公有制经济的必要补充，但从 1978 年改革开放以来非国有经济从慢慢恢复起步到 1997 年后成为社会主义市场经济的重要组成部分，尤其是 21 世纪以来，非国有经济成为推动我国经济快速发展的重要力量（袁田等，2018），但“十五”时期仍然是非国有经济发展的初期阶段，因此，该指标是制约我国“十五”时期创新要素配置水平提升的最主要障碍因素。大宗商品交易市场代表着我国主权商品市场的形成，是在探索市场准入变革中形成的一种市场准入体制，具有大数据应用广泛等特点（江静等，2016），主要涉及能源、矿产、棉花、粮油等国家战略物资（黄宇，2021），但我国大宗商品市场交易起源于 1997 年，“十五”时期其发展仍处于初级发展阶段，因此成为“十五”时期阻碍创新要素配置水平提升的主要障碍因素。我国自改革开放以后科技事业突飞猛进，科技水平和实力均有了较大提升，但长期以来我国主要实行计划经济体制，通过技术的全面引进，导致企业对技术引进的依赖性较强（魏平，2010）。我国1995年提出“科教兴国”战略，2006年《国家中长期科学和技术发展规划纲要（2006～2020）》提出了加强自主创新、建设创新型国家，而我国自主创新能力不高，对引进技术的消化吸收成为影响创新成效的主要障碍。研发是指为增加知识存量及设计已有知识的新应用而进行的创造性、系统性工作（朱承亮和王珺，2022），研发经费投入是保障一国赢得创新竞争的关键因素，且已有研究已经证明研发经费投入对我国经济增长具有显著正向促进作用（吴延兵，2006）。对我国而言，1995年国家颁布了《中共中央、国务院关于加速科学技术进步的决定》，明确提出2000年全社会研发经费投入占GDP比重要达到1.5%，到2000年时该比例虽然在不断上升，但并未达到预期目标，研发经费投入强度仅上升至0.9%（吴丹，2017），因此对于“十五”时期研发投入的强度仍然任重道远，成为阻碍创新要素配置水平提升的关键因素。函件主要包括信函和商函，在互联网技术普及之前，人与人、人与企业、企业与企业等之间的交流多采用函件形式，而人均年使用函件数在一定程度上反映信息交流的频繁程度，因此“十五”时期人均年使用函件数成为阻碍创新要素配置水平提升的关键因素。

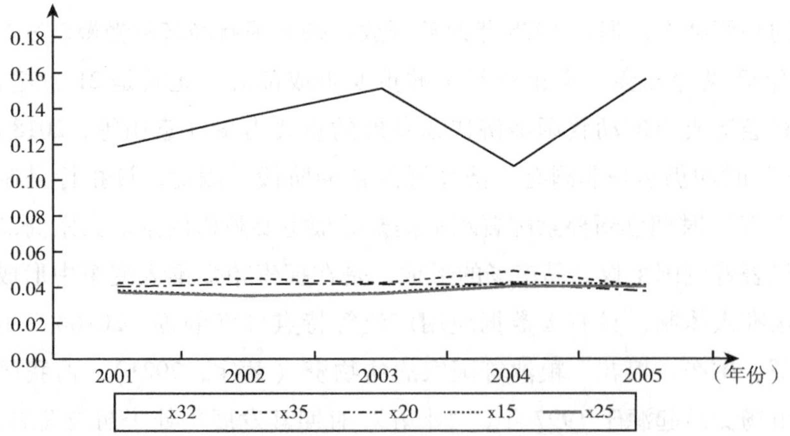

图8.1　2001～2005年全国主要障碍因子障碍度变化趋势

为更清晰了解各省区市及各区域创新要素配置指标层面的障碍因子，本书将“十五”时期各省区市各指标的障碍度取均值，并根据障碍度值排序筛选出各省区市及各区域的主要障碍因子及其障碍度，具体结果如表 8.2 所示。

表 8.2　“十五”期间各省区市创新要素配置前 5 障碍因子诊断结果及排名

省区市	主要障碍因子障碍度大小排序					省区市	主要障碍因子障碍度大小排序				
	1	2	3	4	5		1	2	3	4	5
北京	0. 0806	0. 0764	0. 0756	0. 0648	0. 0539	湖南	0. 1453	0. 0483	0. 0469	0. 0416	0. 0390
	x20	x35	x32	x21	x16		x32	x35	x15	x20	x25
天津	0. 1028	0. 0539	0. 0475	0. 0455	0. 0417	广东	0. 1735	0. 0664	0. 0531	0. 0415	0. 0413
	x32	x15	x20	x21	x3		x32	x15	x35	x25	x14
河北	0. 1189	0. 0431	0. 0417	0. 0408	0. 0371	广西	0. 1160	0. 0484	0. 0426	0. 0397	0. 0355
	x32	x20	x25	x15	x13		x32	x15	x20	x25	x21
山西	0. 1023	0. 0448	0. 0425	0. 0418	0. 0385	海南	0. 0873	0. 0461	0. 0433	0. 0425	0. 0419
	x32	x20	x27	x25	x15		x32	x20	x21	x25	x11
内蒙古	0. 1406	0. 0430	0. 0406	0. 0380	0. 0370	重庆	0. 1368	0. 0478	0. 0408	0. 0387	0. 0357
	x32	x35	x20	x27	x25		x32	x15	x20	x25	x21
辽宁	0. 1491	0. 0524	0. 0461	0. 0439	0. 0433	四川	0. 1506	0. 0480	0. 0412	0. 0398	0. 0365
	x32	x35	x20	x15	x25		x32	x35	x25	x20	x13
吉林	0. 1304	0. 0442	0. 0430	0. 0408	0. 0370	贵州	0. 1282	0. 0432	0. 0393	0. 0387	0. 0372
	x32	x20	x35	x25	x27		x32	x35	x20	x15	x25
黑龙江	0. 1094	0. 0505	0. 0456	0. 0445	0. 0430	云南	0. 1176	0. 0454	0. 0419	0. 0405	0. 0367
	x32	x15	x27	x20	x25		x32	x35	x20	x25	x13
上海	0. 1575	0. 0651	0. 0521	0. 0498	0. 0493	陕西	0. 1576	0. 0438	0. 0416	0. 0404	0. 0382
	x32	x16	x35	x30	x15		x32	x20	x35	x25	x21
江苏	0. 1645	0. 0482	0. 0439	0. 0411	0. 0404	甘肃	0. 1533	0. 0399	0. 0388	0. 0376	0. 0350
	x32	x15	x25	x30	x35		x32	x20	x35	x25	x13
浙江	0. 1417	0. 0626	0. 0571	0. 0399	0. 0383	青海	0. 0898	0. 0437	0. 0426	0. 0396	0. 0394
	x32	x15	x35	x25	x20		x32	x35	x20	x15	x21
安徽	0. 0842	0. 0502	0. 0413	0. 0407	0. 0375	宁夏	0. 0652	0. 0484	0. 0471	0. 0424	0. 0405
	x32	x35	x25	x20	x13		x32	x15	x35	x20	x27

续表

省区市	主要障碍因子障碍度大小排序					省区市	主要障碍因子障碍度大小排序				
	1	2	3	4	5		1	2	3	4	5
福建	0. 1746	0. 0533	0. 0428	0. 0413	0. 0359	新疆	0. 1018	0. 0499	0. 0437	0. 0434	0. 0410
	x32	x15	x35	x20	x21		x32	x35	x20	x27	x25
江西	0. 1913	0. 0380	0. 0364	0. 0349	0. 0326	东部	0. 1412	0. 0469	0. 0463	0. 0403	0. 0374
	x32	x15	x20	x25	x16		x32	x15	x35	x20	x30
山东	0. 2157	0. 0539	0. 0399	0. 0384	0. 0356	中部	0. 1440	0. 0409	0. 0402	0. 0393	0. 0368
	x32	x15	x25	x27	x14		x32	x35	x20	x25	x15
河南	0. 1388	0. 0400	0. 0385	0. 0362	0. 0351	东北	0. 1296	0. 0449	0. 0438	0. 0428	0. 0423
	x32	x25	x20	x13	x27		x32	x20	x35	x15	x25
湖北	0. 2021	0. 0478	0. 0392	0. 0385	0. 0325	西部	0. 1234	0. 0426	0. 0416	0. 0390	0. 0355
	x32	x35	x20	x25	x27		x32	x35	x20	x25	x21

从区域来看，各地区排名前五的障碍因子与表 8. 1 中列出的全国 2001 ~ 2005 年的障碍因子基本一致，为避免重复分析，本部分以表 8. 1 中列出的障碍因子为基准进行分析。具体而言，非国有经济发展程度对四个地区的阻碍程度由大到小依次为中部、东部、东北和西部地区；亿元以上商品市场交易个数对四个地区的阻碍程度由大到小依次为东部、东北、西部和中部；大中型工业企业消化吸收经费支出对四个地区的阻碍程度由大到小依次为东北、西部、东部和中部；研究与开发机构 R&D 经费内部支出占比对四个地区的阻碍程度由大到小依次为东部、东北、中部和西部；人均年使用函件数对四个地区的阻碍程度由大到小依次为东北、中部、西部和东部。可见，各障碍因素对各地区创新要素配置水平提升的阻碍程度各有差异，各地区应根据自身要素禀赋及各障碍因素的阻碍程度有针对性地制定适宜本地区的政策措施来提升本地区创新要素配置水平。接下来具体到各区域内部进行分析。

东部地区排名前五的障碍因子分别为非国有经济发展度（x32，0. 1412），研究与开发机构 R&D 经费内部支出占比（x15，0. 0469），亿元以上商品市场交易个数（x35，0. 0463），大中型工业企业消化吸收经费支出（x20，0. 0403），每万人拥有图书馆、博物馆数（x30，0. 0374），从数值来看，非国有经济发展度障碍度均值最大，是障碍度均值最小的每万人拥有图书馆、博物馆数的 3.78 倍，其他障碍因素均值相差较小，可见非国有经济发展程度是阻碍东部地区创新要素配置水平提升的最为关键的障碍因素。具体到东部地区各省市，除北京第一障碍因子为大中型工业企业消化吸收经费支出（x20，0.0806）外，其他各省市第一障碍因子均为非国有经济发展度。可见，对于东部地区各省市来说，提升创新要素配置水平的首要任务是发展非国有经济，提高非国有经济在国民经济中的占比。对于东部地区各省市来说，阻碍创新要素配置水平提升主要障碍因子为非国有经济发展程度、亿元以上商品市场交易个数、大中型工业企业消化吸收经费支出、研究与开发机构研发经费支出和人均年使用函件数。接下来根据各省市具体情况，分析除这五种障碍因素之外的其他障碍因子。阻碍北京创新要素配置水平提升的主要障碍因子还有大中型工业企业技术改造经费支出（x21，0.0648）和科技三项费用占财政支出比重（x16，0.0539），阻碍天津创新要素配置水平提升的主要障碍因子还有大中型工业企业技术改造经费支出（x21，0.0455）和财政医疗卫生支出（x3，0.0417），阻碍河北创新要素配置水平提升的主要障碍因子还有实际利用外商直接投资占 GDP 比重（x13，0.0371），阻碍上海创新要素配置水平提升的主要障碍因子还有科技三项费用占财政支出比重（x16，0.0651）和每万人拥有图书馆、博物馆数（x30，0.0498），阻碍江苏创新要素配置水平提升的主要障碍因子还有每万人拥有图书馆、博物馆数（x30，0.0411），阻碍福建创新要素配置水平提升的主要障碍因子还有大中型工业企业技术改造经费支出（x21，0.0359），阻碍山东创新要素配置水平提升的主要障碍因子还有城镇居民每百户彩色电视机拥有量（x27，0.0384）和高等学校科技活动研发经费内部支出占比（x14，0.0356），阻碍广东创新要素配置水平提升的主要障碍因子还有高等学校科技活动研发经费内部支出占比（x14，0.0413），阻碍海南创新要素配置水平提升的主要障碍因子还有大中型工业企业技术改造经费支出（x21，0.0433）和高等学校数（x11，0.0419）。综合上述数据及分析，“十五”时期东部地区各省市阻碍创新要素配置水平提升的主要障碍因子为非国有经济发展度、亿元以上商品市场交易个数、大中型工业企业消化吸收经费支出、研究与开发机构研发经费支出和人均年使用函件数，除这几个主要障碍因素外，各省市亦有各自特点。大力发展非国有经济，深化国有企业改革，发展大宗商品市场交易，提高研发经费和技术消化吸收、技术改造经费支出，加强人与人、人与企业、企业与企业间交流合作均有助于提升创新要素配置水平，同时各地区亦应根据各自要素禀赋优势，因地制宜制定符合各自发展规律的政策措施来提升本地创新要素配置水平。

中部地区排名前五的障碍因子均为非国有经济发展度（x32，0.1440）、亿元以上商品市场交易个数（x35，0.0409）、大中型工业企业消化吸收经费支出（x20，0.0402）、人均年使用函件数（x25，0.0393）和研究与开发机构 R&D 经费内部支出占比（x15，0.0368），从数值来看，中部地区障碍度值最高的非国有经济发展度障碍度是最低的研究与开发机构 R&D 经费内部支出占比的 3.91 倍，可见非国有经济发展程度亦是阻碍中部地区创新要素配置水平提升的最为关键的障碍因素。具体到中部地区各省份，各省份第一障碍因子均为非国有经济发展度。可见，对于中部地区各省份来说，提升创新要素配置水平的首要任务是发展非国有经济，提高非国有经济在国民经济中的占比。对于中部地区各省份来说，阻碍创新要素配置水平提升主要障碍因子为非国有经济发展程度、亿元以上商品市场交易个数、大中型工业企业消化吸收经费支出、人均年使用函件数和研究与开发机构研发经费支出。接下来根据各省份具体情况，分析除这五种障碍因素之外的其他障碍因子。阻碍山西创新要素配置水平提升的主要障碍因子还有城镇居民每百户彩色电视机拥有量（x27，0.0425），阻碍安徽创新要素配置水平提升的主要障碍因子还有实际利用外商直接投资占比（x13，0.0375），阻碍江西创新要素配置水平提升的主要障碍因子还有科技三项费用占财政支出比重（x16，0.0326），阻碍河南创新要素配置水平提升的主要障碍因子还有实际利用外商直接投资占比（x13，0.0362）和城镇居民每百户彩色电视机拥有量（x27，0.0351），阻碍湖北创新要素配置水平提升的主要障碍因子还有城镇居民每百户彩色电视机拥有量（x27，0.0325）。综合上述数据及分析，“十五”时期中部地区各省份阻碍创新要素配置水平提升的主要障碍因子为非国有经济发展度、亿元以上商品市场交易个数、大中型工业企业消化吸收经费支出、人均年使用函件数和研究与开发机构研发经费支出，除这几个主要障碍因素外，各省份亦有各自特点。大力发展非国有经济，深化国有企业改革，发展大宗商品市场交易，提高研发经费和技术消化吸收、技术改造经费支出，加强人与人、人与企业、企业与企业间交流合作均有助于提升创新要素配置水平，同时中部地区多数省份创新要素配置水平还受到城镇居民每百户彩色电视机拥有量的限制，可能原因是“十五”时期由于互联网等信息技术未得到普及，而彩色电视涵盖了数字电视，数字电视作为未来信息社会的家电产品“十五”期间市场也是刚刚启动①，因此成为阻碍中部地区创新要素配置水平提升的主要障碍因子。

东北地区排名前五的障碍因子均为非国有经济发展度（x32，0.1296）、大中型工业企业消化吸收经费支出（x20，0.0449）、亿元以上商品市场交易个数（x35，0.0438）、研究与开发机构 R&D 经费内部支出占比（x15，0.0428）和人均年使用函件数（x25，0.0423），从数值来看，东北地区障碍度值最高的非国有经济发展度障碍度是最低的人均年使用函件数的 3.06 倍，可见，对于东北地区来说，各障碍因子的障碍度依然差距较大，非国有经济发展程度亦是阻碍东北地区创新要素配置水平提升的最为关键的障碍因素，且其障碍度是其他几个障碍因子障碍度的 3 倍左右。具体到东北地区各省区市，各省区市第一障碍因子均为非国有经济发展度。可见，对于东北地区各省区市来说，提升创新要素配置水平的首要任务也是发展非国有经济，提高非国有经济在国民经济中的占比。对于东北地区各省区市来说，阻碍创新要素配置水平提升主要障碍因子为非国有经济发展程度、大中型工业企业消化吸收经费支出、亿元以上商品市场交易个数、研究与开发机构研发经费支出和人均年使用函件数。接下来根据各省区市具体情况，分析除这五种障碍因素之外的其他障碍因子。阻碍吉林和黑龙江创新要素配置水平提升的主要障碍因子还有城镇居民每百户彩色电视机拥有量

① 母晓洁．数字电视“十五”期间市场启动［N］．中国电子报，2000－11－02（002）．

(x27, 0.0370、0.0456)。综合上述数据及分析,“十五”时期东北地区各省区市阻碍创新要素配置水平提升的主要障碍因子为非国有经济发展度、大中型工业企业消化吸收经费支出、亿元以上商品市场交易个数、研究与开发机构研发经费支出、人均年使用函件数及城镇居民每百户彩色电视机拥有量。因此,对于东北地区来说,除了要将五个主要障碍因子作为提升创新要素配置水平的主要因素外,还应该重视信息获取渠道的畅通,提升信息基础设施建设水平。

西部地区“十五”期间排名前五的障碍因子为非国有经济发展度(x32, 0.1234)、亿元以上商品市场交易个数(x35, 0.0426)、大中型工业企业消化吸收经费支出(x20, 0.0416)、人均年使用函件数(x25, 0.0390)和大中型工业企业技术改造经费支出(x21, 0.0355),从数值来看,障碍度最高的非国有经济发展程度是最低的大中型工业企业技术改造经费支出的3.48倍,可见,对于西部地区来说,非国有经济发展程度是阻碍创新要素配置水平提升的最主要障碍因素,且其障碍度是其他关键障碍因素的3倍左右。具体到西部地区各省区市,各省区市第一障碍因子均为非国有经济发展度。可见,对于西部地区各省区市来说,提升创新要素配置水平的首要任务也是发展非国有经济,提高非国有经济在国民经济中的占比。对于西部地区各省区市来说,阻碍创新要素配置水平提升主要障碍因子为非国有经济发展程度、亿元以上商品市场交易个数、大中型工业企业消化吸收经费支出、人均年使用函件数和研究与开发机构研发经费支出。接下来根据各省区市具体情况,分析除这五种障碍因素之外的其他障碍因子。阻碍内蒙古、宁夏、新疆创新要素配置水平提升的主要障碍因子还有城镇居民每百户彩色电视机拥有量(x27, 0.0380、0.0405、0.0434),阻碍四川、云南、甘肃创新要素配置水平提升的主要障碍因子还有实际利用外商投资占比(x13, 0.0365、0.0367、0.0350)。综合上述数据及分析,“十五”时期西部地区各省区市阻碍创新要素配置水平提升的主要障碍因子为非国有经济发展度、亿元以上商品市场交易个数、大中型工业企业消化吸收经费支出、人均年使用函件数、大中型工业企业技术改造经费支出及城镇居民每百户彩色电视机拥有量和实际利用外商投资占比。因此，对于西部地区来说，除了要同全国其他各省区市保持一致外，还应该立足自身条件，更加重视信息获取渠道畅通和吸引外商投资，通过引进先进技术来弥补自身缺陷和不足。

8.2.2　“十一五”时期创新要素指标层障碍因子识别

为了得到“十一五”时期各指标的障碍度及其排名情况，本书将各指标2006~2010年的障碍度值取均值得到“十一五”时期各指标的障碍因子及障碍度，并对各障碍因子的障碍度进行排序。由于指标较多，本书根据各指标障碍因子对创新要素配置水平的障碍度，筛选了全国排名前5的障碍因子及其障碍度。“十一五”时期全国排名前5的障碍因子及其障碍度结果如表8.3所示。

由表8.3可知，全国整体来看，“十一五”期间阻碍创新要素配置水平提升的障碍因子基本一致，尤其是排名前三的障碍因子，排名靠后的障碍因子在不同年份出现了分化，2006年排名第4位的障碍因子为互联网上网人数占比（x36），2007年排名第5位的障碍因子为人均年报刊期发数（x27），2008年排名第4位的为城镇居民每百户彩色电视机拥有量（x31）。从年份来看，2006~2010年，研究与开发机构R&D经费内部支出占比（x15）是制约创新要素配置水平提升的首要障碍因子，其障碍度均值为0.0445，五年中均居首位；其次为国家火炬计划项目数（x24），其障碍度均值为0.0409，五年中均居第2位；排名第3位的为高技术产业企业数（x11），其障碍度均值为0.0383，2006~2009年居第3位，2010年居第4位；排名第4位的为人均IP电话通话时长数（x29），其障碍度均值为0.0364，2006~2008年均居第5位，2009年居第4位，2010年居第3位；排名第5位的为实际利用外商直接投资占GDP比重（x13），其障碍度均值为0.0344，其排名由2006年的第11位逐步上升到2009和2010年的第5位。这说明从全国整体来看，研究与开发机构研发经费支出、国家火炬计划项目、高技术产业企业、IP电话通话时长、实际利用外商投资等是阻碍“十一五”时期创新要素配置水平提升的关键因素。因此，在优化创新要素配置过程中应该加大研发经费投入、重视创新成果的转化以及提高信息交流、引进先进技术吸引外商投资等，采取适当措施有助于优化创新要素配置。

表 8.3　2006～2010 年创新要素指标层主要障碍因子障碍度及其排名

障碍因子	2006 年		2007 年		2008 年		2009 年		2010 年		均值	增长率（%）
	障碍度	排名	障碍度	排名	障碍度	排名	障碍度	排名	障碍度	排名		
x15	0.0420	1	0.0423	1	0.0440	1	0.0461	1	0.0480	1	0.0445	3.36
x24	0.0393	2	0.0399	2	0.0404	2	0.0424	2	0.0427	2	0.0409	2.12
x11	0.0384	3	0.0383	3	0.0358	3	0.0378	3	0.0397	4	0.0383	0.33
x29	0.0343	5	0.0345	4	0.0358	5	0.0378	4	0.0397	3	0.0364	3.75
x13	0.0314	11	0.0319	10	0.0344	6	0.0366	5	0.0378	5	0.0344	4.74

注：障碍因子排序根据 2006～2010 年障碍度均值排序，由于 x36 仅在 2006 年排名第 5 位，x31 仅在 2008 年排名第 4 位，x27 仅在 2007 年排名第 5 位，因此该表格列出了出现两次的 x13 作为第五障碍因子。

结合表 8.3 和图 8.2 全国主要障碍因子障碍度变化趋势来看，阻碍“十一五”时期我国创新要素配置水平提升的主要障碍因素研究与开发机构 R&D 经费内部支出占比、国家火炬计划项目数、高技术产业企业数、人均 IP 电话通话时长和实际利用外商投资障碍度在“十一五”期间均呈现不同程度的提升，且从均值来看，研究与开发机构研发经费内部支出障碍度大于其他几个障碍因子，是障碍度均值最小的人均年报刊期发数量的 1.29 倍，是障碍度相对较大的国家火炬计划项目数的 1.09 倍，并且其障碍程度呈逐步上升趋势，由 2006 年的 0.0420 逐步上升到 2010 年的 0.0480，年均上升 3.36%，表明研发与开发机构研发经费投入在创新要素配置水平提升过程中其阻碍程度越来越大；国家火炬计划项目数的阻碍程度也呈逐步上升趋势，由 2006 年的 0.0393 逐步上升到 2010 年的 0.0409，年均上升 2.12%；高技术产业企业数的阻碍程度呈现先下降再上升趋势，由 2006 年的 0.0384 下降到 2008 年的 0.0358 之后上升到 2010 年的 0.0397，总体来看“十一五”期间其阻碍程度呈现略微上升趋势，年均上升 0.33%；人均 IP 电话通话时长的阻碍程度几乎呈现直线上升趋势，由 2006 年的 0.0343 上升到 2010 年的 0.0397，年均上升 3.75%；实际利用外商投资占比障碍度呈上升趋势，且上升幅度较大，由2006年的0.0314上升到2010年的0.0378，年均上升4.74%。综合上述分析，“十一五”时期各障碍因素的障碍度均呈上升趋势，尤其是实际利用外商投资，其障碍度上升幅度较大，表明各障碍因子对“十一五”时期创新要素配置水平提升的阻碍程度在增大。

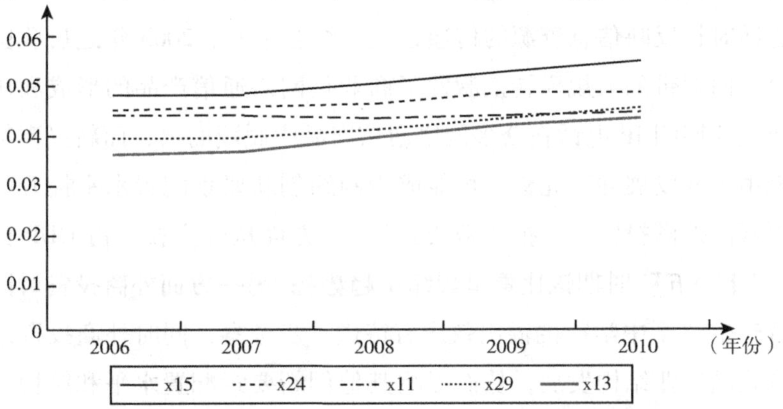

图8.2　2006~2010年全国主要障碍因子障碍度变化趋势

综观我国研发投入发展历史，“十一五”时期伊始的2006年国务院出台了《国家中长期科学和技术发展规划纲要（2006~2020年）》，明确提出了我国“十一五”末期研发投入强度要达到2%，但2009年达到了1.7%，2010年达到了1.76%（吴丹，2017），离目标还有一定距离，因此，“十一五”时期研发投入一直是阻碍创新要素配置水平提升的较为关键的障碍因素。火炬计划于1988年由国家科委制定以来，其目标一直致力于以市场为导向，促进高新技术成果商品化、高新技术商品产业化和高新技术产业国际化（赵黎明和官远芳，2015），而国家火炬计划项目是火炬计划实施的最终落脚点。《中华人民共和国国民经济和社会发展第十一个五年计划纲要》也明确提出“十一五”期间要加快科学技术创新和跨越，实施重大产业技术开发专项，因此火炬计划项目数在一定程度上标志着高新技术产业的发展程度，成为制约创新要素配置水平提升的关键因素。高新技术是建立在最新科学成果基础之上且对一个国家和地区政治、经济等各方面进步都有重要影响的知识密集型和技术密集型的先进技术群（官远芳，2016），而高技术企业的发展更加依赖于高技术的开发和应用，因此高技术企业数在一定程度上代表一个国家和地区拥有的高新技术，因此其数量也是影响创新要素配置水平提升的关键障碍因素。IP 电话作为建立在互联网基础之上的一种信息通信产品，其具有网络外部性（高锡荣，2009），一方面从信息技术角度反映了互联网的爆发式发展，另一方面 IP 电话通话时长反映信息资源的传递程度。综合来看，2005 年之后我国互联网由窄带向宽带的大规模转换激发了商业化网络通信产品的形成和快速发展，而在这期间 IP 电话在众多网络通信产品中脱颖而出，而新兴事物在发展初期由于其发展并不完善，可能成为制约创新要素配置水平提升的关键障碍因素。外商投资是一把“双刃剑”，一方面从外商投资占 GDP 比重角度看，“十一五”时期该比重呈现缩小趋势[①]；另一方面外商投资对国内资本是否产生“干中学”的溢出效应有待进一步考察，同时外商投资结构可能影响我国产业结构发展，从而影响其他创新要素配置水平和结构。综合上述分析，这可能造成外商投资占 GDP 比重成为“十一五”时期阻碍创新要素配置水平提升的关键因素。

综合上述分析表明，我国在创新要素优化配置过程中应加强研发经费的研发投入、重视高新技术的开发应用、畅通信息资源的广泛获取、通过吸引适度规模外商投资等措施引进先进技术，从而提升创新要素综合配置水平。

为更清晰了解各省区市及各区域创新要素配置指标层面的障碍因子，本书将“十一五”时期各省区市各指标的障碍度取均值，并根据障碍度值排序筛选出各省区市及各区域的主要障碍因子及其障碍度，具体结果如表 8.4 所示。

从区域来看，各地区排名前五的障碍因子与表 8.3 中列出的全国 2006～2010 年的障碍因子基本一致，同时各地区又有各自特点。具体而言，研究

① 2006～2010 年我国实际利用外商直接投资占 GDP 比重分别为 0.0285、0.0314、0.0285、0.0262、0.0259。

与开发机构 R&D 经费内部支出占比对四个地区的阻碍程度由大到小依次为东部、中部、东北和西部地区；国家火炬计划项目数对四个地区的阻碍程度由大到小依次为东北、西部、中部和东部；高技术产业企业数对四个地区的阻碍程度由大到小依次为东北、中部、西部和东部；人均 IP 电话通话时长对四个地区的阻碍程度由大到小依次为东北、中部、西部和东部；外商投资占 GDP 比重对四个地区的阻碍程度由大到小依次为西部、中部、东北和东部。可见，各障碍因素对各地区创新要素配置水平提升的阻碍程度各有差异，各地区应根据自身要素禀赋及各障碍因素的阻碍程度有针对性地制定适宜本地区的政策措施来提升本地区创新要素配置水平。接下来具体到各区域内部进行分析。

表 8.4　“十一五”期间各省区市创新要素配置前 5 障碍因子诊断结果及排名

省区市	主要障碍因子障碍度大小排序					省区市	主要障碍因子障碍度大小排序				
	1	2	3	4	5		1	2	3	4	5
北京	0.0629	0.0585	0.0570	0.0563	0.0561	湖南	0.0521	0.0420	0.0387	0.0381	0.0370
	x24	x21	x16	x11	x22		x15	x24	x11	x29	x31
天津	0.0585	0.0497	0.0428	0.0389	0.0381	广东	0.0778	0.0502	0.0492	0.0451	0.0420
	x15	x24	x11	x31	x22		x15	x14	x7	x27	x34
河北	0.0416	0.0400	0.0399	0.0398	0.0390	广西	0.0476	0.0419	0.0418	0.0387	0.0386
	x24	x15	x13	x29	x31		x15	x13	x24	x11	x29
山西	0.0488	0.0445	0.0425	0.0410	0.0408	海南	0.0438	0.0423	0.0410	0.0403	0.0389
	x15	x31	x13	x24	x11		x24	x11	x22	x31	x10
内蒙古	0.0474	0.0432	0.0408	0.0390	0.0367	重庆	0.0536	0.0425	0.0405	0.0354	0.0349
	x15	x31	x24	x11	x29		x15	x24	x11	x29	x22
辽宁	0.0514	0.0452	0.0445	0.0409	0.0408	四川	0.0433	0.0420	0.0389	0.0389	0.0378
	x15	x24	x31	x11	x29		x24	x13	x27	x11	x29
吉林	0.0432	0.0418	0.0414	0.0409	0.0399	贵州	0.0438	0.0411	0.0390	0.0368	0.0349
	x13	x24	x29	x11	x31		x15	x13	x24	x11	x31
黑龙江	0.0472	0.0465	0.0417	0.0397	0.0395	云南	0.0414	0.0414	0.0392	0.0368	0.0366
	x31	x15	x11	x24	x29		x13	x24	x11	x31	x27

续表

省区市	主要障碍因子障碍度大小排序					省区市	主要障碍因子障碍度大小排序				
	1	2	3	4	5		1	2	3	4	5
上海	0.0692	0.0634	0.0542	0.0530	0.0465	陕西	0.0437	0.0422	0.0416	0.0389	0.0385
	x24	x13	x34	x11	x16		x24	x11	x13	x7	x31
江苏	0.0699	0.0536	0.0444	0.0410	0.0409	甘肃	0.0429	0.0416	0.0388	0.0380	0.0363
	x15	x29	x14	x34	x27		x13	x31	x24	x11	x29
浙江	0.0743	0.0482	0.0432	0.0406	0.0380	青海	0.0419	0.0395	0.0390	0.0375	0.0360
	x15	x29	x14	x7	x34		x31	x24	x15	x11	x22
安徽	0.0433	0.0401	0.0392	0.0385	0.0373	宁夏	0.0519	0.0450	0.0408	0.0393	0.0391
	x15	x24	x11	x29	x27		x15	x31	x24	x13	x11
福建	0.0620	0.0438	0.0407	0.0399	0.0399	新疆	0.0468	0.0448	0.0421	0.0403	0.0392
	x15	x24	x11	x14	x29		x31	x13	x24	x11	x15
江西	0.0491	0.0416	0.0398	0.0384	0.0366	东部	0.0536	0.0401	0.0388	0.0376	0.0361
	x15	x24	x29	x11	x27		x15	x24	x14	x34	x11
山东	0.0646	0.0446	0.0441	0.0422	0.0392	中部	0.0465	0.0411	0.0395	0.0392	0.0357
	x15	x31	x14	x29	x27		x15	x24	x29	x11	x13
河南	0.0460	0.0408	0.0402	0.0388	0.0375	东北	0.0453	0.0439	0.0422	0.0412	0.0406
	x15	x29	x24	x13	x11		x15	x31	x24	x11	x29
湖北	0.0419	0.0408	0.0406	0.0399	0.0396	西部	0.0413	0.0393	0.0391	0.0376	0.0350
	x24	x11	x29	x15	x13		x24	x13	x11	x31	x29

东部地区“十一五”时期排名前五的障碍因子分别为研究与开发机构R&D经费内部支出占比（x15，0.0536），国家火炬计划项目数（x24，0.0401），高等学校科技活动R&D经费内部支出占比（x14，0.0388），每万人拥有图书馆、博物馆数（x34，0.0376），高技术产业企业数（x11，0.0361）。从数值来看，研究与开发机构R&D经费内部支出占比障碍度均值最大，是障碍度均值最小的高技术产业企业数的1.48倍，其他障碍因素均值相差较小，可见研究与开发机构研发经费支出是阻碍东部地区创新要素配置水平提升的最为关键的障碍因素。具体到东部地区各省级行政区，除北京、河北、上海和海南第一障碍因子为国家火炬计划项目数（x24，0.0629、0.0416、0.0692、0.0438）外，其他各省级行政区第一障碍因子

均为研究与开发机构 R&D 经费内部支出占比。可见，对于东部地区各省级行政区来说，提升创新要素配置水平的首要任务是增加研发投入，提高研发投入尤其是研发机构的研发投入。对于东部地区各省级行政区来说，阻碍创新要素配置水平提升的普遍障碍因子为研究与开发机构研发经费支出、国家火炬计划项目数、高等学校科技活动 R&D 经费内部支出占比、人均图书馆和博物馆数以及高技术产业企业数。接下来根据各省级行政区具体情况，分析除这五种障碍因素之外的其他障碍因子。阻碍北京创新要素配置水平提升的主要障碍因子还有大中型工业企业消化吸收经费支出（x21，0.0585）、高技术产业 R&D 经费内部支出占比（x16，0.0570）和大中型工业企业技术改造经费支出（x22，0.0561），阻碍天津创新要素配置水平提升的主要障碍因子还有城镇居民每百户彩色电视机拥有量（x31，0.0389）和大中型工业企业技术改造经费支出（x22，0.0381），阻碍河北创新要素配置水平提升的主要障碍因子还有城镇居民每百户彩色电视机拥有量（x31，0.0390），阻碍上海创新要素配置水平提升的主要障碍因子还有高技术产业 R&D 经费内部支出占比（x16，0.0465），阻碍江苏创新要素配置水平提升的主要障碍因子还有人均 IP 电话通话时长数（x29，0.0536）和人均年报刊期发数（x27，0.0409），阻碍浙江创新要素配置水平提升的主要障碍因子还有人均 IP 电话通话时长数（x29，0.0482）和高等学校 R&D 人员全时当量（x7，0.0406），阻碍福建创新要素配置水平提升的主要障碍因子还有人均 IP 电话通话时长数（x29，0.0399），阻碍山东创新要素配置水平提升的主要障碍因子还有城镇居民每百户彩色电视机拥有量（x31，0.0446）、人均 IP 电话通话时长数（x29，0.0422）和人均年报刊期发数（x27，0.0392），阻碍广东创新要素配置水平提升的主要障碍因子还有高等学校 R&D 人员全时当量（x7，0.0492）和人均年报刊期发数（x27，0.0451），阻碍海南创新要素配置水平提升的主要障碍因子还有大中型工业企业技术改造经费支出（x22，0.0410）、城镇居民每百户彩色电视机拥有量（x31，0.0403）和高等学校数（x10，0.0389）。综合上述数据及分析，东部地区各省级行政区阻碍创新要素配置水平提升的主要障碍因子为研究与开发机构 R&D 经费内部支出占比、国家火炬计划项目数、高等学校科技活动R&D经费内部支出占比、人均图书馆和博物馆数和高技术产业企业数，除这几个主要障碍因素外，各省级行政区亦有各自特点。增加研发投入尤其是要重视投入结构的合理化，推进高技术产业发展尤其是提高火炬计划项目科技成果转化，多样化资源共享渠道、提高图书馆和博物馆等公共机构的信息共享效率均有助于提升创新要素配置水平，同时各地区亦应根据各自要素禀赋优势及障碍因素，因地制宜制定符合各自发展规律的政策措施来提升本地创新要素配置水平。

中部地区排名前五的障碍因子为研究与开发机构R&D经费内部支出占比（x15，0.0465）、国家火炬计划项目数（x24，0.0411）、人均IP电话通话时长数（x29，0.0395）、高技术产业企业数（x11，0.0392）和实际利用外商直接投资占GDP比重（x13，0.0357），从数值来看，中部地区各障碍因子的阻碍程度相差较小。接下来根据各省级行政区具体情况，分析除这五种障碍因素之外的其他障碍因子。阻碍山西创新要素配置水平提升的主要障碍因子还有城镇居民每百户彩色电视机拥有量（x31，0.0445），阻碍安徽创新要素配置水平提升的主要障碍因子还有人均年报刊期发数（x27，0.0373），阻碍江西创新要素配置水平提升的主要障碍因子还有人均年报刊期发数（x27，0.0366），阻碍河南创新要素配置水平提升的主要障碍因子主要为上述五种障碍因子，只是排序略有变化，实际利用外商直接投资占GDP比重（x13，0.0388）排在第4位，高技术产业企业数（x11，0.0375）排在第5位，阻碍湖北创新要素配置水平提升的主要障碍因子主要是上述五种障碍因子，其排序略有变化，五种障碍因子阻碍程度由大到小为国家火炬计划项目数（x24，0.0419）、高技术产业企业数（x11，0.0408）、人均IP电话通话时长数（x29，0.0406）、研究与开发机构R&D经费内部支出占比（x15，0.0399）和实际利用外商直接投资占GDP比重（x13，0.0396），且五种障碍因子的障碍度相差很小。综合上述数据及分析，“十一五”时期中部地区各省级行政区阻碍创新要素配置水平提升的主要障碍因子为研究与开发机构研发经费内部支出、国家火炬计划项目数、人均IP电话通话时长数、高技术产业企业数和实际利用外商投资，除这几个主要障碍因素外，各省级行政区亦有各自特点。综合上述分析，增加研发机构研发经费投入、积极培育研发经费增长新动能，大力发展高技术产业、重点培育火炬计划项目提升火炬计划项目的整体经营发展效率，提升实际利用外资水平、增强“干中学”的溢出效应，畅通信息交流渠道、提升信息交流质量等措施的实施均有利于提升中部地区创新要素配置水平，同时中部地区各省级行政区应根据各自要素禀赋结合自身障碍短板，制定符合区域特色的资源配置新举措，在相应领域内突出发展特色，以促进经济高质量发展水平的提升。

东北地区“十一五”时期排名前五的障碍因子为研究与开发机构 R&D 经费内部支出占比（x15，0.0453）、城镇居民每百户彩色电视机拥有量（x31，0.0439）、国家火炬计划项目数（x24，0.0422）、高技术产业企业数（x11，0.0412）和人均 IP 电话通话时长数（x29，0.0406）。从数值来看，东北地区各障碍因子的障碍度值相差较小，其对创新要素配置水平的阻碍程度均超过了 4%。具体到东北地区各省份，各省份第一障碍因子各不相同。接下来根据各省份具体情况，分析各省份障碍因子的阻碍程度。阻碍辽宁创新要素配置水平提升的第一障碍因子为研究与开发机构 R&D 经费内部支出占比（x15，0.0514），阻碍吉林创新要素配置水平提升的第一障碍因子为除上述五种障碍因子之外的其他障碍因子，为实际利用外商直接投资占 GDP 比重（x13，0.0432），阻碍黑龙江创新要素配置水平提升的第一障碍因子为城镇居民每百户彩色电视机拥有量（x31，0.0472）。因此，对于东北地区来说，虽然整体上来看阻碍整个区域创新要素配置水平提升的主要障碍因子基本相同，但各省份亦有各自特点，各省份在遵循普遍障碍因素的情况下根据各区域禀赋及相应障碍因素，制定符合本地区特点的政策措施。

西部地区“十一五”期间排名前五的障碍因子为国家火炬计划项目数（x24，0.0413）、实际利用外商直接投资占 GDP 比重（x13，0.0393）、高技术产业企业数（x11，0.0391）、城镇居民每百户彩色电视机拥有量（x31，0.0376）和人均 IP 电话通话时长数（x29，0.0350），从数值来看，西部地区各障碍因子的障碍度值相差较小，障碍度最高的国家火炬计划项目数是最低的人均 IP 电话通话时长的 1.18 倍。具体到西部地区各省级行政区，山西、内蒙古、广西、重庆、贵州和宁夏第一障碍因子均为研究与开发机构 R&D 经费内部支出占比（x15，0.0488、0.0474、0.0476、0.0536、0.0438、0.0519），四川和陕西第一障碍因子为国家火炬计划项目数（x24，0.0433、0.0437），青海和新疆第一障碍因子为城镇居民每百户彩色电视机拥有量（x31，0.0419、0.0468）。接下来分析各省级行政区除上述五种障碍因子外的其他障碍因子。阻碍重庆创新要素配置水平提升的主要障碍因子还有大中型工业企业技术改造经费支出（x22，0.0349），阻碍四川创新要素配置水平提升的主要障碍因子还有人均年报刊期发数（x27，0.0389），阻碍陕西创新要素配置水平提升的主要障碍因子还有高等学校 R&D 人员全时当量（x7，0.0389），阻碍青海创新要素配置水平提升的主要障碍因子还有研究与开发机构 R&D 经费内部支出占比（x15，0.0390）和大中型工业企业技术改造经费支出（x22，0.0360），阻碍新疆创新要素配置水平提升的主要障碍因子还有研究与开发机构 R&D 经费内部支出占比（x15，0.0392）。综合上述数据及分析，虽然阻碍西部地区创新要素配置水平提升的障碍因子略有差异，但总体来看，西部地区各省级行政区各障碍因子的阻碍程度相差较小，表明西部地区各省级行政区各障碍因子的差异程度较小，各地区应根据自身要素资源禀赋及其障碍程度来制定符合地区特色、发挥自身优势的政策制度。

8.2.3 “十二五”时期创新要素指标层障碍因子识别

为了得到“十二五”时期各指标的障碍度及其排名情况，本书将各指标 2011～2015 年的障碍度值取均值得到“十二五”时期各指标的障碍因子及障碍度，并对各障碍因子的障碍度进行排序。由于指标较多，本书根据各指标障碍因子对创新要素配置水平的障碍度，筛选了全国排名前 5 的障碍因子及其障碍度。“十二五”时期全国排名前 5 的障碍因子及其障碍度结果如表 8.5 所示。

表 8.5　2011～2015 年创新要素指标层主要障碍因子障碍度及其排名

障碍因子	2011 年		2012 年		2013 年		2014 年		2015 年		均值	增长率（%）
	障碍度	排名	障碍度	排名	障碍度	排名	障碍度	排名	障碍度	排名		
x17	0.0398	2	0.0409	1	0.0429	1	0.0454	1	0.0465	1	0.0431	3.96
x12	0.0394	3	0.0398	2	0.0388	2	0.0381	2	0.0387	2	0.0390	-0.43
x23	0.0332	5	0.0330	3	0.0343	3	0.0346	3	0.0308	10	0.0332	-1.83
x46	0.0360	4	0.0322	4	0.0337	4	0.0324	6	0.0256	15	0.0320	-8.19
x15	0.0276	11	0.0291	9	0.0309	7	0.0329	5	0.0351	4	0.0311	6.16

注：障碍因子排序根据 2011～2015 年障碍度均值排序，x15 的阻碍程度在逐年增大，因此本表列出了 x15 作为全国层面第 5 个障碍因子。

由表 8.5 可知，从全国整体来看，“十二五”期间阻碍创新要素配置水平提升的障碍因子相对来说有较大变化，尤其是第五个障碍因子，各年份各不相同，2011 年第五障碍因子为发明专利授权数（x23，0.0332），2012 年第五障碍因子为数字普惠金融指数（x21，0.0312），2013 年第五障碍因子为亿元以上商品市场交易个数（x50，0.0324），2014 年第五障碍因子为技术市场吸纳技术成交金额占全国技术市场总额比重（x27，0.0325），表明“十二五”时期各地区的差异化逐渐凸显。从年份来看，2011～2015 年，研究与开发机构 R&D 经费内部支出占比（x17）是制约创新要素配置水平提升的首要障碍因子，其障碍度均值为 0.0431，2011 年居第 2 位，2012～2015 年均居第 1 位；其次为高新技术企业数（x12），其障碍度均值为 0.0390，2011 年居第 3 位，2012～2015 年均居第 2 位；均值排名第 3 的为发明专利授权数（x23），其障碍度均值为 0.0332，2011 年排名第 5 位，2012～2014 年排名第 3 位，2015 年排名第 10 位；均值排名第 4 位的为数字化转型保障（x46），障碍度均值为 0.0320，其排名逐渐下滑，由 2011 年的第 4 位逐渐下滑到 2015 年的第 15 位；均值排名第 5 位的为实际利用外商直接投资占 GDP 比重（x15），障碍度均值为 0.0311，其排名逐渐上升，由 2011 年的第 11 位逐渐上升到 2015 年的第 4 位。说明全国整体来看，研究与开发机构研发经费内部支出、高新技术企业数、发明专利授权数、数字化转型保障及实际利用外商投资占比是阻碍“十二五”时期创新要素配置水平提升的关键因素。因此，在优化创新要素配置过程中加大研发经费投入、合理化研发经费投入结构，培育高新技术企业，注重发明专利的申请授权，推进数字化转型保障制度的实施以及改善外商投资的质量水平等措施均有利于提升我国整体创新要素配置水平。

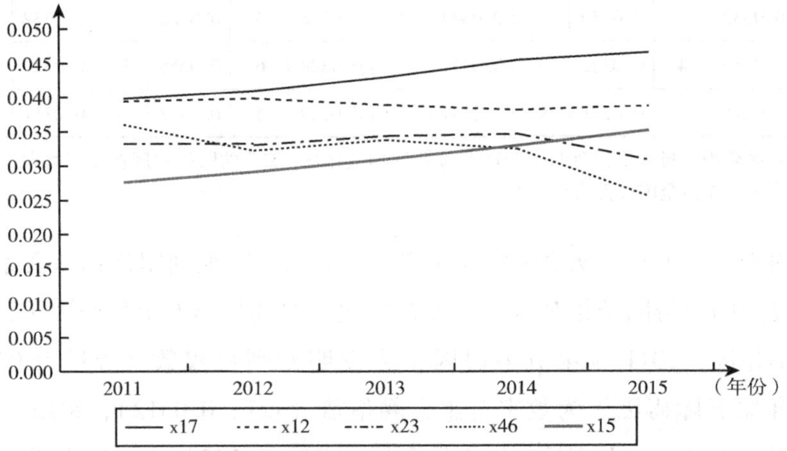

图 8.3　2011～2015 年全国主要障碍因子障碍度变化趋势

结合表 8.5 和图 8.3 全国主要障碍因子障碍度变化趋势来看，阻碍"十二五"时期我国创新要素配置水平提升的主要障碍因素研究与开发机构 R&D 经费内部支出占比和实际利用外商投资占比障碍度在"十二五"期间均呈现不同程度的提升，且上升幅度较大，研究与开发机构 R&D 经费内部支出占比障碍度由 2011 年的 0. 0398 逐步上升到 2015 年的 0. 0465，年均上升 3. 96%，表明研发与开发机构研发经费投入在创新要素配置水平提升过程中其阻碍程度越来越大；实际利用外商投资占比障碍度"十二五"期间也呈现较大幅度的上升，由 2011 年的 0. 0276 逐步上升到 2015 年的 0. 0351，年均上升 6. 16%；其他三个障碍因子障碍度呈现不同程度的下降趋势，高新技术企业数的阻碍程度呈现逐步下降趋势，由 2011 年的 0. 0394 逐步下降到 2015 年的 0. 0387，总体下降幅度不大，年均下降 0. 43%；发明专利授权数障碍度呈现"下降—上升—下降"趋势，由 2011 年的 0. 0332 小幅下降到 2012 年的 0. 0330，之后逐步上升到 2014 年的

0.0346，再之后呈现较大幅度下降，下降到2015年的0.0308，总体来看年均下降1.83%；数字化转型保障障碍度下降幅度较大，由2011年的0.0360逐步下降到2015年的0.0256，年均下降8.19%。综合上述分析，“十二五”时期各障碍因素的障碍度呈现不同的变化趋势，表明各障碍因子对“十二五”时期创新要素配置水平提升的阻碍程度呈现分化特征。

综观我国研发投入发展历史，2006年国务院出台了《国家中长期科学和技术发展规划纲要（2006～2020年）》，明确提出了我国2020年研发投入强度要达到2.5%的目标，但2014年仅达到了2.05%，且我国研发投入强度年均增长率呈下降趋势，“十二五”期间年均增长率仅为4.4%（吴丹，2017），严重偏离了研发投入强度的演变规律，因此，“十二五”时期研发投入尤其是研发机构研发投入一直是阻碍创新要素配置水平提升较为关键的障碍因素，且与欧美发达国家相比，我国的研发投入强度滞后当前的工业化程度。与“十一五”时期相似，高新技术始终是知识密集型和技术密集型的先进技术群（官远芳，2016），高技术企业数在一定程度上代表一个国家和地区拥有的高新技术，因此其数量也是影响“十二五”时期创新要素配置水平提升的关键障碍因素。专利申请授权一方面表明我国企事业单位的自主创新成果能够通过法律途径得到保护；另一方面也显示出我国技术市场的规范化程度以及对跨国公司的吸引力，虽然我国专利申请授权量近年来大幅提升，但发明专利申请授权量的比例偏低，“十二五”时期发明专利申请授权量占受理量比例不足35%①，尤其是2013年和2014年，发明专利授权量再度降低，甚至不及国外2002～2005年的水平（这期间国外该比例曾一度高达53%，黄勇兵和谭义勋，2007），该状况一方面表明我国自主科技创新能力相对较低，另一方面说明我国科技创新主体和科技创新人员知识产权保护意识薄弱。这都可能是影响创新要素配置水平提升的关键。数字化转型保障政策是我国在推动数字经济发展过程中的政策制度支持，而“十二五”期间有关数字产业化和产业数字化等措施可

① 根据国家统计局公布的发明专利申请受理量和授权量计算所得，2011～2015年该比例分别为0.3269、0.3326、0.2517、0.2513和0.3261。

能存在重数量轻质量等较为粗放问题，而面对数字经济的高速发展，政策制度的不匹配极有可能带来资源错配、政策失效以及重复建设等问题，成为制约“十二五”时期制度创新要素发展的关键障碍因素。实际利用外商投资的绝对数量在“十二五”时期虽然呈现增长趋势，但增长幅度较小，在消除价格因素和GDP的增长趋势后，实际利用外商直接投资占GDP比重①在“十二五”时期呈现缩小趋势，与“十一五”时期类似，这可能也造成实际利用外商直接投资占GDP比重成为“十二五”时期阻碍创新要素配置水平提升的关键因素。

综合上述分析表明，我国在创新要素优化配置过程中应加强研发经费的研发投入、重视高新技术的开发应用、重视通过法律途径保护知识产权、通过吸引适度规模外商投资等措施引进先进技术，改善创新的整体环境从而提升创新要素综合配置水平。

为更清晰了解各省区市及各区域创新要素配置指标层面的障碍因子，本书将“十二五”时期各省区市各指标的障碍度取均值，并根据障碍度值排序筛选出各省区市及各区域的主要障碍因子及其障碍度，具体结果如表8.6所示。

表8.6　“十二五”期间各省区市创新要素配置前5障碍因子诊断结果及排名

省区市	主要障碍因子障碍度大小排序					省区市	主要障碍因子障碍度大小排序				
	1	2	3	4	5		1	2	3	4	5
北京	0.0631	0.0616	0.0549	0.0517	0.0510	湖南	0.0540	0.0424	0.0349	0.0347	0.0340
	x46	x50	x9	x26	x18		x17	x12	x23	x46	x27
天津	0.0526	0.0440	0.0419	0.0377	0.0373	广东	0.0794	0.0441	0.0410	0.0408	0.0388
	x17	x12	x46	x50	x23		x17	x2	x15	x26	x31
河北	0.0459	0.0415	0.0353	0.0343	0.0318	广西	0.0411	0.0410	0.0364	0.0336	0.0319
	x17	x12	x23	x15	x27		x17	x12	x15	x23	x50

① 2011~2015年我国实际利用外商直接投资占GDP比重分别为0.0231、0.0222、0.0215、0.0204、0.0193。

续表

省区市	主要障碍因子障碍度大小排序					省区市	主要障碍因子障碍度大小排序				
	1	2	3	4	5		1	2	3	4	5
山西	0. 0454	0. 0424	0. 0351	0. 0348	0. 0333	海南	0. 0426	0. 0364	0. 0363	0. 0360	0. 0352
	x17	x12	x50	x23	x15		x12	x46	x11	x8	x23
内蒙古	0. 0466	0. 0414	0. 0342	0. 0336	0. 0320	重庆	0. 0475	0. 0421	0. 0346	0. 0342	0. 0308
	x17	x12	x23	x50	x8		x17	x12	x46	x23	x31
辽宁	0. 0481	0. 0448	0. 0375	0. 0367	0. 0343	四川	0. 0418	0. 0358	0. 0355	0. 0350	0. 0346
	x17	x12	x23	x46	x9		x12	x36	x23	x50	x31
吉林	0. 0444	0. 0364	0. 0360	0. 0354	0. 0352	贵州	0. 0405	0. 0400	0. 0349	0. 0329	0. 0326
	x12	x15	x23	x50	x46		x17	x12	x15	x23	x50
黑龙江	0. 0435	0. 0416	0. 0368	0. 0354	0. 0342	云南	0. 0393	0. 0344	0. 0331	0. 0330	0. 0314
	x12	x15	x43	x23	x45		x12	x46	x23	x50	x36
上海	0. 0439	0. 0415	0. 0409	0. 0404	0. 0402	陕西	0. 0433	0. 0399	0. 0366	0. 0356	0. 0342
	x50	x46	x26	x17	x9		x12	x50	x15	x23	x31
江苏	0. 0749	0. 0452	0. 0366	0. 0356	0. 0353	甘肃	0. 0391	0. 0357	0. 0323	0. 0314	0. 0309
	x17	x31	x33	x16	x15		x12	x15	x23	x50	x8
浙江	0. 0702	0. 0376	0. 0365	0. 0362	0. 0354	青海	0. 0387	0. 0357	0. 0344	0. 0335	0. 0328
	x17	x27	x15	x10	x31		x12	x17	x11	x15	x46
安徽	0. 0473	0. 0379	0. 0335	0. 0332	0. 0331	宁夏	0. 0459	0. 0398	0. 0342	0. 0338	0. 0330
	x17	x12	x36	x23	x31		x17	x12	x15	x11	x8
福建	0. 0583	0. 0412	0. 0367	0. 0330	0. 0330	新疆	0. 0406	0. 0360	0. 0353	0. 0346	0. 0338
	x17	x12	x23	x8	x15		x12	x15	x17	x46	x23
江西	0. 0470	0. 0414	0. 0351	0. 0329	0. 0320	东部	0. 0517	0. 0343	0. 0326	0. 0325	0. 0315
	x17	x12	x23	x36	x8		x17	x12	x50	x46	x26
山东	0. 0634	0. 0392	0. 0383	0. 0360	0. 0317	中部	0. 0483	0. 0410	0. 0347	0. 0324	0. 0321
	x17	x12	x15	x31	x23		x17	x12	x23	x31	x27
河南	0. 0486	0. 0424	0. 0344	0. 0333	0. 0331	东北	0. 0442	0. 0410	0. 0347	0. 0363	0. 0338
	x17	x12	x23	x50	x36		x12	x17	x23	x46	x50
湖北	0. 0474	0. 0397	0. 0356	0. 0348	0. 0342	西部	0. 0407	0. 0337	0. 0336	0. 0330	0. 0329
	x17	x12	x23	x15	x31		x12	x23	x15	x17	x50

从区域来看，各地区排名前五的障碍因子与表 8. 3 中列出的全国 2011 ~

2015年的障碍因子较为一致，同时各地区又有各自特点。具体而言，研究与开发机构R&D经费内部支出占比对四个地区的阻碍程度由大到小依次为东部、中部、东北和西部地区；高新技术企业数对四个地区的阻碍程度由大到小依次为东北、中部、西部和东部；发明专利授权数对四个地区的阻碍程度由大到小依次为东北、中部、西部和东部；数字化转型保障对四个地区的阻碍程度由大到小依次为东北、东部、西部和中部；实际利用外商直接投资占GDP比重对四个地区的阻碍程度由大到小依次为西部、东部、中部和东北。可见，各障碍因素对各地区创新要素配置水平提升的阻碍程度各有差异，各地区应根据自身要素禀赋及各障碍因素的阻碍程度有针对性地制定适宜本地区的政策措施来提升本地区创新要素配置水平。接下来具体到各区域内部进行分析。

东部地区“十二五”时期排名前五的障碍因子分别为研究与开发机构R&D经费内部支出占比（x17，0.0517）、高新技术企业数（x12，0.0343）、亿元以上商品市场交易个数（x50，0.0326）、数字化转型保障（x46，0.0325）、规模以上工业企业技术改造经费支出（x26，0.0315）。从数值来看，研究与开发机构R&D经费内部支出占比障碍度均值最大，是障碍度均值最小的高技术产业企业数的1.64倍，其他障碍因素均值相差较小，均在0.03左右，可见研究与开发机构研发经费支出是阻碍东部地区“十二五”时期创新要素配置水平提升的最为关键的障碍因素。具体到东部地区各省级行政区，除北京、上海和海南第一障碍因子分别为数字化转型保障（x46，0.0631）、亿元以上商品市场交易个数（x50，0.0439）和高新技术企业数（x12，0.0426）外，其他各省级行政区第一障碍因子均为研究与开发机构R&D经费内部支出占比。可见，对于东部地区大部分省级行政区来说，提升创新要素配置水平的首要任务是增加研发投入，提高研发投入尤其是研发机构的研发投入。接下来根据各省级行政区具体情况，分析除上述五种普遍障碍因素之外的其他障碍因子。阻碍北京创新要素配置水平提升的主要障碍因子还有高技术产业R&D人员全时当量（x9，0.0549）和高技术产业R&D经费内部支出占比（x18，0.0510），阻碍天津创新要素配置水平提升的主要障碍因子还有发明专利授权数（x23，

0.0373），阻碍河北创新要素配置水平提升的主要障碍因子还有发明专利授权数（x23，0.0353）、实际利用外商投资占比（x15，0.0343）和技术市场吸纳技术成交金额占全国技术市场总额比重（x27，0.0318），阻碍上海创新要素配置水平提升的主要障碍因子还有高技术产业 R&D 人员全时当量（x9，0.0402），阻碍江苏创新要素配置水平提升的主要障碍因子与东部地区普遍因子大部分不同，主要为研究与开发机构 R&D 经费内部支出占比（x17，0.0749）、每万人互联网网页数（x31，0.0452）、每平方公里互联网宽带接入端口数（x33，0.0366）、高等学校科技活动 R&D 经费内部支出占比（x16，0.0356）和实际利用外商直接投资占比（x15，0.0353），阻碍浙江创新要素配置水平提升的主要障碍因子与东部地区普遍因子大部分不同，主要为研究与开发机构 R&D 经费内部支出占比（x17，0.0702）、技术市场吸纳技术成交金额占全国技术市场总额比重（x27，0.0376）、实际利用外商直接投资占比（x15，0.0365）、研发机构 R&D 人员全时当量（x10，0.0362）和每万人互联网网页数（x31，0.0354），阻碍福建创新要素配置水平提升的主要障碍因子还有发明专利授权数（x23，0.0367）、高等学校 R&D 人员全时当量（x8，0.0330）和实际利用外商直接投资占比（x15，0.0330），阻碍山东创新要素配置水平提升的主要障碍因子还有实际利用外商直接投资占比（x15，0.0383）、每万人互联网网页数（x31，0.0360）和发明专利授权数（x23，0.0317），阻碍广东创新要素配置水平提升的主要障碍因子还有每千人拥有床位数（x2，0.0441）、实际利用外商直接投资占比（x15，0.0410）和每万人互联网网页数（x31，0.0388），阻碍海南创新要素配置水平提升的主要障碍因子还有高等学校数（x11，0.0363）、高等学校 R&D 人员全时当量（x8，0.0360）和发明专利授权数（x23，0.0352）。综合上述数据及分析，东部地区各省级行政区阻碍创新要素配置水平提升的主要障碍因子为研究与开发机构 R&D 经费内部支出占比、高新技术企业数、亿元以上商品市场交易个数、数字化转型保障、规模以上工业企业技术改造经费支出，除这几个主要障碍因素外，各省级行政区亦有各自特点。增加研发投入尤其是要重视投入结构的合理化，推进高技术产业发展行业发展，增加技术改造经费投入以促进我国从技术引进者、技术模仿者发展成技术创新者和引领者，这些措施均有助于提升创新要素配置水平，同时各地区亦应根据各自要素禀赋优势及障碍因素，因地制宜地制定符合各自发展规律的政策措施来提升本地创新要素配置水平。

中部地区“十二五”时期排名前五的障碍因子为研究与开发机构 R&D 经费内部支出占比（x17，0.0483）、高新技术企业数（x12，0.0410）、发明专利授权数（x23，0.0347）、每万人互联网网页数（x31，0.0324）和技术市场吸纳技术成交金额占全国技术市场总额比重（x27，0.0321），从数值来看，研究与开发机构 R&D 经费内部支出占比障碍度均值最大，是障碍度均值最小的技术市场吸纳技术成交金额占比的 1.50 倍，其他障碍因素均值相差相对较小，可见研究与开发机构研发经费支出是阻碍中部地区“十二五”时期创新要素配置水平提升的最为关键的障碍因素。接下来根据各省级行政区具体情况，分析除这五种障碍因素之外的其他障碍因子。阻碍山西创新要素配置水平提升的主要障碍因子还有亿元以上商品市场交易个数（x50，0.0351）和实际利用外商直接投资占 GDP 比重（x15，0.0333），阻碍安徽创新要素配置水平提升的主要障碍因子还有互联网普及率（x36，0.0335），阻碍江西创新要素配置水平提升的主要障碍因子还有互联网普及率（x36，0.0329）和高等学校 R&D 人员全时当量（x8，0.0320），阻碍河南创新要素配置水平提升的主要障碍因子还有亿元以上商品市场交易个数（x50，0.0333）和互联网普及率（x36，0.0331），阻碍湖北创新要素配置水平提升的主要障碍因子还有实际利用外商直接投资占 GDP 比重（x15，0.0348），阻碍湖南创新要素配置水平提升的主要障碍因子还有数字化转型保障措施的实施（x46，0.0347）。综合上述数据及分析，“十二五”时期中部地区各省级行政区阻碍创新要素配置水平提升的主要障碍因子为研究与开发机构研发经费内部支出、高新技术企业数、发明专利授权数和技术市场吸纳技术成交金额占比，除这几个主要障碍因素外，各省级行政区亦有各自特点。综合上述分析，增加研发机构研发经费投入、积极培育研发经费增长新动能，大力发展高技术产业、注重知识产权保护、提升自主创新能力，加强信息通讯基础设施建设，重视技术引进消化吸收等措施的实施均有利于提升中部地区创新要素配置水平，同时中部地区各省级行政区应根据各自要素禀赋结合自身障碍短板，制定符合区域特色的资源配置新举措，在相应领域内突出发展特色，以促进经济高质量发展水平的提升。

东北地区“十二五”时期排名前五的障碍因子为高新技术企业数（x12，0.0442）、研究与开发机构 R&D 经费内部支出占比（x17，0.0410）、发明专利授权数（x23，0.0347）、数字化转型保障（x46，0.0363）和亿元以上商品市场交易个数（x50，0.0338）。从数值来看，东北地区各障碍因子的障碍度值相差较小。接下来根据各省区市具体情况，分析除这五种障碍因素之外的其他障碍因子。阻碍辽宁创新要素配置水平提升的主要障碍因子还有高技术产业 R&D 人员全时当量（x9，0.0343），阻碍吉林创新要素配置水平提升的主要障碍因子还有实际利用外商直接投资占 GDP 比重（x15，0.0364），阻碍黑龙江创新要素配置水平提升的主要障碍因子为上述五种主要障碍因子，只是排名略有不同。因此，对于东北地区来说，整体来看阻碍整个区域创新要素配置水平提升的主要障碍因子基本与上述五种障碍因子相同，只是吉林和辽宁略有不同，各省级行政区应在遵循普遍障碍因素的情况下根据各区域禀赋及相应障碍因素，制定符合本地区特点的政策措施。

西部地区“十二五”时期排名前五的障碍因子为高新技术企业数（x12，0.0407）、发明专利授权数（x23，0.0337）、实际利用外商直接投资占 GDP 比重（x15，0.0336）、研究与开发机构 R&D 经费内部支出占比（x17，0.0330）、亿元以上商品市场交易个数（x50，0.0329）。从数值来看，西部地区各障碍因子的障碍度值相差较小，障碍度最高的高新技术企业数是最低的亿元以上商品市场交易个数的 1.24 倍。具体到西部地区各省级行政区，山西、内蒙古、广西、重庆、贵州和宁夏第一障碍因子均为研究与开发机构 R&D 经费内部支出占比（x17，0.0454、0.0466、0.0411、0.0475、0.0405、0.0459），四川、云南、陕西、甘肃、青海、新疆其他西部省级行政区第一障碍因子均为高新技术企业数（x12，0.0418、0.0393、0.0433、0.0391、0.0387、0.0406）。接下来分析各省级行政区除上述五种障碍因子外的其他障碍因子。阻碍山西创新要素配置水平提升的主要障碍因子主要为上述五种，排序略有不同；阻碍内蒙古和甘肃创新要素配置水平提升的主要障碍因子还有高等学校 R&D 人员全时当量（x8，0.0320、0.0309）；阻碍广西创新要素配置水平提升的主要障碍因素主要为上述五种障碍因子，排序略有不同；阻碍重庆创新要素配置水平提升的主要障碍因子还有数字化转型保障（x46，0.0346）和每万人互联网网页数（x31，0.0308）；阻碍四川创新要素配置水平提升的主要障碍因子还有互联网普及率（x36，0.0358）和每万人互联网网页数（x31，0.0346）；阻碍贵州创新要素配置水平提升的主要障碍因子为上述五种障碍因子，只是排序略有不同；阻碍云南创新要素配置水平提升的主要障碍因子还有互联网普及率（x36，0.0314）；阻碍陕西创新要素配置水平提升的主要障碍因子还有每万人互联网网页数（x31，0.0342）；阻碍青海创新要素配置水平提升的主要障碍因子还有高等学校数（x11，0.0344），阻碍新疆创新要素配置水平提升的主要障碍因子主要为上述五种障碍因子，排序略有不同。综合上述数据及分析，虽然阻碍西部地区创新要素配置水平提升的障碍因子略有差异，但总体来看，西部地区各省级行政区各障碍因子的阻碍程度相差较小，表明西部地区各省级行政区各障碍因子的差异程度较小，各地区应根据自身要素资源禀赋及其障碍程度来制定符合地区特色、发挥自身优势的政策制度。

8.2.4 “十三五”时期创新要素指标层障碍因子识别

为了得到“十三五”时期各指标的障碍度及其排名情况，本书将各指标 2016~2019 年的障碍度值取均值得到“十三五”时期各指标的障碍因子及障碍度，并对各障碍因子的障碍度进行排序。由于指标较多，本书根据各指标障碍因子对创新要素配置水平的障碍度，筛选了全国排名前 5 的障碍因子及其障碍度。“十三五”时期全国排名前 5 的障碍因子及其障碍度结果如表 8.7 所示。

表8.7 2016~2019年创新要素指标层主要障碍因子障碍度及其排名

障碍因子	2016年		2017年		2018年		2019年		均值	增长率（%）
	障碍度	排名	障碍度	排名	障碍度	排名	障碍度	排名		
x18	0.0360	2	0.0373	2	0.0385	1	0.0403	1	0.0380	3.87
x38	0.0499	1	0.0469	1	0.0337	3	0.0183	30	0.0372	-28.41
x25	0.0340	3	0.0344	3	0.0346	2	0.0354	2	0.0346	1.30
x57	0.0280	5	0.0298	4	0.0321	4	0.0351	3	0.0312	7.75
x59	0.0316	4	0.0289	5	0.0298	5	0.0316	4	0.0305	-0.01

注：障碍因子排序根据2016~2019年障碍度均值排序，由于x58仅在2019排名第5位，因此该表2019年列出了排名第30位的障碍因子x38。

由表8.7可知，全国整体来看，“十三五”期间各年份阻碍创新要素配置水平提升的障碍因子基本一致，各指标的排名顺序略有变化，相较于前三个阶段“十三五”时期各指标的排名变化相对较大，2019年排名第5位的障碍因子为亿元以上商品市场交易个数（x58）。从年份来看，2016~2019年，研究与开发机构R&D经费内部支出占比（x18）是制约创新要素配置水平提升的首要障碍因子，其障碍度均值为0.0380，其中2018年、2019年位居第1位，2016年和2017年居第2位；其次为人均移动互联网接入流量（x38），其障碍度均值为0.0372，2016年和2017年均排名第1位，2018年排名第3位，2019年排名第30位；位居第3的为发明专利授权数（x25），其障碍度均值为0.0346，2016年和2017年排名第3位，2018年和2019年排名第2位；位居第4的为生产力促进中心咨询服务次数（x57），其障碍度均值为0.0312，其中2016年排名第5位，2017年和2018年排名第4位，2019年排名第3位；位居第5的为工信部智能制造试点示范项目和工业互联网试点数（x59），其障碍度均值为0.0305，其中2016年和2019年排名第4位，2017年和2018年排名第5位。这说明全国整体来看，研究与开发机构研发经费内部支出、人均移动互联网接入流量、发明专利授权数、生产力促进中心咨询服务及工信部智能制造试点示范项目和工业互联网试点是阻碍“十三五”时期创新要素配置水平提升的关键因素。因此，在优化创新要素配置过程中加大研发经费投入、合理化研发经费投入结构，发展移动互联网络，重视发明专利的申请授权，提高生产力促进中心的咨询服务、切实提高服务水平以及增加智能制造试点项目和工业互联网试点等措施均有利于提升我国整体创新要素配置水平。

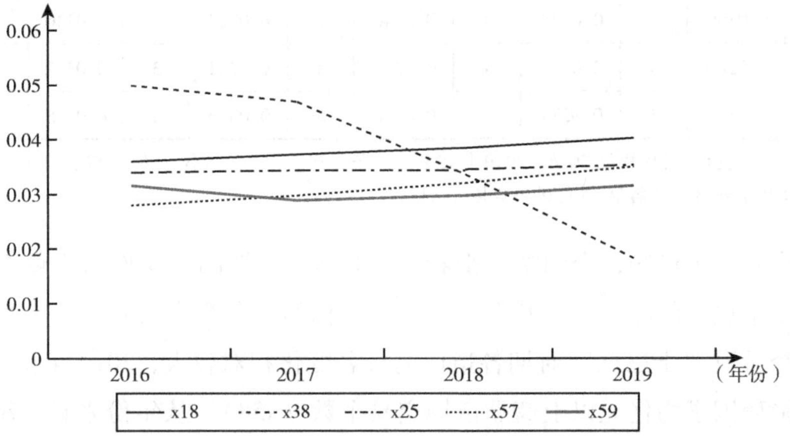

图 8.4　2016～2019 年全国主要障碍因子障碍度变化趋势

结合表 8.7 和图 8.4 全国主要障碍因子障碍度变化趋势来看，阻碍"十三五"时期我国创新要素配置水平提升的主要障碍因素研究与开发机构 R&D 经费内部支出占比、发明专利授权数和生产力促进中心咨询服务次数障碍度在"十三五"期间均呈现不同程度的提升，且生产力促进中心咨询服务次数和研究与开发机构 R&D 经费内部支出占比上升幅度较大，其中生产力促进中心障碍度由 2016 年的 0.0280 逐步上升到 2019 年的 0.0351，上升幅度较大，年均上升 7.75%，研究与开发机构 R&D 经费内部支出占比障碍度由 2016 年的 0.0360 逐步上升到 2019 年的 0.0403，年均上升 3.87%，表明生产力促进中心咨询服务次数与研发与开发机构研发经费投入在创新要素配置水平提升过程中其阻碍程度越来越大；发明专利授权数障碍度由 2016 年的 0.0340 上升到 2019 年的 0.0354，上升幅度相对较小，年均上升 1.30%，表明知识产权保护越来越受到重视，其对创新要素配置水平提升的阻碍程度也越来越大。工信部智能制造试点示范项目和工业互联网试点数及人均移动互联网接入流量障碍度呈现不同程度的减弱趋势，其中人均移动互联网接入流量障碍度均值呈现大幅下降，年均下降幅度达到28.41%，这可能与移动互联网的爆发式发展有关，自从国家2009年开始大规模部署3G网络，到2014年开始大规模部署4G移动通信网络设施，通过两次移动通信网络设施的升级换代（王江汉，2018），我国移动互联网获得快速发展，随着4G移动用户的大规模增长，移动互联网接入流量呈现爆发式增长，因此有可能造成“十三五”初期移动互联网接入流量对创新要素配置水平的阻碍程度相对较大，而后出现大幅度下降的现象。工信部智能制造试点示范项目和工业互联网试点数障碍度呈现“先下降后上升”的趋势，总体来看变化不大，从2016年的0.0316下降到2017年的0.0289然后逐步上升到2019年的0.0316。综合上述分析，“十三五”时期各障碍因素的障碍度呈现不同的变化趋势，表明各障碍因子对“十三五”时期创新要素配置水平提升的阻碍程度呈现分化特征，尤其是移动互联网的快速发展，使其障碍度呈现较为大幅下降。

“十三五”时期是大数据等技术快速发展时期，党的十九大报告将数字中国建设列为建设创新型国家的重点任务之一，进一步促进大数据成为关键生产要素，而研发投入作为创新产品和创新技术的生产要素，对大数据企业的智能数据分析能力提升起着至关重要作用（孟渺，2022）。这一时期可能我国研发投入增长速率低于数字技术和数据技术的发展，因此可能成为“十三五”时期阻碍创新要素配置水平提升较为关键的障碍因素。移动互联网是移动通信和互联网结合的产物，但是限于发展前期智能手机和上网资费价格昂贵，移动互联网发展较为缓慢，随着移动互联网的普及，尤其是2014年之后4G网络的大规模发展，手机上网速度得到了质的提升，因此可能造成“十三五”初期使用手机上网人数较多，但人均使用流量较低，随着上网资费和移动互联设施的发展成熟，一方面手机上网实现了普遍覆盖（庄家煜，2021）；另一方面，上网的频率和质量也得到了提升，人均接入流量大幅增长，因此到“十三五”后期人均移动互联网接入流量的阻碍程度大幅度缩小。与“十二五”时期类似，我国“十三五”时期发明专利的申请授权量依然偏低，2016～2019年发明专利授权量占受理量的比例基本在30%左右[①]，这一比例依然偏低，因此也极有可能成为影响创新要素配置水平提升的关键。生产力促进中心作为科技服务业龙头和核心载体，其直接对接中小企业技术需求，目标为助推区域科技进步，提升社会生产力。但是2013年开始国务院取消了科技部国家级示范生产力促进中心行政审批事项，取消审批事项后我国生产力促进中心数量逐年递减，各项服务指标也呈现不同程度的下降趋势，如“十二五”期间其服务业绩逐年递减，“十三五”期间的服务收入也由升转降，各项服务指标呈下降趋势（刘烨，2021），这可能造成生产力促进中心服务成为“十三五”时期创新要素配置提升的关键障碍因素。智能制造试点示范项目自2015年启动以来，在工信部的大力推动下取得了显著成果。工业互联网作为新一代信息通信技术与制造业深度融合的产物，目前已开始向全行业领域渗透，但其发展在“十三五”时期仍处于较为初级阶段，因此可能成为“十三五”时期阻碍创新要素配置水平提升的关键障碍因素。

综合上述分析表明，从全国整体来看，我国在创新要素优化配置过程中应加强研发经费的研发投入，重点支持高新技术产业，更好地对国家生产力促进中心发展进行引导，通过进行有针对性的产业孵化等措施来提高生产力促进中心服务效率，积极强化数字通讯技术等基础设施建设以促进移动互联网络的快速发展，加强工业互联网产融主体精准对接、建立和完善工业互联网试点容错试错机制等措施以应对风险，通过改善创新的整体环境从而提升创新要素综合配置水平。

为更清晰了解各省区市及各区域创新要素配置指标层面的障碍因子，本书将“十三五”时期各省区市各指标的障碍度取均值，并根据障碍度值排序筛选出各省区市及各区域的主要障碍因子及其障碍度，具体结果如表8.8所示。

从区域来看，各地区排名前五的障碍因子与表8.7中列出的全国2016～2019年的障碍因子较为一致，同时各地区又有各自特点。具体而言，研究

① 2016～2019年发明专利授权量占受理量比例为0.3020、0.3041、0.3128、0.3233，该数据根据国家统计局公布的发明专利申请量和授权量数据计算所得。

与开发机构R&D经费内部支出占比对四个地区的阻碍程度由大到小依次为中部、东部、东北和西部地区；人均移动互联网接入流量对四个地区的阻碍程度由大到小依次为东部、中部、东北和西部；发明专利授权数对四个地区的阻碍程度由大到小依次为东北、西部、中部和东部；生产力促进中心咨询服务次数对四个地区的阻碍程度由大到小依次为东部、东北、西部和中部；工信部智能制造试点示范项目和工业互联网试点对四个地区的阻碍程度由大到小依次为东北、西部、中部和东部。可见，各障碍因素对各地区创新要素配置水平提升的阻碍程度各有差异，各地区应根据自身要素禀赋及各障碍因素的阻碍程度有针对性地制定适宜本地区的政策措施来提升本地区创新要素配置水平。接下来具体到各区域内部进行分析。

表8.8　“十三五”期间各省区市创新要素配置前5障碍因子诊断结果及排名

省区市	主要障碍因子障碍度大小排序					省区市	主要障碍因子障碍度大小排序				
	1	2	3	4	5		1	2	3	4	5
北京	0.0663	0.0465	0.0464	0.0442	0.0413	湖南	0.0495	0.0412	0.0380	0.0363	0.0298
	x57	x58	x7	x38	x9		x18	x38	x25	x57	x5
天津	0.0445	0.0406	0.0373	0.0367	0.0321	广东	0.0724	0.0445	0.0358	0.0349	0.0333
	x18	x25	x59	x38	x32		x18	x38	x2	x33	x37
河北	0.0413	0.0381	0.0375	0.0285	0.0284	广西	0.0371	0.0361	0.0348	0.0325	0.0318
	x18	x38	x25	x59	x5		x18	x25	x38	x59	x57
山西	0.0395	0.0376	0.0361	0.0321	0.0320	海南	0.0394	0.0360	0.0355	0.0350	0.0322
	x18	x25	x38	x57	x59		x25	x59	x57	x32	x12
内蒙古	0.0390	0.0374	0.0317	0.0312	0.0308	重庆	0.0444	0.0366	0.0341	0.0325	0.0280
	x18	x25	x59	x32	x38		x18	x25	x38	x59	x57
辽宁	0.0392	0.0380	0.0345	0.0331	0.0323	四川	0.0433	0.0373	0.0369	0.0290	0.0289
	x38	x25	x18	x59	x57		x38	x25	x59	x5	x43
吉林	0.0387	0.0361	0.0330	0.0317	0.0275	贵州	0.0405	0.0387	0.0317	0.0306	0.0296
	x25	x59	x38	x32	x57		x18	x25	x32	x59	x38
黑龙江	0.0391	0.0374	0.0370	0.0345	0.0306	云南	0.0368	0.0328	0.0319	0.0304	0.0298
	x38	x25	x18	x59	x32		x25	x57	x59	x18	x38

续表

省区市	主要障碍因子障碍度大小排序					省区市	主要障碍因子障碍度大小排序				
	1	2	3	4	5		1	2	3	4	5
上海	0.0494	0.0456	0.0356	0.0334	0.0320	陕西	0.0385	0.0358	0.0316	0.0307	0.0305
	x57	x38	x25	x18	x58		x25	x38	x57	x59	x58
江苏	0.0630	0.0458	0.0353	0.0330	0.0301	甘肃	0.0368	0.0323	0.0320	0.0314	0.0312
	x18	x38	x33	x34	x5		x25	x38	x32	x59	x57
浙江	0.0627	0.0439	0.0382	0.0307	0.0305	青海	0.0368	0.0339	0.0328	0.0322	0.0314
	x18	x57	x38	x33	x10		x25	x32	x59	x57	x12
安徽	0.0458	0.0413	0.0341	0.0297	0.0285	宁夏	0.0408	0.0365	0.0334	0.0326	0.0300
	x18	x38	x25	x5	x32		x18	x25	x32	x57	x12
福建	0.0525	0.0396	0.0390	0.0350	0.0287	新疆	0.0360	0.0339	0.0303	0.0299	0.0294
	x18	x38	x25	x57	x59		x25	x38	x32	x18	x57
江西	0.0449	0.0391	0.0384	0.0306	0.0301	东部	0.0438	0.0411	0.0354	0.0295	0.0288
	x18	x25	x38	x59	x32		x18	x38	x57	x25	x59
山东	0.0567	0.0467	0.0366	0.0324	0.0322	中部	0.0448	0.0399	0.0369	0.0292	0.0287
	x18	x38	x57	x5	x25		x18	x38	x25	x59	x57
河南	0.0458	0.0392	0.0366	0.0309	0.0306	东北	0.0380	0.0371	0.0346	0.0320	0.0295
	x18	x38	x25	x57	x59		x25	x38	x59	x18	x32
湖北	0.0432	0.0429	0.0362	0.0333	0.0312	西部	0.0370	0.0322	0.0316	0.0308	0.0295
	x38	x18	x25	x57	x59		x25	x38	x59	x18	x32

东部地区“十三五”时期排名前五的障碍因子分别为研究与开发机构R&D经费内部支出占比（x18，0.0438）、人均移动互联网接入流量（x38，0.0411）、生产力促进中心咨询服务次数（x57，0.0354）、发明专利授权数（x25，0.0295）和工信部智能制造试点示范项目和工业互联网试点数（x59，0.0288）。从数值来看，研究与开发机构R&D经费内部支出占比障碍度均值最大，是障碍度均值最小的工信部智能制造试点示范项目和工业互联网试点数的1.52倍，可见研究与开发机构研发经费支出是阻碍东部地区“十三五”时期创新要素配置水平提升的最为关键的障碍因素。具体到东部地区各省级行政区，除北京、上海和海南第一障碍因子分别为生产力促进中心咨询服务次数（x57，0.0663、0.0494）和发明专利授权数

（x25，0.0394），其他各省级行政区第一障碍因子均为研究与开发机构 R&D 经费内部支出占比。可见，对于东部地区大部分省级行政区来说，提升创新要素配置水平的首要任务是增加研发投入，提高研发投入尤其是研发机构的研发投入。接下来根据各省级行政区具体情况，分析除上述五种普遍障碍因素之外的其他障碍因子。阻碍北京创新要素配置水平提升的主要障碍因子还有亿元以上商品市场交易个数（x58，0.0465）、工业机器人保有量（x7，0.0464）和高技术产业 R&D 人员全时当量（x9，0.0413），阻碍天津创新要素配置水平提升的主要障碍因子还有新技术关注度（x32，0.0321），阻碍河北创新要素配置水平提升的主要障碍因子还有高等学校生均教育经费支出（x5，0.0284），阻碍上海创新要素配置水平提升的主要障碍因子还有亿元以上商品市场交易个数（x58，0.0320），阻碍江苏创新要素配置水平提升的主要障碍因子与东部地区普遍因子大部分不同，主要为研究与开发机构 R&D 经费内部支出占比（x18，0.0630）、人均移动互联网接入流量（x38，0.0458）、每万人互联网域名数（x33，0.0353）、每万人互联网网站数（x34，0.0330）和高等学校生均教育经费支出（x5，0.0301），阻碍浙江创新要素配置水平提升的主要障碍因子还有每万人互联网域名数（x33，0.0307）和研发机构 R&D 人员全时当量（x10，0.0305），阻碍福建创新要素配置水平提升的主要障碍因子为上述五种主要障碍因子，只是排序不同，阻碍山东创新要素配置水平提升的主要障碍因子还有高等学校生均教育经费支出（x5，0.0324），阻碍广东创新要素配置水平提升的主要障碍因子还有每千人拥有床位数（x2，0.0358）、每万人互联网域名数（x33，0.0349）和每平方公里互联网宽带接入端口数（x37，0.0333），阻碍海南创新要素配置水平提升的主要障碍因子还有新技术关注度（x32，0.0350）和高等学校数（x12，0.0322）。综合上述数据及分析，东部地区各省级行政区阻碍创新要素配置水平提升的主要障碍因子为研究与开发机构 R&D 经费内部支出占比、人均移动互联网接入流量、生产力促进中心咨询服务次数、发明专利授权数和工信部智能制造试点示范项目和工业互联网试点数，除这几个主要障碍因素外，各省级行政区亦有各自特点。增加研发投入尤其是要重视投入结构的合理化，大力发展移动互联基础设施、降低网络资费等，有效发挥生产力促进中心的服务功能、重视知识产权保护等、发展智能制造、工业互联网等措施均有助于提升创新要素配置水平，同时各地区亦应根据各自要素禀赋优势及障碍因素，因地制宜制定符合各自发展规律的政策措施来提升本地创新要素配置水平。

中部地区“十三五”时期排名前五的障碍因子为研究与开发机构 R&D 经费内部支出占比（x18，0.0448）、人均移动互联网接入流量（x38，0.0399）、发明专利授权数（x25，0.0369）、工信部智能制造试点示范项目和工业互联网试点数（x59，0.0292）和生产力促进中心咨询服务次数（x57，0.0287）。从数值来看，研究与开发机构 R&D 经费内部支出占比障碍度均值最大，是障碍度均值最小的技术市场吸纳技术成交金额占比的 1.50 倍，其他障碍因素均值相差相对较小，可见研究与开发机构研发经费支出是阻碍中部地区“十二五”时期创新要素配置水平提升的最为关键的障碍因素。接下来根据各省级行政区具体情况，分析除这五种障碍因素之外的其他障碍因子。阻碍山西、河南、湖北创新要素配置水平提升的主要障碍因子主要是为上述五种障碍因子，排序略有不同，阻碍安徽创新要素配置水平提升的主要障碍因子还有高等学校生均教育经费支出（x5，0.0297）和新技术关注度（x32，0.0285），阻碍江西创新要素配置水平提升的主要障碍因子还有新技术关注度（x32，0.0301），阻碍湖南创新要素配置水平提升的主要障碍因子还有高等学校生均教育经费支出（x5，0.0298）。综合上述数据及分析，“十三五”时期中部地区各省级行政区阻碍创新要素配置水平提升的主要障碍因子相对比较集中，主要为研究与开发机构研发经费内部支出、人均移动互联网接入流量、发明专利授权数工信部智能制造试点示范项目和工业互联网试点数和生产力促进中心咨询服务次数，除这几个主要障碍因素外，各省级行政区亦有各自特点。综合上述分析，增加研发机构研发经费投入、积极培育研发经费增长新动能，大力发展信息通讯产业、加强信息通讯基础设施建设，注重知识产权保护、提升自主创新能力，发展智能制造、工业互联网等措施的实施均有利于提升中部地区创新要素配置水平，同时中部地区各省级行政区应根据各自要素禀赋结合自身障碍短板，制定符合区域特色的资源配置新举措，在相应领域内突出发展特色，以促进经济高质量发展水平的提升。

东北地区“十三五”时期排名前五的障碍因子为发明专利授权数（x25，0.0380）、人均移动互联网接入流量（x38，0.0371）、工信部智能制造试点示范项目和工业互联网试点数（x59，0.0346）、研究与开发机构 R&D 经费内部支出占比（x18，0.0320）和新技术关注度（x32，0.0295）。从数值来看，东北地区各障碍因子的障碍度值相差较小。接下来分析各省级行政区具体情况。阻碍辽宁和吉林创新要素配置水平提升的主要障碍因子主要为前述障碍因子中的前四种，最后一个障碍因子为生产力促进中心咨询服务次数（x57，0.0323、0.0275），阻碍黑龙江创新要素配置水平提升的主要障碍因子为上述五种主要障碍因子，只是排名略有不同。因此，对于东北地区来说，整体来看阻碍整个区域创新要素配置水平提升的主要障碍因子基本与上述五种障碍因子相同，只是吉林和辽宁略有不同，各省级行政区应在遵循普遍障碍因素的情况下根据各区域禀赋及相应障碍因素，制定符合本地区特点的政策措施。

西部地区“十二五”时期排名前五的障碍因子与东北地区相同，分别为发明专利授权数（x25，0.0370）、人均移动互联网接入流量（x38，0.0322）、工信部智能制造试点示范项目和工业互联网试点数（x59，0.0316）、研究与开发机构 R&D 经费内部支出占比（x18，0.0308）和新技术关注度（x32，0.0295）。从数值来看，西部地区各障碍因子的障碍度值相差较小，障碍度最高的发明专利授权数是最低的新技术关注度的 1.25 倍。具体到西部地区各省级行政区，内蒙古、广西、重庆、贵州和宁夏第一障碍因子均为研究与开发机构 R&D 经费内部支出占比（x18，0.0390、0.0371、0.0444、0.0405、0.0408），四川第一障碍因子为人均移动互联网接入流量（x38，0.0433），云南、陕西、甘肃、青海、新疆其他西部省级行政区第一障碍因子均为发明专利授权数（x25，0.0368、0.0385、0.0368、0.0368、0.0360）。接下来分析各省级行政区除上述五种障碍因子外的其他障碍因子。阻碍内蒙古、贵州创新要素配置水平提升的主要障碍因素主要为上述五种障碍因子，排序略有不同；阻碍广西、重庆、云南创新要素配置水平提升的主要障碍因子还有生产力促进中心咨询服务次数（x57，0.0318，0.0280，0.0328）；阻碍四川创新要素配置水平提升的主要障碍因子还有高等学校生均教育经费支出（x5，0.0290）和互联网普及率（x43，0.0289）；阻碍陕西创新要素配置水平提升的主要障碍因子还有生产力促进中心咨询服务次数（x57，0.0316）和亿元以上商品市场交易个数（x58，0.0305）；阻碍甘肃、新疆创新要素配置水平提升的主要障碍因子还有生产力促进中心咨询服务次数（x57，0.0312，0.0294），阻碍青海、宁夏创新要素配置水平提升的主要障碍因子还有生产力促进中心咨询服务次数（x57，0.0322，0.0326）和高等学校数（x12，0.0314，0.0300）。综合上述数据及分析，虽然阻碍西部地区创新要素配置水平提升的障碍因子略有差异，但总体来看，西部地区各省级行政区各障碍因子的阻碍程度相差较小，表明西部地区各省级行政区各障碍因子的差异程度较小，各地区应根据自身要素资源禀赋及其障碍程度来制定符合地区特色、发挥自身优势的政策制度。

综合各阶段创新要素配置指标层障碍因子的障碍度诊断分析发现，虽然各阶段下各地区各省级行政区主要障碍因子有所差异，但总体来看主要集中于以下几类障碍因素："十五"时期阻碍我国创新要素配置水平的关键障碍因素为非国有经济的发展程度、大宗商品市场的交易、大中型国有企业的消化吸收经费支出、研究与开发机构的研发经费支出以及人均年使用函件数量；"十一五"时期阻碍我国创新要素配置水平的关键障碍因素研究与开发机构研发经费支出、国家火炬计划项目、高技术产业企业数、IP电话通话时长、实际利用外商投资；"十二五"时期主要障碍因素为研究与开发机构研发经费内部支出、高新技术企业数、发明专利授权数、数字化转型保障及实际利用外商投资占比；"十三五"时期主要障碍因素为研究与开发机构研发经费内部支出、人均移动互联网接入流量、发明专利授权数、生产力促进中心咨询服务及工信部智能制造试点示范项目和工业互联网试点。

8.3　本章小结

本章通过构建障碍因子诊断模型对高质量发展视阈下创新要素配置系统的障碍因子进行了障碍度测度，并分别从创新要素配置指标层面对其障碍度进行了诊断分析，研究结论如下：从指标层来看，“研究与开发机构 R&D 经费内部支出/R&D 经费内部支出总额”指标在各阶段均位于前五，表明长期以来我国研发经费投入尤其是研究与开发机构的研发经费投入强度可能不足。此外，各阶段下创新要素配置的主要障碍因素略有差异，但总体来看集中在各阶段处于发展初期的较为新兴事物，尤其是“十二五”和“十三五”发展阶段期间，与数字经济发展相关的指标如数字化转型保障、生产力促进中心咨询服务、工信部智能制造试点示范项目和工业互联网试点等因素的障碍度排名较为靠前，表明制度创新要素的市场规范能力和营商环境作为数字经济推进高质量发展时代的新生产要素在当前阶段下发展不足，未来通过优化营商环境等措施可有效促进创新要素配置水平的提升。

第9章　高质量发展视阈下创新要素配置水平的空间分异

在第7章和第8章中，本书依据构建的创新要素配置指标体系，对高质量发展视阈下创新要素配置水平进行测度，并分析影响创新要素配置水平的主要障碍因子。然而对创新要素配置水平的分布情况尚未进一步展开，在四大经济区域和不同经济区视角下创新要素配置水平变化趋势如何？是否具有区域差异性特征？基于此，本章利用测度的高质量发展视阈下创新要素配置水平数据，采用三维核密度估计和Dagum基尼系数方法，分析创新要素配置水平分别在四个阶段的时空特征、区域差异及分布动态演进，以明晰我国不同经济区、不同阶段下创新要素配置水平的总体分布和变化趋势。

9.1　测度方法

本节主要对核密度估计方法和Dagum基尼系数法进行介绍。

9.1.1　核密度估计

核密度估计是采用平滑核函数作为权重来对样本数据的概率密度曲线进行拟合的非参数估计方法（陶长琪和徐茉，2021），该方法思想源于Rosenblatt（1956）对直观图的改进，后又经过Parzen（1962）的扩充和修正，才形成现今流行的非参数核密度估计方法。核密度估计方法克服了传统参数估计方法的缺陷，能够更加真实地反映图形的分布情况（Rosenblatt，1956；Parzen，1962；Silverman，1986）。为了明晰全国及四大区域创新要素配置水平的分布动态及演进规律，本书采用核密度估计法来分析创新要素配置水平的分布位置、分布态势、极化趋势、延展性等。假设$f(u)$为创新要素配置水平u的密度函数：

$$f(u) = \frac{1}{nh}\sum_{i=1}^{n} K\left(\frac{u_i - u}{h}\right) \tag{9.1}$$

其中，n为观测值个数，u_i为独立同分布观测值，$K(\cdot)$为核函数，本书选用高斯核函数。h为带宽，带宽越小，估计精度越高。就本书而言，分布位置反映创新要素配置水平高低；分布形态反映创新要素配置水平的空间差异大小及极化程度，其中波峰的宽度和高度反映差异大小，波峰数量刻画极化程度（陈明华等，2016）；分布延展性反映创新要素配置水平最高地区与其他地区的空间差异大小，拖尾越长，差异越大（Quah，1993）。

9.1.2　Dagum 基尼系数

Dagum 基尼系数及其分解方法将总体基尼系数G分解为区域内差异G_w、区域间差异G_{nb}和超变密度贡献G_t三部分，即$G = G_w + G_{nb} + G_t$（Dagum，1997）。以四大经济区域来说，区域内基尼系数越大，说明区域内创新要素配置水平的差距越大；基尼系数越小，说明区域内创新要素配置水平的差距越小。区域间基尼系数越大，说明区域间创新要素配置水平的差距越大；基尼系数越小，说明区域间创新要素配置水平的差距越小。目前，这一方法已被广泛应用于各类区域差异问题的研究中（孙畅和吴芬，2020；葛鹏飞等，2020），具体计算如式（9.2）至式（9.6）所示。

$$G = \sum_{j=1}^{k}\sum_{h=1}^{k}\sum_{i=1}^{n_j}\sum_{r=1}^{n_h} |y_{ji} - y_{hr}| / 2n^2\bar{y}, G_{jj} = \frac{\frac{1}{2\bar{y}_j}\sum_{i=1}^{n_j}\sum_{R=1}^{n_j}|y_{ji} - y_{jr}|}{n_j^2} \tag{9.2}$$

$$G_w = \sum_{j=1}^{k} G_{jj} p_j s_j , G_{jh} = \frac{\sum_{i=1}^{n_j} \sum_{r=1}^{n_h} |y_{ji} - y_{jr}|}{n_j n_h (\overline{Y}_j + \overline{Y}_h)} \tag{9.3}$$

$$G_{nb} = \sum_{j=2}^{k} \sum_{h=1}^{j-1} G_{jh} (p_j s_h + p_h s_j) D_{jh} , G_t = \sum_{j=2}^{k} \sum_{h=1}^{j-1} G_{jh} (p_j s_h + p_h s_j)(1 - D_{jh}) \tag{9.4}$$

$$D_{jh} = \frac{d_{jh} - p_{jh}}{d_{jh} + p_{jh}} \tag{9.5}$$

$$d_{jh} = \int_0^{\infty} dF_j(y) \int_0^{y} (y - x) dF_h(x) , p_{jh} = \int_0^{\infty} dF_h(y) \int_0^{y} (y - x) dF_j(x) \tag{9.6}$$

$y_{ji}(y_{hr})$ 表示第 $j(h)$ 个地区中第 $i(r)$ 个省份的耦合协调度；k 表示地区个数；$n_j(n_h)$ 表示 $j(h)$ 个地区中省份的数量；式（9.2）分别表示总体基尼系数和第 j 个地区内的基尼系数；式（9.3）分别表示第 j 个地区内差异的贡献程度、第 j 个地区和第 h 个地区之间的基尼系数；式（9.4）分别表示第 j 个地区和第 h 个地区之间差异的贡献程度、超变密度贡献；D_{jh}为创新要素配置水平的相对影响，其定义见式（9.5）；$F_h(F_j)$ 表示 $j(h)$个地区内的积累密度分布函数；d_{jh}和 p_{jh}表示 $j(h)$ 个地区中符合 $y_{ji} - y_{hr} > 0$ 和 $y_{hr} - y_{ji} > 0$ 的所有样本值加总的数学期望。

9.2 时空演进特征分析

为了明晰我国创新要素配置水平的时空分布动态，根据创新要素配置水平的测度结果，本书绘制四阶段下全国和东部、中部、西部、东北地区的创新要素配置水平的三维核密度估计曲线图，以分析四阶段下各区域的时空演进特征。

9.2.1 “十五”阶段创新要素配置水平的时空演进特征分析

图 9.1（a）~（e）分别展现了全国和东部、中部、西部、东北地区

2001～2005年的创新要素配置水平的分布动态。其中，图9.1（a）是全国创新要素配置水平的核密度估计图，可以看出在样本观察期内核密度估计曲线主峰出现右移趋势，主峰高度呈现波动性下降趋势，波峰宽度扩大，且存在一定的拖尾现象，说明我国省区市间创新要素配置水平差距逐年扩大，创新要素配置水平呈现上升趋势，存在明显的极化现象。

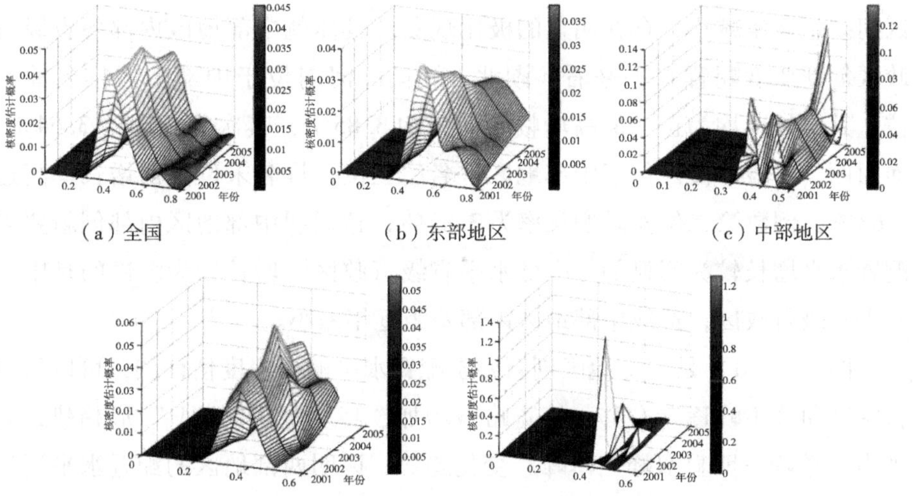

（a）全国　（b）东部地区　（c）中部地区

（d）西部地区　（e）东北地区

图9.1　“十五”阶段创新要素配置水平的分布动态

图9.1（b）是东部地区创新要素配置水平的核密度估计图，可以看出核密度曲线主峰逐渐右移，主峰高度呈现波动性下降趋势，峰宽不断扩大，由“明显双峰”转为“明显单峰”，说明东部地区的配置水平逐年上升，省区市间差距逐年增大，极化现象逐渐消失。具体就东部地区内部各省级行政区创新要素配置水平来看，北京、上海、广东、江苏、浙江位于东部地区排名前五位，其增长率均为正，最高增幅为浙江的7.17%，其次为广东的6.65%，而天津、山东、福建、河北、海南位于东部地区排名后五位，最大跌幅为海南-1.23%，除海南外其余增长率均为正，这说明东部地区内部创新要素配置水平增长较为明显的是中高水平省级行政区，增长较慢甚至出现负增长的省级行政区多为中低水平省级行政区，造成东部

地区内部差距逐年扩大。广东、江苏等位于东部地区中等水平省级行政区，其增长率超过北京、上海等高水平省级行政区增长率，具有较强的发展潜力，是东部地区极化现象逐渐消失的关键原因。

图9.1（c）是中部地区创新要素配置水平的核密度估计图，可以看出核密度曲线主峰逐渐右移，主峰高度波动性上升，无拖尾现象，在样本观测期内仅表现为多个峰值，说明中部地区的配置水平逐年上升，省级行政区间差距逐年减小，存在明显的极化现象。具体就中部地区内部各省级行政区创新要素配置水平来看，湖北、湖南、河南位于中部地区排名前三位，其增长率均为正，最高增幅为河南的3.85%，其次为湖南的3.64%，而山西、安徽、江西位于中部地区排名后三位，排名末位江西增长率高达7.68%，倒数第二位安徽增长率为3.87%，这说明中部地区内部创新要素配置水平增长较为明显的是中低水平省级行政区，增长较为缓慢的是中高水平省级行政区，造成中部地区内部差距逐年缩小。

图9.1（d）是西部地区创新要素配置水平的核密度估计图，可以看出核密度曲线主峰逐渐右移，峰宽略微增加，高度呈现倒“U”形趋势，表现为“单峰—明显双峰—单峰”变化趋势，说明西部地区的配置水平逐年提升，省级行政区间差距略微增大，极化现象由“不明显—明显—不明显”变化。具体就西部地区内部各省级行政区创新要素配置水平来看，陕西、四川、重庆位于西部地区排名前三位，其增长率均为正，最高增幅为陕西4.18%，而内蒙古、贵州、宁夏位于西部地区排名后三位，内蒙古增长率为-0.91%，说明西部地区内部创新要素配置水平增长较为明显的是中高水平省级行政区，增长较为缓慢的是中低水平省级行政区，造成西部地区内部差距略微增大。在观测期前期，陕西、四川和重庆由于增长速度较快，其配置水平与后面省级行政区拉开一定差距，造成极化现象的产生，而到后期，中下游省级行政区后来居上，逐渐减少与上游省级行政区的差距，造成极化现象的消失，使得整体极化现象呈现“不明显—明显—不明显”变化。

图9.1（e）是东北地区创新要素配置水平的核密度估计图，可以看出核密度曲线出现多个主峰，峰宽由“尖而窄”变成“宽而平”，高度呈现

明显先上升后下降趋势，说明东北地区的配置水平省级行政区间差距明显增大，在样本观测期中期存在明显的极化现象。具体而言，2002～2004年黑龙江和吉林创新要素配置水平相近，而辽宁的创新要素配置水平呈现稳定上升趋势，样本观测期内三省级行政区的差距有所扩大。

9.2.2 “十一五”阶段创新要素配置水平的时空演进特征分析

图9.2（a）～（e）分别展现了全国和东部、中部、西部、东北地区2006～2010年的创新要素配置水平的分布动态。其中，图9.2（a）是全国创新要素配置水平的核密度估计图，可以看出在样本观察期内核密度估计曲线主峰出现右移趋势，主峰高度呈现波动性上升，波峰宽度略微扩大，且拖尾现象仍然存在，说明我国省区市间创新要素配置水平差距逐年扩大，创新要素配置水平呈现上升趋势，两极分化现象明显。

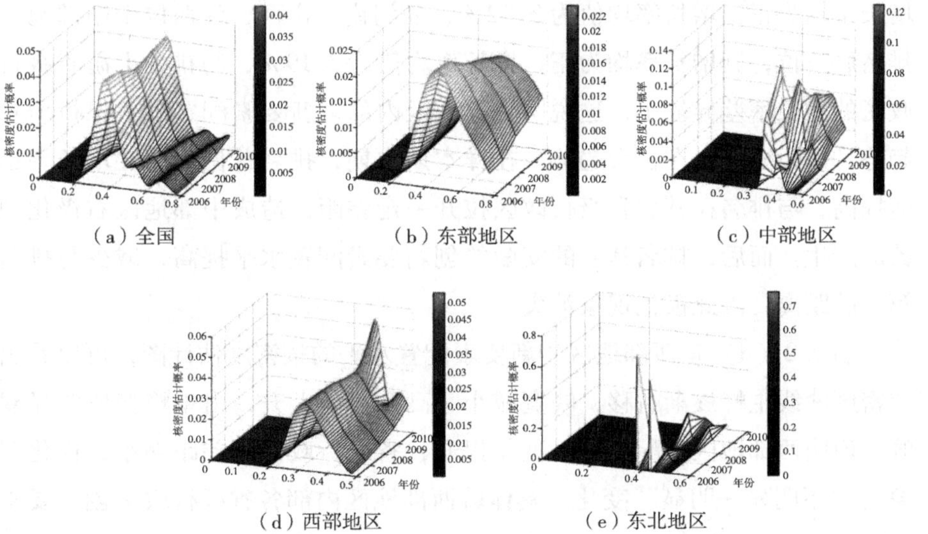

（a）全国　（b）东部地区　（c）中部地区

（d）西部地区　（e）东北地区

图9.2 “十一五”阶段创新要素配置水平的分布动态

图9.2（b）是东部地区创新要素配置水平的核密度估计图，可以看出核密度曲线主峰逐渐右移，主峰高度逐年下降，峰宽不断扩大，始终保持

“明显单峰”状态，说明东部地区的配置水平逐年上升，省级行政区间差距逐年增大，不存在极化现象。具体就东部地区内部各省级行政区创新要素配置水平来看，北京、上海、江苏、广东、浙江位于东部地区排名前五位，其增长率均为正，最高增幅为江苏的6.14%，而天津、山东、福建、海南、河北、位于东部地区排名后五位，其中增长率最大的省级行政区为山东，但整体较中上游地区增长较慢，这说明东部地区内部创新要素配置水平增长较快的是中高水平省级行政区，增长较慢的省级行政区多为中低水平省级行政区，造成东部地区内部差距略微扩大。东部地区内部各省级行政区创新要素配置水平分布均匀，因此东部地区始终不存在极化现象。

图9.2（c）是中部地区创新要素配置水平的核密度估计图，可以看出核密度曲线主峰逐渐右移，峰宽有扩大趋势，主峰高度波动性下降，样本期内出现微弱双峰，说明中部地区的配置水平逐年上升，省级行政区间差距扩大，在中期产生微弱的极化现象。具体就中部地区内部各省级行政区创新要素配置水平来看，湖北、安徽、湖南位于中部地区排名前三位，其增长率均为正，增长率均值为3.32%，而河南、山西、江西位于中部地区排名后三位，其增长率均为正，增长率均值为3.19%，与排名上游省级行政区的增长率差异较小，这说明中部地区内部创新要素配置水平保持增长趋势，差距变化存在扩大趋势。在样本期中期，排名首位的湖北增长率迅速提高，与排名在其后省级行政区拉开一定差距，造成中部地区右极化现象的产生。而后，排名其后的安徽的创新要素配置水平提高，减少与排名第一的距离，因此极化现象消失。

图9.2（d）是西部地区创新要素配置水平的核密度估计图，可以看出核密度曲线主峰逐渐右移，峰宽减小，高度逐渐上升，由单峰变成明显双峰，说明西部地区的配置水平逐年提升，省级行政区间差距缩小，极化现象由“不明显—明显”变化。具体就西部地区内部各省级行政区创新要素配置水平来看，陕西、四川、重庆位于西部地区排名前三位，其增长率均为正，增长率均值为3.72%，而宁夏、甘肃、贵州位于西部地区排名后三位，排名末位贵州增长率为4.61%，另外两个省区的增长率均高于这一值，说明西部地区内部创新要素配置水平增长较为明显的是中低水平省级

行政区，增长较为缓慢的是中高水平省级行政区，造成西部地区内部差距减少。西部地区内有部分高配置水平的省级行政区在持续壮大，如排名靠前的陕西、四川和重庆，其增长率位于1.873%至4.91%，大于排名中游的各省级行政区增长率，造成极化现象的产生。

图9.2（e）是东北地区创新要素配置水平的核密度估计图，可以看出核密度曲线出现多个主峰，峰宽表现为“窄而尖”状态，高度呈现明显波动性变化趋势，说明东北地区的配置水平省份间差距变化幅度较大，在样本观测期存在明显的极化现象。具体而言，在观测期前期，吉林和黑龙江创新要素配置水平相近，而辽宁的创新要素配置水平偏高，因此出现极化现象。

9.2.3 “十二五”阶段创新要素配置水平的时空演进特征分析

图9.3（a）~（e）分别展现了全国和东部、中部、西部、东北地区2011~2015年的创新要素配置水平的分布动态。其中，图9.3（a）是全国创新要素配置水平的核密度估计图，可以看出在样本观察期内核密度估计曲线主峰出现右移趋势，主峰高度逐年下降，波峰宽度扩大，且拖尾现象一直存在，说明我国省区市间创新要素配置水平差距逐年扩大，创新要素配置水平呈现上升趋势，极化现象存在。

图9.3（b）是东部地区创新要素配置水平的核密度估计图，可以看出核密度曲线呈现“扁平状”，主峰逐渐右移，主峰高度波动下降，峰宽不断扩大，没有明显拖尾现象，说明东部地区的配置水平逐年上升，省级行政区间差距逐年增大，不存在极化现象。具体就东部地区内部各省级行政区创新要素配置水平来看，北京、江苏、广东、上海、浙江位于东部地区排名前五位，其增长率均为正，最高增幅为江苏的7.08%，其次为广东的7.88%，而山东、天津、福建、河北、海南位于东部地区排名后五位，其中增长率最大的省级行政区为山东省，但整体较中上游地区增长较慢，这说明东部地区内部创新要素配置水平增长较快的是中高水平省级行政区，增长较慢的省级行政区多为中低水平省级行政区，造成东部地区内部差距

逐年扩大。

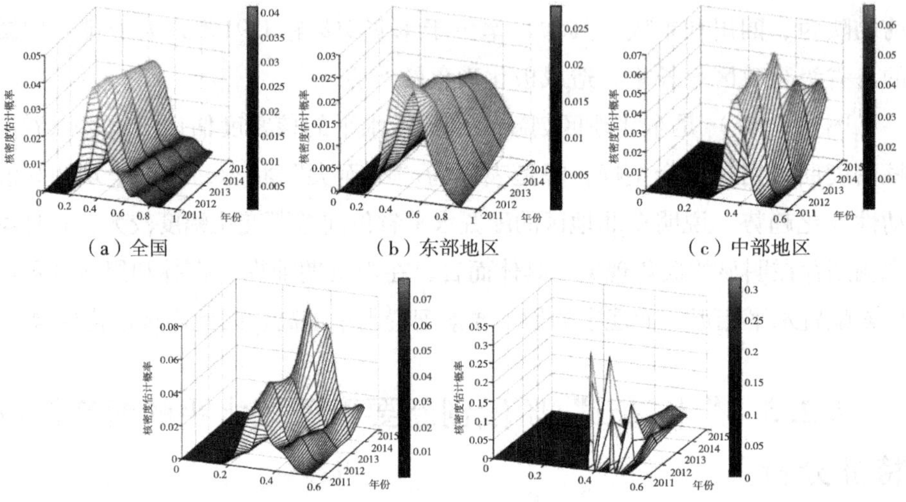

（a）全国　（b）东部地区　（c）中部地区

（d）西部地区　（e）东北地区

图 9.3　“十二五”阶段创新要素配置水平的分布动态

图 9.3（c）是中部地区创新要素配置水平的核密度估计图，可以看出核密度曲线主峰逐渐右移，峰宽逐渐增加，主峰高度波动性下降，不存在拖尾现象，保持单峰状态，说明中部地区的配置水平逐年上升，省级行政区间差距逐渐增大，极化现象不存在。具体就中部地区内部各省级行政区创新要素配置水平来看，湖北、湖南、安徽位于中部地区排名前三位，其增长率均为正，增长率均值为 6.59%，而河南、山西、江西位于中部地区排名后三位，其增长率均为正，增长率均值为 5.57%，与排名上游省级行政区的增长率相比较低，这说明中部地区内部创新要素配置水平增长较快的是中高水平省级行政区，增长较慢的省级行政区多为中低水平省级行政区，造成中部地区内部差距逐年扩大。

图 9.3（d）是西部地区创新要素配置水平的核密度估计图，可以看出核密度曲线主峰逐渐右移，峰宽逐渐减小，高度呈现波动性上升趋势，拖尾现象逐渐增强，由单峰变成明显双峰，说明西部地区的配置水平逐年提升，省级行政区间差距减小，极化现象由“不明显—明显”变化。具体就

西部地区内部各省级行政区创新要素配置水平来看，四川、陕西、重庆位于西部地区排名前三位，其增长率均为正，最高增幅为四川的6.28%，其次为重庆的4.94%，而宁夏、甘肃、青海位于西部地区排名后三位，增长率分别为3.99%、7.32%和9.10%，说明西部地区内部创新要素配置水平增长较为明显的是中低水平省级行政区，增长较为缓慢的是中高水平省级行政区，造成西部地区内部差距减小。西部地区内有部分高配置水平的省级行政区在崛起，如排名首位的四川，其增长率为6.28%，远高于排名其后的陕西、重庆，造成极化现象的产生。

图9.3（e）是东北地区创新要素配置水平的核密度估计图，可以看出核密度曲线出现多个主峰，峰宽由“窄而尖”状态转化为“宽而平”状态，高度呈现明显波动性变化趋势，说明东北地区的配置水平省份间差距变化幅度较大，在前期存在明显的极化现象。具体而言，在观测期前期，吉林和黑龙江创新要素配置水平相近，辽宁具有更高的创新要素配置水平，因此出现极化现象。而后三省份具有不同水平的增长率，配置水平较为分散，极化现象消失。

9.2.4 “十三五”阶段创新要素配置水平的时空演进特征分析

图9.4（a）~（e）分别展现了全国和东部、中部、西部、东北地区2016~2019年的创新要素配置总体水平的分布动态。其中，图9.4（a）是全国创新要素配置水平的核密度估计图，可以看出在样本观察期内核密度估计曲线主峰右移，主峰高度呈现波动性上升趋势，波峰宽度略为缩小，且产生拖尾现象，说明我国省区市间创新要素配置水平差距减小，创新要素配置水平呈现上升趋势，极化现象明显。

图9.4（b）是东部地区创新要素配置水平的核密度估计图，可以看出核密度曲线主峰逐渐右移，主峰高度逐年下降，峰宽不断扩大，没有明显拖尾现象，说明东部地区的配置水平逐年上升，省级行政区间差距逐年增大，不存在极化现象。具体就东部地区内部各省级行政区创新要素配置水

平来看，北京、广东、江苏、上海、浙江位于东部地区排名前五位，其增长率均为正，最高增幅为北京的 8.13%，其次为上海的 6.26%，而山东、福建、天津、海南、河北位于东部地区排名后五位，其中增长率最大的省级行政区为河北，整体较中上游地区增长较慢，这说明东部地区内部创新要素配置水平增长较快的是中高水平省级行政区，增长较慢的省级行政区多为中低水平省级行政区，造成东部地区内部差距逐年扩大。

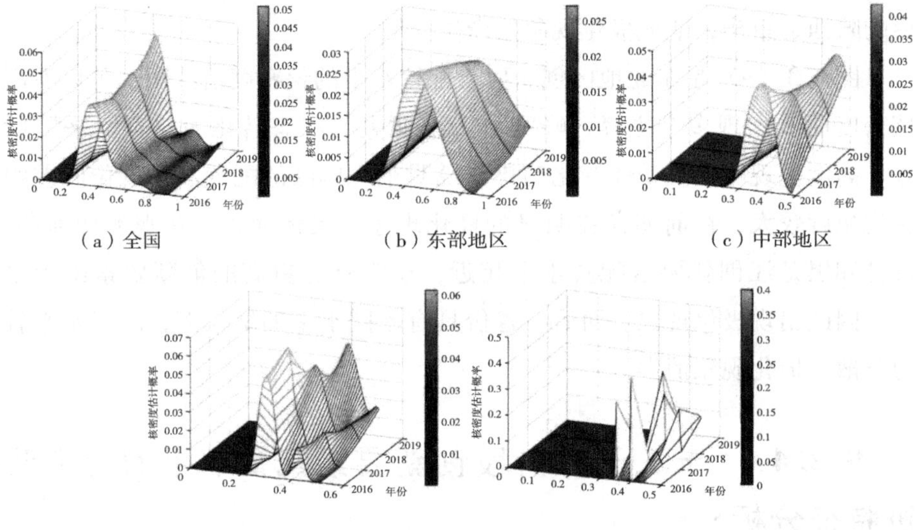

（a）全国　（b）东部地区　（c）中部地区

（d）西部地区　（e）东北地区

图 9.4 “十三五”阶段创新要素配置水平的分布动态

图 9.4（c）是中部地区创新要素配置水平的核密度估计图，可以看出核密度曲线主峰逐渐右移，峰宽先增加后减小，主峰高度呈现“U”形变化趋势，不存在拖尾现象，始终保持单峰状态，说明中部地区的配置水平逐年上升，省级行政区间差距先增大后缩小，无极化现象。具体就中部地区内部各省级行政区创新要素配置水平来看，安徽、湖北、湖南位于中部地区排名前三位，其增长率均为正，增长率均值为 5.42%，而河南、江西、山西居中部地区排名后三位，其增长率均为正，增长率均值为 5.68%，与排名上游省级行政区的增长率相比差距较小，这说明中部地区内部创新要素配置水平增长，地区内部差距变化不大。

图 9.4（d）是西部地区创新要素配置水平的核密度估计图，可以看出核密度曲线主峰逐渐右移，峰宽先缩小后扩大，高度呈现波动性变化，拖尾现象一直存在，说明西部地区的配置水平逐年提升，省级行政区间差距先减少后增大，始终存在极化现象。具体就西部地区内部各省级行政区创新要素配置水平来看，四川、陕西、重庆、贵州居西部地区排名前四位，其增长率均为正，最高增幅为重庆的 9.97%，其次为贵州的 9.81%，而甘肃、内蒙古、宁夏、新疆居西部地区排名后四位，增长率分别为 7.74%、10.39%、11.18% 和 9.26%，在样本观测期前期，创新要素配置水平增长较为明显的是中低水平省级行政区，造成西部地区内部差距减小，而在样本观测期后期，创新要素配置水平增长较为明显的是中高水平省级行政区，造成西部地区内部差距扩大。

图 9.4（e）是东北地区创新要素配置水平的核密度估计图，可以看出核密度曲线出现多个主峰，峰宽保持“窄而尖”状态，高度呈现波动性变化趋势，说明东北地区的配置水平省份间差距变化幅度较大，存在明显的极化现象。具体而言，在观测期前期，吉林和黑龙江创新要素配置水平相近，辽宁具有更高的创新要素配置水平，因此出现极化现象。由于吉林在后期具有较高水平的增长率，与黑龙江存在一定差距，导致极化现象始终存在。

9.3　差异性特征分析

为了进一步刻画创新要素配置的总体差异及其来源、四大经济区域内和区域间的差异性及其来源。本节利用 Matlab 软件测算出 Dagum 基尼系数，并系统分析差异性及其来源。

9.3.1　“十五”阶段创新要素配置水平的区域差异性特征

由表 9.1 可知，从总体趋势看，全国范围内的基尼系数介于 0.1115 和

0.1270之间，呈现波动性上升态势，说明全国创新要素配置水平的差距有扩大趋势。从四大经济区的组内差异来看，东部、东北、中部和西部地区的基尼系数在样本期间内均值分别为0.1036、0.0286、0.0422和0.0634。东部地区的基尼系数远高于其他地区，东北、中部和西部地区的基尼系数相近。从基尼系数发展态势来看，东部地区基尼系数呈现波动性上升，由2001年的0.0907上升至2005年的0.1089，年均变化率为4.68%，属于增长速度最快的一类；东北地区基尼系数在年均值0.0286上下浮动，波动幅度在0.01上下；中部地区呈现出“上升—下降”的变化趋势，基尼系数位于0.0284和0.0512之间；西部地区呈现出“下降—上升”的变化趋势，由2001年0.0650波动增长到2005年0.0729，年均变化率为2.91%。由此看来，我国东部地区存在显著区域内差异且差异性扩大，中部地区的内部差异性具有减小态势，东北和西部地区内部差异性的增长趋势明显。

表9.1　创新要素配置水平的区域差异性特征

年份		2001	2002	2003	2004	2005	均值	增长率（%）
区域内差距	全国	0.1115	0.1155	0.1157	0.1267	0.1270	0.1193	3.31
	东部	0.0907	0.1008	0.1041	0.1135	0.1089	0.1036	4.68
	东北	0.0275	0.0256	0.0322	0.0292	0.0284	0.0286	0.81
	中部	0.0431	0.0512	0.0463	0.0422	0.0284	0.0422	-9.90
	西部	0.0650	0.0572	0.0539	0.0680	0.0729	0.0634	2.91
区域间差距	东部与东北	0.1072	0.1178	0.1212	0.1359	0.1298	0.1224	4.90
	东部与中部	0.1628	0.1509	0.1531	0.1546	0.1606	0.1564	-0.34
	东部与西部	0.1724	0.1862	0.1877	0.2060	0.2052	0.1915	4.45
	东北与中部	0.0679	0.0510	0.0512	0.0412	0.0489	0.0520	-7.88
	东北与西部	0.0779	0.0803	0.0778	0.0877	0.0955	0.0838	5.22
	中部与西部	0.0573	0.0651	0.0602	0.0757	0.0742	0.0665	6.67
贡献度（%）	区域内	19.42	19.38	19.34	19.82	19.31	19.45	-0.14
	区域间	73.65	75.95	76.75	75.30	75.07	75.34	0.48
	超变密度	6.93	4.67	3.91	4.89	5.62	5.20	-5.10

从四大经济区的组间差异来看，创新要素配置水平差异主要体现在东

部地区和其他地区间。东部与西部间差距最大，两者基尼系数均值为0.1915。其次是我国东部—中部、东部—东北，两者差异水平相近，但变化趋势不同，年均变化率分别为-0.34%和4.90%。接下来是我国中部—西部、中部—东北和西部—东北，其中中部—西部和西部—东北差异具有增加态势，年均变化率分别为6.67%和5.22%，而中部—东北具有差异减小态势，年均变化率为-7.88%。基于以上分析，东部区域差距是造成创新要素配置水平区域差距的主要来源。东部各省区市重视与其他地区创新要素整体配置协调，能够实现互相协同发展。

为了进一步揭示创新要素配置水平差异来源，本节分别计算区域内贡献度、区域间贡献度和超变密度贡献度。样本期间内三者的年均值分别为19.45%、75.34%和5.20%，可见，区域间差异是总差异的重要来源，应重点关注四大经济区间创新要素配置水平，促进我国整体发展。

9.3.2 “十一五”阶段创新要素配置水平的区域差异性特征

由表9.2可知，从总体趋势来看，全国范围内的基尼系数介于0.1246和0.1361之间，呈现波动性下降态势，说明创新要素配置水平的差距有减小趋势。首先从四大经济区的组内差异来看，东部、东北、中部和西部地区的基尼系数在样本期间内均值分别为0.1179、0.0383、0.0298和0.0738。东部地区的基尼系数远高于其他地区，其次是西部地区，东北和中部地区的基尼系数相近。从基尼系数发展态势来看，东部地区基尼系数在年均值0.1179上下浮动，波动幅度在0.01；东北和中部地区呈现波动性上升，年均变化率分别为13.13%和4.30%，东北地区属于增长速度较快的一类；西部地区呈现下降的变化趋势，由2006年0.0785波动减少到2010年0.0630，年均变化率为-5.35%。由此看来，我国东部地区存在显著区域内差异且差异性波动性变化，中部地区和东北的内部差异性具有增加态势，西部地区内部差异性的减少趋势明显。

表 9.2　　创新要素配置水平的区域差异性特征

年份		2006	2007	2008	2009	2010	均值	增长率（%）
区域内差距	全国	0.1300	0.1302	0.1361	0.1280	0.1246	0.1298	-1.06
	东部	0.1184	0.1151	0.1160	0.1186	0.1215	0.1179	0.65
	东北	0.0293	0.0325	0.0380	0.0435	0.0480	0.0383	13.13
	中部	0.0278	0.0299	0.0288	0.0296	0.0329	0.0298	4.30
	西部	0.0785	0.0769	0.0787	0.0719	0.0630	0.0738	-5.35
区域间差距	东部与东北	0.1333	0.1331	0.1348	0.1317	0.1357	0.1337	0.45
	东部与中部	0.1623	0.1653	0.1684	0.1577	0.1631	0.1634	0.12
	东部与西部	0.2082	0.2091	0.2200	0.2042	0.1959	0.2075	-1.51
	东北与中部	0.0457	0.0510	0.0553	0.0510	0.0545	0.0515	4.50
	东北与西部	0.0966	0.0978	0.1119	0.1010	0.0898	0.0994	-1.81
	中部与西部	0.0727	0.0703	0.0783	0.0723	0.0618	0.0711	-3.98
贡献度（%）	区域内	20.36	19.96	19.34	20.23	20.48	20.07	0.15
	区域间	74.69	75.25	75.93	73.99	72.92	74.56	-0.60
	超变密度	4.95	4.79	4.73	5.78	6.6	5.37	7.46

从四大经济区的组间差异来看，创新要素配置水平差异主要体现在东部地区和其他地区间。东部与西部间差距最大，两者基尼系数均值为0.2075。其次是我国东部—中部、东部—东北，两者差异水平相近，变化趋势类似，年均变化率分别为0.12%和0.45%。接下来是我国西部—东北、中部—西部和中部—东北，三者间差异均具有减少态势，年均变化率分别为-1.81%、-3.98%和-1.51%。基于以上分析，东部区域差距是造成创新要素配置水平区域差距的主要来源。东部各省区市重视与其他地区创新要素整体配置协调，能够实现互相协同发展。

为了进一步揭示创新要素配置水平差异来源，本节分别计算区域内贡献度、区域间贡献度和超变密度贡献度。样本期间内三者的年均值分别为20.07%、74.56%和5.37%，可见，区域间差异是总差异的重要来源，应重点关注四大经济区间创新要素配置水平，促进我国整体创新要素配置水平发展。

9.3.3 “十二五”阶段创新要素配置水平的区域差异性特征

由表9.3可知，从总体趋势来看，全国范围内的基尼系数介于0.1279和0.1316之间，呈现波动性上升态势，说明总体创新要素配置水平的差距有扩大趋势。从四大经济区的组内差异来看，东部、东北、中部和西部地区的基尼系数在样本期间内均值分别为0.1215、0.0412、0.0379和0.0762。东部地区的基尼系数远高于其他地区，其次是西部地区，东北和中部地区的基尼系数相近。从基尼系数发展态势来看，东部地区基尼系数呈现稳定上升趋势，由2011年的0.1118上升至2015年的0.1293，年均变化率为3.70%，属于增长速度较快的一类；东北和西部地区基尼系数呈现出波动性下降趋势，年均变化率分别为-6.73%和-4.88%，中部地区呈现出“下降—上升”的变化趋势，由2011年0.0357波动增长到2015年0.0448，年均变化率为5.84%。由此看来，我国东部地区存在显著区域内差异且差异性扩大，中部地区的内部差异性具有增加态势，东北和西部地区内部差异性减小趋势明显。

表9.3　创新要素配置水平的区域差异性特征

年份		2011	2012	2013	2014	2015	均值	增长率（%）
区域内差距	全国	0.1279	0.1313	0.1292	0.1287	0.1316	0.1297	0.72
	东部	0.1118	0.1201	0.1209	0.1252	0.1293	0.1215	3.70
	东北	0.044	0.0451	0.0434	0.0404	0.0333	0.0412	-6.73
	中部	0.0357	0.0326	0.0346	0.0419	0.0448	0.0379	5.84
	西部	0.0844	0.0805	0.0787	0.0684	0.0691	0.0762	-4.88
区域间差距	东部与东北	0.114	0.1253	0.1274	0.1336	0.1439	0.1288	6.00
	东部与中部	0.1387	0.1462	0.1443	0.1441	0.1478	0.1442	1.60
	东部与西部	0.2027	0.2079	0.2031	0.2027	0.2073	0.2047	0.56
	东北与中部	0.0544	0.0517	0.0475	0.0481	0.0438	0.0491	-5.27
	东北与西部	0.1219	0.1177	0.1106	0.1024	0.0947	0.1095	-6.12
	中部与西部	0.092	0.0907	0.09	0.0904	0.0925	0.0911	0.14

续表

年份		2011	2012	2013	2014	2015	均值	增长率（%）
贡献度（%）	区域内	20.6	20.58	20.89	20.72	20.85	20.73	0.30
	区域间	72.6	72.27	71.26	70.76	70.51	71.48	-0.73
	超变密度	6.8	7.15	7.85	8.51	8.64	7.79	6.17

从四大经济区的组间差异来看，创新要素配置水平差异主要体现在东部地区和其他地区间。东部与西部间差距最大，两者基尼系数均值为0.2047。其次是我国东部—中部、东部—东北，两者差异水平相近，东部—东北变化更快，两者年均变化率分别为1.60%和6.00%。接下来是我国西部—东北、中部—西部和中部—东北，西部—东北差异均具有减少态势，其余两者间差距具有增加态势，年均变化率分别为-6.12%、0.14%和0.56%。基于以上分析，东部区域差距是造成创新要素配置水平区域差距的主要来源。东部各省市重视与其他地区创新要素整体配置协调，能够实现互相协同发展。

为了进一步揭示创新要素配置水平差异来源，本节分别计算区域内贡献度、区域间贡献度和超变密度贡献度。样本期间内三者的年均值分别为20.73%、71.48%和7.79%，可见，区域间差异是总差异的重要来源，应重点关注四大经济区间创新要素整体配置水平，促进我国整体创新要素配置水平发展。

9.3.4 “十三五”阶段创新要素配置水平的区域差异性特征

由表9.4可知，从总体趋势来看，全国范围内的基尼系数介于0.1191和0.1372之间，呈现平稳下降态势，说明总体创新要素配置水平的差距有减小趋势。从四大经济区的组内差异来看，东部、东北、中部和西部地区的基尼系数在样本期间内均值分别为0.1246、0.0289、0.0512和0.0750。东部地区的基尼系数远高于其他地区，其次是西部地区和中部地区，东北地区的基尼系数相对较小。从基尼系数发展态势来看，东部地区基尼系数呈现稳定上升趋势，由2016年的0.1162上升至2019年的0.1372，年均变化率为5.69%，属于增长速度最快的一类；东北和西部地区基尼系数呈现出波动性下降趋势，年均变化率分别为-16.35%和-9.97%，东北地区下降态势明显，中部地区呈现出“增长—下降”的变化趋势，由2016年0.0443波动增长到2019年0.0460，年均变化率为1.26%。由此看来，我国东部地区存在显著区域内差异且差异性扩大，中部地区的内部差异性具有增加态势，东北和西部地区内部差异性减小趋势明显。

表9.4　　　　创新要素配置水平的区域差异性特征

年份		2016	2017	2018	2019	均值	增长率（%）
区域内差距	全国	0.1372	0.1388	0.1318	0.1191	0.1317	-4.61
	东部	0.1162	0.1191	0.1258	0.1372	0.1246	5.69
	东北	0.0299	0.0391	0.0292	0.0175	0.0289	-16.35
	中部	0.0443	0.0573	0.0573	0.0460	0.0512	1.26
	西部	0.0814	0.0813	0.078	0.0594	0.0750	-9.97
区域间差距	东部与东北	0.1601	0.1679	0.1632	0.1631	0.1636	0.62
	东部与中部	0.1517	0.1471	0.1488	0.1517	0.1498	0.00
	东部与西部	0.2196	0.2185	0.2011	0.178	0.2043	-6.76
	东北与中部	0.042	0.0592	0.0544	0.0421	0.0494	0.08
	东北与西部	0.0933	0.0872	0.0755	0.049	0.0763	-19.32
	中部与西部	0.1005	0.1065	0.0923	0.063	0.0906	-14.42
贡献度（%）	区域内	19.77	20.23	21.63	23.04	21.17	5.23
	区域间	73.18	72.18	68.9	66.88	70.28	-2.96
	超变密度	7.04	7.59	9.47	10.09	8.55	12.75

从四大经济区的组间差异来看，创新要素配置水平差异主要体现在东部地区和其他地区间。东部与东北间差距最大，两者基尼系数均值为0.1636。其次是我国东部—中部、东部—西部，两者年均变化率分别为0.00%和-6.77%，两者变化趋势不同，东部—西部基尼系数减少，反映出东部和西部间的差距在缩小。接下来是我国西部—东北、中部—西部和

中部—东北，西部—东北和中部—西部的差异均具有减少态势，年均变化率分别为 -19.31% 和 -14.42%，中部—东北间差距具有增加态势，但增加幅度较小，其年均变化率为0.08%。基于以上分析，东部区域差距是造成创新要素配置水平区域差距的主要来源。东部各省区市重视与其他地区创新要素整体配置协调，能够实现互相协同发展。

为了进一步揭示创新要素配置水平差异来源，本节分别计算区域内贡献度、区域间贡献度和超变密度贡献度。样本期间内三者的年均值分别为21.17%、70.28%和8.55%，可见，区域间差异是总差异的重要来源，应重点关注四大经济区间创新要素整体配置水平，促进我国整体创新要素配置水平发展。

9.4 本章小结

本章利用核密度估计和Dagum基尼系数方法，分析创新要素配置水平分别在四大经济区的时空特征、区域差异及分布动态演进，得出在时空演进特征方面，我国整体与中部、西部地区内省级行政区间的创新要素配置水平差距最终呈现缩小趋势，东部地区内省级行政区间的配置水平差距均呈现扩大现象，而东北地区内省级行政区间的配置水平差距变化幅度较大。在区域差异性特征方面，创新要素配置水平基尼系数介于0.1115和0.1372之间，呈现波动变化态势，东部地区始终为区域内差异最大地区，而区域间差异主要体现在东部地区与其他地区之间，中部与西部地区之间差异在“十三五”阶段凸显。此外，区域间差异始终是总差异的主要来源。

第10章 高质量发展目标下创新要素配置效率测度

第7章对高质量发展视阈下创新要素配置水平进行了测度，第8章和第9章在其基础上进一步分析了影响创新要素配置水平提升的主要障碍因子及其障碍度和创新要素配置水平的空间分异特征，这些均是从数量层面对创新要素配置水平展开测度与分析，而创新要素整体配置系统对经济高质量发展系统的作用程度如何，即我国创新要素配置的质量如何，又是如何衡量的？立足于经济增长理论，本章从创新要素配置效率角度测度创新要素配置对经济高质量发展的影响程度，以此来衡量创新要素配置的质量。在实施创新驱动和推进经济高质量发展背景下，根据各地区创新要素的投入产出情况对创新要素配置效率进行量化分析尤为重要。因此，本章从投入产出角度直接测度创新要素配置系统对经济高质量发展系统的影响程度，即测度创新要素配置效率。将创新要素配置指标体系中各创新要素子系统作为“五维”投入要素、经济高质量发展“五大新发展理念”层面作为创新要素投入的效益，采用数据包络分析方法测度创新要素配置效率，以把握创新要素配置过程中的效率损失情况，进而实现质量层面对创新要素配置状况的了解。

10.1 创新要素配置效率的内涵

根据本书的创新要素配置内涵，创新要素配置的目标是利用创新要素优化配置理论实现对创新资源的合理配置，用有限的创新要素投入创造最大化的经济效益和发展质量，以尽可能小的配置成本获取尽可能大的经济、社会效益，调控现有创新要素分布的非均衡性，最终实现创新生态系统的可持续发展以及经济高质量发展。**创新要素配置效率是指在既定创新要素投入和生产技术条件下，生态系统中各创新主体利用现有技术开发和利用创新要素资源禀赋、借助创新要素流动性特征实现最大程度的经济高质量发展效益，或以尽可能少的创新要素投入获取尽可能大的经济高质量发展成效。**由于要素流动存在技术壁垒等因素，创新要素配置过程中不可避免会存在错配问题。

经济增长理论始终将生产要素作为经济增长的动力源泉，在经济发展不同阶段，驱动经济增长的要素动力不同。立足于经济增长理论，我国目前阶段已实现由传统要素驱动到创新要素驱动的经济增长动力转换，因此创新要素作为创新生产的必备投入要素，是创新的基础资源禀赋。资源配置方式一般包括政府和市场配置，我国资源配置由政府主导转变为由市场起决定性作用，政府干预的方式则从增长型政府转向公共服务型政府，以更好适应于服务现代化经济体系发展（高培勇等，2019），因此制度创新要素促进创新的关键在于为创新活动提供保障、激发创新要素潜能的发挥。经济高质量发展是在“五大新发展理念”指导下实现的，创新、协调、绿色、开放、共享发展成效作为检验经济高质量发展的成果，均可以理解为有利于促进经济高质量发展，实现“好产出”或期望产出。因此在这里可以将高质量发展五个层面作为创新要素投入的产出效益。

从创新要素配置效率增长的内部驱动力来看，立足于区域同质性视角，基于全局前沿的创新要素配置效率 MML 指数增长动力分解为技术效率（EC）和技术进步（TC）两种类型。同时由于创新要素作用于经济高质量发展具有一定的区域异质性，因此需要进一步考虑创新要素配置效率增长的内部驱动力异质性问题，在进一步考虑区域异质情况下，通过比较各群组的生产前沿和全国生产前沿的变化，将创新要素配置效率增长分解为“追赶效应”（EC）、“创新效应”（BPC）和“领先效应”（TGC）三种类型，其实际内涵为技术赶超、技术创新和技术领先。基于上述分析，创新要素配置效率增强的实现机理如图 10.1 所示。

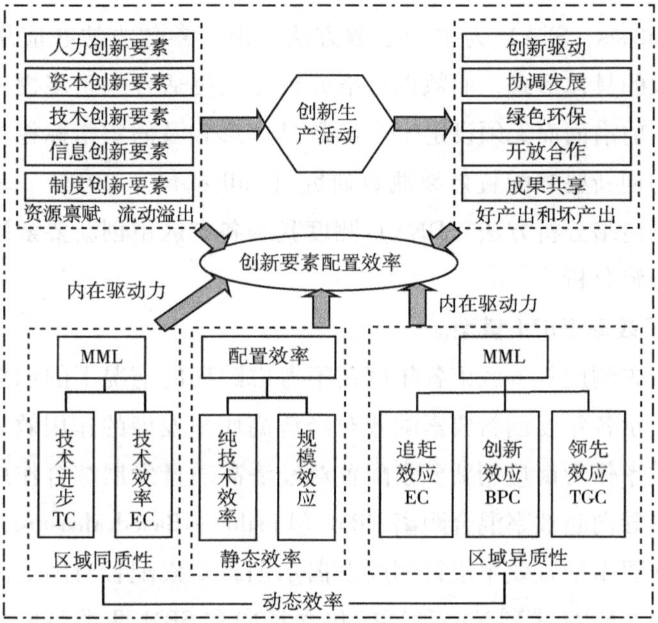

图 10.1　创新要素配置效率的实现机理及增长驱动力分解

10.2　测度方法及指标数据处理

在进行创新要素配置效率测度前首先选择测度的方法。

10.2.1　创新要素配置效率测度方法

10.1 节从创新要素配置效率内涵及增长的驱动力角度分析了创新要素配置效率增强的实现机理，基于区域同质性视角将其分解为技术效率和技术进步，考虑区域异质性情况下将创新要素配置效率增强的内在驱动力分解为“追赶效应”“创新效应”和“领先效应”，本节具体阐述其测算和分解方法。

现有文献关于效率的测度方法主要包括以数据包络分析（Data Envelopment Analysis，DEA）为主的非参数方法和以随机前沿分析（Stochastic Frontier Analysis，SFA）为主的参数方法。由于参数方法在应用时需要事先设定函数的具体形式，而数据包络分析方法更适合基于多投入多产出数据构建技术前沿面而无须设定生产函数具体形式及假定指标权重，因此更适合本书的创新要素配置效率测算研究（Fall et al.，2018）。基于此，本书选取数据包络分析方法（DEA）测度我国各省区市创新要素配置效率并对其进行分解分析。

（1）超效率 EBM 模型。

本书首先测度各省区市各年度在不考虑跨期的情况下的创新要素配置效率，以揭示各年度创新要素配置对经济高质量发展的作用效果。将创新要素配置效率作为衡量创新要素配置对经济高质量发展综合作用程度的指标，采用非导向超效率混合距离 EBM（Epsilon－Based Measure，EBM）模型，对创新要素配置效率进行测度以揭示创新要素配置对经济高质量发展的作用效果。EBM 模型是一种同时包含径向和 SBM 两类距离函数的混合模型（Tone et al.，2010），其克服了传统径向模型同比例缩减或扩张投入产出的局限，同时克服了传统 DEA 模型无法区分多个有效 DMU 效率高低的局限。选取该模型进行创新要素配置效率的测度，既能体现投入角度的优化方向，又可以兼顾创新要素配置的产出目标，从投入冗余和产出不足角度找到非有效配置原因。

将本书研究的 $n=30$ 个省区市作为决策单元，构造不同省区市创新要素配置投入产出的最佳前沿面，每个决策单元有 m 种投入，q 种期望产出，则非导向、超效率 EBM 模型的规划式可表示为：

$$\min \frac{\theta - \varepsilon^{-} \dfrac{1}{\sum_{i=1}^{m} w_i^{-}} \sum_{i=1}^{m} \dfrac{w_i^{-} s_i^{-}}{x_{ik}}}{\varphi + \varepsilon^{y} \dfrac{1}{\sum_{r=1}^{q} w_r^{+}} \sum_{r=1}^{q} \dfrac{w_r^{+} s_r^{+}}{y_{rk}}}$$

$$\text{s. t.}\begin{cases}\sum_{j=1}^{n} x_{ij}\lambda_j - \theta x_{ik} + s_i^- = 0, i = 1,2,\cdots,m \\ \sum_{j=1}^{n} y_{rj}\lambda_j - \varphi y_{rk} - s_r^+ = 0, r = 1,2,\cdots,q \\ \lambda_j \geqslant 0, s_i^- \geqslant 0, s_r^+ \geqslant 0, \theta \leqslant 1, \varphi \geqslant 1\end{cases} \tag{10.1}$$

其中，λ 表示决策单元的线性组合系数，j 为决策单元的个数，x_{ik}表示决策单元 k 的第 i 类投入，y_{rk}表示决策单元 k 的第 r 类期望产出，s_i^- 表示投入创新要素的松弛变量，s_r^+ 表示期望产出的松弛变量，θ 表示由 CCR 模型计算的径向效率值，w 表示各种投入产出指标的相对权重（主要用以反映重要程度），满足 $\sum w = 1$，φ 表示产出扩大比，ε 是关键参数，取值范围为［0,1］，表示在效率计算中非径向部分的重要程度。本章在计算时选取投入和产出导向的径向距离参数均为 0.5。

（2）超效率 EBM – Malmquist 指数。

在基于超效率 EBM 模型的基础上，结合 Malmquist 指数可以动态评价我国创新要素配置效率（Malmquist，1953）。本章用全局参比 Malmquist 指数表示，全局参比 Malmquist 模型是由 Pastor 和 Lovell（2005）提出的一种 Malmquist 指数计算方法。它以所有各期的总和作为参考集，由于各期参考的是同一前沿，因此计算得出的是单一 Malmquist 指数。

从时期 t 到 $t+1$ 的 Malmquist 指数为：

$$GM_g(x^{t+1}, y^{t+1}, x^t, y^t) = \frac{E^g(x^{t+1}, y^{t+1})}{E^g(x^t, y^t)} \tag{10.2}$$

虽然相邻两期在计算 Malmquist 指数时参考的是同一全局前沿，但效率变化的计算仍然采用各自的前沿，即：

$$EC = \frac{E^{t+1}(x^{t+1}, y^{t+1})}{E^t(x^t, y^t)} \tag{10.3}$$

前沿 $t+1$ 与全局前沿的接近程度可由$\frac{E^g(x^{t+1}, y^{t+1})}{E^{t+1}(x^{t+1}, y^{t+1})}$来表示，比值越大说明前沿 $t+1$ 与全局前沿越接近；前沿 t 与全局前沿的接近程度可由

$\frac{E^g(x^t,y^t)}{E^t(x^t,y^t)}$来表示，比值越大说明前沿 t 与全局前沿越接近；前沿 $t+1$ 与前沿 t 相比，其变动情况则可由两个比值的比值来表示：

$$TC_g=\frac{E^g(x^{t+1},y^{t+1})/E^{t+1}(x^{t+1},y^{t+1})}{E^g(x^t,y^t)/E^t(x^t,y^t)}=\frac{E^g(x^{t+1},y^{t+1})}{E^{t+1}(x^{t+1},y^{t+1})}\cdot\frac{E^t(x^t,y^t)}{E^g(x^t,y^t)} \tag{10.4}$$

于是，Malmquist 指数可分解为效率变化和技术变化：

$$\begin{aligned}GM_g(x^{t+1},y^{t+1},x^t,y^t)&=\frac{E^g(x^{t+1},y^{t+1})}{E^g(x^t,y^t)}\\&=\frac{E^{t+1}(x^{t+1},y^{t+1})}{E^t(x^t,y^t)}\left(\frac{E^g(x^{t+1},y^{t+1})}{E^{t+1}(x^{t+1},y^{t+1})}\cdot\frac{E^t(x^t,y^t)}{E^g(x^t,y^t)}\right)\\&=EC\times TC_g\end{aligned} \tag{10.5}$$

其中，$E^t(x^t,y^t)$、$E^{t+1}(x^{t+1},y^{t+1})$ 为 t、$t+1$ 时期的效率值，$E^g(x^{t+1},y^{t+1})$ 为 DMU 在 $t+1$ 时期的数据在全局前沿上投影所得的效率值，EC 测度的是从时期 t 到 $t+1$，DMU 效率值对前沿面的追赶，代表了 DMU 管理组织能力的变化水平，被称为“追赶效应”，TC 表示 DMU 的技术进步和创新情况。

（3）基于共同前沿的 Metafrontier – Malmquist 模型。

创新生产技术的差异、经济发展水平、区域地理位置、创新资源的投入、经济高质量发展的产出及创新要素配置能力等因素的综合作用造成了我国创新要素配置及经济高质量发展呈现区域不均衡特征，而区域同质视角下基于全局前沿的 GM 指数假定了各省区市技术水平是相同的，显然这不符合我国实际，有必要将不同省区市按照地理区位、经济发展水平等进行分类，以减少不同省区市间前沿生产技术水平的差距。因此，本章在测算了基于全局前沿 GM 指数基础上又进一步考虑了创新要素配置效率的区域异质性问题，参考我国四大区域的划分，通过共同前沿生产函数构造 MGM 指数，将本书所研究的 30 个省区市划分为东部、东北、中部和西部 4 组，基于此测算不同群组内的技术效率和技术进步变化，定义 $t+1$ 期的 MGM 指数为：

$$MGM_{t+1}^{t}(x^t,y^t,b^t,x^{t+1},y^{t+1},b^{t+1})=\frac{E^G(x^{t+1},y^{t+1},b^{t+1})}{E^G(x^t,y^t,b^t)}$$

$$=\frac{E^G(x^{t+1},y^{t+1},b^{t+1})}{E^G(x^t,y^t,b^t)}\times\left[\frac{E^G(x^{t+1},y^{t+1},b^{t+1})/E^{t+1}(x^{t+1},y^{t+1},b^{t+1})}{E^G(x^t,y^t,b^t)/E^t(x^t,y^t,b^t)}\right]$$

$$=\frac{E^{t+1}(x^{t+1},y^{t+1},b^{t+1})}{E^t(x^t,y^t,b^t)}\times\left[\frac{E^I(x^{t+1},y^{t+1},b^{t+1})/E^{t+1}(x^{t+1},y^{t+1},b^{t+1})}{E^I(x^t,y^t,b^t)/E^t(x^t,y^t,b^t)}\right]$$

$$\times\left[\frac{E^G(x^{t+1},y^{t+1},b^{t+1})/E^I(x^{t+1},y^{t+1},b^{t+1})}{E^G(x^t,y^t,b^t)/E^I(x^t,y^t,b^t)}\right]$$

$$=EC\times BPC\times TGC \tag{10.6}$$

其中，*EC* 表示各研究对象两个时期组内的创新要素配置效率变化，可理解为“追赶效应”；*BPC* 为各研究对象从 t 期到 $t+1$ 期组内技术进步（或倒退）的变化，可视为“创新效应”；*TGC* 为技术缺口比率（*TGR*）的变化，$TGR\in(0,1]$，当 $TGR=1$ 时，表明群组前沿与共同前沿技术水平相同，越接近 1 表示群组前沿与共同前沿的差距越小。如果各组内部 $TGR=1$ 的决策单元数量越多，表明该组越接近共同技术前沿。*TGC* 为两期 *TGR* 的变化情况，$TGC>1$ 表示技术缺口比率在变大，可理解为“领先效应”。

10.2.2　投入产出指标选取及处理

在应用数据包络分析方法测算创新要素配置效率前，首先要确定投入产出指标。本章创新要素配置效率是在前面测算创新要素配置水平基础上来探讨创新要素配置对经济高质量发展的贡献程度，因此将投入指标设定为创新要素系统，经济高质量发展作为创新要素投入的效益进行指标选取和处理。

本书的研究对象为我国（不包含西藏）的 30 个省区市，将其作为数据包络分析方法中的决策单元（DMU），而数据包络分析方法测度得到的效率为相对效率，为避免出现绝大多数甚至全部 DMU 的效率均为有效的非期望结果而失去对 DMU 效率评价的意义，其投入产出指标数量受决策单元数目的限制，一般要求 DMU 的数量不少于投入产出指标之和的 3 倍且不少于投入产出指标数量的乘积（Cooper et al.，2007）。而本书不同阶段下创新要素配置体系中包含创新要素指标均较多，显然不适用数据包络分析方法，因此在进行测度前需要对创新要素配置体系进行处理。

（1）投入指标选取及处理。

由于DEA模型对投入产出指标的要求不宜过多，而本书不同阶段下创新要素的“五维”子系统均为多个指标构成的配置体系，本书将创新要素“五维”子系统作为测度创新要素配置效率的投入指标，同时为消除多个指标不同量纲而造成的数量级差异，首先将创新要素“五维”投入分别作为五个系统，采用熵权TOPSIS和灰色关联度相结合方法对创新要素“五维”子系统分别进行合成（王恩旭和武春友，2011；卢新海等，2020），得到各子系统的合成指数值，将其作为创新要素投入指标数据。

（2）产出指标选取及处理。

本书将经济高质量发展作为创新要素投入的效益，并将其作为采用DEA方法测算创新要素配置效率的产出。“高质量发展”虽在2017年首次被提出，但是以往注重数量的经济发展同样包括质量发展，目前的经济高质量发展也未摈弃追求经济的数量增长，只是将经济发展的重心转移到质量上，因而关于创新要素产出指标体系并未分阶段进行构建。在2017年后，随着在党的十九大上，习近平总书记强调要贯彻新发展理念，建设现代化经济体系，显著增强我国经济质量优势①，大部分文献研究对高质量发展内涵理解及测算均基于“创新、协调、绿色、开发、共享”的五大新发展理念（杨新洪，2017；杨耀武和张平，2021）。基于此，本书对高质量发展体系的建立同样基于五大新发展理念进行。

在创新驱动方面，本书从创新效率与创新贡献两个角度进行指标构建。其中，创新效率用单位能耗GDP产值表示，具体取值为GDP与能源消耗总量的比重，其体现了创新的实际成效，单位能耗GDP产值越高，表明创新要素综合利用程度越高；高技术产业是建立在高技术基础之上的（史丹和李晓斌，2004），是知识经济活动中技术创新最活跃的产业，在转

① 资料来源：习近平强调，贯彻新发展理念，建设现代化经济体系——新华网（xinhuanet.com）。

变经济发展方式中起着“助推器”作用，有效促进我国经济模式向创新驱动集约型转变（曹勇和苏凤娇，2012），因此本书使用高技术产业主营业务收入占 GDP 比重表示经济发展中高技术产业的创新贡献。

在协调发展方面，由于协调发展既包括产业间协调又包括城乡间协调，因此本书从产业升级与城乡协调两个维度进行指标构建。其中，产业升级用第三产业增加值与第二产业增加值之比度量，比值变大，表明经济在向服务化方向推进，产业结构得到升级（干春晖等，2011）；城乡协调用城乡人均可支配收入比表示（郑瑞坤和汪纯，2021），城乡人均可支配收入比变低，反映城乡差距在缩小，城乡要素在加速融合。

在绿色环保方面，由于绿色环保最重要的两个内容是污染治理与生态环保，因此本书从污染治理与生态建设两个维度进行指标构建。其中，污染治理用城市污水日处理能力表示（方若楠等，2021），城市污水处理通过改变污水性质，使其对环境水域不产生污染危害，处理能力越强，表明治污能力越强；生态环境用绿化环境指标表征，具体取值为人均公园绿色面积，人均公园绿地面积越大，表明绿色发展程度越高（张侠和高文武，2020）。

在开放合作方面，本书从开放水平与开放成果两个维度进行指标构建。其中，开放水平用对外贸易依存度表征，具体取值为进出口总额占 GDP 的比重（马茹等，2019），比重越高，说明开放水平越高，与全球联系越紧密，对国内、国外“两个市场”的利用度越高；开放成果用对外开放程度表征，具体取值为净出口额占总人口数的比重，其值越高，说明开放成果越丰富。

表 10.1　　　　高质量发展系统指标体系

子系统	目标层	指标层	指标取值
创新驱动	创新效率	（Y1）单位能耗 GDP 产值	GDP/能源消耗总量
	创新贡献	（Y2）高技术产业主营业务收入占比	高技术产业主营业务收入/GDP
协调发展	产业升级	（Y3）第三与第二产业增加值之比	—
	城乡协调	（Y4）城乡人均可支配收入比	—

续表

子系统	目标层	指标层	指标取值
绿色环保	污染治理	（Y5）城市污水日处理能力	城市污水日处理量
	生态建设	（Y6）绿化环境质量	人均公园绿地面积
开放合作	开放水平	（Y7）对外贸易依存度	进出口总额/GDP
	开放成果	（Y8）对外开放程度	净出口额/总人口数
成果共享	消费福利	（Y9）居民人均消费	居民消费总量/总人口数
	医疗保障	（Y10）基本医疗保险覆盖率	基本医疗保险年末参保人数/总人数

在成果共享方面，本书从消费福利与医疗保障两个维度进行指标构建。其中，消费福利用居民人均消费表征，具体取值为居民消费总量占GDP的比重，其能从侧面体现出全体人民的实物获得感（韩君和张慧楠，2019）；医疗保障用基本医疗保险覆盖率表征，具体取值为基本医疗保险年末参保人数占总人数的比重（杨耀武和张平，2021），就医成本部分由政府承担，体现了经济发展成果由人民共享。

本书从“五大新发展理念”角度构建了经济高质量发展指标体系，分别构成经济高质量发展的“五维”子系统作为创新要素投入的效益，同样采用熵权 TOPSIS 和灰色关联度相结合方法对高质量发展“五维”子系统分别进行合成，得到各子系统的合成指数值，将其作为创新要素投入效益指标数据。

基于以上分析，本章构建的数据包络分析模型为包含五个投入、五个产出指标的 DEA 模型，具体采用超效率 EBM 模型结合 MetaFrontier - Malmquist 模型进行测度。

10.3　创新要素配置效率测算结果及区域差异分解

本节首先应用 10.2 节描述的超效率 EBM 模型分阶段对创新要素配置

效率进行测度，并分析其空间分异特征。在此基础上刻画创新要素配置效率的动态演化特征，即进一步测度创新要素配置效率的 EBM - Malmquist 指数及基于共同前沿的 EBM - Metafrontier - Malmquist 指数，并分别对其进行分解，以探讨创新要素配置效率增强的内在驱动力。

10. 3. 1 创新要素配置效率测算结果分析

本节首先应用超效率 EBM 模型分别对四个阶段的创新要素配置效率进行测算，以分析我国各地区及省级行政区的创新要素配置效率情况。

(1) "十五" 阶段创新要素配置效率测算结果。

对 "十五" 阶段 30 个省区市的创新要素配置效率进行测算，并按照前面水平测算所涉及的四大区域（东部、中部、东北和西部地区）进行划分，计算出各区域的创新要素配置效率，结果如表 10. 2 所示。

由表 10. 2 可知，我国 30 个省区市 2001 ~2005 年创新要素配置效率维持在 0. 7098 ~1. 1300，全国 30 个省区市的平均效率为 0. 9867，东部、中部、西部和东北地区的创新要素配置效率均值分别为 1. 0266、0. 9384、1. 0089 和 0. 9708。其中，除东部与东北地区以外，其余地区的创新要素配置平均效率均低于全国平均效率。在对各省区市的创新要素配置平均效率进行排名后，发现宁夏（1. 0959）居于首位，陕西（0. 7828）居于末位。接下来，本书将以东、中、西及东北四大区域为角度，对 "十五" 阶段的创新要素配置效率进行具体描述与分析。

表 10. 2 "十五" 阶段创新要素配置效率测度结果

省区市	2001 年	2002 年	2003 年	2004 年	2005 年	均值	排名
宁夏	1. 0837	1. 0705	1. 1300	1. 1101	1. 0854	1. 0959	1
上海	1. 0915	1. 0701	1. 0901	1. 0990	1. 0920	1. 0885	2
北京	1. 0689	1. 0632	1. 0407	1. 0518	1. 0820	1. 0613	3
贵州	1. 0618	1. 0489	1. 0547	1. 0529	1. 0583	1. 0553	4
天津	1. 0129	1. 0593	1. 0533	1. 0633	1. 0643	1. 0506	5

续表

省区市	2001 年	2002 年	2003 年	2004 年	2005 年	均值	排名
海南	1.0388	1.0487	1.0339	1.0497	1.0719	1.0486	6
广东	1.0568	1.0481	1.0483	1.0366	1.0388	1.0457	7
江苏	1.0337	1.0378	1.0505	1.0447	1.0429	1.0419	8
福建	1.0452	1.0269	1.0322	1.0255	1.0184	1.0296	9
内蒙古	1.0056	1.0319	1.0137	1.0214	1.0668	1.0279	10
江西	1.0418	1.0308	1.0399	1.0168	1.0085	1.0275	11
青海	1.0113	1.0124	1.0181	1.0136	1.0324	1.0176	12
广西	1.0773	1.0665	1.0002	0.9285	1.0003	1.0146	13
黑龙江	1.0161	1.0184	1.0121	1.0133	1.0088	1.0137	14
云南	1.0180	1.0177	1.0051	1.0127	1.0128	1.0132	15
新疆	1.0042	1.0118	1.0124	1.0121	1.0088	1.0099	16
辽宁	1.0016	1.0054	1.0060	1.0097	1.0126	1.0071	17
山东	1.0050	1.0077	1.0096	1.0053	1.0055	1.0066	18
吉林	1.0135	1.0027	1.0044	1.0063	1.0025	1.0059	19
河北	1.0025	1.0017	1.0070	1.0017	1.0032	1.0032	20
河南	1.0047	0.9267	1.0110	1.0008	1.0047	0.9896	21
甘肃	1.0210	1.0498	0.8752	1.0019	0.9194	0.9735	22
安徽	1.0159	1.0025	0.9562	0.8776	1.0015	0.9707	23
湖南	1.0109	1.0017	0.9057	0.9182	0.8808	0.9435	24
湖北	1.0100	0.8912	0.9047	0.8632	0.8253	0.8989	25
浙江	0.9306	0.8969	0.9196	0.8601	0.8426	0.8900	26
四川	0.8276	0.8691	1.0011	0.8231	0.8362	0.8714	27
重庆	0.7846	0.8101	0.8348	0.8196	0.8357	0.8170	28
山西	0.8790	0.8143	0.7585	0.7428	0.8068	0.8003	29
陕西	0.8020	0.7883	0.8089	0.8050	0.7098	0.7828	30
全国	0.9992	0.9910	0.9879	0.9762	0.9793	0.9867	—
东部	1.0286	1.0260	1.0285	1.0238	1.0262	1.0266	—
中部	0.9937	0.9445	0.9294	0.9032	0.9213	0.9384	—
西部	1.0104	1.0088	1.0075	1.0097	1.0080	1.0089	—
东北	0.9725	0.9797	0.9777	0.9637	0.9605	0.9708	—

从表 10.2 创新要素配置效率的测算结果可知，东部、西部、东北和中部地区创新要素配置平均效率依次递减。其中，西部地区的创新要素配置效率高于东北、中部地区的原因，可能是经济发展水平较高的地区创新要素配置效率并不一定高，相反可能会存在创新要素资源利用率低、资源重复配置等现象（张子珍等，2020），而西部地区凭借其较低的基础设施投入和有限的创新要素资源实现了更为有效的配置。在四个地区中，东部地区的创新要素配置效率最高，且东部地区有 7 个省市进入创新要素配置平均效率的前十排名中，分别是上海、北京、天津、海南、广东、江苏与福建，而山东与河北处于中游，分别居于第 18 与第 20 名，浙江处于下游，居于第 26 位。上海虽居于第 2 位，但位于宁夏之后，可能的原因是宁夏虽然创新要素投入少，其产出水平也较低，但投入产出比即效率并非一定低。浙江作为东部经济发达省份，创新要素配置效率与经济发达程度未呈正向相关，可能的原因是，一方面浙江虽重视创新发展，不断加大对各类创新要素的投入力度，但限于当时要素流动壁垒坚固，创新要素未能得到充分使用，造成配置效率低下。另一方面，在此阶段，浙江的产业集群以劳动密集型的传统产业为主，产品附加值不高，市场进入的技术壁垒与资本壁垒不高，竞争力主要体现在成本优势上，影响了产业集群的绩效①。东北地区的创新要素配置效率较高，其三个省份的创新要素配置效率均位于中游水平，黑龙江、辽宁与吉林分别居于第 14、第 17 与第 19 位。东北地区作为老重工业基地，创新要素存量较为丰富，利用效率较高。西部地区的创新要素配置效率较低，但是宁夏以 1.0959 的均值居于第 1 位，贵州以 1.0553 的均值居于第 4 位，内蒙古以 1.0279 的均值居于第 10 位，青海、广西、云南、新疆位于中游，而西部中发展较好的四川、重庆与陕西位于下游。出现这类情况的原因可能是前面所提及的，即使宁夏等地创新要素配置与经济发展水平不高，与东部发达省份或西部地区四川、陕西等地相比创新要素投入有限，但其能够充分将有限的要素投入经济发展中，因此在计算投入产出比即效率上数值结果将较高，故创新要素配置效率较

① 资料来源：浙江产业集群的基本现状、影响因素及发展对策研究（stats. gov. cn）。

高。中部地区的创新要素配置效率最低，且除江西位于中游外，其余省市在此阶段的平均效率排名均位于下游，即河南、安徽、湖南、湖北与山西分别居于第21、第23、第24、第25与第29位。在此时期，中部地区虽意识到创新的重要性，但受制于较为匮乏的创新资源、较为落后的经济发展现状，致使创新要素配置效率未达到较高水平。而江西在中部地区中创新要素配置平均效率排名居于首位的部分原因可能是创新要素错配情况相比地区中的其他省区市较轻。

（2）“十一五”阶段创新要素配置效率测算结果。

对“十一五”阶段30个省区市的创新要素配置的效率进行测算，并按照四大区域进行划分，求出各区域的创新要素配置效率，结果如表10.3所示。

表10.3　“十一五”阶段创新要素配置效率测度结果

省区市	2006年	2007年	2008年	2009年	2010年	均值	排名
宁夏	1.0874	1.0984	1.0851	1.1085	1.1113	1.0981	1
上海	1.0671	1.0844	1.0869	1.0916	1.0945	1.0849	2
海南	1.0671	1.0511	1.0584	1.0681	1.0524	1.0594	3
广东	1.0423	1.0483	1.0482	1.0559	1.0851	1.0559	4
北京	1.0436	1.0428	1.0592	1.0590	1.0573	1.0524	5
青海	1.0483	1.0500	1.0416	1.0300	1.0328	1.0405	6
天津	1.0705	1.0538	1.0159	1.0158	1.0187	1.0349	7
贵州	1.0338	1.0348	1.0476	1.0326	1.0248	1.0347	8
黑龙江	1.0252	1.0282	1.0197	1.0179	1.0318	1.0246	9
江西	1.0131	1.0153	1.0457	1.0224	1.0254	1.0244	10
江苏	1.0254	1.0350	1.0302	1.0199	1.0094	1.0240	11
山东	1.0318	1.0244	1.0281	1.0157	1.0079	1.0216	12
新疆	1.0024	1.0098	1.0215	1.0246	1.0482	1.0213	13
内蒙古	1.0097	1.0082	1.0264	1.0241	1.0250	1.0187	14
广西	1.0116	1.0107	1.0133	1.0195	1.0182	1.0147	15
福建	1.0067	1.0117	1.0110	1.0145	1.0175	1.0123	16
河南	1.0065	1.0065	1.0097	1.0116	1.0143	1.0097	17

续表

省区市	2006 年	2007 年	2008 年	2009 年	2010 年	均值	排名
河北	1.0041	1.0037	1.0044	1.0067	1.0261	1.0090	18
吉林	1.0106	1.0073	1.0090	1.0046	1.0065	1.0076	19
甘肃	1.0269	1.0105	1.0117	1.0143	0.9546	1.0036	20
陕西	0.8426	1.0080	1.0088	1.0083	1.0189	0.9773	21
浙江	1.0002	1.0027	1.0045	0.9228	0.9317	0.9724	22
湖南	0.8654	1.0180	1.0011	0.9350	0.9624	0.9564	23
山西	1.0002	1.0031	0.8683	0.8537	1.0019	0.9454	24
辽宁	1.0079	1.0035	0.9157	0.9003	0.8882	0.9431	25
云南	0.8805	1.0018	1.0036	0.8694	0.9201	0.9351	26
安徽	0.8917	0.9261	0.9546	0.9475	0.9248	0.9290	27
重庆	1.0022	1.0026	0.8736	0.8489	0.8571	0.9169	28
湖北	0.8490	0.8616	0.8859	0.8906	0.8926	0.8759	29
四川	0.7716	0.7931	0.8734	0.8658	0.8595	0.8327	30
全国	0.9915	1.0085	1.0021	0.9900	0.9973	0.9979	—
东部	1.0359	1.0358	1.0347	1.0270	1.0301	1.0327	—
中部	0.9377	0.9718	0.9609	0.9435	0.9702	0.9568	—
西部	0.9743	1.0025	1.0006	0.9860	0.9882	0.9903	—
东北	1.0146	1.0130	0.9814	0.9743	0.9755	0.9918	—

由表 10.3 可知，在“十一五”阶段，我国 30 个省区市的创新要素配置效率保持在 0.7716 ~ 1.1113，全国 30 个省区市的平均效率为 0.9979，东部、中部、西部和东北地区的创新要素配置效率均值分别为 1.0327、0.9568、0.9903 和 0.9918。其中，除东部地区之外，其余三大地区的创新要素配置平均效率均低于全国平均效率。在对各省区市的创新要素配置平均效率进行排名后，发现宁夏（1.0981）居于首位，四川（0.8327）居于末位。接下来，本书同样将以四大区域为角度，对“十一五”阶段的创新要素配置效率进行具体描述与分析。

从表 10.3 创新要素配置效率的测算结果可知，东部、东北、西部和中部地区创新要素配置平均效率依次递减。东部地区的创新要素配置效率最高，且在创新要素配置平均效率排名前十的省区市中，一半来自东部地区，分别是上海、海南、广东、北京与天津，而江苏、山东、福建与河北处于中游水平，排名分别为第 11、第 12、第 16 与第 18 名，浙江处于下游，居于第 22 名。在东部地区中，海南的创新要素配置平均效率仅低于上海，可能的原因是海南创新要素投入虽不及上海规模大，经济发展水平也无法与上海相提并论，但正由于投入产出低，效率测算结果并非一定低。而浙江仍然处于下游的原因可能是其对创新要素的强吸引能力，吸引要素聚集的同时也导致了要素拥挤，进而影响到创新要素配置效率水平。东北地区创新要素配置的效率均值排名在四大地区中居于第二位，其中，黑龙江以 1.0246 的均值效率处于全国上游水平，吉林以 1.0076 的均值效率居于全国中游水平，辽宁以 0.9431 的均值效率处于全国下游水平。与辽宁相比，经济发展水平等较为落后的黑龙江创新要素配置效率却高于辽宁的原因可能是创新要素错配情况较好，而辽宁在人力、技术创新要素配置中错配严重。西部地区创新要素配置均值效率仅比东北地区低 0.0015，其中，宁夏、青海、贵州的创新要素配置均值效率排名进入前十，新疆、内蒙古、广西与甘肃位于中游，分别居于第 13、第 14、第 15 与第 20 位，陕西、云南、重庆与四川均处于下游，分别居于第 21、第 26、第 28 与第 30 位。作为西部发展较好的省份四川，却以 0.8327 的均值居于最后一位，一方面，可能的原因是虽然四川有一定的科技创新基础，但是限于科技创新投入相对较少、创新环境落后、产业结构不合理等现实，效率不高（刘汉初等，2018）；另一方面，四川的资本、人力与技术创新要素配置情况较差，均存在一定程度的错配。中部地区创新要素配置效率最低，其中，江西以 1.0244 的均值效率居于第 10 位，河南以 1.0097 的均值效率居于第 17 位，而其余省区市的均值效率排名均位于下游。

(3)“十二五”阶段创新要素配置效率测算结果。

对“十二五”阶段 30 个省区市的创新要素配置的效率进行测算，并按照四大区域进行划分，求出各区域的创新要素配置效率，结果如表 10.4 所示。

表 10.4　　“十二五”阶段创新要素配置效率测度结果

省区市	2011 年	2012 年	2013 年	2014 年	2015 年	均值	排名
宁夏	1.0695	1.1014	1.1471	1.0735	1.0660	1.0915	1
上海	1.0957	1.0789	1.0635	1.0657	1.0651	1.0738	2
广东	1.0532	1.0511	1.0626	1.0642	1.0685	1.0599	3
天津	1.0422	1.0565	1.0609	1.0737	1.0633	1.0593	4
北京	1.0284	1.0453	1.0388	1.0577	1.0612	1.0463	5
内蒙古	1.0349	1.0359	1.0209	1.0457	1.0340	1.0343	6
甘肃	1.0567	1.0228	1.0286	1.0327	1.0200	1.0322	7
海南	1.0260	1.0196	1.0217	1.0318	1.0395	1.0277	8
重庆	1.0198	1.0240	1.0168	1.0289	1.0266	1.0232	9
青海	1.0375	1.0317	1.0157	1.0174	1.0134	1.0231	10
新疆	1.0015	1.0119	1.0102	1.0281	1.0345	1.0172	11
江苏	1.0155	1.0145	1.0146	1.0116	1.0113	1.0135	12
江西	1.0197	1.0156	1.0106	1.0114	1.0093	1.0133	13
黑龙江	1.0109	1.0112	1.0079	1.0085	1.0090	1.0095	14
河北	1.0095	1.0103	1.0082	1.0074	1.0066	1.0084	15
四川	1.0162	1.0089	1.0064	1.0034	1.0026	1.0075	16
山东	1.0082	1.0115	1.0024	1.0053	1.0067	1.0068	17
吉林	1.0081	1.0050	1.0069	1.0067	1.0048	1.0063	18
浙江	1.0040	1.0018	1.0005	1.0014	1.0018	1.0019	19
广西	1.0218	1.0124	1.0026	1.0009	0.9198	0.9915	20
河南	0.8975	1.0021	1.0023	1.0031	1.0033	0.9817	21
云南	0.8920	0.9294	0.8936	1.0015	1.0010	0.9435	22
贵州	1.0037	1.0190	0.8902	0.8807	0.8678	0.9323	23
福建	1.0010	0.9187	0.8740	0.8930	0.9017	0.9177	24
安徽	0.9035	0.8993	0.8812	0.8721	0.9066	0.8925	25
湖北	0.9232	0.8822	0.8566	0.8144	0.8887	0.8730	26
辽宁	0.8530	0.8824	0.8680	0.8578	0.8833	0.8689	27
湖南	0.8234	0.8764	0.8526	0.8230	0.8330	0.8417	28
山西	0.8615	0.8246	0.7461	0.8251	0.8224	0.8159	29
陕西	0.8012	0.8045	0.7749	0.7874	0.7911	0.7918	30

续表

省区市	2011 年	2012 年	2013 年	2014 年	2015 年	均值	排名
全国	0.9846	0.9870	0.9729	0.9778	0.9788	0.9802	—
东部	1.0284	1.0208	1.0147	1.0212	1.0226	1.0215	—
中部	0.9048	0.9167	0.8916	0.8915	0.9105	0.9030	—
西部	0.9959	1.0002	0.9825	0.9909	0.9797	0.9898	—
东北	0.9573	0.9662	0.9609	0.9577	0.9657	0.9616	—

由表 10.4 可知，在“十二五”阶段，我国 30 个省区市的创新要素配置效率在 0.7461 ~ 1.1471 范围内变动。全国 30 个省区市的创新要素配置平均效率为 0.9802，东部、中部、西部和东北地区创新要素配置效率均值分别为 1.0215、0.9030、0.9898 和 0.9616。其中，除东部与西部地区以外，其余地区的创新要素配置平均效率均低于全国平均效率。在对各省区市的创新要素配置平均效率进行排名后，发现宁夏（1.0915）居于首位，陕西（0.7918）居于末位。接下来，本书将以四大区域为角度，对“十二五”阶段的创新要素配置效率进行具体描述与分析。

从表 10.4 创新要素配置效率的测算结果可知，东部、西部、东北和中部地区创新要素配置平均效率依次递减。其中，东北地区的创新要素配置平均效率低于西部地区的原因，可能是传统产业在东北地区占主导地位，各项要素资源投入不足，研发不充分，导致工业转型发展滞后受阻碍，进一步影响到创新效率（张子珍等，2020）。在四大区域中，东部地区的创新要素配置效率明显高于其他地区，其中有 5 个省市的创新要素配置平均效率排名进入前十，分别是上海、广东、天津、北京与海南，而江苏、河北、山东与浙江处于中游，分别居于第 12、第 15、第 17 与第 19 位，福建则处于下游，居于第 24 位。与东部地区其余省份相比，北京拥有着众多全国顶尖学府与科研机构，创新资源十分丰富，然而创新资源配置效率却低于上海、广东等省市，可能的原因是北京功能地位不同，其承担许多基础研究和应用研究的很多职能，但投入并不一定对经济发展产生直接效果（李石柱等，2003）。福建虽创新要素配置水平与经济总量排名在全国处于中上游水平，但是福建本省省域内经济发展差异较大，存在发展不协调等问题，故影响经济发展质量，进而影响到创新要素配置效率。西部地区创新要素配置效率较高，且超过全国均值效率。在西部地区中，宁夏、内蒙古、甘肃、重庆与青海的创新要素配置平均效率排名均进入前十名，新疆、四川与广西平均效率则处于中游，排名分别居于第11、第16与第20位，而云南、贵州与陕西则处于下游，排名分别居于第22、第23与第30位。陕西作为科教大省，以及西部地区创新要素较为丰富的省份，创新要素配置效率却居于区域甚至全国倒数第一，究其原因，一方面可能是创新要素投入转化周期时间长，虽取得并投入大量科研成果，但并未及时转化为现实的经济实力，支撑高技术企业发展；另一方面，是创新要素错配情况较重导致的，陕西各创新要素的错配程度均较重。中部地区的创新要素配置平均效率最低，其中，江西是中部地区创新要素配置平均效率最高的省份，居于第13位，其余省区市的创新要素配置平均效率排名均处于下游，即河南、安徽、湖北、湖南、山西，分别居于第21、第25、第26、第28与第29位。江西毗邻浙江、广东等东部省份，人才等创新要素流出严重，本省创新要素投入有限，但能全方位有效利用存量要素，吸收外省的外溢资源，发展本省经济，特别是飞机制造等高技术产业；同时为破解科研与产业“两张皮”问题，在2012年，江西在省科技创新大会上作出《关于大力推进科技协同创新的决定》①，并于2013年探索启动全国首创的科技协同创新体模式，在2013年12月正式组建第一批5家协同创新体②，通过创新模式提高要素使用率，因而效率较地区中其他省区市更高。而山西则处于倒数第二位的原因很大一部分可能是创新要素配置情况糟糕。

（4）“十三五”阶段创新要素配置效率测算结果。

对“十三五”阶段30个省区市的创新要素配置的效率进行测算，并按照四大区域进行划分，求出各区域的创新要素配置效率，结果如表10.5所示。

① 资料来源：江西省人民政府公报，2013年第14期（总第988号）用协同创新之手构织“江西科技梦”（jiangxi. gov. cn）。

② 资料来源：江西：围绕战略性新兴产业快速发展，着力推进科技协同创新 – 中华人民共和国科学技术部（most. gov. cn）。

表 10.5 "十三五"阶段创新要素配置效率测度结果

省区市	2016 年	2017 年	2018 年	2019 年	均值	排名
宁夏	1.0750	1.0632	1.0770	1.0970	1.0780	1
上海	1.0785	1.0806	1.0747	1.0708	1.0762	2
北京	1.0707	1.0710	1.0717	1.0705	1.0710	3
广东	1.0658	1.0662	1.0707	1.0695	1.0681	4
海南	1.0376	1.0421	1.0427	1.0429	1.0413	5
天津	1.0401	1.0373	1.0379	1.0419	1.0393	6
内蒙古	1.0370	1.0457	1.0179	1.0087	1.0273	7
新疆	1.0149	1.0311	1.0235	1.0351	1.0261	8
重庆	1.0280	1.0299	1.0164	1.0223	1.0242	9
江西	1.0138	1.0226	1.0233	1.0241	1.0210	10
黑龙江	1.0083	1.0107	1.0149	1.0201	1.0135	11
甘肃	1.0159	1.0165	1.0082	1.0057	1.0116	12
青海	1.0101	1.0138	1.0117	1.0035	1.0098	13
吉林	1.0138	1.0113	1.0089	1.0050	1.0098	14
河南	1.0133	1.0091	1.0037	1.0106	1.0092	15
山东	1.0048	1.0064	1.0051	1.0127	1.0072	16
广西	1.0015	1.0125	1.0062	1.0068	1.0068	17
河北	1.0082	1.0037	1.0066	1.0084	1.0067	18
江苏	1.0096	1.0075	1.0049	1.0024	1.0061	19
浙江	1.0033	0.9282	1.0079	1.0078	0.9868	20
山西	0.9005	0.9704	0.9198	1.0001	0.9477	21
福建	0.9083	0.9272	0.9472	1.0018	0.9461	22
云南	1.0027	1.0036	0.8699	0.8647	0.9352	23
辽宁	0.8898	0.9016	0.9402	1.0047	0.9341	24
安徽	0.8965	0.9161	0.9242	0.9252	0.9155	25
四川	0.8448	0.9042	0.9079	1.0019	0.9147	26
湖南	0.8045	0.8470	0.8907	1.0002	0.8856	27
湖北	0.8346	0.8555	0.8646	0.8999	0.8636	28
贵州	0.8387	0.8079	0.8024	0.7704	0.8049	29
陕西	0.7453	0.7663	0.7431	0.7927	0.7619	30

续表

省区市	2016 年	2017 年	2018 年	2019 年	均值	排名
全国	0.9739	0.9803	0.9781	0.9942	0.9816	—
东部	1.0227	1.0170	1.0269	1.0328	1.0249	—
中部	0.9105	0.9368	0.9377	0.9767	0.9404	—
西部	0.9649	0.9722	0.9531	0.9644	0.9637	—
东北	0.9707	0.9745	0.9880	1.0099	0.9858	—

由表 10.5 可知，我国 30 个省区市 2016 ~ 2019 年创新要素配置效率在 0.7431 ~ 1.0970 范围内波动，全国 30 个省区市的创新要素配置平均效率为 0.9816，东部、中部、西部和东北地区的创新要素平均效率分别为 1.0249、0.9404、0.9637 和 0.9858。其中，除东部与东北地区以外，其余地区的创新要素配置平均效率均低于全国平均效率。在对各省区市的创新要素配置平均效率进行排名后，发现宁夏（1.0780）居于首位，陕西（0.7619）居于末位。接下来，本书将从四大区域角度出发，对“十三五”阶段的创新要素配置效率进行具体描述与分析。

从表 10.5 创新要素配置效率的测算结果可知，东部、东北、西部和中部地区创新要素配置效率依次递减。中部地区居于末位的原因可能是一方面，地区缺乏高技术人才，限制了人力创新要素在效率提升中的作用发挥，即人力的作用并未在经济产出中得到最大化利用；另一方面，地区产业结构基础薄弱，产业结构优化在技术研发与经济产出过程中的作用并未得到充分利用（傅春等，2021）。东部地区的创新要素配置平均效率最高，且地区内 5 个省市的创新要素配置平均效率排名进入前十，分别是上海、北京、广东、海南与天津，而山东、河北、江苏与浙江排名位于中游，分别排在第 16、第 18 与第 20 位，福建则处于下游，以 0.9461 的配置平均效率居于第 22 位。在东部地区内部，省市间创新要素配置效率差异明显，如上海与福建，拥有着优势区位条件的上海，是国际金融、经济、贸易与航运中心，全球科创中心，2018 年上海证券交易所启动设立科创板以来，进一步促进了创新资源向上海汇聚，推动了高技术产业发展，进而提高了经济发展质量，而福建科技资源基础较为薄弱，创新要素易被邻省浙江、广东虹吸，且福建省多鞋服纺织、食品等轻工制造业，企业规模偏小、产品利润偏低等问题明显，故发展质量不如同属于东部地区的上海等地。东北地区的创新要素配置效率较高，其中黑龙江以 1.0135 的平均效率居于第 11 位，吉林则以 1.0098 的平均效率居于第 14 位，辽宁平均效率最低，为 0.9341，居于第 24 位。辽宁的平均效率低于黑龙江与吉林的原因可能是，黑龙江与吉林以较少创新要素投入获得较低产出，测算的效率值较高，而辽宁投入比黑龙江与吉林多的创新要素，但是产出未获得期望值，则导致出现要素浪费现象，效率较低。东北地区较高的创新要素配置效率离不开国家政策规划，2015 年 12 月，习近平总书记主持召开了中共中央政治局会议，审议通过《关于全面振兴东北地区等老工业基地的若干意见》，提出要全面推进经济结构优化升级，完善区域创新体系，促进科教机构与区域发展紧密结合。特别是在此阶段，东北地区国企的改革为经济发展增添了不少活力。西部地区的创新要素配置效率较低，但有 4 个省区市的平均效率排名居于前十，分别是宁夏、内蒙古、新疆与重庆，此外，甘肃、青海、广西 3 个省区的平均效率也进入中游行列，分别居于第 12、第 13 与第 17 位，而云南、四川、贵州与陕西则处于下游行列，分别居于第 23、第 26、第 29 与第 30 位。内蒙古作为创新要素贫瘠的地区，创新要素配置效率却较高，其原因可能是在此期间，内蒙古充分发挥自身拥有的资源优势，启动实施稀土等重大专项，推进创新中心建设，提高各创新主体的创新驱动发展意识，鼓励企业开展创新活动，将有限的创新要素投入经济建设发展中①。中部地区的创新要素配置平均效率最低，其中，江西以 1.0210 的平均效率居于第 10 位，河南以 1.0092 的平均效率居于第 15 位，而山西、安徽、湖南与湖北的平均效率均处于下游，分别居于第 21、第 25、第 27 与第 28 位。湖北作为中部的经济大省，创新要素配置平均效率却最低。究其原因，可能是其石化、钢铁等重工业企业众多，这类企业多具有能源消耗高、碳排放高等特征，导致经济发展绿色“成色不足”。

---

① 资料来源：科技创新能力提升，创新步伐不断加快 - 内蒙古自治区人民政府（nmg.gov.cn）。

10.3.2 创新要素配置效率的区域差异分解

本部分利用 Dagum 基尼系数法将总体基尼系数分解为区域内差异、区域间差异以及超密度贡献三个部分，并进行具体测算，Dagum 基尼系数测算方法同第 9 章的测算方法。接下来本书分别根据四个阶段的测算结果对区域内差异、区域间差异以及区域差异分解进行分析。

(1) “十五”阶段创新要素配置效率区域差异分析。

①总体差异及区域内差异。

为刻画创新要素配置效率的总体差异及区域内差异，本书绘制图 10.2。根据图 10.2 可以发现在“十五”阶段，全国总体创新要素配置效率基尼系数由 2001 年的 0.0369 上升至 2015 年的 0.0516，每年平均增加 8.73%。这表明 30 个省区市的创新要素配置效率差距在逐渐扩大。从区域内部的创新要素配置效率基尼系数数值大小看，东部地区的基尼系数在 0.0206 ~ 0.0319 范围内波动，即从 2001 年的 0.0221 波动增加至 2005 年的最大值 0.0319，每年平均增加 9.57%；中部地区的基尼系数在 0.0237 ~ 0.0561 范围内变动，每年平均增加 20.69%，且在 2004 年达到最大值 0.0561；西部地区的基尼系数在 0.0499 ~ 0.0638 范围内波动，每年平均增加 2.92%，且在 2003 年实现最小值 0.0499，在 2005 年达到最大值 0.0638；东北地区的基尼系数在 0.0015 ~ 0.0035 范围内变动，每年平均减少 8.47%，且在 2002 年达到最大值 0.0035，2004 年实现最小值 0.0015。通过数值大小可以发现，我国创新要素配置效率区域内差异大致呈现出“西部—中部—东部—东北”依次递减局面。其中，中部差异变化最大，东北地区差异变化最小，而西部的基尼系数值在此期间内整体上大致高于其他三个地区，即西部地区创新要素配置效率在四大地区中最为不均衡。

从基尼系数的变化趋势来看，可以发现全国总体及各区域内差异变化存在明显不同。全国总体的创新要素配置效率基尼系数呈现出上升趋势，且 2003 ~ 2004 年上升明显。东部地区的创新要素配置效率基尼系数整体呈“先降后升”趋势，2001 ~ 2003 年呈小幅下降特征，2003 ~ 2005 年呈上升特征，且与全国总体上升特征大致相同。中部地区的创新要素配置效率基尼系数呈现出“先升后降”趋势，且变化最为剧烈，2001～2004年呈较大幅度增长，到2005年出现小幅下降。西部地区与东部地区趋势变化相似，呈现“先降后升”局面，且均以2003年为分界点。东北地区的创新要素配置效率差异变化最为平缓，整体上大致呈现下降特征。综合看来，除东北地区外，全国总体及其他三大地区的基尼系数虽然在不同年份有增有减，但在大趋势上仍然是在上升，意味着创新要素配置效率的不平衡具有扩大的趋势。因此，在提高创新要素配置效率的过程中，需要兼顾区域内部协调问题。

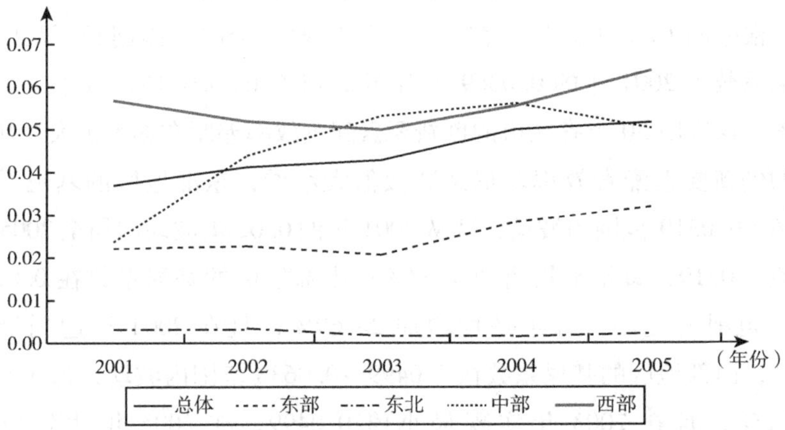

图10.2　2001～2005年创新要素配置效率基尼系数演变趋势

②四大区域创新要素配置效率的区域间差异。

为刻画四大地区创新要素配置效率的区域间差异，本书绘制了图10.3。从图10.3可以看出，四大地区之间两两组成六对区域间差异曲线。从数值大小来看，在“十五”期间内，西部—中部间与中部—东部间的创新要素配置效率基尼系数普遍较高，其均值均高于0.05，每年平均增长分别为9.16%与23.40%，表明中部与西部、东部的创新要素配置效率差距较大，且差距在进一步扩大。而东北—东部间的基尼系数整体上最低，其均值为0.0214，每年平均增长9.18%，反映出东北与东部地区在此时期的创新要素配置效率差距非常小，但差距在逐渐扩大。其他区域间的差异介于上述区域差异之间。可以发现不同地区间的创新要素配置效率差距相对较为明显。这可能主要是因为我国创新生产过程因所在地区的环境或者行业等的不同，创新要素配置效率会有所差异。同时由于我国经济高质量发展过程中创新生产的技术环境、市场机制等还不够成熟完善，我国各省区市间也存在着较为激烈的竞争合作关系，导致区域间文化交流、技术壁垒等尚存，造成企业的创新效率存在明显的地域性。

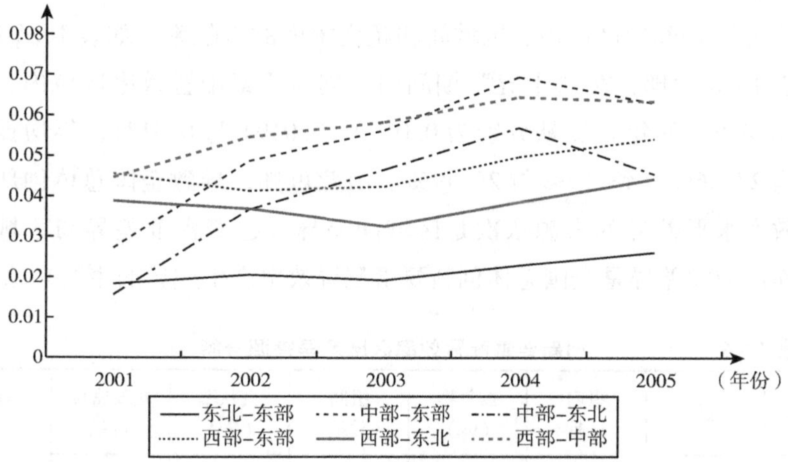

图 10.3　2001～2005 年创新要素配置效率的区域间差异

从基尼系数的变化趋势来看，能够发现不同区域间的差异变化存在显著区别。东北—东部间的创新要素配置效率基尼系数呈现出“先升后降再升”的趋势，其中，分别以 2002 年与 2003 年为分界点，2001～2002 年呈小幅上升特征，2002～2003 年呈下降特征，2003～2005 年又呈上升特征。中部—东部间的创新要素配置效率基尼系数呈现出“先升后降”特征，具体而言，2001～2004 年呈上升特征，2004～2005 年呈下降特征。中部—东北间的创新要素配置效率基尼系数变化特征与中部—东部间相似。西部—东部间的创新要素配置效率基尼系数呈现“先降后升”特征，即 2001～2002 年呈下降特征，2002～2005 年呈上升特征。西部—东北间的创新要素效率基尼系数变化同样呈现出“先降后升”特征，即以 2003 年为分界点，大致形成“V”字形走势特征。西部—中部间的创新要素配置效率基尼系数呈现“先升后降”特征，2001～2004年保持上升特征，2004～2005年出现回落趋势。总体而言，在此期间内，区域间的差异呈现逐渐扩大态势，可能的原因是在不同创新环境下，创新要素效能激发的程度不同，也导致各地区创新要素配置效率存在较大差异。

③创新要素配置效率的区域差异来源及贡献。

差异来源贡献度的变化反映了创新要素配置效率差异产生机制的变化。为了揭示全国总体创新要素配置效率变化差异的来源，本书分别测算了“十五”期间内区域内、区域间和超变密度的贡献率，如表10.6所示。通过表10.6发现，在“十五”期间内，创新要素配置效率区域内、区域间与超变密度的年均贡献分别为0.0120、0.0194与0.0131，年均贡献率分别为27.06%、43.12%与29.49%。由此可知，导致全国总体创新要素配置效率水平差异的来源依次是区域间差异、超变密度差异与区域内差异，而区域间差异是全国总体创新要素配置效率产生差异的主要来源。

表10.6　　创新要素配置效率区域差异来源分解

年份	总体	组内贡献	贡献率（%）	组间贡献	贡献率（%）	超变密度贡献	贡献率（%）
2001	0.0369	0.0109	29.64	0.0131	35.44	0.0129	34.92
2002	0.0412	0.0112	27.19	0.0168	40.66	0.0132	32.15
2003	0.0428	0.0110	25.79	0.0200	46.66	0.0118	27.55
2004	0.0500	0.0127	25.50	0.0247	49.37	0.0126	25.12
2005	0.0516	0.0140	27.20	0.0224	43.49	0.0151	29.31
均值	0.0445	0.0120	27.06	0.0194	43.12	0.0131	29.49

具体而言，从区域内贡献率来看，其值的范围在25%～30%，在考察期内呈“先降后升”趋势，即由2001年的最大值29.64%下降到2004年的最小值25.50%，再缓慢上升至2005年的27.20%，年均下降率为2.124%。从区域间贡献率来看，其值在35%～50%内波动，在“十五”期间内呈现“先升后降”趋势，即由2001年的最小值35.44%上升至2004年的最大值49.37%，再下降至2005年的43.39%，年均增长率为5.25%。从超变密度贡献率来看，其值的范围在25%～35%，在样本期内呈现“先

降后升”趋势，即同样以 2004 年为分界点，2001 ~ 2004 年从最大值 34.92%下降至 25.12%，再上升至 2005 年的 29.31%，年均下降率为 4.29%。作为用来衡量和识别不同区域间发展的交叉重叠程度的超变密度（程风雨，2020），在“十五”期间内贡献率值大体上在降低，表明交叉重叠现象正在减缓，四大地区创新要素配置效率的地区间差异更加明显。

（2）“十一五”阶段创新要素配置效率区域差异分析。

①总体差异及区域内差异。

为刻画“十一五”期间创新要素配置效率的总体及区域差异，本书绘制图 10.4。根据图 10.4，可以发现，在“十一五”期间，全国总体创新要素配置效率基尼系数由 2006 年的 0.0382 波动下降至 2010 年的 0.0355，每年平均减少 1.79%。这表明 30 个省区市的创新要素配置效率差距在逐渐缩小。从区域内部的创新要素配置效率基尼系数数值大小看，东部地区的基尼系数在 0.0132 ~ 0.0229 范围内变动，每年平均增加 13.25%，且 2007 年实现最小值 0.0132，在 2010 年达到最大值 0.0229；中部地区的基尼系数在 0.027 ~ 0.041 范围内波动，即从 2006 年的 0.0401 减少至 2010 年的 0.0278，每年平均减少 8.71%；西部地区的基尼系数在 0.0300 ~ 0.0500 范围内波动，每年平均减少 4.04%，且在 2006 年已达到最大值 0.0495，在 2007 年实现最小值 0.0301；东北地区的基尼系数在 0.0030 ~ 0.0330 范围内变动，即由 2006 年的 0.0038 增长至 2010 年的 0.0327，每

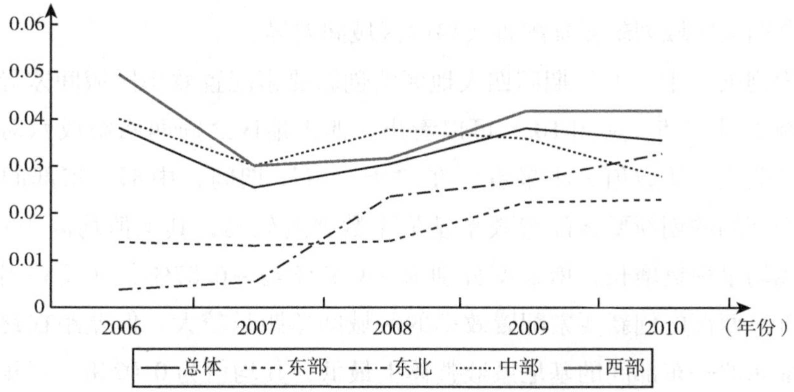

图 10.4　2006 ~ 2010 年创新要素配置效率基尼系数演变趋势

年平均增加71.35%。通过数值大小能够发现，每个地区的创新要素配置效率区域差异变化明显，其中，东北地区的差异变化最大，东部地区的差异变化最小，而西部地区在2006年与2009～2010年的基尼系数值明显高于其他三个地区，在这三个年份中创新要素配置效率在四大地区中最不均衡。

从基尼系数的变化趋势来看，能够发现全国总体及各区域内差异变化存在显著不同。全国总体的创新要素配置效率基尼系数呈现出“先降后升再降”的特征，其中，2006～2007年呈大幅下降特征，2007～2009年呈增长特征，2009～2010年又出现下降特征。东部地区的创新要素配置效率差异变化最为平缓，基尼系数整体呈现出上升特征。中部地区的创新要素配置效率基尼系数变化特征与全国总体相似，呈现出“先降后升再降”的特征，其中，分别以2007年与2008年为分界点，基尼系数2006～2007年下降，2007～2008年增加，2008～2010年下降。西部地区的创新要素配置效率基尼系数呈现出“先降后升”特征，即以2007年为分界点，2006～2007年呈大幅下降特征，2007年后呈上升特征，其中2008～2009年上升幅度最为显著。东北地区的创新要素配置效率基尼系数呈现上升特征，且2007～2008年上升幅度最大。综合看来，全国总体及中西部地区的创新要素配置效率基尼系数虽在不同年份有增有减，但在大趋势上仍是下降，即创新要素配置效率区域内的不平衡有缓解趋势，而东部与东北地区则呈现增加趋势，意味着区域要在平衡内部省份发展中提高创新要素配置效率。

②四大区域创新要素配置效率的区域间差异。

为刻画“十一五”期间四大地区的创新要素配置效率区域间差异，本书绘制了图10.5。从图10.5可以看出，四大地区之间两两组成六对区域间差异曲线。从数值大小来看，在“十一五”期间，中部—东部间与西部—中部间的创新要素配置效率基尼系数普遍较高，其均值均高于0.04，但整体均呈现负增长，增长率分别为-8.37%与-6.87%，此反映出中部与东部、西部的创新要素配置效率的区域间差距虽较大，但差距在逐渐缩小。而东北—东部间的基尼系数整体上最低，其均值为0.0248，每年平均增长27.29%，表明东北与东部地区在“十一五”期间的创新要素配置效率差距虽小，但差距在逐渐拉大。其他地区的差异介于上述区域差异之间。

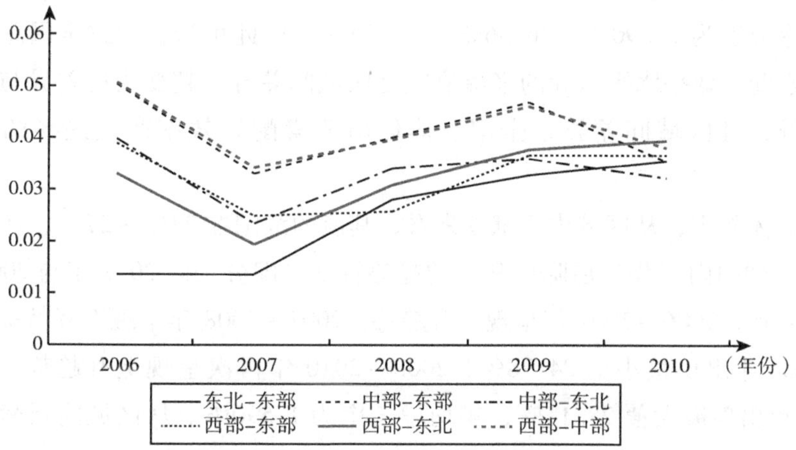

图 10.5 2006～2010 年创新要素配置效率的区域间差异

从基尼系数的变化趋势来看，能够发现不同区域间的差异变化趋势存在显著区别。东北—东部间的创新要素配置效率基尼系数呈现出“先降后升”的特征，即以 2007 年为分界点，2006～2007 年呈现下降特征，2007～2010 年呈上升特征。中部—东部间的创新要素配置效率基尼系数呈现“先降后升再降”的特征，具体而言，分别以 2007 年与 2009 年为分解点，2006～2007 年呈下降特征，2007～2009 年呈上升特征，2009～2010 年后再次呈现下降特征。中部—东北间的创新要素配置效率基尼系数变化趋势与中部—东部间相似。西部—东部间的创新要素配置效率基尼系数则呈现出“先降后升”特征，2006～2007 年呈现下降特征，2007～2010 年呈现上升特征。西部—东北间的创新要素配置效率同样呈现“先降后升”特征，且临界点与西部—东部间一致。西部—中部间的创新要素配置效率基尼系数变化特征则与中部—东部间相似，且 2006～2009 年的变化趋势几乎重合。总体而言，在此期间内，区域间的差异在大体上逐渐呈现出收敛态势。

③创新要素配置效率的区域差异来源及贡献。

为了解全国总体创新要素配置效率变化差异的来源，本书分别测算了

“十一五”期间内区域间、区域内和超变密度的贡献率，如表 10.7 所示。通过表 10.7 能够发现，在“十一五”期间内，创新要素配置效率区域内、区域间与超变密度的年均贡献值分别为 0.0087、0.0155 与 0.0094，年均贡献率分别为 25.90%、46.36% 与 27.74%。由此可知，导致全国总体创新要素配置效率水平差异的来源依次是区域间差异、超变密度差异与区域内差异，且区域间差异是全国总体创新要素配置效率产生差异的主要来源。

具体而言，从区域内贡献率来看，其值的范围在 24% ~27%，在“十一五”期间内“先升后降再升”的趋势特征，即分别以 2007 年与 2008 年为分界点，2006 ~2007 年呈现上升趋势，2007 ~2008 年呈现下降特征，并在 2008 年出现最小值 24.78%，2008 ~2010 年再次呈现上升趋势，并在 2010 年出现最大值 27.11%，年均增长率为 1.590%。从区域间贡献率来看，其值在 36% ~55% 范围内波动，在样本期内呈现下降趋势，即从 2006 年的最大值 54.15% 下降至 2010 年的最小值 36.20%，年均下降率为 9.576%。从超变密度贡献率来看，其值在 20% ~37% 范围内变动，在考察期内呈现上升趋势，即从 2006 年的最小值 20.39% 上升至 2010 年的最大值 36.68%，年均增长率为 15.81%，这表明虽然某个地区创新要素配置效率较高，但其内部某个配置效率水平较低省区市的创新要素配置效率可能低于配置效率水平较低的某地区中创新要素配置效率水平较高省区市的创新要素配置效率，且这种交叉重叠现象呈上升趋势。

表 10.7　　创新要素配置效率区域差异来源分解

年份	总体	组内贡献	贡献率（%）	组间贡献	贡献率（%）	超变密度贡献	贡献率（%）
2006	0.0382	0.0097	25.46	0.0207	54.15	0.0078	20.39
2007	0.0255	0.0067	26.45	0.0124	48.88	0.0063	24.67
2008	0.0304	0.0075	24.78	0.0149	48.80	0.0080	26.42
2009	0.0381	0.0098	25.71	0.0167	43.75	0.0116	30.53
2010	0.0355	0.0096	27.11	0.0128	36.20	0.0130	36.68
均值	0.0335	0.0087	25.90	0.0155	46.36	0.0094	27.74

(3)"十二五"阶段创新要素配置效率区域差异分析。

①总体差异及区域内差异。

为刻画"十二五"期间创新要素配置效率的总体及区域差异，本书绘制图10.6。根据图10.6能够发现，在"十二五"期间，全国总体创新要素配置效率基尼系数由2011年的0.0397波动上升至2015年的0.0426，每年平均增加1.76%。这表明30个省区市的创新要素配置效率在扩大。从区域内部的创新要素配置效率基尼系数数值大小看，东部地区的基尼系数在0.0130~0.0250范围内波动，每年平均增加14.14%，且在2011年实现最小值0.0139，在2013年达到最大值0.0250；中部地区的基尼系数在0.0360~0.0560范围内变动，每年平均增加5.52%，且在2011年实现最小值0.0360，在2013年达到最大值0.0560；西部地区的基尼系数在0.0330~0.0480范围内波动，每年平均增加3.45%，且在2012年实现最小值0.0333，在2013年达到最大值0.0477；东北地区的基尼系数在0.0280~0.0370范围内变动，每年平均减少5.76%，即由2011年的0.0367波动下降至2015年的0.0289，为四个地区中唯一一个在"十二五"期间内创新要素配置效率差异增长率为负数的地区。通过数值大小可以发现，每个地区的创新要素配置效率区域差异变化均明显，其中，东北地区的差异变化最小，中部地区的差异变化最显著，且中部地区的基尼系数值在此期间内整体上大致高于其他三个地区，即中部地区的创新要素配置效率在四大地区中最不均衡。

从基尼系数的变化趋势来看，可以发现全国总体及各区域内的差异变化存在明显不同。全国总体的创新要素配置效率基尼系数呈现出"先降后升再降"的趋势，其中，分别以2012年与2013年为分界点，2011~2012年呈小幅下降特征，2012~2013年呈上升特征，2013~2015年又出现下降特征。东部地区的创新要素配置效率基尼系数呈现出"先升后降"趋势，即以2013年为分界点，在2013年之前，呈现上升趋势；在2013年之后，呈现下降趋势。中部地区的创新要素配置效率基尼系数同样呈现出"先升后降"趋势，在大体上形成倒"V"字形走势，即以2013年为分界点，基尼系数2011~2013年呈上升特征，其中2012~2013年上升幅度最大，2013

~2015年呈下降特征。西部地区的创新要素配置效率基尼系数呈现出“先降后升再降再升”特征，具体而言，2011~2012年呈下降特征，2012~2013年呈上升特征，2013~2014年呈下降特征，2014~2015年又呈上升特征。东北地区的创新要素配置效率基尼系数变化趋势则与全国总体相似，呈现出“先降后升再降”趋势，即分别以2012年与2014年为分界点，在2012年之前，呈现下降趋势，2012~2014年呈现上升趋势，在2014年后，呈现下降趋势。综合看来，在此阶段，除东北地区外，全国总体及其他三个地区的基尼系数虽然在不同年份有增有减，但在大趋势上仍然是在上升，即表明创新要素配置效率的区域不平衡在加剧。

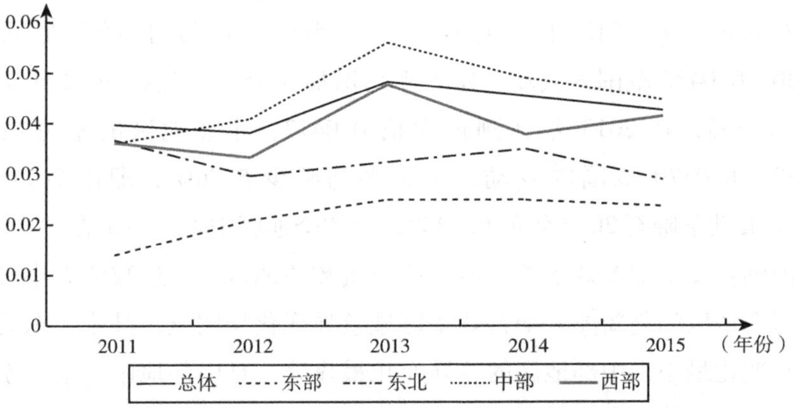

图10.6　2011~2015年创新要素配置效率基尼系数演变趋势

②四大区域创新要素配置效率的区域间差异。

为刻画四大地区创新要素配置效率的区域间差异，本书绘制了图10.7。从图10.7可以看出，四大地区之间两两组成六对区域间差异曲线。从数值大小来看，在“十二五”期间，中部—东部间的创新要素配置效率基尼系数最高，其均值为0.0619，但增长率为负数，平均每年增长-1.20%。这说明中部与东部间的创新要素配置效率差距虽较大，但从整体上看，差距在逐渐缩小。而西部—东部间的基尼系数在整体上最低，其均值为0.0332，每年平均增长7.446%，表明西部与东部在“十二五”期间的创新要素配置效率非常小，但差距有扩大趋势。其他区域的差异介于上述区域差异之间。

从基尼系数的变化趋势来看，可以发现不同区域间的差异变化存在明显差异。东北—东部间的创新要素配置效率基尼系数呈现出“先降后升再降”的趋势，其中，分别以 2012 年与 2014 年分界点，2011 ~ 2012 年呈小幅下降趋势，2012 ~ 2014 年呈现上升趋势，在 2014 年后，又呈现出下降趋势。中部—东部间与中部—东北间的创新要素配置效率基尼系数变化趋势与东北—东部间相似，且均以 2012 年与 2014 年为分界点。西部—东部间的创新要素配置效率基尼系数则呈现出“先升后降再升”的趋势，具体而言，分别以 2013 年与 2014 年为分界点，2011 ~ 2013 年呈现上升趋势，2013 ~ 2014 年呈现下降趋势，2014 ~ 2015 年呈上升趋势。西部—东北间的创新要素配置效率基尼系数则呈现出“先降后升再降”的趋势，2011 ~ 2012 年呈现下降趋势，2012 ~ 2013 年呈现上升趋势，2013 ~ 2015 年再次呈现下降趋势。西部—中部间的创新要素配置效率基尼系数同样呈现出“先降后升再降”的趋势，且分界点一致，分别以 2012 年与 2013 年为分界点，2011 ~ 2012 年呈现下降趋势，2012 ~ 2013 年呈现上升趋势，2013 ~ 2015 年呈现下降趋势。总体而言，不同地区区域间的差异在大体上逐渐呈现出收敛态势。

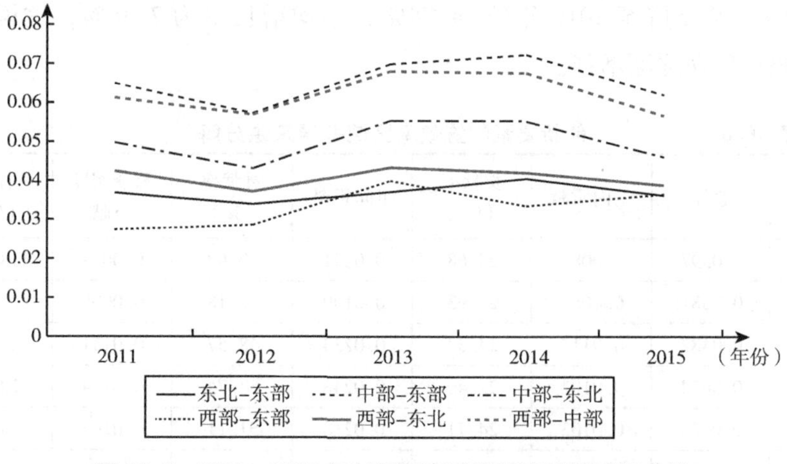

图 10.7　2011 ~ 2015 年创新要素配置效率的区域间差异

③创新要素配置效率的区域差异来源及贡献。

为了揭示"十二五"期间内全国总体创新要素配置效率变化差异的来源，本书分别测算了区域内、区域间以及超变密度的贡献率，如表10.8所示。通过表10.8能够发现，在"十二五"期间内，创新要素配置效率区域内、区域间与超变密度的年均贡献值分别为0.0098、0.0228与0.0102，年均贡献率分别为22.89%、53.46%与23.65%。由此可知，导致全国总体创新要素配置效率水平差异的来源依次是区域间差异、超变密度差异与区域内差异，且区域间差异是全国总体创新要素配置效率产生差异的主要来源。

具体而言，从区域内贡献率来看，其值在20%~25%范围内波动，在"十二五"期间内呈现"先升后降再升"的趋势，即分别以2013年与2014年为分界点，2011~2013年呈现上升趋势，2013~2014年呈现下降趋势，2014~2015年再次呈现上升趋势，最小值与最大值分别出现在2011年与2013年，年均增长率为3.91%。从区域间贡献率来看，其值的范围在48%~61%，在样本期内呈"先降后升"趋势特征，即从2011年的最大值60.68%下降到2013年的最小值48.57%，再上升至2015年的51.11%，年均下降率为4.20%，若用折线图表示，大致呈"V"字型走势。从超变密度贡献率来看，其值在18%~28%范围内变动，在观察期呈现"先升后降"趋势，即由2011年的最小值18.64%上升至2013年的最大值27.09%，再下降至2015年的24.78%，年均增长率为7.38%，这说明交叉重叠现象在逐渐增强。

表10.8　　创新要素配置效率区域差异来源分解

年份	总体	组内贡献	贡献率(%)	组间贡献	贡献率(%)	超变密度贡献	贡献率(%)
2011	0.0397	0.0082	20.68	0.0241	60.68	0.0074	18.64
2012	0.0381	0.0087	22.93	0.0199	52.18	0.0095	24.89
2013	0.0482	0.0117	24.34	0.0234	48.57	0.0131	27.09
2014	0.0454	0.0102	22.40	0.0248	54.74	0.0104	22.86
2015	0.0426	0.0103	24.11	0.0218	51.11	0.0105	24.78
均值	0.0428	0.0098	22.89	0.0228	53.46	0.0102	23.65

(4)“十三五”阶段创新要素配置效率区域差异分析。

①总体差异及区域内差异。

为刻画“十三五”期间创新要素配置效率的总体及区域差异，本书绘制图10.8。根据图10.8，可以发现，在“十三五”期间，全国总体创新要素配置效率基尼系数由2016年的0.0469下降至2019年的0.0345，每年平均减少9.75%。这表明30个省区市的创新要素配置效率差距在逐渐缩小。从区域内部的创新要素配置效率基尼系数数值大小看，东部地区的基尼系数在0.0140~0.0280范围内波动，每年平均减少14.43%，且在2017年达到最大值0.0278，在2019年实现最小值0.0149；中部地区的基尼系数在0.024~0.049范围内变动，即从2016年的0.0484下降至2019年的0.0250，每年平均减少19.81%；西部地区的基尼系数在0.0480~0.0560范围内波动，每年平均增加0.67%，且在2017年实现最小值0.0488，在2018年达到最大值0.0559；东北地区的基尼系数在0.0030~0.0290范围内变动，每年平均减少50.80%，即从2016年的0.0284下降至2019年的0.0034。通过数值大小可以发现，四大地区的创新要素配置效率区域内差异大致呈现出“西部—中部—东部—东北”依次递减局面，且每个地区的创新要素配置效率区域差异变化均较为明显。其中，东北地区的差异变化最大，西部地区的差异变化最小，但西部地区在此阶段内的基尼系数显著高于其他三个地区，即创新要素配置效率区域内差异明显高于其他地区，区域内创新要素配置效率水平最不平衡。

从基尼系数的变化趋势来看，能够发现区域内差异变化存在显著不同。全国总体的创新要素配置效率基尼系数整体呈现出下降特征，其2018~2019年降幅最为明显。东部地区的创新要素配置效率基尼系数呈现出“先升后降”特征，其中，以2017年为分界点，2016~2017年呈现上升特征，2017~2019年呈现下降特征，在大体上形成倒“V”字形走势。中部地区的创新要素配置效率基尼系数呈现明显的下降特征，且大体上呈现直线下降走势。西部地区的创新要素配置效率基尼系数呈现出“先降后升再降”的特征，其中，2016~2017年呈下降特征，但降幅较小，2017~2018年呈上升特征，2018~2019年又呈现下降特征。东北地区的创新要素配置效率基尼系数呈现出下降特征，且2018～2019年下降幅度最大。综合看来，除西部地区外，全国总体及其他三大地区的基尼系数在大趋势上均是下降，表明区域内部的创新要素配置效率的不平衡性在降低。

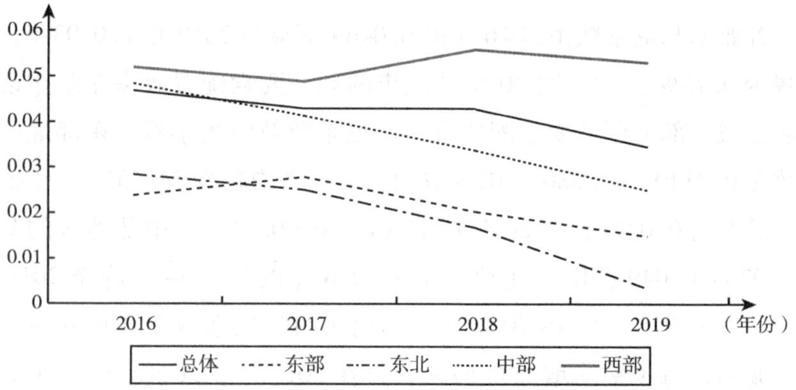

图10.8　2016～2019年创新要素配置效率基尼系数演变趋势

②四大区域创新要素配置效率的区域间差异。

为刻画四大地区创新要素配置效率的区域间差异，本书绘制了图10.9。通过图10.9可以发现，四大地区之间两两组成六对区域间差异曲线。从数值大小来看，在“十三五”期间内，西部—中部间的创新要素配置效率基尼系数最高，其均值高于0.05，但其增长率为负数，平均每年降低11.07%，说明西部与中部地区间的创新要素配置效率在区域间的差异最大，但差异在逐渐缩减。而东北—东部间的创新要素配置效率基尼系数最小，其均值为0.0267，且增长率为－26.17%，即东北—东部间的创新要素配置效率差距在明显缩小。其他区域间的差异介于上述区域差异之间。

从基尼系数的变化趋势来看，可以发现不同区域间的差异变化具有显著区别。东北—东部间的创新要素配置效率基尼系数呈现下降趋势，尤其2018～2019年降幅明显。与东北—东部间的变化趋势相似，中部—东部间与中部—东北间的创新要素配置效率基尼系数呈现出下降趋势，且同样2018～2019年降幅显著。西部—东部间的创新要素配置效率基尼系数则呈

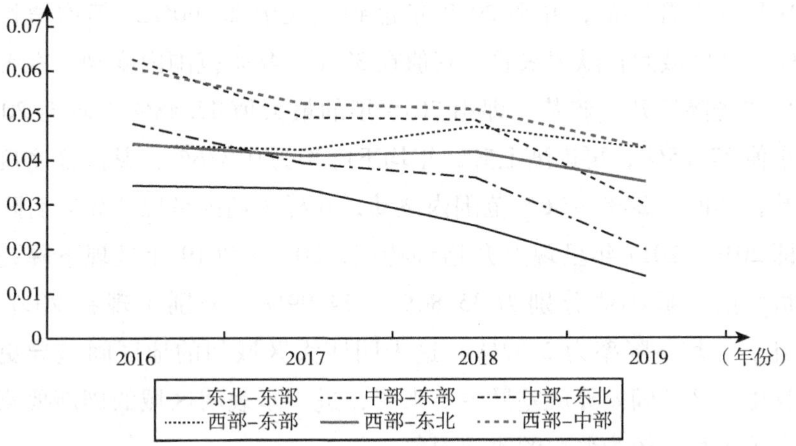

图 10.9　2011 ~ 2015 年创新要素配置效率的区域间差异

现出“先降后升再降”的趋势，具体而言，2016 ~ 2017 年呈现下降趋势，2017 ~ 2018 年呈现上升趋势，2018 ~ 2019 年再次呈现下降趋势。西部—东北间的创新要素配置效率基尼系数变化趋势则与西部—中部间一致。而西部—中部间的创新要素配置效率基尼系数则呈现出下降趋势。总体而言，两两区域间的创新要素配置效率差距均在缩小，表明在此期间内，区域进一步得到协调发展。

③创新要素配置效率的区域差异来源及贡献。

为了揭示“十三五”期间全国总体创新要素配置效率变化差异的来源，本书分别测算了在此时期的区域内、区域间以及超变密度的贡献率，结果如表 10.9 所示。通过表 10.9 可以发现，在“十三五”期间内，创新要素配置效率区域内、区域间与超变密度的年均贡献值分别是 0.0110、0.0186 与 0.0121，年均贡献率分别为 26.52%、44.69% 与 28.79%。由此可知，导致全国总体创新要素配置效率水平差异的来源依次是区域间差异、超变密度差异与区域内差异，且区域间差异是全国总体创新要素配置效率差异的主要来源。

具体而言，从区域内贡献率来看，其值的范围在 25% ~ 28%，在“十三五”期间内呈现“先升后降再升”的趋势，即 2016 ~ 2017 年，由最小值 25.16% 上升至 26.91%，2017 ~ 2018 年呈现下降趋势特征，2018 ~ 2019

年再次呈现上升特征，并在 2019 年达到最大值 28.00%，年均增长率为 3.63%。从区域间贡献率来看，其值在 37% ~48% 范围内变动，在考察期内呈现“先降后升”趋势，即由 2016 年的最大值 47.48% 下降至 2017 年的最小值 37.25%，再逐渐上升，年均下降率为 0.336%。从超变密度贡献率来看，其值在 24% ~36% 范围内波动，在样本期内呈现“先升后降”趋势，即 2016 ~2017 年呈现上升趋势特征，2017 ~2019 年呈现下降趋势特征，最大值与最小值分别为 35.84%、24.99%，分别出现在 2017 年与 2019 年，年均下降率为 2.97%，这表明四大区域间的地区间差异更加明显，且由于区域间差异成差异主要来源，进一步表明区域的创新要素配置效率水平不存在较为普遍的收敛现象。

表 10.9 创新要素配置效率区域差异来源分解

年份	总体	组内贡献	贡献率（%）	组间贡献	贡献率（%）	超变密度贡献	贡献率（%）
2016	0.0469	0.0118	25.16	0.0222	47.48	0.0128	27.36
2017	0.0429	0.0115	26.91	0.0160	37.25	0.0154	35.84
2018	0.0428	0.0111	26.03	0.0201	47.00	0.0115	26.97
2019	0.0344	0.0096	28.00	0.0162	47.01	0.0086	24.99
均值	0.0418	0.0110	26.52	0.0186	44.69	0.0121	28.79

10.4 创新要素配置效率的动态演化分析

10.4.1 创新要素配置效率 GM 指数及其分解

本书在测算了创新要素配置效率的超效率 EBM 指数后，为进一步探讨创新要素配置效率的动态演化特征，本书结合基于全局前沿（区域同质）的 Malmquist 方法，考察创新要素配置效率的长期增长趋势及内在驱动力。在测算得到基于全局前沿的我国 30 个省区市创新要素配置效率 GM 指数基础上，本书进一步将其分解为创新要素配置技术效率变化指数（EC）和技术进步指数（TC）。

（1）2001～2005年创新要素配置效率GM指数测度结果。

根据表10.10的测算结果，从整体上看，我国创新要素配置效率在“十五”期间并未呈现出增长状态，而是出现了2.38%的下降情况，创新要素配置效率GM指数为0.9762，造成下降的原因是技术进步缓慢导致效率改善水平较低。从区域角度看，四大区域的创新要素配置效率均呈现出倒退现象，创新要素配置效率GM指数呈现出东部、东北、西部、中部依次递减的情况，且只有东部与东北的GM指数高于全国。综合看来，全国及四大区域的创新要素配置效率增长主要源于技术效率变化，但受到技术进步的限制。

表10.10　2001～2005年创新要素配置效率GM指数均值及其分解

省区市	GM	EC	TC	省区市	GM	EC	TC
北京	0.9849	1.0049	0.9801	广东	0.9965	0.9880	1.0086
天津	1.0359	1.0197	1.0159	广西	0.9477	0.9850	0.9621
河北	0.9569	0.9978	0.9591	海南	0.9708	0.9978	0.9729
山西	0.9560	0.9757	0.9798	重庆	1.0060	1.0314	0.9753
内蒙古	0.9792	0.9997	0.9795	四川	0.9671	1.0150	0.9527
辽宁	0.9778	1.0011	0.9767	贵州	0.9931	0.9988	0.9943
吉林	0.9351	0.9986	0.9364	云南	0.9376	0.9530	0.9838
黑龙江	1.0197	1.0081	1.0115	陕西	0.9906	1.0047	0.9859
上海	0.9819	0.9987	0.9832	甘肃	0.9687	0.9614	1.0076
江苏	0.9682	1.0025	0.9658	青海	0.9973	1.0036	0.9937
浙江	0.9788	0.9962	0.9825	宁夏	0.9852	0.9887	0.9965
安徽	0.9417	0.9626	0.9782	新疆	1.0285	1.0023	1.0262
福建	0.9663	0.9899	0.9762	东部	0.9910	1.0038	0.9875
江西	0.9554	0.9991	0.9563	中部	0.9468	1.0252	0.9245
山东	0.9769	0.9993	0.9776	东北	0.9841	1.0141	0.9710
河南	0.9267	0.9939	0.9324	西部	0.9549	1.0004	0.9550
湖北	0.9630	0.9745	0.9883	全国	0.9762	1.0079	0.9615
湖南	0.9747	0.9854	0.9891				

从创新要素配置效率贡献因素的省际差异来看，仅天津、黑龙江、重庆与新疆实现了创新要素配置效率的提升，其中，天津、黑龙江与新疆的创新要素配置效率改善源自技术效率变化与技术进步的双重驱动，是此时期创新要素配置最优前沿面引领者，特别是天津，在所有样本省区市中的创新要素配置效率提高最为显著，而重庆创新要素配置效率的提升主要依赖于技术效率的贡献。天津的创新要素配置效率提高最为显著的可能性在于，其以经济技术开发区为抓手，创新体制、观念，优化全区的硬件条件，走科技创新之路，致力引进新技术、新产品、新兴产业等，使其成为我国北方最具生机和活力的经济区域，且天津市的科技创新能力与产业发展结合较密切，已形成了产学研密切协作的区域创新体系（刘刚和胡望斌，2007）。其余省区市的创新要素配置效率均恶化，其中，北京主要由于技术进步缓慢而引致创新要素配置效率改善水平较低，而剩余省区市如山西、内蒙古、吉林、河南等受到技术效率与技术进步的双重约束，致使创新要素配置效率倒退，尤其是河南的创新要素配置效率改善水平，与前沿面省区市存在显著差距，究其原因，可能是河南作为一个农业大省，农业发展势头强劲，而工业与服务业发展层次较低，科技创新能力不足，经济增长方式粗放。

综上所述，我国创新要素配置效率增长的驱动因素包含技术效率和技术进步的综合作用，创新要素配置效率增长的驱动因素具有地区异质性，各省区市应主要从改善经营管理方式和提升科技进步水平等方面增强创新要素配置效率。

（2）2006~2010 年创新要素配置效率 GM 指数测度结果。

根据表 10.11 的测算结果，从整体上看，我国创新要素配置效率在“十一五”期间并未呈现明显增长状态，且出现了 0.02% 的微弱倒退现象，配置效率 GM 指数为 0.9998，造成微弱倒退的主要原因可能是技术进步缓慢。从区域角度看，除东部地区外，其余三大地区的创新要素配置效率均呈现出倒退现象，且效率 GM 指数呈现出东部、西部、中部、东北依次递减的情况，其中东部与东北地区的创新要素配置效率增长主要源自技术进步，而中部和西部地区的创新要素配置效率的变化主要源于技术效率变化。

表 10.11　2006~2010 年创新要素配置效率 GM 指数均值及其分解

省区市	GM	EC	TC	省区市	GM	EC	TC
北京	1.0034	1.0033	1.0001	广东	1.0053	1.0101	0.9953
天津	0.9942	0.9877	1.0066	广西	1.0003	1.0016	0.9987
河北	1.0028	1.0054	0.9973	海南	0.9962	0.9965	0.9996
山西	1.0188	1.0004	1.0184	重庆	0.9484	0.9617	0.9862
内蒙古	1.0290	1.0038	1.0252	四川	1.0011	1.0273	0.9745
辽宁	0.9715	0.9689	1.0027	贵州	0.9823	0.9978	0.9844
吉林	0.9996	0.9990	1.0007	云南	0.9656	1.0110	0.9551
黑龙江	1.0031	1.0016	1.0015	陕西	1.0539	1.0486	1.0051
上海	1.0042	1.0064	0.9979	甘肃	0.9689	0.9819	0.9868
江苏	1.0014	0.9961	1.0053	青海	0.9978	0.9963	1.0015
浙江	1.0145	0.9824	1.0326	宁夏	1.0011	1.0055	0.9957
安徽	0.9787	1.0091	0.9698	新疆	1.0292	1.0112	1.0178
福建	0.9997	1.0027	0.9971	东部	1.0029	0.9986	1.0045
江西	0.9985	1.0030	0.9955	中部	0.9978	1.0104	0.9895
山东	1.0004	0.9942	1.0062	东北	0.9922	0.9899	1.0022
河南	0.9996	1.0019	0.9977	西部	0.9991	1.0051	0.9949
湖北	0.9946	1.0126	0.9822	全国	0.9998	1.0025	0.9980
湖南	0.9829	1.0269	0.9571				

从创新要素配置效率贡献因素的省际差异来看，北京、山西、内蒙古、黑龙江、陕西与新疆共 6 个省区市的创新要素配置效率改善源自技术效率变化与技术进步的双重贡献，是此期间全国创新要素配置最优前沿面的引领者，特别是陕西，在 30 个省区市中创新要素配置效率改善最为显著，可能的原因是在“十一五”期间，其通过组织实施“13115”科技创新工程、深化科研院所管理体制改革等方式，显著地增强了自主创新能力，同时高新技术企业创新能力也得到较大提升，以企业为主体的技术创新体系初步形成，以创新引领经济社会发展的水平进一步提高[①]；河北、

① 资料来源：陕西省“十二五”科学和技术发展规划（2011~2015 年）——陕西省科学技术厅（shaanxi.gov.cn）。

上海、广东、广西、四川与宁夏共6个省区市的创新要素配置效率改善来自技术效率变化的贡献；江苏、浙江与山东共3个省份的创新要素配置效率改善来自技术进步的贡献。除上述15个省区市外，其余省区市的创新要素配置效率因受到不同原因的约束，均出现了不同程度的倒退变化，其中天津、辽宁、吉林与青海主要受到技术效率变化的约束，安徽、福建、江西、河南、湖北、湖南与云南主要受到技术进步的约束，而海南、重庆、贵州与甘肃受到技术效率变化与技术进步的双重约束，且重庆受到的约束最大。重庆虽是我国西部的经济中心之一，但技术创新水平较低，技术创新的能力得不到有效发挥（刘大康，2010），进而影响到创新要素配置效率的正向变化。从省际差异可以看出，在"十一五"期间，不同省区市之间创新要素配置效率变化不尽相同，但效率变化的驱动力仍是技术效率变化与技术进步，各省区市要针对自己的驱动短板进行补齐。

（3）2011～2015年创新要素配置效率GM指数测度结果。

根据表10.12的测算结果，从整体上看，我国创新要素配置效率在"十二五"期间并未呈现出明显的增长状态，且配置效率出现了2.58%的倒退情况，配置效率GM指数为0.9742，倒退的原因是受到技术效率变化与技术进步的双重"拖累"。从区域角度看，四大区域的创新要素配置效率同样呈现出倒退现象，配置效率GM指数呈现出东部、东北、中部、西部依次递减的情况，且仅东部与东北地区的GM指数值高于全国。在四大区域中，中部和东北地区的创新要素配置效率倒退主要源自技术进步的约束，东部和西部地区则受到技术效率变化与技术进步的双重限制。

表10.12　2011～2015年创新要素配置效率GM指数均值及其分解

省区市	GM	EC	TC	省区市	GM	EC	TC
北京	1.0032	1.0079	0.9954	广东	0.9964	1.0036	0.9928
天津	1.0006	1.0050	0.9956	广西	0.9491	0.9741	0.9744
河北	0.9456	0.9993	0.9463	海南	0.9985	1.0033	0.9952
山西	0.9790	0.9885	0.9904	重庆	0.9773	1.0017	0.9756
内蒙古	0.9964	0.9998	0.9966	四川	0.9455	0.9966	0.9487
辽宁	0.9757	1.0088	0.9672	贵州	0.9329	0.9643	0.9675

续表

省区市	GM	EC	TC	省区市	GM	EC	TC
吉林	0.9522	0.9992	0.9530	云南	0.9744	1.0292	0.9467
黑龙江	0.9996	0.9995	1.0001	陕西	0.9664	0.9969	0.9694
上海	0.9900	0.9930	0.9970	甘肃	0.9501	0.9912	0.9585
江苏	0.9977	0.9989	0.9988	青海	0.9466	0.9941	0.9522
浙江	0.9612	0.9995	0.9617	宁夏	0.9965	0.9992	0.9973
安徽	0.9830	1.0009	0.9821	新疆	0.9648	1.0081	0.9570
福建	0.9564	0.9742	0.9817	东部	0.9851	0.9985	0.9954
江西	0.9669	0.9974	0.9694	中部	0.9723	1.0023	0.9715
山东	0.9994	0.9996	0.9997	东北	0.9763	1.0026	0.9740
河南	0.9729	1.0282	0.9462	西部	0.9645	0.9963	0.9687
湖北	0.9575	0.9905	0.9667	全国	0.9742	0.9989	0.9758
湖南	0.9734	1.0029	0.9706				

从创新要素配置效率贡献因素的省际差异来看，仅北京与天津两个直辖市的创新要素配置效率在“十二五”期间呈现出增长状态，但此增长主要依赖于技术效率变化的贡献，要素配置状况较优，且北京的创新要素配置效率上升明显。北京具有明显正向变动的原因可能在于在“十二五”期间，北京在推动京津冀区域协同创新共同体建设，适应和引领新常态方面积极主动作为，注重技术的应用，与 2010 年年底相比，2015 年技术合同成交额、专利申请量、专利授权量、科技服务业增加值、中关村示范区总收入等实现了“五个翻番”①。其余省区市的创新要素配置效率均未得到改善，其中，辽宁、安徽、河南、湖南、广东、海南、重庆、云南与新疆共 9 个省区市由于技术进步缓慢，导致创新要素配置效率改善水平较低；黑龙江由于受技术效率变化“拖累”，要素未得到有效配置；河北、山西、内蒙古、吉林、上海、江苏、浙江、福建、江西、山东、湖北、广西、四川、贵州、陕西、甘肃、青海与宁夏共 18 个省区市受到技术效率变化与技

① 资料来源：砥砺奋进“十二五”首都科技创新发展五年回顾报告摘要_首科报告_智库成果_首都科技发展战略研究院（cistds. org）。

术进步的双重约束，使创新要素配置效率恶化，且贵州受到的约束最大，创新要素配置效率恶化最为明显，可能的原因是贵州自身科技资源匮乏，产业科技前沿和高质量发展受制于技术“瓶颈”，导致效率低下。从省际差异可以看出，在此时期，大部分省区市的创新要素配置效率受到技术效率变化与技术进步的双重约束，出现倒退现象，因此要两手并抓技术效率与技术进步，推动创新要素配置效率提升。

（4）2016～2019 年创新要素配置效率 GM 指数测度结果。

根据表 10.13 的测算结果，从整体上看，我国创新要素配置效率在“十三五”期间并未呈现出明显增长状态，反而出现了 2.38% 的倒退情况，配置效率 GM 指数为 0.9762，造成此情况出现的原因是受到技术进步的约束，而技术效率变化对创新要素配置效率起到了积极的助推作用。从区域角度来看，四大区域的创新要素配置效率均呈现出倒退现象，且效率 GM 指数呈现出东部、东北、中部、西部依次递减的格局。综合看来，全国及四大区域的创新要素配置效率同样受到技术进步的约束。

表 10.13　2016～2019 年创新要素配置效率 GM 指数均值及其分解

省区市	GM	EC	TC	省区市	GM	EC	TC
北京	1.0020	0.9999	1.0027	广东	0.9973	1.0012	0.9952
天津	0.9971	1.0006	0.9955	广西	0.9463	1.0018	0.9275
河北	0.9442	1.0001	0.9262	海南	0.9993	1.0017	0.9974
山西	0.9661	1.0356	0.9222	重庆	0.9716	0.9981	0.9640
内蒙古	0.9484	0.9908	0.9404	四川	0.9682	1.0585	0.9049
辽宁	0.9789	1.0413	0.9334	贵州	0.9559	0.9721	0.9686
吉林	0.9856	0.9971	0.9837	云南	0.9243	0.9518	0.9460
黑龙江	0.9991	1.0039	0.9950	陕西	0.9871	1.0208	0.9628
上海	0.9985	0.9976	1.0004	甘肃	0.9465	0.9966	0.9325
江苏	0.9728	0.9976	0.9661	青海	0.9714	0.9978	0.9642
浙江	1.0209	1.0015	1.0264	宁夏	0.9908	1.0068	0.9811
安徽	0.9541	1.0106	0.9294	新疆	1.0028	1.0066	0.9972
福建	0.9908	1.0332	0.9560	东部	0.9910	1.0038	0.9875
江西	0.9558	1.0034	0.9384	中部	0.9468	1.0141	0.9710

续表

省区市	GM	EC	TC	省区市	GM	EC	TC
山东	0.9999	1.0026	0.9973	东北	0.9841	1.0141	0.9710
河南	0.9415	0.9991	0.9236	西部	0.9549	1.0004	0.9550
湖北	0.9666	1.0254	0.9321	全国	0.9762	1.0079	0.9615
湖南	0.9733	1.0753	0.8970				

从创新要素配置效率贡献因素的省际差异来看，仅北京、浙江与新疆实现了创新要素配置效率的改善，是全国创新要素配置最优前沿面的引领者，其中，北京创新要素配置效率的改善主要来自技术驱动，新疆主要来自技术效率变化，而浙江则来源于技术效率变化与技术进步的双轮驱动，且创新要素配置效率改善最为明显，可能的原因是在“十三五”期间，浙江强化创新驱动，致力建设创新型省区市，形成具有浙江特色的区域创新体系，创新创业生态明显优化，助力企业创新发展①。天津、河北、山西、辽宁、黑龙江、安徽、福建、江西、山东、湖北、湖南、广东、广西、海南、四川、陕西与宁夏共 17 个省区市均受到技术进步的约束，创新要素配置效率出现倒退。上海则受到技术效率的约束，致使创新要素配置效率未得到改善。内蒙古、吉林、江苏、河南、重庆、贵州、云南、甘肃与青海共 9 个省区市则受到技术效率变化与技术进步的双重约束，使创新要素配置效率恶化，其中云南表现得最为明显，出现此现象可能的原因是云南地处我国西南边陲，经济结构为资源型结构，农业占比较大，高新技术产业等缺乏，经济发展的创新驱动力不足。从省际差异可以看出，不同省区市受到不同因素的影响，创新要素配置效率变化各不相同。因此，要实现创新要素配置效率提升，各地区要针对自身不足，优化要素配置。

10.4.2　创新要素配置效率 MGM 指数及其分解

上述分解并没有考虑区域异质性，而是在假设各区域生产技术相同基

① 资料来源：浙江省科技创新“十三五”规划实施情况报告（zj.gov.cn）。

础上进行测算并分解的。实际上，我国各地区由于创新环境政策、地理区位等因素影响，各区域创新生产技术是存在差异的，因此在上述分解基础上，本书进一步考虑区域生产的异质性，并按照四大区域划分标准对我国创新要素配置效率的 MGM 指数进一步分解为组内技术效率变化（EC）、各组内部当期前沿与组内全局前沿的技术变化（BPC）、各组前沿与共同前沿差距的变化（TGC），将各地区创新要素配置效率增强的内在驱动力分解为“追赶效应（EC）、创新效应（BPC）和领先效应（TGC）”，各阶段测算结果于本小节后续表中展示。

（1）“十五”阶段创新要素配置效率分地区 MGM 指数及其分解。

由表 10.14 所展示的结果可知，我国四大地区的 MGM 指数均呈现出“无效”的态势，四大地区的创新要素配置效率均存在明显的改进提升空间。接下来，将对四大地区的 MGM 指数及其分解项的几何均值进行分析阐述。

表 10.14　　2001～2005 年我国创新要素配置效率分地区 MGM 指数及其分解

年份	东部地区				东北地区			
	MGM	EC	BPC	TGC	MGM	EC	BPC	TGC
2001～2002	0.9435	0.9898	0.9768	0.9757	0.9830	0.9969	0.9933	0.9925
2002～2003	0.9909	1.0063	1.0023	0.9828	0.9615	1.0045	0.9910	0.9660
2003～2004	0.9881	0.9913	1.0143	0.9842	0.9876	0.9989	1.0095	0.9792
2004～2005	1.0098	1.0012	1.0087	1.0009	0.9811	1.0006	1.0026	0.9781
几何均值	0.9828	0.9971	1.0004	0.9859	0.9782	1.0002	0.9991	0.9789
年份	中部地区				西部地区			
	MGM	EC	BPC	TGC	MGM	EC	BPC	TGC
2001～2002	0.8818	0.9605	0.9406	0.9790	0.9711	1.0018	0.9738	0.9978
2002～2003	0.9413	1.0017	1.0025	0.9404	0.9522	1.0138	0.9971	0.9497
2003～2004	1.0123	1.0253	1.0079	0.9840	1.0097	1.0047	0.9969	1.0097
2004～2005	0.9847	1.0030	1.0467	0.9395	1.0003	1.0047	0.9996	1.0029
几何均值	0.9538	0.9974	0.9987	0.9605	0.9830	1.0063	0.9918	0.9897

东部地区的 MGM、EC、BPC 和 TGC 指数的年均增长分别为 -1.72%、

-0.29%、0.04%和-1.41%，表明创新效应（BPC）对创新要素配置效率起到了积极的推动作用，而追赶效应（EC）与领先效应（TGC）共同抵消了创新效应的积极作用，限制了创新要素配置效率的增长，虽然在此“十五”阶段，随着我国在2001年加入世贸组织，东部地区的外向型经济持续高速发展，通过大力购买、引进国外技术等对本土的技术创新起到了一定的推动作用，提升了创新要素配置效率。但此时东部地区的产业仍然以劳动密集型产业为主，且走粗放式发展道路，技术追赶与技术领先动力不足，抑制了创新要素配置效率的提升。东北地区的MGM、EC、BPC和TGC指数的年均增长分别为-2.18%、0.02%、-0.09%和-2.11%，说明在东北地区，创新效应（BPC）与领先效应（TGC）共同抵消了追赶效应（EC）对创新要素配置效率的推动作用，影响了创新要素配置效率的增长。东北地区作为我国重工业基地，产业结构单一，依赖初级原材料生产，技术创新与技术领先效应呈现下降态势，阻碍了创新要素配置效率的提升。中部地区的MGM、EC、BPC和TGC指数的年均增长分别为-4.62%、-0.26%、-0.13%和-3.95%，即中部地区的三大分解效应均呈现下降趋势，说明中部地区无论是在技术创新（BPC），还是技术追赶（EC）与技术领先（TGC）方面，均不占据优势，创新要素配置效率受到三大效应的共同拖累。在进入21世纪后，中部地区的经济发展基础虽在逐渐夯实，但是仍然存在不少问题，如经济外向度低、产品出口竞争力相对较弱、粗放型特征明显①，在创新要素的各项投入中均不具有优势。西部地区的MGM、EC、BPC和TGC指数的年均增长分别为-1.70%、0.63%、-0.82%和-1.03%，说明西部地区的创新要素配置效率主要受制于技术创新效应（BPC）与领先效应（TGC）的共同限制作用，且此作用大于技术追赶效应（EC）对创新要素配置效率起到的微弱推动作用。自2000年我国作出实施“西部大开发”的战略决策后，西部地区通过完善各类基础设施与提升人力资本两种途径实现技术追赶（郑春继和邓峰，2022）。

① 资料来源：新世纪以来我国中部地区经济发展态势分析（stats. gov. cn）。

(2)“十一五”阶段创新要素配置效率分地区 MGM 指数及其分解。

由表 10.15 所展示的结果可知，中国四大地区的 MGM 指数呈现出“有效”与“无效”并存的情形，其中呈现出有效性的区域为东部地区，其余三个地区均呈现出无效性，表明创新要素配置效率具有较大上升空间。接下来将对“十一五”期间四大地区的 MGM 指数及其分解项的几何均值进行分析阐述。

表 10.15　2006～2010 年我国创新要素配置效率分地区 MGM 指数及其分解

年份	东部地区				东北地区			
	MGM	EC	BPC	TGC	MGM	EC	BPC	TGC
2006～2007	0.9907	1.0032	0.9918	0.9957	0.9936	0.9979	0.9973	0.9984
2007～2008	0.9923	1.0033	1.0011	0.9884	0.9760	0.9929	0.9813	1.0015
2008～2009	0.9708	0.9974	0.9897	0.9837	0.9586	0.9999	0.9807	0.9773
2009～2010	1.0602	1.0015	1.0320	1.0257	1.0424	1.0011	1.0195	1.0210
几何均值	1.0029	1.0014	1.0035	0.9982	0.9922	0.9979	0.9945	0.9994
年份	中部地区				西部地区			
	MGM	EC	BPC	TGC	MGM	EC	BPC	TGC
2006～2007	1.0235	1.0000	1.0094	1.0127	0.9665	1.0014	0.9892	0.9755
2007～2008	0.9820	0.9994	1.0049	0.9778	1.0566	1.0008	1.0091	1.0465
2008～2009	0.9250	0.9914	0.9814	0.9516	0.9717	1.0000	0.9719	1.0001
2009～2010	1.0661	0.9940	1.0358	1.0374	1.0042	1.0014	1.0022	1.0003
几何均值	0.9978	0.9962	1.0077	0.9943	0.9991	1.0009	0.9930	1.0053

东部地区的 MGM、EC、BPC 和 TGC 指数的年均增长分别为 0.29%、0.14%、0.35% 和 -0.18%，表明技术追赶（EC）与技术创新效应（BPC）的发挥，共同促进了创新要素配置效率的提升，成为创新要素配置效率提升的主导因素。对外开放的逐渐深化，吸引了各类创新要素的集聚，为技术创新提供了各方面基础，加快了实现结构优化升级和增长方式转变的步伐。东北地区的 MGM、EC、BPC 和 TGC 指数的年均增长分别为 -0.78%、-0.21%、-0.55% 和 -0.06%，即东北地区的三大分解效应均呈现出下降趋势，创新要素配置效率的提升受到技术追赶效应（EC）、创新效应（BPC）与领先效应（TGC）的共同抑制，可能的原因在于东北

老工业基地各类资源流出状况较严重，不具备创新要素投入优势。中部地区的 MGM、EC、BPC 和 TGC 指数的年均增长分别为 -0.22%、-0.38%、0.77% 和 -0.67%，表明在“十一五”期间，技术创新效应对中部地区创新要素配置效率的增长起到了积极助推作用，但技术追赶效应（EC）与技术领先效应（TGC）的共同负向作用影响抵消了技术创新效应的作用，导致创新要素配置效率仍为负向增长。虽然在此时期，中部地区通过承接东部地区的产业转移，发展本土高技术产业提高技术创新能力，但是同时也输出了部分高耗能产业，即输出了部分技术等要素，从而导致技术追赶效应与领先效应下降。西部地区的 MGM、EC、BPC 和 TGC 指数的年均增长分别为 -0.09%、0.09%、-0.7% 和 0.53%，说明即使在此时期，西部地区的技术追赶效应（EC）与领先效应（TGC）虽共同正向作用于创新要素配置效率，但未能抵消技术创新效应（BPC）带来的负向作用，即创新要素配置效率仍然呈现负向增长。在此时期的西部地区 MGM 指数及其分解效应的表现大致与“十五”时期一致，可能的原因同样是深入贯彻实施西部大开发战略，紧抓各类基础设施建设，实现技术追赶。

（3）“十二五”阶段创新要素配置效率分地区 MGM 指数及其分解。

由表 10.16 所展示的结果可知，在“十二五”时期，中国四大地区的 MGM 指数均小于 1，即均呈现出“无效”的态势，表明创新要素配置效率均存在较大的提升空间。接下来，将对“十二五”期间四大地区的 MGM 指数及其分解项的几何均值进行分析阐述。

表 10.16　2011～2015 年我国创新要素配置效率分地区 MGM 指数及其分解

年份	东部地区				东北地区			
	MGM	EC	BPC	TGC	MGM	EC	BPC	TGC
2011～2012	0.9693	1.0006	0.9789	0.9897	0.9922	1.0005	0.9963	0.9955
2012～2013	0.9765	0.9977	0.9766	1.0024	0.9912	1.0057	0.9955	0.9901
2013～2014	1.0011	1.0035	0.9889	1.0094	0.9434	1.0000	0.9665	0.9798
2014～2015	0.9938	1.0004	0.9983	0.9950	0.9791	0.9977	1.0390	0.9467
几何均值	0.9851	1.0006	0.9857	0.9991	0.9763	1.0009	0.9990	0.9778

续表

年份	中部地区				西部地区			
	MGM	EC	BPC	TGC	MGM	EC	BPC	TGC
2011～2012	0.9627	0.9956	0.9572	1.0113	0.9642	0.9975	0.9767	0.9895
2012～2013	0.9563	0.9988	0.9747	0.9848	0.9439	0.9880	0.9754	0.9796
2013～2014	0.9837	0.9987	1.0044	0.9811	0.9820	1.0001	0.9891	0.9951
2014～2015	0.9869	0.9998	0.9973	0.9899	0.9681	0.9841	1.0049	0.9798
几何均值	0.9723	0.9982	0.9832	0.9917	0.9645	0.9924	0.9865	0.9860

东部地区的MGM、EC、BPC和TGC指数的年均增长分别为－1.49%、0.6%、－1.43%和－0.9%，表明技术追赶效应（EC）对创新要素配置效率提升具有积极的正向作用，而技术创新效应（BPC）与领先效应（TGC）共同抵消了技术追赶效应（EC）的正向作用，影响了创新要素配置效率的增长。其可能的原因在于东部地区的要素成本逐渐上升，环境容量日益缩小，加之产业结构面临转型升级，因此必须向中西部地区进行产业输出，同时输出部分要素，导致技术创新与领先效应不足。东北地区的MGM、EC、BPC和TGC指数的年均增长分别为－2.37%、0.9%、－0.1%和－2.22%，说明与东部地区状况一致，技术创新效应（BPC）与领先效应（TGC）共同抵消了技术追赶效应（EC）对创新要素配置效率的推动作用，进而限制了创新要素配置效率的正向提升。其可能的原因在于技术外流较为严重，2011年东北地区外流的技术合同额为248亿元，2015年增长到421.1亿元，成果外流比例达到70%～80%[①]，对东北地区的创新升级产生了不利影响。中部地区的MGM、EC、BPC和TGC指数的年均增长分别为－2.77%、－0.18%、－1.68%和－0.83%，即中部地区的三大分解效应均呈现下降趋势，表明技术追赶效应（EC）、创新效应（BPC）与领先效应（TGC）均对创新要素配置效率的正向增长具有抑制作用。其可能的原因是中部地区内部创新效率差异较大，而较大的差异导致地区整体的

① 资料来源："十四五"时期东北地区高质量发展总体思路和路径_中国发展门户网－国家发展门户（chinagate. cn）。

MGM 指数与分解效应为负向的，如湖北与山西的创新环境、效率差距显著。西部地区的 MGM、EC、BPC 和 TGC 指数的年均增长分别为 -3.55%、-0.76%、-1.35% 和 -1.4%，即与中部地区的状况一致，无论是在技术追赶效应（EC），亦或是技术创新效应（BPC）与领先效应（TGC）均不占据优势地位，对创新要素配置效率的提升起到限制作用。其可能的原因是战略性新兴产业作为创新的重要战场，西部地区却缺乏战略性新兴产业，产业基础也较为薄弱，没有进行技术创新的营养土壤。

（4）“十三五”阶段创新要素配置效率分地区 MGM 指数及其分解。

由表 10.17 所展示的结果可知，中国四大地区的 MGM 指数均小于 1，即均呈现出“无效”的态势，创新要素配置效率均存在较大的提升空间。接下来，将对“十三五”期间四大地区的 MGM 指数及其分解项的几何均值进行分析阐述。

表 10.17　2016~2019 年我国创新要素配置效率分地区 MGM 指数及其分解

年份	东部地区				东北地区			
	MGM	EC	BPC	TGC	MGM	EC	BPC	TGC
2016~2017	0.9871	0.9979	0.9845	1.0051	0.9671	0.9937	0.9895	0.9835
2017~2018	0.9662	1.0002	0.9779	0.9880	1.0126	1.0023	1.0026	1.0078
2018~2019	1.0203	0.9993	1.0278	0.9939	0.9731	1.0023	0.9818	0.9890
几何均值	0.9910	0.9991	0.9965	0.9956	0.9841	0.9994	0.9912	0.9934
年份	中部地区				西部地区			
	MGM	EC	BPC	TGC	MGM	EC	BPC	TGC
2016~2017	0.9826	1.0291	0.9872	0.9685	0.9701	1.0031	0.9780	0.9897
2017~2018	0.9147	1.0008	0.9961	0.9182	0.9320	0.9821	0.9799	0.9697
2018~2019	0.9442	1.0026	0.9946	0.9471	0.9630	1.0088	0.9898	0.9647
几何均值	0.9468	1.0107	0.9926	0.9444	0.9549	0.9979	0.9826	0.9747

东部地区的 MGM、EC、BPC 和 TGC 指数的年均增长分别为 -0.9%、-0.09%、-0.35% 和 -0.44%，即东部地区的三大分解效应均为负值，

说明技术追赶效应（EC）、创新效应（BPC）与领先效应（TGC）均对创新要素配置效率的提升产生了负向影响，限制了创新要素配置效率的增长。其可能的原因是区域创新体系不足、现有的创新平台存在定位不清等问题，导致了创新资源的一定浪费。东北地区的 MGM、EC、BPC 和 TGC 指数的年均增长分别为 -1.59%、-0.06%、-0.88% 和 -0.66%，表明在“十三五”期间，东北地区与东部地区状况一致，三大效应均呈现下降趋势，即创新要素配置效率的提升受到三大效应的共同拖累。其可能的原因是东北三省经济增长疲惫，各省份在此期间的 GDP 增速基本在全国垫底，无法为创新提供充足的资金、技术、人力等创新要素，导致无论是技术效率或是技术进步均未能得到有效提升，技术差距也逐渐与其他地区拉大。中部地区的 MGM、EC、BPC 和 TGC 指数的年均增长分别为 -5.32%、1.07%、-0.74% 和 -5.56%，即表明虽然技术追赶效应（EC）对创新要素配置效率的增长起到助推作用，但是技术创新效应（BPC）与领先效应（TGC）的共同负向影响抵消了技术追赶效应（EC）的正向作用，影响了中部地区的创新要素配置效率的增长。其可能的原因是当地创新环境未能有效支撑高新区技术创新效率提升。中部地区的自主创新主力军是各类高新区，高新区受地区开放程度、科学教育水平、政策支持等环境因素影响较大，而目前中部地区的自主创新环境仍存在许多需要完善的地方。西部地区的 MGM、EC、BPC 和 TGC 指数的年均增长分别为 -4.51%、-0.21%、-1.74% 和 -2.53%，即与东部与东北地区的三大效应对创新要素配置效率的影响一致，都为负向影响，即阻碍了创新要素配置效率的提升。可能的原因是西部欠发达地区企业创新能力和积极性严重不足，科技和产业“两张皮”问题严峻，成果未能实现有效转化，且资源型城市创新进程缓慢（马朝良，2021）。

10.5 本章小结

本章从创新要素配置效率角度测度了创新要素配置对经济高质量发展

的影响程度，并分析了创新要素配置效率的空间分异特征及动态演化特征，具体研究结论如下。

第一，综合来看，不论在哪个阶段，我国创新要素配置效率虽然各省区市均存在不同程度的差异，但基本呈现出东部地区较高、东北和西部地区居中、中部地区落后的空间分布格局。同时，可能由于创新要素存在不同程度的错配等原因，直觉上经济发展水平相对较高的省区市创新要素配置效率并不一定高，尤其是中部地区各省区市创新要素配置效率相对较低。首先在样本区间的任一阶段，我国创新要素配置效率的区域差异均主要来源于区域间差异，其次是超变密度贡献，区域内差异的贡献最小，但总体来看，超变密度和区域内差异的贡献相差较小。

第二，从创新要素配置效率的分解结果来看，在考虑区域同质情况下，技术效率变化和技术进步共同推动我国基于区域技术同质的创新要素配置效率提升，但技术效率变化是更主要的动力来源。具体而言，在“十五”和“十三五”期间，全国及四大区域均主要受技术效率的推动作用而受制于技术进步缓慢；在“十一五”期间，全国及中部和西部地区主要受技术效率的推动作用而受累于技术进步，东部和东北地区主要受到技术进步的推动作用而受累于技术效率的变化；在“十二五”期间，全国及东部和中部地区受到技术效率和技术进步的双重拖累，中部和西部地区主要受技术效率的推动而受累于技术进步。

在考虑区域异质情况下，在“十五”期间，我国四大区域中东部地区创新要素配置效率增强的主要动力来源于“创新效应”，东北和西部地区创新要素配置效率增强的主要动力来源于“追赶效应”，而中部地区三种效应的作用均不显著；在“十一五”期间，东部地区创新要素配置效率增强的主要动力来源于“追赶效应”和“创新效应”，领先效应的作用微弱，中部地区“创新效应”的作用显著，而“追赶效应”和“领先效应”的作用微弱，西部地区主要动力来源为“追赶效应”和“领先效应”，创新效应的作用较弱，东北地区三种效应的作用均较弱；在“十二五”期间，东部和东北地区“追赶效应”的作用较为显著，中部和西部地区三种效应的作用均较为微弱；在“十三五”期间，东部和东北地区三种效应的作用相差较小，创新要素配置效率增强的主要动力来源于三种效应的共同作用，中部地区动力来源主要为“追赶效应”，受到“领先效应”的拖累，西部地区动力来源主要为“追赶效应”，受到“创新效应”和“领先效应”的双重拖累。

第四篇

高质量发展视阈下创新要素配置的综合评价

第 11 章　高质量发展视阈下创新要素配置的均衡性评价

经过第 7 章至第 10 章从数量和质量层面对高质量发展视阈下创新要素配置的测度，本书初步掌握了我国创新要素配置现状。进一步地，在经济高质量发展背景下，创新要素作为经济高质量发展的动力源泉，其配置的有效性直接影响经济高质量发展，因此在测度基础上还需要对创新要素配置开展评价研究。基于第 3 章中高质量发展对创新要素配置评价提出的新要求，本书基于 CIPP 评价理论，构建了涵盖投入、过程、结果和目标四个环节的评价体系。因此，本章首先从投入角度探讨地区层面创新要素配置在其内部与组合方面的恰当性。具体基于第 7 章中配置水平的测算结果，以全国创新要素配置水平为参照，采用偏离—份额分析法通过偏离分量来刻画创新要素配置的均衡性，以探究投入层面创新要素配置的平衡均匀程度，实现对创新要素配置的投入评价，进而找出投入环节创新要素配置存在的问题。

11.1　创新要素配置均衡性的内涵与评价方法

11.1.1　创新要素配置均衡性的内涵

均衡性评价是从投入角度衡量创新要素配置是否恰当（张家年和马费

成，2020)，资源配置需要着眼于创新要素之间和内部的投入平衡均匀，才能维护创新要素配置的合理、效率和协调。本部分以全国使用创新要素为参照将各地区创新要素投入偏离分量的均衡性视为创新要素配置的均衡性，即各地区创新要素投入结构的均衡性，从创新要素间的偏离分量与各创新要素总偏离分量两方面来体现。创新要素间偏离分量是指以全国使用创新要素为标准，各地区在发展过程中对创新要素投入结构的均衡程度，而各创新要素偏离分量是指以全国使用创新要素为标准，各地区在发展过程中对创新要素投入的均衡程度。

11.1.2 创新要素配置均衡性的评价方法

偏离—份额分析法（SSM）是由邓恩等人于 20 世纪 60 年代提出的，是研究区域经济增长和分析产业结构的方法。本部分运用该方法的基本原理（Peroff，1960）是将其引入创新要素配置均衡性评价之中，选取四个阶段各省区市的创新要素配置作为分析对象，分析其变化情况和创新要素配置变动的特征，以此对四个阶段创新要素配置的均衡性进行评价。偏离—份额法主要是将创新要素配置变化视作一个动态过程，以所在国家整体创新要素配置水平作为参照，将创新要素配置在某一时期的变动分解为三个分量（份额分量、结构偏离分量和增量偏离分量）计算其结果并基于此分析说明创新要素配置均衡或不均衡的原因，评价创新要素配置结构优劣和自身竞争力的强弱。

设初期省区市 c 的创新要素配置水平之和为$a_{p,0}$。末期省区市 c 的创新要素配置水平之和（后称创新要素配置综合水平）为$a_{p,t}$，其中，创新要素配置综合水平可以分为五个创新要素配置（a），以$a_{ci,0}$，$a_{ci,t}$($i=1,2,\cdots,5$) 表示省区市 c 创新要素配置 i 在初期和末期的创新要素配置水平。并以A_0，A_t表示全国初期和末期的创新要素配置综合水平，以$A_{i,0}$，$A_{i,t}$表示全国初期和末期的创新要素配置综合水平。

省区市 c 创新要素配置 a 变化率为：

$$r_{ci} = \frac{a_{ci,t} - a_{ci,0}}{a_{ci,0}} \tag{11.1}$$

全国创新要素配置 a 变化率为：

$$R_j = \frac{A_{i,t} - A_{i,0}}{A_{i,0}} \tag{11.2}$$

以全国创新要素配置所占份额按下式将省区市各创新要素配置标准化：

$$a'_{ci} = \frac{a_{ci,0} \cdot A_{ci,0}}{A_0} \tag{11.3}$$

省区市 c 创新要素配置的增长量 G_{ci} 可以分解为 N_{ci}，P_{ci}，D_{ci} 三个分量，表达式为：

$$G_{ci} = N_{ci} + P_{ci} + D_{ci}$$

$$N_{ci} = a'_{ci} \cdot R_j$$

$$P_{ci} = (a_{ci,0} - a'_{ci}) R_j$$

$$D_{ci} = a_{ci,0}(r_{ci} - R_{ci})$$

$$PD_{ci} = P_{ci} + D_{ci}$$

$$G_{ci} = a_{ci,0} r_{ci} = a_{ci,t} - a_{ci,0} \tag{11.4}$$

其中，N_{ci} 是份额分量。它是指省区市 c 标准化的创新要素配置 i 如果按全国创新要素配置水平的平均增长率所产生的变化量。P_{ci} 是创新要素配置结构转移份额（结构偏离分量），即假定省区市与全国的增长速度相同，分析省区市与全国由创新要素配置比重的差异引起的省区市 c 创新要素配置 i 的增长相对于全国标准所产生的偏差。两个区域的创新要素配置结果的不同导致创新要素配置 i 的增长相对于全国标准所产生的偏差。D_{ci} 是创新要素配置份额效果（增量偏离分量），是指省区市 c 的创新要素配置 i 的水平增长速度与全国相应创新要素配置增长速度差别产生的偏差，反映区域的创新要素配置 i 的相对竞争能力，此值越大，则说明省区市 c 创新要素配置的竞争力对整体创新要素配置水平的作用越大。PD_{ci} 是创新要素配置优势（总偏离分量），其主要反映研究省区市 c 的创新要素配置水平 i 的总的增长优势。

省区市 c 综合创新要素配置水平的增量为G_c，其表达式为：

$$G_c = \sum_{c}^{n} N_{ci} + \sum_{c}^{n} P_{ci} + \sum_{c}^{n} D_{ci} = N_c + P_C + D_C \tag{11.5}$$

11.2 基于偏离—份额分析法的创新要素配置均衡性评价

本部分的均衡性评价是通过偏离—份额分析法对各省区市创新要素之间和各创新要素内部的配置的平衡均匀情况进行分析，以此评价各省区市创新要素配置结构的发展协调程度和发展潜力水平。

本部分创新要素配置均衡化是指五大创新要素配置的适度性，各个创新要素的平衡发展和适度投入能够促进总体创新要素配置的均衡程度，因此本部分首先运用公式计算出全国各省区市创新要素配置的增长量G_{ci}、份额分量N_{ci}、结构偏离分量P_{ci}、增量偏离分量D_{ci}、总偏离分量PD_{ci}以及总增长优势S_{ci}。由于增量偏离分量数值太小，且该数值只进行组内比较，因此将其扩大并在图表中展示出其扩大后数值（曹芳东等，2012）。其次构造以增量偏离分量D_{ci}为 X 轴，结构偏离分量P_{ci}为 Y 轴坐标系的偏离分量分析图，以此代表各省区市创新要素配置均衡化程度的散点标注在坐标系中，从而对各省区市创新要素配置的结构贡献程度和结构增量水平进行评价。其中，分布于第一象限的省区市的结构优势和增长优势明显，主要特征表现为原有创新要素结构基础很好，较其他省区市创新要素配置具有一定优势，增长优势较强属于创新要素配置均衡化程度较好地区；分布于第二象限的省区市虽然具有配置结构优势但配置水平增长优势不明显；第四象限的省区市则具有增长优势却缺少结构优势，这两类省区市属于创新要素配置均衡化程度一般地区；第三象限的省区市在结构优势和增长优势中都表现较差，认为其创新要素配置均衡化程度较差，即属于创新要素配置均衡化程度较差地区。

11.2.1 “十五”阶段创新要素配置的均衡性评价

运用前面公式计算 2001 ~ 2005 年各省区市创新要素配置的增长量G_{ci}、份额分量N_{ci}、结构偏离分量P_{ci}、增量偏离分量D_{ci}、总偏离分量PD_{ci}以及总增长优势S_{ci}，结果见表 11.1。

表 11.1　2001 ~ 2005 年全国各省区市创新要素配置水平的综合效果分析

省区市	增长量 G_{ci}	份额分量 N_{ci}	结构偏离分量 P_{ci}	增量偏离分量 D_{ci} (10^{-15})	总偏离分量 PD_{ci}	总增长优势 S_{ci}
北京	0.275	0.055	0.221	0.333	0.221	0.221
天津	0.236	0.048	0.189	-0.180	0.189	0.189
河北	0.098	0.020	0.078	0.000	0.078	0.078
山西	0.270	0.054	0.216	-0.146	0.216	0.216
内蒙古	-0.117	-0.024	-0.094	0.000	-0.094	-0.094
辽宁	0.254	0.051	0.203	0.524	0.203	0.203
吉林	0.226	0.046	0.180	0.000	0.180	0.180
黑龙江	0.264	0.054	0.210	0.114	0.210	0.210
上海	0.322	0.065	0.258	0.597	0.258	0.258
江苏	0.434	0.088	0.346	-0.080	0.346	0.346
浙江	0.488	0.099	0.390	0.076	0.390	0.390
安徽	0.237	0.048	0.189	-0.270	0.189	0.189
福建	0.340	0.069	0.271	0.413	0.271	0.271
江西	0.438	0.089	0.349	-0.198	0.349	0.349
山东	0.172	0.035	0.137	-0.361	0.137	0.137
河南	0.211	0.043	0.168	0.079	0.168	0.168
湖北	0.236	0.048	0.189	0.142	0.189	0.189
湖南	0.203	0.041	0.162	0.390	0.162	0.162
广东	0.432	0.088	0.344	-0.482	0.344	0.344
广西	0.600	0.122	0.478	0.139	0.478	0.478
海南	-0.063	-0.013	-0.050	0.012	-0.050	-0.050
重庆	0.191	0.039	0.152	-0.177	0.152	0.152

续表

省区市	增长量 G_{ci}	份额分量 N_{ci}	结构偏离分量 P_{ci}	增量偏离分量 D_{ci} (10^{-15})	总偏离分量 PD_{ci}	总增长优势 S_{ci}
四川	0.091	0.018	0.073	0.097	0.073	0.073
贵州	0.126	0.025	0.101	0.123	0.101	0.101
云南	0.091	0.018	0.072	-0.097	0.072	0.072
陕西	0.300	0.061	0.240	0.000	0.240	0.240
甘肃	0.226	0.045	0.181	-0.215	0.181	0.181
青海	-0.076	-0.015	-0.061	0.111	-0.061	-0.061
宁夏	0.256	0.051	0.205	0.000	0.205	0.205
新疆	-0.068	-0.014	-0.054	0.066	-0.054	-0.054

本部分建立以增量偏离分量为横坐标，以结构偏离分量为纵坐标的坐标系，将2001~2005年各省区市创新要素配置偏离分量计算结果的散点标注在坐标系中，得到偏离情况如图11.1所示。

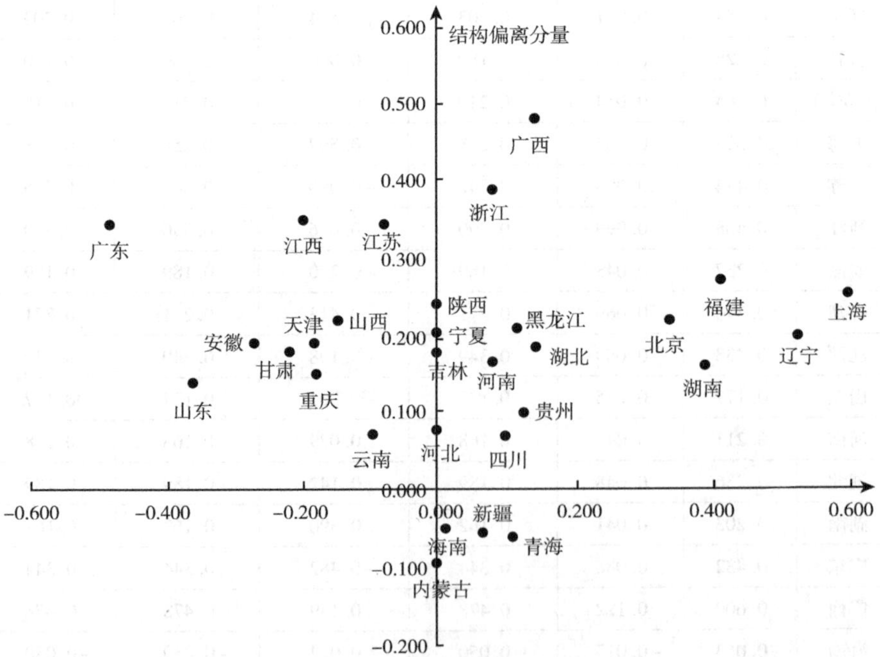

图11.1　2001~2005年创新要素配置偏离分量

从创新要素配置综合水平的增长量和份额分量来看，2001 ~2005 年全国各省区市表现出的增长优势明显，配置结构发展潜力巨大的特征。从创新要素配置综合水平的总偏离分量来看，除内蒙古外，2001 ~2005 年各省区市创新要素配置均衡。从图 11.1 可知，12 个省区市属于创新要素配置均衡化程度较好地区，分别是东部地区的浙江、福建、上海和北京，中部地区的湖北、河南和湖南，西部地区的广西、贵州和四川，东北地区的黑龙江和辽宁。10 个省区市属于创新要素配置一般地区，分别是东部地区的江苏、天津、山东和广东，中部地区的山西、江西和安徽，西部地区的云南、重庆、甘肃。无省区市属于创新要素配置较差省区市（童江华等，2017）。具体来看，大部分省区（除海南、新疆、青海和内蒙古外）的结构偏离分量指标值均大于 0。考虑到增量偏离分量的值较小，对总偏离分量的影响较小，结构偏离分量与总偏离分量的结果一致，因此本部分同时对这两项进行说明。其中，结构偏离分量用于评价创新要素配置初期的结构基础，排名越前且大于 0，则说明该省级行政区创新要素配置初期结构基础越好。在前十名中，东部地区浙江、江苏、广东、福建、上海、北京，分别居第 2、第 4、第 5、第 6、第 7、第 9 位。中部地区江西、山西，分别居第 3 位和第 10 位。西部地区广西和陕西，分别居第 1 位和第 8 位。增量偏离分量是评价各省区市相对应全国的创新要素配置水平的发展趋势，排名越前且大于 0，则说明该地区创新要素配置结构的未来发展潜力越大。其中，15 个省市的增量偏离分量结果较好，分别有东部地区的上海、福建、北京、浙江和海南，分别居第 1、第 3、第 5、第 13 和第 15 位，东部其他发达地区如江苏、天津、山东和广东，虽然增量偏离分量小于 0，且与结构偏离分量结果相差较大，这可能是因为这些地区初期创新要素配置结构水平起点高，后期发展空间有限，导致增量偏离分量稍弱。中部地区的湖南、湖北和河南，分别居第 4、第 6 和第 12 位。西部地区的广西、贵州、青海、四川和新疆，分别居第 7、第 8、第 10、第 11 和第 14 位。值得注意的是，青海、新疆和海南省区虽然增量偏离分量较高，但是结构偏离分量小于 0，这可能是因为这些地区的初期创新要素配置水平较低，因此有较高的发展空间。另外，东北地区的辽宁和黑龙江，分别居第 2 位和第 9 位。

11.2.2 “十一五”阶段创新要素配置的均衡性评价

运用前面公式计算2006~2010年各省区市创新要素配置的增长量G_{ci}、份额分量N_{ci}、结构偏离分量P_{ci}、增量偏离分量D_{ci}、总偏离分量PD_{ci}以及总增长优势S_{ci}，结果见表11.2。

表11.2　2006~2010年全国各省区市创新要素配置水平的综合效果分析

省区市	增长量 G_{ci}	份额分量 N_{ci}	结构偏离分量 P_{ci}	增量偏离分量 D_{ci}（e^{-15}）	总偏离分量 PD_{ci}	总增长优势 S_{ci}
北京	0.173	0.035	0.138	-0.108	0.138	0.138
天津	0.064	0.013	0.051	-0.785	0.051	0.051
河北	0.119	0.025	0.095	-0.125	0.095	0.095
山西	0.034	0.007	0.027	0.125	0.027	0.027
内蒙古	0.113	0.023	0.090	0.402	0.090	0.090
辽宁	0.251	0.051	0.200	-0.406	0.200	0.200
吉林	0.156	0.032	0.124	-0.309	0.124	0.124
黑龙江	0.101	0.021	0.081	-0.180	0.081	0.081
上海	0.203	0.041	0.162	-0.176	0.162	0.162
江苏	0.339	0.069	0.270	0.000	0.270	0.270
浙江	0.164	0.033	0.131	-0.333	0.131	0.131
安徽	0.151	0.031	0.120	-0.167	0.120	0.120
福建	0.000	0.000	0.000	-0.236	0.000	0.000
江西	0.149	0.030	0.118	0.000	0.118	0.118
山东	0.241	0.049	0.191	-0.250	0.191	0.191
河南	0.128	0.026	0.102	-0.236	0.102	0.102
湖北	0.128	0.026	0.102	-0.229	0.102	0.102
湖南	0.099	0.020	0.079	-0.305	0.079	0.079
广东	0.115	0.023	0.091	0.000	0.091	0.091
广西	0.063	0.013	0.050	-0.160	0.050	0.050
海南	0.072	0.015	0.057	-0.180	0.057	0.057
重庆	0.156	0.032	0.124	-0.208	0.124	0.124
四川	0.234	0.048	0.186	0.062	0.186	0.186

续表

省区市	增长量 G_{ci}	份额分量 N_{ci}	结构偏离分量 P_{ci}	增量偏离分量 D_{ci}（e^{-15}）	总偏离分量 PD_{ci}	总增长优势 S_{ci}
贵州	0.187	0.038	0.149	0.114	0.149	0.149
云南	0.152	0.031	0.121	−0.104	0.121	0.121
陕西	0.009	0.002	0.007	0.389	0.007	0.007
甘肃	0.275	0.056	0.219	−0.069	0.219	0.219
青海	0.128	0.026	0.102	0.000	0.102	0.102
宁夏	0.192	0.039	0.153	0.039	0.153	0.153
新疆	0.026	0.005	0.021	0.104	0.021	0.021

本部分建立以增量偏离分量为横坐标，以结构偏离分量为纵坐标的坐标系，将 2006～2010 年各省区市创新要素配置偏离分量计算结果的散点标注在坐标系中，得到偏离情况如图 11.2 所示。

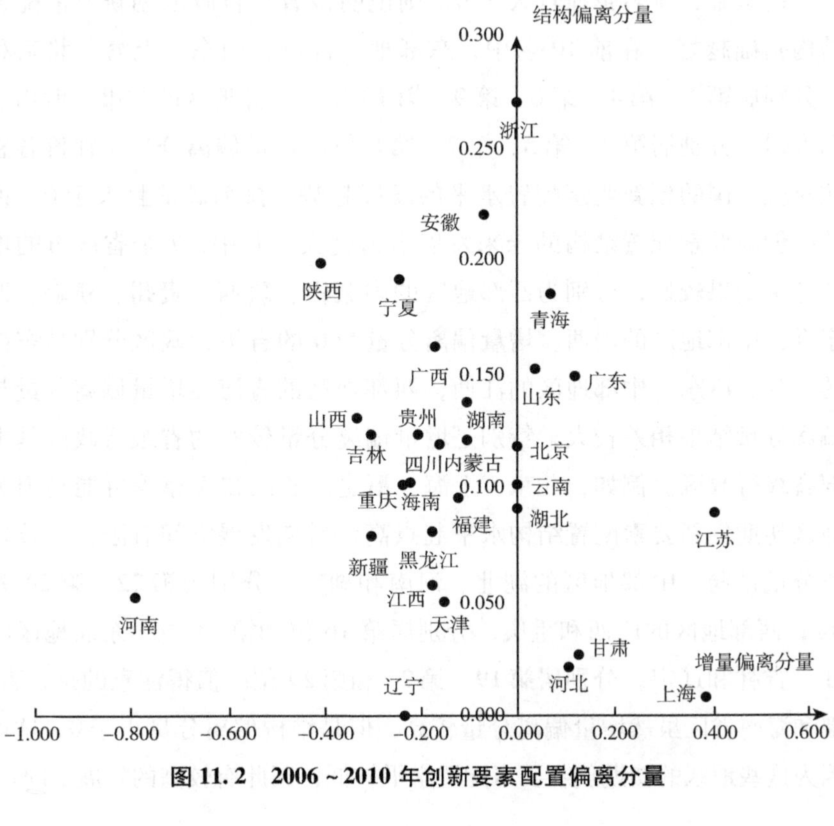

图 11.2　2006～2010 年创新要素配置偏离分量

从创新要素配置综合水平的增长量和份额分量来看，2006～2010年全国各省区市表现出增长优势明显，配置结构发展潜力巨大的特征。从创新要素配置综合水平的总偏离分量来看，2006～2010年各省区市创新要素配置均衡。从图11.2可知，7个省区市属于创新要素配置均衡化程度较好地区，分别是中部地区的山西，西部地区的四川、宁夏、贵州、内蒙古、新疆和陕西。22个省区市属于创新要素配置一般地区，分别是东部地区的江苏、山东、上海、北京、浙江、河北、广东、海南、天津和福建，中部地区的安徽、江西、河南、湖北和湖南，西部地区的甘肃、重庆、云南、青海、广西，东北地区的辽宁、吉林和黑龙江。具体来看，在所有省区市的结构偏离分量指标值均大于0。考虑到增量偏离分量的值较小，对总偏离分量的影响较小，结构偏离分量与总偏离分量的结果基本一致，因此本部分同时对这两项进行说明。其中，结构偏离分量用于评价创新要素配置初期的结构基础，排名越前且大于0，则说明该省级行政区创新要素配置初期结构基础越好。在前10名中，东部地区江苏、山东、上海、北京和浙江，分别居第1、第4、第6、第9、第10位；西部地区的甘肃、四川、宁夏和贵州，分别居第2、第5、第7、第8位。增量偏离分量是评价各省区市相对应全国的创新要素配置水平的发展趋势，排名越前且大于0，说明该地区创新要素配置结构的未来发展潜力越大。其中，7个省区市的增量偏离分量结果较好，分别为西部地区的内蒙古、陕西、贵州、新疆、四川和宁夏，中部地区的山西。增量偏离分量为0的省级行政区分别是东部地区的江苏、广东，中部地区的江西，西部地区的青海。增量偏离分量与结构偏离分量结果相差较大，特别是增量偏离分量较好的省级行政区基本为西部省级行政区。例如，北京、上海、福建、浙江和天津等可能是因为这些地区初期创新要素配置结构水平起点高，后期发展空间有限，导致增量偏离分量稍弱。中部地区的湖北、河南和湖南，分别居第22、第24和第26位；西部地区的广西和重庆，分别居第16位和第21位；东北地区的黑龙江、吉林和辽宁，分别居第19、第27和第29位。值得注意的是，青海、新疆和海南省区虽然增量偏离分量较高，但是结构偏离分量小于0，这可能是因为这些地区的初期创新要素配置水平较低，因此有较高的发展空间。

11.2.3 “十二五”阶段创新要素配置的均衡性评价

运用前面公式计算 2011 ~ 2015 年各省区市创新要素配置的增长量G_{ci}、份额分量N_{ci}、结构偏离分量P_{ci}、增量偏离分量D_{ci}、总偏离分量PD_{ci}以及总增长优势S_{ci}，结果见表 11.3。

表 11.3　2011 ~ 2015 年全国各省区市创新要素配置水平的综合效果分析

省区市	增长量 G_{ci}	份额分量 N_{ci}	结构偏离分量 P_{ci}	增量偏离分量 D_{ci}（e^{-15}）	总偏离分量 PD_{ci}	总增长优势 S_{ci}
北京	0.522	0.104	0.418	-0.354	0.418	0.418
天津	0.202	0.041	0.162	-0.216	0.162	0.162
河北	0.244	0.049	0.194	-0.333	0.194	0.194
山西	0.292	0.059	0.233	-0.226	0.233	0.233
内蒙古	0.284	0.057	0.227	-0.247	0.227	0.227
辽宁	0.187	0.038	0.150	0.363	0.150	0.150
吉林	0.213	0.043	0.170	0.000	0.170	0.170
黑龙江	0.277	0.056	0.221	-0.377	0.221	0.221
上海	0.391	0.079	0.312	0.206	0.312	0.312
江苏	0.494	0.099	0.394	-0.305	0.394	0.394
浙江	0.500	0.101	0.398	-0.568	0.398	0.398
安徽	0.431	0.087	0.344	-0.149	0.344	0.344
福建	0.421	0.086	0.336	-0.167	0.336	0.336
江西	0.277	0.056	0.221	-0.224	0.221	0.221
山东	0.436	0.088	0.349	0.124	0.349	0.349
河南	0.321	0.065	0.256	0.864	0.256	0.256
湖北	0.392	0.079	0.313	0.641	0.313	0.313
湖南	0.352	0.071	0.281	-0.248	0.281	0.281
广东	0.555	0.112	0.443	0.354	0.443	0.443
广西	0.346	0.070	0.276	0.284	0.276	0.276
海南	0.201	0.041	0.160	0.019	0.160	0.160
重庆	0.234	0.047	0.186	0.354	0.186	0.186
四川	0.389	0.078	0.311	-0.049	0.311	0.311

续表

省区市	增长量 G_{ci}	份额分量 N_{ci}	结构偏离分量 P_{ci}	增量偏离分量 D_{ci} (e^{-15})	总偏离分量 PD_{ci}	总增长优势 S_{ci}
贵州	0.395	0.079	0.315	-0.180	0.315	0.315
云南	0.204	0.041	0.163	-0.111	0.163	0.163
陕西	0.294	0.059	0.235	0.160	0.235	0.235
甘肃	0.377	0.076	0.301	-0.548	0.301	0.301
青海	0.407	0.082	0.325	-0.072	0.325	0.325
宁夏	0.214	0.043	0.171	-0.043	0.171	0.171
新疆	0.165	0.033	0.132	0.114	0.132	0.132

本部分建立以增量偏离分量为横坐标，以结构偏离分量为纵坐标的坐标系，将2011～2015年各省区市创新要素配置偏离分量计算结果的散点标注在坐标系中，得到偏离情况如图11.3所示。

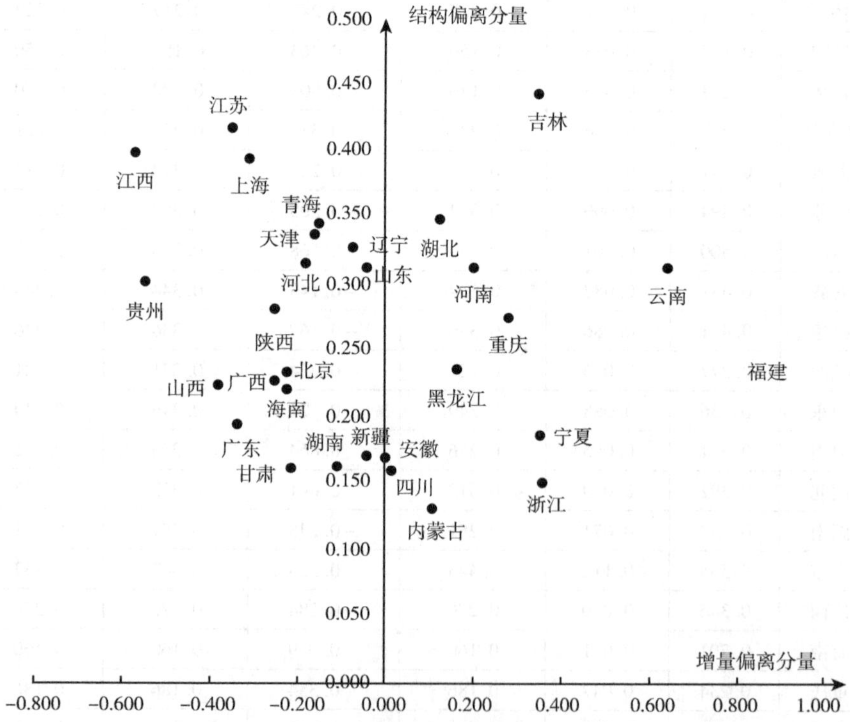

图11.3　2011～2015年创新要素配置偏离分量

从创新要素配置综合水平的增长量和份额分量来看，2011～2015 年全国各省区市表现出增长优势明显，配置结构发展潜力巨大的特征。11 个省区市属于创新要素配置均衡化程度较好地区，分别是东部地区的广东、山东、上海和海南，中部地区的湖北和河南，西部地区的广西、陕西、重庆和新疆，东北地区的辽宁。19 个省区市属于创新要素配置一般地区，分别是东部地区的北京、浙江、福建、河北、广东、海南、天津，中部地区的安徽、湖南、山西和江西，西部地区的青海、贵州、四川、甘肃、内蒙古、宁夏和云南，东北地区的黑龙江、吉林。无省区市属于创新要素配置较差省市。具体来看，各省区市的结构偏离分量指标值均大于 0。考虑到增量偏离分量的值较小，对总偏离分量的影响较小，结构偏离分量与总偏离分量的结果基本一致，因此本部分同时对这两项进行说明。其中，结构偏离分量用于评价创新要素配置初期的结构基础，排名越前且大于 0，则说明该省市创新要素配置初期结构基础越好。在前 10 名中，东部地区的广东、北京、浙江、江苏、山东和福建，分别居第 1、第 2、第 3、第 4、第 5、第 7 位；中部地区的安徽和湖北分别居第 6 和第 10 位；西部地区的青海和贵州，分别居第 8 和第 9 位。这可能是因为安徽、青海和贵州的增长量分别为 0.431、0.407 和 0.395，代表其初期创新要素配置水平较低，有较大的创新要素配置优化潜力，因此在该阶段结构水平得到了一定的提升。

增量偏离分量是评价各省区市相对应全国的创新要素配置水平的发展趋势，排名越前且大于 0 则说明该地区创新要素配置结构的未来发展潜力越大。其中，11 个省区市的增量偏离分量结果较好，分别为东部地区的广东、上海、山东和海南，中部地区的河南和湖北，西部地区的重庆、广西、陕西和新疆，东北地区的辽宁。增量偏离分量为 0 的省份是东北地区的吉林。增量偏离分量与结构偏离分量结果相差较大，特别是增量偏离分量较好的省份基本为西部地区。例如，东部地区的江苏、北京、上海、浙江等省市可能是因为这些地区初期创新要素配置结构水平起点高，后期发展空间有限，导致增量偏离分量稍弱。中部地区的江西、湖北和河南，分别居第 15、第 16 和第 17 位。西部地区的广西、贵州、青海、四川和新疆，分别居第7、第8、第10、第11和第14位。值得注意的是，青海、新疆和海南省区虽然增量偏离分量较高，但是结构偏离分量小于0，这可能是因为这些地区的初期创新要素配置水平较低，因此有较高的发展空间。

11.2.4 “十三五”阶段创新要素配置的均衡性评价

运用前面公式计算2016~2019年各省区市创新要素配置的增长量G_{ci}、份额分量N_{ci}、结构偏离分量P_{ci}、增量偏离分量D_{ci}、总偏离分量PD_{ci}以及总增长优势S_{ci}，结果见表11.4。

表11.4　2016~2019年全国各省区市创新要素配置水平的综合效果分析

省区市	增长量 G_{ci}	份额分量 N_{ci}	结构偏离分量 P_{ci}	增量偏离分量 D_{ci} （e^{-15}）	总偏离分量 PD_{ci}	总增长优势 S_{ci}
北京	0.495	0.099	0.396	0.250	0.396	0.396
天津	0.174	0.036	0.137	0.213	0.137	0.137
河北	0.268	0.055	0.212	0.000	0.212	0.212
山西	0.216	0.046	0.171	0.109	0.171	0.171
内蒙古	0.440	0.090	0.351	-0.069	0.351	0.351
辽宁	0.182	0.038	0.145	0.375	0.145	0.145
吉林	0.334	0.071	0.263	0.000	0.263	0.263
黑龙江	0.216	0.045	0.170	-0.309	0.170	0.170
上海	0.402	0.081	0.321	-0.142	0.321	0.321
江苏	0.384	0.077	0.306	0.069	0.306	0.306
浙江	0.332	0.067	0.264	-0.257	0.264	0.264
安徽	0.413	0.088	0.325	-0.062	0.325	0.325
福建	0.216	0.045	0.170	-0.333	0.170	0.170
江西	0.315	0.068	0.247	-0.139	0.247	0.247
山东	0.210	0.043	0.167	0.068	0.167	0.167
河南	0.354	0.075	0.279	0.367	0.279	0.279
湖北	0.303	0.063	0.240	0.264	0.240	0.240

续表

省区市	增长量 G_{ci}	份额分量 N_{ci}	结构偏离分量 P_{ci}	增量偏离分量 D_{ci}（e^{-15}）	总偏离分量 PD_{ci}	总增长优势 S_{ci}
湖南	0.230	0.048	0.182	-0.017	0.182	0.182
广东	0.401	0.081	0.320	0.243	0.320	0.320
广西	0.322	0.069	0.253	-0.139	0.253	0.253
海南	0.207	0.045	0.162	0.173	0.162	0.162
重庆	0.478	0.100	0.377	0.000	0.377	0.377
四川	0.313	0.066	0.247	0.205	0.247	0.247
贵州	0.425	0.092	0.333	0.054	0.333	0.333
云南	0.398	0.085	0.312	0.337	0.312	0.312
陕西	0.298	0.063	0.234	0.000	0.234	0.234
甘肃	0.371	0.082	0.290	0.000	0.290	0.290
青海	0.442	0.093	0.349	-0.041	0.349	0.349
宁夏	0.421	0.086	0.335	-0.062	0.335	0.335
新疆	0.328	0.069	0.260	0.080	0.260	0.260

本部分建立以增量偏离分量为横坐标，以结构偏离分量为纵坐标的坐标系，将 2016～2019 年各省区市创新要素配置偏离分量计算结果的散点标注在坐标系中，得到偏离情况如图 11.4 所示。

从创新要素配置综合水平的增长量和份额分量来看，2015～2019 年全国各省区市表现出增长优势明显，配置结构发展潜力巨大的特征。从创新要素配置综合水平的总偏离分量来看，2016～2019 年各省区市创新要素配置均衡。从图 11.4 可知，14 个省区市属于创新要素配置均衡化程度较好地区，分别是东部地区的北京、广东、江苏、山东、海南和天津，中部地区的河南、湖北和山西，西部地区的贵州、云南、新疆和四川，东北地区的辽宁。16 个省区市属于创新要素配置一般地区（均衡化程度适中），分别是东部地区的上海、浙江、安徽、河北和福建，中部地区的安徽、江西和湖南，西部地区的重庆、内蒙古、青海、宁夏、甘肃、广西和陕西，东北地区的吉林和黑龙江。无省份属于创新要素配置较差省市（童江华等，2017）。具体来看，所有省区市在结构偏离分量指标比重均大于 0。

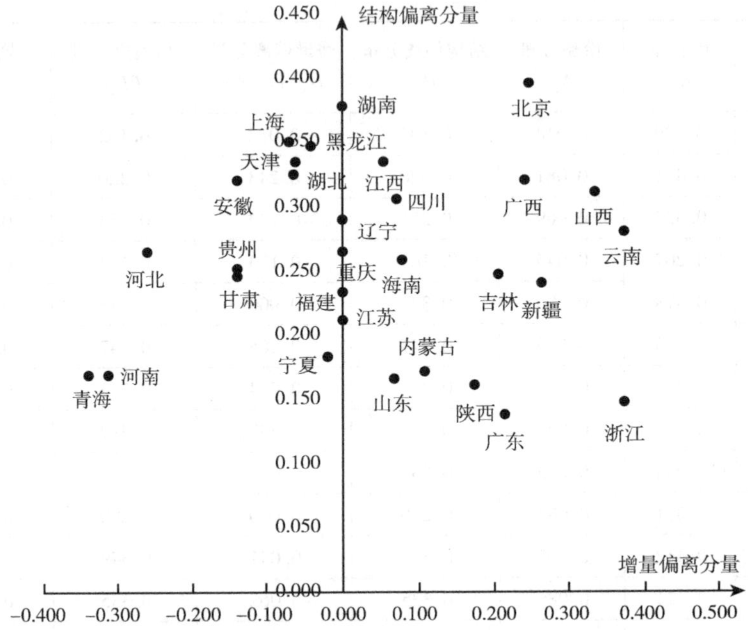

图 11.4　2016～2019 年创新要素配置偏离分量

考虑到增量偏离分量的值较小，对总偏离分量的影响较小，结构偏离分量与总偏离分量的结果基本一致，因此本部分同时对这两项进行说明。其中，结构偏离分量用于评价创新要素配置初期的结构基础，排名越前且大于0，则说明该省区市创新要素配置初期结构基础越好。在前 10 名中，东部地区北京、上海和广东，分居第 1、第 8、第 9 位；中部地区的安徽居于第 7 位；西部地区的重庆、内蒙古、青海、宁夏、贵州和云南，分别居第 2、第 3、第 4、第 5、第 6、第 10 位。这可能是因为重庆、内蒙古、青海、宁夏、贵州、安徽和云南的增长量分别为 0.478、0.440、0.442、0.421、0.425 和 0.413，代表其初期创新要素配置水平较低，有较大的创新要素配置优化潜力，因此在该阶段结构水平得到了一定的提升。增量偏离分量是评价各省区市相对应全国的创新要素配置水平的发展趋势，排名越前且大于0，则说明该地区创新要素配置结构的未来发展潜力越大。其中，14 个省区市的增量偏离分量结果较好，东部地区的北京、广东、天津、江苏、海南和山东，中部地区的河南、湖北和山西，西部地区的云南、四川、新疆和贵州，东北地区的辽宁。增量偏离分量为 0 的省市分别是东部地区的河北，西部地区的重庆、甘肃和陕西，东北地区的吉林。增量偏离分量与结构偏离分量结果相差较大，增量偏离分量较好的省市基本为东部省市。例如，江苏、辽宁、山东、上海等可能是因为这些地区初期创新要素配置结构水平起点高，后期发展空间有限，导致增量偏离分量稍弱。中部地区的江西、湖北和河南，分别居第 15、第 16 和第 17 位。西部地区的广西、贵州、青海、四川和新疆，分别居第 7、第 8、第 10、第 11 和第 14 位。值得注意的是，青海、新疆和海南虽然增量偏离分量较高，但是结构偏离分量小于 0，这可能是因为这些地区的初期创新要素配置水平较低，因此具有“后发优势”，在后期有较高的发展空间。

11.3　本章小结

本章在第 5 章中基于“三大变革”与“五大新发展理念”指导下构建的创新要素配置指标体系，以及第 7 章配置水平测度结果的基础上，采用偏离—份额分析法计算了创新要素配置的偏离份额分量，通过增量偏离分量、结构偏离分量和总体偏离分量对创新要素配置的均衡性进行评价。从创新要素配置综合水平看，全国各省区市表现出增长优势明显和配置结构发展潜力巨大的特征。其中，“十五”阶段、“十一五”阶段的东部地区表现为初期结构基础好，西部地区表现为未来发展潜力大的特点。“十二五”阶段、“十三五”阶段的东部地区表现为初期结构基础好且未来发展潜力大的特点。

第 12 章　高质量发展视阈下创新要素配置的合理性评价

在第 11 章对经济高质量发展背景下各省区市使用创新要素情况展开投入评价，即评价各省区市配置创新要素的结构均衡性之后，鉴于不同区域在资源禀赋和经济结构等方面不平衡，创新要素配置存在显著区域差异，那么创新要素在区域层面的分布情况如何？区域分布是否符合相应经济发展水平需求？因此，本章基于 CIPP 评价理论从投入产出角度对经济发展过程中创新要素区域配置结构的合理性展开过程评价。借鉴泰尔指数，测度不同阶段创新要素区域配置是否符合相应区域经济发展水平，并使用不同权重（以人均 GDP 为权重和以高质量发展水平为权重）下的泰尔指数，探析创新要素在区域上分布的公平程度，即创新要素区域配置结构与相应经济发展水平的匹配程度，进而评价创新要素在区域层面配置结构的合理性，以深入探讨区域协调发展下的创新要素配置。

12.1　创新要素配置合理性的内涵与评价方法

12.1.1　创新要素配置合理性的内涵

本章将创新要素在区域上分布的公平性及其分布与经济发展水平的匹配性视为创新要素配置的合理性，即创新要素区域配置结构的合理性，旨在从区域层面评价经济发展过程中有限的创新要素投入结构是否符合相应的经济发展水平，也旨在从投入产出角度评价有限的创新要素在区域上分布的公平性。同时，创新要素区域配置结构包含区域间创新要素配置结构和区域内创新要素配置结构。区域间创新要素配置结构的合理性即为在经济发展过程中有限的创新要素在东、中、西和东北地区间的分布符合相应经济发展水平，区域内创新要素配置结构的合理性则是指在经济发展过程中有限的创新要素在东、中、西和东北地区内部的分布符合相应经济发展水平，涵盖了东部（西部、中部或东北）地区经济发展过程中有限的创新要素在东部（西部、中部或东北）各省区市间的分布情况。在创新要素配置水平测算的基础上，本章进一步深入评价了创新要素区域配置结构的合理性，对制定符合各地区比较优势的发展战略、引导资源跨区流动推动整体经济协调高质量发展具有重要的现实意义。

12.1.2　创新要素配置合理性的评价方法

泰尔指数是 1967 年泰尔引入信息理论中的熵概念以评价收入公平性的指标，被学者们常用于研究地区收入差距。随着对泰尔指数原理研究的不断深入，其不仅能用于研究收入不平等问题，还可以用来衡量在时间、区域或层次范围上经济指标差异，同时泰尔指数在衡量整体差异时能划分成组间差异和组内差异，从而被广泛借鉴应用于产业结构合理化以及区域整体、之间或之内差异等研究（胡志远和欧向军，2007；干春晖等，2011），这些问题的研究本质上均为探究资源有效利用程度或资源投入结构和产出结构匹配程度（袁航和朱承亮，2018）。因此，本章借鉴泰尔指数来衡量创新要素区域配置结构与区域经济发展结构匹配程度，即深入了解创新要素配置的区域分布差异和特征以评价有限的创新资源在区域间是否公平分布实现合理配置，若泰尔指数为 0 则说明处于公平状态，越接近 0 则表明创新要素配置结构接近公平状态，创新要素配置结构就越合理，具体计算公式如下：

$$TI_{总} = TI_{组间} + TI_{组内} \tag{12.1}$$

$$TI_{组间} = Q_{东} ln \frac{Q_{东}}{P_{东}} + Q_{中} ln \frac{Q_{中}}{P_{中}} + Q_{西} ln \frac{Q_{西}}{P_{西}} + Q_{东北} ln \frac{Q_{东北}}{P_{东北}} \tag{12.2}$$

$$TI_{组内} = Q_{东} \sum_{i=1}^{n_{东}} Q_i ln \frac{Q_i}{P_i} + Q_{中} \sum_{i=1}^{n_{中}} Q_i ln \frac{Q_i}{P_i} + Q_{西} \sum_{i=1}^{n_{西}} Q_i ln \frac{Q_i}{P_i} + Q_{东北} \sum_{i=1}^{n_{东北}} Q_i ln \frac{Q_i}{P_i} \tag{12.3}$$

其中，$TI_{总}$代表整体创新要素配置的差异，衡量整体创新要素区域分布的公平性；$TI_{组间}$代表不同区域（东、中、西和东北）之间创新要素配置的差异，衡量区域间创新要素分布的公平性；$TI_{组内}$代表东、中、西和东北地区内部创新要素配置的差异，衡量区域内创新要素分布的公平性；$\sum_{i=1}^{n_{东}} Q_i ln \frac{Q_i}{P_i}$、$\sum_{i=1}^{n_{中}} Q_i ln \frac{Q_i}{P_i}$、$\sum_{i=1}^{n_{西}} Q_i ln \frac{Q_i}{P_i}$和$\sum_{i=1}^{n_{东北}} Q_i ln \frac{Q_i}{P_i}$分别代表东、中、西和东北地区的创新要素配置差异，衡量各区域内部省区市创新要素分布的公平性；$Q_{东}$、$Q_{中}$、$Q_{西}$和$Q_{东北}$分别代表东、中、西和东北地区经济发展在全国经济发展中的比例，$P_{东}$、$P_{中}$、$P_{西}$和$P_{东北}$分别代表东、中、西和东北地区创新要素配置水平占全国创新要素配置水平的比例；$n_{东}$、$n_{中}$、$n_{西}$和$n_{东北}$分别代表东、中、西和东北地区省区市数，Q_i代表各省区市经济发展占其所在地区经济发展的比例，P_i则代表各省区市创新要素配置水平占其所在地区创新要素配置水平的比例。

12.2 创新要素配置结构的合理性

随着中国经济转向高质量发展阶段，创新成为推动经济发展的核心驱动力，由此经济高质量发展对创新要素及其配置的需求和要求在不断增多。同时由于中国不同区域在资源禀赋和经济结构等方面不平衡，促使差异性的创新要素流动，创新要素配置存在显著区域差异，且与区域配置与相应经济发展水平存在差异，而合理的创新要素配置才能使有限的创新要素创造出最大的效益和质量（陶长琪和徐冬梅，2019）。因此为探究创新要素配置的合理性，本章从投入产出角度评价区域层面上创新要素配置结构的合理性，以深入探讨区域协调发展下的创新要素配置。

具体做法为：在第7章创新要素配置水平测算的基础上，对不同阶段均使用泰尔指数衡量创新要素在区域层面的分布和相应区域经济发展水平的匹配程度，即通过从投入产出角度分析东部、中部、西部和东北四大区域间和区域内创新要素分布的公平性，以及各区域内创新要素分布的公平性来判断创新要素区域配置结构的合理性。同时，为了更好研究高质量发展视阈下创新要素配置的合理性，借鉴黄小平和方齐云（2008）、康晓娟和杨冬民（2010）使用两种权重下的泰尔指数展开区域差异分析的做法，本节分别测度出以人均GDP为权重的泰尔指数和以高质量发展水平为权重的泰尔指数并对两类结果进行比较分析，通过考察区域层面投入（创新要素区域配置结构）和相应产出（经济增长和经济高质量发展）的匹配程度来判断创新要素配置的合理性。其中，以人均GDP为权重的泰尔指数能够反映区域经济增长水平对区域创新要素配置差异的影响，而以高质量发展水平为权重的泰尔指数能够反映区域经济高质量发展水平对区域创新要素配置差异的影响，具体分阶段评价结果和分析如下。

12.2.1 “十五”阶段创新要素配置结构的合理性

在前面“十五”阶段创新要素配置水平和高质量发展水平测算的基础上，依据泰尔指数计算公式，分别以人均GDP和高质量发展水平为权重，测度出“十五”阶段创新要素配置的区域总体差异、四大区域间差异、四大区域内差异和各区域内部差异，具体测算结果如表12.1所示。从表12.1中可以看出，反映区域总体差异的泰尔指数最大值为0.1032，最小值为0.0064，表明整体上创新要素在区域上的分布非常接近公平状态，符合各区域经济发展所需，即区域层面上创新要素配置结构具有合理性。在表12.1测算结果的基础上，对不同权重下不同类型区域差异所反映的创新要素分布公平性展开分析，具体如下。

表 12.1 “十五”阶段创新要素配置的泰尔指数

权重	年份	区域总体差异	四大区域间差异	四大区域内差异	东部内部差异	中部内部差异	西部内部差异	东北内部差异
人均 GDP	2001	0.1032	0.0585	0.0447	0.0670	0.0024	0.0263	0.0093
	2002	0.1017	0.0583	0.0434	0.0637	0.0036	0.0276	0.0102
	2003	0.1014	0.0576	0.0438	0.0640	0.0039	0.0284	0.0095
	2004	0.0977	0.0549	0.0428	0.0591	0.0026	0.0378	0.0102
	2005	0.0954	0.0529	0.0425	0.0540	0.0037	0.0496	0.0110
高质量发展水平	2001	0.0072	0.0011	0.0062	0.0059	0.0040	0.0097	0.0004
	2002	0.0064	0.0008	0.0056	0.0048	0.0061	0.0082	0.0001
	2003	0.0076	0.0013	0.0062	0.0063	0.0048	0.0087	0.0000
	2004	0.0105	0.0022	0.0083	0.0095	0.0042	0.0113	0.0002
	2005	0.0110	0.0030	0.0080	0.0087	0.0011	0.0134	0.0006

(1)“十五”阶段两种权重下创新要素区域配置结构合理性分析。

从表 12.1 可以看出，2001～2005 年，反映创新要素配置区域总体差异的泰尔指数在以人均 GDP 为权重时呈下降趋势，表明随着经济增长，创新要素在区域上的分布更公平。而在以高质量发展水平为权重时呈小幅度上升趋势且泰尔指数最大值为 0.011，表明随着经济高质量发展，尽管创新要素在区域上的分布接近公平状态，但创新要素配置的区域总体差异仍存在小幅度增大，可能的原因在于“十五”阶段所有区域经济均处于较低质量发展阶段（徐志向和丁任重，2019），即处于创新驱动发展的探索阶段，从而创新要素区域配置结构与经济高质量发展区域结构存在轻微程度的不匹配。然而以人均 GDP 为权重得出的泰尔指数明显大于以高质量发展水平为权重得出的泰尔指数，则创新要素区域配置结构与经济增长区域结构的不匹配程度较大，而与经济高质量发展区域结构较为匹配，即高质量发展视阈下创新要素的区域配置结构更具合理性，说明相比要素驱动的经济增长，经济高质量发展是创新驱动的发展，更依赖创新要素的配置状况，要实现区域协调发展离不开创新要素在区域上的合理配置。

进一步地，区域总体差异可以分解为区域间差异和区域内差异，为更清晰展示“十五”阶段期间各年份区域间（区域内）创新要素配置差异变化的动态过程，以及对比两种权重下区域间（区域内）差异，在表 12.1

测算结果的基础上分别通过折线图图 12.1 和图 12.2 来表示。

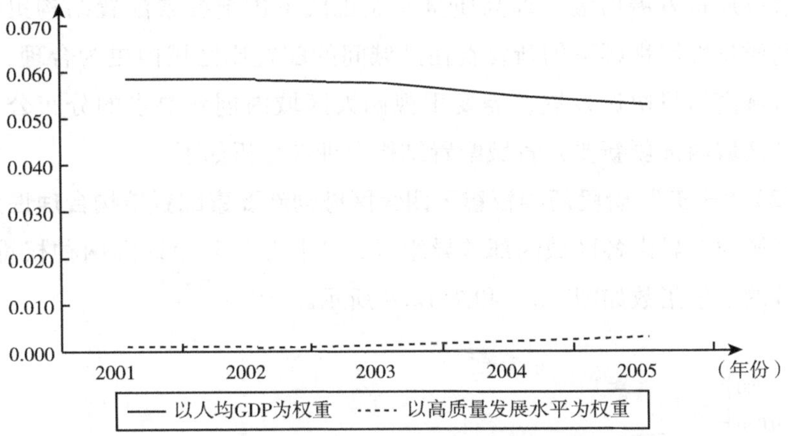

图 12.1　“十五”阶段两种权重下创新要素配置的四大区域间差异

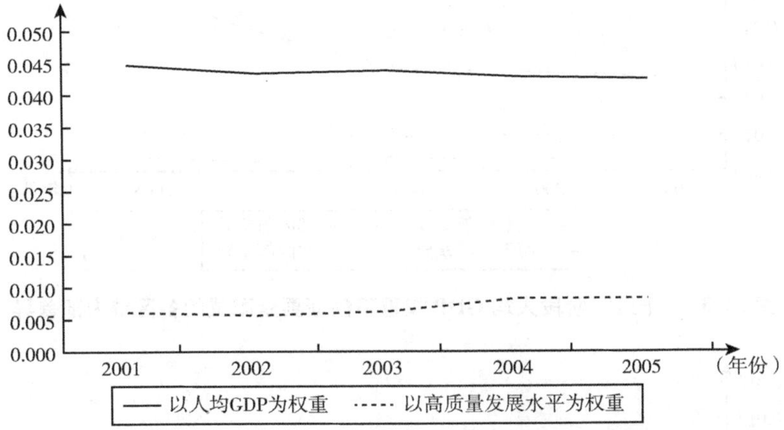

图 12.2　“十五”阶段两种权重下创新要素配置的四大区域内差异

从图 12.1 和图 12.2 可以看出，2001 ~ 2005 年，反映创新要素配置区域间差异和区域内差异的泰尔指数均在以人均 GDP 为权重时呈下降趋势，而在以高质量发展水平为权重时呈小幅度上升趋势且数值均小于 0.01。同时，以人均 GDP 为权重得出的泰尔指数均大于以高质量发展水平为权重得出的泰尔指数。且尽管“十五”阶段期间的创新要素在区域间和区域内的分布结构与相应高质量发展水平的不匹配程度存在平稳且小幅度上升，但数值均小于 0.01，创新要素在四大区域间和区域内的分布差异并不明显。

这表明相比经济增长需求，创新要素在区域间和区域内的分布公平性更符合经济高质量发展所需，即高质量发展视阈下创新要素配置结构更合理。并且高质量发展视阈下创新要素在区域间的配置比区域内更为合理，则为促进区域高质量协调发展，需要重视四大区域内创新要素的分布公平性，具体各区域内部创新要素省域配置结构合理性分析如下。

（2）“十五”阶段两种权重下四大区域创新要素配置结构合理性分析。

区域内差异由各区域内部差异组成，“十五”阶段期间两种权重下四大区域的泰尔指数如图 12.3 和图 12.4 所示。

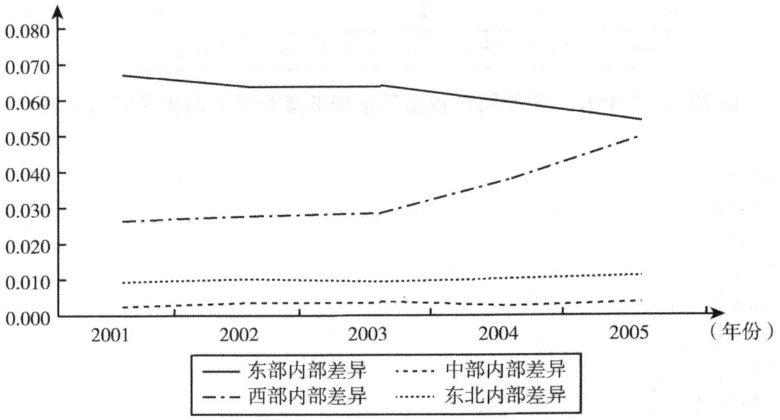

图 12.3 “十五”阶段人均 GDP 权重下创新要素配置的各区域内部差异

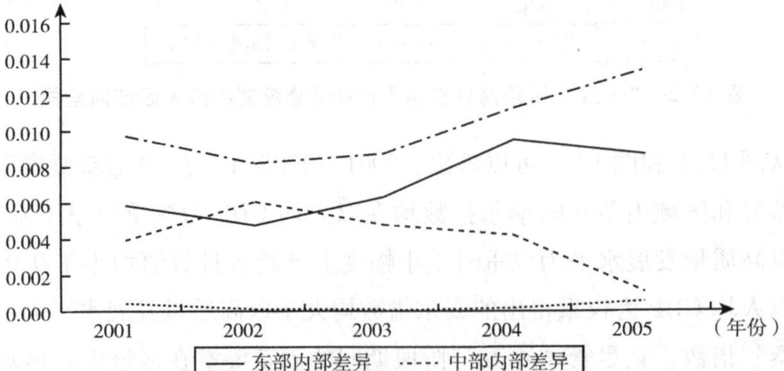

图 12.4 “十五”阶段高质量发展水平权重下创新要素配置的各区域内部差异

在以人均 GDP 为权重时，仅有东部地区内部差异的泰尔指数呈下降趋势且数值最高，内部各省区市间创新要素的分布差异最明显且在不断缩小；中部和东北地区的泰尔指数较为平稳且数值偏低，内部各省区市间创新要素的分布公平；西部地区的泰尔指数呈大幅度上升趋势，内部各省区市间创新要素的分布差异在不断增大。总体来看，对于经济增长需求，创新要素在东部地区配置的不公平性最高，西部次之，东北较为公平，中部最为公平。而在以高质量发展水平为权重时，仅有中部地区内部差异的泰尔指数呈倒“U”形波动下降趋势，内部各省区市间创新要素的分布差异在不断缩小；东北地区的泰尔指数较为平稳且数值最低，内部各省间创新要素的分布公平；西部地区的泰尔指数呈“U”形波动上升趋势且数值最高，内部各省区市间创新要素的分布差异最明显且在不断增大；东部地区的泰尔指数呈波动上升趋势，内部各省市间创新要素的分布差异也在不断增大。总体来看，对于经济高质量发展需求，创新要素在西部地区配置最不公平，东部次之，中部较为公平，东北最为公平。

进一步，对比两种权重下反映各区域内部创新要素配置差异的泰尔指数，中部地区的泰尔指数在两种权重下的数值相差最小，其余地区以人均 GDP 为权重时计算所得的泰尔指数，均明显大于以高质量发展水平为权重时计算所得，则总体上四大区域的创新要素在各省区市间的分布与相应经济高质量发展水平更为匹配，即高质量发展视阈下各区域创新要素省域配置结构更具合理性，且东西部地区创新要素配置公平程度要弱于中部和东北地区，表明为促进经济高质量发展，应重视东西部地区在各省区市间的创新要素分布公平性。

12.2.2 “十一五”阶段创新要素配置结构的合理性

在前面“十一五”阶段创新要素配置水平和高质量发展水平测算的基础上，依据上述泰尔指数法，分别以人均 GDP 和高质量发展水平为权重测度出“十一五”阶段下能够反映创新要素配置区域总体差异、四大区域间差异、四大区域内差异和各区域内部差异的泰尔指数，具体测算结果如

表 12.2 所示。从表 12.2 中可以看出，反映区域总体差异的泰尔指数最大值为 0.0898，最小值为 0.0048，表明整体上创新要素在区域上的分布非常接近公平状态，符合各区域经济发展所需，即区域层面上创新要素配置结构具有合理性。在表 12.2 测算结果的基础上，对不同权重下不同类型区域差异所反映的创新要素分布公平性展开分析，具体如下。

表 12.2　“十一五”阶段创新要素配置的泰尔指数

权重	年份	区域总差异	四大区域间差异	四大区域内差异	东部内部差异	中部内部差异	西部内部差异	东北内部差异
人均 GDP	2006	0.0898	0.0510	0.0389	0.0498	0.0053	0.0433	0.0097
	2007	0.0889	0.0485	0.0404	0.0517	0.0051	0.0466	0.0090
	2008	0.0831	0.0428	0.0403	0.0513	0.0056	0.0493	0.0056
	2009	0.0813	0.0430	0.0383	0.0468	0.0062	0.0524	0.0048
	2010	0.0772	0.0393	0.0380	0.0468	0.0057	0.0520	0.0049
高质量发展水平	2006	0.0081	0.0014	0.0067	0.0061	0.0015	0.0125	0.0002
	2007	0.0080	0.0010	0.0070	0.0060	0.0014	0.0139	0.0003
	2008	0.0069	0.0005	0.0064	0.0034	0.0027	0.0146	0.0010
	2009	0.0053	0.0003	0.0050	0.0026	0.0019	0.0114	0.0016
	2010	0.0048	0.0006	0.0042	0.0035	0.0023	0.0069	0.0020

（1）“十一五”阶段两种权重下创新要素区域配置结构合理性分析。

从表 12.2 中可以看出，2006～2010 年，反映创新要素配置区域总体差异的泰尔指数在两种权重下均呈下降趋势，表明随着经济的不断发展，创新要素配置的区域总体差异在不断减小，创新要素在区域上的分布越公平。同时，以高质量发展水平为权重得出的泰尔指数明显小于以人均 GDP 为权重得出的泰尔指数，则创新要素区域配置结构与经济增长区域结构的不匹配程度较大，而与经济高质量发展区域结构较为匹配，即高质量发展视阈下创新要素的区域配置结构更具合理性，要实现区域协调发展离不开创新要素在区域上的合理配置。进一步，区域总体差异可以分解为区域间差异和区域内差异，为更清晰展示“十一五”阶段期间各年份区域间（区域内）创新要素配置差异变化的动态过程，以及对比两种权重下区域间

（区域内）差异，在表 12.2 测算结果的基础上分别通过折线图图 12.5 和图 12.6 来表示。

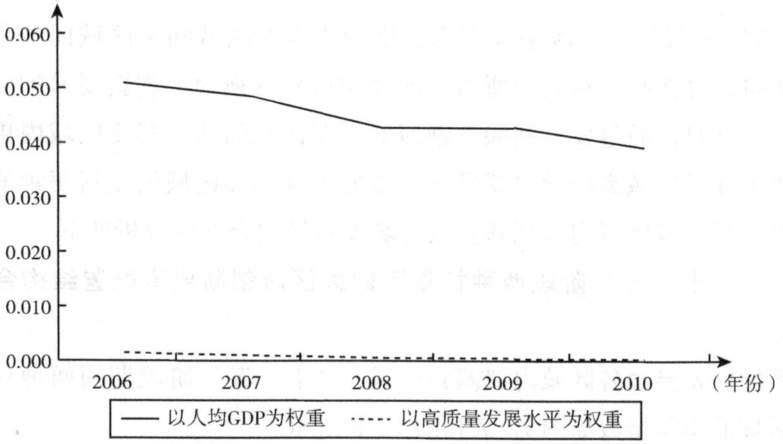

图 12.5 “十一五”阶段两种权重下创新要素配置的四大区域间差异

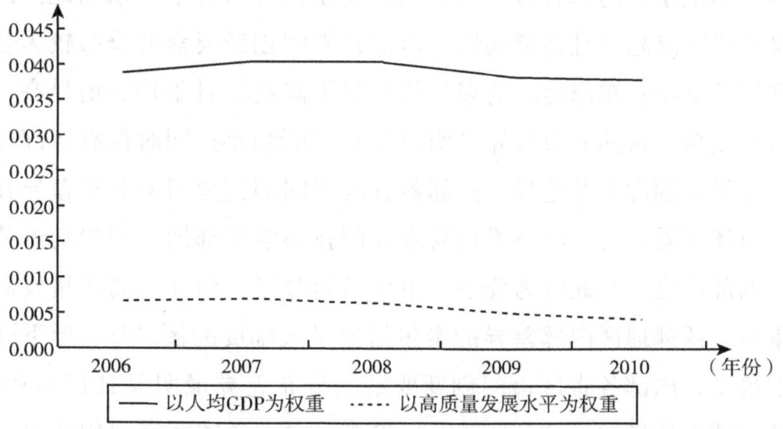

图 12.6 “十一五”阶段两种权重下创新要素配置的四大区域内差异

从图 12.5 和图 12.6 可以看出，2006～2010 年，反映创新要素配置区域间差异的泰尔指数在以人均 GDP 为权重时呈下降趋势，在以高质量发展水平为权重时较为平稳且具有小幅度下降，反映区域内差异的泰尔指数在两种权重下呈小幅上升后下降趋势，变化也较为平稳，则“十一五”阶段期间创新要素在区域间和区域内的分布差异均在缩小。同时，以人均 GDP

为权重得出的泰尔指数均明显大于以高质量发展水平为权重得出的泰尔指数，且以高质量发展水平为权重的四大区域间和区域内的泰尔指数均平稳小于0.01，创新要素在区域间和区域内的分布差异并不明显。这表明在“十一五”阶段相比经济增长需求，创新要素在区域间和区域内的分布公平性更符合经济高质量发展所需，即高质量发展视阈下创新要素配置结构更合理。并且高质量发展视阈下创新要素在区域间的配置比区域内更为合理，则为促进区域高质量协调发展，需要重视四大区域内创新要素的分布公平性，具体各区域内部创新要素省域配置结构合理性分析如下。

(2)“十一五”阶段两种权重下四大区域创新要素配置结构合理性分析。

区域内差异由各区域内部差异组成，“十一五”阶段期间两种权重下四大区域的泰尔指数如图12.7和图12.8所示。

在以人均GDP为权重时，仅有中部地区内部差异的泰尔指数较为平稳且平均数值最小，内部各省区市间创新要素的分布公平；东北地区的泰尔指数呈平稳下降趋势且数值偏低，内部各省间创新要素的分布较为公平且差异在不断缩小；东部地区的泰尔指数呈下降趋势且平均数值最高，内部各省市间创新要素的分布差异最明显且在不断缩小；同时仅有西部地区的泰尔指数呈大幅度上升趋势，内部各省区市间创新要素的分布差异在不断增大。总体来看，对于经济增长需求，创新要素东部地区配置的不公平性最高，西部次之，东北较为公平，中部最为公平。而在以高质量发展水平为权重时，西部地区内部差异的泰尔指数呈大幅度的倒“U”形下降趋势且数值最高，内部各省区市间创新要素的分布差异最明显且在不断缩小；东部地区的泰尔指数呈“U”形下降趋势，内部各省区市间创新要素的分布差异也在不断缩小；中部地区的泰尔指数呈小幅度波动上升趋势，内部各省区市间创新要素的分布差异在不断增大；东北地区的泰尔指数呈平稳上升趋势且数值最低，内部各省间创新要素的分布差异在不断增大，但仍处于较为公平状态。总体来看，对于经济高质量发展需求，创新要素在西部地区配置最不公平，东部次之，中部较为公平，东北最为公平。

的泰尔指数明显小于以人均 GDP 为权重得出的泰尔指数，则创新要素区域配置结构与经济增长区域结构的不匹配程度较大，而与经济高质量发展区域结构较为匹配，即高质量发展视阈下创新要素的区域配置结构更具合理性，要实现区域协调发展离不开创新要素在区域上的合理配置。进一步，区域总体差异可以分解为区域间差异和区域内差异，为更清晰地展示“十二五”阶段期间各年份区域间（区域内）创新要素配置差异变化的动态过程，以及对比两种权重下区域间（区域内）差异，在表 12.3 测算结果的基础上分别通过折线图图 12.9 和图 12.10 来表示。

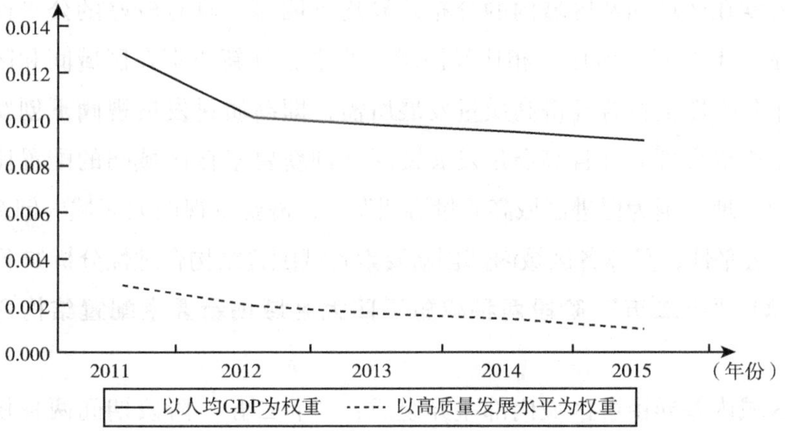

图 12.9　“十二五”阶段两种权重下创新要素配置的四大区域间差异

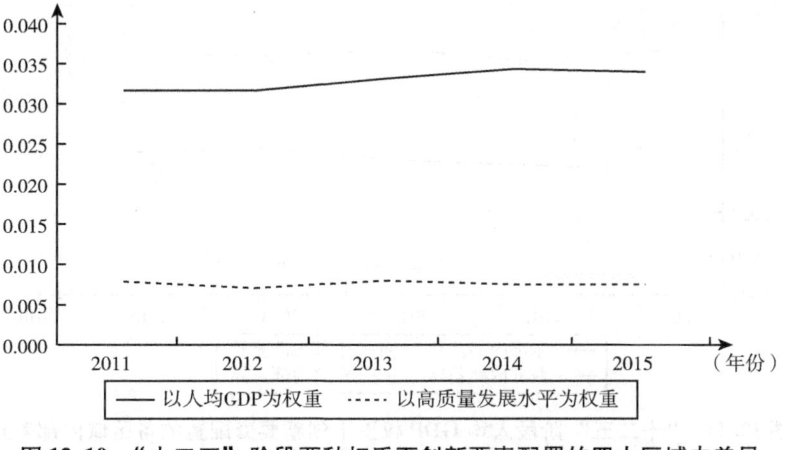

图 12.10　“十二五”阶段两种权重下创新要素配置的四大区域内差异

从图 12.9 和图 12.10 可以看出，2011～2015 年，反映创新要素配置区域间差异的泰尔指数在以人均 GDP 为权重时呈下降趋势，而在以高质量发展水平为权重时呈小幅度下降趋势，且前者泰尔指数明显大于后者。同时，反映创新要素配置区域内差异的泰尔指数在以人均 GDP 为权重时呈波动上升趋势，而在以高质量发展水平为权重时具有平稳性，且前者泰尔指数也明显大于后者。可以看出，以高质量发展水平为权重得出的泰尔指数均明显小于以人均 GDP 为权重得出的泰尔指数，且以高质量发展水平为权重的四大区域间的泰尔指数均小于 0.005，区域内的泰尔指数均小于 0.01，创新要素在区域间和区域内的分布差异均不明显，具有较好的公平性。这表明在“十二五”阶段，相比经济增长需求，创新要素在区域间和区域内的分布公平性更符合经济高质量发展所需，即高质量发展视阈下创新要素配置结构更合理。并且高质量发展视阈下创新要素在区域间的配置比区域内更为合理，则为促进区域高质量协调发展，需要重视四大区域内创新要素的分布公平性，具体各区域内部创新要素省域配置结构合理性分析如下。

(2)“十二五”阶段两种权重下四大区域创新要素配置结构合理性分析。

区域内差异由各区域内部差异组成，“十二五”阶段期间两种权重下四大区域的泰尔指数如图 12.11 和图 12.12 所示。

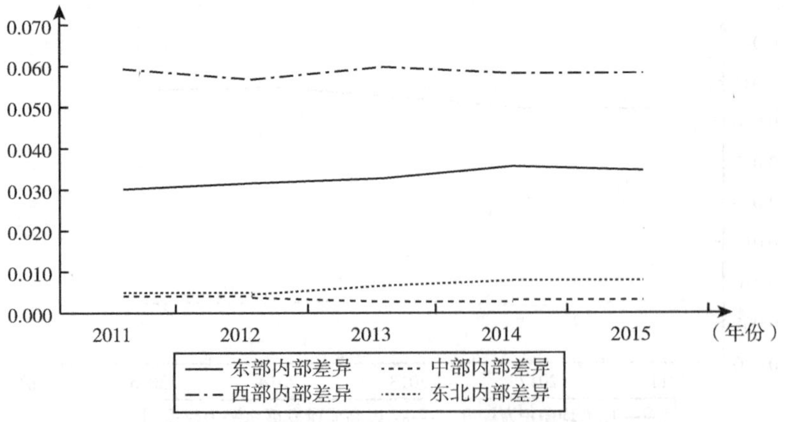

图 12.11 “十二五”阶段人均 GDP 权重下创新要素配置的各区域内部差异

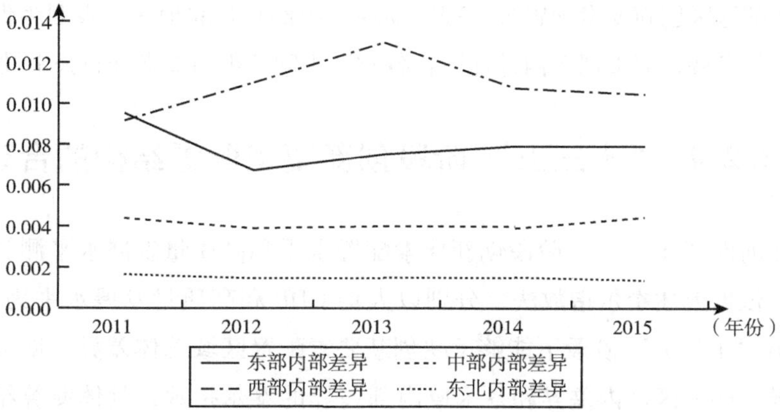

图 12.12　“十二五”阶段高质量发展水平权重下创新要素配置的各区域内部差异

在以人均 GDP 为权重时，中部和西部地区内部差异的泰尔指数较为平稳。其中，中部平均数值最小，内部各省区市间创新要素的分布最公平，而西部平均数值最大，内部各省区市间创新要素的分布差异最明显；东部和东北地区的泰尔指数均呈上升趋势，其中东北地区上升幅度较小且数值偏小，内部各省间创新要素的分布差异在不断增大，但仍处于较为公平状态。总体来看，对于经济增长需求，创新要素西部地区配置的不公平性最高，东部次之，东北较为公平，中部最为公平。而在以高质量发展水平为权重时，西部地区内部差异的泰尔指数呈波动的倒“U”形上升趋势且数值最高，内部各省区市间创新要素的分布差异最明显且在不断增大；东部地区的泰尔指数呈“U”形下降趋势，内部各省区市间创新要素的分布差异在不断缩小；中部和东北地区的泰尔指数具有平稳性，其中东北平均数值最小，内部各省区市间创新要素的分布最公平。总体来看，对于经济高质量发展需求，创新要素在西部地区配置最不公平，东部次之，中部较为公平，东北最为公平。

进一步，对比两种权重下各区域创新要素配置差异的泰尔指数，中部地区的泰尔指数在两种权重下的数值相差最小，其余地区以人均 GDP 为权重时计算所得的泰尔指数，均明显大于以高质量发展水平为权重时计算所得，则总体上四大区域的创新要素在各省区市间的分布与相应经济高质量发展水平更为匹配，即高质量发展视阈下各区域创新要素省域配置结构更具合理性，且东西部地区创新要素配置公平程度要弱于中部和东北地区，表明为促进经济高质量发展，应重视东西部地区在各省区市间的创新要素分布公平性。

12.2.4 “十三五”阶段创新要素配置结构的合理性

在前面“十三五”阶段创新要素配置水平和高质量发展水平测算的基础上，依据上述泰尔指数法，分别以人均 GDP 和高质量发展水平为权重，测度出“十三五”阶段下能够反映创新要素配置区域总体差异、四大区域间差异、四大区域内差异和各区域内部差异的泰尔指数，具体测算结果如表 12.4 所示。从表 12.4 中可以看出，反映区域总体差异的泰尔指数最大值为 0.0453，最小值为 0.0083，表明整体上创新要素在区域上的分布非常接近公平状态，符合各区域经济发展所需，即区域层面上创新要素配置结构具有合理性。在表 12.4 测算结果的基础上，对不同权重下不同类型区域差异所反映的创新要素分布公平性展开分析，具体如下。

表 12.4　“十三五”阶段创新要素配置的泰尔指数

权重	年份	区域总差异	四大区域间差异	四大区域内差异	东部内部差异	中部内部差异	西部内部差异	东北内部差异
人均 GDP	2016	0.0453	0.0075	0.0377	0.0340	0.0033	0.0733	0.0039
	2017	0.0428	0.0080	0.0348	0.0323	0.0071	0.0641	0.0037
	2018	0.0427	0.0082	0.0345	0.0339	0.0067	0.0606	0.0034
	2019	0.0409	0.0087	0.0322	0.0334	0.0048	0.0541	0.0047
高质量发展水平	2016	0.0102	0.0009	0.0093	0.0084	0.0036	0.0164	0.0011
	2017	0.0108	0.0014	0.0095	0.0101	0.0048	0.0135	0.0008
	2018	0.0109	0.0015	0.0094	0.0097	0.0042	0.0145	0.0002
	2019	0.0083	0.0017	0.0066	0.0068	0.0023	0.0106	0.0005

(1)“十三五”阶段两种权重下创新要素区域配置结构合理性分析。

从表 12.4 可以看出，2016～2019 年，反映创新要素配置区域总体差异的泰尔指数在以人均 GDP 为权重时呈下降趋势，在以高质量发展水平为权重时呈倒“U”形下降趋势，随着经济的不断发展，创新要素配置的区域总体差异在“十三五”期间减小。同时，以高质量发展水平为权重得出的泰尔指数明显小于以人均 GDP 为权重得出的泰尔指数，创新要素区域配置结构与经济增长区域结构的不匹配程度较大，而与经济高质量发展区域结构较为匹配，即高质量发展视阈下创新要素的区域配置结构更具合理性，要实现区域协调发展离不开创新要素在区域上的合理配置。进一步，区域总体差异可以分解为区域间差异和区域内差异，为更清晰地展示“十三五”阶段期间各年份区域间（区域内）创新要素配置差异变化的动态过程，以及对比两种权重下区域间（区域内）差异，在表 12.4 测算结果的基础上分别通过折线图图 12.13 和图 12.14 来表示。

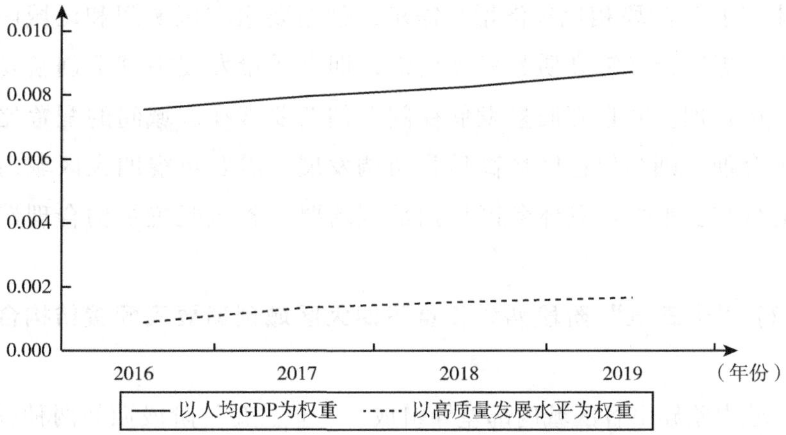

图 12.13　“十三五”阶段两种权重下创新要素配置的四大区域间差距

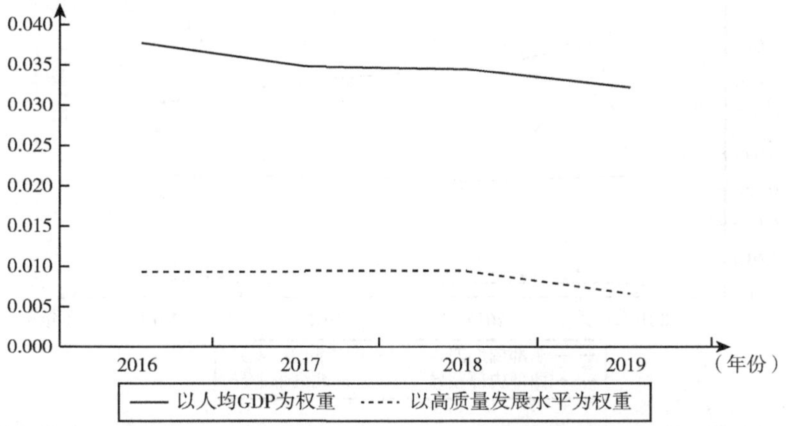

图 12.14　“十三五”阶段两种权重下创新要素配置的四大区域内差异

从图 12.13 和图 12.14 可以看出，2016～2019 年，反映创新要素配置区域间差异的泰尔指数在两种权重下均呈平稳上升趋势，创新要素在区域间的分布差异在不断增加。而反映创新要素配置区域内差异的泰尔指数在两种权重下均呈下降趋势，创新要素在区域内的分布差异在不断缩小。同时，以人均 GDP 为权重得出的泰尔指数，均明显大于以高质量发展水平为权重得出的泰尔指数，且以高质量发展水平为权重的四大区域间的泰尔指数均小于 0.002，区域内的泰尔指数均小于 0.01，创新要素在区域间和区域内的分布差异均不明显，具有较好的公平性。这表明在“十三五”阶段相比经济增长需求，创新要素在区域间和区域内的分布公平性更符合经济高质量发展所需，即高质量发展视阈下创新要素配置结构更合理。并且高质量发展视阈下创新要素在区域间的配置比区域内更为合理，则为促进区域高质量协调发展，需要重视四大区域内创新要素的分布公平性，具体各区域内部创新要素省域配置结构合理性分析如下。

(2) “十三五”阶段两种权重下四大区域创新要素配置结构合理性分析。

区域内差异由各区域内部差异组成，“十三五”阶段期间两种权重下四大区域的泰尔指数如图 12.15 和图 12.16 所示。

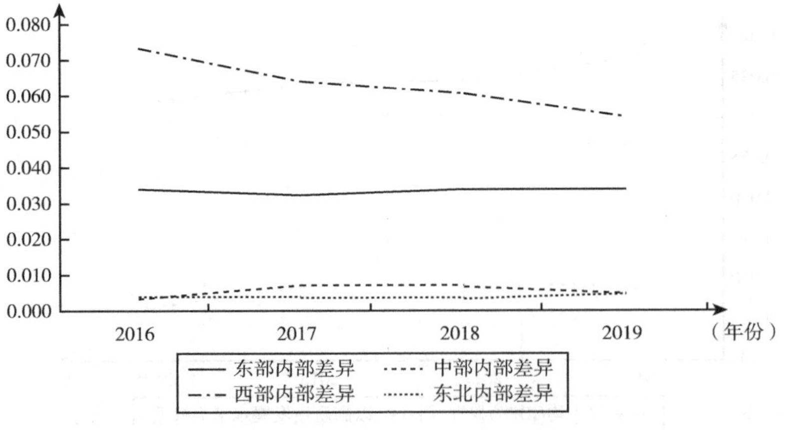

图 12.15 “十三五”阶段人均 GDP 权重下创新要素配置的各区域内部差异

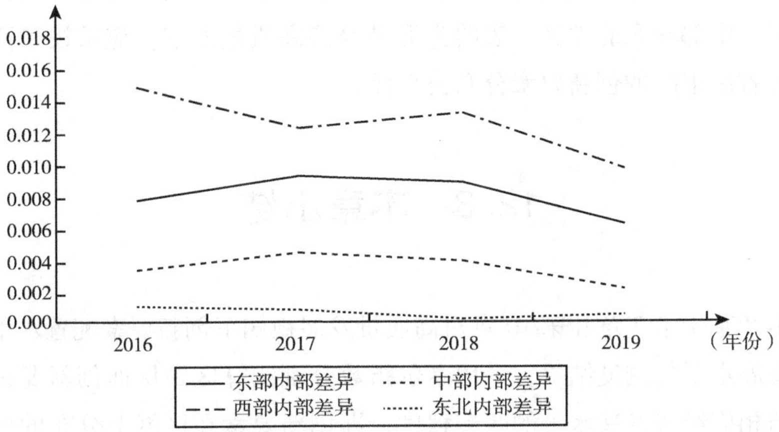

图 12.16 "十三五"阶段高质量发展水平权重下创新要素配置的各区域内部差异

在以人均 GDP 为权重时，东部、中部和东北地区内部差异的泰尔指数较为平稳，其中东北平均数值最小，内部各省区市间创新要素的分布最公平。同时西部地区内部差异的泰尔指数呈较大幅度的下降趋势，且平均数值最大，内部各省区市间创新要素的分布差异最明显并在不断缩小。总体来看，对于经济增长需求，创新要素西部地区配置的不公平性最高，东部次之，中部较为公平，东北最为公平。而在以高质量发展水平为权重时，西部地区内部差异的泰尔指数呈波动下降升趋势且数值最高，内部各省区市间创新要素的分布差异最明显并在不断缩小；东部和中部地区的泰尔指数呈倒"U"形下降趋势，内部各省区市间创新要素的分布差异在不断缩小，其中东部数值偏大；东北地区的泰尔指数呈平稳下降趋势且数值最低，内部各省创新要素的分布最公平且分布差距仍在缩小。总体来看，对于经济高质量发展需求，创新要素在西部地区配置最不公平，东部次之，中部较为公平，东北最为公平。

进一步，对比两种权重下各区域创新要素配置差异的泰尔指数，整体上各区域以人均 GDP 为权重时计算所得地区内部差异的泰尔指数，均大于以高质量发展水平为权重时计算所得，则四大区域的创新要素在各省区市间的分布与相应经济高质量发展水平更为匹配，即高质量发展视阈下各区域创新要素省域配置结构更具合理性，且东西部地区创新要素配置公平程度要弱于中部和东北地区，表明为促进经济高质量发展，应重视东西部地区在各省区市间的创新要素分布公平性。

12.3 本章小结

本章基于第7章和第10章对高质量发展视阈下创新要素配置水平和高质量发展水平的测度结果，采用泰尔指数分别测算区域层面创新要素配置结构与相应经济发展水平的匹配程度，即创新要素在区域上分布的公平程度。在此基础上，分别使用人均GDP和高质量发展水平作为权重，对比经济增长和经济高质量发展需求下创新要素配置区域差异情况，具体分析我国四个发展阶段下创新要素区域配置结构的合理性。研究结论如下：

第一，从区域总体差异来看，在“十五”“十一五”“十二五”和“十三五”发展阶段下，创新要素区域配置结构均与相应经济增长水平的不匹配程度较大，而与相应经济高质量发展水平较为匹配，则相比要素驱动的经济增长，经济高质量发展是创新驱动的发展，更依赖创新要素的配置状况。同时，以高质量发展水平为权重的泰尔指数均小于0.1，创新要素在区域上的分布非常接近公平状态，符合区域经济高质量发展所需，则区域层面上创新要素配置结构具有合理性。

第二，从区域间差异和区域内差异来看，在“十五”“十一五”“十二五”和“十三五”发展阶段下，相比经济增长需求，创新要素在区域间和区域内的分布公平性均符合经济高质量发展所需，且以高质量发展水平为权重的泰尔指数均小于0.1，则相比经济增长需求，高质量发展视阈下的创新要素区域配置结构具有合理性。同时，反映区域内差异的泰尔指数均大于反映区域间差异的泰尔指数，高质量发展视阈下创新要素在区域间的配置均比区域内更为合理。

第三，从各区域内部差异来看，在四个发展阶段下，东、中、西部和东北各区域的创新要素在各省区市间的分布均与相应经济高质量发展水平更为匹配，且泰尔指数均小于 0.1，则相比经济增长需求，高质量发展视阈下的各区域创新要素省域配置结构更具合理性。同时，不同区域配置情况存在差异，总体上东西部地区创新要素配置结构合理性要弱于中部和东北地区。具体来看，对于经济高质量发展需求，在“十五”和“十二五”发展阶段下，创新要素配置情况均呈现“西部地区配置最不公平，东部次之，中部较为公平，东北最为公平”的局面；在“十一五”发展阶段下，创新要素配置情况均呈现“西部地区配置最不公平，东部次之，中部较为公平，东北最为公平”的局面；在“十三五”发展阶段下，创新要素配置情况呈现“西部地区配置最不公平，东部次之，中部较为公平，东北最为公平”的局面。

第 13 章　创新要素配置与经济高质量发展的协调性评价

在第 11 章和第 12 章对经济高质量发展背景下创新要素配置均衡性和合理性进行评价之后，实现了从不同角度对创新要素配置结构进行评价。然而，创新要素配置与经济高质量发展的匹配程度如何？两者间的动态关联是否能实现创新驱动经济高质量发展？本章基于 CIPP 评价理论，将创新要素配置与经济高质量发展作为经济中的两大系统，并从耦合协调角度来探究创新要素配置与经济高质量发展的匹配程度，以对创新要素配置与经济高质量发展的协调性展开结果评价。本章通过构建耦合模型并采用耦合度来刻画创新要素配置系统与经济高质量发展系统间的协调性，并使用 Dagum 基尼系数和核密度估计法进一步分析了创新要素配置与经济高质量耦合发展的区域差异及来源、分布动态，进而实现从质量层面对创新要素配置的评价，为发现配置中存在的问题奠定基础。

13.1　耦合的内涵与测度方法

本部分参照协调性（徐晔和赵金凤，2021；范德成和吴晓琳，2022）评价方法，构建耦合模型采用耦合度来表征创新要素配置系统与经济高质量发展系统的协调性，以刻画创新要素配置与经济高质量发展的匹配程度。

13.1.1　耦合的内涵

（1）耦合的内涵。

“耦合”概念最初源于物理学，在物理学中，耦合指的是两个或两个以上的系统之间，各系统中要素之间通过相互作用和相互影响，实现对两系统之间相互依赖、相互促进以及相互协调的动态关联关系的评价。从系统学角度来分析，综合系统到达临界区域时，将走向何种序与结构，取决于系统内多个子系统之间耦合作用及其协调程度。

创新要素配置与经济高质量发展的耦合关系如图 13.1 所示。创新要素配置与经济高质量发展耦合体现在系统耦合和要素耦合层面。从系统耦合结构来看，创新要素配置与经济高质量发展系统耦合是由双层次的系统耦合发展形成的：第一，单个系统内部的耦合发展，即创新要素配置系统与经济高质量发展系统各自内部子系统的耦合发展；第二，两个系统之间的耦合发展，即创新要素配置系统与高质量发展系统的耦合发展。它们通过相互影响、相互依赖和相互作用等多种形式的影响机制构成了一个有自身特点、结构和功能的复杂系统。从要素耦合的角度看，创新要素配置系统由人力、资本、技术、信息和制度等基本要素组成。人力是系统耦合的主体，技术、信息、资本、制度等创新要素则是客体，客体必须服务于主体。科学技术是创新要素配置与高质量发展系统耦合的重要中介，其耦合桥梁作用主要体现在能够决定社会发展的方向。信息是创新要素配置与高质量发展系统耦合的桥梁，创新要素配置与高质量发展系统的形成和转变离不开信息的形成和转化。从创新要素配置与高质量发展之间的耦合关系来看，在创新要素配置水平提升的过程中，一段时期内区域的人力、资本等通过传统生产要素升级而形成的创新要素与技术、信息、制度等新型创新要素在一定程度上影响了当地的社会发展方式，经过一定时期的发展，构成具有特定形态的社会发展系统，并在不断完善自身系统的同时引起动力变革、效率变革和质量变革，从而促进经济高质量发展。

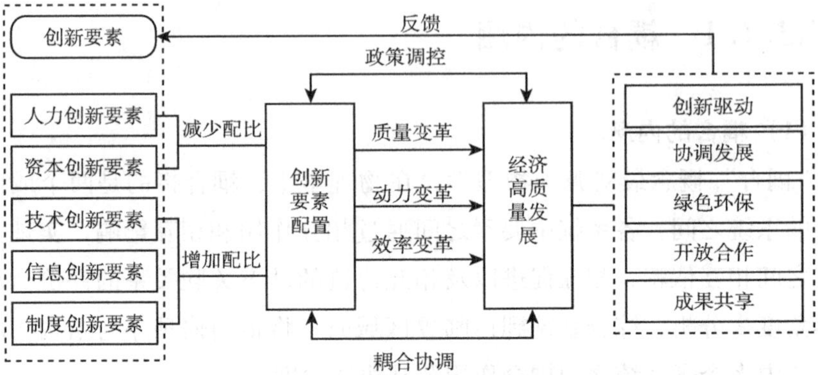

图 13.1　创新要素配置与经济高质量发展的耦合作用

（2）创新要素配置与经济高质量发展的耦合作用机制。

创新要素是创新活动的基础，是创造科技成果、推动整个经济和社会进步的要素集合（陶长琪和徐茉，2021）。以新发展理念为指导，本书中创新要素主要是指与创新相关的资源和能力的组合，包括人力、资本、技术、信息和制度的投入等。创新要素配置是以实现经济高质量发展为目标进行创新活动或者作为创新活动支撑条件推动创新发展的相关资源和能力的组合。首先，创新要素内部互相作用，加速要素间交叉融合与重组，重构了生产要素体系，导致生产效率的乘数效应凸显。从经济增长内生动力来看，通常会经历从要素数量投入要素配置效率提升再到技术创新驱动的发展过程（赵剑波等，2019）。创新驱动给予经济发展新动能，实现了经济动力变革（肖宏伟和牛犁，2021）。其次，燕洪国和潘翠英（2022）指出政策工具可以通过促进加大创新要素投入，对全要素生产率发挥政策激励作用。可以认为，市场供求关系的调整促使创新资源流向边际生产率最大的部门。创新要素向高效率、高边际产出的创新主体倾斜流入，能够更大限度地激发要素潜能，改善创新要素的配置效率，逐渐校正了资源约束下现实经济体的资源配置的错置，推动经济效率变革。最后，现有的知识资源和内部技术投资一直被认为是知识优势的重要来源，也是推动产品创新的关键因素（Caloghirou et al.，2021）。创新要素在创新主体间的充分共享和合作创新，促使创新要素的集成与开放，改善了资源的整合方式，实现了创新要素间协同配置，形成研发互补关系，有效整合内外部资源，动态调整内外部研发关系，缩短技术差异，提升产品技术含量，促进经济质量变革。同时，经济高质量发展为创新要素配置提供良好的环境。区域经济发展水平高带来的集聚效应也会有利于区域和城市内不同企业共同承担创新风险和共享创新收益。空间邻近的企业更容易达成创新合作（谢伟伟等，2019）。结合我国经济发展总体布局和创新要素配置现状来看，经济发展水平的提升需要更多创新活动主体的参与，这将需要高素质人才储备、价值链高端资金积累、信息技术的应用和规范制度协调，以推动创新要素的协同达到新的高度。

综上所述，**高质量发展是我国经济发展的宏观目标，而创新要素是经济的微观活动元素，高质量发展需要创新要素的优化配置来实现，创新要素的配置安排需要以高质量发展为指导。创新要素配置系统是经济高质量发展的关键驱动因素，尤其是技术创新要素和信息创新要素，是经济高质量发展的新引擎。基于此，本章通过分析创新要素配置与经济高质量发展间的耦合关系，判断创新要素配置是否与区域的经济发展相适应，在此基础上了解两者间相互作用的具体情况和趋势，为区域经济高质量发展提供有针对性的指导。**

13.1.2　耦合度的测度

耦合包含发展与协调两个层面，发展体现在系统从低级到高级、从简单到复杂的进化过程，而协调则强调系统之间及系统内部各要素之间相互作用相互配合、从无序到有序的演进过程。因此，由发展和协调综合构成的系统之间的耦合关系，蕴含着发展的“量扩”和协调的“质升”两个不可或缺的部分（逯进和周惠民，2013）。从耦合发展的角度对创新要素配置与经济高质量发展之间的动态关联关系进行评价，刻画我国各省区市在样本期内的耦合发展现状与变化趋势，有利于为地方政府厘清高质量发展目标下创新要素配置优化受阻所面临的难点和痛点，为促进创新要素配置与经济高质量发展的协同发展找到可供借鉴的思路。

（1）指标体系构建和测度方法。

根据本书第3章定义的创新要素内涵及第5章构建筛选的指标体系，本章中创新要素综合系统包括人力、资本、技术、信息和制度创新要素子系统，各系统指标选取为第5章经过筛选后的指标体系，具体见表5.5至表5.8。根据本书第3章对经济高质量发展内涵界定，本章经济高质量发展指标体系从“五大新发展理念”层面选取指标，具体指标体系同第10章经济高质量发展的指标体系（见表10.1）。

本章创新要素综合系统和各子系统综合指数测度方法同第7章，具体采用第7章各子系统和综合系统的测度值。将经济高质量发展五大新发展理念层面作为一个综合系统，具体测度方法及结果同第10章测算经济高质量发展水平的方法和结果。

（2）创新要素配置与经济高质量发展耦合度测度方法。

根据上述分析，本章假设系统的耦合度函数遵循 Cobb－Douglas 形式且具有严格拟凹性和规模报酬不变性（逯进和周惠民，2013）。设 $s_1(x)$ 和 $s_2(x)$ 分别表示创新要素配置系统与经济高质量发展系统的发展指数，T 表示由两系统构成的复合系统的发展水平（称为系统发展度），则有：

$$T=\lambda s_1(x)^{\theta}s_2(x)^{1-\theta} \tag{13.1}$$

其中，λ 表示外生参数，本章取 $\lambda=1$（张竣喃等，2020）。θ 和 $1-\theta$ 分别表示两系统的产出弹性，表示两者相对于复合系统的重要程度，本章认为两者同等重要，因此设定 $\theta=1-\theta=0.5$。本章进一步引入偏离差系数 Cv 表示两系统的协调态势（廖重斌，1999）：

$$\begin{aligned} Cv &= \frac{\sqrt{\{s_1(x)-[s_1(x)+s_2(x)]/2\}^2+\{s_2(x)-[s_1(x)+s_2(x)]/2\}^2}}{[s_1(x)+s_2(x)]/2} \\ &= \sqrt{2(1-C)} \end{aligned} \tag{13.2}$$

其中，

$$C=\frac{4s_1(x)\cdot s_2(x)}{[s_1(x)+s_2(x)]^2} \tag{13.3}$$

式（13.2）中 Cv 表示创新要素配置系统与经济高质量发展系统的平均偏离程度，其值越小两系统的偏离程度越小，也即偏离差系数越接近0，两者的协调性越好。由式（13.2）可知，当 $Cv \to 0$ 时，$C \to 1$。因此本章将 C 界定为系统的协调度，其值越大，系统的协调性越好。

由式（13.3）可知，C 可以反映系统协调程度的强弱，但忽略了协调的动态性，若两系统的发展水平均较低，则依然可能得出较高协调性的伪评价结果。因此，为了反映两个系统耦合发展的动态性，本章进一步引入两系统耦合度的计算：

$$D = \sqrt{C \cdot T} \tag{13.4}$$

式（13.4）中 D 为两系统的耦合度，用来衡量创新要素配置与经济高质量发展的协调性程度，其判断标准如表 13.1 所示（廖重斌，1999；逯进和周惠民，2013）。C、T 分别为系统的协调度和发展度，计算公式见式（13.3）和式（13.1）。本章在计算创新要素各子系统与经济高质量发展耦合度时也采用此方法。

表 13.1　耦合度的判别标准及类型划分

失调衰退类		协调发展类	
D 值	类型	D 值	类型
0.00～0.09	极度失调衰退类	0.50～0.59	勉强协调发展类
0.10～0.19	严重失调衰退类	0.60～0.69	初级协调发展类
0.20～0.29	中度失调衰退类	0.70～0.79	中级协调发展类
0.30～0.39	轻度失调衰退类	0.80～0.89	良好协调发展类
0.40～0.49	濒临失调衰退类	0.90～1.00	优质协调发展类

注：表中 D 值为通过式（13.4）测度得到的两系统耦合度。

13.2　创新要素配置与经济高质量发展耦合的时空特征分析

本部分分四个阶段分别描述创新要素配置与经济高质量发展耦合的时空特征，具体结果如下。

13.2.1 “十五”时期耦合的时空特征分析

根据13.1节的测度方法测算出我国创新要素配置系统与经济高质量发展的耦合度，具体结果如下。

（1）创新要素配置与经济高质量发展耦合特征分析。

根据式（13.1）、式（13.3）和式（13.4）测算出2001~2005年全国各省区市创新要素配置与经济高质量发展的耦合度，具体见表13.2。由表13.2可知，从全国范围来看，我国30个省区市2001~2005年创新要素配置与经济高质量发展耦合发展仍处于初级协调发展阶段，均值为0.6446，这说明两者耦合发展仍具有较大提升空间，并且通过两者的相互作用极有可能成为我国经济新的动能增长极。此外，创新要素配置与经济高质量发展耦合发展程度呈现明显的“东高西低”特征，东部地区的耦合度平均达0.7289，达到中级协调发展水平；西部地区的耦合度最低，仅为0.5884，仍处于勉强协调发展阶段，这与直觉相符。经济高质量发展依赖于地区前期的创新要素支撑，同时，经济高质量发展能够通过缓解创新资源短缺、创新能力不高、信息不对称、交易成本过高等问题优化创新要素配置。从四大区域的耦合特征来看，总体上呈现“东部—东北—中部—西部”耦合度逐步递减的特征。东部沿海地区凭借其优越的地理位置和良好的营商环境等优势，创新要素初始禀赋较高，因此，两者耦合发展程度最高，达到了中级协调发展程度。东北地区作为我国老重工业基地，创新要素存量相对丰富，两者耦合发展程度次之。中部地区由于能够承接东部地区的部分产业转移，具有一定的产业发展基础和创新要素积累，因此其耦合度更次之。西部地区的地理环境相对恶劣，创新要素短缺，难以支撑两者相互协同发展，因此，西部地区耦合度最低。结合图13.2及表13.2，从增长率来看，2001~2005年，全国创新要素配置与经济高质量发展耦合度平均增长率为1.17%，东部地区的平均增长率（1.76%）最高，东北地区（1.20%）次之，西部地区（0.67%）最低。这表明“十五”时期我国东部与中、西部地区之间创新要素配置与经济高质量发展耦合发展的空间差距日益增大。综合来看，“十五”时期各省区市创新要素配置与经济高质量发展耦合度呈现明显的“东高西低”“沿海优于内陆”的不均衡空间分布特征，四大区域耦合度呈“东部—东北—中部—西部”耦合度逐步递减特征。

表 13.2　2001～2005 年创新要素配置与经济高质量发展的耦合度

省级行政区	2001 年	2002 年	2003 年	2004 年	2005 年	均值	增长率（%）	发展类型
北京	0.8045	0.8240	0.8415	0.8514	0.8790	0.8401	2.24	良好
天津	0.7253	0.7368	0.7354	0.7591	0.7947	0.7503	2.31	中级
河北	0.6255	0.6190	0.6246	0.6241	0.6393	0.6265	0.55	初级
山西	0.5789	0.5834	0.5924	0.6009	0.6067	0.5925	1.18	勉强
内蒙古	0.5904	0.5726	0.5912	0.5827	0.5892	0.5852	-0.05	勉强
辽宁	0.6349	0.6445	0.6603	0.6672	0.6786	0.6571	1.68	初级
吉林	0.6065	0.6070	0.6167	0.6212	0.6324	0.6168	1.05	初级
黑龙江	0.6258	0.6123	0.6182	0.6290	0.6476	0.6266	0.86	初级
上海	0.8008	0.8028	0.8381	0.8762	0.8870	0.8410	2.59	良好
江苏	0.7059	0.7137	0.7451	0.7799	0.7906	0.7470	2.88	中级
浙江	0.6830	0.6887	0.7091	0.7283	0.7465	0.7111	2.25	中级
安徽	0.5982	0.6094	0.6138	0.6196	0.6177	0.6118	0.80	初级
福建	0.6559	0.6673	0.6844	0.6913	0.6919	0.6782	1.35	初级
江西	0.5948	0.5871	0.5929	0.6033	0.6280	0.6012	1.37	初级
山东	0.6671	0.6596	0.6665	0.6766	0.6880	0.6716	0.78	初级
河南	0.6000	0.6086	0.6027	0.6228	0.6177	0.6103	0.73	初级
湖北	0.6409	0.6373	0.6401	0.6469	0.6541	0.6439	0.51	初级
湖南	0.6084	0.6051	0.6234	0.6254	0.6237	0.6172	0.62	初级
广东	0.7352	0.7527	0.7778	0.7986	0.8180	0.7765	2.70	中级
广西	0.5898	0.5813	0.5961	0.6046	0.6332	0.6010	1.79	初级
海南	0.6664	0.6400	0.6388	0.6460	0.6446	0.6472	-0.83	初级
重庆	0.5908	0.5919	0.6051	0.6181	0.6146	0.6041	0.99	初级

续表

省级行政区	2001 年	2002 年	2003 年	2004 年	2005 年	均值	增长率（%）	发展类型
四川	0.6149	0.6037	0.6146	0.6279	0.6334	0.6189	0.74	初级
贵州	0.5581	0.5447	0.5404	0.5414	0.5537	0.5477	-0.20	勉强
云南	0.5949	0.5817	0.5881	0.5836	0.5902	0.5877	-0.20	勉强
陕西	0.6095	0.6063	0.6049	0.6057	0.6279	0.6109	0.75	初级
甘肃	0.5509	0.5470	0.5596	0.5699	0.5766	0.5608	1.14	勉强
青海	0.5788	0.5837	0.5874	0.5814	0.5725	0.5808	-0.28	勉强
宁夏	0.5566	0.5730	0.5860	0.5906	0.6141	0.5841	2.49	初级
新疆	0.5882	0.5884	0.5980	0.5883	0.5916	0.5909	0.14	勉强
东部	0.7069	0.7104	0.7261	0.7432	0.7580	0.7289	1.76	中级
中部	0.6035	0.6052	0.6109	0.6198	0.6246	0.6128	0.86	初级
东北	0.6224	0.6213	0.6317	0.6391	0.6529	0.6335	1.20	初级
西部	0.5839	0.5795	0.5883	0.5904	0.5997	0.5884	0.67	初级
全国	0.6327	0.6325	0.6431	0.6521	0.6628	0.6446	1.17	初级

注：表中增长率指创新要素配置与经济高质量发展耦合度 2001～2005 年的几何平均增长率，协调发展类型根据均值给出。

从各省区市的发展阶段来看，创新要素配置与经济高质量发展耦合度相对较高的省级行政区有：上海（0.8410）和北京（0.8401），以上两个省级行政区的耦合度均值均超过 0.8，说明两省级行政区创新要素配置能够充分激发区域内经济发展活力，而经济高质量发展成果能够有效转化为创新要素并优化创新要素配置，两者相互促进，协调发展。耦合度处于第二梯队的省级行政区有广东（0.7765）、天津（0.7503）、江苏（0.7470）、浙江（0.7111），以上四个省级行政区的耦合度均值均超过 0.7，说明以上省级行政区的创新要素配置亦能够较好激发省域内经济发展活力，而经济高质量发展水平的稳步提升有利于优化创新要素配置，两者互相促进，相互协同，实现地区创新要素配置与经济高质量发展相对较好的耦合发展。耦合度处于第三梯队的省级行政区有：福建（0.6782）、山东（0.6716、辽宁（0.6571）、海南（0.6472）、湖北（0.6439）等 16 个地区，以上省级行政区创新要素配置与经济高质量发展耦合发展程度均超过0.6，处于初级协调发展阶段。耦合度处于第四梯队的省级行政区有：山西（0.5925）、新疆（0.5909）、云南（0.5877）、内蒙古（0.5852）、宁夏（0.5841）、青海（0.5808）、甘肃（0.5608）和贵州（0.5477），以上省级行政区均为西部地区，耦合协调度均值均小于0.6，处于勉强协调发展阶段。说明西部地区创新要素配置与经济高质量发展两者并没有达到良好的相互促进，这可能与西部地区位置偏远、创新要素资源匮乏、管理经验相对落后有关，导致创新要素并不能有效激发经济发展活力，而经济发展的成果也难以推动实现创新要素的优化配置。

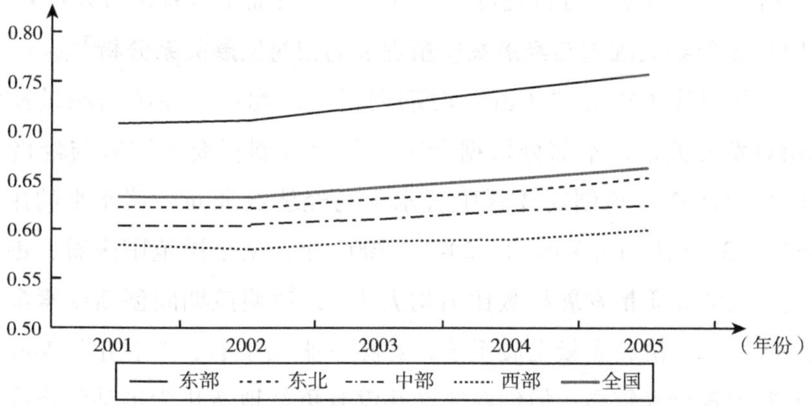

图13.2　"十五"阶段全国及各区域创新要素配置与经济高质量发展耦合度变化趋势

从增长率来看，江苏（2.88%）、广东（2.70%）、上海（2.59%）、宁夏（2.49%）、天津（2.31%）、浙江（2.25%）和北京（2.24%）等经济发达地区创新要素配置与经济高质量发展耦合度增长率相对较高，均超过了2%，说明这些地区创新要素配置与经济高质量发展耦合发展程度不仅处于中级及良好阶段，而且其发展潜力也较大。比较令人意外的是宁夏，其增长率居第4位，其协调发展程度也从西部较为落后地区中脱颖而出，处于初级协调发展阶段，但由于其基数较低，依然难以改变耦合度低的现状。此外，从效率测度结果来看，宁夏创新要素配置效率相对也较高，说明创新要素配置与经济高质量发展的协调发展可能在一定程度上能够提高要素配置效率，进而提升经济高质量发展水平。而内蒙古（-0.05%）、贵州（-0.20%）、云南（-0.20%）、青海（-0.28%）和海南（-0.83%）这五个西部地区增长率为负，说明总体来看，西部地区不仅创新要素配置水平、经济高质量发展水平较低，而且两者协调发展同样不容乐观，实现创新要素配置与经济高质量发展相互促进任重而道远。总体来看，“十五”时期创新要素配置与经济高质量发展耦合度较高省区市增长率相对较高，而耦合度较低省区市增长率也相对较低，说明“十五”时期我国各省区市之间存在较明显的差距，虽然存在部分排名靠后省区市增长率较高情形，但并没有完全形成落后地区逐渐追赶的态势，反而呈现差距增大趋势。

（2）创新要素配置与经济高质量发展的相对发展关系分析①。

为了从时序上探究“十五”时期创新要素配置与经济高质量发展之间的相对发展关系，本部分根据全国及各地区创新要素配置与经济高质量发展均值计算得到创新要素配置水平与经济高质量发展水平的比值并绘制图13.3。由图13.3可知，2001～2005年，从全国范围来看，创新要素配置与经济高质量发展指数比值均大于1，说明该期间创新要素配置系统发展领先于经济高质量发展系统，意味着平均来看，“十五”期间我国创新要素配置投入较高，但创新要素并没有更好地转化为推动经济高质量发展的动力、实现经济高质量发展成果与创新要素投入同步提高。从各区域来看，东北地区创新要素配置与经济高质量发展指数比值最高，西部地区次之，中部地区居后，东部地区居于末尾，说明“十五”期间东北地区创新要素的投入相对高质量发展成果较高，可能的原因是2004年首次提出“东北振兴”计划，同时东北地区作为重工业基地，人力、资本、技术、信息和制度创新要素依托于重工业投入力度相对较大而此时并未充分激发经济潜能。我国东部地区在创新资源禀赋、政府对创新的政策支持力度、

① 相对发展程度为创新要素配置综合发展指数与经济高质量发展指数的比值，大于1表示创新要素配置系统领先于经济高质量发展系统，等于1表示两者发展同步，小于1表示创新要素配置系统发展滞后于经济高质量发展系统。

地理区位、人才的支持力度以及产业结构等方面较中西部地区和东北地区具有明显的优势，因此一般创新要素配置效率也较高，也即东部地区在拥有相对较为优越的创新资源禀赋基础上，其创新生产也由引进消化吸收再创新转为原始创新和集成创新，在技术创新生产中具有一定的领先水平，因此其创新要素配置与经济高质量发展比值相对要小。而中西部地区由于资源禀赋等劣势，技术创新的方式主要以引进消化吸收再创新为主，创新要素配置效率一般较低。同时由于我国经济高质量发展过程中创新生产的技术环境、市场机制等还不够成熟完善，我国各省区市间也存在较为激烈的竞争合作关系，导致区域间文化交流、技术壁垒等尚存，造成创新要素配置和高质量发展成果具有明显的地域性特征。

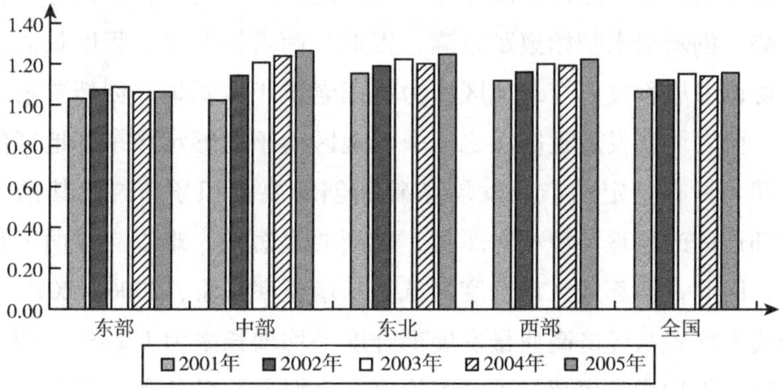

图 13.3　2001～2005 年创新要素配置与经济高质量发展的相对发展关系

13.2.2　“十一五”时期耦合的时空特征分析

本节同样采用“十五”时期创新要素配置与经济高质量发展耦合度的分析思路，分析创新要素配置系统与经济高质量发展的耦合特征，具体分析如下。

(1) “十一五”时期创新要素配置与经济高质量发展耦合特征分析。

根据式（13.1）、式（13.3）和式（13.4）测算出 2006～2010 年全国各省区市创新要素配置与经济高质量发展的耦合度，具体见表 13.3。由表

13.3可知，从全国范围来看，我国30个省区市2006~2010年创新要素配置与经济高质量发展耦合发展仍处于初级协调发展阶段，均值为0.6420，这说明两者耦合发展仍具有较大提升空间，并且在两者协调互促中极有可能成为我国经济新的动能增长极。此外，创新要素配置与经济高质量发展耦合发展程度呈现明显的“东高西低”特征，东部地区的耦合度平均达0.7268，达到中级协调发展水平；西部地区的耦合度最低，仅为0.5843，仍处于勉强协调发展阶段，这与直觉相符。经济高质量发展依赖于地区前期的创新要素支撑，同时，经济高质量发展能够通过缓解创新资源短缺、创新能力不高、信息不对称、交易成本过高等问题优化创新要素配置。从四大区域的耦合特征来看，总体上呈现“东部—东北—中部—西部”耦合度逐步递减的特征。东部沿海地区凭借其优越的地理位置和良好的营商环境等优势，创新要素初始禀赋较高，因此，两者协调发展程度最高，达到了中级协调发展程度。东北地区作为我国老重工业基地，创新要素存量相对丰富，两者协调发展程度次之。中部地区由于能够承接东部地区的部分产业转移，具有一定的产业发展基础和创新要素积累，因此其耦合度居后。西部地区的地理环境相对恶劣，创新要素短缺，难以支撑两者相互协同发展，因此，西部地区耦合度最低。从增长率来看，2006~2010年，全国创新要素配置与经济高质量发展耦合度平均增长率为1.23%，西部地区和东北地区平均增长率超过了全国均值，分别为1.52%和1.37%，中部地区和东部地区低于全国均值，分别为1.17%和0.96%。可见，“十一五”时期我国东西部差距呈现了缩小的态势，但总体来看，“十一五”时期创新要素配置与经济高质量发展耦合度呈现明显的“东高西低”“沿海优于内陆”的不均衡空间分布特征，总体上表现为“东部—东北—中部—西部”耦合度逐步递减的特征。

从各省区市的发展阶段来看，“十一五”时期创新要素配置与经济高质量发展耦合度相对较高的省级行政区有：上海（0.8561）和北京（0.8419），以上两个省级行政区的耦合度均值均超过0.8，说明两个省级行政区创新要素配置能够充分激发区域内经济发展活力，而经济高质量发展成果能够有效转化为创新要素并优化创新要素配置，两者相互促进，协调发展。耦合度处于第二梯队的省级行政区有广东（0.7799）、江苏（0.7615）、浙江（0.7247）、天津（0.7208），以上四个省级行政区的耦合度均值均超过 0.7，说明以上省级行政区的创新要素配置亦能够较好激发省域内经济发展活力，而经济高质量发展水平的稳步提升有利于优化创新要素配置，两者互相促进，相互协同，实现省级行政区创新要素配置与经济高质量发展相对较好的协调发展。耦合度处于第三梯队的省级行政区有：山东（0.6702）、福建（0.6652）、辽宁（0.6590）、海南（0.6383）、湖北（0.6334）等 17 个地区，以上省级行政区创新要素配置与经济高质量发展耦合协调发展程度均超过 0.6，处于初级协调发展阶段。耦合度处于第四梯队的省级行政区有：山西（0.5882）、新疆（0.5854）、内蒙古（0.5798）、云南（0.5781）、青海（0.5593）、甘肃（0.5467）和贵州（0.5273），以上省级行政区均为西部地区，耦合度均值均小于 0.6，处于勉强协调发展阶段。说明西部地区"十一五"时期创新要素配置与经济高质量发展两者并没有达到良好的相互促进，这可能与西部地区位置偏远、创新要素资源匮乏、管理经验相对落后有关，导致创新要素并不能有效激发经济发展活力，而经济发展的成果也难以推动实现创新要素的优化配置。

从增长率来看，重庆（2.04%）、甘肃（2.01%）、宁夏（1.95%）、河北（1.89%）、贵州（1.85%）等省级行政区创新要素配置与经济高质量发展耦合度增长率相对较高，排名靠前，且这些省级行政区多集中于西部地区，而东部地区省级行政区增长率如上海（1.01%）、广东（0.97%）、北京（0.82%）、福建（0.51%）、海南（0.44%）相对较低，排名居末尾，说明这些省级行政区创新要素配置与经济高质量发展耦合发展程度虽然相对较高，但其发展潜力有限，天津更是出现了负增长。

综合上述结果并结合图 13.4 来看，"十一五"时期我国创新要素配置与经济高质量耦合发展依然处于较为初级阶段，只有东部地区创新要素配置与经济高质量发展耦合度均值超过 0.7，达到了中级协调发展，而西部地区则处于勉强协调发展阶段，但从增长趋势看，西部地区增长相对明显，而东部地区曲线相对平缓，增长较少，东西部差距呈现缩小态势。

表 13.3　2006～2010 年创新要素配置与经济高质量发展的耦合度

省级行政区	2006 年	2007 年	2008 年	2009 年	2010 年	均值	增长率（%）	发展类型
北京	0.8322	0.8328	0.8453	0.8393	0.8599	0.8419	0.82	良好
天津	0.7356	0.7265	0.7209	0.7083	0.7126	0.7208	-0.79	中级
河北	0.5899	0.5965	0.6035	0.6191	0.6358	0.6090	1.89	初级
山西	0.5751	0.5800	0.5927	0.5944	0.5990	0.5882	1.03	勉强
内蒙古	0.5646	0.5726	0.5775	0.5863	0.5981	0.5798	1.45	勉强
辽宁	0.6394	0.6471	0.6614	0.6682	0.6791	0.6590	1.52	初级
吉林	0.6068	0.6143	0.6233	0.6296	0.6412	0.6230	1.39	初级
黑龙江	0.6038	0.6111	0.6221	0.6260	0.6334	0.6193	1.21	初级
上海	0.8406	0.8528	0.8606	0.8514	0.8752	0.8561	1.01	良好
江苏	0.7336	0.7518	0.7677	0.7663	0.7882	0.7615	1.81	中级
浙江	0.7066	0.7163	0.7268	0.7298	0.7443	0.7247	1.31	中级
安徽	0.6036	0.6121	0.6198	0.6286	0.6384	0.6205	1.41	初级
福建	0.6599	0.6609	0.6666	0.6653	0.6734	0.6652	0.51	初级
江西	0.5960	0.6025	0.6112	0.6204	0.6290	0.6118	1.36	初级
山东	0.6469	0.6577	0.6715	0.6809	0.6941	0.6702	1.77	初级
河南	0.5886	0.5964	0.6008	0.6092	0.6177	0.6025	1.21	初级
湖北	0.6185	0.6276	0.6339	0.6404	0.6465	0.6334	1.11	初级
湖南	0.6001	0.5967	0.6040	0.6170	0.6218	0.6079	0.89	初级
广东	0.7698	0.7744	0.7803	0.7750	0.8001	0.7799	0.97	中级
广西	0.5895	0.5961	0.5971	0.6129	0.6199	0.6031	1.27	初级
海南	0.6335	0.6379	0.6435	0.6320	0.6447	0.6383	0.44	初级
重庆	0.5869	0.5888	0.5990	0.6157	0.6363	0.6053	2.04	初级
四川	0.6058	0.6121	0.6235	0.6333	0.6465	0.6242	1.64	初级
贵州	0.5135	0.5147	0.5194	0.5366	0.5525	0.5273	1.85	勉强
云南	0.5665	0.5748	0.5752	0.5822	0.5917	0.5781	1.09	勉强
陕西	0.6041	0.6122	0.6166	0.6201	0.6291	0.6164	1.02	初级
甘肃	0.5266	0.5351	0.5469	0.5544	0.5703	0.5467	2.01	勉强
青海	0.5484	0.5538	0.5544	0.5660	0.5737	0.5593	1.14	勉强

续表

省级行政区	2006 年	2007 年	2008 年	2009 年	2010 年	均值	增长率（%）	发展类型
宁夏	0.5821	0.5913	0.6071	0.5992	0.6289	0.6017	1.95	初级
新疆	0.5702	0.5796	0.5822	0.5933	0.6016	0.5854	1.35	勉强
东部	0.7149	0.7207	0.7287	0.7267	0.7428	0.7268	0.96	中级
中部	0.5970	0.6025	0.6104	0.6183	0.6254	0.6107	1.17	初级
东北	0.6167	0.6241	0.6356	0.6413	0.6513	0.6338	1.37	初级
西部	0.5689	0.5756	0.5817	0.5909	0.6044	0.5843	1.52	勉强
全国	0.6280	0.6342	0.6418	0.6467	0.6594	0.6420	1.23	初级

注：表中增长率指创新要素配置与经济高质量发展耦合度 2006 ~ 2010 年的几何平均增长率，协调发展类型根据均值给出。

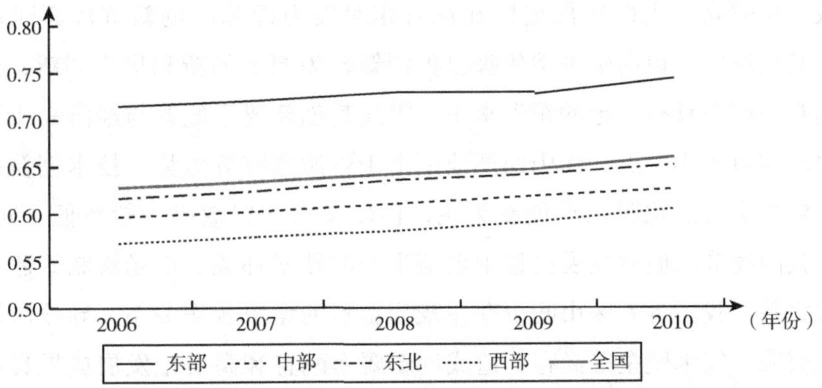

图 13.4　“十一五”阶段全国及各区域创新要素配置与经济高质量发展耦合度

（2）“十一五”时期创新要素配置与经济高质量发展的相对发展关系分析。

为了探究“十一五”时期创新要素配置与经济高质量发展之间的相对发展关系，本部分根据“十一五”时期全国及各地区创新要素配置与经济高质量发展均值计算得到创新要素配置水平与经济高质量发展水平的比值并绘制图 13.5。由图 13.5 可知，2006 ~ 2010 年，从全国范围来看，创新要素配置与经济高质量发展指数比值均大于 1，且呈现逐渐增长趋势，说明“十一五”期间创新要素配置系统发展领先于经济高质量发展系统，且该差距逐渐增大，意味着“十一五”期间我国创新要素投入较多，但经济高质量发展程度没有创新要素投入增长快，说明创新要素并没有更好地转化为推动经济高质量发展的动力、实现经济高质量发展成果与创新要素投入同步提高。从各区域来看，东北地区创新要素配置与经济高质量发展指数比值最高，中部、西部和东部次之，说明“十一五”期间东北地区创新要素的投入相对高质量发展成果较高，可能原因是2004年首次提出“东北振兴”计划，同时东北地区作为重工业基地，人力、资本、技术、信息和制度创新要素依托于重工业投入力度相对较大而此时并未充分激发经济潜能，这种情况一直延续到“十一五”期间。我国东部地区在创新资源禀赋、政府对创新的政策支持力度、地理区位、人才的支持力度以及产业结构等方面较中西部地区和东北地区具有明显的优势，因此一般创新要素配置效率也较高，也即东部地区在拥有相对较为优越的创新资源禀赋基础上，其创新生产也由引进消化吸收再创新转为原始创新和集成创新，在技术创新生产中具有一定的领先水平，因此其创新要素配置与经济高质量发展比值相对要小一点。而中西部地区由于资源禀赋等劣势，技术创新的方式主要以引进消化吸收再创新为主，创新要素配置效率一般较低。同时，由于我国经济高质量发展过程中创新生产的技术环境、市场机制等还不够成熟完善，我国各省区市间也存在较为激烈的竞争合作关系，导致区域间文化交流、技术壁垒等尚存，造成创新要素配置和高质量发展成果具有明显的地域性特征。

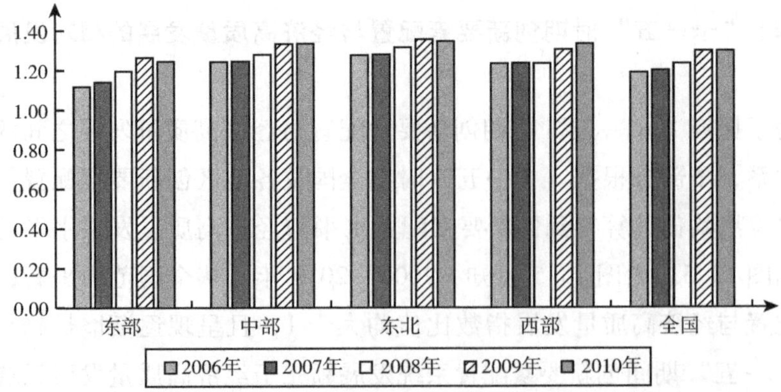

图 13.5　2006～2010 年创新要素配置与经济高质量发展的相对发展关系

13.2.3 “十二五”时期耦合的时空特征分析

本节同样采用前面相同的分析思路，分析创新要素配置系统与经济高质量发展的耦合特征，具体分析如下。

(1) “十二五”时期创新要素配置与经济高质量发展耦合特征分析。

根据式（13.1）、式（13.3）和式（13.4）测算出2011~2015年全国各省区市创新要素配置与经济高质量发展的耦合度，具体见表13.4。由表13.4可知，从全国范围来看，我国30个省区市2011~2015年创新要素配置与经济高质量发展耦合协调发展仍处于初级协调发展阶段，均值为0.6406，这说明两者耦合发展仍具有较大提升空间，并且极有可能成为我国经济新的动能增长极。此外，创新要素配置与经济高质量发展耦合发展程度呈现明显的“东高西低”特征，东部地区的耦合度平均达0.7230，达到中级协调发展水平；西部地区的耦合度最低，仅为0.5820，仍处于勉强协调发展阶段，这与直觉相符。经济高质量发展依赖于地区前期的创新要素支撑，同时，经济高质量发展能够通过缓解创新资源短缺、创新能力不高、信息不对称、交易成本过高等问题优化创新要素配置。从四大区域的耦合特征来看，总体上呈现“东部—东北—中部—西部”耦合度逐步递减的特征。东部沿海地区凭借其优越的地理位置和良好的营商环境等优势，创新要素初始禀赋较高，因此，两者协调发展程度最高，达到了中级协调发展程度。东北地区作为我国老重工业基地，创新要素存量相对丰富，两者耦合协调发展程度次之。中部地区由于能够承接东部地区的部分产业转移，具有一定的产业发展基础和创新要素积累，因此其耦合协调度居后。西部地区的地理环境相对恶劣，创新要素短缺，难以支撑两者相互协同发展，因此，西部地区耦合协调度最低。从增长率来看，2011~2015年，全国创新要素配置与经济高质量发展耦合度平均增长率为1.89%，中部地区和西部地区平均增长率超过了全国均值，分别为2.13%和2.11%，东部地区和东北地区低于全国均值，分别为1.69%和1.49%。可见，“十二五”时期我国东西部差距呈现了缩小的态势，但总体来看，“十二五”时期创新要素配置与经济高质量发展耦合度呈现明显的“东高西低”“沿海优于内陆”的不均衡空间分布特征，总体上表现为“东部—东北—中部—西部”耦合度逐步递减的特征。

表 13.4　2011～2015 年创新要素配置与经济高质量发展的耦合度

省级行政区	2011 年	2012 年	2013 年	2014 年	2015 年	均值	增长率（%）	发展类型
北京	0.8163	0.8268	0.8470	0.8633	0.8749	0.8457	1.75	良好
天津	0.6850	0.6973	0.7115	0.7096	0.7211	0.7049	1.29	中级
河北	0.5992	0.6032	0.6134	0.6238	0.6320	0.6143	1.34	初级
山西	0.5590	0.5716	0.5865	0.5929	0.6046	0.5829	1.98	勉强
内蒙古	0.5621	0.5762	0.5888	0.6032	0.6159	0.5892	2.31	勉强
辽宁	0.6433	0.6534	0.6660	0.6719	0.6734	0.6616	1.15	初级
吉林	0.6056	0.6137	0.6257	0.6350	0.6447	0.6249	1.58	初级
黑龙江	0.6006	0.6055	0.6256	0.6362	0.6440	0.6224	1.76	初级
上海	0.7960	0.8058	0.8058	0.8183	0.8266	0.8105	0.95	良好
江苏	0.7513	0.7681	0.7790	0.7931	0.8104	0.7804	1.91	中级
浙江	0.6873	0.6989	0.7150	0.7303	0.7491	0.7161	2.18	中级
安徽	0.5940	0.6058	0.6195	0.6372	0.6532	0.6220	2.40	初级
福建	0.6338	0.6397	0.6588	0.6676	0.6800	0.6560	1.77	初级
江西	0.5906	0.6007	0.6112	0.6203	0.6338	0.6113	1.78	初级
山东	0.6552	0.6661	0.6825	0.7002	0.7137	0.6835	2.16	初级
河南	0.5866	0.5969	0.6156	0.6309	0.6447	0.6149	2.39	初级
湖北	0.6063	0.6146	0.6336	0.6474	0.6606	0.6325	2.17	初级
湖南	0.5930	0.5974	0.6107	0.6280	0.6432	0.6145	2.05	初级
广东	0.7673	0.7921	0.8100	0.8234	0.8411	0.8068	2.32	良好
广西	0.5624	0.5719	0.5875	0.5973	0.6133	0.5865	2.19	勉强
海南	0.5964	0.6039	0.6128	0.6197	0.6244	0.6114	1.15	初级
重庆	0.6002	0.6139	0.6325	0.6441	0.6533	0.6288	2.14	初级
四川	0.6122	0.6243	0.6432	0.6550	0.6647	0.6399	2.08	初级
贵州	0.5107	0.5185	0.5478	0.5660	0.5797	0.5445	3.22	勉强
云南	0.5414	0.5467	0.5579	0.5656	0.5744	0.5572	1.49	勉强

续表

省级行政区	2011 年	2012 年	2013 年	2014 年	2015 年	均值	增长率（%）	发展类型
陕西	0.5944	0.6028	0.6160	0.6261	0.6362	0.6151	1.71	初级
甘肃	0.5062	0.5230	0.5413	0.5541	0.5639	0.5377	2.74	勉强
青海	0.5083	0.5253	0.5429	0.5637	0.5699	0.5420	2.90	勉强
宁夏	0.5761	0.5742	0.5807	0.6020	0.6025	0.5871	1.13	勉强
新疆	0.5565	0.5638	0.5775	0.5815	0.5898	0.5738	1.46	勉强
东部	0.6988	0.7102	0.7236	0.7349	0.7473	0.7230	1.69	中级
中部	0.5882	0.5978	0.6129	0.6261	0.6400	0.6130	2.13	初级
东北	0.6165	0.6242	0.6391	0.6477	0.6540	0.6363	1.49	初级
西部	0.5573	0.5673	0.5833	0.5962	0.6058	0.5820	2.11	勉强
全国	0.6166	0.6267	0.6415	0.6536	0.6646	0.6406	1.89	初级

注：表中增长率指创新要素配置与经济高质量发展耦合度 2011～2015 年的几何平均增长率，协调发展类型根据均值给出。

从各省区市的发展阶段来看，“十二五”时期创新要素配置与经济高质量发展耦合度相对较高的省级行政区有：北京（0.8457）、上海（0.8105）和广东（0.8068），以上三个省级行政区的耦合度均值均超过 0.8，说明三个省级行政区创新要素配置能够充分激发区域内经济发展活力，而经济高质量发展成果能够有效转化为创新要素并优化创新要素配置，两者相互促进，协调发展。耦合度处于第二梯队的省级行政区有江苏（0.7804）、浙江（0.7161）、天津（0.7049），以上三个省级行政区的耦合度均值均超过 0.7，说明以上省级行政区的创新要素配置亦能够较好激发省域内经济发展活力，而经济高质量发展水平的稳步提升有利于优化创新要素配置，两者互相促进，相互协同，实现地区创新要素配置与经济高质量发展相对较好的耦合协调发展。耦合度处于第三梯队的省级行政区有：山东（0.6835）、辽宁（0.6616）、福建（0.6560）、四川（0.6399）、湖北（0.6325）、重庆（0.6288）、吉林（0.6249）、黑龙江（0.6224）、安徽（0.6220）、河南（0.6149）、湖南（0.6145）、陕西（0.6151）、河北（0.6143）、海南（0.6114）、江西（0.6113）15 个地区，以上省级行政区创新要素配置与经济高质量发展耦合协调发展程度均超过 0.6，处于初级协调发展阶段。耦合度处于第四梯队的省级行政区有：内蒙古（0.5892）、广西（0.5865）、宁夏（0.5871）、山西（0.5829）、新疆（0.5738）、云南（0.5572）、贵州（0.5445）、青海（0.5420）、甘肃（0.5377），以上省级行政区除内蒙古和山西外，均为西部地区，耦合度均值均小于 0.6，处于勉强协调发展阶段。说明西部地区"十二五"时期创新要素配置与经济高质量发展两者并没有达到良好的相互促进，这可能与西部地区位置偏远、创新要素资源匮乏、管理经验相对落后有关，导致创新要素并不能有效激发经济发展活力，而经济发展的成果也难以推动实现创新要素的优化配置。

从增长率来看，贵州（3.22%）、青海（2.90%）、甘肃（2.74%）、安徽（2.40%）、河南（2.39%）等省级行政区创新要素配置与经济高质量发展耦合度增长率相对较高，排名靠前，且这些省级行政区多集中于西部地区，而东部地区省级行政区增长率如上海（0.95%）、辽宁（1.15%）、海南（1.15%）、天津（1.29%）、北京（1.75%）相对较低，排名靠后，说明这些省级行政区创新要素配置与经济高质量发展耦合协调发展程度虽然相对较高，但其发展潜力有限，上海更是出现排名倒数第一的情况。

综合上述结果并结合图 13.6 来看，"十二五"时期我国创新要素配置与经济高质量耦合发展依然处于较为初级阶段，只有东部地区创新要素配置与经济高质量发展耦合度均值超过 0.7，达到了中级协调发展，而西部

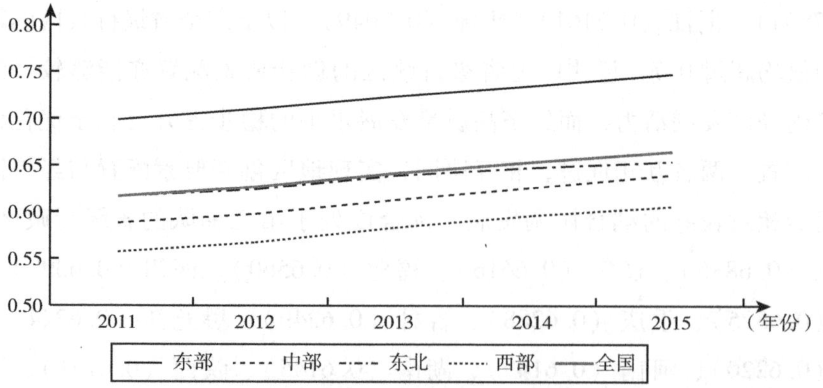

图 13.6 "十二五"阶段全国及各区域创新要素配置与经济高质量发展耦合度

地区仍处于勉强协调发展阶段，但从增长趋势看，西部地区增长相对明显，而东部地区曲线相对平缓，增长较少，东西部差距呈现缩小态势。

(2) 创新要素配置与经济高质量发展的相对发展关系分析。

为了探究“十二五”时期创新要素配置与经济高质量发展之间的相对发展关系，本部分根据全国及各地区创新要素配置与经济高质量发展均值计算得到创新要素配置水平与经济高质量发展水平的比值并绘制图 13.7。由图 13.7 可知，2011～2015 年，从全国范围来看，创新要素配置与经济高质量发展指数比值均大于 1，说明该期间创新要素配置系统发展领先于经济高质量发展系统，意味着平均来看，“十二五”期间我国创新要素配置投入较高，但创新要素并没有更好地转化为推动经济高质量发展的动力、实现经济高质量发展成果与创新要素投入同步提高。从各区域来看，中部地区创新要素配置与经济高质量发展指数比值最高，西部地区次之，东北地区居后，东部地区居于末尾，说明“十二五”期间中部地区创新要素的投入相对高质量发展成果较高，可能原因是 2009 年，被誉为“中部未来 20 年发展纲领”的《促进中部地区崛起规划》的通过使本就有着相较东部沿海成本较低的劳动力资源优势、较雄厚的制造业基础以及广阔的腹地市场和大规模居住人口的中部地区具有了经济发展的潜能。我国东部地区在创新资源禀赋、政府对创新的政策支持力度、地理区位、人才的支持力度以及产业结构等方面较中西部地区和东北地区具有明显的优势，因此一般创新要素配置效率也较高，也即东部地区在拥有相对较为优越的创新资源禀赋基础上，其创新生产也由引进消化吸收再创新转为原始创新和集成创新，在技术创新生产中具有一定的领先水平，因此其创新要素配置与经济高质量发展比值相对要小。而中西部地区由于资源禀赋等劣势，技术创新的方式主要以引进消化吸收再创新为主，创新要素配置效率一般较低。同时，由于我国经济高质量发展过程中创新生产的技术环境、市场机制等还不够成熟完善，我国各省区市间也存在较为激烈的竞争合作关系，导致区域间文化交流、技术壁垒等尚存，造成创新要素配置和高质量发展成果具有明显的地域性特征。

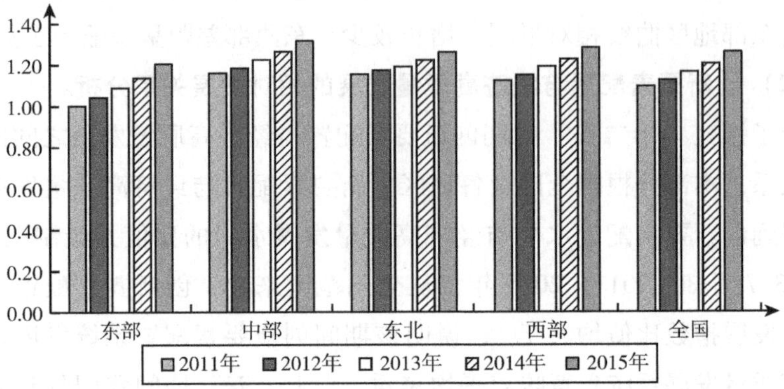

图 13.7　2011～2015 年创新要素配置与经济高质量发展的相对发展关系

13.2.4　"十三五"时期耦合的时空特征分析

本节同样采用前面相同的分析思路，分析创新要素配置系统与经济高质量发展的耦合特征，具体分析如下。

（1）"十三五"时期创新要素配置与经济高质量发展耦合特征分析。

根据式（13.1）、式（13.3）和式（13.4）测算出 2016～2019 年全国各省区市创新要素配置与经济高质量发展的耦合度，具体见表 13.5。由表 13.5 可知，从全国范围来看，我国 30 个省区市 2016～2019 年创新要素配置与经济高质量发展耦合发展仍处于初级协调发展阶段，均值为 0.6363，这说明两者耦合协调发展仍具有较大提升空间，并且极有可能成为我国经济新的动能增长极。此外，创新要素配置与经济高质量发展耦合协调发展程度呈现明显的"东高西低"特征，东部地区的耦合度平均达 0.7188，达到中级协调发展水平；西部地区的耦合度最低，仅为 0.5815，仍处于勉强协调发展阶段，这与直觉相符。经济高质量发展依赖于地区前期的创新要素支撑，同时，经济高质量发展能够通过缓解创新资源短缺、创新能力不高、信息不对称、交易成本过高等问题优化创新要素配置。从四大区域的耦合特征来看，总体上呈现"东部—东北—中部—西部"耦合度逐步递减的特征，但中部和东北的差距有缩小趋势。东部沿海地区凭借其优越的地理位置和良好的营商环境等优势，创新要素初始禀赋较高，因此，两者协调发展程度最高，达到了中级协调发展程度。东北地区作为我国老重工业基地，创新要素存量相对丰富，两者耦合协调发展程度次之。中部地区由于能够承接东部地区的部分产业转移，具有一定的产业发展基础和创新要素积累，因此其耦合协调度居后。西部地区的地理环境相对恶劣，创新要素短缺，难以支撑两者相互协同发展，因此，西部地区耦合协调度最低。从增长率来看，2016～2019 年，全国创新要素配置与经济高质量发展耦合度平均增长率为 1.89%，西部地区平均增长率超过了全国均值，为 2.53%，东部地区、中部地区和东北地区低于全国均值，分别为 1.56%、1.71% 和 1.31%。可见，“十三五”时期我国东西部差距呈现了缩小的态势，但总体来看，“十三五”时期创新要素配置与经济高质量发展耦合度呈现明显的“东高西低”“沿海优于内陆”的不均衡空间分布特征，总体上表现为“东部—东北—中部—西部”耦合度逐步递减的特征。

表 13.5　2016～2019 年创新要素配置与经济高质量发展的耦合度

省级行政区	2016 年	2017 年	2018 年	2019 年	均值	增长率（%）	发展类型
北京	0.8213	0.8445	0.8641	0.8996	0.8574	3.08	良好
天津	0.6856	0.6921	0.6888	0.6990	0.6914	0.65	初级
河北	0.5834	0.5961	0.5998	0.6108	0.5975	1.54	勉强
山西	0.5603	0.5632	0.5727	0.5872	0.5709	1.57	勉强
内蒙古	0.5559	0.5697	0.5760	0.6005	0.5755	2.61	勉强
辽宁	0.6224	0.6327	0.6390	0.6414	0.6339	1.01	初级
吉林	0.5994	0.5948	0.6071	0.6237	0.6063	1.34	初级
黑龙江	0.5908	0.5945	0.6056	0.6196	0.6026	1.60	初级
上海	0.7879	0.8011	0.8125	0.8321	0.8084	1.84	良好
江苏	0.7399	0.7487	0.7547	0.7724	0.7539	1.44	中级
浙江	0.7085	0.7252	0.7335	0.7471	0.7286	1.79	中级
安徽	0.6081	0.6321	0.6412	0.6469	0.6321	2.09	初级
福建	0.6479	0.6623	0.6644	0.6713	0.6615	1.19	初级
江西	0.5958	0.6049	0.6103	0.6258	0.6092	1.65	初级

续表

省级行政区	2016 年	2017 年	2018 年	2019 年	均值	增长率（%）	发展类型
山东	0.6613	0.6667	0.6797	0.6796	0.6718	0.91	初级
河南	0.5951	0.6081	0.6149	0.6284	0.6116	1.83	初级
湖北	0.6129	0.6184	0.6295	0.6431	0.6260	1.62	初级
湖南	0.5999	0.6110	0.6173	0.6266	0.6137	1.46	初级
广东	0.7871	0.7954	0.8116	0.8257	0.8049	1.61	良好
广西	0.5712	0.5700	0.5800	0.6085	0.5824	2.13	勉强
海南	0.6063	0.6059	0.6101	0.6267	0.6123	1.11	初级
重庆	0.5986	0.6106	0.6279	0.6480	0.6213	2.68	初级
四川	0.6200	0.6308	0.6410	0.6571	0.6372	1.96	初级
贵州	0.5525	0.5694	0.5791	0.6006	0.5754	2.82	勉强
云南	0.5400	0.5401	0.5616	0.5813	0.5557	2.49	勉强
陕西	0.5974	0.6054	0.6194	0.6265	0.6122	1.60	初级
甘肃	0.5343	0.5460	0.5504	0.5707	0.5504	2.22	勉强
青海	0.5291	0.5338	0.5561	0.5822	0.5503	3.24	勉强
宁夏	0.5578	0.5792	0.5858	0.6140	0.5842	3.25	勉强
新疆	0.5328	0.5393	0.5532	0.5826	0.5520	3.03	勉强
东部	0.7029	0.7138	0.7219	0.7364	0.7188	1.56	中级
中部	0.5953	0.6063	0.6143	0.6263	0.6106	1.71	初级
东北	0.6042	0.6073	0.6172	0.6283	0.6143	1.31	初级
西部	0.5627	0.5722	0.5846	0.6066	0.5815	2.53	勉强
全国	0.6201	0.6297	0.6396	0.6560	0.6363	1.89	初级

注：表中增长率指创新要素配置与经济高质量发展耦合度 2016～2019 年的几何平均增长率，协调发展类型根据均值给出。

从各省区市的发展阶段来看，“十三五”时期创新要素配置与经济高质量发展耦合度相对较高的省级行政区有：北京（0.8574）、上海（0.8084）和广东（0.8049），以上三个省级行政区的耦合度均值均超过0.8，说明三个省级行政区创新要素配置能够充分激发区域内经济发展活力，而经济高质量发展成果能够有效转化为创新要素并优化创新要素配置，两者相互促进，协调发展。耦合度处于第二梯队的省级行政区有江苏

（0.7539）和浙江（0.7286），以上两个省级行政区的耦合度均值均超过0.7，说明以上省级行政区的创新要素配置亦能够较好激发省域内经济发展活力，而经济高质量发展水平的稳步提升有利于优化创新要素配置，两者互相促进，相互协同，实现地区创新要素配置与经济高质量发展相对较好的耦合协调发展。耦合度处于第三梯队的省级行政区有：天津（0.6914）、山东（0.6718）、福建（0.6615）、四川（0.6372）、辽宁（0.6339）、安徽（0.6321）、湖北（0.6260）、重庆（0.6213）、湖南（0.6137）、河南（0.6116）、海南（0.6123）、陕西（0.6122）、江西（0.6092）、吉林（0.6063）、黑龙江（0.6026）15 个地区，以上省级行政区创新要素配置与经济高质量发展耦合协调发展程度均超过 0.6，处于初级协调发展阶段。耦合度处于第四梯队的省级行政区有：河北（0.5975）、宁夏（0.5842）、广西（0.5824）、内蒙古（0.5755）、贵州（0.5754）、山西（0.5709）、云南（0.5557）、甘肃（0.5504）、青海（0.5503）、新疆（0.5520），以上省级行政区除河北、内蒙古和山西外，均为西部地区，耦合度均值均小于0.6，处于勉强协调发展阶段。这说明西部地区“十三五”时期创新要素配置与经济高质量发展两者并没有达到良好的相互促进，可能与西部地区位置偏远、创新要素资源匮乏、管理经验相对落后有关，导致创新要素并不能有效激发经济发展活力，而经济发展的成果也难以推动实现创新要素的优化配置。

从增长率来看，宁夏（3.25%）、青海（3.24%）、北京（3.08%）、新疆（3.03%）、贵州（2.82%）等省级行政区创新要素配置与经济高质量发展耦合度增长率相对较高，排名靠前，且这些省级行政区除北京外，皆位于西部地区，而东部地区省级行政区增长率如天津（0.65%）、山东（0.91%）、辽宁（1.01%）、海南（1.11%）、福建（1.19%）相对较低，排名后五，说明这些省级行政区创新要素配置与经济高质量发展耦合发展程度虽然相对较高，但其发展潜力有限。

综合上述结果并结合图 13.8 来看，“十三五”时期我国创新要素配置与经济高质量耦合发展依然处于较为初级阶段，只有东部地区创新要素配置与经济高质量发展耦合度均值超过 0.7，达到了中级协调发展，而西部地区仍处于勉强协调发展阶段，但从增长趋势看，西部地区增长相对明显，而东部地区曲线相对平缓，增长较少，东西部差距呈现缩小态势。

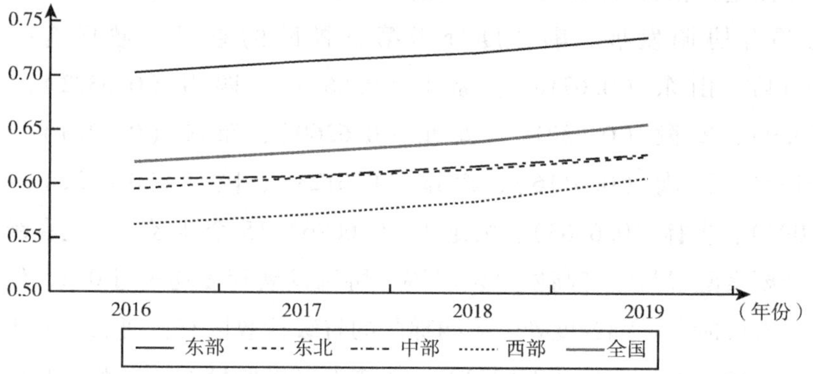

图 13.8 “十三五”阶段全国及各区域创新要素配置与经济高质量发展耦合度

（2）创新要素配置与经济高质量发展的相对发展关系分析。

为了探究“十三五”时期创新要素配置与经济高质量发展之间的相对发展关系，本部分根据全国及各地区创新要素配置与经济高质量发展均值计算得到创新要素配置水平与经济高质量发展水平的比值并绘制图 13.9。由图 13.9 可知，2016～2019 年，从全国范围来看，创新要素配置与经济高质量发展指数比值均大于 1，说明该期间创新要素配置系统发展领先于经济高质量发展系统，意味着平均来看，“十三五”期间我国创新要素配置投入较高，但创新要素并没有更好地转化为推动经济高质量发展的动力、实现经济高质量发展成果与创新要素投入同步提高。从各区域来看，中部地区创新要素配置与经济高质量发展指数比值最高，西部地区次之，东北地区居后，东部地区居于末尾，说明“十三五”期间中部地区创新要素的投入相对高质量发展成果较高，可能原因是《促进中部地区崛起规划》实施带来的持续影响。我国东部地区在创新资源禀赋、政府对创新的政策支持力度、地理区位、人才的支持力度以及产业结构等方面较中西部地区和东北地区具有明显的优势，因此一般创新要素配置效率也较高，也即东部地区在拥有相对较为优越的创新资源禀赋基础上，其创新生产也由引进消化吸收再创新转为原始创新和集成创新，在技术创新生产中具有一定的领先水平，因此其创新要素配置与经济高质量发展比值相对要小。而中西部地区由于资源禀赋等劣势，技术创新的方式主要以引进消化吸收再创新为主，创新要素配置效率一般较低。同时，由于我国经济高质量发展过程中创新生产的技术环境、市场机制等还不够成熟完善，我国各省区市间也存在较为激烈的竞争合作关系，导致区域间文化交流、技术壁垒等尚存，造成创新要素配置和高质量发展成果具有明显的地域性特征。

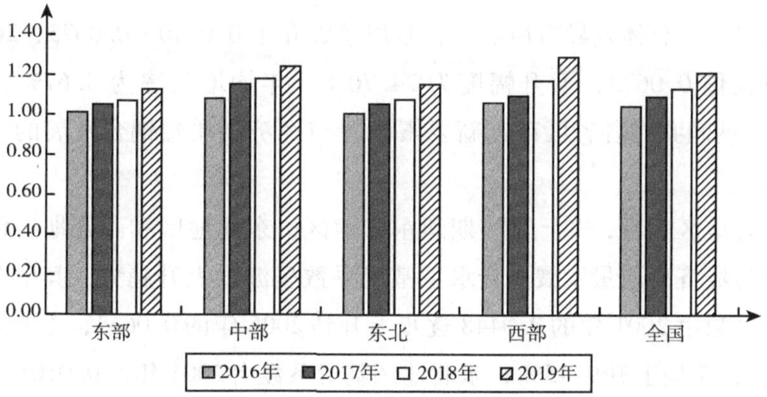

图 13.9　2016 ~ 2019 年创新要素配置与经济高质量发展的相对发展关系

13.3　创新要素配置与经济高质量发展耦合的区域差异分解

为进一步刻画创新要素配置与经济高质量发展耦合的总体差异及其来源、四大经济区域内和区域间的差异性及其来源，本节参照第 9 章关于创新要素配置水平的做法，利用 Matlab 软件测算出 Dagum 基尼系数，并系统性分析差异性及其来源。

结合前面的做法，本部分依然分四个阶段来探究创新要素配置系统与经济高质量发展耦合的区域差异性特征。

13.3.1 “十五”时期耦合的区域差异特征

（1）“十五”时期创新要素配置与经济高质量发展耦合的区域差异性特征。

表13.6和图13.10展示了“十五”时期全国及四大地区创新要素配置与经济高质量发展耦合水平的基尼系数及其演变趋势。从全国范围来看，“十五”时期创新要素配置与经济高质量发展耦合水平的总体差异呈现上升趋势，总体差异有所扩大，基尼系数介于0.0540~0.0673，2005年达到最大值0.0673，上升幅度为24.70%，年均增长率为5.67%，说明“十五”期间我国各省区市创新要素配置与经济高质量耦合发展的差异性在扩大。

从各地区来看，“十五”期间东部地区、东北地区和西部地区创新要素配置与经济高质量发展耦合水平基尼系数呈波动上升趋势，其中东部地区基尼系数由2001年的0.0448逐步上升到2005年的0.0643，上升幅度为43.51%，年均上升9.45%；东北地区基尼系数由2001年的0.0101上升到2004年的0.0160后又下降到2005年的0.0157，上升幅度为54.91%，年均上升11.56%；西部地区基尼系数由2001年的0.0189波动下降到2003年的0.0180后又上升到2005年的0.0240，总体上升幅度为26.88%，年均上升6.13%。中部地区创新要素配置与经济高质量发展耦合水平基尼系数呈逐步下降趋势，由2001年的0.0162逐步下降到2005年的0.0122，总体下降幅度为24.98%，年均下降6.93%。综上所述，从总体上来看，“十五”期间东部、东北和西部地区区域内部差异呈现不断扩大的趋势，中部地区区域内部差异呈现缩小的态势。从数值上来看，东部地区的基尼系数远大于其他地区基尼系数，说明东部地区创新要素配置与经济高质量发展耦合水平的不均衡情况远大于其他地区，这可能与北京、天津、广东等地的创新要素集聚不无关系。

表 13.6　2001~2005 年创新要素配置与经济高质量发展耦合的区域差异性特征

		2001 年	2002 年	2003 年	2004 年	2005 年	均值	增长率（%）
区域内差距	总体	0.0540	0.0572	0.0597	0.0652	0.0673	0.0607	5.67
	东部	0.0448	0.0519	0.0566	0.0621	0.0643	0.0559	9.45
	东北	0.0101	0.0134	0.0153	0.0160	0.0157	0.0141	11.56
	中部	0.0162	0.0156	0.0155	0.0134	0.0122	0.0146	-6.93
	西部	0.0189	0.0179	0.0180	0.0210	0.0240	0.0199	6.13
区域间差距	东部与东北	0.0641	0.0685	0.0723	0.0786	0.0785	0.0724	5.20
	东部与中部	0.0793	0.0805	0.0866	0.0911	0.0970	0.0869	5.16
	东部与西部	0.0953	0.1015	0.1049	0.1146	0.1165	0.1066	5.16
	东北与中部	0.0206	0.0185	0.0219	0.0197	0.0245	0.0210	4.47
	东北与西部	0.0325	0.0348	0.0356	0.0400	0.0425	0.0371	6.96
	中部与西部	0.0222	0.0242	0.0221	0.0271	0.0255	0.0242	3.53

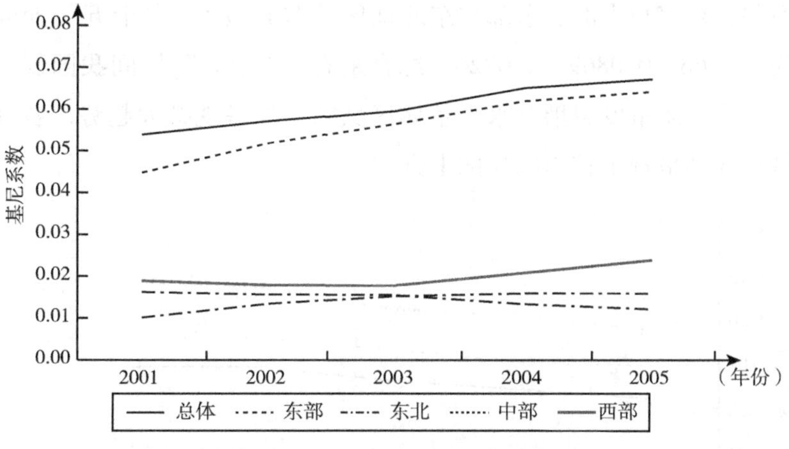

图 13.10　2001~2005 年全国及各地区创新要素配置与经济高质量发展耦合水平的基尼系数演变趋势

由表 13.6 和图 13.11 可得出“十五”期间各地区的区域间差异。从各地区区域间差异的变化趋势来看，各地区区域间差异均呈扩大趋势，尤其是东北和西部地区差距增幅达到了 30.87%，中部和西部地区差异增幅最小，为14.90%。具体而言，东部和西部地区区域间差异呈逐步上升趋势，由2001年的0.0953逐步上升到2005年的0.1165，总体上升幅度为22.27%，年均上升5.16%；东部和中部地区区域间差异呈逐步上升趋势，由2001年的0.0793逐步上升到2005年的0.0970，总体上升幅度为22.31%，年均上升5.16%；东部和东北地区区域间差异基本呈逐步上升趋势，由2001年的0.0641逐步上升到2005年的0.0785，总体上升幅度为22.47%，年均上升5.20%；西部和东北地区区域间差异呈逐步上升趋势，由2001年的0.0325逐步上升到2005年的0.0425，总体上升幅度为30.87%，年均上升6.96%；中部和西部地区区域间差异呈波动上升趋势，由2001年的0.0222波动上升到2004年的0.0271后又下降到2005年的0.0255，总体上升幅度为14.90%，年均上升3.53%；中部和东北地区区域间差异呈波动上升趋势，由2001年的0.0206下降到2002年的0.0185然后上升到2003年的0.0219，再波动上升到2005年的0.0245，总体上升幅度为19.10%，年均上升4.47%。从区域间差异大小的绝对数来看，东部与西部、东部与中部、东部与东北地区的差异最大，“十五”期间均值分别为0.1066、0.0869、0.0724。综合来看，“十五”期间我国创新要素配置与经济高质量发展耦合水平整体区域间差异呈现扩大趋势，各地区间的区域差异都呈现了较为明显的上升。

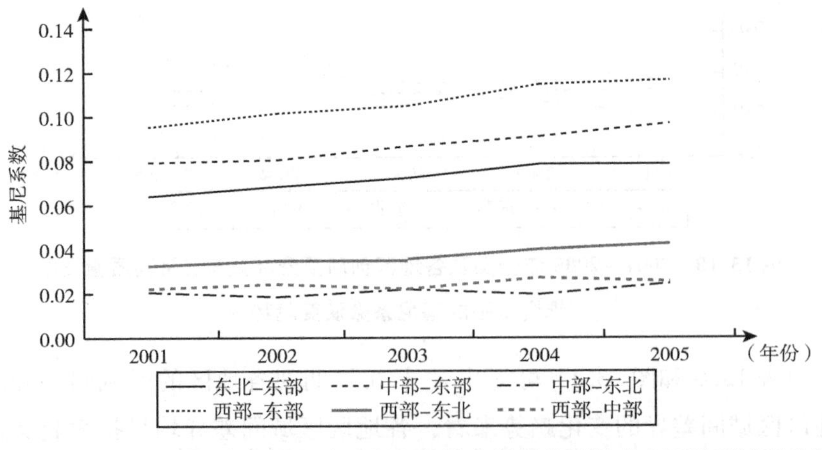

图13.11 2001～2005年创新要素配置与经济高质量发展耦合水平的区域间差异

（2）“十五”时期创新要素配置与经济高质量发展耦合的区域差异来源分解。

差异来源贡献度的变化反映了“十五”期间创新要素配置与经济高质量耦合发展差异产生机制的变化。如表 13.7 所示，“十五”期间区域内差异、区域间差异及超变密度的年均贡献分别为 0.0102、0.0495 和 0.0010，贡献率分别为 16.77%、81.65% 和 1.58%。这表明“十五”期间区域间差异是区域总体差异的主要来源，组内贡献是总体差异的次要来源，超变密度贡献最低。具体而言，区域内差异贡献率在 15.99%～17.39%，整体呈波动上升趋势，基尼系数增幅为 24.70%；区域间差异贡献率在 80.89%～82.27%，呈上升趋势，基尼系数上升幅度为 23.07%；超变密度贡献率在 1.28%～2.05%，呈波动下降再上升趋势，基尼系数最后增幅为 4.67%，表明虽然某个地区创新要素配置与经济高质量发展的耦合水平较高，但其内部某个耦合水平较低省区市的耦合度可能低于耦合水平较低的某地区中耦合水平较高省区市的耦合度，且这种交叉重叠现象呈波动变化趋势。

表 13.7　2001～2005 年创新要素配置与经济高质量发展耦合水平区域差异来源分解

年份	组内贡献	贡献率（%）	组间贡献	贡献率（%）	超变密度贡献	贡献率（%）
2001	0.0086	15.99	0.0442	81.96	0.0011	2.05
2002	0.0094	16.45	0.0470	82.27	0.0007	1.28
2003	0.0101	16.85	0.0487	81.65	0.0009	1.50
2004	0.0111	17.00	0.0532	81.62	0.0009	1.39
2005	0.0117	17.39	0.0544	80.89	0.0012	1.72
均值	0.0102	16.77	0.0495	81.65	0.0010	1.58

综合上述分析发现，“十五”期间我国创新要素配置与经济高质量发展耦合的总体差异在扩大，且这种差异来源主要为区域间差异，尤其是耦合程度较高的地区（东部地区）与耦合程度较低的地区（中西部地区）区域差异呈现明显的扩大趋势。这说明缩小区域间差距是现阶段缩小差距的主要政策着力点，重点关注各地区创新要素配置与经济高质量发展的耦合

水平，推动我国各地区协调发展。

13.3.2 “十一五”时期耦合的区域差异特征

(1)“十一五”时期创新要素配置与经济高质量发展耦合的区域差异性特征。

表 13.8 和图 13.12 展示了“十一五”时期全国及四大地区创新要素配置与经济高质量发展耦合水平的基尼系数及其演变趋势。从全国范围来看，“十一五”时期创新要素配置与经济高质量发展耦合水平的总体差异呈现波动下降趋势，总体差异有所缩小，基尼系数介于 0.0613～0.0661，具体表现为 2006 年基尼系数最大为 0.0661，之后下降到 2009 年的 0.0608，又缩小到 2010 年的 0.0613，总下降幅度为 7.20%，年均下降率为 1.85%，说明“十一五”期间我国各省区市创新要素配置与经济高质量耦合发展的差异性呈现缩小趋势。

表 13.8　2006～2010 年创新要素配置与经济高质量发展耦合的区域差异性特征

		2006 年	2007 年	2008 年	2009 年	2010 年	均值	增长率（%）
区域内差距	总体	0.0661	0.0655	0.0658	0.0608	0.0613	0.0639	-1.85
	东部	0.0632	0.0629	0.0630	0.0601	0.0620	0.0623	-0.45
	东北	0.0128	0.0128	0.0137	0.0146	0.0156	0.0139	4.95
	中部	0.0124	0.0134	0.0123	0.0131	0.0136	0.0130	2.39
	西部	0.0278	0.0280	0.0291	0.0271	0.0272	0.0278	-0.47
区域间差距	东北—东部	0.0781	0.0764	0.0738	0.0676	0.0699	0.0732	-2.71
	中部—东部	0.0914	0.0907	0.0897	0.0816	0.0862	0.0879	-1.44
	中部—东北	0.0186	0.0204	0.0222	0.0207	0.0223	0.0208	4.56
	西部—东部	0.1141	0.1124	0.1127	0.1033	0.1029	0.1091	-2.55
	西部—东北	0.0404	0.0406	0.0444	0.0414	0.0383	0.0410	-1.30
	西部—中部	0.0281	0.0276	0.0287	0.0275	0.0251	0.0274	-2.81

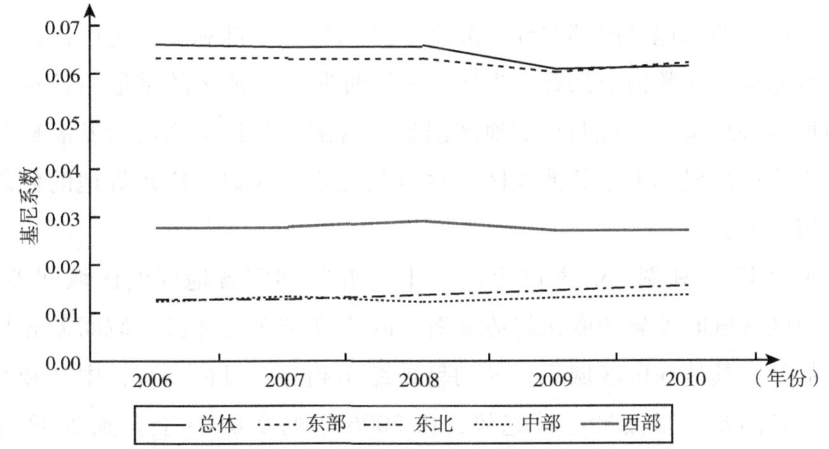

图 13.12　2006 ~ 2010 年全国及各地区创新要素配置与高质量发展耦合水平的基尼系数演变趋势

从各地区看，“十一五”期间中部地区创新要素配置与经济高质量发展耦合水平基尼系数呈波动上升趋势，呈现“上升—下降—上升”的变化趋势，具体由 2006 年的 0.0124 上升到 2007 年的 0.0134 之后下降到 2008 年的 0.0123，又上升到 2010 年的 0.0136，总体上升幅度为 9.92%，年均上升 2.39%；东北地区两者耦合水平基尼系数基本呈直线上升趋势，具体由 2006 年的 0.0128 上升到 2010 年的 0.0156，总体上升幅度为 21.34%，年均上升 4.95%；东部地区和西部地区创新要素配置与经济高质量发展耦合水平基尼系数呈波动下降趋势，具体表现为东部地区基尼系数由 2001 年的 0.0632 缓慢下降到 2008 年的 0.0630，之后出现较大幅度下降，下降到 2009 年的 0.0601，再上升到 2010 年的 0.0620，总体下降幅度为 1.80%，年均下降 0.45%，总体上东部地区区域内差异呈现缓慢下降趋势。西部地区创新要素配置与经济高质量发展的耦合水平基尼系数呈波动下降趋势，呈现“上升—下降—上升”趋势，但总体而言区域内差距呈现缩小趋势，具体来说，基尼系数由 2006 年的 0.0278 上升至 2008 年的 0.0291，之后下降到 2009 年的 0.0271，再上升到 2010 年的 0.0272，总体下降幅度为 1.68%，年均下降 0.47%。综合上述分析，总体上来看，“十一五”期间我国整体创新要素配置与经济高质量发展耦合的基尼系数呈略微缩小趋势，东部和西部地区内部差异呈波动下降趋势，中部和东北地区内部差异呈上升趋势。从数值上来看，“十一五”时期东部地区的基尼系数远大于其他地区基尼系数，说明东部地区创新要素配置与经济高质量发展耦合水平的不均衡情况远大于其他地区，这也与北京、天津、广东等地的创新要素集聚不无关系。

由表 13.8 和图 13.13 可得出“十一五”期间各地区的区域间差异。从各地区区域间差异的变化趋势来看，除中部和东北地区区域间差异呈扩大趋势外，其他地区区域间差异均呈现缩小趋势。具体而言，中部和东北地区区域间差异呈波动上升趋势，由 2006 年的 0.0186 上升到 2008 年的 0.0222，之后下降到 2009 年的 0.0207，又上升到 2010 年的 0.0223，达到“十一五”期间的最高值，总体上升幅度为 19.52%，年均上升 4.56%；其他地区间差距呈波动下降趋势，具体而言，东北和东部地区基尼系数由 2006 年的 0.0781 下降到 2009 年的 0.0676 又上升到 2010 年的 0.0699，总体下降幅度为 10.42%，年均下降 2.71%；东部和中部地区基尼系数由 2006 年的 0.0914 下降到 2009 年的 0.0816 又上升到 2010 年的 0.0862，总体下降幅度为 5.65%，年均下降 1.44%；东部和西部地区基尼系数由 2006 年的 0.1141 下降到 2008 年的 0.1127 后出现相对较大幅度下降，下降到 2010 年的 0.1029，总体下降幅度为 9.81%，年均下降 2.55%；东北和西部地区基尼系数呈现先上升后下降趋势，由 2006 年的 0.0404 上升到 2008 年的 0.0444，之后下降到 2010 年的 0.0383，总体下降幅度为 5.12%，年均下降 1.30%；中部和西部地区基尼系数亦呈现先上升后下降趋势，由 2006 年的 0.0281 上升到 2008 年的 0.0287，之后下降到 2010 年的 0.0251，总体下降幅度为 10.76%，年均下降 2.81%。从区域间差异大小的绝对数来看，东部与西部、东部与中部、东部与东北地区的差异最大，样本期内均值分别为 0.1091、0.0879 和 0.0732。综合来看，“十一五”期间我国创新要素配置与经济高质量发展耦合水平整体区域间差异呈现缩小趋势，但总体上区域间差距的变化幅度相对较小。

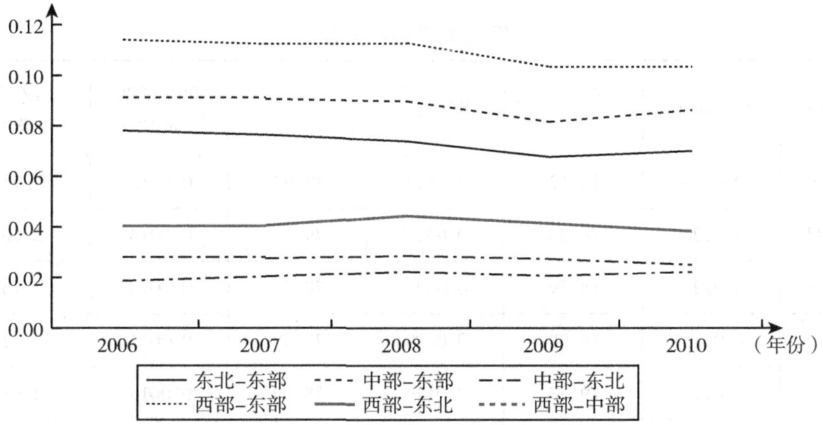

图 13.13　2006～2010 年创新要素配置与经济高质量发展耦合水平的区域间差异

（2）“十一五”时期创新要素配置与经济高质量发展耦合的区域差异来源分解。

差异来源贡献度的变化反映了“十一五”期间创新要素配置与经济高质量耦合发展差异产生机制的变化。如表 13.9 所示，“十一五”期间区域内差异、区域间差异及超变密度的年均贡献分别为 0.0119、0.0506 和 0.0014，贡献率分别为 18.58%、79.21% 和 2.21%。这表明“十一五”期间区域间差异是区域总体差异的主要来源，组内贡献是总体差异的次要来源，超变密度的贡献最低。具体而言，区域内差异贡献率在 18.12%～19.23%，整体呈波动下降趋势，基尼系数下降幅度为 1.48%；区域间差异贡献率在 78.09%～79.95%，呈波动下降趋势，基尼系数下降幅度为 9.36%；超变密度贡献率在 1.93%～2.68%，呈波动上升趋势，基尼系数最后增幅为 28.60%，表明“十一五”期间虽然某个地区创新要素配置与经济高质量发展的耦合水平较高，但其内部某个耦合水平较低省区市的耦合度可能低于耦合水平较低的某地区中耦合水平较高省区市的耦合度，且这种交叉重叠现象呈波动上升趋势。

表 13.9 2006～2010 年创新要素配置与经济高质量发展耦合水平区域差异来源分解

年份	组内贡献	贡献率（%）	组间贡献	贡献率（%）	超变密度贡献	贡献率（%）
2006	0.0120	18.12	0.0528	79.95	0.0013	1.93
2007	0.0120	18.33	0.0521	79.58	0.0014	2.10
2008	0.0121	18.39	0.0522	79.45	0.0014	2.16
2009	0.0115	18.90	0.0479	78.88	0.0014	2.22
2010	0.0118	19.23	0.0479	78.09	0.0016	2.68
均值	0.0119	18.58	0.0506	79.21	0.0014	2.21

综合上述分析，“十一五”期间我国创新要素配置与经济高质量发展耦合的总体差异在缩小，且这种差异来源主要为区域间差异，尤其是耦合程度较高的地区（东部地区）与耦合程度较低的地区（中西部地区）区域差异呈现较为明显的缩小趋势，但是中部和东北的差距却呈现扩大趋势。通过“十一五”期间对创新要素配置与经济高质量发展耦合的特征及区域差异来源分析看，再次印证缩小区域间差距是现阶段缩小差距的主要政策着力点，在实施政策时应关注政策的长期效应，推动区域协调联动发展。

13.3.3 “十二五”时期耦合的区域差异特征

（1）“十二五”时期创新要素配置与经济高质量发展耦合的区域差异性特征。

表 13.10 和图 13.14 展示了“十二五”时期全国及四大地区创新要素配置与经济高质量发展耦合水平的基尼系数及其演变趋势。从全国范围来看，“十二五”时期创新要素配置与经济高质量发展耦合水平的总体差异呈现波动下降趋势，总体差异有所缩小，基尼系数介于 0.0635～0.0671，

具体表现为 2011 年基尼系数最大为 0.0671，之后下降到 2014 年的 0.0635，又上升到 2015 年的 0.0637，总下降幅度为 5.16%，年均下降率为 1.32%，说明“十二五”期间我国各省区市创新要素配置与经济高质量耦合发展的差异性呈现缩小趋势。

从各地区看，“十二五”期间东部和中部地区创新要素配置与经济高质量发展耦合水平基尼系数呈波动上升趋势，具体而言，东部地区呈现“上升—下降—上升”的变化趋势，具体由 2011 年的 0.0618 上升到 2012 年的 0.0633 之后下降到 2013 年的 0.0624，又上升到 2015 年的 0.0638，总体上升幅度为 5.16%，年均上升 0.82%；中部地区呈现先下降后上升的趋势，由 2011 年的 0.0123 下降到 2012 年的 0.0114，之后逐步上升到 2015 年的 0.0148，总体上升幅度为 19.72%，年均上升 4.60%；东北地区和西部地区创新要素配置与经济高质量发展耦合水平基尼系数呈波动下降趋势，具体表现为东北地区基尼系数由 2011 年的 0.0154 上升到 2012 年的 0.0171，之后逐步下降，下降到 2015 年的 0.0100，总体下降幅度为 35.14%，年均下降 10.26%；西部地区创新要素配置与经济高质量发展的耦合水平基尼系数呈逐步下降趋势，具体来说，基尼系数由 2011 年的 0.0363 逐步下降至 2015 年的 0.0305，总体下降幅度为 15.90%，年均下降 4.24%。综合上述分析，总体上来看，“十二五”期间我国整体创新要素配置与经济高质量发展耦合的基尼系数呈略微缩小趋势，东部和中部地区内部差异呈波动上升趋势，东北和西部地区内部差异呈下降趋势。从数值上来看，“十二五”时期东部地区的基尼系数远大于其他地区基尼系数，说明东部地区创新要素配置与经济高质量发展耦合水平的不均衡情况远大于其他地区，这可能也与北京、天津、广东等地的创新要素集聚不无关系。

综合来看，“十二五”期间我国整体创新要素配置与经济高质量发展耦合的区域差异性呈缩小趋势，尤其是东北地区内部差异呈现明显的缩小趋势。

表 13.10 2011～2015 年创新要素配置与经济高质量发展耦合的区域差异性特征

		2011 年	2012 年	2013 年	2014 年	2015 年	均值	增长率（%）
区域内差距	总体	0.0671	0.0670	0.0649	0.0635	0.0637	0.0653	-1.32
	东部	0.0618	0.0633	0.0624	0.0632	0.0638	0.0629	0.82
	东北	0.0154	0.0171	0.0141	0.0126	0.0100	0.0138	-10.26
	中部	0.0123	0.0114	0.0121	0.0145	0.0148	0.0130	4.60
	西部	0.0363	0.0348	0.0324	0.0306	0.0305	0.0329	-4.24
区域间差距	东北—东部	0.0687	0.0713	0.0700	0.0708	0.0740	0.0710	1.85
	中部—东部	0.0863	0.0866	0.0843	0.0827	0.0819	0.0844	-1.31
	中部—东北	0.0241	0.0225	0.0224	0.0193	0.0152	0.0207	-10.85
	西部—东部	0.1131	0.1127	0.1088	0.1058	0.1065	0.1094	-1.49
	西部—东北	0.0514	0.0496	0.0481	0.0441	0.0411	0.0469	-5.41
	西部—中部	0.0348	0.0342	0.0334	0.0331	0.0345	0.0340	-0.18

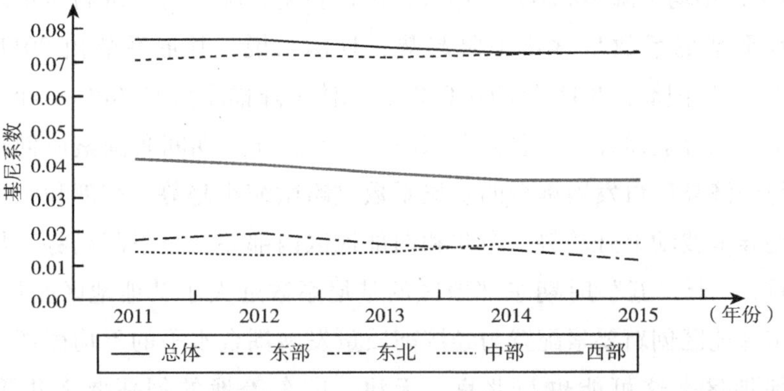

图 13.14 2011～2015 年全国及各地区创新要素配置与高质量发展耦合水平的基尼系数演变趋势

由表 13.10 和图 13.15 可得出“十二五”期间各地区的区域间差异。从各地区区域间差异的变化趋势来看，除东部和东北地区区域间差异有所上升外，其他各地区区域间差异均呈现缩小趋势，其中中部和东北地区区域间差异基尼系数下降幅度最大，达到 36.82%。具体而言，东部和西部地区区域间差异基尼系数由 2011 年的 0.1131 逐步下降到 2015 年的 0.1065，总体下降幅度为 5.84%，年均下降 1.49%；东部和中部地区区域间差异基尼系数由 2011 年的 0.0863 上升到 2012 年的 0.0866 之后逐步下降到 2015 年的 0.0819，总体下降幅度为 5.13%，年均下降 1.31%；西部和东北地区区域间差异基尼系数由 2011 年的 0.0514 逐步下降到 2015 年的 0.0411，总体下降幅度为 19.96%，年均下降 5.41%；中部和西部地区区域间差异基尼系数由 2011 年的 0.0348 逐步下降到 2014 年的 0.0331，之后上升到 2015 年的 0.0345，总体上呈下降趋势，下降幅度为 0.70%，年均下降 0.18%；中部和东北地区区域间差异基尼系数由 2011 年的 0.0241 逐步下降到 2015 年的 0.0152，总体下降幅度为 36.82%，年均下降 10.85%；东部和东北地区区域间差异基尼系数呈波动上升趋势，由 2011 年的 0.0687 波动上升到 2015 年的 0.0740，总体上升幅度为 7.63%，年均上升 1.85%。从区域间差异大小的绝对数来看，东部与西部、东部与中部、东部与东北地区的差异最大，样本期内均值分别为 0.1094、0.0844 和 0.0710。综合来看，“十二五”期间我国创新要素配置与经济高质量发展耦合水平整体区域间差异呈现缩小趋势，尤其中部与东北、西部与东北地区间的差距明显缩小。

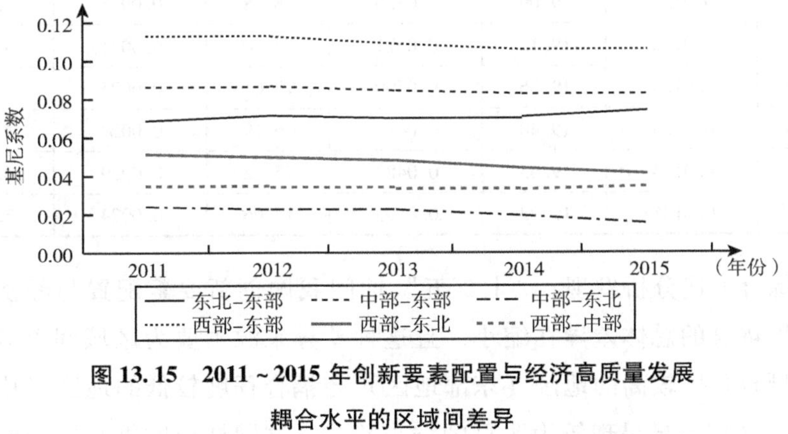

图 13.15 2011～2015 年创新要素配置与经济高质量发展耦合水平的区域间差异

（2）“十二五”时期创新要素配置与经济高质量发展耦合的区域差异来源分解。

差异来源贡献度的变化反映了“十二五”期间创新要素配置与经济高

质量耦合发展差异产生机制的变化。如表 13.11 所示，“十二五”期间区域内差异、区域间差异及超变密度的年均贡献分别为 0.0125、0.0503 和 0.0024，贡献率分别为 19.22%、77.06% 和 3.72%。这表明“十二五”期间区域间差异是区域总体差异的主要来源，组内贡献是总体差异的次要来源，超变密度的贡献最低。具体而言，区域内差异贡献率在 19.06% ~ 19.45%，整体呈波动下降趋势，基尼系数下降幅度为 1.25%；区域间差异贡献率在 75.92% ~ 78.28%，呈波动下降趋势，基尼系数下降幅度为 8.02%；超变密度贡献率在 2.64% ~ 4.63%，呈波动上升趋势，基尼系数最后增幅为 66.54%，表明“十二五”期间虽然某个地区创新要素配置与经济高质量发展的耦合水平较高，但其内部某个耦合水平较低省区市的耦合度可能低于耦合水平较低的某地区中耦合水平较高省区市的耦合度，且这种交叉重叠现象呈波动上升趋势。

表 13.11　2011 ~ 2015 年创新要素配置与经济高质量发展耦合水平区域差异来源分解

年份	组内贡献	贡献率（%）	组间贡献	贡献率（%）	超变密度贡献	贡献率（%）
2011	0.0128	19.09	0.0526	78.28	0.0018	2.64
2012	0.0128	19.12	0.0521	77.80	0.0021	3.08
2013	0.0124	19.06	0.0500	77.01	0.0025	3.92
2014	0.0123	19.40	0.0484	76.19	0.0028	4.41
2015	0.0124	19.45	0.0483	75.92	0.0029	4.63
均值	0.0125	19.22	0.0503	77.06	0.0024	3.72

综合上述分析发现，“十二五”期间我国创新要素配置与经济高质量发展耦合的总体差异在缩小，且这种差异来源主要为区域间差异，尤其是耦合程度较高的地区（东部地区）与耦合程度较低的地区（中西部地区）区域差异呈现较为明显的缩小趋势。这同样说明缩小区域间差距尤其是中部和东北地区的区域间差距是现阶段缩小差距的主要政策着力点，再次印证实施政策时应关注政策的长期效应，推动区域协调联动发展。

13.3.4 “十三五”时期耦合的区域差异特征

（1）“十三五”时期创新要素配置与经济高质量发展耦合的区域差异性特征。

表13.12和图13.16展示了“十三五”时期全国及四大地区创新要素配置与经济高质量发展耦合水平的基尼系数及其演变趋势。从全国范围来看，“十三五”时期创新要素配置与经济高质量发展耦合水平的总体差异呈现波动下降趋势，总体差异有所缩小，基尼系数介于0.0605~0.0662，具体表现为由2016年的0.0654上升到2017年的0.0662，之后下降到2019年的0.0605，总下降幅度为7.53%，年均下降率为2.58%，说明“十三五”期间我国各省区市创新要素配置与经济高质量耦合发展的差异性呈现缩小趋势。

表13.12 2016~2019年创新要素配置与经济高质量发展耦合的区域差异性特征

		2016年	2017年	2018年	2019年	均值	增长率（%）
区域内差距	总体	0.0654	0.0662	0.0646	0.0605	0.0642	-2.58
	东部	0.0621	0.0637	0.0665	0.0697	0.0655	3.92
	东北	0.0116	0.0140	0.0120	0.0077	0.0113	-12.73
	中部	0.0143	0.0178	0.0182	0.0156	0.0165	3.08
	西部	0.0286	0.0299	0.0281	0.0246	0.0278	-4.94
区域间差距	东北—东部	0.0795	0.0838	0.0822	0.0825	0.0820	1.25
	中部—东部	0.0855	0.0850	0.0849	0.0846	0.0850	-0.36
	中部—东北	0.0148	0.0194	0.0173	0.0132	0.0162	-3.73
	西部—东部	0.1119	0.1113	0.1072	0.0988	0.1073	-4.08
	西部—东北	0.0389	0.0362	0.0343	0.0252	0.0337	-13.49
	西部—中部	0.0346	0.0362	0.0336	0.0266	0.0328	-8.38

从各地区看，“十三五”期间东部和中部地区创新要素配置与经济高质量发展耦合水平基尼系数呈波动上升趋势，具体而言，东部地区呈现逐步上

升的变化趋势，具体由 2016 年的 0.0621 逐步上升到 2019 年的 0.0697，总体上升幅度为 12.23%，年均上升 3.92%；中部地区呈现先上升后下降的趋势，由 2016 年的 0.0143 上升到 2018 年的 0.0182，之后下降到 2019 年的 0.0156，总体上升幅度为 9.53%，年均上升 3.08%；东北地区和西部地区创新要素配置与经济高质量发展耦合水平基尼系数呈波动下降趋势，具体表现为东北地区基尼系数由 2016 年的 0.0116 上升到 2017 年的 0.0140，之后下降到 2019 年的 0.0077，总体下降幅度为 33.53%，年均下降 12.73%；西部地区创新要素配置与经济高质量发展的耦合水平基尼系数呈先上升后下降趋势，具体来说，基尼系数由 2016 年的 0.0286 上升至 2017 年的 0.0299，之后下降到 2019 年的 0.0246，总体下降幅度为 14.10%，年均下降 4.94%。综合上述分析，总体上来看，"十三五" 期间我国整体创新要素配置与经济高质量发展耦合的基尼系数呈略微缩小趋势，东部和中部地区内部差异呈波动上升趋势，东北和西部地区内部差异呈下降趋势。从数值上来看，"十三五" 时期东部地区的基尼系数远大于其他地区基尼系数，说明东部地区创新要素配置与经济高质量发展耦合水平的不均衡情况远大于其他地区，这可能也与北京、天津、广东等地的创新要素集聚不无关系。

综合来看，"十三五" 期间我国整体创新要素配置与经济高质量发展耦合的区域差异性呈缩小趋势，尤其是东北地区内部差异呈现明显的缩小趋势。

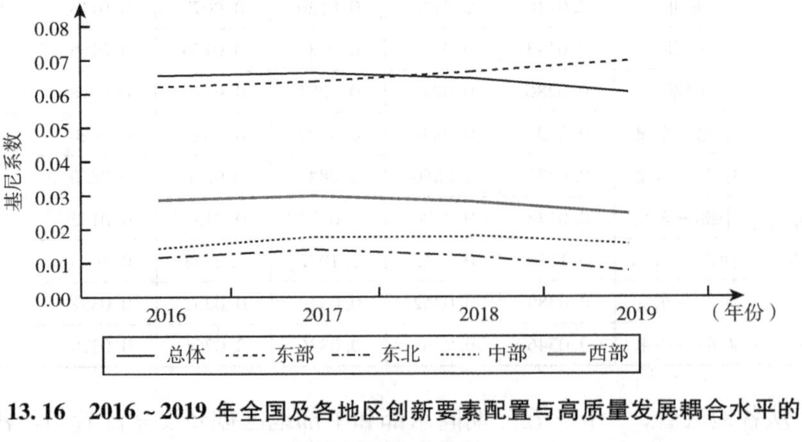

图 13.16　2016～2019 年全国及各地区创新要素配置与高质量发展耦合水平的基尼系数演变趋势

由表 13. 12 和图 13. 17 可得出"十三五"期间各地区的区域间差异。从各地区区域间差异的变化趋势来看，除东部和东北地区区域间差异略微有所上升外，其他各地区区域间差异均呈现缩小趋势，其中西部和东北地区区域间差异基尼系数下降幅度最大，达到 35. 25%。具体而言，东部和西部地区区域间差异基尼系数由 2016 年的 0. 1119 逐步下降到 2019 年的 0. 0988，总体下降幅度为 11. 76%，年均下降 4. 08%；东部和中部地区区域间差异基尼系数由 2016 年的 0. 0855 逐步下降到 2019 年的 0. 0846，总体下降幅度为 1. 09%，年均下降 0. 36%；西部和东北地区区域间差异基尼系数由 2016 年的 0. 0389 逐步下降到 2019 年的 0. 0252，总体下降幅度为 35. 25%，年均下降 8. 38%；中部和西部地区区域间差异基尼系数由 2016 年的 0. 0346 上升到 2017 年的 0. 0362，之后逐步下降到 2019 年的 0. 0266，总体下降幅度为 23. 09%，年均下降 8. 38%；中部和东北地区区域间差异基尼系数由 2016 年的 0. 0148 上升到 2017 年的 0. 0194，之后逐步下降到 2019 年的 0. 0132，总体下降幅度为 10. 77%，年均下降 3. 73%；东部和东北地区区域间差异基尼系数呈波动上升趋势，由 2016 年的 0. 0795 上升到 2019 年的 0. 0825，总体上升幅度为 3. 81%，年均上升 1. 25%。从区域间差异大小的绝对数来看，东部与西部、东部与中部、东部与东北地区的差异最大，样本期内均值分别为 0. 1073、0. 0850 和 0. 0820。综合来看，"十三五"期间我国创新要素配置与经济高质量发展耦合水平整体区域间差异呈现缩小趋势，尤其中部与西部、西部与东北地区间的差距明显缩小。

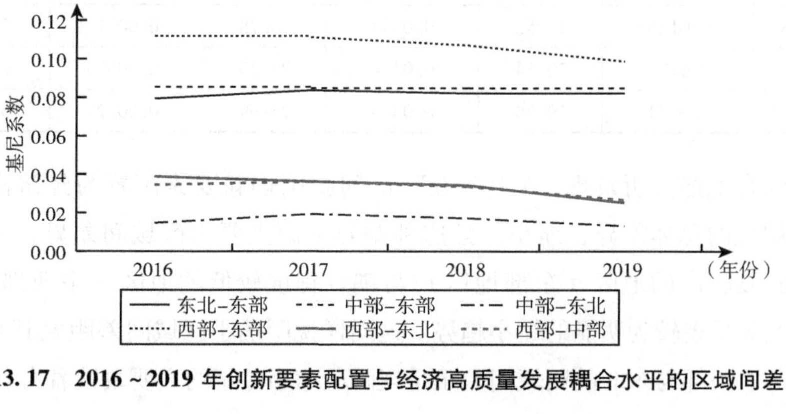

图 13. 17　2016 ~ 2019 年创新要素配置与经济高质量发展耦合水平的区域间差异

（2）“十三五”时期创新要素配置与经济高质量发展耦合的区域差异来源分解。

差异来源贡献度的变化反映了“十三五”期间创新要素配置与经济高质量耦合发展差异产生机制的变化。如表13.13所示，“十三五”期间区域内差异、区域间差异及超变密度的年均贡献分别为0.0124、0.0486和0.0032，贡献率分别为19.28%、75.69%和5.03%。这表明“十三五”期间区域间差异是区域总体差异的主要来源，组内贡献是总体差异的次要来源，超变密度的贡献最低。具体而言，区域内差异贡献率在18.31%～20.54%，整体呈波动上升趋势，基尼系数上升幅度为3.73%；区域间差异贡献率在73.33%～78.13%，呈波动下降趋势，基尼系数下降幅度为13.21%；超变密度贡献率在3.56%～6.13%，呈波动上升趋势，基尼系数最后增幅为59.14%，表明“十三五”期间虽然某个地区创新要素配置与经济高质量发展的耦合水平较高，但其内部某个耦合水平较低省区市的耦合度可能低于耦合水平较低的某地区中耦合水平较高省区市的耦合度，且这种交叉重叠现象呈波动上升趋势。

表13.13　2016～2019年创新要素配置与经济高质量发展耦合水平区域差异来源分解

年份	组内贡献	贡献率（%）	组间贡献	贡献率（%）	超变密度贡献	贡献率（%）
2016	0.0120	18.31	0.0511	78.13	0.0023	3.56
2017	0.0125	18.86	0.0505	76.33	0.0032	4.81
2018	0.0126	19.52	0.0483	74.78	0.0037	5.7
2019	0.0124	20.54	0.0444	73.33	0.0037	6.13
均值	0.0124	19.28	0.0486	75.69	0.0032	5.03

综合上述分析发现，“十三五”期间我国创新要素配置与经济高质量发展耦合的总体差异在缩小，且这种差异来源主要为区域间差异，尤其是耦合程度较高的地区（东部地区）与耦合程度较低的地区（中西部地区）区域差异呈现较为明显的缩小趋势。这同样说明缩小区域间差距尤其是中部与西部、西部与东北的区域间差距是现阶段缩小差距的主要政策着力点。

综合上述“十五”“十一五”“十二五”和“十三五”期间创新要素配置与经济高质量发展耦合的区域差异特征及差异来源来看，我国创新要素配置与经济高质量发展耦合的区域差异除“十五”时期呈现扩大趋势外，其他时期均呈现不同程度的缩小趋势。总体来看，从差异来源看，不同时期创新要素配置与经济高质量发展耦合的区域差异来源主要来自区域间差异，区域内部差异是总体差异的次要来源，而超变密度对总体差异的贡献度最低。这说明缩小区域间差异是缩小区域总体差异的主要政策着力点，各地区在推动创新要素配置与经济高质量协同发展的同时应关注政策实施的长期效应，推动区域协调发展。

13.4　创新要素配置与经济高质量发展耦合的分布动态演进

为了明晰我国不同地区、不同时段下创新要素配置与经济高质量发展耦合的总体分布和变化趋势，本节根据各阶段耦合度测度结果，分别绘制了四阶段下全国整体和东部、中部、西部、东北地区创新要素配置与经济高质量发展耦合水平的三维核密度估计图，具体结果如下。

13.4.1　“十五”时期耦合的分布动态演进

图 13.18（a1）~（a5）分别展现了全国总体和东部、中部、西部、东北地区 2001 ~ 2005 年的创新要素配置与经济高质量发展耦合的分布动态。其中，图 13.18（a1）是全国总体耦合度的核密度估计图，可以看出在样本观察期内核密度估计曲线主峰出现右移趋势，主峰高度呈现波动性变化趋势，波峰宽度变化不明显，且存在一定的右拖尾现象，说明我国内部各省区市间耦合水平差距变化不大，耦合水平呈现上升趋势，存在侧峰，说明存在一定的极化现象。

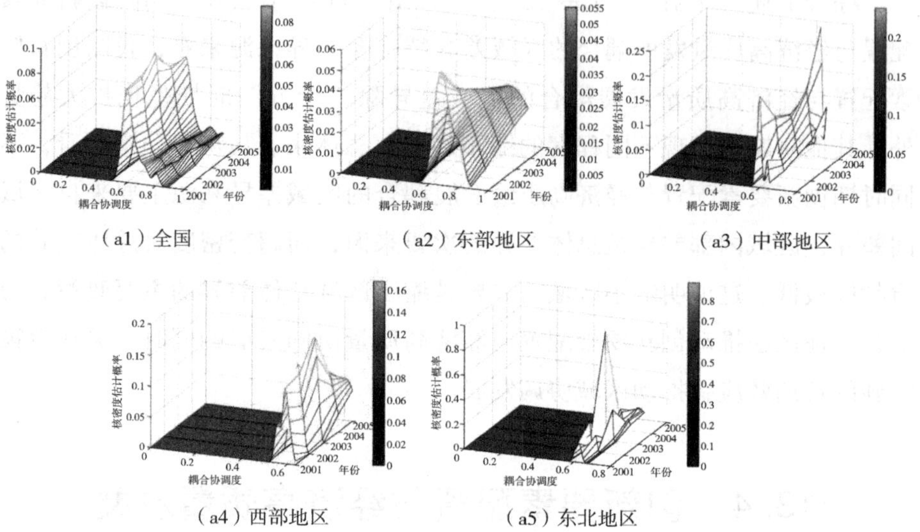

图 13.18　2001～2005 年全国及四大区域创新要素配置与经济高质量发展耦合的分布动态

图 13.18（a2）是东部地区创新要素配置与经济高质量发展耦合度的核密度估计图，可以看出核密度曲线主峰右移，主峰高度平稳下降，峰宽逐年加大，主峰由“不明显双峰”变化为“单峰”状态，说明东部地区的协调程度有所增加，省级行政区间差距明显增大，极化现象消失。具体就东部地区内部各省级行政区耦合度来看，上海、北京、广东、天津、江苏位于东部地区排名前五位，其增长率均为正，增长率均值为 2.54%，而浙江、福建、山东、海南、河北位于东部地区排名后五位，除海南外增长率为正值，增长率均值为 0.82%，整体较中上游地区增长较慢，这说明东部地区内部耦合度增长较快的是中高水平省级行政区，增长较慢的省级行政区多为中低水平省级行政区，最终造成东部地区内部差距表现为增大趋势。在样本观测期前期，上海和北京两省级行政区的耦合度较其他省级行政区偏高，在核密度曲线图上表现出“不明显双峰”现象，而后各省级行政区间差距拉大，双峰现象消失。

图 13.18（a3）是中部地区创新要素配置与经济高质量发展耦合度的核密度估计图，可以看出核密度曲线主峰右移，峰宽先加大后减小，主峰

高度呈现“U”形变化，样本期内表现为“明显双峰—单峰—明显双峰”状态，说明中部地区的耦合度上升，省级行政区间差距先扩大后缩小，仅中期不存在两极分化现象，前期和后期存在两极分化现象。具体就中部地区内部各省级行政区耦合度来看，湖北、湖南、安徽位于中部地区排名前三位，其增长率均为正，增长率均值为 0.65%，而河南、江西、山西位于中部地区排名后三位，增长率均值为 1.09%，与排名上游省级行政区的增长率相比较大，这说明中部地区内部耦合度保持增长趋势，增长较快的是中低水平省级行政区，增长较慢的省级行政区多为中高水平省级行政区，最终造成中部地区内部差距表现为缩小趋势。排名首位的湖北，在样本观测期前期和后期具有较高的耦合水平，与湖南等省级行政区拉开一定差距，是产生极化现象的关键原因。

图 13.18（a4）是西部地区创新要素配置与经济高质量发展耦合度的核密度估计图，可以看出核密度曲线主峰先向左移动后向右移动，峰宽扩大，高度波动性下降，主峰表现为“明显多峰—单峰”状态，说明西部地区的耦合度先下降后提高，省级行政区间差距扩大，极化现象消失。具体就西部地区内部各省级行政区人力创新要素配置水平来看，四川、陕西、重庆、广西位于西部地区排名前四位，其增长率均为正，增长率均值为 1.07%，而宁夏、青海、甘肃、贵州位于西部地区排名后四位，排名末位的贵州省增长率为 -0.20%，增长率均值为 0.79%，说明西部地区内部耦合度增长较快的是中高水平省级行政区，增长较为缓慢的是中低水平省级行政区，造成西部地区内部差距扩大。排名靠后的甘肃和贵州，在样本观测期前期具有较低的耦合协调水平，与排名靠前的内蒙古等省级行政区拉开一定差距，是前期产生极化现象的关键原因。

图 13.18（a5）是东北地区创新要素配置与经济高质量发展耦合度的核密度估计图，可以看出核密度曲线主峰向右移动，峰宽先变小后变大，高度波动性变化，主峰表现为“单峰—双峰—单峰”状态，说明东北地区的耦合度提高，中期出现短暂的极化现象。具体而言，在观测期中期，吉林和黑龙江耦合度相近，辽宁具有更高的耦合度，因此出现极化现象。而后黑龙江和吉林有不同增长率，三省份间耦合度不集中，极化现象消失。

综上所述，“十五”期间创新要素配置与经济高质量发展耦合的核密度曲线图四大区域主峰位置不断右移，说明各地区创新要素配置与经济高质量发展耦合水平不断提升。主峰位置变化特征与各地区创新要素配置与经济高质量发展耦合特征事实描述一致。东部、东北和西部地区区域内部差异增加，中部地区区域内部差异缩小，四大区域内部差异分化使得全国内部差异增大。存在极化现象的为中部地区、东北地区和西部地区，但极化现象不显著，总体而言没有造成全国范围较强的极化现象。

13.4.2 “十一五”时期耦合的分布动态演进

图 13.19（b1）~（b5）分别展现了全国总体和东部、中部、西部、东北地区 2006 ~2010 年的创新要素配置与经济高质量发展耦合度的分布动态。其中，图 13.19（b1）是全国总体耦合度的核密度估计图，可以看出在样本观察期内核密度估计曲线主峰出现右移趋势，主峰高度呈现波动变化，波峰宽度变化不大，且存在一定的右拖尾现象，说明我国内部各省级行政区间创新要素配置与经济高质量发展耦合度有所提高，创新要素配置与经济高质量发展的匹配程度上升，存在侧峰，说明存在一定的极化现象，但程度较弱。

图 13.19（b2）是东部地区创新要素配置与经济高质量发展耦合度的核密度估计图，可以看出核密度曲线主峰右移，主峰高度波动上升，峰宽变化不大，整体保持“单峰”状态，说明东部地区的耦合度有所增加，省级行政区间差距变化不大，不存在极化现象。具体就东部地区内部各省级行政区耦合度来看，上海、北京、广东、江苏、浙江位于东部地区排名前五位，其增长率均为正，增长率均值为 1.18%，而天津、山东、福建、海南、河北位于东部地区排名后五位，除天津外增长率为正值，排名末位的河北增长率最高为 1.89%，增长率均值为 0.76%，整体较中上游地区增长较慢但个别省级行政区增长率显著突出，这说明东部地区内部耦合度有所提高，内部差距最终变化不明显。样本观测期间，各省级行政区耦合度保持分布均匀，因此不存在两极分化现象。

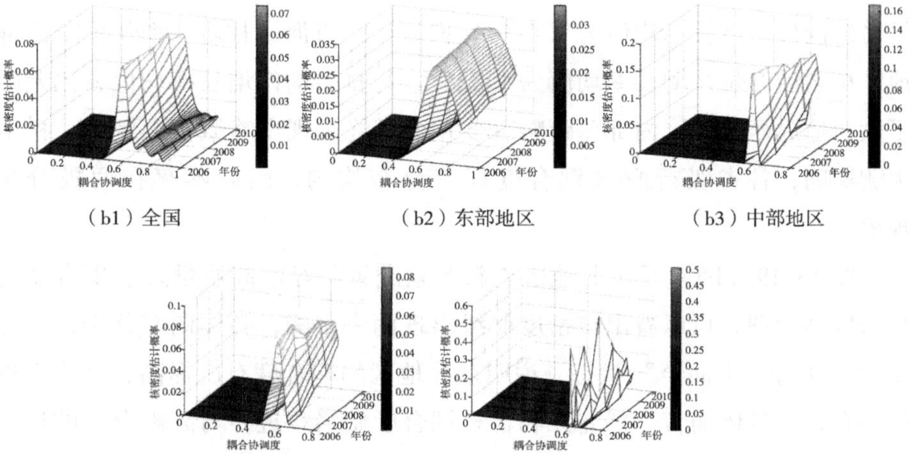

（b1）全国　（b2）东部地区　（b3）中部地区

（b4）西部地区　（b5）东北地区

图 13.19　2006～2010 年全国及四大区域创新要素配置与经济高质量发展耦合的分布动态

图 13.19（b3）是中部地区创新要素配置与经济高质量发展耦合度的核密度估计图，可以看出核密度曲线主峰右移，峰宽略有加大，主峰高度波动性下降，样本期内表现为“单峰”状态，说明中部地区的创新要素配置系统和高质量发展的耦合度提高，省级行政区间差距变大，不存在两极分化现象。具体就中部地区内部各省级行政区耦合协调度来看，湖北、安徽、江西位于中部地区排名前三位，其增长率均为正，增长率均值为 1.29%，而湖南、河南、山西位于中部地区排名后三位，增长率均值为 1.04%，与排名上游省级行政区的增长率相比差距较小，这说明中部地区内部耦合度保持扩大趋势，内部差距变化扩大。样本观测期间，各省级行政区耦合度保持分布均匀，因此不存在两极分化现象。

图 13.19（b4）是西部地区创新要素配置与经济高质量发展耦合度的核密度估计图，可以看出核密度曲线主峰向右移动，峰宽略有扩大，高度波动下降，样本期内表现为“单峰”状态，说明西部地区的耦合度上升，省级行政区间差距微弱扩大，不存在极化现象。具体就西部地区内部各省

级行政区创新要素配置水平来看，四川、陕西、重庆、广西位于西部地区排名前四位，增长率均值为1.49%，而云南、青海、甘肃、贵州位于西部地区排名后四位，增长率均值为1.52%，与排名前四增长率均值相比差距不大，造成西部地区内部差距略有变化，最终呈现出略微扩大现象。样本观测期间，各省级行政区耦合度保持分布均匀，因此不存在两极分化现象。

图13.19（b5）是东北地区创新要素配置与经济高质量发展耦合度的核密度估计图，可以看出核密度曲线出现两个主峰，整体向右移动，峰宽主要表现为“尖而窄”状态，说明东北地区的耦合度有所提高，极化现象始终存在。具体而言，黑龙江和吉林耦合度始终相近，与高耦合度的辽宁存在一定差距，且三省份的增长率差异不大，造成极化现象始终存在。

综上所述，“十一五”期间创新要素配置与经济高质量发展耦合的核密度曲线图四大区域主峰位置不断右移，说明各地区创新要素配置与经济高质量发展耦合水平不断提升。主峰位置变化特征与各地区创新要素配置与经济高质量发展耦合特征事实描述一致。东北和中部地区区域内部差异增加，东部和西部地区区域内部差异变化不明显。存在极化现象的为东北地区，总体而言没有造成全国范围较强的极化现象。

13.4.3 “十二五”时期耦合的分布动态演进

图13.20（c1）~（c5）分别展现了全国总体和东部、中部、西部、东北地区2011~2015年的创新要素配置与经济高质量发展耦合的分布动态。其中，图（c1）是全国总体耦合的核密度估计图，可以看出在样本观察期内核密度估计曲线主峰出现右移趋势，主峰高度较为稳定，波峰宽度变化不大，且存在一定的右拖尾现象，说明我国内部各省级行政区间创新要素配置与经济高质量发展耦合度有所提高，创新要素配置系统和高质量发展的匹配程度上升，存在侧峰，说明存在一定的极化现象，但程度较弱。

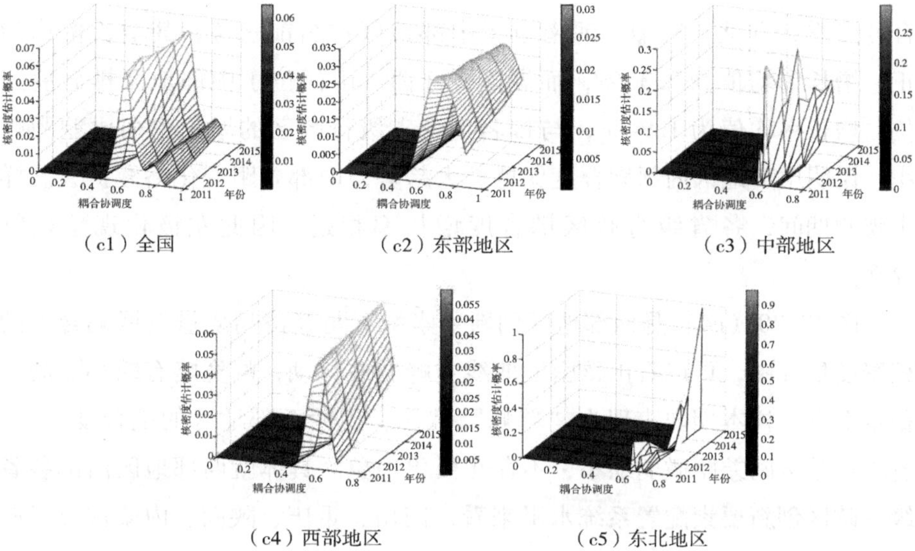

图 13.20　2011～2015 年全国及四大区域创新要素配置与经济高质量发展耦合的分布动态

图 13.20（c2）是东部地区创新要素配置与经济高质量发展耦合度的核密度估计图，可以看出核密度曲线主峰右移，主峰高度平稳波动，峰宽变化不大，整体保持“单峰”状态，说明东部地区的耦合度有所增加，省级行政区间差距变化不大，不存在极化现象。具体就东部地区内部各省级行政区耦合度来看，上海、广东、江苏、浙江位于东部地区排名前五位，其增长率均为正，增长率最高为广东 2.32%，增长率均值为 1.82%，而天津、山东、福建、河北、海南位于东部地区排名后五位，增长率均为正值，增长率均值为 1.55%，整体较中上游地区增长差距不大，这说明东部地区内部耦合度有所提高，内部差距最终变化不明显。样本观测期间，各省级行政区耦合度保持分布均匀，因此不存在两极分化现象。

图 13.20（c3）是中部地区创新要素配置与经济高质量发展耦合度的核密度估计图，可以看出核密度曲线主峰右移，峰宽略有加大，主峰高度波动性下降，样本期内表现为“双峰”状态，存在明显的左拖尾状态，说明中部地区的创新要素配置与经济高质量发展的耦合度提高，省级行政区

间差距略微变大，存在左极化现象。具体就中部地区内部各省级行政区耦合度来看，湖北、安徽、河南位于中部地区排名前三位，其增长率均为正，增长率均值为 2.32%，而湖南、江西、山西位于中部地区排名后三位，增长率均值为 1.94%，与排名上游省级行政区的增长率相比差距略小，说明中部地区内部耦合度保持扩大趋势，内部差距变化略微扩大。样本观测期间，各省级行政区耦合度增长率相近，因此左极化现象始终存在。

图 13.20（c4）是西部地区创新要素配置与经济高质量发展耦合度的核密度估计图，可以看出核密度曲线主峰向右移动，峰宽略有缩小，高度稳定上升，样本期内表现为“单峰”状态，说明西部地区的耦合度上升，省级行政区间差距微弱缩小，不存在极化现象。具体就西部地区内部各省级行政区创新要素配置系统水平来看，四川、重庆、陕西、内蒙古位于西部地区排名前四位，增长率均值为 2.06%，而云南、贵州、青海、甘肃位于西部地区排名后四位，增长率均值为 2.59%，与排名前四增长率均值相比差距较大，造成西部地区内部差距缩小。样本观测期间，各省级行政区耦合度保持分布均匀，因此不存在两极分化现象。

图 13.20（c5）是东北地区创新要素配置与经济高质量发展耦合度的核密度估计图，可以看出核密度曲线出现两个主峰，整体向右移动，峰高明显提高，峰宽主要表现为“尖而窄”状态，说明东北地区的耦合度有所提高，极化现象始终存在。具体而言，黑龙江和吉林耦合度始终保持相近，与高耦合度的辽宁存在一定差距，且黑龙江和吉林的增长率高于辽宁增长率，造成极化现象始终存在并且内部差距缩小。

综上所述，“十二五”期间创新要素配置与经济高质量发展耦合的核密度曲线图四大区域主峰位置不断右移，说明各地区创新要素配置与经济高质量发展耦合水平不断提升。主峰位置变化特征与各地区创新要素配置与经济高质量发展耦合特征事实描述一致。东部地区内部差异略微增大，中部地区区域内部差异增加较为明显，东北和西部地区区域内部差异缩小，总体而言，四大区域内部差异分化使全国内部差异缩小。存在极化现象的为东北和中部地区，总体而言没有造成全国范围较强的极化现象。

13.4.4 “十三五”时期耦合的分布动态演进

图 13.21（d1）~（d5）分别展现了全国总体和东部、中部、西部、东北地区 2016～2019 年的创新要素配置与经济高质量发展耦合的分布动态。其中，图 13.21（d1）是总体耦合的核密度估计图，可以看出在样本观察期内核密度估计曲线主峰出现右移趋势，主峰高度平稳上升，波峰宽度变化不大，且存在一定的右拖尾现象，说明我国内部各省级行政区间创新要素配置与经济高质量发展耦合度有所提高，创新要素配置与经济高质量发展的匹配程度上升，存在侧峰，说明存在一定的极化现象，但程度较弱。

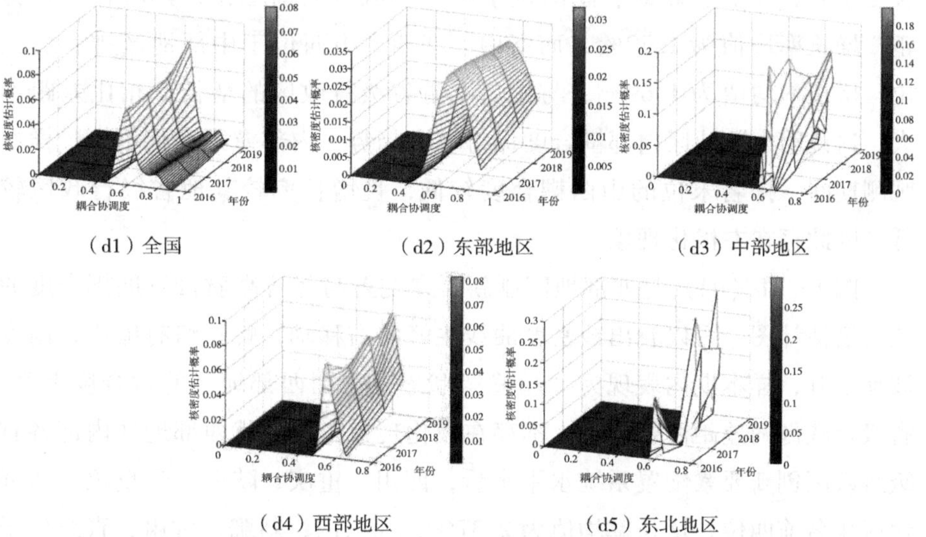

（d1）全国　（d2）东部地区　（d3）中部地区

（d4）西部地区　（d5）东北地区

图 13.21　2016～2019 年全国及四大区域创新要素配置与经济高质量发展耦合的分布动态

图 13.21（d2）是东部地区创新要素配置与经济高质量发展耦合度的核密度估计图，可以看出核密度曲线主峰右移，主峰高度平稳，峰宽略微加大，整体保持“单峰”状态，说明东部地区的耦合度有所增加，省级行政区间差距略微扩大，不存在极化现象。具体就东部地区内部各省级行政区耦合度来看，北京、上海、广东、江苏、浙江位于东部地区排名前五

位，其增长率均为正，增长率最高为北京 3.08%，增长率均值为 1.71%，而天津、山东、福建、海南、河北位于东部地区排名后五位，增长率均为正值，增长率均值为 1.32%，整体较中上游地区增长差距较小，说明东部地区内部耦合度有所提高，内部差距最终略微扩大。样本观测期间，各省级行政区耦合度保持分布均匀，因此不存在两极分化现象。

图 13.21（d3）是中部地区创新要素配置与经济高质量发展耦合度的核密度估计图，可以看出核密度曲线主峰右移，峰宽无明显变化，主峰高度波动变化，样本期内表现为“双峰”状态，存在明显的左极化状态，说明中部地区的创新要素配置与经济高质量发展的耦合度提高，省级行政区间差距变化不大，存在左极化现象。具体就中部地区内部各省级行政区耦合度来看，安徽、湖北、湖南位于中部地区排名前三位，其增长率均为正，增长率均值为 1.72%，而河南、江西、山西位于中部地区排名后三位，增长率均值为 1.69%，与排名上游省级行政区的增长率相比差距不大，这说明中部地区内部耦合度保持扩大趋势，内部差距变化不大。样本观测期间，排名末位的山西耦合度较低，且增长率较其他省级行政区较低，因此存在左极化现象。

图 13.21（d4）是西部地区创新要素配置与经济高质量发展耦合度的核密度估计图，可以看出核密度曲线主峰向右移动，峰宽略有缩小，高度波动上升，样本期内表现为“单峰”状态，说明西部地区的耦合度上升，省级行政区间差距微弱缩小，不存在极化现象。具体就西部地区内部各省级行政区创新要素配置系统水平来看，四川、重庆、陕西、宁夏位于西部地区排名前四位，增长率均值为 2.37%，而云南、新疆、甘肃、青海位于西部地区排名后四位，增长率均值为 2.74%，与排名前四增长率均值相比差距不大，造成西部地区内部差距略有缩小。样本观测期间，各省级行政区耦合度保持分布均匀，因此不存在两极分化现象。

图 13.21（d5）是东北地区创新要素配置与经济高质量发展耦合度的核密度估计图，可以看出核密度曲线存在向右移动趋势，峰高明显提高，峰宽后期主要表现为“尖而窄”状态，说明东北地区的耦合度有所提高，极化现象在后期更加明显。具体而言，黑龙江和吉林耦合度始终保持相

近，与高耦合度的辽宁存在一定差距，且黑龙江和吉林的增长率高于辽宁增长率，造成极化现象始终存在并且内部差距缩小。

综上所述，“十三五”期间创新要素配置与经济高质量发展耦合的核密度曲线图四大区域主峰位置不断右移，说明各地区创新要素配置与经济高质量发展耦合水平不断提升。主峰位置变化特征与各地区创新要素配置与经济高质量发展耦合特征事实描述一致。东部和中部地区区域内部差异增加，东北和西部地区区域内部差异缩小，四大区域内部差异分化但总体上全国内部差异呈缩小趋势。存在极化现象的为中部和东北地区，总体而言没有造成全国范围较强的极化现象。

13.5　本章小结

本章在第 5 章基于“三大变革”与“五大新发展理念”指导下构建的创新要素配置与经济高质量发展系统指标体系，以及在第 7 章和第 10 章的配置水平和经济高质量发展水平测度结果的基础上，测度了创新要素配置系统与经济高质量发展系统的耦合度。进一步地，应用 Dagum 基尼系数、核密度估计法具体分析了我国四个发展阶段下创新要素配置与经济高质量耦合发展的区域差异及来源、分布动态。研究结论如下：

第一，从特征事实看，四个发展阶段下我国各省级行政区创新要素配置与经济高质量发展的耦合水平呈现“东高西低”“沿海优于内陆”的不均衡空间分布特征，“十五”“十一五”时期总体上呈现“东部—东北—中部—西部”耦合度逐步递减的特征。从变动趋势看，不同阶段下，全国各地区两系统耦合度均呈正增长，但区域差异变化有所不同。从全国总体来看，不同阶段下，创新要素配置系统的发展领先于经济高质量发展系统，表明我国创新要素投入较高，但其转化成果并不理想，东部地区创新要素配置与经济高质量发展的差异相对较小，尤其是“十一五”前两年，创新要素配置发展滞后于经济高质量发展系统。

第二，从区域差异来源看，本章分别从“十五”“十一五”“十二五”

和“十三五”四个阶段分析了创新要素配置与经济高质量发展耦合的区域差异特征及差异来源，研究发现，我国创新要素配置与经济高质量发展耦合的区域差异除“十五”时期呈现扩大趋势外，其他时期均呈现不同程度的缩小趋势。总体来看，四个不同时期创新要素配置与经济高质量发展耦合的区域差异来源主要来自区域间差异，区域内部差异是总体差异的次要来源，而超变密度对总体差异的贡献度最低。因此，缩小区域间差异是解决创新要素配置与经济高质量耦合发展空间异质性问题的关键。

第三，从分布动态来看，总体上不同阶段下全国创新要素配置与经济高质量耦合发展水平存在一定的两极分化现象，但程度较弱；不同阶段下各地区创新要素配置与经济高质量耦合发展分布曲线波峰均呈右移状态，共同促进全国创新要素配置与经济高质量耦合发展水平不断提升；通过极化现象分析发现，“十五”时期存在极化现象的为中部地区、东北地区和西部地区，但极化现象不显著，“十一五”时期存在极化现象的为东北地区，“十二五”“十三五”时期存在极化现象的为中部和东北地区。综合来看，不同阶段下，虽然各地区极化现象略有差异，但并没有造成全国总体较强的极化现象。

第 14 章　高质量发展视阈下创新要素配置的政策评价

在经过第 11 章、第 12 章和第 13 章分别从投入、过程和结果环节对创新要素配置进行评价之后，基于 CIPP 评价理论，需要对创新要素配置进行目标环节的评价。鉴于本书以优化创新要素配置促进高质量发展为目标，国家实施的相关政策对创新要素配置影响程度净效应如何？又是如何衡量的？因此，本章首先从创新型城市政策、智慧城市政策和国家自主创新示范区政策出发，运用多时点双重差分模型对创新要素配置进行政策评价，并对影响路径进行深入分析。其次，在上述政策基础上，研究双试点政策、三试点政策对创新要素配置影响，以及政策建立先后顺序对创新要素配置影响有何不同。最后，比较单试点政策、双试点政策和三试点政策对创新要素配置净效应大小，从而得出在高质量发展视阈下，国家应该实施什么政策，是否要通过政策组合拳来实现创新要素的有效配置。

14.1　创新要素配置的政策评价

本节的重点是在高质量发展视阈下，选取国家实施的相关政策，运用政策评价法研究政策实施对创新要素配置影响。那么，选取哪些政策就是本节的重点。本节选取相关政策主要是基于以下几点：第一，选取的政策，其实施目的主要是打破要素流动壁垒，提高要素自由流动，进而实现创新要素的合理配置，即政策实施的目的主要是提高创新要素配置；第二，政策实施时间要与前面章节实证部分中的时间一致，即选取的政策实施时间一定要在“十五”至“十三五”期间，反之不予考虑；第三，选取的政策不仅要服务于创新要素配置，也要服务于经济高质量发展；第四，基于以上几点的考虑，以及实证结果的可靠性，本节最终选取了创新型城市政策、智慧城市政策、国家自主创新示范区政策这三项政策，来研究在经济高质量发展视阈下，国家政策实施对我国创新要素配置具有何种影响。

14.1.1 创新型城市建立对创新要素配置影响的政策评价

（1）创新型城市建立对创新要素配置影响的机制分析。

科技部和国家发展改革委关于印发建设创新型城市工作指引的通知中明确指出，积极开展产学研合作交流以及与国外科研院所的交流，从而聚集国内外创新人才、高端技术、创新资本等创新要素，为企业进行创新、研发活动提供支撑。以市场需求为导向，建立以创新产业链为基础，构建技术创新产业联盟，形成要素的聚集效应、辐射效应和规模效应。一方面，新旧技术的更替会导致一批不能适用于新技术、新环境企业退出或迁移，而在这种退出和迁移过程中就会导致各种要素在企业间、城市间、行业间自由流动，从而导致创新要素的合理配置；另一方面，有基础、实力的企业往往能够研究出新技术，而企业的演化发展存在明显的路径依赖（Meijers et al.，2017），使新技术、创新活动会进一步在中心城市内部流动（Balland et al.，2015），这也会导致创新要素在此过程中合理配置。当然，当某一城市产业足够成熟，该城市产业对要素的需求就不是很强烈，而这也会导致本该流向该地区产业的要素流向其他地区，因为原本城市对要素的需求已经饱和，而要素从这端流向另一端过程实质上也是要素在实现合理配置。由此可以看出，在创新型试点城市政策的推动下，确实能够显著提高创新要素配置。由此，提出如下假设：

H_1：创新型试点城市建立显著提升了创新要素配置。

创新型城市是创新人才、资本和知识等要素的聚集地，可以聚集各种资源为创新型城市发展提供帮助。李洪涛和王丽丽（2020）认为创新型城市建立加快了城市创新要素正向流动，而这有利于创新溢出的形成。创新型城市在促进创新要素集聚的同时，可以使企业间共享信息、技术成果以及基础设施等，能够营造出良好的企业创新环境，有利于企业创新活动的展开。良好的创新环境是企业进行创新活动的必要条件。建设创新型城市，可以创造知识、技术、知识产权保护创新等全面良好的创新环境。通过完善的创新保护机制，可以鼓励企业进行创新活动，从而为企业实现创新要素合理配置提供保障。一方面，创新型试点城市是 R&D 人员、R&D 资金、创新知识等各类创新要素集聚的载体，创新资本、创新人才等各种创新要素通过区域间流动加强了要素间交流，并且各种创新要素在集聚的过程中会产生摩擦与碰撞，从而产生创新知识外溢效应和创新技术外溢效应等创新扩散效应，进而推动企业创新要素配置水平的提升。另一方面，城市在被选为创新型城市后，会制定和执行更加严格的知识产权保护制度，在制度上保护创新主体的创新产出，从而能够有效防止专利侵权、产出侵占现象的发生，减少因非排他性和非竞争性等创新产品所造成的创新外溢现象。创新型试点城市通过加大创新成果的保护力度和执行力度，可以增强创新知识的外溢效应，从而提升企业创新要素配置水平。总的来说，城市整体创新水平和知识产权保护力度能够对企业创新要素配置产生直接影响。由此，提出如下假设：

H_2：创新型城市建立通过改善企业所处的创新环境从而提升企业创新配置水平。

加强创新要素流动可以实现区域内创新要素合理配置（白俊红和蒋伏心，2015）。创新要素的“趋利势”会使创新要素按照边际收益等于边际成本的原则自发地流向获益最高的地区，而这种在市场规律作用下的自由流动，可以使整个社会的研发资源达到最优的配置（王钺和刘秉镰，2017）。此外，由于创新要素本身具有知识密集型的特征，其内在携带丰富的知识元素，这些创新要素的流动会产生“空间知识溢出”效应，进一步优化区域创新要素的结构和配置（卞元超等，2020）。

关于创新型试点城市政策实施是否促进了创新要素流动这一问题上，李洪涛和王丽丽（2020）发现国家创新型试点城市政策能够有效促进城市乃至区域整体的要素流动，且这种推动作用在行政级别偏低的城市更为显著。产学研协同创新作为创新要素的重要组成部分，为此，王晓红等（2021）研究发现创新型试点城市政策推动了城市产学研知识流动，并且进一步发现城市创新氛围发挥了部分中介作用。刘锴等（2020）以创新型城市为研究对象，发现北京、上海和南京在整个研究期间内人才流动、资本流动的平均度数中心度都处于最高水平，且在空间维度上呈现出东部地区优于中、西部地区。因此，创新型试点城市政策实施充分提高了区域内创新要素流动。由此，本节提出如下假设：

H_3：创新型试点城市的建立通过加强要素流动提升企业创新要素配置水平。

（2）数据来源与变量选择。

①数据来源及处理。在前面的研究中，样本时间总体范围为 2001 ~ 2019 年，即“十五”至“十三五”期间，考虑到选取的三个试点政策中（创新型城市政策、智慧城市政策和国家自主创新区政策），创新型试点城市政策实施时间最早为 2008 年，为此本节选取的样本时间范围为 2006 ~ 2019 年，即“十一五”至“十三五”期间。之所以不选取“十五”至“十三五”期间样本数据，是因为实证结果不如“十一五”至“十三五”期间得到的实证结果。此外，不选取“十五”至“十一五”、“十一五”至“十二五”、“十三五”至“十四五”期间样本数据，是因为实证结果差以及不满足使用双重差分法条件。因此，本节最终选择 2006 ~ 2019 年 285 个地级市面板数据作为研究对象。其中被解释变量数据来源于各地级市中的统计年鉴、经济年鉴、政府公告以及国家知识产权局中公布的中国专利数据。控制变量数据主要来源于《中国城市统计年鉴》。此外，本节还进行了如下处理：剔除数据缺失过多的地级市；部分地级市缺失少量数据用多重插补法处理。最终得到所需要的样本观测值。

②被解释变量。根据前面对创新要素配置内涵的界定，兼顾指标体系的合理性和数据的可得性，结合投入和产出两方面内容，从人力创新要

素、资本创新要素、技术创新要素、信息创新要素和制度创新要素五个维度，筛选出 14 项指标体系构建创新要素配置指标体系（见表 14.1）。其中，人力创新要素方面，基于每千人拥有技术卫生人员数、每千人拥有病床数和财政医疗卫生支出表征人力健康，以普通高等学校教育经费支出、每十万人高等院校平均在校人数表示人力投入，以高等学校数表示人力组织；资本创新要素方面，以实际利用外商投资占 GDP 比重表示对外资本，以 R&D 经费内部支出占比和数字普惠金融指数表示研发资本；技术创新要素方面，基于发明专利授权数揭示技术开发；信息创新要素方面，选取人均拥有图书馆和博物馆数表征信息发展潜力，以互联网普及率表示信息共享能力；制度创新要素方面，选取非国有经济发展度、知识产权保护度和工信部智能制造试点示范项目数 + 工业互联网试点示范项目衡量市场规范。

表 14.1　创新要素配置水平评价指标体系

综合系统	子系统	目标层	具体测算指标
创新要素配置	人力创新要素	人力健康	每千人拥有技术卫生人员数
			每千人拥有病床数
			财政医疗卫生支出
		人力投入	高等学校生均教育经费支出
			每十万人高等院校平均在校人数
		人力组织	高等学校数
	资本创新要素	对外资本	实际利用外商投资占 GDP 比重
		研发资本	R&D 经费内部支出占比
			数字普惠金融指数
	技术创新要素	技术开发	发明专利授权数
	信息创新要素	信息发展潜力	人均图书馆和博物馆数
		信息共享能力	互联网普及率
	制度创新要素	市场规范	非国有经济发展度
			知识产权保护度
			工信部智能制造试点示范项目数 + 工业互联网试点示范项目数

注：基于数据可得性和实证结果的可靠性，本节依据前面章节研究，最终只能获取选取“十五”至“十三五”期间 14 项指标用于本节的实证研究。

基于上述创新要素配置指标体系的构建，本节选址实数编码加速遗传算法（RAGA）的投影寻踪模型测度各地级市创新要素配置水平。该模型具有稳健性、抗干扰性和准确度高等优点，在处理高纬度、非正态数据方面使用得非常多。

③解释变量。解释变量包括时间虚拟变量（post）、分组虚拟变量（treat）和交互项（post × treat）。其中，时间虚拟变量（post）表示政策实施期前后；分组虚拟变量（treat）表示样本城市是否为政策试点区域；交互项（post × treat）为本节核心解释变量，表示创新型试点城市建立对创新要素配置的政策影响。

④控制变量。为了避免因遗漏变量所产生的偏误，本节还控制了其他变量：经济发展水平（Rgdp），用人均 GDP 表示；固定资产投资（Gzctz），用地级市固定资产投资额占本市 GDP 比重表示；产业升级（Cysj），用第三产业与第二产业产值之比表示；金融发展水平（Grfz），用人均金融机构贷款额表示；财政支出规模（Gzzc），用财政支出占 GDP 比重表示；政府科技支出水平（Rd）：用政府科研支出占财政支出比重表示。

（3）计量模型设定与基准结果分析。

①计量模型设定。

$$Cxyspz_{it} = \beta_0 + \beta_1 treat_{it} + \beta_2 post_{it} + \beta_3 treat_{it} \times post_{it} + \beta_3 X_{it} + \mu_i + \theta_t + \varepsilon_{it} \tag{14.1}$$

其中，i 表示城市，t 表示时间，$Cxyspz_{it}$表示创新要素配置，$treat_{it}$为创新型试点城市虚拟变量，当城市属于政策实施的创新型城市时，$treat_{it}$取 1，反之取 0；$post_{it}$为时间虚拟变量，政策实施之前取 0，反之取 1；交互项 $treat_{it} \times post_{it}$的系数 β_3反映了相对于非试点城市，试点城市在实施了创新型试点城市政策前后创新要素配置的变化；X_{it}表示一系列控制变量，如经济发展水平、固定资产投资、产业升级、金融发展水平、财政支出规模和政府科技支出水平。通过在双重差分模型中加入城市个体固定效应μ_i，控制了城市层面不随时间改变的不可观测因素对创新型试点城市与创新要素配置的影响；通过时间固定效应θ_t控制了创新型试点城市政策实施前后创新要素配置由于时间趋势导致的差异；ε_{it}为随机误差项。

②基准结果分析。

创新型试点城市政策的实施为我们研究创新要素配置提供了一个很好的准自然实验。本节首先使用双重差分法进行基准回归，其结果如表 14.2 所示。表 14.2 中列（1）、列（2）分别表示政策实施对创新要素配置加入控制变量和不加入控制变量的处理效应。从反映政策处理效应变量 Treat × post 的系数和显著性水平可知，不加入控制变量和未控制固定效应时，创新型试点城市政策的实施显著地提高了创新要素配置水平。同时可以发现，Rgdp、Fdi 等控制变量与创新要素配置水平呈显著的正相关关系。经济发展水平越大使城市能够有充足的资金吸引研究人员，研究经费也相对增加，从而对城市的创新要素配置就有了积极的促进作用。产业升级与创新要素配置呈显著的正相关，这是因为随着产业结构的不断升级，创新要素会从低效率生产部门流向高效率生产部门，而这种资源的自由流动，会使整个社会的研发资源达到最优的配置，进而实现创新要素合理配置。以上结果验证了假设 H_1，创新型试点城市建立提高了创新要素配置能力。

表 14.2　　基准回归结果

变量	创新要素配置 （1）	创新要素配置 （2）
Treat × post	0.248 *** （0.066）	0.106 ** （0.045）
Rgdp		0.123 *** （0.015）
Gzctz		−0.037 *** （0.009）
Cysj		0.171 *** （3.438）

续表

变量	创新要素配置 (1)	创新要素配置 (2)
Grfz		0.007 (0.010)
Czzc		0.032 (0.052)
Rd		0.040 *** (0.003)
Year	No	Yes
Firm	No	Yes
R^2	0.106	0.213

注："***""**"分别表示在1%、5%水平显著，括号里的数值为标准误差。

(4) 稳健性检验。

①平行趋势检验。

表14.2结果表明，创新型城市建立显著提高了创新要素配置。但是使用双重差分模型前提条件是实验组和对照组在创新型试点城市政策实施之前，创新要素配置必须具有相同的变化趋势，因此需要对双重差分模型进行平行趋势检验。为此，借鉴钱雪松等（2018）的做法，本节在模型（14.1）基础上构建式（14.2）回归模型：

$$Cxyspz_{it} = \alpha_0 + \alpha_1 treated \times post + \alpha_2 treated \times post_{2005} + \alpha_3 treated \times post_{2004} + \alpha_4 treated \times post_{2003} + \alpha_5 X_{it} + \mu_i + \theta_t + \varepsilon_{it} \quad (14.2)$$

其中，$treated \times post_{2005}$、$treated \times post_{2004}$和$treated \times post_{2003}$分别表示政策实施前3年的交互项，$post_{2005}$表示在2005年取值为1，其他年份取值为0；其中$post_{2004}$表示在2004年取值为1，其他年份取值为0；$post_{2003}$表示在2003年取值为1，其他年份取值为0。如果系数α_2、α_3和α_4不显著，则说明通过平行趋势假说检验。表14.3结果显示，$treated \times post_{2005}$、$treated \times post_{2004}$和$treated \times post_{2003}$的系数均不显著，因此可以认为创新型试点城市政策实施之前，实验组和对照组的创新要素配置具有相同的变化趋势，从而满足平行趋势假说检验。

表 14.3　　　　　　　　平行趋势检验

变量	创新要素配置
Treat × post	0.106 ** (0.045)
Treat × $post_{2005}$	0.172 (0.130)
Treat × $post_{2004}$	0.201 (0.110)
Treat × $post_{2003}$	0.184 (0.887)
控制变量	Yes
Year	Yes
Firm	Yes
R^2	0.106

注："**"表示在 5% 水平显著，括号里的数值为标准误差。

②反事实检验。

为了排除政策实施之前其他事件导致创新型试点城市政策的实施引起创新要素配置水平的提高。本节借鉴范子英和田彬彬（2013）的做法，将创新型试点城市实施时间提前 3 年。以提前 3 年的时间点作为政策的开始实施时间，若交互项 treated × post 的系数依旧显著，则说明创新要素配置的提高并不是由于创新型试点城市政策实施所引起的，而是由于其他事件导致的。表 14.4 结果显示，交互项 treated × post 的系数为正且不显著，表明在将政策实施时间提前 3 年，创新要素配置水平的提高并没有受到其他政策或事件的影响，创新型试点城市政策的实施对实验组和控制组的创新要素配置水平没有显著影响，即说明创新要素配置水平的提高是由于创新型试点城市政策引起的，前面实证结果具有较强的稳健性。

表 14.4　　反事实检验

变量	创新要素配置
Treat × post	0.351 (0.310)
控制变量	Yes
Year	Yes
Firm	Yes
R^2	0.102

注：括号里的数值为标准误差。

③改善样本选择偏差。

使用双重差分法容易产生“选择性偏差”，即无法保证试点城市和非试点城市在政策实施前具有相同的个体特征，这种情况在样本量比较多的情况下容易发生。因此，为了使试点城市和非试点城市变动趋势存在的选择性误差一致，并降低双重差分法的估计偏误，本节进一步使用 PSM - DID 方法进行检验。其具体步骤为：将是否是政策试点城市的虚拟变量对创新要素配置指标进行 Logit 回归，得到 PSM 值，PSM 值最接近的城市可以作为控制组。本节借鉴 Abadie 等（2004）的研究，采用“k 近邻匹配（k = 4）方法”，选用经济发展水平、固定资产投资、产业升级、金融发展水平、财政支出规模和政府科技支出水平作为匹配的特征变量。表 14.5 列出了样本匹配后使用双重差分法的回归结果。结果表明，交互项 treated × post 的系数在 1% 水平上显著为正，可以验证创新型试点城市政策的实施显著提升了试点市区创新要素配置水平，所以本节的结论仍具有稳健性。

表 14.5　　改变样本选择偏差

变量	创新要素配置
Treat × post	0.065 *** (0.016)
控制变量	Yes

续表

变量	创新要素配置
Year	Yes
Firm	Yes
R^2	0. 234

注："***"表示在1%水平显著，括号里的数值为标准误差。

④替换创新要素配置测度方法。

本节对于创新要素配置衡量，主要是采用投影寻踪法，为了进一步保证实证结果的稳健性，使用熵权－TOPSIS－灰色关联度方法测算各地级市创新要素配置水平。此方法可以检验本书实证结果是否稳健，并且还可以保证和前面章节对创新要素配置的衡量方法一致，进一步提升结果的稳健性。

表 14. 6　　替换创新要素配置测度方法

变量	创新要素配置
Treat × post	0. 149*** (0. 052)
控制变量	Yes
Year	Yes
Firm	Yes
R^2	0. 109

注："***"表示在1%水平显著，括号里的数值为标准误差。

从表 14. 6 可知，在使用熵权－TOPSIS－灰色关联度方法测算创新要素配置水平后，核心解释变量 Treat × post 系数显著为正，表明在改变创新要素配置测度方法后，创新性试点政策仍然显著提高了创新要素配置水平，从而说明本节的结果具有稳健性。

（5）影响机制分析。

从前面的实证分析可知，在排除许多因素影响后，创新型试点城市政策的实施对创新要素配置有着显著的促进作用。那么创新型试点城市政策的实施是通过什么渠道影响创新要素配置呢？是否如理论机制中假设的一样，通过改善创新环境和加强要素流动导致创新要素配置水平的提高呢？为验证该假设，本节对创新型试点城市政策通过改善创新环境和加强要素流动提高创新要素配置进行中介效应分析。

①创新环境机制分析。

本节借鉴李政等（2018）的做法，将创新环境分为软环境建设和硬环境建设，其中以地方财政支出占一般公共服务支出比重来表示软环境，以公共基础设施建设投资占全社会固定资产投资比重来表示硬环境，随后取两者均值表示创新环境。所需数据来源于国家统计局数据库。随后采用三步法来对中介效应进行检验，第一步，检验创新型城市战略政策实施是否促进了创新环境的产生；第二步，检验创新型试点城市能否提高创新要素配置；第三步，将创新环境放入控制变量中，对交互项 treated × post 进行回归分析。具体模型如式（14.3）、式（14.4）和式（14.5）所示：

$$Cxhj_{it}(Rhj_{it},Yhj_{it}) = \alpha_0 + \alpha_1 \times treat_i \times post_t + x_{it} + \mu_i + \gamma_t + \varepsilon_{it} \quad (14.3)$$

$$Cxyspz_{it} = b_0 + b_1 \times treat_i \times post_t + x_{it} + \mu_i + \gamma_t + \varepsilon_{it} \quad (14.4)$$

$$Cxyspz_{it} = c_0 + c_1 \times treat_i \times post_t + c_2 Cxhj_{it}(Rhj_{it},Yhj_{it}) + x_{it} + \mu_i + \gamma_t + \varepsilon_{it} \quad (14.5)$$

若式（14.3）回归结果系数显著，则说明创新型试点城市政策对创新环境有影响；若式（14.4）回归结果显著，则说明创新型试点城市战略对创新要素配置有影响。由前面实证分析可知，创新型试点城市战略对创新要素配置有显著的促进作用；若式（14.5）交互项不显著或者显著但系数下降，则表明创新型试点城市战略是通过创新环境促进创新要素配置。具体回归结果如表 14.7 所示。

表 14.7　　创新环境中介效应分析

变量	(1)	(2)	(3)
Treat × post	0.043*** (0.021)	0.106** (0.045)	0.103** (0.051)
控制变量	Yes	Yes	Yes

续表

变量	(1)	(2)	(3)
Year	Yes	No	Yes
Firm	Yes	No	Yes
R^2	0.110	0.157	0.189

注："***""**"分别表示在1%、5%水平显著，括号里的数值为标准误差。

表 14.7 中列（1）Treat × post 的系数值为 0.043，且显著，说明创新型试点城市战略政策对创新环境起着促进作用。列（2）的回归结果显示，Treat × post 的系数值为 0.106，表明创新型试点城市战略显著提高了创新要素配置水平。列（3）的回归结果表明，将创新环境放入控制变量中，核心解释变量 did 显著降低，且系数绝对值变小了。这表明创新试点城市的确是通过提升创新环境提高创新要素配置水平。由此，证明了假设 H_2 中创新型试点城市建立通过创新环境提高创新要素配置。

②要素流动机制分析。

对于要素流动测算目前方法较多，本节基于数据的可得性，借鉴李小平和陈勇（2007）的方法，将要素流动分解为劳动流动和资本流动。其中，劳动流动以各地级市劳动力数量占全国总劳动力数量所占比重表示；资本流动以各地级市资本占全国资本比重表示。随后采用检验创新环境方法来验证要素流动机制。其结果如表 14.8 和表 14.9 所示。

表 14.8　　劳动力要素流动中介效应分析

变量	(1)	(2)	(3)
Treat × post	0.166*** (0.064)	0.106** (0.045)	0.104** (0.050)
控制变量	Yes	Yes	Yes
Year	Yes	Yes	Yes
Firm	Yes	Yes	Yes
R^2	0.169	0.212	0.108

注："***""**"分别表示在1%、5%水平显著，括号里的数值为标准误差。

表 14.9　资本要素流动中介效应分析

变量	(1)	(2)	(3)
Treat × post	0.092*** (0.026)	0.106** (0.045)	0.031** * (0.010)
控制变量	Yes	Yes	Yes
Year	Yes	Yes	Yes
Firm	Yes	Yes	Yes
R^2	0.225	0.373	0.523

注："***""**"分别表示在1%、5%水平显著，括号里的数值为标准误差。

表14.8和表14.9为创新要素配置关于要素流动的中介效应分析回归结果。表14.8中列（1）Treat × post的系数值为0.166，且显著，说明创新型试点城市政策对劳动要素流动起着促进作用。列（2）的回归结果显示，Treat × post的系数值为0.106，表明创新型试点城市战略显著提高了创新要素配置水平。列（3）的回归结果表明，核心解释变量did显著降低，且系数绝对值变小了，这表明创新试点城市的确是通过加强劳动要素流动提高创新要素配置。同理，由表14.9可知，创新型城市通过资本要素流动提高创新要素配置水平。由此，证明了假设 H_3 中创新型试点城市建立通过加强要素流动提高创新要素配置。

（6）异质性分析。

①资源型城市的异质性分析。

考虑到创新型城市建立对创新要素配置影响可能会受到要素资源禀赋影响，为此本节根据国务院2013年颁布的《全国资源型城市可持续发展规划》中的划分标准，将本节研究的样本城市划分为成长型城市、成熟型城市、衰退型城市和再生型城市。考虑到将城市如果划分为上述4类，有些类型城市数据太少，为此，本节将上述4类城市称为资源型城市，而非上述4类城市称为非资源型城市。具体回归结果如表14.10所示。结果表明，创新型城市对非资源型城市的创新要素配置水平系数显著为正，说明创新型城市建立显著提高了非资源型城市的创新要素配置水平。对于资源型城市，创新型城市对创新要素配置影响为正，但其影响程度略低于非资源型城市的影响程度，这可能是因为资源型城市主要是以传统工业为主，创新活动较少，从而创新政策对创新要素配置影响较低。

表 14.10　资源型城市异质性分析

变量	资源型城市	非资源型城市
Treat × post	0.098 ** (0.046)	0.131 ** (0.054)
控制变量	Yes	Yes
Year	Yes	Yes
Firm	Yes	Yes
R^2	0.133	0.312

注："**"表示在 5% 水平显著，括号里的数值为标准误差。

②创新创业水平异质性分析。

不同城市的创新水平不一样，会导致创新资源流动方向不一样。通常来说，对于创新水平低的城市来说，创新要素会流向创新水平高的城市，从而导致创新水平高的城市创新要素配置得到提高。为此，本节依据北京大学 2019 年发布的中国区域创新创业指数，将样本城市划分为创新创业水平较高地区和创新创业水平较低地区。具体回归结果如表 14.11 所示。表 14.11 回归结果表明，创新型城市建立显著提高了创新创业水平较高地区的创新要素配置水平，对创新创业水平较低的城市创新要素配置虽然也显著提高，但是提高水平不及创新创业水平高地区。这可能是因为创新水平高地区对创新要素的需求高，创新要素流向该地区较频繁，从而导致上述结果的发生。

表 14.11　创新创业水平异质性分析

变量	创新水平较高地区	创新水平较低地区
Treat × post	0.173 *** (0.064)	0.099 *** (0.019)
控制变量	Yes	Yes

续表

变量	创新水平较高地区	创新水平较低地区
Year	Yes	Yes
Firm	Yes	Yes
R^2	0.195	0.318

注："***"表示在1%水平显著，括号里的数值为标准误差。

③区域异质性分析。

由于大部分创新资源都集中在东部沿海地区，为此，有必要考虑创新型试点城市政策实施对区域创新要素配置现象是否起到提高作用。为此，本节根据国家计委区域划分标准，将样本城市划分为东部、中部和西部三大地带，分别进行回归。表14.12结果表明，创新型试点城市建立对东部地区创新要素配置起到明显提高作用，即"雪中送炭"效果，而对中部和西部地区创新要素配置虽然起到促进作用，但不显著。这可能是因为东部地区市场化程度高，市场机制在资源配置过程中起到了重要作用，调动了各个主体参与市场的积极性，推动了创新要素资源在区域间的频繁流动，因此才提高了市场化程度高的东部地区创新要素配置水平。相反，对于市场化程度较低的中部和西部地区，由于企业不能以最优要素规模进行生产，从而加剧了要素市场扭曲对资源配置的抑制作用，使创新要素配置没有得到提高，最终导致发生上述结果。

表14.12　　区域异质性分析

变量	东部地区	中部地区	西部地区
Treat × post	0.175*** (0.052)	0.050 (0.766)	0.088 (0.143)
控制变量	Yes	Yes	Yes
Year	Yes	Yes	Yes
Firm	Yes	Yes	Yes
R^2	0.133	0.215	0.109

注："***"表示在1%水平显著，括号里的数值为标准误差。

14.1.2　智慧城市建立对创新要素配置影响的政策评价

（1）智慧城市建立对创新要素配置影响机理分析。

智慧城市试点政策也有利于提高创新要素配置。智慧城市建设加速了城市的智能化发展，带动高新技术产业的壮大，形成对创新人才的刚性需求，吸引科技人才集聚，提升城市人力资本的数量和质量（赵领娣等，2016）。智慧城市在建设过程中注重构建智慧城市信息公共平台。此举有利于企业通过平台获取信息能力和效率不断提高，以便灵活调整经营策略，实现实时动态地改变组织方式和生产过程，便捷掌握人力、资本等要素的流动和变化，资源配置效率不断提高（石大千等，2018）。由此，本节提出如下假设：

H_1：智慧城市建立显著提升了创新要素配置。

在传统城市运转环境下，政府参与经济活动受限，企业对资本、劳动等要素的配置能力不足，经常会出现资源错配现象（韩剑等，2014），而产业结构升级能够有效减少资源错配现象（刘佳等，2019）。一方面，智慧城市在发展过程中依托信息技术、云计算、互联网等新一代技术手段必然会推动新产业的发展，而新产业的发展必然伴随着旧产业的淘汰，在新旧交替过程中必然伴随着产业结构升级。王敏等（2020）研究发现智慧城市通过科技水平、互联网发展等要素促进了产业结构升级。另一方面，智慧城市与非试点城市相比具有技术优势，这主要得益于在成为智慧城市上具有财政、税收等政策扶持力度。由此，非试点城市可以通过与试点城市加强合作，获取技术溢出效应，也可以通过向试点城市学习先进技术以及对试点城市的先进技术进行模仿从而推动本地区产业结构升级。产业结构升级会推动各种要素禀赋得到有效发挥，推动区域要素产出增加，减少要素错配现象。此外，智慧城市在推动产业结构升级过程中，会导致各区域企业跨区域转移，而企业在跨区域转移过程中往往会伴随着资源再配置和资源的“优胜劣汰”，在这两种情况的共同作用下，会迫使企业提高生产率以及资源配置效率进而推动要素资源的合理化配置。由此，提出如下假设：

H_2：智慧城市通过产业结构升级提升创新要素配置。

智慧城市建设通过新一代信息技术完善物联网、云计算、地理空间等基础设施。现有研究表明基础设施的完善，打破了市场分割，实现了要素更大范围的共享，降低了资源错配造成的效率损失（Aschauer，1989；Barzin et al.，2018），从而实现创新要素合理配置。基础设施的完善，一方面会吸引大量企业入驻（刘钜强和赵永亮，2010），从而形成产业聚集；另一方面会降低企业中间品和资本投入，也即降低企业的信息搜寻成本，加强了区域内创新要素的相互流动，为创新要素合理配置提供条件。智慧城市对信息技术基础设施的投入会使当地信息化水平逐年提高，缺乏创新和技术的岗位会逐渐被机器等设备取代，缺乏技能性或低技能性的劳动力也会随着基础设施的完善而逐渐退出市场，实现了要素合理配置。智慧城市通过完善基础设施建设，不仅优化了资源配置（刘传明和马青山，2020），还极大提高了信息传送、信息成果共享以及前沿技术外溢的速度，降低了要素搜寻和传递成本，加强了信息技术、数据等创新要素在不同主体之间的传播，进而通过技术外溢效应获得规模报酬递增效果，促进创新要素合理配置。最后，智慧城市通过加强基础设施建设，能够打破信息交流的时空限制，促进创新要素在不同区域、创新主体之间流动，有助于减少信息不对称所引发的风险，从而提高创新要素配置精准度。由此，本节提出如下假设：

H_3：智慧城市通过加强基础设施建设提高创新要素配置。

（2）数据来源与变量选择。

①数据来源及处理。在前面的研究中，样本时间总体范围为2001～2019年，即“十五”至“十三五”期间，考虑到选取的三个试点政策中（创新型试点政策、智慧城市政策和国家自主创新区政策），创新型试点城市政策实施时间最早为2008年，为此本节的样本时间范围为2006～2019年，即“十一五”至“十三五”期间。之所以不选取“十五”至“十三五”期间样本数据，是因为得到结果不如“十一五”至“十三五”期间得到的结果。此外，不选取“十五”至“十一五”、“十一五”至“十二

五”、“十三五”至“十四五”期间样本数据，是因为实证结果差以及不满足使用双重差分法条件。因此，本节最终选择 2006 ~ 2019 年 285 个地级市面板数据作为研究对象。其中被解释变量数据来源于各市中的统计年鉴、经济年鉴、政府公告以及国家知识产权局中公布的中国专利数据。控制变量数据主要来源于《中国城市统计年鉴》。此外，本节还进行了如下处理：剔除数据缺失过多的地级市；部分地级市缺失少量数据用多重插补法处理。最终得到所需要的样本观测值。

②被解释变量。根据前面对创新要素配置内涵的界定，兼顾指标体系的合理性和数据的可得性，结合投入和产出两方面内容，从人力创新要素、资本创新要素、技术创新要素、信息创新要素和制度创新要素五个维度，筛选出 14 项指标体系构建创新要素配置指标体系（见表 14.13）。其中，人力创新要素方面，基于每千人拥有技术卫生人员数、每千人拥有病床数和财政医疗卫生支出表征人力健康，以普通高等学校教育经费支出、每十万人高等院校平均在校人数表示人力投入，以高等学校数表示人力组织；资本创新要素方面，以实际利用外商投资占 GDP 比重表示对外资本，以 R&D 经费内部支出占比和数字普惠金融指数表示研发资本；技术创新要素方面，基于发明专利授权数揭示技术开发；信息创新要素方面，选取人均拥有图书馆和博物馆数表征信息发展潜力，以互联网普及率表示信息共享能力；制度创新要素方面，选取非国有经济发展度、知识产权保护度和工信部智能制造试点示范项目数 + 工业互联网试点示范项目衡量市场规范。

表 14.13　　　　创新要素配置水平评价指标体系

<table>
<tr><th>综合体系</th><th>子体系</th><th>目标层</th><th>具体测算指标</th></tr>
<tr><td rowspan="6">创新要素配置</td><td rowspan="6">人力创新要素</td><td rowspan="3">人力健康</td><td>每千人拥有技术卫生人员数</td></tr>
<tr><td>每千人拥有病床数</td></tr>
<tr><td>财政医疗卫生支出</td></tr>
<tr><td rowspan="2">人力投入</td><td>高等学校生均教育经费支出</td></tr>
<tr><td>每十万人高等院校平均在校人数</td></tr>
<tr><td>人力组织</td><td>高等学校数</td></tr>
</table>

续表

综合体系	子体系	目标层	具体测算指标
创新要素配置	资本创新要素	对外资本	实际利用外商投资占 GDP 比重
		研发资本	R&D 经费内部支出占比
			数字普惠金融指数
	技术创新要素	技术开发	发明专利授权数
	信息创新要素	信息发展潜力	人均图书馆和博物馆数
		信息共享能力	互联网普及率
	制度创新要素	市场规范	非国有经济发展度
			知识产权保护度
			工信部智能制造试点示范项目数 + 工业互联网试点示范项目数

基于上述创新要素配置指标体系的构建，本节选址实数编码加速遗传算法（RAGA）的投影寻踪模型测度各地级市创新要素配置水平。该模型具有稳健性、抗干扰性和准确度高等优点，在处理高纬度、非正态数据方面使用得非常多。

③解释变量。解释变量包括时间虚拟变量（post）、分组虚拟变量（treat）和交互项（Treat × post）。其中，时间虚拟变量（post）表示政策实施期前后；分组虚拟变量（treat）表示样本城市是否为政策试点区域；交互项（Treat × post）为本节核心解释变量，表示智慧城市建立对创新要素配置的政策影响。

④控制变量。为了避免因遗漏变量所产生的偏误，本节还控制了其他变量：经济发展水平（Rgdp），用人均 GDP 表示；固定资产投资（Gzctz），用地级市固定资产投资额占本市 GDP 比重表示；产业升级（Cysj），用第三产业与第二产业产值之比表示；金融发展水平（Grfz），用人均金融机构贷款额表示；财政支出规模（Gzzc），用财政支出占 GDP 比重表示；政府科技支出水平（rd），用政府科研支出占财政支出比重表示。

(3) 计量模型设定与基准结果分析。

①计量模型设定。

$$Cxyspz_{it} = \beta_0 + \beta_1 treat_{it} + \beta_2 post_{it} + \beta_3 treat_{it} \times post_{it} + \beta_3 X_{it} + \mu_i + \theta_t + \varepsilon_{it} \quad (14.6)$$

其中，i 表示城市，t 表示时间，$Cxyspz_{it}$表示创新要素配置，$treat_{it}$为智慧城市虚拟变量，当城市属于 2012 年智慧城市时，$treat_{it}$取 1，反之取 0；$post_{it}$为时间虚拟变量，2012 年之前取 0，反之取 1；$treat_{it} \times post_{it}$交互项的系数$\beta_3$反映了相对于非试点城市，在实施了智慧城市试点政策前后创新要素配置的变化；X_{it}表示一系列控制变量，如经济发展水平、固定资产投资、产业升级、金融发展水平、财政支出规模和政府科技支出水平。通过在双重差分模型中加入城市个体固定效应μ_i，控制了城市层面不随时间改变的不可观测因素对智慧城市与创新要素配置的影响；通过时间固定效应θ_t控制了智慧城市政策实施前后创新要素配置由于时间趋势导致的差异；ε_{it}为随机误差项。

②基准结果分析。

表 14.14　　基础回归结果

变量	创新要素配置水平 (1)	创新要素配置水平 (2)
Treat × post	0.120*** (0.026)	0.082*** (0.020)
Rgdp		0.641*** (0.100)
Gdzctz		0.794*** (0.090)
Cysj		0.292*** (7.504)
Grfz		0.842*** (0.121)

续表

变量	创新要素配置水平 (1)	创新要素配置水平 (2)
Gzzc		0.026* (-2.011)
Rd		0.125 (0.42)
Year	No	Yes
Firm	No	Yes
R^2	0.106	0.112

注："***"、"*"分别表示在1%、10%水平显著，括号里的数值为标准误差。

智慧城市政策的实施为我们研究创新要素配置提供了一个很好的准自然实验。本节首先使用双重差分法进行基准回归，其结果如表14.14所示。表14.14中列（1）、列（2）分别表示政策实施对创新要素配置水平加入控制变量和不加入控制变量的处理效应。从反映政策处理效应变量Treat×post的系数和显著性水平可知，不加入控制变量和未控制固定效应时，智慧城市政策的实施显著提高了创新要素配置水平。从同时加入控制变量和考虑固定效应的列（2）可知，Treat×post的系数为0.082，且在1%水平上显著，表明在实施智慧城市政策后，试点城市的创新要素配置水平确实得到提高。同时可以发现，Rgdp、Gzctz等控制变量与创新要素配置水平呈显著的正相关关系。经济发展水平越高，城市收入越多，能够有充足的资金吸引研究人员，进而提高了创新要素配置水平。固定资产投资越大，创新要素配置水平越大，这可能是因为城市固定资产投资越大，说明该城市的基础设施越好，能够吸引大批创新人才以及创新企业落户，从而导致创新要素配置水平提高。以上结果验证了假设H_1，智慧城市建立促进了创新要素配置能力。

（4）稳健性检验。

①平行趋势检验。

表14.14结果表明，智慧城市建立提高了创新要素配置。但是使用双

重差分模型的前提条件是实验组和控制组在智慧城市政策实施之前创新要素配置必须具有相同的变化趋势，即对双重差分模型进行平行趋势检验。为此，借鉴钱雪松等（2018）的做法，本节构建如下回归模型：

$$Cxyspz_{it} = \alpha_0 + \alpha_1 treated \times post + \alpha_2 treated \times post_{2011} + \alpha_3 treated \times post_{2010} + \alpha_4 treated \times post_{2009} + \alpha_5 X_{it} + \mu_i + \theta_t + \varepsilon_{it} \quad (14.7)$$

其中，$treated \times post_{2011}$、$treated \times post_{2010}$和 $treated \times post_{2009}$分别表示政策实施前 3 年的交互项，$post_{2011}$表示在 2011 年取值为 1，其他年份取值为 0；其中$post_{2010}$表示在 2010 年取值为 1，其他年份取值为 0；$post_{2009}$表示在 2009 年取值为 1，其他年份取值为 0。如果系数α_2、α_3和α_4不显著，则说明通过平行趋势假说检验。表 14.15 结果显示，$treated \times post_{2011}$、$treated \times post_{2010}$和 $treated \times post_{2009}$的系数均不显著，因此可以认为智慧城市政策实施之前，实验组和对照组的创新要素配置具有相同的变化趋势，从而满足平行趋势假说检验。

表 14.15　　　　平行趋势检验

变量	创新要素配置水平
Treat × post	0.082*** (0.020)
Treat × $post_{2005}$	0.356 (0.321)
Treat × $post_{2004}$	0.331 (0.718)
Treat × $post_{2003}$	0.045 (0.030)
控制变量	Yes
Year	Yes
Firm	Yes
R^2	0.106

注：“***”表示在 1% 水平显著，括号里的数值为标准误差。

②改变时间区间。

表 14.16　　　　改变时间区间检验

变量	2011～2013 年	2010～2014 年	2009～2015 年
Treat × post	0.109*** (0.021)	0.023* (0.010)	0.098*** (0.030)
控制变量	Yes	Yes	Yes
Year	Yes	Yes	Yes
Firm	Yes	Yes	Yes
R^2	0.104	0.212	0.284

注："***"和"*"分别表示在 1%、10% 水平显著，括号里的数值为标准误差。

为了验证不同时间段内政策实施时间是否对创新要素配置产生不同影响，本节通过改变智慧城市实施前后时间范围研究智慧城市政策实施对创新要素配置的影响。为此，借鉴景守武等（2018）的做法，首先以 2012 年为政策实施中间点，分别选取不同时间段，即 2011～2013 年、2010～2014 年、2009～2015 年三个时间段，如果核心解释变量 Treat × post 系数的方向和显著性没有发生变化，则说明基础研究结果稳健。表 14.16 表示，在不同时间范围内核心解释变量 Treat × post 系数的方向和显著性没有发生变化，因此本节的基础研究是稳健的。

③剔除部分样本。

由于省会城市、副省级城市的初始要素禀赋和经济发展水平等各方面要比其他城市好，可能会影响智慧城市对创新要素配置净效应的影响结果，因此，为了更好识别政策实施的净效应，本节将省会城市和副省级城市样本试点予以剔除，将剩下样本城市分为试点城市和非试点城市进行实证研究。具体结果如表 14.17 所示，表 14.17 结果表明，在剔除了省会城市和副省级城市后，智慧城市政策实施对创新要素配置影响的净效应的方向和显著性没有发生变化，因此，可以认为即使剔除了初始要素禀赋、经济发展水平较高的省会城市和副省级城市后，智慧城市政策实施仍然能够提高创新要素配置，从而也就证明了本节的基础研究结果是稳健的，即智慧城市建立提高了创新要素配置水平。

表 14.17　剔除部分样本

变量	创新要素配置水平
Treat × post	0.148** (0.060)
控制变量	Yes
Year	Yes
Firm	Yes
R^2	0.101

注："**"表示在 5% 水平显著，括号里的数值为标准误差。

④排除其他政策影响。

本节研究的是智慧城市政策实施对创新要素配置影响，但国家在实施智慧城市政策时也实施其他政策，如创新型试点城市政策、国家自主创新示范区等，这些政策实施可能会影响智慧城市政策实施对创新要素配置的净效应，为此，有必要考虑将这些政策排除，从而研究智慧城市政策对创新要素配置影响。因此，本节借鉴柳天恩（2019）的做法，本节将样本中所选的国家自主创新示范区的样本城市予以剔除，从而研究在排除国家自主创新示范区政策后智慧城市政策实施对创新要素配置影响的净效应。具体回归结果如表 14.18 所示。表 14.18 结果表明，在将国家自主创新示范区样本试点城市剔除后，智慧城市对创新要素配置影响的方向和显著性没有发生变化，因此表明智慧城市政策确实可以提高创新要素配置水平，从而说明本节的基础研究结果是稳健性的。

表 14.18　排除其他政策

变量	创新要素配置水平
Treat × post	0.083*** (0.031)
控制变量	Yes
Year	Yes
Firm	Yes
R^2	0.197

注："***"表示在 1% 水平显著，括号里的数值为标准误差。

⑤替换创新要素配置测度方法。

本节对于创新要素配置衡量，主要是采用投影寻踪法，为了进一步保证实证结果的稳健性，使用熵权－TOPSIS－灰色关联度方法测算各地级市创新要素配置水平。此方法不仅可以检验本部分实证结果是否稳健，并且还可以保证和前面章节对创新要素配置的衡量方法一致，进一步提升结果的稳健性。从表 14.19 可知，在使用熵权－TOPSIS－灰色关联度方法测算创新要素配置水平后，核心解释变量 Treat × post 系数显著为正，这表明在改变创新要素配置测度方法后，智慧城市政策仍然显著提高了创新要素配置水平，从而说明本节的结果具有稳健性。

表 14.19　　　　替换创新要素配置测度方法

变量	创新要素配置
Treat × post	0.067 *** (0.022)
控制变量	Yes
Year	Yes
Firm	Yes
R^2	0.384

注：“ *** ”表示在1%水平显著，括号里的数值为标准误差。

（5）影响机制分析。

从前面的实证分析可知，在排除许多因素影响后，智慧城市政策的实施对创新要素配置有着显著的促进作用。那么不禁会想，智慧城市政策的实施是通过什么渠道影响创新要素配置呢？是否如理论机制中假设的一样，通过产业结构升级和基础设施建设导致创新要素配置水平的提高呢？为验证该假设，本节对智慧城市政策通过产业结构升级基础设施建设提高创新要素配置进行中介效应分析。

①产业结构升级机制分析。

目前关于产业结构升级的量化大多从产业结构合理化和产业结构高级化进行。为此，本节以泰尔指数来测度产业结构合理化，具体公式为：

$$hlh_{it} = \left(\sum_{j=1}^{n}\frac{Y_{imt}}{Y_{it}}\right) ln\left(\frac{Y_{imt}/Y_{it}}{L_{imt}/L_{it}}\right) \tag{14.8}$$

其中，$Y_{\mathrm{imt}}/Y_{\mathrm{it}}$表示 i 地区第 m 种产业占当地 GDP 的比重，$L_{\mathrm{imt}}/L_{\mathrm{it}}$表示 i 地区第 m 种产业就业人员占总就业人员的比重。该值越大，产业结构越不合理。产业结构高级化以第三产业和第二产业产值的比值表示。比值越大，产业结构越高级化。随后采用三步法计算中介效应，详细计算公式与创新环境公式一样。其计算结果如表 14.20 所示。

表 14.20　　　　产业结构升级中介效应分析

变量	(1)	(2)	(3)	(4)	(5)	(6)
Treat × post	0.110 *** (0.018)	0.082 *** (0.020)	0.074 * (0.042)	0.210 ** (0.089)	0.082 *** (0.020)	0.060 ** (0.030)
控制变量	Yes	Yes	Yes	Yes	Yes	Yes
Year	Yes	Yes	Yes	Yes	Yes	Yes
Firm	Yes	Yes	Yes	Yes	Yes	Yes
R^2	0.339	0.158	0.173	0.228	0.332	0.423

注：“ *** ”、“ ** ”、“ * ” 分别表示在 1%、5%、10% 水平显著，括号里的数值为标准误差。

表 14.20 为创新要素配置水平关于产业结构升级的中介效应分析回归结果。其中，表 14.20 中列（1）、列（2）和列（3）回归结果为产业结构合理化的中介效应分析，列（4）、列（5）和列（6）回归结果为产业结构高级化的中介效应分析。表 14.20 中列（1）Treat × post 的系数值为 0.110，且显著，说明智慧城市战略政策对产业结构合理化起着促进作用。列（2）的回归结果显示，Treat × post 的系数值为 0.082，表明智慧城市战略显著提高了创新要素配置水平。列（3）的回归结果表明，将产业结构合理化放入控制变量中，核心解释变量 did 显著降低，且系数绝对值变小了，这表明智慧城市的确是通过产业结构合理化提高创新要素配置水平。表 14.20 中列（4）、列（5）和列（6）结果同样表明智慧城市是通过产业结构高级化提高创新要素配置现状。所以表 14.18 结果表明智慧城市通过产业结构升级提高创新要素配置水平。由此，证明了假设 H_2 中智慧城市

通过产业结构升级提高创新要素配置。

②基础设施建设机制分析。

对于基础设施建设指标（jcss），本节借鉴李涛和刘国燕（2021）的测算方法，采用各地区人均公里里程来衡量。随后本节采用三重差分法检验基础设施建设作为中介变量研究智慧城市对创新要素配置影响。具体方法是将基础设施建设指标（jcss）乘以核心解释变量（$treat_{it} \times post_{it}$），即 $treat_{it} \times post_{it} \times jcss$，具体公式如式（14.9）所示，回归结果如表 14.21 所示。表 14.21 回归结果表明，不管是劳动要素配置还是资本要素配置，将基础设施建设指标放入核心解释变量 Treat × post 中，即 $treat_{it} \times post_{it} \times jcss$。对于创新要素配置指标来说，$treat_{it} \times post_{it} \times jcss$ 系数为 0.045，且显著，说明智慧城市建设通过基础设施建设提高了创新要素配置水平。

$$Cxyspz_{it} = \beta_0 + \beta_1 treat_{it} \times post_{it} \times jcss + \beta_2 X_{it} + \mu_i + \theta_t + \varepsilon_{it} \tag{14.9}$$

表 14.21　　基础设施建设中介效应分析

变量	创新要素配置水平
Treat × post × jcss	0.045*** (0.010)
控制变量	Yes
Year	Yes
Firm	Yes
R^2	0.109

注："***"表示在1%水平显著，括号里的数值为标准误差。

（6）异质性分析。

①市场化程度异质性分析。

市场化改革是经济转型的必由之路，与低市场化程度相比，高市场化程度地区政府对经济干预程度较低，从而充分发挥市场在资源配置中的决定性作用。为此，本节借鉴贺光烨和吴晓刚（2015）的做法，使用城市私营部门就业人口占总就业人口的比值来衡量市场化程度，当样本城市市场化程度值大于总样本均值时，将该城市归为市场化程度高地区，反之为市场化程度低地区。具体回归结果如表 14.22 所示。表 14.22 结果表明市场化程度高的地区，智慧城市对创新要素配置系数显著大于 0，表明智慧城市建立显著提高了创新要素配置水平。对于市场化程度低地区，智慧城市虽然对创新要素配置系数为正数，但不显著，表明智慧城市建立对市场化程度低地区的创新要素配置水平提高作用不显著。

表 14.22　　　　　　　　市场化异质性分析

变量	市场化程度高地区	市场化程度低地区
Treat × post	0.469 *** (0.098)	0.221 (0.300)
控制变量	Yes	Yes
Year	Yes	Yes
Firm	Yes	Yes
R^2	0.133	0.157

注："***"表示在 1% 水平显著，括号里的数值为标准误差。

②资源型城市异质性分析。

考虑到智慧城市建立对创新要素配置影响可能会受到要素资源禀赋影响，为此本节根据国务院 2013 年颁布的《全国资源型城市可持续发展规划》中的划分标准，将本节研究的样本城市划分为成长型城市、成熟型城市、衰退型城市和再生型城市。考虑到将城市如果划分为上述 4 类，有些类型城市数据太少。为此，本节将上述 4 类城市称为资源型城市，而非上述 4 类城市称为非资源型城市。具体回归结果如表 14.23 所示。表 14.23 回归结果表明，智慧城市对非资源型城市的创新要素配置水平的系数显著为正，说明智慧城市建立显著提高了非资源型城市的创新要素配置。相反，对于资源型城市来说，智慧城市对创新要素配置影响也显著为正。这表明智慧城市对创新要素配置影响不受资源城市异质性影响。

表 14.23　　　　　　　　资源型城市异质性分析

变量	资源型城市	非资源型城市
Treat × post	0.060 ** (0.030)	0.210 ** (0.089)
控制变量	Yes	Yes
Year	Yes	Yes

续表

变量	资源型城市	非资源型城市
Firm	Yes	Yes
R^2	0.495	0.318

注："**"表示在5%水平显著，括号里的数值为标准误差。

③城市行政等级异质性分析。

表 14.24 城市行政等级异质性分析

变量	高等级城市	中低等级城市
Treat × post	0.189*** (0.095)	0.092*** (0.021)
控制变量	Yes	Yes
Year	Yes	Yes
Firm	Yes	Yes
R^2	0.133	0.102

注："***"表示在1%水平显著，括号里的数值为标准误差。

城市行政等级越高，地方政府拥有的权力就越大，给予财政补贴和政策支持也有可能更多，进而提高创新要素配置水平。因此有必要考虑不同城市等级的智慧城市对创新要素配置造成的差异。因此，本节将样本城市划分为高等级城市和中低等城市。其中，高等级城市包括省会城市、副省级城市和直辖市，中低等城市则相反。具体回归结果如表14.24所示。表14.24结果表明，高等级城市和中低等级城市对创新要素配置系数显著为正且大于0，这说明智慧城市政策实施提高了高等级城市和中低等级城市创新要素配置水平，但政策实施对高等级城市的创新要素配置水平提高作用大于中低等级城市。

14.1.3 国家自主创新示范区建立对创新要素配置影响的政策评价

(1) 国家自主创新示范区建立对创新要素配置影响的机制分析。

创新是一个由多个主体共同参与、共同作用而形成的复杂系统，期间只要有某个主体没有协调好与其他主体的关系就会发生系统“失灵”。市场不是万能的，不能仅依靠市场作用来解决市场系统“失灵”的现象。为此，面对这种情况就需要政府干预来维持创新系统，这种干预，政府又可以通过创新政策和制度环境来达到。而国家自主创新示范区就是政府在干预创新系统过程中实施的创新政策。已有研究表明，政府作为参与区域创新系统建设、支持区域研发创新活动的重要主体，其行为会对创新活动产生重要影响（张宽等，2020）。从国家设立自主创新示范区的定位来看，自创区的设立作为政府倡导的重要集聚政策，享有诸多政策红利（谷建全和彭俊杰，2020），而这些政策红利反映到创新主体身上时，企业会加快资本、研究与开发、技术等创新要素的流动，从而实现创新要素合理配置。另外，当某一城市被选为自主创新示范区后，政府会加大科技资金投入，以及用优惠措施引导高校、科研院所和企业等创新主体自己参与自创区建设，而这些创新主体在建设过程中必然会合理地配置创新要素。由此，本节提出如下假设：

H_1：国家自主创新示范区建立提高了创新要素配置。

当城市被选为国家自主创新示范区时，由于试点城市的政策红利制度，必然会吸引大量相关产业内的企业、生产和服务供应链相关企业入驻示范区，从而形成产业集聚。从整体来看，产业集聚有利于本产业园区内形成规模经济，从而降低生产过程中要素的生产成本。产业集聚作用会加快创新活动的循环累积过程，而国家自主创新示范区正是通过产业集聚的“循环累积”效应促进创新要素合理配置。一方面，产业集聚会加强园区内企业学习效应。其具体表现为示范区内企业可以及时沟通和交流信息，此举有利于新技术和创新知识等要素的扩散以及有利于新技术的产生。因此，示范区内企业通过产业集聚所带来的知识和技术溢出效应为创新要素配置提高创新知识等要素供给。另一方面，创新示范区通过产业集聚也会为创新主体带来规模效应。这表现为产业集聚会吸引人才、资本、技术等创新要素的流入，从而扩大生产要素规模，提高要素配置效率。此外，由于相关企业集聚在一起，因此可以共享基础设施，企业所需的创新原料以及创新产品销售成本都将降低（李超等，2021）。最后，创新示范区也会通过产业集聚产生合作效应。其具体表现为创新示范区内大量产业集聚不仅会增加企业之间的熟悉度，还会增加企业之间信任，从而减少信息搜寻成本特别是创新要素的搜寻成本（吴菲菲等，2021）。以上就是创新示范区通过产业集聚所带来的学习效应、规模效应、合作效应，通过上述效应从而提高创新要素配置。由此，提出如下假设：

H_2：国家创新示范区建立通过产业集聚提高创新要素配置。

国家自主创新示范区通过制度建设（如知识产权保护、创新氛围建设等）和优惠的政策措施（财政补贴、税收减免、研发补贴等），为企业创新活动提供了政策激励（晏国菀等，2020）。企业在进行创新活动时，创新要素的流动变得频繁，与之相随的问题是创新要素能否实现合理配置。政府对企业创新活动的经费补贴、研发补贴以及所得税的减免等措施为企业更多的创新活动和投资提供了更多可能，为企业内部创新要素配置以及企业间要素流动提供了有效资金保证，激励企业提高创新要素流动性，为企业实现无“后顾之忧”提高创新要素配置提供了可能。同时，政府补助为企业将更多的资金用于聘请创新人才、研究与开发人员、购买先进技术等，有利于企业之间实现要素合理配置。此外，国家自主创新示范区内各种有利于企业创新活动的法律法规、知识产权保护制度以及其他政策保护制度，直接或间接地为企业创新活动和技术成果转换提供了保护，而在这个过程实际上是企业进行了创新要素的合理配置。由此，本节提出如下假设：

H_3：国家自主创新示范区建立通过政策激励提高了创新要素配置。

（2）数据来源与变量选择。

①数据来源及处理。在前面的研究中，样本时间总体范围为2001～2019年，即“十五”至“十三五”期间，考虑到选取的三个试点政策中（创新型试点政策、智慧城市政策和国家自主创新区政策），创新型试点城市政策实施时间最早为2008年，为此本节的样本时间范围为2006～2019年，即“十一五”至“十三五”期间。之所以不选取“十五”至“十三五”期间样本数据，是因为得到结果不如“十一五”至“十三五”期间得到的结果。此外，不选取“十五”至“十一五”、“十一五”至“十二

五"、"十三五"至"十四五"期间样本数据，是因为实证结果差以及不满足使用双重差分法条件。因此，本节最终选择2006~2019年285个地级市面板数据作为研究对象。其中被解释变量数据来源于各市中的统计年鉴、经济年鉴、政府公告以及国家知识产权局中公布的中国专利数据。控制变量数据主要来源于《中国城市统计年鉴》。此外，本节还进行了如下处理：剔除数据缺失过多的地级市；部分地级市缺失少量数据用多重插补法处理。

②被解释变量。根据前面对创新要素配置内涵的界定，兼顾指标体系的合理性和数据的可得性，结合投入和产出两方面内容，从人力创新要素、资本创新要素、技术创新要素、信息创新要素和制度创新要素五个维度，筛选出14项指标体系构建创新要素配置指标体系（见表14.25）。其中，人力创新要素方面，基于每千人拥有技术卫生人员数、每千人拥有病床数和财政医疗卫生支出表征人力健康，以普通高等学校教育经费支出、每十万人高等院校平均在校人数表示人力投入，以高等学校数表示人力组织；资本创新要素方面，以实际利用外商投资占GDP比重表示对外资本，以R&D经费内部支出占比和数字普惠金融指数表示研发资本；技术创新要素方面，基于发明专利授权数揭示技术开发；信息创新要素方面，选取人均拥有图书馆和博物馆数表征信息发展潜力，以互联网普及率表示信息共享能力；制度创新要素方面，选取非国有经济发展度、知识产权保护度和工信部智能制造试点示范项目数+工业互联网试点示范项目衡量市场规范。

表14.25　　创新要素配置水平评价指标体系

综合体系	子体系	目标层	具体测算指标
创新要素配置	人力创新要素	人力健康	每千人拥有技术卫生人员数
			每千人拥有病床数
			财政医疗卫生支出
		人力投入	高等学校生均教育经费支出
			每十万人高等院校平均在校人数
		人力组织	高等学校数

续表

综合体系	子体系	目标层	具体测算指标
创新要素配置	资本创新要素	对外资本	实际利用外商投资占 GDP 比重
		研发资本	R&D 经费内部支出占比
			数字普惠金融指数
	技术创新要素	技术开发	发明专利授权数
	信息创新要素	信息发展潜力	人均图书馆和博物馆数
		信息共享能力	互联网普及率
	制度创新要素	市场规范	非国有经济发展度
			知识产权保护度
			工信部智能制造试点示范项目数 + 工业互联网试点示范项目数

基于上述创新要素配置指标体系的构建，本节选址实数编码加速遗传算法（RAGA）的投影寻踪模型测度各地级市创新要素配置水平。该模型具有稳健性、抗干扰性和准确度高等优点，在处理高纬度、非正态数据方面使用得非常多。

③解释变量：包括时间虚拟变量（post）、分组虚拟变量（treat）和交互项（post × treat）。其中，时间虚拟变量（post）表示政策实施期前后；分组虚拟变量（treat）表示样本城市是否为政策试点区域；交互项（post × treat）为本节核心解释变量，表示智慧城市建立对创新要素配置的政策影响。

④控制变量：为了避免因遗漏变量所产生的偏误，本节还控制了其他变量：经济发展水平（Rgdp），用人均 GDP 表示；固定资产投资（Gzctz），用地级市固定资产投资额占本市 GDP 比重表示；产业升级（Cysj），用第三产业与第二产业产值之比表示；金融发展水平（Grfz），用人均金融机构贷款额表示；财政支出规模（Gzzc），用财政支出占 GDP 比重表示；政府科技支出水平（rd），用政府科研支出占财政支出比重表示。

（3）计量模型设定与基准结果分析。

①计量模型设定。

$$Cxyspz_{it} = \beta_0 + \beta_1 treat_{it} + \beta_2 post_{it} + \beta_3 treat_{it} \times post_{it} + \beta_3 X_{it} + \mu_i + \theta_t + \varepsilon_{it} \tag{14.10}$$

其中，i 表示城市，t 表示时间，$Cxyspz_{it}$表示创新要素配置，$treat_{it}$为国家自主创新示范区虚拟变量，当城市属于国家自主创新示范区时，$treat_{it}$取 1，反之取 0；$post_{it}$ 为时间虚拟变量，政策实施时间之前取 0，反之取 1；交互项$treat_{it} \times post_{it}$的系数 β_3 反映了相对于非试点城市，在实施了国家自主创新示范区试点政策前后创新要素配置的变化；X_{it}表示一系列控制变量，如经济发展水平、固定资产投资、产业升级、金融发展水平、财政支出规模和政府科技支出水平。通过在双重差分模型中加入城市个体固定效应μ_i，控制了城市层面不随时间改变的不可观测因素对国家自主创新示范区与创新要素配置的影响；通过时间固定效应θ_t控制了国家自主创新示范区政策实施前后创新要素配置由于时间趋势导致的差异；ε_{it}为随机误差项。

②基准结果分析。

国家自主创新示范区政策的实施为我们研究创新要素配置提供了一个很好的准自然实验。本节首先使用双重差分法进行基准回归，其结果如表 14. 26 所示。表 14. 26 中列（1）、列（2）分别表示政策实施对创新要素配置加入控制变量和不加入控制变量的处理效应。从反映政策处理效应变量 Treat × post 的系数和显著性水平可知，不加入控制变量和未控制固定效应时，国家自主创新示范区政策的实施显著地提高了创新要素配置水平。从同时加入控制变量和考虑固定效应的列（2）、列（4）、列（6）可知，Treat × post 的系数为 0. 125，且在 1% 水平上显著，表明在实施国家自主创新示范区政策后，试点城市的创新要素配置水平确实得到提高。同时可以发现，Rgdp、Gzctz 等控制变量与创新要素配置水平呈显著的正相关关系。经济发展水平越大使城市能够有充足的资金吸引研究人员，研究经费也相对增加，从而对城市的创新要素配置就有了积极的促进作用。固定资产投资越大，创新要素配置水平越高，这可能是因为城市固定资产投资越大，说明该城市的基础设施就越好，也就能够吸引大批创新人才以及创新企业的到来，从而导致创新要素配置水平提高。以上结果验证了假设 H_1，国家自主创新示范区建立促进了创新要素配置能力。

表 14.26 基础回归结果

变量	创新要素配置水平 (1)	创新要素配置水平 (2)
Treat × post	0.135 ** (0.060)	0.125 *** (0.041)
Rgdp		0.177 *** (0.013)
Gzctz		-0.032 (0.035)
Cysj		-0.037 *** (0.009)
Grfz		0.022 *** (0.009)
Czzc		0.190 *** (0.063)
Rd		0.040 *** (0.003)
Year	Yes	Yes
Firm	Yes	Yes
R^2	0.118	0.276

注：" *** " 表示在1%水平显著，括号里的数值为标准误差。

(4) 稳健性检验。

①平行趋势检验。

表14.26结果表明，国家自主创新示范区建立显著提高了创新要素配置。但是使用双重差分模型的前提条件是实验组和控制组在国家自主创新示范区政策实施之前创新要素配置必须具有相同的变化趋势，即对双重差分模型进行平行趋势检验。为此，借鉴钱雪松等（2018）的做法，本节在模型（14.10）基础上构建式（14.11）回归模型：

$$Cxyspz_{it} = \alpha_0 + \alpha_1 treated \times post + \alpha_2 treated \times post_{2011} + \alpha_3 treated \times post_{2010} + \alpha_4 treated \times post_{2009} + \alpha_5 X_{it} + \mu_i + \theta_t + \varepsilon_{it} \tag{14.11}$$

其中，$treated \times post_{2011}$、$treated \times post_{2010}$ 和 $treated \times post_{2009}$ 分别表示政策实施前 3 年的交互项，$post_{2011}$ 表示在 2011 年取值为 1，其他年份取值为 0；其中 $post_{2010}$ 示在 2010 年取值为 1，其他年份取值为 0；$post_{2009}$ 表示在 2009 年取值为 1，其他年份取值为 0。如果系数 α_2、α_3 和 α_4 不显著，则说明通过平行趋势假说检验。表 14.27 结果显示，$treated \times post_{2011}$、$treated \times post_{2010}$ 和 $treated \times post_{2009}$ 的系数均不显著，因此可以认为国家自主创新示范区政策实施之前，实验组和对照组的创新要素配置具有相同的变化趋势，从而满足平行趋势假说检验。

表 14.27　　　　平行趋势检验

变量	创新要素配置水平
Treat × post	0.125*** (0.041)
$Treat \times post_{2001}$	0.182 (0.152)
$Treat \times post_{2010}$	0.012 (0.430)
$Treat \times post_{2009}$	-0.023 (0.430)
控制变量	Yes
Year	Yes
Firm	Yes
R^2	0.109

注："***"表示在 1% 水平显著，括号里的数值为标准误差。

②反事实检验。

为了排除政策实施之前其他事件导致国家自主创新示范区政策的实施引起创新要素配置水平的提高，本节借鉴范子英和田彬彬（2013）的做法，将国家自主创新示范区实施时间提前 3 年。若交互项 treat × post 的系数依旧显著，则说明创新要素配置的提高并不是由于国家自主创新示范区政策实施所引起的，而是由于其他事件导致的。表 14.28 的列（1）和列

(2) 显示，将政策实施时间提前3年时，交互项 treat × post 的系数不显著，表明在基准年份之前，创新要素配置水平的提高并没有受到其他政策或事件的影响，国家自主创新示范区政策的实施对实验组和控制组的创新要素配置水平没有显著影响，即说明创新要素配置水平的提高是由于实际政策试点年份所引起的，前面实证结果具有较强的稳健性。

表 14.28 反事实检验

变量	创新要素配置水平
Treat × post	0.109 (0.681)
控制变量	Yes
Year	Yes
Firm	Yes
R^2	0.104

注：括号里的数值为标准误差。

③改善样本选择偏差。

使用双重差分法容易产生“选择性偏差”，即无法保证试点城市和非试点城市在政策实施前具有相同的个体特征，这种情况在样本量比较多的情况下容易发生。因此，为了使试点城市和非试点城市变动趋势存在的选择性误差一致并降低双重差分法的估计偏误，本节进一步使用 PSM - DID 方法进行检验。其具体步骤为：将是否是政策试点城市的虚拟变量对创新要素配置指标进行 Logit 回归，得到 PSM 值，PSM 值最接近的城市可以作为控制组。本节借鉴 Abadie 等（2004）的研究，采用“k 近邻匹配（k = 4）方法”，选用经济发展水平、固定资产投资、外商投资水平、金融发展水平、财政支出规模和互联网普及率作为匹配的特征变量。表 14.29 列出了样本匹配后使用双重差分法的回归结果。结果表明交互项 treated × post 的系数在1%水平上显著为正，可以验证国家自主创新示范区政策的实施显著提升了试点区创新要素配置水平，所以本节的结论仍具有稳健性。

表 14.29　改善样本选择偏差

变量	创新要素配置水平
Treat × post	0.107*** (0.042)
控制变量	Yes
Year	Yes
Firm	Yes
R^2	0.1097

注："***"表示在 1% 水平显著，括号里的数值为标准误差。

④替换创新要素配置测度方法。

本节对于创新要素配置衡量，主要是采用投影寻踪法，为了进一步保证实证结果的稳健性，使用熵权 - TOPSIS - 灰色关联度方法测算各地级市创新要素配置水平。此方法不仅可以检验本节实证结果是否稳健，并且还可以保证和前面章节对创新要素配置的衡量方法一致，进一步提升结果的稳健性。从表 14.30 可知，在使用熵权 - TOPSIS - 灰色关联度方法测算创新要素配置水平后，核心解释变量 Treat × post 系数显著为正，表明在改变创新要素配置测度方法后，国家自主创新示范区政策仍然显著提高了创新要素配置水平，从而说明本节的结果具有稳健性。

表 14.30　替换创新要素配置测度方法

变量	创新要素配置
Treat × post	0.046*** (0.017)
控制变量	Yes
Year	Yes
Firm	Yes
R^2	0.109

注："***"表示在 1% 水平显著，括号里的数值为标准误差。

（5）影响机制分析。

从前面的实证分析可知，在排除许多因素影响后，国家自主创新示范区政策的实施对创新要素配置有着显著的促进作用。那么不禁会想，国家自主创新示范区政策的实施是通过什么渠道影响创新要素配置呢？是否如理论机制中假设的一样，通过产业集聚和政策激励导致创新要素配置水平的提高呢？为验证该假设，本节对国家自主创新示范区政策通过产业集聚和政策激励提高创新要素配置进行中介效应分析。

①产业集聚机制分析。

为检验国家自主创新示范区政策是否通过产业集聚提高创新要素配置水平。本节以空间基尼系数来反映产业聚集指标。空间基尼系数 G 越大表示地区产业集聚程度越高。空间基尼系数计算公式如下：

$$G = \sum_{i} (s_i - x_i)^2 \tag{14.12}$$

其中，G 是基尼系数，S_i 是 i 地区某产业占全国该产业就业人数的比重，X_i 是该地区就业人数占全国总就业人数的比重。随后借鉴石大千等（2018）计算中介效应的方法，采用三步法计算，其结果如表 14.31 所示。

表 14.31　　中介效应分析

变量	(1)	(2)	(3)
Treat × post	0.074 * (0.042)	0.125 *** (0.041)	0.116 * (0.068)
控制变量	Yes	Yes	Yes
Year	Yes	Yes	Yes
Firm	Yes	Yes	Yes
R^2	0.339	0.158	0.258

注：“ *** ”“ * ”分别表示在 1%、10% 水平显著，括号里的数值为标准误差。

其中表 14.31 中列（1）、列（2）和列（3）回归结果为创新要素配置水平关于产业集聚的中介效应分析。列（1）Treat × post 的系数值为 0.074，且显著，说明国家自主创新示范区政策对产业集聚起着促进作用。列（2）的回归结果显示，Treat × post 的系数值为 0.125，表明国家自主创新示范区政策显著提高了创新要素配置水平。列（3）的回归结果表明，将产业集聚放入控制变量中，核心解释变量 did 显著降低，且系数绝对值变小了。这表明国家自主创新示范区的确是通过产业集聚提高创新要素配置水平。

②政策激励机制分析。

对于政策激励的衡量，本节借鉴李佳等（2021）的计算方法，以地区政府科研投入来表示政府政策激励。随后采用三重差分法检验基础设施建设作为中介变量研究智慧城市对创新要素配置影响。具体方法是将政策激励（zcjl）乘以核心解释变量（Treat × post），即 Treat × post × zcjl，回归结果如表 14.32 所示。表 14.32 回归结果表明，当将政策激励指标放入核心解释变量 Treat × post 中，即 Treat × post × zcjl 系数显著为正，说明国家自主创新示范区建设通过政策激励提高了创新要素配置水平。综上所述，国家自主创新示范区建设通过政策激励提高了创新要素配置。

$$Cxyspz_{it} = \beta_0 + \beta_1 treat_{it} \times post_{it} \times zcjl + \beta_2 X_{it} + \mu_i + \theta_t + \varepsilon_{it} \tag{14.13}$$

表 14.32　　中介效应分析

变量	创新要素配置水平
Treat × post × jcss	0.089 ** (0.045)
控制变量	Yes
Year	Yes
Firm	Yes
R^2	0.109

注："**"分别表示在 5% 水平显著，括号里的数值为标准误差。

（6）异质性分析。

①城市规模异质性分析。

不同城市规模特征不同，所引起的创新发展环境有所不同，而创新环境不同的确会影响创新要素配置。因此，有必要考虑不同城市规模对创新要素配置的影响。为此，本节按照国务院最新发布的城市规模划分标准将样本城市划分为中等城市、大城市、特大城市以及超大城市四类。具体结果如表 14.33 所示。从表 14.33 可知，特大城市和大城市对创新要素配置影响的回归系数最为显著，说明这两类城市更能提高创新要素配置，也表明国家自主创新示范区政策实施对这两类城市的影响最强。而对于中等城市和超大城市来说，国家自主创新示范区建立对创新要素配置的提高作用不是很强，也即表明城市规模太小对创新要素配置的影响不显著。

表 14.33　　城市规模异质性分析

变量	特大城市	超大城市	大城市	中等城市
Treat × post	0.147*** (0.022)	0.057 (0.040)	0.110*** (0.038)	0.106 (0.952)
控制变量	Yes	Yes	Yes	Yes
Year	Yes	Yes	Yes	Yes
Firm	Yes	Yes	Yes	Yes
R^2	0.133	0.057	0.226	0.023

注："***"表示在1%水平显著，括号里的数值为标准误差。

②城市特征异质性分析。

在上述研究中，本节发现国家自主创新示范区通过产业集聚和基础设施建设提高创新要素配置，但这种提高作用并不是单个系统就能完成的，必须经过整个城市系统才能完成。为此，本节借鉴石大千等（2018）对城市特征处理办法，从人和物城市特征对国家自主创新示范区提高创新要素配置进行异质性分析。其具体为：以地区人力资本水平表示试点城市人力方面特征，用每万人大学生数量表示城市人力资本水平；以政府财政支出水平表示试点城市财力方面特征。此外，将上述指标按均值分为三等：第一等为低水平组，第二等、第三等为高水平组。具体回归结果如表 14.34 所示。表 14.34 结果表明低政府支出的试点城市，国家自主创新示范区对创新要素配置的提高作用不显著；而高政府支出的试点城市，国家自主创新示范区对创新要素配置的提高作用较显著。这表明政府支出对国家自主创新示范区建设具有较强的提升作用，能够极大提高国家自主创新示范区对创新要素配置的促进作用。这其实不难解释，财政支出属于政策激励中的一种，而本节在前面机制中已经验证了政策激励对创新要素配置的作用。同样可以发现人力资本水平对国家自主创新示范区具有较强的建设作用，能够提高国家自主创新示范区对创新要素配置的促进作用。

表 14.34　　城市特征异质性分析

变量	低政府支出	高政府支出	低人力资本水平	高人力资本水平
Treat × post	0.052 (0.080)	0.111*** (0.500)	0.020** (0.008)	0.205*** (0.701)
控制变量	Yes	Yes	Yes	Yes
Year	Yes	Yes	Yes	Yes
Firm	Yes	Yes	Yes	Yes
R^2	0.133	0.057	0.152	0.062

注："***""**"分别表示在 1%、5% 水平显著，括号里的数值为标准误差。

③市场化程度异质性分析。

市场化改革是经济转型的必由之路，与低市场化程度相比，高市场化程度地区政府对经济干预程度较低，从而充分发挥市场在资源配置中的决定性作用。为此，本节借鉴贺光烨和吴晓刚（2015）的做法刻画市场化程度。其具体计算方法是使用城市私营部门就业人口占总就业人口的比值来衡量市场化程度，当样本城市市场化程度值大于总样本均值时，将该城市归为市场化程度高地区，反之为市场化程度低地区。具体回归结果如表 14.35 所示。表 14.35 结果表明市场化程度高的地区，国家自主创新示范区对创新要素配置具有显著的提高作用；市场化程度低的地区，国家自主创新示范区对创新配置的作用不显著。

表 14.35　　市场化程度异质性分析

变量	市场化程度高地区	市场化程度低地区
Treat × post	0.011* (0.006)	0.081 (0.112)
控制变量	Yes	Yes
Year	Yes	Yes
Firm	Yes	Yes
R^2	0.133	0.102

注："*"分别表示在 10% 水平显著，括号里的数值为标准误差。

14.2 双试点城市政策对创新要素配置的政策评价

上述实证表明，创新型城市、智慧城市和国家自主创新示范区建立确实提高了创新要素配置水平。但是，政策实施往往是通过组合拳的方式实现，即当实施相关政策时，也会有其他政策实施。为此，本节主要是想研究在经济高质量发展视阈下，双试点政策和三试点政策对创新要素配置影响，以及在不同政策组合拳下，双试点城市和三试点城市建立的先后顺序对创新要素配置影响是否会产生不一样影响。进一步也想比较单试点政策、双试点政策和三试点政策对创新要素配置影响的不同之处，进而为国家在经济高质量发展目标下，更好提高创新要素配置水平提供参考意见。

14.2.1 创新型城市和智慧城市双试点城市的协同作用

首先，剔除既不是创新型城市和智慧城市的样本，保留已经是创新型城市和智慧城市的样本，此时双重差分核心解释变量 treat × post 反映的是城市先成为创新型城市再成为智慧城市或者城市先成为智慧城市再成为创新型城市，即单试点城市成为双试点城市后对创新要素配置影响的净效应。结果如表 14.36 所示，表 14.36 结果表明单试点城市成为双试点城市后能够显著提高创新要素配置，也就说明双试点城市提高创新要素配置效应比城市仅仅是单试点城市更高。

表 14.36　　双试点城市协同效应

变量	创新要素配置水平
Treat × post	0.192 *** (0.232)
控制变量	Yes

续表

变量	创新要素配置水平
Year	Yes
Firm	Yes
R^2	0. 213

注："***"表示在 1% 水平显著，括号里的数值为标准误差。

其次，在验证了创新型城市和智慧城市双试点城市对创新要素配置的提高效应比单试点城市强后，本节进一步想研究城市先成为创新型城市再成为智慧城市和城市先成为智慧城市再成为创新型城市对创新要素配置影响的差异大小。为此，首先保留已经成为创新型城市但还未成为智慧城市的样本，此时核心解释变量 treat × post 反映的是城市先成为创新型城市再成为智慧城市对创新要素配置的影响。按照上述方法，同样可以得到城市先成为智慧城市再成为创新型城市政策的净效应。表 14. 37 结果表明先成为创新型城市再成为智慧城市对创新要素配置的提高效应比先成为智慧城市再成为创新型城市更强。

表 14. 37　　　先创新后智慧与先智慧后创新效应比较

变量	先创新后智慧	先智慧后创新
Treat × post	0. 146 * （0. 080）	0. 104 *** （0. 037）
控制变量	Yes	Yes
Year	Yes	Yes
Firm	Yes	Yes
R^2	0. 143	0. 192

注："***""*"分别表示在 1%、10% 水平显著，括号里的数值为标准误差。

综上所述，本节可以得出如下结论：第一，创新型城市和智慧城市双试点城市建立比单试点城市建立更有效，即创新型城市和智慧城市双试点城市对创新要素配置影响存在协同效应；第二，城市先成为创新型城市再成为智慧城市比先成为智慧城市再成为创新型城市对创新要素配置提高效应更强。

14.2.2 创新型城市和国家自主创新示范区的协同作用

首先，剔除不是创新型城市和国家自主创新示范区的样本，保留已经是创新型城市和国家自主创新示范区的样本，此时双重差分核心解释变量 treat × post 反映的是城市先成为创新型城市再成为国家自主创新示范区或者城市先成为国家自主创新示范区再成为创新型城市，即单试点城市成为双试点城市后对创新要素配置影响的净效应。结果如表 14.38 所示，表 14.38 结果表明单试点城市成为双试点城市后能够显著提高创新要素配置，也就说明双试点城市提高创新要素配置效应比城市仅仅是单试点城市更高。

表 14.38　　双试点城市协同效应

变量	创新要素配置水平
Treat × post	0.165** (0.071)
控制变量	Yes
Year	Yes
Firm	Yes
R^2	0.336

注："**"表示在5%水平显著，括号里的数值为标准误差。

其次，在验证了创新型城市和国家自主创新示范区双试点城市对创新要素配置的提高效应比单试点城市强后，本节进一步想研究城市先成为创新型城市再成为国家自主创新示范区和城市先成为国家自主创新示范区再成为创新型城市对创新要素配置影响的差异大小。为此，首先保留已经成为创新型城市但还未成为国家自主创新示范区的样本，此时核心解释变量 treat × post 反映的是城市先成为创新型城市再成为国家自主创新示范区对创新要素配置的影响。按照上述方法，同样可以得到城市先成为国家自主创新示范区再成为创新型城市政策的净效应。表 14.39 结果表明城市先成为国家自主创新示范区再成为创新型城市对创新要素配置的提高效应比先成为创新型城市再成为国家自主创新示范区更强。

表 14.39　　　　先创新后示范与先示范后创新效应比较

变量	先创新后示范	先示范后创新
Treat × post	0.134*** (0.030)	0.166** (0.076)
控制变量	Yes	Yes
Year	Yes	Yes
Firm	Yes	Yes
R^2	0.136	0.109

注："***""**"分别表示在1%、5%水平显著，括号里的数值为标准误差。

综上所述，本节可以得出如下结论：第一，创新型城市和国家自主创新示范区双试点城市建立比单试点城市建立更有效，即创新型城市和国家自主创新示范区双试点城市对创新要素配置影响存在协同效应；第二，城市先成为国家自主创新示范区再成为创新型城市比先成为创新型城市再成为国家自主创新示范区对创新要素配置提高效应更强。

14.2.3　智慧城市和国家自主创新示范区的协同作用

首先，剔除不是智慧城市和国家自主创新示范区的样本，保留已经是智慧城市和国家自主创新示范区的样本，此时双重差分核心解释变量 treat × post 反映的是城市先成为智慧城市再成为国家自主创新示范区或者城市先成为国家自主创新示范区再成为智慧城市，即单试点城市成为双试点城市后对创新要素配置影响的净效应。结果如表 14.40 所示，表 14.40 结果表明单试点城市成为双试点城市后能够显著提高创新要素配置，也就说明双试点城市提高创新要素配置效应比城市仅仅是单试点城市更高。

表 14.40　　双试点城市协同效应

变量	创新要素配置水平
Treat × post	0.133** (0.065)
控制变量	Yes
Year	Yes
Firm	Yes
R^2	0.126

注："**"表示在5%水平显著，括号里的数值为标准误差。

其次，在验证了创新型城市和国家自主创新示范区双试点城市对创新要素配置的提高效应比单试点城市强后，本节进一步想研究城市先成为智慧城市再成为国家自主创新示范区和城市先成为国家自主创新示范区再成为智慧城市对创新要素配置影响的差异大小。为此，首先保留已经成为智慧城市但还未成为国家自主创新示范区的样本，此时核心解释变量 treat × post 反映的是城市先成为智慧城市再成为国家自主创新示范区对创新要素配置的影响。按照上述方法，同样可以得到城市先成为国家自主创新示范区再成为智慧城市政策的净效应。表 14.41 结果表明城市先成为国家自主创新示范区再成为智慧城市对创新要素配置的提高效应比先成为智慧城市再成为国家自主创新示范区更强。

表 14.41　　先智慧后示范与先示范后智慧效应比较

变量	先示范后智慧	先智慧后示范
Treat × post	0.274*** (0.047)	0.114 (1.074)
控制变量	Yes	Yes
Year	Yes	Yes
Firm	Yes	Yes
R^2	0.109	0.186

注："***"表示在1%水平显著，括号里的数值为标准误差。

综上所述，本节可以得出如下结论：第一，智慧城市和国家自主创新示范区双试点城市建立比单试点城市建立更有效，即智慧城市和国家自主创新示范区双试点城市对创新要素配置影响存在协同效应；第二，城市先成为国家自主创新示范区再成为智慧城市比先成为智慧城市再成为国家自主创新示范区对创新要素配置提高效应更强。

14.2.4 城市成为双试点城市先后顺序效应比较

上述研究中，本节已经实证分析了双试点城市对创新要素配置的协同作用，也进一步分析了城市成为双试点城市先后顺序对创新要素配置协同效应的差异，但是，本节想进一步探讨城市先创新后智慧、先智慧后创新、先创新后示范、先示范后创新、先智慧后示范和先示范后智慧这六种双试点城市对创新要素配置协同效应的大小关系。具体结果如表 14.42 所示，双试点城市净效益关系为：先示范后智慧 > 先示范后创新 > 先创新后智慧 > 先创新后示范 > 先智慧后示范 > 先智慧后创新。总的来说，城市先成为国家自主创新示范区后成为智慧城市对创新要素配置提高效应最大，而创新先成为智慧城市再成为创新城市对创新要素配置的推高效应最小。

表 14.42 双试点城市先后顺序效应比较

变量	创新要素配置水平
先创新后智慧	0.146* (0.080)
先智慧后创新	0.104*** (0.037)
先创新后示范	0.134*** (0.030)
先示范后创新	0.166** (0.076)

续表

变量	创新要素配置水平
先智慧后示范	0.114 (1.074)
先示范后智慧	0.274*** (0.047)

注："***""**""*"分别表示在1%、5%、10%水平显著，括号里的数值为标准误差。

14.3 三试点城市政策对创新要素配置的政策评价

在上述研究中，本节已经探讨了双试点城市建立对创新要素配置协同作用，并且与单试点城市对创新要素配置影响进行了比较。此外，还进一步研究了双试点城市先后建立的顺序对创新要素配置影响的差异。基于上述研究，本节还想进一步了解三试点城市建立是否对创新要素配置依然具有协同作用。为此，本节主要研究三试点城市建立对创新要素配置的协同作用。

14.3.1 创新型城市、智慧城市和国家自主创新示范区的协同作用

首先，剔除不是创新型城市、智慧城市和国家自主创新示范区的样本，保留已经是创新型城市、智慧城市和国家自主创新示范区的样本，此时双重差分核心解释变量 treat × post 反映的是城市成为创新型城市、智慧城市和国家自主创新示范区后对创新要素配置影响的净效应。结果如表 14.43 所示，表 14.43 结果表明双试点城市成为三试点城市后能够显著提高创新要素配置，也就说明三试点城市提高创新要素配置效应比城市仅仅是双试点城市更高。

表 14.43　　三试点城市协同效应

变量	创新要素配置水平
did	0.116* (0.068)
控制变量	Yes
Year	Yes
Firm	Yes
R^2	0.106

注："*"分别表示在 10% 水平显著，括号里的数值为标准误差。

14.3.2 城市成为三试点城市先后顺序效应比较

上述研究证明三试点城市建立对创新要素配置确实存在协同效应，但本节想进一步研究城市成为三试点城市先后顺序对创新要素配置影响的差异大小。为此，首先保留已经成为创新型城市后成为智慧城市但还未成为国家自主创新示范区的样本，此时核心解释变量 treat × post 反映的是城市先成为创新型城市后成为智慧城市再成为国家自主创新示范区对创新要素配置的影响。按照上述方法，同样可以得到城市按照顺序先后成为三试点城市的其他五种类型，并依次进行回归，具体回归结果如表 14.44 所示。表 14.44 结果表明城市先成为创新型城市后成为智慧城市再成为国家自主创新示范区对创新要素配置的提高效应最强。

表 14.44　　城市成为三试点城市先后顺序效应比较

变量	R&D 人员
先创新后智慧再示范	0.157*** (0.058)
先创新后示范再智慧	0.159 (0.135)
先智慧后创新再示范	0.126*** (0.051)

续表

变量	R&D 人员
先智慧后示范再创新	0.129 (0.131)
先示范后创新再智慧	0.070 (0.034)
先示范后智慧再创新	0.155 * (0.084)

注："***"表示在1%水平显著，括号里的数值为标准误差。

14.4 试点城市政策的净效应比较

在前面小节中已经探讨了单试点城市建立、双试点城市建立和双试点城市先后建立顺序对创新要素配置影响的差异，以及三试点城市建立和先后建立的顺序对创新要素配置影响差异。为此，本节进一步探讨单试点城市建立、双试点城市建立、三试点城市建立对创新要素配置净效应差异。具体结果如表14.45所示。从表14.45可知，双试点城市 > 创新型城市 > 三试点城市 > 智慧城市 > 国家自主创新示范区。综合来说，建立双试点城市对提高创新要素配置效应最强，而国家自主创新示范区单试点政策实施净效应最低。因此，在高质量发展视阈下，国家应该实施双试点城市政策，尤其是先实施国家自主创新示范区政策后实施智慧城市政策对创新要素配置的提高作用最强。

表14.45　单试点城市、双试点城市、三试点城市净效应比较

变量	创新要素配置水平
创新型城市	0.106 ** (0.045)
智慧城市	0.082 *** (0.020)

续表

变量	创新要素配置水平
国家自主创新示范区	0.125*** (0.041)
双试点城市	0.192*** (0.232)
三试点城市	0.116* (0.068)

注："***""**""*"分别表示在1%、5%、10%水平显著，括号里的数值为标准误差。

14.5　本章小结

本章主要目的是研究高质量发展视阈下创新要素配置的政策评价，为此从国家实施的创新型城市、智慧城市和国家自主创新示范区政策视角出发，运用政策评价法对创新要素配置进行解释，并且进一步分析单试点城市、双试点城市和三试点城市建立对创新要素配置影响水平的差异。因此，本章首先深入分析了国家实施的创新型城市、智慧城市和国家自主创新示范区政策对创新要素配置影响的作用机理，发现创新型城市、智慧城市和国家自主创新示范区主要是通过创新环境、要素流动、产业结构升级、基础设施建设、产业集聚、政策机理提高创新要素配置。其次，选取相关指标，构建了多时点双重差分模型分别研究了创新型城市、智慧城市和国家自主创新示范区政策实施对创新要素配置影响，并进行了一系列稳健性检验，如平行趋势检验、反事实检验、样本选择偏差、改变时间区间等。再其次，本节采用中介效应模型实证检验了创新型城市、智慧城市和国家自主创新示范区政策实施对创新要素配置作用机制，且进行了一系列异质性检验，如城市规模特征、城市等级特征、城市区位特征等。最后，本章进一步探讨了单试点城市建立、双试点城市建立以及三试点城市建立在创新要素配置水平上的差异。通过上述理论分析和实证分析，得出以下结论：

第一，创新型试点城市政策能够显著促进城市创新要素配置水平的提高，并且经过一系列稳健性检验后依然成立。进一步，本章发现创新型城市主要是通过创新环境和要素流动提高创新要素配置。此外，本章进一步检验了资源型城市异质性、创新创业水平异质性和区域异质性对创新型试点城市与创新要素配置之间因果关系的影响。结果表明，创新型试点城市对非资源型城市的创新要素配置提高作用要大于资源型城市创新要素配置水平；创新型城市政策实施提高了创新创业水平较高地区的创新要素配置水平；创新型试点城市建立对东部地区创新要素配置起到明显提高作用，即“雪中送炭”效果，而对中部和西部地区创新要素配置虽然起到促进作用，但不显著。

第二，对于智慧城市试点城市来说，智慧城市政策能够显著促进城市创新要素配置水平的提高。进一步，本章发现智慧城市主要是通过产业结构升级和基础设施建设提高创新要素配置。此外，还发现，智慧城市政策的实施能够显著提高市场化程度高地区的创新要素配置水平，但不能显著提高市场化程度低地区的创新要素配置水平；智慧城市政策实施对于资源型城市和非资源型城市的创新要素配置水平均起到提高作用；智慧城市政策实施对高等级城市创新要素配置水平的提高作用大于中低等级城市的创新要素配置水平。

第三，对于国家自主创新示范区试点城市来说，国家自主创新示范区政策能够显著促进创新要素配置水平的提高，并且经过一系列稳健性检验后结果依然成立。进一步研究发现，国家自主创新示范区通过产业聚集和政策激励提高创新要素配置水平。此外，本章还发现特大城市和大城市试点区域对创新要素配置影响最为显著，而中等城市和超大城市试点区域对提高创新要素配置则不显著。政府支出高的试点城市，国家自主创新示范区显著提高创新要素配置水平，反之则相反；人力资本水平不管高还是低的试点城市，国家自主创新示范区都显著提高创新要素配置水平。市场化程度高的试点城市，国家自主创新示范区显著提高创新要素配置水平，反之则相反。

第四，对于单试点城市、双试点城市和三试点城市在创新要素配置水平上的差异性来说，本章首先发现双试点城市建立对提高创新要素配置具有协同效应，也即双试点城市建立对提高创新要素配置净效应比单试点更强，且进一步发现城市先成为国家自主创新示范区后成为智慧城市对创新要素配置提高效应最大，成为智慧城市再成为创新城市对创新要素配置的推高效应最小；其次，三试点城市建立对创新要素配置也具有协同效应，进一步发现城市先成为创新型城市后成为智慧城市再成为国家自主创新示范区对创新要素配置的提高效应最强；最后，总的来说，建立双试点城市对提高创新要素配置的净效应要大于三试点城市和单试点城市建立。

参考文献

[1] 王积业．关于提高经济增长质量的宏观思考［J］．宏观经济研究，2000（1）：11－17.

[2] 康梅．投资增长模式下经济增长因素分解与经济增长质量［J］．数量经济技术经济研究，2006（2）：153－160.

[3] 谢光华，韩丹妮，郝颖，陈恒宇．政府补贴、资本投资与经济增长质量［J］．管理科学学报，2020，23（5）：24－53.

[4] 刘树成，张晓晶．中国经济持续高增长的特点和地区间经济差异的缩小［J］．经济研究，2007，42（10）：17－31.

[5] 朱子云．中国经济增长质量的变动趋势与提升动能分析［J］．数量经济技术经济研究，2019，36（5）：23－43.

[6] 张建，王博．对外直接投资、市场分割与经济增长质量［J］．国际贸易问题，2022（4）：56－72.

[7] Antras P，Helpman E. Global Sourcing［J］．Journal of Political Economy，2004，112（3）：552－580.

[8] 魏敏，李书昊．新时代中国经济高质量发展水平的测度研究［J］．数量经济技术经济研究，2018，35（11）：3－20.

[9] 李金昌，史龙梅，徐蔼婷．高质量发展评价指标体系探讨［J］．统计研究，2019，36（1）：4－1.

[10] 赵剑波，史丹，邓洲．高质量发展的内涵研究［J］．经济与管理研究，2019，40（11）：15－31.

[11] 张军扩，侯永志，刘培林，何建武，卓贤．高质量发展的目标

要求和战略路径［J］. 管理世界，2019，35（7）：1－7.

［12］金碚. 关于“高质量发展”的经济学研究［J］. 中国工业经济，2018（4）：5－18.

［13］陈景华，陈姚，陈敏敏. 中国经济高质量发展水平、区域差异及分布动态演进［J］. 数量经济技术经济研究，2020，37（12）：108－126.

［14］汪淑娟，谷慎. 科技金融对中国经济高质量发展的影响研究——理论分析与实证检验［J］. 经济学家，2021（2）：81－91.

［15］师博，任保平. 中国省际经济高质量发展的测度与分析［J］. 经济问题，2018（4）：1－6.

［16］王一鸣. 大力推动我国经济高质量发展［J］. 人民论坛，2018（9）：32－34.

［17］孙智君，范嘉旭，吴传清，李萌. 习近平新时代共同富裕思想的理论创新和实践创新［J］. 金融经济学研究，2022，37（1）：3－17.

［18］李世美，郭福良，谭宓. 双循环新格局下居民消费升级促进我国经济高质量发展的作用机制与实现路径［J］. 学术探索，2022（3）：110－119.

［19］Schumpeter J A. The Theory of Economic Development［M］. Cambridge：Harvard Economic Studies，1912.

［20］韩江波. 创新驱动经济高质量发展：要素配置机理与战略选择［J］. 当代经济管理，2019，41（8）：6－14.

［21］Crepon B，Duguet E. Research and Development，Competition and Innovation Pseudo－Maximum Likelihood and Simulated Maximum Likelihood Methods Applied to Count Data Models with Heterogeneity［J］. Journal of Econometrics，1997，79（2）：355－378.

［22］白俊红，蒋伏心. 协同创新、空间关联与区域创新绩效［J］. 经济研究，2015，50（7）：174－187.

［23］Tsuboi M. Growth，R&D，and uncertainty［J］. Economic Modelling，2020，87：394－400.

［24］李晓峰，卢紫薇．珠三角地区创新要素配置效率评价——基于超越对数生产函数的分析［J］．改革，2021（6）：97－111.

［25］贾宝余，应验，刘立．“点将配兵”与重大突破：重大战略科技领域创新要素的配置模式［J］．中国科学院院刊，2022，37（1）：88－100.

［26］Wang J，Yang L. Does factor endowment allocation improve technological innovation performance？An empirical study on the Yangtze River Delta region［J］．Science of The Total Environment，2020，716：137107.

［27］Bessarabov A M，Kulov N N，Kvasyuk A V. Systems analysis of innovation resources in industrial chemical science（1990－2010）［J］．Theoretical Foundations of Chemical Engineering，2012，46（6）：609－617.

［28］陶长琪，徐茉．经济高质量发展视阈下中国创新要素配置水平的测度［J］．数量经济技术经济研究，2021，38（3）：3－22.

［29］徐晔，赵金凤．中国创新要素配置与经济高质量耦合发展的测度［J］．数量经济技术经济研究，2021，38（10）：46－64.

［30］肖兴志，徐信龙．区域创新要素的配置和结构失衡：研究进展、分析框架与优化策略［J］．科研管理，2019，40（10）：1－13.

［31］彭影．数字经济下创新要素综合配置与产业结构调整［J］．当代经济管理，2022，44（3）：48－58.

［32］陶长琪，袁琦璟．优化创新要素配置推动经济高质量发展［N］．中国社会科学报，2021－05－21（003）.

［33］戚湧，张明，李太生．基于 Malmquist 指数的江苏创新资源整合共享效率评价［J］．中国软科学，2013（10）：101－110.

［34］逯进，周惠民．中国省域人力资本与经济增长耦合关系的实证分析［J］．数量经济技术经济研究，2013，30（9）：3－19.

［35］刘汶荣．制造业高质量发展中创新要素配置研究［J］．社会科学战线，2021（12）：70－75.

［36］高月姣，吴和成．创新主体及其交互作用对区域创新能力的影响研究［J］．科研管理，2015，36（10）：51－57.

[37] Faggian A, McCann P. Human capital, graduate migration and innovation in British regions [J]. Cambridge Journal of Economics, 2009, 33 (2): 317 -333.

[38] 陆建芳，戴炳鑫．企业技术中心技术创新资源配置效率评价 [J]. 科研管理，2012，33 (1): 19 -26.

[39] 王欣亮，兰宇杰，刘飞．协同环境、军民融合与创新要素空间配置 [J]. 科技进步与对策，2020，37 (19): 141 -150.

[40] 龚关，胡关亮．中国制造业资源配置效率与全要素生产率 [J]. 经济研究，2013，48 (4): 4 -15，29.

[41] Hsieh C T, Klenow P J. Misallocation and Manufacturing TFP in China and India [J]. The Quarterly Journal of Economics, 2009, 124 (4): 1403 -1448.

[42] Aoki S. A simple accounting framework for the effect of resource misallocation on aggregate productivity [J]. Journal of the Japanese and International Economies, 2012, 26 (4): 473 -494.

[43] Restuccia D, Rogerson R. Special Issue: Misallocation and productivity [J]. Review of Economic Dynamics, 2013, 41 (9): 302 -316.

[44] 靳来群，胡善成，张伯超．中国创新资源结构性错配程度研究 [J]. 科学学研究，2019，37 (3): 545 -555.

[45] 朱婕，徐晔，陶长琪．优化创新要素配置推动经济高质量发展 [N]. 中国社会科学报，2021 -11 -03 (7).

[46] 邵宜航，步晓宁，张天华．资源配置扭曲与中国工业全要素生产率——基于工业企业数据库再测算 [J]. 中国工业经济，2013 (12): 39 -51.

[47] Moll B. Productivity losses from financial frictions: Can self - financing undo capital misallocation? [J]. American Economic Review, 2014, 104 (10): 3186 -3221.

[48] Wu G L. Capital misallocation in China: Financial frictions or policy distortions? [J]. Journal of Development Economics, 2018, 130: 203 -223.

[49] 宗慧隽，李真．最低工资标准、劳动力市场分割与资源配置效率［J］．产业经济研究，2020（4）：74－89.

[50] 蔡昉，王德文，都阳．劳动力市场扭曲对区域差距的影响［J］．中国社会科学，2001（2）：4－14.

[51] 王文，孙早．中国地区间研发资源错配测算与影响因素分析［J］．财贸经济，2020，41（5）：67－83.

[52] 李斯嘉，吴利华．市场分割对区域创新资源配置效率的影响［J］．现代经济探讨，2021（1）：75－87.

[53] Yan N，Sun B，Zhang H，et al. A partial credit guarantee contract in a capital－constrained supply chain：Financing equilibrium and coordinating strategy［J］．International Journal of Production Economics，2016，173：122－133.

[54] Jovanovic B. Misallocation and growth［J］．American Economic Review，2014，104（4）：1149－1171.

[55] Solow R M. A contribution to the theory of economic growth［J］．The Quarterly Journal of Economics，1956，70（1）：65－94.

[56] Romer P M. Increasing Returns and Long－Run Growth［J］．Journal of Political Economy，1986，94（5）：1002－1037.

[57] Mitaritonna C，Orefice G，Peri G. Immigrants and firms' outcomes：Evidence from France［J］．European Economic Review，2017，96：62－82.

[58] 王永进，刘卉．企业专利申请、出口与生产率动态［J］．世界经济，2021，44（6）：123－150.

[59] Huang Y. China's great ascendancy and structural risks：Consequences of asymmetric market liberalization［J］．Asian－Pacific Economic Literature，2010，(24)：65－85.

[60] 陶长琪，丁煜．数字经济政策如何影响制造业企业创新——基于适宜性供给的视角［J］．当代财经，2022，448（3）：16－27.

[61] Denison E F，Institution B. Accounting for United States economic growth，1929－1969［M］．Washington：Brookings Institution，1974.

[62] 程名望，贾晓佳，仇焕广．中国经济增长（1978－2015）：灵感还是汗水［J］．经济研究，2019（7）：30－46.

[63] 冯俏彬，贾康．我国供给侧改革的背景、理论模型与实施路径［J］．经济学动态，2017（7）：35－43.

[64] Broekel T, Graf H. Structural properties of cooperation networkes in Germany: From basic to applied research [J]. Jena Economic Research Papers, 2010 (78).

[65] 陈强远，林思彤，张醒．中国技术激励政策：激励了数量还是质量［J］．中国工业经济，2020（4）：79－96.

[66] 罗富政．发展中大国的空间经济格局演变及其动因机制——基于中国和印度的比较分析［J］．亚太经济，2019（1）：61－70，155.

[67] 宛群超，袁凌．创新要素流动与高技术产业创新能力［J］．科研管理，2021，42（12）：80－87.

[68] 海本禄，常鹏宇，张秀峰．创新要素流动与黄河流域高质量发展——基于地级市面板数据的空间计量研究［J］．河南师范大学学报（自然科学版），2022，50（1）：36－47.

[69] 戴小勇．中国高创新投入与低生产率之谜：资源错配视角的解释［J］．世界经济，2021，44（3）：86－109.

[70] Acemoglu D, Guerrieri V. Capital deepening and non－balanced economic growth [J]. Journal of Political Economy. 2008, 116 (3): 467－498.

[71] 张杰，周晓艳，李勇．要素市场扭曲抑制了中国企业 R&D?［J］．经济研究，2011，46（8）：78－91.

[72] 韩剑，郑秋玲．政府干预如何导致地区资源错配——基于行业内和行业间错配的分解［J］．中国工业经济，2014（11）：69－81.

[73] 徐晔，张秋燕．中国高技术产业各行业资源配置效率的实证研究——基于 DEA－Malmquist 指数方法［J］．当代财经，2009（12）：74－79.

[74] 任韬，孙潇筱．中国行业间劳动要素配置扭曲及对经济的影响

分析［J］. 数理统计与管理，2021，40（2）：352－365.

［75］刘明辉，卢飞. 城乡要素错配与城乡融合发展——基于中国省级面板数据的实证研究［J］. 农业技术经济，2019（2）：33－46.

［76］王向阳，申学锋，康玺. 构建城乡要素双向流动机制的实证分析与创新路径——基于以资本要素为核心的视角［J］. 财政科学，2022（3）：34－48.

［77］王颂吉，白永秀. 城乡要素错配与中国二元经济结构转化滞后：理论与实证研究［J］. 中国工业经济，2013（7）：31－43.

［78］杨志才，柏培文. 要素错配及其对产出损失和收入分配的影响研究［J］. 数量经济技术经济研究，2017，34（8）：21－37.

［79］朱喜，史清华，盖庆恩. 要素配置扭曲与农业全要素生产率［J］. 经济研究，2011（5）：86－98.

［80］Diebolt C，Hippe R. The long－run impact of human capital on innovation and economic development in the regions of Europe［J］. Applied Economics，2019，51（4－6）：542－563.

［81］韩先锋，惠宁，宋文飞. 信息化能提高中国工业部门技术创新效率吗［J］. 中国工业经济，2014（12）：70－82.

［82］何喜军，魏国丹，张婷婷. 区域要素禀赋与制造业协同发展度评价与实证研究［J］. 中国软科学，2016（12）：163－171.

［83］葛鹏飞，韩永楠，武宵旭. 中国创新与经济发展的耦合协调性测度与评价［J］. 数量经济技术经济研究，2020，37（10）：101－117.

［84］Mlachila M，Tapsoba R，Tapsoba S J A. A quality of growth index for developing countries：a proposal［J］. Social Indicators Research，2017，134（2）：675－710.

［85］Qi J. Government education expenditure，third－party spillover effect and economic growth in China［J］. Journal of Sustainable Development，2016，9（2）：145－152.

［86］成程，李惟韬，彭杰. 地区环境治理与中国城市经济增长质

量——来自河长制实施的经验证据［J］. 经济问题，2022（5）：99－110.

［87］刘思明，张世瑾，朱惠东. 国家创新驱动力测度及其经济高质量发展效应研究［J］. 数量经济技术经济研究，2019，36（4）：3－23.

［88］Wong Z，Li R，Zhang Y，et al. Financial services，spatial agglomeration，and the quality of urban economic growth－based on an empirical analysis of 268 cities in China［J］. Finance Research Letters，2021，43：101993.

［89］李成刚. 绿色金融对经济高质量发展的影响［J］. 中南财经政法大学学报，2023，No. 257（2）：65－77.

［90］Kong Q，Peng D，Ni Y，et al. Trade openness and economic growth quality of China：Empirical analysis using ARDL model［J］. Finance Research Letters，2021，38：101488.

［91］朱启贵. 全面建成小康社会评价指标体系研究［J］. 人民论坛·学术前沿，2017（4）：52－60.

［92］王西贝，王群勇. 产业协同集聚对区域经济增长的影响研究——基于规模效应与拥堵效应视角［J］. 经济评论，2023，No. 240（2）：43－58.

［93］Beugelsdijk S，Klasing M J，Milionis P. Regional economic development in Europe：the role of total factor productivity［J］. Regional Studies，2018，52（4）：461－476.

［94］詹新宇，曾傅雯. 行政区划调整提升经济发展质量了吗？——来自"撤县设区"的经验证据［J］. 财贸研究，2021，32（4）：70－82.

［95］Xia F，Xu J. Green total factor productivity：A re－examination of quality of growth for provinces in China［J］. China Economic Review，2020，62：101454.

［96］沈坤荣，傅元海. 外资技术转移与内资经济增长质量——基于中国区域面板数据的检验［J］. 中国工业经济，2010（11）：5－15.

［97］范金，姜卫民，刘瑞翔. 增加值率能否反映经济增长质量？［J］. 数量经济技术经济研究，2017，34（2）：21－37.

［98］Qi J. Fiscal Expenditure Incentives，Spatial Correlation and Quality of Economic Growth: Evidence from A Chinese Province [J]. International Journal of Business and Management, 2016, 11 (7): 191-201.

[99] 郭芸，范柏乃，龙剑．我国区域高质量发展的实际测度与时空演变特征研究 [J]. 数量经济技术经济研究，2020，37 (10)：118-132.

[100] 陈肖飞，杜景新，李元为等．高质量发展视角下黄河流域城市网络的结构演变与影响因素研究 [J]. 人文地理，2023，38 (1)：87-96.

[101] 向书坚，郑瑞坤，郜元兴．循环经济视角下的县域经济增长质量评价指标体系研究——以江苏省江阴市为例 [J]. 中南财经政法大学学报，2011，No.184 (1)：9-15.

[102] 向书坚，郑瑞坤．基于质量指数的经济增长转型测度研究——以深圳经济增长为例 [J]. 当代财经，2012，No.333 (8)：82-93.

[103] 苗峻玮，冯华．区域高质量发展评价体系的构建与测度 [J]. 经济问题，2020 (11)：111-118.

[104] 许光清，张文丹，陈晓玉．能源要素市场化配置促进高质量发展与减污降碳协同 [J/OL]. 中国环境科学：1-14 [2023-03-25].

[105] 许宪春，张钟文，常子豪，雷泽坤．中国分行业全要素生产率估计与经济增长动能分析 [J]. 世界经济，2020，43 (2)：25-48.

[106] 杨耀武，张平．中国经济高质量发展的逻辑、测度与治理 [J]. 经济研究，2021，56 (1)：26-42.

[107] Schultz T W. Investment in human capital [J]. The American Economic Review, 1961, 51 (1): 1-17.

[108] OECD. The Well-being of Nations: The Role of Human and Social Capital [M]. Paris: Centre for Educational Research and Innovation, 2001.

[109] Kendrick J W. The Formation and Stocks of Total Capital [R]. National Bureau of Economic Research, 1976.

[110] 李海峥，贾娜，张晓蓓等．中国人力资本的区域分布及发展动态 [J]. 经济研究，2013，48 (7)：49-62.

[111] 张琼，张钟文．我国人力资本变迁70年：人口转型与教育提

升的双重视角［J］．统计研究，2021，38（11）：47－59.

［112］周春芳，苏群．留守经历、人力资本质量与劳动力市场表现［J］．现代经济探讨，2023，No.495（3）：42－53.

［113］王家庭，李艳旭，马洪福，等．中国制造业劳动生产率增长动能转换：资本驱动还是技术驱动［J］．中国工业经济，2019（5）：99－117.

［114］邹薇，袁飞兰．劳动收入份额、总需求与劳动生产率［J］．中国工业经济，2018（2）：5－23.

［115］Gopinath M，Pick D，Li Y. An empirical analysis of productivity growth and industrial concentration in US manufacturing［J］．Applied Economics，2004，36（1）：1－7.

［116］单勤琴，李中．经济高质量发展水平的地区差异及时空收敛性研究［J］．经济地理，2022，42（9）：50－58.

［117］Berger S C，Gleisner F. Emergence of financial intermediaries in electronic markets：The case of online P2P lending［J］．Business Research，2009，2（1）：39－65.

［118］刘忠璐．互联网金融对商业银行风险承担的影响研究［J］．财贸经济，2016（4）：71－85，115.

［119］王荣，叶莉，房颖．中国金融科技发展的动态演进、区域差异与收敛性研究［J/OL］．当代经济管理：1－19［2023－03－25］．http：//kns. cnki. net/kcms/detail/13. 1356. F. 20230228. 1033. 002. html.

［120］高沛星，王修华．我国农村金融排斥的区域差异与影响因素——基于省际数据的实证分析［J］．农业技术经济，2011（4）：93－102.

［121］陆凤芝，黄永兴，徐鹏．中国普惠金融的省域差异及影响因素［J］．金融经济学研究，2017，32（1）：111－120.

［122］李宝瑜，周玲，李原．基于全球证券投资网络的中国金融影响力测评［J］．统计研究，2019，36（7）：39－49.

［123］曹颢，尤建新，卢锐等．我国科技金融发展指数实证研究［J］．中国管理科学，2011，19（3）：134－140.

[124] 张玉喜，张倩．区域科技金融生态系统的动态综合评价［J］．科学学研究，2018，36（11）：1963－1974.

[125] 罗福凯．要素资本平衡表：一种新的内部资产负债表［J］．中国工业经济，2010（2）：89－99.

[126] 许秀梅．技术资本、人力资本如何提升公司绩效？——来自大样本的多视角分析［J］．科研管理，2017，38（5）：64－76.

[127] Mcgrattan E R，Prescott E C. Openness，technology capital，and development［J］．Journal of Economic Theory，2009，144（6）：2454－2476.

[128] 孙理军，张蔓，高倩．战略性新兴产业要素禀赋、技术创新能力与产业发展质量的关系［J］．科技管理研究，2022，42（9）：1－7.

[129] 杨武，孙世强．TEL 视角下专利密集型产业技术锁定测度研究［J］．经济体制改革，2022，No. 233（2）：174－179.

[130] 张之光，蔡建峰．信息技术资本、替代性与中国经济增长——基于局部调整模型的分析［J］．数量经济技术经济研究，2012，29（9）：71－81，150.

[131] 孙菁，周红根，李欣先．技术资本非效率配置：融资约束抑或代理冲突？——来自我国沪深 A 股制造业上市公司经验证据［J］．经济问题，2016（6）：54－59.

[132] Chadefaux T. Early warning signals for war in the news［J］．Journal of Peace Research，2014，51（1）：5－18.

[133] 蔡跃洲，马文君．数据要素对高质量发展影响与数据流动制约［J］．数量经济技术经济研究，2021，38（3）：64－83.

[134] Farboodi M，Veldkamp L. A Growth Model of the Data Economy［J］．NBER Working Papers，2021.

[135] 许宪春，张钟文，胡亚茹．数据资产统计与核算问题研究［J］．管理世界，2022，38（2）：16－30，2.

[136] 王德祥．数字经济背景下数据要素对制造业高质量发展的影响研究［J］．宏观经济研究，2022，No. 286（9）：51－63，105.

[137] 尹庆民，王寻．数字经济是否促进了中国的城乡融合——基于中介效应模型与空间杜宾模型的检验 [J]．技术经济，2022，41 (11)：114－127.

[138] 李斌，彭星，欧阳铭珂．环境规制、绿色全要素生产率与中国工业发展方式转变——基于36个工业行业数据的实证研究 [J]．中国工业经济，2013 (4)：56－68.

[139] Chung Y, Fare R. Productivity and Undesirable Outputs: A Directional Distance Function Approach [J]. Microeconomics, 1997, 51 (3): 229－240.

[140] Tone K. A slacks－based measure of efficiency in data envelopment analysis [J]. European Journal of Operational Research, 2001, 130 (3): 498－509.

[141] 原毅军，谢荣辉．FDI、环境规制与中国工业绿色全要素生产率增长——基于 Luenberger 指数的实证研究 [J]．国际贸易问题，2015 (8)：84－93.

[142] 谌莹，张捷．碳排放、绿色全要素生产率和经济增长 [J]．数量经济技术经济研究，2016，33 (8)：47－63.

[143] 郭海红，刘新民．中国农业绿色全要素生产率的时空分异及收敛性 [J]．数量经济技术经济研究，2021，38 (10)：65－84.

[144] 申丹虹，刘锦叶，师王芳．黄河流域绿色全要素生产率及影响因素研究 [J]．调研世界，2023，No.354 (3)：3－10.

[145] Hu J L, Wang S C. Total－factor energy efficiency of regions in China [J]. Energy Policy, 2006, 34 (17): 3206－3217.

[146] 赫永达，刘智超，孙巍．资本替代能源的节能减排效应研究 [J]．产业经济研究，2017 (1)：114－126.

[147] 史丹．中国能源效率的地区差异与节能潜力分析 [J]．中国工业经济，2006 (10)：49－58.

[148] Zhou P, Wu F, Zhou D Q. Total－factor energy efficiency with congestion [J]. Annals of Operations Research, 2017, 255 (1－2): 241－

256.

[149] Chang T P, Hu J L. Total - factor energy productivity growth, technical progress, and efficiency change: An empirical study of China [J]. Applied Energy, 2010, 87 (10): 3262 - 3270.

[150] Hu J L, Lio M C, Yeh F Y, et al. Environment - adjusted regional energy efficiency in Taiwan [J]. Applied Energy, 2011, 88 (8): 2893 - 2899.

[151] 林伯强，刘泓汛．对外贸易是否有利于提高能源环境效率——以中国工业行业为例 [J]．经济研究，2015，50 (9)：127 - 141.

[152] 戚湧，郭逸．基于 SFA 方法的科技资源市场配置效率评价 [J]．科研管理，2015，36 (3)：84 - 91.

[153] Zamanian G R, Shahabinejad V, Yaghoubi M. Application of DEA and SFA on the measurement of agricultural technical efficiency in MENA countries [J]. International Journal of Applied Operational Research, 2013, 3 (2): 43 - 51.

[154] 范斐，杜德斌，李恒等．中国地级以上城市科技资源配置效率的时空格局 [J]．地理学报，2013，68 (10)：1331 - 1343.

[155] 陈国生，杨凤鸣，陈晓亮，赵晓军．基于 Bootstrap - DEA 方法的中国科技资源配置效率空间差异研究 [J]．经济地理，2014，34 (11)：36 - 42.

[156] 马玉林，马运鹏．中国科技资源配置效率的区域差异及收敛性研究 [J]．数量经济技术经济研究，2021，38 (8)：83 - 103.

[157] Du J, Cook W D, Liang L, et al. Fixed Cost and Resource Allocation based on DEA cross - efficiency [J]. European Journal of Operational Research, 2014, 235 (1): 206 - 214.

[158] Marden J R, Roughgarden T. Generalized Efficiency Bounds in Distributed Resource Allocation [J]. IEEE Transactions on Automatic Control, 2014, 59 (3): 571 - 584.

[159] 范德成，杜明月．中国工业技术创新资源配置时空分异格局研

究——以经济新常态为视角［J］. 科学学研究，2017，35（8）：1167－1178.

［160］王成东，焦慧，王琛等. 技术创新效率曲线、产业异质性与创新路径选择：基于二元创新视角与高端装备制造业的实证研究［J］. 中国软科学，2023，No.386（2）：61－72.

［161］徐星，惠宁，崔若冰等. 数字经济驱动制造业高质量发展的影响效应研究——以技术创新效率提升与技术创新地理溢出的双重视角［J］. 经济问题探索，2023，No.487（2）：126－143.

［162］Geng C，Cui Z. Analysis of spatial heterogeneity and driving factors of capital allocation efficiency in energy conservation and environmental protection industry under environmental regulation［J］. Energy Policy，2020，137：111081.

［163］范斐，杜德斌，李恒. 区域科技资源配置效率及比较优势分析［J］. 科学学研究，2012，30（8）：1198－1205.

［164］李言，高波，雷红. 中国地区要素生产率的变迁：1978～2016［J］. 数量经济技术经济研究，2018，35（10）：21－39.

［165］叶初升，李承璋，罗连发. 资源错配的多层次识别、分解与比较——畅通国民经济循环的分析视角［J］. 社会科学战线，2022（3）：42－55，281.

［166］杨振，陈甬军. 中国制造业资源误置及福利损失测度［J］. 经济研究，2013，48（3）：43－55.

［167］Brandt L，Biesebroeck J V，Zhang Y. Creative accounting or creative destruction? Firm－level productivity growth in Chinese manufacturing［J］. Journal of Development Economics，2012，97（2）：339－351.

［168］刘贯春，张晓云，邓光耀. 要素重置、经济增长与区域非平衡发展［J］. 数量经济技术经济研究，2017，34（7）：35－56.

［169］王文，牛泽东. 资源错配对中国工业全要素生产率的多维影响研究［J］. 数量经济技术经济研究，2019，36（3）：20－37.

［170］陈怀超，张晶，马靖. 产学研创新资源错配对省域创新效率的

影响——基于要素扭曲测度模型与超效率 SBM - DEA 模型 [J]. 科技进步与对策, 2021, 38 (10): 46 - 55.

[171] 宋国恺. 新时代高质量发展的社会学研究 [J]. 中国特色社会主义研究, 2018 (5): 60 - 68.

[172] 安淑新. 促进经济高质量发展的路径研究: 一个文献综述 [J]. 当代经济管理, 2018, 40 (9): 11 - 17.

[173] Oyebanji I J, Khobai H, Roux P L. Green Growth Policies and Sustainable Economic Growth in South Africa: An Autoregressive Distributed Lag and Toda - Yamamoto Approach [J]. International Journal of Energy Economics and Policy, 2019, 9 (1): 184 - 193.

[174] 李俊霞, 温小霓. 中国科技金融资源配置效率与影响因素关系研究 [J]. 中国软科学, 2019 (1): 164 - 174.

[175] 许宪春. 统筹推进"五位一体"总体布局 实施国民经济核算新标准 [J]. 国家行政学院学报, 2017 (5): 8 - 14, 144.

[176] 朱建平, 张悦涵. 大数据时代对传统统计学变革的思考 [J]. 统计研究, 2016, 33 (2): 3 - 9.

[177] 彭张林, 张强, 杨善林. 综合评价理论与方法研究综述 [J]. 中国管理科学, 2015, 23 (S1): 245 - 256.

[178] 苏为华, 张崇辉, 曾守桢. 主体存在变动的动态群组评价方法及应用 [J]. 统计研究, 2015, 32 (7): 100 - 105.

[179] 李美娟, 袁宁, 徐林明. 基于正交投影法的动态评价方法 [J]. 中国管理科学, 2020, 28 (12): 208 - 219.

[180] 陈川, 许伟. 以人民为中心的高质量发展理论内涵 [J]. 宏观经济管理, 2020 (3): 15 - 20.

[181] 孙久文. 从高速度的经济增长到高质量、平衡的区域发展 [J]. 区域经济评论, 2018 (1): 1 - 4.

[182] 陈文烈, 李燕丽. 西部地区高质量发展测度及时空演变格局 [J]. 西南民族大学学报 (人文社会科学版), 2022, 43 (3): 100 - 111.

[183] 李旭辉, 朱启贵, 夏万军, 李认认. 基于五大发展理念的经济

社会发展评价体系研究——基于二次加权因子分析法［J］. 数理统计与管理，2019，38（3）：506－518.

［184］宋明顺，张霞，易荣华，朱婷婷. 经济发展质量评价体系研究及应用［J］. 经济学家，2015（2）：35－43.

［185］钞小静，廉园梅，沈路. 中国经济高质量发展的时空差异与收敛特征研究——基于“条件—过程—结果”的三维测度［J］. 财经问题研究，2023，No.472（3）：3－21.

［186］赵涛，张智，梁上坤. 数字经济、创业活跃度与高质量发展——来自中国城市的经验证据［J］. 管理世界，2020，36（10）：65－76.

［187］Battino S，Lampreu S. The Role of the Sharing Economy for a Sustainable and Innovative Development of Rural Areas：A Case Study in Sardinia（Italy）［J］. Sustainability，2019，11（11）：1－20.

［188］韩君，张慧楠. 中国经济高质量发展背景下区域能源消费的测度［J］. 数量经济技术经济研究，2019，36（7）：42－61.

［189］高培勇，杜创，刘霞辉，袁富华，汤铎铎. 高质量发展背景下的现代化经济体系建设：一个逻辑框架［J］. 经济研究，2019，54（4）：4－17.

［190］潘士远，朱丹丹，徐恺. 中国城市过大抑或过小？——基于劳动力配置效率的视角［J］. 经济研究，2018，53（9）：68－82.

［191］Beg S. Digitization and Development：Property Rights Security，and Land and Labor Markets［J］. Journal of the European Economic Association，2022，20（1）：395－429.

［192］Fonseca J，Van Doornik B. Financial development and labor market outcomes：Evidence from Brazil［J］. Journal of Financial Economics，2022，143（1）：550－568.

［193］封思贤，徐卓. 数字金融、金融中介与资本配置效率［J］. 改革，2021（3）：40－55.

［194］Prasetyo P E，Kistanti N R. Human capital，institutional economics and entrepreneurship as a driver for quality & sustainable economic growth［J］.

Entrepreneurship and Sustainability Issues, 2020, 7 (4): 2575 - 2589.

[195] 徐晔，喻家驹. 区域人力资本就业配置与全要素生产率 [J]. 当代财经，2020 (1): 114 - 125.

[196] 王春云，王亚菲. 数字化资本回报率的测度方法及应用 [J]. 数量经济技术经济研究，2019，36 (12): 123 - 144.

[197] 王开科，曾五一. 关于资本利用率宏观测算指标与方法的研究 [J]. 统计研究，2022，39 (7): 43 - 55.

[198] 彭飞，毛德凤. "营改增" 政策能改善企业要素配置扭曲吗？——基于要素抵扣范围调整的视角 [J]. 财政研究，2021 (12): 108 - 123.

[199] 武宵旭，任保平. 数字经济背景下要素资源配置机制重塑的路径与政策调整 [J]. 经济体制改革，2022 (2): 5 - 10.

[200] Wu J, Wu G, Zhou Q, et al. Spatial variation of regional sustainable development and its relationship to the allocation of science and technology resources [J]. Sustainability, 2014, 6 (9): 6400 - 6417.

[201] 高军，索玮岚. 科研机构科技资源投入与产出的多阶段时滞效应研究 [J]. 管理评论，2018，30 (8): 69 - 78.

[202] 刘佐菁，陈杰. 科技资源配置水平评价及区域差异研究 [J]. 科技管理研究，2019，39 (11): 93 - 100.

[203] Zhang F, Wang Y, Liu W. Science and technology resource allocation, spatial association, and regional innovation [J]. Sustainability, 2020, 12 (2): 1 - 19.

[204] Liu T, Zheng Z, Du Y. Evaluation on regional science and technology resources allocation in China based on the zero sum gains data envelopment analysis [J]. Journal of Intelligent Manufacturing, 2021, 32 (6): 1729 - 1737.

[205] Pan X, Guo S, Li M, et al. The effect of technology infrastructure investment on technological innovation—A study based on spatial durbin model [J]. Technovation, 2021, 107: 1 - 9.

[206] 钟诗韵，徐晔，谭利．双轮创新驱动对我国产业结构升级的影响 [J]．管理学刊，2022，35 (1)：70－85.

[207] Lager T，Blanco S. The Commodity Battle：a product－market perspective on innovation resource allocation in the Process Industries [J]．International Journal of Technology Intelligence and Planning，2010，6 (2)：128－150.

[208] Wang Y，Wang C，Mao X，et al. Spatial Pattern and Benefit Allocation in Regional Collaborative Innovation of the Yangtze River Delta，China [J]．Chinese Geographical Science，2021，31 (5)：900－914.

[209] 徐国祥，陈燃萍．创新驱动转型发展能力的影响因素分析——基于省级面板数据的实证研究 [J]．数理统计与管理，2019，38 (5)：770－784.

[210] Yi J，Murphree M，Meng S，et al. The more the merrier? Chinese government R&D subsidies，dependence，and firm innovation performance [J]．Journal of Product Innovation Management，2021，38 (2)：289－310.

[211] Fang Z，Razzaq A，Mohsin M，et al. Spatial spillovers and threshold effects of internet development and entrepreneurship on green innovation efficiency in China [J]．Technology in Society，2022，68 (5)：1－16.

[212] Zhang Z，Wang Z，Zhu Y. Optimal path selection of innovation resource allocation in China's regions with shared inputs [J]．Economic Research－Ekonomska Istraživanja，2021：1－24.

[213] 洪银兴．论市场对资源配置起决定性作用后的政府作用 [J]．经济研究，2014，49 (1)：14－16.

[214] 王伟玲，吴志刚，徐靖．加快数据要素市场培育的关键点与路径 [J]．经济纵横，2021 (3)：39－47.

[215] 肖琳子，肖卫．二元经济中农业技术进步、劳动力流动与经济增长——基于中国1992～2012年省级面板数据的实证分析 [J]．上海经济研究，2014 (6)：23－33.

[216] 郭凯明，余靖雯，龚六堂．人口政策、劳动力结构与经济增长

[J]. 世界经济, 2013, 36 (11): 72-92.

[217] 钞小静, 沈坤荣. 城乡收入差距、劳动力质量与中国经济增长 [J]. 经济研究, 2014, 49 (6): 30-43.

[218] Paun C. Financing and investment in biotechnology [M]. Springer, Cham, 2019.

[219] 王晓芳, 胡冰. 我国经济驱动要素时间变化趋势及区域要素的差异化研究——基于供给侧要素结构调整视角 [J]. 经济学家. 2016, (11): 26-36.

[220] 陈晓红, 李杨扬, 宋丽洁, 汪阳洁. 数字经济理论体系与研究展望 [J]. 管理世界, 2022, 38 (2): 208-224, 13-16.

[221] Edvardsen D F, Forsund F R, Kittelsen S A C. Productivity development of Norwegian institutions of higher education 2004-2013 [J]. Journal of the Operational Research Society, 2017, 68 (4): 399-415.

[222] 陈祺琪, 张俊飚, 程琳琳, 等. 农业科技资源配置能力区域差异分析及驱动因子分解 [J]. 科研管理, 2016, 37 (3): 110-123.

[223] 夏俊楠, 魏伟, 尹力等. 基于四叉树算法的"三区空间"形态效率评价方法 [J]. 地球信息科学学报, 2023, 25 (3): 450-467.

[224] Coccia M. Science, funding and economic growth: Analysis and science policy implications [J]. World Review of Science, Technology and Sustainable Development, 2008, 5 (1): 1-27.

[225] Bornmann L, Stefaner M, de Moya Anegón F, et al. What is the effect of country-specific characteristics on the research performance of scientific institutions? Using multi-level statistical models to rank and map universities and research-focused institutions worldwide [J]. Journal of Informetrics, 2014, 8 (3): 581-593.

[226] 李宗显, 杨千帆. 数字经济如何影响中国经济高质量发展? [J]. 现代经济探讨, 2021 (7): 10-19.

[227] 王韶华, 林小莹, 张伟等. 绿色信贷对中国工业绿色技术创新效率的影响研究 [J/OL]. 统计与信息论坛: 1-15 [2023-03-30].

[228] 史常亮，占鹏，朱俊峰．土地流转、要素配置与农业生产效率改进 [J]．中国土地科学，2020，34 (3)：49 – 57.

[229] 程钰，张悦，王晶晶．中国省域碳排放绩效时空演变与技术创新驱动研究 [J]．地理科学，2023，43 (2)：313 – 323.

[230] Yang G L，Fukuyama H，Song Y Y. Measuring the inefficiency of Chinese research universities based on a two – stage network DEA model [J]. Journal of Informetrics，2018，12 (1)：10 – 30.

[231] 陈创练，朱晓琳，高锡蓉．中国城市劳动和资本要素配置效率动态演进及其作用机理——基于经济增长理论的 Malmquist 指数和 Prodest 生产函数法 [J]．经济问题探索，2020 (12)：89 – 95.

[232] 赵亚雄，王修华，刘锦华．绿色金融改革创新试验区效果评估——基于绿色经济效率视角 [J]．经济评论，2023，No. 240 (2)：122 – 138.

[233] 张永丽，姜侣．西部地区农户兼业化及劳动力资源配置效率研究——基于风险与不确定性的视角 [J]．经济与管理，2015，29 (5)：83 – 91.

[234] 刘兵，曾建丽，梁林，等．京津冀经济发展的动力源泉：科技人才集聚的关键影响 [J]．科技管理研究，2018，38 (3)：120 – 126.

[235] Lichtenberg E，Ding C. Local officials as land developers：Urban spatial expansion in China [J]. Journal of Urban Economics，2009，66 (1)：57 – 64.

[236] 蒲艳萍，成肖．金融发展、市场化与服务业资本配置效率 [J]．经济学家，2014 (6)：43 – 52.

[237] 杨传喜，王亚萌．农林高等院校科技资源配置结构效应研究 [J]．科技和产业，2018，18 (1)：104 – 111.

[238] 梁洪基，傅春杨，陆江源．要素配置优化引发的经济结构变迁效应研究 [J]．经济问题探索，2019 (9)：1 – 8.

[239] 马大来，陈仲常，王玲．中国区域创新效率的收敛性研究：基于空间经济学视角 [J]．管理工程学报，2017，31 (1)：71 – 78.

[240] 宋亚峰，王世斌，潘海生．高等职业教育资源区域配置效率的空间计量研究［J］．高等工程教育研究，2019（1）：144－151.

[241] 任保平．新时代中国经济从高速增长转向高质量发展：理论阐释与实践取向［J］．学术月刊，2018，50（3）：66－74，86.

[242] 刘志彪．理解高质量发展：基本特征、支撑要素与当前重点问题［J］．学术月刊，2018，50（7）：39－45，59.

[243] 李梦欣，任保平．新时代中国高质量发展的综合评价及其路径选择［J］．财经科学，2019（5）：26－40.

[244] 王一鸣．百年大变局、高质量发展与构建新发展格局［J］．管理世界，2020，36（12）：1－13.

[245] 郝大江，张荣．要素禀赋、集聚效应与经济增长动力转换［J］．经济学家，2018（1）：41－49.

[246] 孙浩进．论经济空间的非中性——政治经济学视阈下的资本逻辑［J］．经济问题，2018（11）：9－13，122.

[247] Dziallas M，Blind K. Innovation indicators throughout the innovation process：An extensive literature analysis［J］. Technovation，2019，80：3－29.

[248] Edwards－Schachter M. The nature and variety of innovation［J］. International Journal of Innovation Studies，2018，2（2）：65－79.

[249] Gault F. Defining and measuring innovation in all sectors of the economy［J］. Research Policy，2018，47（3）：617－622.

[250] 张宓之，朱学彦，梁偲，汤临佳．创新要素空间集聚模式演进机制研究——多重效应的空间较量［J］．科技进步与对策，2016，33（14）：10－16.

[251] 惠宁，杨昕．数字经济驱动与中国制造业高质量发展［J］．陕西师范大学学报（哲学社会科学版），2022，51（1）：133－147.

[252] 许光清，陈晓玉．考虑能源的中国经济要素再配置效应［J］．中国人口·资源与环境，2021，31（3）：128－137.

[253] 陈秧分，刘玉，李裕瑞．中国乡村振兴背景下的农业发展状态

与产业兴旺途径 [J]. 地理研究, 2019, 38 (3): 632 -642.

[254] 韩江波. 产业基础能力解构的要素配置演化逻辑 [J]. 技术经济与管理研究, 2022 (1): 84 -87.

[255] 程广斌, 靳瑶. 创新能力提升是否能够增强城市经济韧性? [J]. 现代经济探讨, 2022 (2): 1 -11, 32.

[256] 申晓军, 苏为华. 要素价格变动、技术创新效率偏向与劳动收入份额 [J]. 商业经济与管理, 2020, No. 340 (2): 84 -96.

[257] "中国城市营商环境评价研究"课题组, 李志军, 张世国, 牛志伟, 袁文融, 刘琪. 中国城市营商环境评价的理论逻辑、比较分析及对策建议 [J]. 管理世界, 2021, 37 (5): 98 -112, 8.

[258] 洪银兴. 实现要素市场化配置的改革 [J]. 经济学家, 2020 (2): 5 -14.

[259] 杨青, 苑春荟. 政府竞争、研发资本集聚与创新绩效 [J]. 科技进步与对策, 2023, 40 (6): 14 -24.

[260] 陈秀山, 徐瑛. 中国区域差距影响因素的实证研究 [J]. 中国社会科学, 2004 (5): 117 -129, 207.

[261] 苏为华, 王龙, 李伟. 中国海洋经济全要素生产率影响因素研究——基于空间面板数据模型 [J]. 财经论丛, 2013, No. 172 (3): 9 -13.

[262] 温雅婷, 余江, 洪志生, 陈凤. 数字化转型背景下公共服务创新路径研究——基于多中心—协同治理视角 [J]. 科学学与科学技术管理, 2021, 42 (3): 101 -122.

[263] Goldfarb A, Tucker C. Digital economics [J]. Journal of Economic Literature, 2019, 57 (1): 3 -43.

[264] 李颖, 贺俊. 数字经济赋能制造业产业创新研究 [J]. 经济体制改革, 2022 (2): 101 -106.

[265] 林志帆, 刘诗源. 税收激励如何影响企业创新? ——来自固定资产加速折旧政策的经验证据 [J]. 统计研究, 2022, 39 (1): 91 -105.

[266] 杜书云, 刘丁瑞, 牛文涛. 全面推进乡村振兴下中国趋农产业

发展水平的区域差异及分布动态演进 [J]. 中国软科学, 2023, No.386 (2): 46-60.

[267] 严锦梅, 刘戒骄. 系统视角下国家创新体系中的政府作用——基于美国和日本的创新实践综述 [J]. 中国科技论坛, 2022 (2): 50-58.

[268] 王勇, 汤学敏. 结构转型与产业升级的新结构经济学研究: 定量事实与理论进展 [J]. 经济评论, 2021 (1): 3-17.

[269] 李双燕, 谈笑, 斯宏浩. 普惠金融与绿色全要素生产率——基于 R&D 投入视角 [J]. 当代经济科学, 2021, 43 (6): 77-88.

[270] 黄凌云, 张宽. 贸易开放提升了中国城市创新能力吗——来自产业结构转型升级的解释 [J]. 研究与发展管理, 2020, 32 (1): 64-75.

[271] 柏培文, 张云. 数字经济、人口红利下降与中低技能劳动者权益 [J]. 经济研究, 2021, 56 (5): 91-108.

[272] Ojala A. Geographic, cultural, and psychic distance to foreign markets in the context of small and new ventures [J]. International Business Review, 2015, 24 (5): 825-835.

[273] 王丽莉. 土地供给、房价与劳动力空间配置效率 [J]. 经济学(季刊), 2023, 23 (2): 500-516.

[274] 熊伟, 张磊, 杨琴. "十四五"时期数字要素市场构建的实施短板与创新路径 [J]. 新疆社会科学, 2022 (1): 61-69.

[275] 蔡欣磊, 范从来, 林键. 区域一体化扩容能否促进高质量发展——基于长三角实践的准自然实验研究 [J]. 经济问题探索, 2021 (2): 84-99.

[276] 程承坪. 人工智能促进经济发展的途径 [J]. 当代经济管理, 2021, 43 (3): 1-8.

[277] 李越. 智能化生产方式对产业结构变迁的作用机理——基于马克思主义政治经济学视角 [J]. 财经科学, 2021 (1): 53-64.

[278] 杨校美, 肖红叶. 双向直接投资协同发展对中国资源错配的影

响 [J]. 商业经济与管理，2020，No.345（7）：86－101.

[279] 陈沁，朱宏飞，樊潇彦. 中国的劳动力价格扭曲及其经济影响——基于流动人口动态监测数据的研究 [J]. 财经问题研究，2020（1）：93－101.

[280] 张灿. 互联网发展与经济增长：机理与实证研究 [J]. 金融与经济，2017（7）：32－36，63.

[281] 夏杰长，李銮淏，刘怡君. 数字经济如何打破省际贸易壁垒——基于全国统一大市场建设的中国经验 [J]. 经济纵横，2023，No.447（2）：43－53.

[282] 周杰琦，韩兆洲. 环境规制、要素市场改革红利与绿色竞争力：理论与中国经验 [J]. 当代财经，2020（9）：3－15.

[283] 李平，韩彩霞. 人民币汇率变动对企业生产率的影响——基于技术进步与要素配置的双重视角 [J]. 经济与管理评论，2021，37（3）：58－70.

[284] 谢康，胡杨颂，刘意等. 数据要素驱动企业高质量数字化转型——索菲亚智能制造纵向案例研究 [J]. 管理评论，2023，35（2）：328－339.

[285] 刘汶荣. 要素市场扭曲对制造业高质量发展的影响 [J]. 经济问题，2021，No.505（9）：74－82.

[286] 盖庆恩，朱喜，程名望，史清华. 要素市场扭曲、垄断势力与全要素生产率 [J]. 经济研究，2015，50（5）：61－75.

[287] 王树文，王京诚. 城市生活垃圾与经济增长的非线性关系——基于环境库兹涅茨曲线的实证分析 [J]. 中国人口·资源与环境，2022，32（2）：63－70.

[288] 朱留财，张雯，陈兰，吴雅玲. 以生态环境制度体系创新推进生态文明治理制度转型 [J]. 环境保护，2015，43（11）：22－25.

[289] 谢伟伟，邓宏兵，苏攀达. 长江中游城市群知识创新合作网络研究——高水平科研合著论文实证分析 [J]. 科技进步与对策，2019，36（16）：44－50.

［290］龚文龙．数字经济时代数据要素赋能其他生产要素的耦合机制研究［J］．商业经济研究，2022（6）：185－188.

［291］王定祥，黄莉．我国创新驱动经济发展的机制构建与制度优化［J］．改革，2019（5）：80－91.

［292］戴小勇．资源错配视角下全要素生产率损失的形成机理与测算［J］．当代经济科学，2018，40（5）：103－116，128.

［293］郑淦文，叶阿忠，孙湘湘，周小亮．交通基础设施、要素错配对经济发展质量的影响研究［J］．福州大学学报（哲学社会科学版），2021，35（6）：26－33.

［294］吕承超，王志阁．要素资源错配对企业创新的作用机制及实证检验——基于制造业上市公司的经验分析［J］．系统工程理论与实践，2019，39（5）：1137－1153.

［295］白俊红，卞元超．要素市场扭曲与中国创新生产的效率损失［J］．中国工业经济，2016（11）：39－55.

［296］董嘉昌，冯涛，李佳霖．中国地区间要素错配对经济发展质量的影响——基于链式多重中介效应模型的实证检验［J］．财贸研究，2020，31（5）：1－12，51.

［297］李平，季永宝，桑金琰．要素市场扭曲对我国技术进步的影响特征研究［J］．产业经济研究，2014（5）：63－71.

［298］燕洪国，潘翠英．税收优惠、创新要素投入与企业全要素生产率［J］．经济与管理评论，2022，38（2）：85－97.

［299］乌静，肖鸿波，陈兵．数字经济对绿色全要素生产率的影响研究［J］．金融与经济，2022（1）：55－63.

［300］Connolly B A，Hirsch B T，Hirschey M. Union Rent Seeking，Intangible Capital，and Market Value of the Film［J］．Review of Economics and Statistics，1986，68（4）：567－577.

［301］Murphy K M，Shleifer A，Vishy R. Why is Rent－Seeking Costly to Growth［J］．American Economics Review，1993，83（2）：409－414.

［302］李晓华，王怡帆．未来产业的演化机制与产业政策选择［J］．

改革，2021（2）：54－68.

［303］唐晓华，李静雯．经济增长目标、策略性财政政策与产业协同集聚［J］．当代经济科学，2023，45（2）：73－87.

［304］Banerjee A，Moll B. Why Does Misallocation Persist［J］. American Economic Journal：Macroeconomics，2010（1）：189－206.

［305］Acemoglu D，Cao D. Innovation by entrants and incumbents［J］. Journal of Economic Theory，2015，157：255－294.

［306］Lentz R，Mortensen D T. An empirical model of growth through product innovation［J］. Econometrica，2008，76（6）：1317－1373.

［307］Yang M. Micro－level misallocation and selection：Estimation and aggregate implications［R］. Berkeley：University of California，2011.

［308］江艇，孙鲲鹏，聂辉华．城市级别、全要素生产率和资源错配［J］．管理世界，2018（3）：38－50，77，183.

［309］张幼文，薛安伟．要素流动对世界经济增长的影响机理［J］．世界经济研究，2013（2）：3－8，87.

［310］林毅夫，刘培林．中国的经济发展战略与地区收入差距［J］．经济研究，2003（3）：19－25，89.

［311］杨凤娟，李晓慧．从河南省行业视角看要素错配与ATFP潜在增长［J］．河南大学学报（社会科学版），2023，63（2）：33－38，153.

［312］耿献辉，伍茜蓉，赵文．中国要素市场扭曲与经济效率损失：分解与影响机制［J］．经济问题探索，2021（6）：30－43.

［313］庄羽，杨水利．“强省会”战略对区域创新发展的影响——辐射还是虹吸？［J］．中国软科学，2021，No.368（8）：86－94.

［314］王玉，张占斌．数字经济、要素配置与区域一体化水平［J］．东南学术，2021（5）：129－138.

［315］余泳泽，段胜岚，林彬彬．新发展格局下中国产业高质量发展：现实困境与政策导向［J］．宏观质量研究，2021，9（4）：78－98.

［316］Melitz M. The Impact of Trade on Intra－Industry Reallocations and Aggregate Industry Productivity［J］. Econometrica，2003，71（6）：1695－

1725.

［317］李雪，刘传江．新冠疫情下中国产业链的风险、重构及现代化［J］．经济评论，2020（4）：55－61.

［318］于富喜，薛伟贤，韩勇．产业要素配置结构对生产率的影响研究——以杨凌示范区为例［J］．人文地理，2017，32（5）：113－118.

［319］Wang J，Xue Y，Sun X，et al. Green Learning Orientation，Green Knowledge Acquisition and Ambidextrous Green Innovation［J/OL］．Journal of Cleaner Production，2020，250：119475.

［320］Arfi W B，Hikkerova L，Sahut J. External Knowledge Sources，Green Innovation and Performance［J］．Technological Forecasting and Social Change，2018，129：210－220.

［321］于飞，刘明霞，王凌峰．知识耦合对制造企业绿色创新的影响机理——冗余资源的调节作用［J］．南开管理评论，2019，22（3）：54－65.

［322］徐盈之，张瑞婕，孙文远．绿色技术创新、要素市场扭曲与产业结构升级［J］．研究与发展管理，2021，33（6）：75－86.

［323］张万里．资源错配对中国制造业的影响研究［R］．武汉：中南财经政法大学，2019.

［324］彭张林，张爱萍，王素凤等．综合评价指标体系的设计原则与构建流程［J］．科研管理，2017，38（S1）：209－215.

［325］张维群．指标体系构建与优良性评价的方法研究［J］．统计与信息论坛，2006（6）：36－38.

［326］欧进锋，许抄军，刘雨骐．基于“五大发展理念”的经济高质量发展水平测度——广东省21个地级市的实证分析［J］．经济地理，2020，40（6）：77－86.

［327］张侠，高文武．经济高质量发展的测评与差异性分析［J］．经济问题探索，2020（4）：1－12.

［328］钞小静，惠康．中国经济增长质量的测度［J］．数量经济技术经济研究，2009，26（6）：75－86.

[329] 肖攀，李连友，苏静．中国省域经济增长质量测度及其收敛性分析［J］．财经理论与实践，2016，37（4）：111－117．

[330] 叶初升，李慧．以发展看经济增长质量：概念、测度方法与实证分析——一种发展经济学的微观视角［J］．经济理论与经济管理，2014，No. 288（12）：17－34．

[331] 张涛．高质量发展的理论阐释及测度方法研究［J］．数量经济技术经济研究，2020，37（5）：23－43．

[332] 王弟海，龚六堂，李宏毅．健康人力资本、健康投资和经济增长——以中国跨省数据为例［J］．管理世界，2008，No. 174（3）：27－39．

[333] 王学军，陈武．区域智力资本与区域创新能力的关系——基于湖北省的实证研究［J］．中国工业经济，2008，No. 246（9）：25－36．

[334] 夏怡然，陆铭．城市间的"孟母三迁"——公共服务影响劳动力流向的经验研究［J］．管理世界，2015，No. 265（10）：78－90．

[335] 王弟海，黄亮，李宏毅．健康投资能影响跨国人均产出差距吗？——来自跨国面板数据的经验研究［J］．经济研究，2016，51（8）：129－143．

[336] 钱晓烨，迟巍，黎波．人力资本对我国区域创新及经济增长的影响——基于空间计量的实证研究［J］．数量经济技术经济研究，2010，27（4）：107－121．

[337] 刘晖，刘轶芳，乔晗，胡毅．我国战略性新兴产业技术创新效率研究［J］．系统工程理论与实践，2015，35（9）：2296－2303．

[338] 李婧，谭清美，白俊红．中国区域创新生产的空间计量分析——基于静态与动态空间面板模型的实证研究［J］．管理世界，2010（7）：43－55，65．

[339] 胡鞍钢，周绍杰．新的全球贫富差距：日益扩大的"数字鸿沟"［J］．中国社会科学，2002（3）：34－48，205．

[340] 王小鲁，樊纲．中国地区差距的变动趋势和影响因素［J］．经济研究，2004（1）：33－44．

[341] 赵国杰，邢小强．ANP法评价区域科技实力的理论与实证分析[J]．系统工程理论与实践，2004（5）：41－45.

[342] 程惠芳，陆嘉俊．知识资本对工业企业全要素生产率影响的实证分析[J]．经济研究，2014，49（5）：174－187.

[343] 范剑勇．产业集聚与地区间劳动生产率差异[J]．经济研究，2006（11）：72－81.

[344] 卢现祥，王素素．中国要素市场化配置水平的南北差异及形成机理[J]．数量经济技术经济研究，2021，38（11）：21－42.

[345] 孙慧，朱俏俏．中国资源型产业集聚对全要素生产率的影响研究[J]．中国人口·资源与环境，2016，26（1）：121－130.

[346] 庄芹芹，于潇宇．创新管理研究：引进、本土化及再创新[J]．改革，2019（12）：44－55.

[347] 解维敏，唐清泉，陆姗姗．政府R&D资助，企业R&D支出与自主创新——来自中国上市公司的经验证据[J]．金融研究，2009（6）：86－99.

[348] 安同良，周绍东，皮建才．R&D补贴对中国企业自主创新的激励效应[J]．经济研究，2009，44（10）：87－98，120.

[349] Gill I S, Kharas H J, Bhattasali D. An East Asian renaissance: Ideas for economic growth [M]. World Bank Publications, 2007.

[350] 李习保．区域创新环境对创新活动效率影响的实证研究[J]．数量经济技术经济研究，2007（8）：13－24.

[351] 赵康杰，吴亚君，刘星晨．中国创新合作网络的演进特征及影响因素研究——以SCI论文合作为例[J]．科研管理，2022，43（7）：96－105.

[352] 刘顺忠，官建成．区域创新系统创新绩效的评价[J]．中国管理科学，2002（1）：76－79.

[353] 黎文靖，郑曼妮．实质性创新还是策略性创新？——宏观产业政策对微观企业创新的影响[J]．经济研究，2016，51（4）：60－73.

[354] 吴和成，刘思峰．基于改进DEA的地域R&D相对效率评价

[J]. 研究与发展管理, 2007 (2): 108-112, 128.

[355] David T. Coe and Elhanan Helpman. International R&D spillovers [J]. European Economic Review, 1995, 39 (5): 859-887.

[356] 李光泗, 沈坤荣. 技术引进方式、吸收能力与创新绩效研究 [J]. 中国科技论坛, 2011, No. 187 (11): 15-20.

[357] 保永文. 知识产权保护、技术引进与中国制造业技术创新——基于面板数据的实证检验 [J]. 国际贸易问题, 2017 (6): 38-49.

[358] 徐斌. 技术吸收、技术改造与国内外技术获取——基于高技术产业静态与动态面板数据 [J]. 科技进步与对策, 2019, 36 (22): 60-66.

[359] 俞立平. 企业性质与创新效率——基于国家大中型工业企业的研究 [J]. 数量经济技术经济研究, 2007 (5): 108-115.

[360] 尹伟华. 中国区域高技术产业技术创新效率评价研究——基于客观加权的网络 SBM 模型 [J]. 统计与信息论坛, 2012, 27 (8): 99-106.

[361] 张庆锋, 郑建明, 王育红. 社会信息化进程测度指标体系之构建 [J]. 情报科学, 2000 (9): 772-775, 781.

[362] 贾怀京, 许飞月. 信息化指数模型及 1985~1994 年我国信息化水平的测定 [J]. 情报学报, 1997 (6): 61-67.

[363] 赖茂生, 杨秀丹, 胡晓峰等. 信息资源开发利用基本理论研究 [J]. 情报理论与实践, 2004 (3): 229-235.

[364] 国际统计信息中心. 1999~2001 年中国各地区信息化水平测评与比较研究 [J]. 统计研究, 2004 (3): 3-11.

[365] 周和平. 以"三个代表"重要思想为指导, 大力推进我国图书馆现代化建设——在中国图书馆学会第六次全国会员代表大会暨 2001 年学术年会上的讲话 [J]. 中国图书馆学报, 2002 (1): 3-7.

[366] 许家云, 毛其淋. 政府补贴、治理环境与中国企业生存 [J]. 世界经济, 2016, 39 (2): 75-99.

[367] 樊纲, 王小鲁, 马光荣. 中国市场化进程对经济增长的贡献

[J]. 经济研究，2011，46（9）：4－16.

[368] 王化成，曹丰，高升好等. 投资者保护与股价崩盘风险 [J]. 财贸经济，2014，No.395（10）：73－82.

[369] 张燕生，梁婧姝. 现代化经济体系的指标体系研究 [J]. 宏观经济管理，2019（4）：17－24.

[370] 王崇锋. 知识溢出对区域创新效率的调节机制 [J]. 中国人口·资源与环境，2015，25（7）：77－83.

[371] 李斌，曹万林. 环境规制对我国循环经济绩效的影响研究——基于生态创新的视角 [J]. 中国软科学，2017（6）：140－154.

[372] 金乐琴. 高质量绿色发展的新理念与实现路径——兼论改革开放40年绿色发展历程 [J]. 河北经贸大学学报，2018，39（6）：22－30.

[373] 谢婷婷，刘锦华. 绿色信贷如何影响中国绿色经济增长？[J]. 中国人口·资源与环境，2019，29（9）：83－90.

[374] 吴晟，赵湘莲，武良鹏. 绿色信贷制度创新研究——以推动企业生态创新为视角 [J]. 经济体制改革，2020，No.220（1）：36－42.

[375] 周立群，邓路. 企业所有权性质与研发效率——基于随机前沿函数的高技术产业实证研究 [J]. 当代经济科学，2009，31（4）：70－75，126.

[376] 蒋殿春，夏良科. 外商直接投资对中国高技术产业技术创新作用的经验分析 [J]. 世界经济，2005（8）：5－12，82.

[377] 沈必扬，王晓明. 基于吸纳能力、技术机遇和知识溢出的企业创新绩效分析 [J]. 科技进步与对策，2006（4）：126－129.

[378] 孙丽文，吴林飞，齐培潇. 区域技术转移影响因素组态效应研究：输出与吸纳双重视角 [J]. 科技进步与对策，2021，38（18）：56－63.

[379] 殷尹，梁梁. 区域技术创新能力短期评估 [J]. 中国软科学，2001（1）：71－74.

[380] 刘洋，林健. 网络经济时代的客户关系管理 [J]. 经济管理，2001（2）：48－56.

[381] 刘根荣. 基于全局主成分分析法的中国流通产业区域竞争力研究 [J]. 中国经济问题, 2014, No.284 (3): 79-89.

[382] 张辉, 刘鹏, 于涛等. 金融空间分布、异质性与产业布局 [J]. 中国工业经济, 2016, No.345 (12): 40-57.

[383] 臧运平, 宋桂娟, 郑满生, 牟肖光, 姜仁珍, 于良芝. 我国农村地区公共图书馆建设的诸城模式研究 [J]. 中国图书馆学报, 2012, 38 (5): 4-16.

[384] 王永钦, 董雯. 机器人的兴起如何影响中国劳动力市场?——来自制造业上市公司的证据 [J]. 经济研究, 2020, 55 (10): 159-175.

[385] 钱平凡. 孵化器运作的国际经验与我国孵化器产业的发展对策 [J]. 管理世界, 2000 (6): 78-84.

[386] 谢青, 田志龙. 创新政策如何推动我国新能源汽车产业的发展——基于政策工具与创新价值链的政策文本分析 [J]. 科学学与科学技术管理, 2015, 36 (6): 3-14.

[387] 刘善仕, 刘婷婷, 刘向阳. 人力资源管理系统、创新能力与组织绩效关系——以高新技术企业为例 [J]. 科学学研究, 2007, No.108 (4): 764-771.

[388] 张倩肖, 冯雷. 金融发展与企业技术创新——基于中国A股市场上市公司的经验分析 [J]. 统计与信息论坛, 2019, 34 (5): 25-33.

[389] 孙玉环, 张汀昱, 王雪妮, 李丹阳. 中国数字普惠金融发展的现状、问题及前景 [J]. 数量经济技术经济研究, 2021, 38 (2): 43-59.

[390] 赵志耘, 杨朝峰. 转型时期中国高技术产业创新能力实证研究 [J]. 中国软科学, 2013 (1): 32-42.

[391] 林洲钰, 林汉川, 邓兴华. 什么决定国家标准制定的话语权: 技术创新还是政治关系 [J]. 世界经济, 2014, 37 (12): 140-161.

[392] 匡文波. "新媒体"概念辨析 [J]. 国际新闻界, 2008, No.164 (6): 66-69.

[393] 王宁宁, 陈锐, 赵宇. 基于信息流的互联网信息空间网络分析

[J]. 地理研究, 2016, 35 (1): 137 - 147.

[394] 方维慰. 促进科技成果资本化的模式与举措 [J]. 科技进步与对策, 2015, 32 (24): 25 - 28.

[395] 罗廷锦, 茶洪旺. "数字鸿沟"与反贫困研究——基于全国31个省市面板数据的实证分析 [J]. 经济问题探索, 2018, No.427 (2): 11 - 18, 74.

[396] 宋艳, 银路. 基于不连续创新的新兴技术形成路径研究 [J]. 研究与发展管理, 2007 (4): 31 - 35, 49.

[397] 张文, 张念明. 供给侧结构性改革导向下我国新旧动能转换的路径选择 [J]. 东岳论丛, 2017, 38 (12): 93 - 101.

[398] 信息社会发展研究课题组, 张新红. 信息社会发展水平测评指标与阶段划分——基于信息社会发展报告 (2015) 的研究 [J]. 中国流通经济, 2015, 29 (9): 38 - 45.

[399] 金培振, 殷德生, 金桩. 城市异质性、制度供给与创新质量 [J]. 世界经济, 2019, 42 (11): 99 - 123.

[400] 韩永辉, 黄亮雄, 王贤彬. 产业政策推动地方产业结构升级了吗——基于发展型地方政府的理论解释与实证检验 [J]. 经济研究, 2017, 52 (8): 33 - 48.

[401] 钱玉文. 我国法治化营商环境构建路径探析——以江苏省经验为研究样本 [J]. 上海财经大学学报, 2020, 22 (3): 138 - 152.

[402] 屠文娟, 邹玉凤, 蔡莉. 基于钻石理论的我国科技企业孵化器竞争力影响因素与提升研究 [J]. 科技管理研究, 2018, 38 (9): 125 - 133.

[403] 张冀新, 胡维丽. 基于"四三结构"的战略性新兴产业创新能力非均衡判别与评价 [J]. 科技进步与对策, 2018, 35 (21): 65 - 72.

[404] 夏维力, 丁珮琪. 中国省域创新创业环境评价指标体系的构建研究——对全国31个省级单位的测评 [J]. 统计与信息论坛, 2017, 32 (4): 63 - 72.

[405] 薛强, 赵静. 我国生产力促进中心技术服务模式及创新研究

[J]. 西南农业大学学报（社会科学版），2013，11（10）：185-188.

[406] 程霞，单芳. 旅游网站特性对潜在游客行为意向的影响 [J]. 四川师范大学学报（社会科学版），2011，38（1）：63-69.

[407] 钞小静，薛志欣，王宸威. 中国新经济的逻辑、综合测度及区域差异研究 [J]. 数量经济技术经济研究，2021，38（10）：3-23.

[408] 徐程兴. 企业智力资本报告的探讨 [J]. 中国工业经济，2003（8）：70-75，96.

[409] 杨文溥. 数字经济促进高质量发展：生产效率提升与消费扩容 [J]. 上海财经大学学报，2022，24（1）：48-60.

[410] 徐沁. 泛媒体时代的生存法则——论媒介融合 [D]. 浙江大学，2008.

[411] 丁依霞，徐倪妮，郭俊华. 基于TOE框架的政府电子服务能力影响因素实证研究 [J]. 电子政务，2020，No.205（1）：103-113.

[412] 傅荣校，徐伟红，张永强，余恺辛，盛梅. 政府网络透明度指数评估与实证分析 [J]. 电子政务，2015（3）：70-75.

[413] 吕文晶，陈劲，刘进. 工业互联网的智能制造模式与企业平台建设——基于海尔集团的案例研究 [J]. 中国软科学，2019（7）：1-13.

[414] 顾雪松，迟国泰，程鹤. 基于聚类-因子分析的科技评价指标体系构建 [J]. 科学学研究，2010，28（4）：508-514.

[415] 张尧庭，张璋. 几种选取部分代表性指标的统计方法 [J]. 统计研究，1990（1）：52-58.

[416] 陈洪海，迟国泰. 基于信息显著性差异的绿色产业评价指标筛选模型及实证 [J]. 运筹与管理，2014，23（6）：193-204.

[417] Fornell C, Larcker D F. Evaluating structural equation models rith unobservable variables and measurement error [J]. Journal of Marketing Research, 1981, 18 (1): 39-50.

[418] 陈洪海，王慧，隋新. 基于信息贡献率的评价指标筛选与赋权方法 [J]. 科研管理，2020，41（8）：240-247.

[419] 迟国泰，曹婷婷，张昆. 基于相关-主成分分析的人的全面发

展评价指标体系构建［J］. 系统工程理论与实践，2012，32（1）：111－119.

［420］Diana M. Liverman et al. Global sustainability：Toward measurement［J］. Environmental Management，1988，12（2）：133－143.

［421］付允，刘怡君．指标体系有效性的 RST 评价方法及应用［J］. 管理评论，2009，21（7）：91－95，112.

［422］孙早，宋炜．战略性新兴产业自主创新能力评测——以企业为主体的产业创新指标体系构建［J］. 经济管理，2012，34（8）：20－30.

［423］Cronbach L J. Coefficient alpha and the internal structure of tests［J］. psychometrika，1951，16（3）：297－334.

［424］李廉水，张芊芊，王常凯．中国制造业科技创新能力驱动因素研究［J］. 科研管理，2015，36（10）：169－176.

［425］夏清华，何丹．政府研发补贴促进企业创新了吗——信号理论视角的解释［J］. 科技进步与对策，2020，37（1）：92－101.

［426］王兴标，谷斌．基于信任的移动社交电子商务购买意愿影响因素［J］. 中国流通经济，2020，34（4）：21－31.

［427］李莉，高洪利，陈靖涵．中国高科技企业信贷融资的信号博弈分析［J］. 经济研究，2015，50（6）：162－174.

［428］聂正彦，秦文宇，陈凯达．自贸试验区设立对企业资本流动的影响——来自中国上市公司的经验证据［J］. 改革，2022（7）：127－143.

［429］马胜利，刘希瑶．系统性风险与创新要素市场扭曲——“双支柱”调控框架的调节作用［J］. 华东经济管理，2022，36（7）：44－54.

［430］王帮俊，吴艳芳．区域产学研协同创新绩效评价——基于因子分析的视角［J］. 科技管理研究，2018，38（1）：66－71.

［431］曲婉，冯海红，侯沁江．创新政策评估方法及应用研究：以高新技术企业税收优惠政策为例［J］. 科研管理，2017，38（1）：1－11.

［432］施建军，栗晓云．政府补助与企业创新能力：一个新的实证发现［J］. 经济管理，2021，43（3）：113－128.

[433] 陈小辉，张红伟．数字经济如何影响企业风险承担水平［J］．经济管理，2021，43（5）：93－108.

[434] 钞小静，廉园梅，罗鎏锴．新型数字基础设施对制造业高质量发展的影响［J］．财贸研究，2021，32（10）：1－13.

[435] 雷家骕，刘影，戚耀元，张庆芝．中国技术创新40年：四阶爬坡轨迹述评［J］．科技进步与对策，2019，36（1）：152－160.

[436] 闫雪凌，朱博楷，马超．工业机器人使用与制造业就业：来自中国的证据［J］．统计研究，2020，37（1）：74－87.

[437] 宋旭光，左马华青．工业机器人投入、劳动力供给与劳动生产率［J］．改革，2019，No.307（9）：45－54.

[438] 房汉廷，郭戎．上市公司科技板块分析报告［M］．北京：经济管理出版社，2005：4－5.

[439] Da Z, Engelberg J, Gao P. In search of attention [J]. The journal of finance, 2011, 66 (5): 1461－1499.

[440] 熊湘辉，徐璋勇．中国新型城镇化水平及动力因素测度研究［J］．数量经济技术经济研究，2018，35（2）：44－63.

[441] 刘生龙，胡鞍钢．基础设施的外部性在中国的检验：1988—2007［J］．经济研究，2010，45（3）：4－15.

[442] 邱东．经济统计学：从德国传统到当代困境［J］．北京师范大学学报（自然科学版），2016，52（6）：669－676.

[443] 郑家亨．统计大词典［M］．北京：中国统计出版社，1995.

[444] 陈钊，王旸．"营改增"是否促进了分工：来自中国上市公司的证据［J］．管理世界，2016，No.270（3）：36－45，59.

[445] 程时雄，柳剑平．中国工业行业R&D投入的产出效率与影响因素［J］．数量经济技术经济研究，2014，31（2）：36－51，85.

[446] 朱平芳，徐伟民．政府的科技激励政策对大中型工业企业R&D投入及其专利产出的影响——上海市的实证研究［J］．经济研究，2003（6）：45－53，94.

[447] 潘文卿，李子奈，刘强．中国产业间的技术溢出效应：基于35

个工业部门的经验研究 [J]. 经济研究，2011，46 (7)：18 - 29.

[448] 杨林涛，韩兆洲，王昭颖. 多视角下 R&D 资本化测算方法比较与应用 [J]. 数量经济技术经济研究，2015，32 (12)：90 - 106.

[449] 王文静，高敏雪. 中国产学合作模式下的知识存量研究 [J]. 数量经济技术经济研究，2019，36 (4)：139 - 154.

[450] 余芳东. 外国统计数据质量的涵义、管理以及对我国的启示 [J]. 统计研究，2002 (2)：26 - 29.

[451] 朱建平，陈飞. 统计数据质量评价体系探讨 [J]. 商业经济与管理，2010 (12)：77 - 81.

[452] 成邦文，王娅莉，石林芬，师汉民. 科技规模指标的对数正态分布规律 [J]. 科学学与科学技术管理，2000 (9)：9 - 11，30.

[453] 许涤龙，叶少波. 流动性过剩的测度方法与实证分析 [J]. 数量经济技术经济研究，2008 (3)：3 - 16.

[454] 桂文林，韩兆洲. PPI 与 CPI 关系及我国通货膨胀治理 [J]. 统计研究，2011，28 (9)：49 - 56.

[455] 段锦云，魏秋江. 建言效能感结构及其在员工建言行为发生中的作用 [J]. 心理学报，2012，44 (7)：972 - 985.

[456] 陈佳，张丽琼，杨新军，李钢. 乡村旅游开发对农户生计和社区旅游效应的影响——旅游开发模式视角的案例实证 [J]. 地理研究，2017，36 (9)：1709 - 1724.

[457] 冯长利，李天鹏，兰鹰. 意愿对供应链知识共享影响的实证研究 [J]. 管理评论，2013，25 (3)：126 - 134.

[458] 张应语，张梦佳，王强，任莹，马阳光，马爽，邵伟，尹世久，石忠国. 基于感知收益—感知风险框架的 O2O 模式下生鲜农产品购买意愿研究 [J]. 中国软科学，2015 (6)：128 - 138.

[459] 范柏乃，金洁. 公共服务供给对公共服务感知绩效的影响机理——政府形象的中介作用与公众参与的调节效应 [J]. 管理世界，2016 (10)：50 - 61，187 - 188.

[460] 雷勋平，邱广华. 基于熵权 TOPSIS 模型的区域资源环境承载

力评价实证研究［J］. 环境科学学报，2016，36（1）：314－323.

［461］李灿，张凤荣，朱泰峰，奉婷，安萍莉. 基于熵权 TOPSIS 模型的土地利用绩效评价及关联分析［J］. 农业工程学报，2013，29（5）：217－227.

［462］曹贤忠，曾刚. 基于熵权 TOPSIS 法的经济技术开发区产业转型升级模式选择研究——以芜湖市为例［J］. 经济地理，2014，34（4）：13－18.

［463］杜挺，谢贤健，梁海艳，黄安，韩全芳. 基于熵权 TOPSIS 和 GIS 的重庆市县域经济综合评价及空间分析［J］. 经济地理，2014，34（6）：40－47.

［464］徐林明，李美娟，欧忠辉，等. 基于虚拟最劣解 TOPSIS 和灰关联度的动态评价方法［J］. 系统科学与数学，2019，39（3）：365－377.

［465］沈素素. 湖南经济增长方式转变与发展对策［J］. 中国集体经济，2012（10）：35－36.

［466］宋芳，冯等田. 甘肃经济低增长问题与开放型经济发展［J］. 甘肃社会科学，2013（3）：211－213.

［467］周亚雄，田淑萍. 甘肃经济发展从资源依赖型向创新驱动型转变问题探析［J］. 兰州商学院学报，2010，26（2）：72－77.

［468］梁祥凤，王居华. 互联网＋时代安徽省制造业发展策略研究［J］. 华东经济管理，2017，31（9）：30－34.

［469］乔榛，路兴隆. 新中国 70 年东北经济发展：回顾与思考［J］. 当代经济研究，2019（11）：5－12，113.

［470］彭补拙，安旭东，陈浮，濮励杰. 长江三角洲土地资源可持续利用研究［J］. 自然资源学报，2001（4）：305－312.

［471］张锐，刘友兆. 我国耕地生态安全评价及障碍因子诊断［J］. 长江流域资源与环境，2013，22（7）：945－951.

［472］李彩惠，霍海鹰，李雅洁等. 基于突变级数模型的城市低碳竞争力评价及障碍因子诊断分析［J］. 资源科学，2015，37（7）：1474－

1481.

[473] 陈晓红，杨立．基于突变级数法的障碍诊断模型及其在中小企业中的应用［J］．系统工程理论与实践，2013，33（6）：1479－1485.

[474] 袁田，杨永春，史坤博．2001年以来中国非国有经济发展的空间特征分析［J］．世界地理研究，2018，27（2）：95－105.

[475] 江静，丁小喻，汪长球．我国大宗商品市场结构形态及转型研究——基于长三角的经验分析［J］．时代金融，2016（12）：231－232.

[476] 黄宇．大宗商品交易市场监管中的主被动模式与空间粒度优化研究［D］．东南大学，2021.

[477] 魏平．我国大中型工业企业R&D强度的影响因素分析［D］．东北财经大学，2010.

[478] 朱承亮，王珺．中国企业研发经费投入现状及国际比较［J］．技术经济，2022，41（1）：24－32.

[479] 吴延兵．R&D存量、知识函数与生产效率［J］．经济学（季刊），2006（3）：1129－1156.

[480] 吴丹．全球视野下中国研发投入强度的演变态势分析与预测吴丹［J］．科技管理研究，2017，37（3）：9－14.

[481] 赵黎明，官远芳．国家火炬计划项目效率及其影响因素分析［J］．科学学与科学技术管理，2015，36（11）：3－14.

[482] 官远芳．国家火炬计划项目效率评价及其影响因素分析［D］．天津大学，2016.

[483] 高锡荣．IP电话的进入对中国长途电话市场的结构效应分析［J］．统计研究，2009，26（7）：93－97.

[484] 黄勇兵，谭义勋．我国发明专利申请授权现状分析［J］．法制与社会，2007（1）：691－692.

[485] 王江汉．移动互联网概论［M］．成都：电子科技大学出版社，2018：1－20.

[486] 孟渺．研发投入对大数据企业经营绩效影响的实证研究［D］．南京邮电大学，2022.

［487］庄家煜，迟亮，曾梦杰，李干琼．移动互联网在中国农村的发展［J］．科技导报，2021，39（23）：94－100.

［488］刘烨．生产力促进中心服务效率及提升路径研究［D］．湖北工业大学，2021.

［489］Rosenblatt M. Remarks on some nonparametric estimates of a density function［J］．Annals of Mathematical Statistics，1956，27：832－837.

［490］Parzen E. On the Estimation of a Probability Density Function and the Mode［J］．Annals of Mathematical Statistics，1962，33：1065－1076.

［491］Silverman B W. Density Estimation for Statistics and Data Analysis［M］．Chapman and Hall，1986.

［492］陈明华，刘华军，孙亚男．中国五大城市群金融发展的空间差异及分布动态：2003～2013 年［J］．数量经济技术经济研究，2016，33（7）：130－144.

［493］Quah D. Galton's fallacy and tests of the convergence hypothesis［J］．Scandinavian Journal of Economics，1993，95（4）：427－443.

［494］Dagum C. A new approach to the decomposition of the Gini income inequality ratio［J］．Empirical Economics，1997，22（4）：515－531.

［495］孙畅，吴芬．中国高端服务业与先进制造业匹配发展的空间分异及收敛性［J］．数量经济技术经济研究，2020，37（12）：3－24.

［496］Fall F S，Akim A M，Wassongma H. DEA and SFA research on the efficiency of microfinance institutions：A meta－analysis［J］．World Development，2018，107（7）：176－188.

［497］Tone K，Tsutsui M. An epsilon－based measure of efficiency in DEA－A third pole of technical efficiency［J］．European Journal of Operational Research，2010，207（3）：1554－1563.

［498］Malmquist S. Index numbers and indifference surfaces［J］．Trabajos de Estadistica y de Investigation Operation，1953（4）：209－242.

［499］Pastor J T，Lovell C. A global Malmquist productivity index［J］.

Economics Letters, 2005, 88 (2): 266 – 271.

[500] Cooper W W, Seiford L M, Tone K. Data envelopment analysis: A comprehensive text with models, applications, references and DEA – solver software [M]. Dordrecht: Kluwer Academic Publishers, 2007. 20 – 27.

[501] 王恩旭，武春友．基于超效率 DEA 模型的中国省际生态效率时空差异研究 [J]. 管理学报，2011，8 (3)：443 – 450.

[502] 卢新海，杨喜，陈泽秀．中国城市土地绿色利用效率测度及其时空演变特征 [J]. 中国人口·资源与环境，2020，30 (8)：83 – 91.

[503] 杨新洪．“五大发展理念”统计评价指标体系构建——以深圳市为例 [J]. 调研世界，2017 (7)：3 – 7.

[504] 史丹，李晓斌．高技术产业发展的影响因素及其数据检验 [J]. 中国工业经济，2004 (12)：32 – 39.

[505] 曹勇，苏凤娇．高技术产业技术创新投入对创新绩效影响的实证研究——基于全产业及其下属五大行业面板数据的比较分析 [J]. 科研管理，2012，33 (9)：22 – 31.

[506] 干春晖，郑若谷，余典范．中国产业结构变迁对经济增长和波动的影响 [J]. 经济研究，2011，46 (5)：4 – 16，31.

[507] 郑瑞坤，汪纯．长三角高质量发展的空间动态演变与一体化趋势 [J]. 华东经济管理，2021，35 (4)：20 – 33.

[508] 方若楠，吕延方，崔兴华．中国八大综合经济区高质量发展测度及差异比较 [J]. 经济问题探索，2021 (2)：111 – 120.

[509] 马茹，罗晖，王宏伟等．中国区域经济高质量发展评价指标体系及测度研究 [J]. 中国软科学，2019，No. 343 (7)：60 – 67.

[510] 刘汉初，樊杰，周侃．中国科技创新发展格局与类型划分——基于投入规模和创新效率的分析 [J]. 地理研究，2018，37 (5)：910 – 924.

[511] 张子珍，杜甜，于佳伟．科技资源配置效率影响因素测度及其优化分析 [J]. 经济问题，2020，No. 492 (8)：20 – 27.

[512] 李石柱，李冬梅，唐五湘．影响我国区域科技资源配置效率要

素的定量分析［J］．科学管理研究，2003（2）：60－63，73．

［513］傅春，欧阳欢蕤，邓俊鹏．中部地区科技创新活动两阶段效率评价［J］．统计与决策，2021，37（7）：71－75．

［514］程风雨．粤港澳大湾区都市圈科技创新空间差异及收敛性研究［J］．数量经济技术经济研究，2020，37（12）：89－107．

［515］刘刚，胡望斌．滨海新区开发开放与天津创新型城市发展战略［J］．天津师范大学学报（社会科学版），2007（6）：6－11．

［516］刘大康．技术创新与区域经济增长差异性研究——基于重庆及我国其它地区的比较分析［J］．生产力研究，2010（10）：35－37．

［517］郑春继，邓峰．我国区域发展战略的技术追赶效应——基于西部大开发战略效应的再审视［J］．当代经济研究，2022（2）：109－118．

［518］马朝良．西部区域科技创新发展方略［J］．开放导报，2021（5）：95－102．

［519］张家年，马费成．科技安全的分析模型及其核心要素表征［J］．中国科技论坛，2020（5）：32－40．

［520］Peroff H S. Regions，resources and economic growth［M］．Baltimore，Maryland：Johns Hopkins Press，1960．

［521］曹芳东，黄震方，吴江，徐敏．城市旅游竞争潜力时空格局演化及其结构合理性评价——以长江三角洲地区为例［J］．地理科学，2012，32（8）：944－950．

［522］童江华，徐建刚，曹晓辉等．基于SSM的主导产业选择基准——以南京市为例［J］．经济地理，2007，No.123（5）：733－736，740．

［523］胡志远，欧向军．基于泰尔指数的江苏省区域差异多指标测度［J］．经济地理，2007（5）：719－724．

［524］袁航，朱承亮．国家高新区推动了中国产业结构转型升级吗［J］．中国工业经济，2018（8）：60－77．

［525］陶长琪，徐冬梅．优化创新要素配置 推动制造业高质量发展［N］．中国社会科学报，2019－10－30（003）．

［526］黄小平，方齐云．中国财政对医疗卫生支持的区域差异——基

于泰尔指数的角度［J］. 财政研究，2008（4）：41-45.

［527］康晓娟，杨冬民．基于泰尔指数法的中国能源消费区域差异分析［J］. 资源科学，2010，32（3）：485-490.

［528］徐志向，丁任重．新时代中国省际经济发展质量的测度、预判与路径选择［J］. 政治经济学评论，2019，10（1）：172-194.

［529］范德成，吴晓琳．中国工业绿色技术创新效率的时空演化特征及协调性研究［J］. 经济问题探索，2022，485（12）：1-15.

［530］肖宏伟，牛犁．我国经济发展动力结构特征与变革方向［J］. 经济纵横，2021（5）：85-92.

［531］Caloghirou Y，Giotopoulos I，Kontolaimou A，et al. Industry-university knowledge flows and product innovation：How do knowledge stocks and crisis matter?［J］. Research Policy，2021，50（3）：1-16.

［532］张竣喃，逯进，周惠民．技术创新、产业结构与金融发展的耦合效应研究——基于中国省域数据的实证分析［J］. 管理评论，2020，32（11）：112-127.

［533］廖重斌．环境与经济协调发展的定量评判及其分类体系——以珠江三角洲城市群为例［J］. 热带地理，1999，（2）：76-82.

［534］Meijers E，Burger M，Camagni R，et al. Static vs. dynamic agglomeration economies. Spatial context and structural evolution behind urban growth［J］. Papers in Regional Science，2017，95（1）：133-158.

［535］Balland P A，Boschma R，Frenken K. Proximity and innovation：From statics to dynamics［J］. Regional Studies，2015，49（6）：907-920.

［536］李洪涛，王丽丽．国家创新型城市试点政策对要素流动及溢出效应的影响研究［J］. 经济体制改革，2020（5）：44-51.

［537］王钺，刘秉镰．创新要素的流动为何如此重要——基于全要素生产率的视角［J］. 中国软科学，2017（8）：91-101.

［538］卞元超，吴利华，白俊红．财政科技支出竞争是否促进了区域创新绩效提升——基于研发要素流动的视角［J］. 财政研究，2020（1）：45-58.